溧水年鉴

LISHUI YEARBOOK

2022

南京市溧水区地方志编纂委员会办公室 编

方志出版社
Publishing House of Local Records

图书在版编目（CIP）数据

溧水年鉴. 2022 / 南京市溧水区地方志编纂委员会办公室编.—北京 : 方志出版社, 2022.11
ISBN 978-7-5144-5421-5

Ⅰ. ①溧… Ⅱ. ①南… Ⅲ. ①溧水—2022—年鉴
Ⅳ. ①Z525. 34

中国版本图书馆CIP数据核字（2022）第234881号

责任编辑：徐宏
责任校对：刘玉霞
责任印制：梅中英
出 版 者：方志出版社
地　　址: 北京市朝阳区潘家园东里 9 号（国家方志馆4层）
邮　　编: 100021
网　　址: http://www.zgfzcb.cn
发　　行：方志出版社图书营销中心（010–67110500）
印　　刷：南京新世纪联盟印务有限公司
开　　本：889毫米 × 1194毫米 1/16
印　　张：35
字　　数：880千字
版　　次：2022年11月第1版
印　　次：2022年11月第1次印刷
定　　价：200.00元

溧水年鉴编纂委员会

溧水年鉴编辑部

主审人员名单

（按篇目先后排列）

编辑说明

一、《溧水年鉴》是由南京市溧水区人民政府主办、南京市溧水区地方志编纂委员会办公室编纂出版的年度资料性文献，由各街镇（开发区）、部委办局、集团公司、驻溧水单位供稿。

二、《溧水年鉴（2022）》记述时限为 2021 年 1 月 1 日— 12 月 31 日。本卷以马克思列宁主义、毛泽东思想、邓小平理论、“三个代表”重要思想、科学发展观、习近平新时代中国特色社会主义思想为指导，坚持辩证唯物主义和历史唯物主义的立场、观点和方法，系统记载 2021 年溧水区自然、政治、经济、文化、社会、生态文明建设等方面情况，客观真实地反映全区各个行业取得的新成就、新经验以及需要解决的新矛盾和新问题，为社会各界了解溧水、研究溧水提供资料信息，为各级领导科学决策和有关部门开展工作提供参考依据，为编修地方史志积累地情史料，记述内容注重资料性、思想性和科学性的统一。

三、本卷主体内容分为类目、分目、条目 3 个层次，部分分目下设副分目。条目为记述的基本层次。全书设 32 个类目、177 个分目、48 个副分目、1287 个条目、75 张表格、278 张图片，其中类目题图为卧龙湖，由张中彬拍摄。

四、为彰显时代特征、地域特色与年度特点，本卷对框架进行适当调整：增设“江苏南京国家农业高新技术产业示范区”“建筑业”“数字经济”“经贸合作”“城乡融合发展”“就业”“收入与分配”类目。“经济管理”类目增设“信用体系建设”“金融监管”分目；“法治”类目增设“仲裁”分目；“金融业”类目增设“其他非银行金融机构”分目；“房地产业”类目增设“房地产开发”“房地产市场”“房地产租赁和中介服务”分目；“商贸服务业”类目增设“商业业态”“物流”“居民生活服务业”分目；“生态环境”类目增设“水资源保护”“土地资源保护”“生物资源保护”分目；“卫生健康”类目增设“医疗卫生改革”“疫情防控”“职业健康”“老龄健康”“健康促进”“医政药政管理”分目；“文化”类目增设“文化场馆”分目，改“融媒体”为“大众传播”。改“农业 乡村”类目为“都市农业”，增设“现代农业产业园区”“农业品牌化建设”分目；将“工业 建筑业”拆分为“制造业”“建筑业”2 个类目；撤销“城市建设与管理”“交通”“水务”类目，整合为“城乡融合发展”类目，下设“国土空间规划”“融合发展机制”“水务”“公用事业”“交通”“城市公共交通”“乡村建设”“老城更新改造”“城乡管理”分目；改“社会生活”类目为“社会事务”，增设“婚姻 殡葬”“儿童与老龄事务”“退役军人事务”分目。

五、本卷条目中“各街镇（开发区）”指溧水区所辖永阳街道、柘塘街道、东屏街道、洪蓝街道、石湫街道、白马镇、和凤镇、晶桥镇和溧水经济开发区。凡未用全称的“省”“市”“区”分别指江苏省、南京市、溧水区，凡未冠属地的街镇，均指境内街镇。

六、柘塘街道整建制划归开发区管辖，实施“区街合一”的管理模式。柘塘街道有关经济建设方面的内容在本卷“溧水经济开发区”分目中加以体现，“街镇工业园区”分目及“街道 镇”类目中不再单设柘塘街道经济建设方面的内容。

七、本卷卷首设有“溧水区部分机构（单位）全称简称对照表”，表格中收录的机构（单位）在条目中均用简称，未收录的第一次出现时用全称，再次出现时用简称；缩略语第一次出现时一般均有注解，再次出现时不再注解。

八、本卷统计资料由区统计局提供，其他数据由各单位提供。由于统计口径不同，一些单位提供的数据与统计资料数据不一致，一般以区统计局统计资料数据为准。所有数据采用法定计量单位，个别遵从使用习惯。“特载”“文献”中的数据、计量单位未做改动。全书提及的“增长”或“下降”数据，除特殊说明外，均指“比 2020 年增长”或“比 2020 年下降”数据。

九、本卷先进表彰名录以有关表彰文件（证书）为准，收录市委、市政府及省级部门（含）以上表彰的先进集体和先进个人。

十、本卷卷首设中文目录，内文有大事记，卷末有索引，全书信息资料可通过目录、大事记、索引 3 个检索渠道查找。

溧水区部分机构（单位）全称简称对照表

全称	简称
中国共产党南京市溧水区委员会	区委
南京市溧水区人民代表大会常务委员会	区人大常委会
南京市溧水区人民政府	区政府
中国人民政治协商会议南京市溧水区委员会	区政协
中国共产党南京市溧水区纪律检查委员会	区纪委
南京市溧水区监察委员会	区监委
南京市溧水区人民法院	区法院
南京市溧水区人民检察院	区检察院
中国共产党南京市溧水区委员会办公室	区委办
南京市溧水区人民代表大会常务委员会办公室	区人大常委会办
南京市溧水区人民政府办公室	区政府办
中国人民政治协商会议南京市溧水区委员会办公室	区政协办
中国共产党南京市溧水区委员会机构编制委员会办公室	区委编办
南京市溧水区人民武装部	区人武部
中国共产党南京市溧水区委员会党史工作办公室	区委党史办
中国共产党南京市溧水区委员会统一战线工作部	区委统战部
中国共产党南京市溧水区委员会巡察工作办公室	区委巡察办
中国共产党南京市溧水区委员会区级机关工作委员会	区委区级机关工委
南京市溧水区民族宗教事务局	区民宗局
中国共产党南京市溧水区委员会台湾工作办公室	区委台办
南京市溧水区人民政府台湾事务办公室	区政府台办
南京市溧水区粮食和物资储备局	区粮食物资储备局
南京市溧水区政务服务管理办公室	区政务办
南京市溧水区人民政府侨务工作办公室	区政府侨办
南京市溧水区台湾同胞联谊会	区台联
南京市溧水区归国华侨联合会	区侨联
中国共产党南京市溧水区委员会政法委员会	区委政法委
南京市溧水区发展和改革委员会	区发改委
南京市溧水区智慧城市建设工作领导小组办公室	区智慧办
南京市溧水区人民政府外事办公室	区政府外办
南京市规划和自然资源局溧水分局	溧水规划资源分局
南京市溧水区投资促进局	区投促局
南京市溧水区工业和信息化局	区工信局
南京市溧水区供销合作总社	区供销社
南京市溧水区城乡建设局	区城建局
南京市溧水区住房保障和房产局	区房产局
南京市溧水区文化和旅游局	区文旅局
南京市溧水区地方金融监督管理局	区金监局

全称	简称
南京市溧水区科学技术局	区科技局
南京市溧水区卫生健康委员会	区卫健委
南京市溧水区疾病预防控制中心	区疾控中心
南京市溧水区人力资源和社会保障局	区人社局
南京市医疗保障局溧水分局	溧水医保分局
南京市溧水区安全生产委员会	区安委会
南京市溧水区城市管理局	区城管局
南京市溧水区交通运输局	区交运局
国家税务总局南京市溧水区税务局	区税务局
南京市公安局溧水分局	溧水公安分局
南京市溧水区市场监督管理局	区市场监管局
南京市溧水区关心下一代工作委员会	区关工委
南京市溧水区人民防空办公室	区人防办
南京市溧水区精神文明建设指导委员会办公室	区文明办
南京市溧水区防汛防旱指挥部办公室	区防汛办
中国共产主义青年团南京市溧水区委员会	团区委
南京市溧水区妇女联合会	区妇联
南京市溧水区文学艺术界联合会	区文联
南京市溧水区科学技术协会	区科协
南京市溧水区工商业联合会	区工商联
南京市溧水区残疾人联合会	区残联
国家电网南京市溧水区供电公司	区供电公司
南京市溧水区人民政府国有资产监督管理办公室	区国资办
南京溧水城市建设集团有限公司	区城建集团
南京溧水产业投资控股集团有限公司	区产业集团
南京溧水水务集团有限公司	区水务集团
南京溧水国资经营集团有限公司	区国资集团
南京空港国际博览中心	空港博览中心
江苏白马农业国际博览中心	江苏白马农博中心
江苏南京国家农业高新技术产业示范区	南京国家农高区
南京溧水经济开发区	开发区
南京溧水高新技术产业开发区	高新区
南京溧水高新技术产业投资有限公司	溧高投
南京傅家边现代农业园	傅家边农业园
中国人民银行溧水支行	人行溧水支行
江苏省溧水高级中学	省溧中
江苏省溧水中等专业学校	溧水中专校
南京市溧水区消防救援大队	区消防大队

洪蓝街道郭兴庄园粉黛乱子草　朱建伟 摄

溧水年鉴
LISHUI YEARBOOK
2022
打卡溧水
随愿而来

1月1日，溧水第四届秦淮源头灯会亮灯　徐小平 摄

9月30日，溧水永寿坊文化商业街区开街　方文 摄

3月3日，国家非遗保护项目骆山大龙民俗表演活动在和凤镇梦华苑景区举办　贺燕萍 摄

3月，高新区永阳园区段林水库周边综合环境改造工程完工，新落成的段林公园内的“玻璃栈桥”吸引市民“打卡”游玩
《今日溧水》报 供图

晶桥镇吕村　王鸿盛 摄

石湫街道九塘荷花盛开　杨孝林 摄

蔷薇在溧水街头巷尾盛开，图为荣昌花园外围墙　《今日溧水》报 供图

郭兴庄园紫藤隧道　陈昱 摄

江苏广电石湫影视基地　魏望 摄

南京农业大学白马基地　段修兵 摄

小茅山水库　石湫街道 供图

傅家边梅花山荧光步道 《今日溧水》报 供图

晶桥镇笪村马灯 赵青 摄

石臼湖枯水期，位于和凤镇张许村的草海，酷似宫崎骏电影《龙猫》中的草原　柯建国 摄

扫码观看更多溧水
二十四节气美景

立春，傅家边梅花山间　杨孝林 摄

小满，尹家边的麦田里　杨孝林 摄

惊蛰，秋湖山林里，春雷响、春笋出　区文旅局 供图

清明，石山下手工制作青团　区文旅局 供图

秋分，胭脂河上　《今日溧水》报 供图

大雪，无想山中　周云葱 摄

2021 年，溧水区 $PM_{2.5}$ 浓度均值下降 5.3%，空气优良率 81.1%，国省考断面水质达标率、优Ⅲ比例实现“两个 100%”，获评“中国气候宜居城市”。图为无想山天池　姜婧媛 摄

1 月，溧水经济开发区入选“2020 年度中国企业营商环境（案例）十佳园区”，获评“中国特色产业集聚发展典范园区”。图为位于开发区的溧水产业新城　王鸿盛 摄

3月，溧水区被中国会展行业年会组委会、《第一会展》杂志评为“中国会展经济产业贡献奖”“中国十佳会展名区”。图为6月26日在南京空港国际博览中心举办的第三十四届世界电动车大会暨展览会　《今日溧水》报 供图

5月，溧水区商业幼儿园被国家行政学院家庭教育研究中心评为全国家校（园）共育数字化项目示范幼儿园　张川 摄

艺术插花活动

维修家电服务

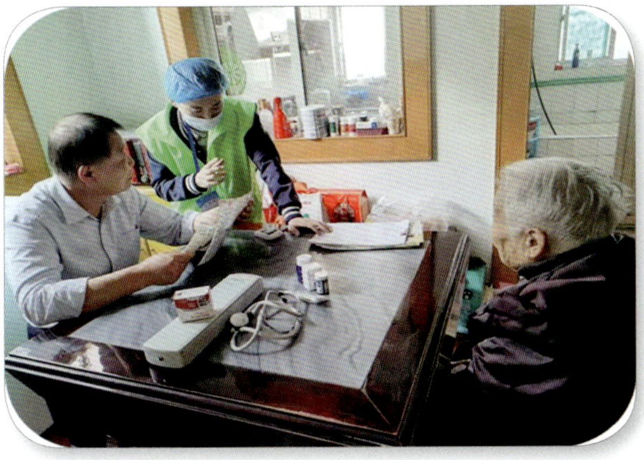

家庭医生上门服务

社区道路设施、休憩设施等适老化改造

10月，永阳街道秦淮路社区被全国老龄办评为全国示范性老年友好社区。图为秦淮路社区开展各种活动方便老年人生活　区卫健委 供图

9月30日，在溧水永寿坊文化商业街区开街暨2021南京文学季启幕仪式上，中国诗歌学会授予溧水区“中国诗歌之乡”称号　《今日溧水》报 供图

10月，中国公路学会公布“第二届全国美丽乡村路”评选结果，郭云线（枫石、孔枫段）入选，为南京市唯一获评的乡村路　《今日溧水》报 供图

12月，天生桥套闸被中国水利工程协会评为2019—2020年度中国水利工程优质（大禹）奖　《今日溧水》报 供图

12月，《溧水年鉴（2020）》在第八届全国地方志优秀成果（年鉴类）评比中被中国地方志指导小组办公室、中国地方志学会评为县级综合年鉴二等奖　章雨婷 摄

12月，南京金色庄园农产品有限公司被农业农村部等部门评为第七批农业产业化国家重点龙头企业。图为该公司农产品种植大棚　朱红生 摄

2021年，在中国共产党成立100周年之际，溧水区通过开展系列活动为党旗添光彩，以实际行动庆祝建党百年

4月20日，南京市方志系统“跟着方志学党史”活动启动仪式在溧水区石湫街道横山村举行　《今日溧水》报 供图

5月26日，大型红色原创史诗剧《红色李巷》在南京文化艺术中心大剧院首演　《今日溧水》报 供图

6月，四史教育馆在白马镇红色李巷建成开放　《今日溧水》报 供图

6月24日，“不忘初心，牢记使命”庆祝中国共产党建党100周年党史知识竞赛决赛在区融媒体中心演播厅举行
《今日溧水》报 供图

6月25日，区水务集团举办“学党史 · 为群众办实事——百年华诞颂党恩，创新担当开新篇”文艺会演主题活动 《今日溧水》报 供图

6月26日，“奋斗百年路，永远跟党走”溧水区庆祝中国共产党成立100周年主题演讲比赛决赛在区融媒体中心演播厅举行 《今日溧水》报 供图

6月29日，区城建集团打造的“四史公交”发车　《今日溧水》报 供图

7月1日，红色经典歌曲《石臼渔歌》MV正式发布　《今日溧水》报 供图

庆祝中国共产党成立100周年
The 100th Anniversary of the Founding of The Communist Party of China

建党100周年溧水发展成果概览

人口数据

年份	总人口	总人口中			出生率‰	死亡率‰
		非农人口	男	女		
1949	206831	2871	113757	93074	26.2	24.7
1950	210546	3411	115800	94746	31.8	19.1
1951	216724	4011	119198	97526	35.1	16.9
1952	218182	5317	120001	98181	34.7	16.3
1953	222582	5664	121532	101050	34.1	16.1
1954	222725	6089	122498	100227	34.8	25.6
1955	232573	8071	127915	104658	34	15.2
1956	236894	6823	132970	103924	34.9	13.8
1957	241216	7336	135826	105390	34.2	12.4
1958	244079	9810	133901	110178	19.5	23.2
1959	236248	8660	127052	109196	10.9	32.7
1960	229457	15413	124329	105128	10.3	40.1
1961	229530	15581	124718	104812	21.6	12
1962	239418	13084	129737	109681	46.3	9
1963	247900	12212	133388	114512	43.9	11
1964	257376	12071	137833	119543	45	10.1
1965	266959	12307	142601	124358	44.6	9.5
1966	276461	12453	147169	129292	41.6	9.3
1967	282063	10000	149069	132994	39.1	7.1
1968	293069	13000	152000	141069	37.6	7.2
1969	304087	10843	161528	142559	36.2	7.2
1970	316868	10884	167813	149055	38	7
1971	325990	11487	172708	153282	35.7	7.1
1972	332718	10924	175775	156943	30.7	7.6
1973	338536	14597	179395	159141	23.6	6.6
1974	341569	13343	180725	160844	19.8	6.2
1975	346017	13444	183286	162731	19.8	6.6
1976	349223	13941	185120	164103	17.8	6.4
1977	354473	15037	187489	166984	19.8	6.1
1978	357269	16094	188659	168610	14.9	6
1979	356116	18372	188006	168110	12.1	5.1
1980	358860	18845	189790	169070	10.7	5.5
1981	363722	19240	191649	172073	16.9	5.7
1982	367707	20211	193718	173989	14.9	5.9
1983	369381	20797	194444	174937	11.1	6.1
1984	370182	41922	194028	176154	9.2	5.8
1985	371686	46417	195450	176236	10.7	5.9
1986	374919	22815	197200	177719	14.9	6
1987	380363	24501	199837	180526	19.7	6.3
1988	385579	30549	202287	183292	19.1	6.7
1989	391143	33883	204900	186243	19.6	5.9
1990	396627	35118	207885	188742	18.5	6.2
1991	400696	36080	209998	190698	16.6	6
1992	402658	39758	211143	191515	12.8	6.3
1993	404500	41225	212112	192388	10.4	5.6
1994	405190	42841	212247	192943	9.8	5.9
1995	406572	45096	212731	193841	10.4	6.3
1996	408238	48082	212730	195508	9.6	6.2
1997	406497	50192	211833	194664	8.6	6.7
1998	404966	52274	210542	194424	9.4	6.1
1999	403519	54506	209829	193690	8.9	5.8
2000	403930	65675	209593	194337	14.5	8.3
2001	404326	73261	209587	194739	8.5	4.9
2002	403869	76278	209129	194740	7.05	4.63
2003	402279	80274	208001	194278	7.53	7.82
2004	402811	100352	208177	194634	8.26	5.05
2005	403694	107705	208308	195386	8.14	3.78
2006	405926	111909	208806	197120	7.8	3.56
2007	407282	117918	208849	198433	7.17	7.41
2008	410471	126697	209936	200535	8.24	5.12
2009	413690	142947	211167	202523	8.17	6.26
2010	413326	165015	210761	202565	10.23	17.20
2011	417051	168443	212249	204802	10.47	6.22
2012	418769	170370	212847	205922	11.16	9.15
2013	423330	184632	214522	208808	12.40	6.66
2014	427050	192590	215762	211288	12.35	6.72
2015	429553	193590（城镇人口）	217017	212536	13.87	7.43
2016	433720	164641（城镇人口）	218827	214893	14.48	6.65
2017	439146	167023（城镇人口）	221111	218035	14.83	8.00
2018	443821	188135（城镇人口）	223024	220797	13.30	6.70
2019	446750	213068（城镇人口）	224305	222445	10.09	6.47
2020	449803	260145（城镇人口）	225618	224185	10.41	7.21

地区生产总值

年份	地区生产总值（GDP）	其中：第一产业（亿元）	第二产业（亿元）		第三产业（亿元）	人均地区生产总值（元）
				其中：工业		
1949						
1950						
1951						
1952	0.3822	0.336	0.0293	0.0077	0.0169	176
1953	0.4106	0.351	0.0315	0.0061	0.0281	186
1954	0.3964	0.3385	0.0304	0.0067	0.0275	178
1955	0.4451	0.3811	0.0341	0.0086	0.0299	196
1956	0.5068	0.4235	0.052	0.0247	0.0313	216
1957	0.505	0.4321	0.0519	0.0266	0.021	211
1958	0.4785	0.3494	0.0992	0.0458	0.0299	197
1959	0.4886	0.3381	0.1202	0.0562	0.0303	203
1960	0.3794	0.2248	0.129	0.0535	0.0256	163
1961	0.3344	0.2159	0.0943	0.0401	0.0242	146
1962	0.3771	0.2896	0.0707	0.042	0.0168	161
1963	0.5345	0.451	0.0667	0.0408	0.0168	219
1964	0.6101	0.5049	0.0761	0.05	0.0291	241
1965	0.6676	0.5789	0.0662	0.0442	0.0225	255
1966	0.6915	0.5775	0.0866	0.0562	0.0274	254
1967	0.7481	0.6277	0.0913	0.0593	0.0291	269
1968	0.7082	0.5854	0.087	0.0565	0.0358	246
1969	0.7307	0.6077	0.0872	0.0511	0.0358	245
1970	0.761	0.625	0.1046	0.0532	0.0314	245
1971	0.7946	0.6487	0.1101	0.0641	0.0358	247
1972	0.8297	0.6683	0.1166	0.076	0.0448	252
1973	0.8664	0.6988	0.1225	0.0877	0.0451	258
1974	0.9047	0.7253	0.1296	0.0998	0.0498	266
1975	0.9447	0.7529	0.1363	0.1118	0.0555	275
1976	0.834	0.5786	0.202	0.1616	0.0534	240
1977	0.8758	0.5438	0.2563	0.1794	0.0757	249
1978	1.1227	0.5276	0.4491	0.3604	0.146	315
1979	1.3256	0.623	0.5302	0.4255	0.1724	372
1980	1.5411	0.7214	0.615	0.4935	0.2047	428
1981	1.6342	0.8305	0.5971	0.4792	0.2066	446
1982	1.789	0.9655	0.564	0.4526	0.2595	483
1983	1.937	1.0362	0.6233	0.5002	0.2775	526
1984	2.6186	1.421	0.7209	0.5862	0.4767	708
1985	3.2061	1.7507	0.915	0.7464	0.5404	864
1986	4.2154	2.4041	1.1549	1.0192	0.6564	1129
1987	4.2622	2.2697	1.3682	1.102	0.6243	1129
1988	4.4567	2.232	1.4752	1.2746	0.7495	1164
1989	5.0848	2.6246	1.5126	1.3463	0.9476	1309
1990	5.9547	2.8029	2.0468	1.77	1.105	1512
1991	5.9786	2.3224	2.457	2.1913	1.1992	1505
1992	7.8737	2.2978	3.7364	3.3929	1.8395	1960
1993	11.8333	2.7913	6.1544	5.6289	2.8876	2932
1994	17.4919	4.9407	8.7653	8.062	3.7859	4321
1995	24.0147	5.7259	12.3908	11.3237	5.898	5916
1996	27.8624	5.8704	14.6212	12.8378	7.3708	6825
1997	30.9379	6.1178	16.2599	14.2924	8.5602	7611
1998	33.717	6.203	17.9307	16.2548	9.5833	8326
1999	35.8298	6.0121	19.4527	17.5699	10.365	8917
2000	38.2703	6.942	19.3071	19.3071	12.0212	9480
2001	43.1528	7.4097	21.7758	19.4866	13.9673	10673
2002	49.6672	7.9	24.6428	20.6994	17.1244	12291
2003	61.2586	8.4085	32.3406	27.2604	20.5095	15197
2004	69.1873	9.2198	36.3121	35.0621	23.6554	17176
2005	84	10.7934	45.59	38.62	27.6166	20831
2006	103.75	11.67	58.73	50.0333	33.35	25629
2007	128.57	12.66	76.54	65.037	39.37	31566
2008	159.63	13.43	99.9	83.5001	46.3	39039
2009	191.08	14.66	123.16	105.12	53.26	46189
2010	243.64	22.38	156.6	132.6	64.66	58920
2011	315.02	26.01	188.59	159.79	100.42	70188
2012	366	29.33	222.11	188.41	114.56	87632
2013	460.02	32.89	252.31	213.12	174.82	103188
2014	515.57	35.56	278.85	235.39	201.16	122755
2015	572.58	36.24	306.49	259.08	229.85	135537
2016	624.96	40.05	328.53	279.61	256.38	145865
2017	700.03	42.27	362.98	313.6	294.78	156187
2018	789.09	44.16	411.76	356.99	333.17	168393
2019	852.37	48.48	419.38	351.59	384.51	178957
2020	911.51	50.42	459.57	387.10	401.52	186155

社会消费品零售总额

年份	社会消费品零售总额（万元）	年份	社会消费品零售总额（万元）
1949	253	1985	14186
1950	317	1986	18423
1951	397	1987	20211
1952	488	1988	23428
1953	653	1989	25510
1954	811	1990	26046
1955	842	1991	24310
1956	1027	1992	27173
1957	936	1993	35044
1958	1177	1994	47196
1959	1074	1995	59735
1960	1179	1996	84434
1961	898	1997	106114
1962	1071	1998	118888
1963	1175	1999	122885
1964	1236	2000	135703
1965	1416	2001	150631
1966	1653	2002	171800
1967	1781	2003	197107
1968	1548	2004	226892
1969	2000	2005	287235
1970	1995	2006	346286
1971	2135	2007	405476
1972	2487	2008	492433
1973	2606	2009	587577
1974	2797	2010	705114
1975	3096	2011	855303
1976	3553	2012	1031790
1977	3622	2013	1365722
1978	4235	2014	1559646
1979	5494	2015	1748211
1980	7166	2016	1935341
1981	7966	2017	2136617
1982	8787	2018	3262400
1983	9785	2019	3443300
1984	11419	2020	3498400

财政数据

年份	财政总收入（万元）	一般公共预算收入（万元）	年份	财政总收入（万元）	一般公共预算收入（万元）
1949	147		1985	2471	
1950	165		1986	2786	
1951	253		1987	3059	
1952	266		1988	3435	
1953	304		1989	4112	
1954	233		1990	4022	
1955	272		1991	3884	
1956	301		1992	4983	
1957	272		1993	8219	
1958	398		1994	11192	
1959	370		1995	14605	
1960	367		1996	16010	
1961	241		1997	17954	10415
1962	213		1998	19220	11362
1963	217		1999	21188	12878
1964	268		2000	24268	15925
1965	293		2001	24762	13601
1966	237		2002	35442	17852
1967	245		2003	49827	26738
1968	263		2004	59863	34667
1969	239		2005	70148	36062
1970	351		2006	90025	45505
1971	205		2007	119678	65008
1972	467		2008	175334	100168
1973	459		2009	236512	144188
1974	490		2010	321383	200168
1975	499		2011	392151	250008
1976	549		2012	450470	291998
1977	647		2013	552261	354008
1978	694		2014	625215	410671
1979	733		2015	727892	464041
1980	897		2016	883056	512806
1981	1141		2017	871377	566618
1982	1446		2018	1019919	630926
1983	1747		2019	1143998	705099
1984	1898		2020	1246809	790223

居民人均可支配收入

年份	全体居民人均可支配收入	城镇居民人均可支配收入	农村居民人均可支配收入（农民纯收入）
1949			
1950			
1951			
1952			
1953			
1954			
1955			
1956			64
1957			51
1958			36
1959			21
1960			36
1961			32
1962			41
1963			69
1964			68
1965			75
1966			67
1967			77
1968			76
1969			70
1970			65
1971			87
1972			80
1973			77
1974			84
1975			73
1976			86
1977			155
1978			175
1979			212
1980			284
1981			240
1982			288
1983			366
1984			434
1985			502
1986			619
1987			678
1988			612
1989			838
1990			964
1991			891
1992			1008
1993			1180
1994			1720
1995			2380
1996			2970
1997			3408
1998			3591
1999			3717
2000			3905
2001			4108
2002			4356
2003		8707	4670
2004		10242	5268
2005		12432	5944
2006		14564	6776
2007		17081	7740
2008		19899	8661
2009		22015	9547
2010		24468	10804
2011		28016	12716
2012		31602	14356
2013		34686	16065
2014	26748	37659	17233
2015	29115	40685	19025
2016	31736	44082	20650
2017	34865	48156	22558
2018	40156	52393	24701
2019	43836	56863	27082
2020	46655	59740	29078

（区统计局）

2021 年，溧水区位列全省县一级乡村振兴考核综合排名第一等次 。图为高铁溧水站　薛昌春 摄

溧水年鉴
LISHUI YEARBOOK
2022
乡村振兴

3 月 24 日，2021 年全省农业农村重大项目建设现场推进会举行，溧水作为南京分会场，在南京国家农高区举行一季度农业项目集中开工仪式　《今日溧水》报 供图

3 月 27 日，2021 南京溧水草莓式同步举行　《今日溧水》报 供图

11 月，洪蓝街道傅家边社区、东屏街道长乐社区、晶桥镇水晶村被农业农村部评为 2021 年全国乡村特色产业亿元村。图为傅家边农业园精品草莓园　卞维亮 摄

文化节开幕，溧水乡村建设行动启动仪

9月，永阳街道工农兵社区的《南京市“531”工作法巧界定，创新思路促股改》入选农业农村部《2021年农村改革试验区改革实践案例集》。图为工农兵社区召开“村社分账”村民代表大会　曹振 摄

南京农业大学白马基地实验大棚内，葡萄丰收，果农们忙采摘　《今日溧水》报 供图

9月30日，江苏南京国家农业高新技术产业示范区被中国技术市场协会授予第三届三农科技服务金桥突出贡献奖。图为南京国家农高区内的南京日昌太阳能发电项目基地　郑富芹 摄

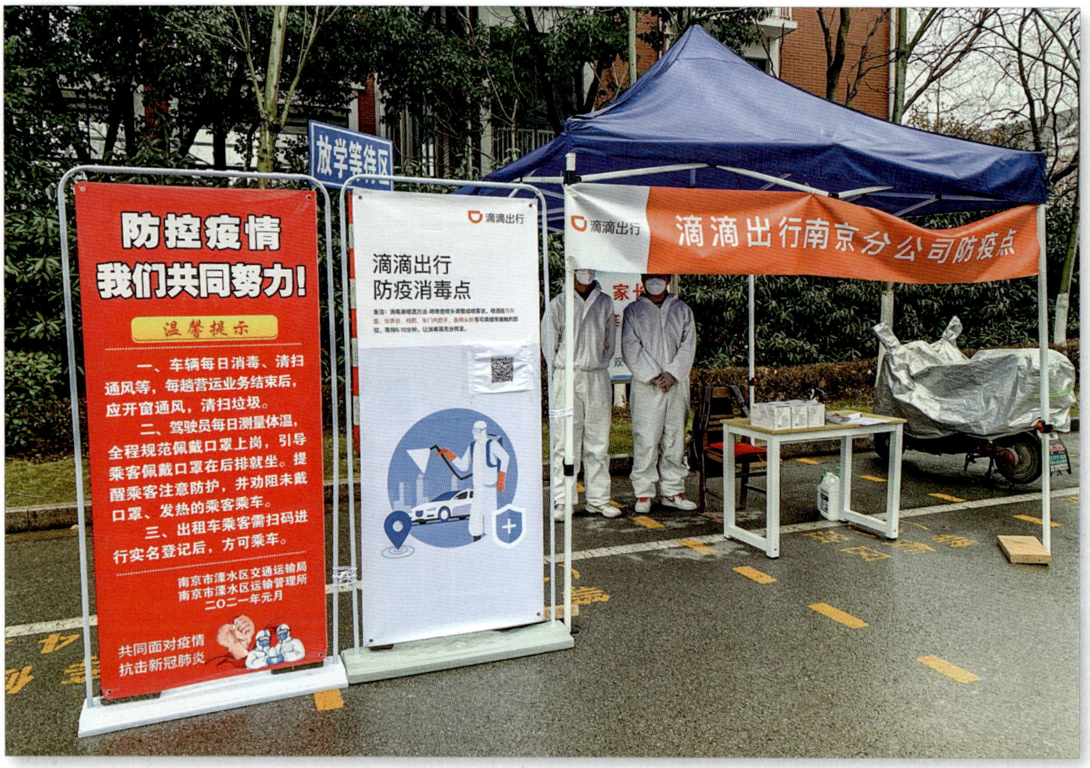

2月3日，溧水区首个出租车公共防疫消毒点启用　《今日溧水》报 供图

7月21日，溧水[

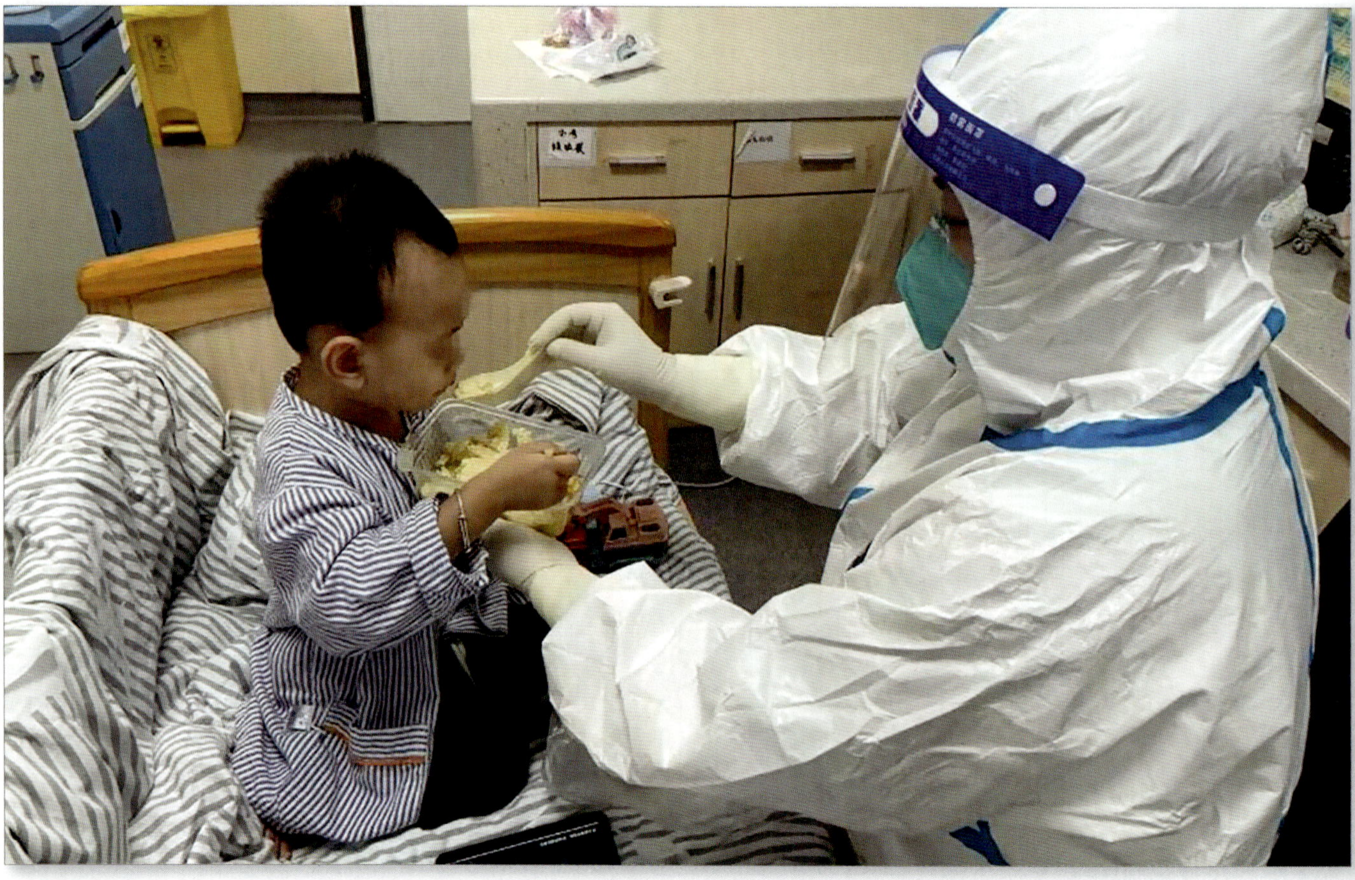

8月3日—9月30日，溧水区中医院作为全国首家新冠肺炎治愈患者定点康复医院，完成2021年南京地区237名新冠肺炎治愈患者的康复任务。图为区中医院“大白妈妈”24小时专职照料新冠肺炎治愈患者2岁儿童“小俊”　区中医院 供图

开展第一次全民核酸检测。图为现场设置的优先通道　《今日溧水》报 供图

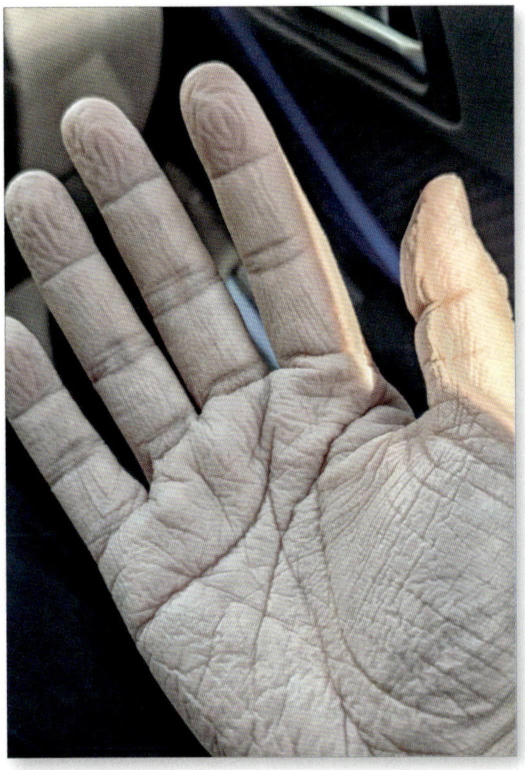

核酸检测过程中，医务人员身穿防护装备长时间工作，手掌被汗水“浸泡”后发白肿胀　《今日溧水》报 供图

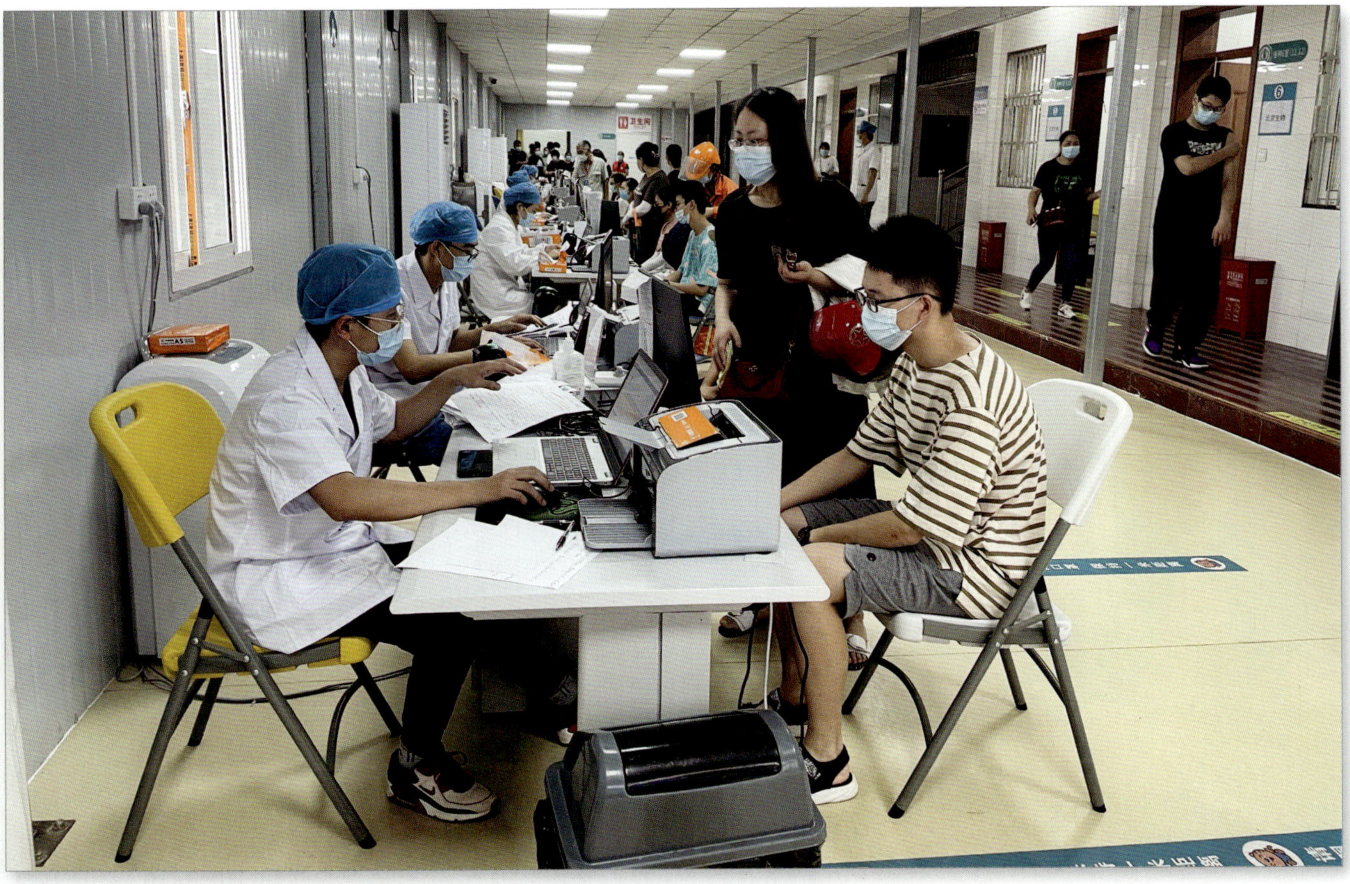

8 月 24 日开始，溧水区有序启动 12～17 岁学生新冠病毒疫苗接种　《今日溧水》报 供图

1月10日，溧水公安分局举行升警旗仪式，庆祝首个“中国人民警察节”　《今日溧水》报 供图

3月3日，全省首个“零碳小屋”在傅家边山凹村启用　赵溧 摄

3月14日8时30分，2021“莓好生活，美溧开跑”溧水山地半程马拉松赛鸣枪开跑，1.2万余名选手参赛　杨孝林 摄

9月，省文旅厅公示江苏“运河百景”标志性运河文旅产品，溧水咪豆音乐节上榜。图为5月1—2日，第九届咪豆音乐节在溧水天生桥景区举行　《今日溧水》报 供图

5 月 14 日，2020 年度“最美溧水人”颁奖仪式在区融媒体中心演播大厅举行 《今日溧水》报 供图

6 月 3 日，“溧水融媒直通厅——区长企业家面对面”活动在区融媒体中心举办
《今日溧水》报 供图

6 月 23 日，首届全国智能驾驶
水智能网联汽车测试及示范道路举行

5 月 22 日，“为爱减负，幸福加码”溧水区婚俗改革集体婚礼在天生桥景区音乐谷举行，28 对新人携手步入婚姻殿堂

《今日溧水》报 供图

测试赛（江苏赛区）发车仪式在溧

《今日溧水》报 供图

2021 年，溧水区全面落实省市助企纾困相关政策，帮助企业获得授信 1080 亿元，兑现奖补资金 4642 万元。图为受助企业南京创维家用电器有限公司生产线

《今日溧水》报 供图

9 月 16 日，溧水公安分局联合“饿了么”溧水公司在海乐城广场举行“警骑联手，全民反诈”活动启动仪式，300 多名“饿了么”外卖骑手加入反诈志愿者队伍

《今日溧水》报 供图

9月22—25日，由国家体育总局主办、霹雳舞项目在国家极限运动溧水训练基地

9月，孔镇小学开设武当太极拳课　杨孝林 摄

溧水区政府承办的第十四届全运会举行　《今日溧水》报 供图

12月16日，溧水区举行新能源汽车产业链企业家早餐会，邀请30家链上重点企业代表，围绕“聚‘溧’智造，人车未来”主题开展座谈交流

《今日溧水》报 供图

2021年，溧水区在公共场所安置“朗读亭”，让居民享有一片安静的朗读名篇佳段的空间　季春燕 摄

7月，教育部“双减”政策出台，9月22日起，全市中小学课后服务全面展开。图为区实验小学崇文路校区每周五开展社团活动　《今日溧水》报 供图

2021 年，溧水区 515 个城乡建设任务有序推进，完成棚户区改造 31 万平方米，创成省级宜居示范小区 5 个。图为改造后的东庐集镇　张川 摄

2021 年，溧水区创成省级技术创新中心 1 个、省市级工程技术研究中心 20 个，净增高新技术企业 63 家、规上工业企业 124 家，新增省专精特新“小巨人”企业 9 家，获批省知识产权强省建设示范区。图为 8 月 24 日举办的 2021 南京溧水科技型企业招商推介会　宋新华 摄

2021 年，溧水区获评全省推进高质量发展先进区，签约引进亿元以上项目 290 个，制造业占比 65%。图为 3 月 26 日在深圳举办的 2021 南京制造业高质量发展试验区推介会　《今日溧水》报 供图

2021 年，溧水区推进南京临空经济示范区溧水片区建设，开创“跨境电商进出口 + 海内外直播”新业态，外贸及港澳台贸易总额创历史新高。图为 9 月 15 日举行的溧水跨境电商 B2B 直接出口（9710）业务苏豪首批发运仪式，首批货物通过中欧班列“江苏号”南京—荷兰蒂尔堡专列发运出口　《今日溧水》报 供图

总　目

目　录

特　载

大 事 记

区情概览

党政机关

民主党派　工商联　人民团体

法　　治

军　事

经 济 管 理

江苏南京国家农业高新技术产业示范区

都市农业

制造业

建筑业

旅游业

金融业

房地产业

商贸服务业

数字经济

经贸合作

城乡融合发展

生 态 环 境

科学技术

教　育

文　化

卫生健康

体 育

就 业

收入与分配

社 会 事 务

应 急 管 理

街道　镇

人　物

附　录

Contents

溧水记忆(1921—2021):庆祝中国共产党成立100周年

新民主主义革命时期

1919年的五四运动是中国新民主主义革命的伟大开端,也为1921年7月中国共产党的成立作了思想上、干部上的准备。中国共产党成立后,领导中国新民主主义革命不断从胜利走向新的胜利。

第一次、第二次国内革命战争时期,在中国共产党领导下,溧水人民为反抗帝国主义、封建主义和官僚资本主义的压迫剥削,进行了此起彼伏的斗争。

1925年,"五卅"爱国运动期间,溧水教育会通电全国,以示声援;溧水师范学生开展募捐活动,支援上海工人家属。1926年,溧水渔民为反抗苛捐杂税和无辜拘捕渔民举行罢市。1927年,北伐军占领溧水,建立革命政权,组织工会、农会,斗争土豪劣绅。1934年,在地下党组织的领导下,溧水飞机场建场工人举行全场大罢工,反对资本家的虐待和剥削。1935年5月,全县小学教师罢教,反对国民党当局把全县教育经费用于扩大内战。

抗日战争时期,溧水是新四军进入苏南敌后最先到达的地区之一,并一度成为苏南敌后抗日斗争的中心区,也是新四军南下发展苏浙皖边区一个重要的前进基地。1937年11月29日,侵华日军出动飞机37架次投下155枚炸弹,对溧水县城进行狂轰滥炸,致使1200余名平民罹难,5000余间民房被毁。12月4日,日军侵占溧水,设立据点、烧杀淫掠,策划成立"维持会",实行奴化统治。当时,国民党军撤退,土匪盗贼、地主豪强、大刀会等势力各霸一方,溧水人民饱受奴役压迫。

1938年,毛泽东同志作出的战略部署揭开中国共产党领导溧水人民进行抗日斗争的序幕。4月28日,粟裕率新四军先遣支队从皖南出发,先往苏南敌后实施战略侦察,5月下旬进入溧水县境。6月1日,陈毅率新四军第一支队进抵苏南,6月8日与先遣支队在溧水新桥会师。7月,张鼎丞率新四军第二支队挺进苏南敌后。第一、二支队所属部队和民运工作队在溧水等地区动员和组织群众抗日,开办青年抗日训练班、党员训练班等,积极发展党员,培养党的骨干,建立党的组织。1939年3月,抗日战争时期溧水第一个县级党的领导机构——中共溧高县工委(后改称溧高县委、阳溧高县委)成立,书记曹明梁。7月,中共江当溧县工委(后改称县委)、中共江溧句县工委(后改称县委)先后成立,书记分别由陈辛、姜杰担任,标志溧水三块抗日游击根据地初步建成。至1940年8月,溧水境内共建立4个区委、17个党支部,24个党小组,发展党员170余人。

1939年初,国民党采取"消极抗战、积极反共"

的政策，加紧防范与限制共产党的活动。1940年春，国民党第三战区不断制造事端，蓄意挑衅，为顾全抗战大局，新四军退出溧武路南溧水地区，阳溧高县委被迫转为秘密坚持。皖南事变前夕，斗争环境更加险恶，江当溧、江溧句地区爆发刀会暴乱，江当溧县委副书记费明龙等惨遭杀害。溧水全境处在敌人夹击下，溧水人民抗日斗争进入第一个艰苦时期。

1941年1月皖南事变后，苏南新四军整编为新四军第六师，谭震林任师长兼政委。苏皖区党委成立，谭震林任书记，邓振询任副书记，统一领导苏南敌后抗日根据地的中共党组织。在苏南坚持抗日斗争的新四军第二支队整编为新四军第六师第十六旅，从太滆地区西移抵达溧阳地区。5月，中共溧水县委、溧水县抗日民主政府在溧阳竹箦桥地区成立，周志坚（即周嘉琳）任县委书记，许维新任县长，着手恢复溧水抗日游击根据地。10月，邓振询率苏皖区党委机关随十六旅活动于溧阳塘马地区，十六旅四十六团在政委钟国楚、团长黄玉庭率领下，重返溧水。11月25日，300多名日寇在伪军配合下，向四十六团驻地马占寺进攻，新四军给敌人以重创，为恢复溧水抗日游击根据地奠定基础。11月28日，日军3000余人扫荡新四军十六旅旅部驻地溧阳塘马，新四军第六师参谋长兼十六旅旅长罗忠毅、十六旅政委廖海涛为掩护旅部和区党委机关撤退，壮烈殉国。塘马战斗后，中共苏皖区委、苏南行政专员公署机关和新四军十六旅旅部迁驻溧水，溧水抗日根据地成为中国共产党领导的苏南人民抗日斗争的中心区。不久，谭震林到溧水根据地整顿十六旅，亲自兼任十六旅旅长。

1942年初，中共中央华中局第一次扩大会议后，新四军第六师政治部主任兼十八旅旅长江渭清到苏南，改任十六旅政委、苏皖区党委书记。同年4月，苏皖区党委在溧水经巷召开扩大会议，传达贯彻华中局第一次扩大会议精神，谭震林、江渭清、邓钟铭作重要讲话。会后，在苏皖区党委直接领导下，溧水抗日根据地进行全面建设，整顿、发展党的组织，建立各级抗日民主政权和地方抗日武装，积极开展大生产运动和减租减息运动，溧水成为苏南地区减租减息工作的试点县和模范县。苏南党政军机关驻溧水期间，召开了许多重要会议，做出了许多重要决策，指导了苏南抗日斗争的开展。

1942年底，为了加强苏南地区的抗日斗争，王必成率新四军第二旅主力与刘季平率领的抗大九分校由苏中南下。1943年初，二旅与抗大九分校先后到达溧水中心区，与新四军十六旅合编，王必成任旅长，江渭清任政委，抗大九分校编为十六旅特务团。至此新四军十六旅下辖四十六、四十七、四十八、五十一团和特务团共6000余人，苏南新四军得到大力加强，溧水根据地进入全盛时期。

苏南党政军机关迁驻溧水，引起日顽不安。1943年4月，国民党顽固派调集十二个团的兵力，大举进攻溧水抗日根据地中心区，新四军被迫自卫。这就是苏南抗战史上著名的苏南反顽战役。该战役结束后，新四军十六旅主力部队及中共苏皖区委机关、苏南行政公署从溧水中心区撤退到溧武路北，溧水县县、区干部坚持在溧水原地进行斗争。由此，溧水地区的抗日斗争，进入抗战以来第二次艰难困苦的时期。

国民党顽军占领白马桥以南的溧水中心区后，残酷迫害溧水抗日军民，韩胡区区长邹毅、蒲塘区区长任重、韩胡区琴音乡乡长陈序昭等壮烈牺牲。同时，日伪军加强“扫荡”，中共苏皖区委敌工委员会干部谭雨文、公安干部曾星，溧水县抗日民主政府副县长周志远、县委青年部长杨希，韩胡区区长戴国光等为国捐躯。这一时期，许多优秀的共产党员、抗日干部，为了坚守由抗日军民用鲜血开辟、创建的溧水抗日根据地，英勇地同敌人进行艰苦斗争，在溧水土地上流尽最后一滴血。

1943年9月底，日伪军集结重兵向苏浙皖边区国民党控制地区发动进攻，国民党部队闻风溃逃。新四军尾敌追击，恢复溧水地区，苏南党政军领导机关重返溧水，溧水又成为苏南敌后党政军的领导和指挥中心。同年12月，苏皖区党委机关、苏南行政公署随新四军十六旅旅部南进，开辟苏浙皖边区。1944年6月，溧水、高淳合并成立溧高县，根据地有了进一步地扩大。党领导的地方武装不断壮大，县有总队，区有大队，乡有中队，村有游击小组，并主动出击敌人，显示了人民战争的威力。

1945年，抗日战争进入反攻阶段。中共溧水县委、县政府领导溧水人民，开展反伪化斗争，围困打击敌人，积极发展生产，支援天目山反顽战役。8月15日，在地方武装的配合下，新四军在张家岗村全歼来犯之敌，此为溧水地区抗日最后一仗。同日，日本宣布无条件投降。18日，驻溧水日军撤离。19日，溧高县政府和专署机关进驻县城。全县掀起参军扩武、筹粮备粮高潮，为解放南京城做准备。经过八年浴血奋战，中国人民终于迎来了抗日战争的伟大胜利。9月下旬，中共中央为争取和平民主建国、避免内战，决定将南方8个解放区的军队撤出。10月10日，溧高、横山两县党政人员随新四军主力部队渡江北上，留下少数人员组建溧高、横山两县新四军留守处。

解放战争时期，国民党反动派大肆搜捕未北撤的新四军和抗日基层干部，疯狂迫害随军北撤军政人员家属，留守人员在极为艰苦的条件下坚持斗争，直到1949年4月人民解放军南下，胜利完成原地坚持斗争任务。

1949年4日20日，毛泽东、朱德发布《向全国进军令》，中国人民解放军百万雄师横渡长江，于23日占领南京，摧毁蒋家王朝，宣告国民党反动政权的覆灭。人民解放军乘胜前进，25日解放溧水。28日，中国人民解放军三野第八兵团34军一部进驻溧水；30日下午，南下接管溧水的党政工作队一行129人到达县城；5月1日贴出中国人民解放军总部和华东军区关于新区政策的布告，以安定民心。随后中共溧水县委、溧水县人民政府宣布成立，县委书记苏进程、县长张君实，新政府开始接管国民党政府遗留的政治、军事、经济、文化教育机构。同日，解放军华东警备第七旅二十团二营进驻溧水，剿匪肃特，维护社会秩序。全县划为6个行政区（稍后又划出第七区和第八区），由区委书记、区长带领党政班子于3日到达各区驻地，接收接管，标志着区委和区政权的正式建立。10月1日，毛泽东主席在北京天安门城楼上向全世界庄严宣告，中华人民共和国中央人民政府成立。消息传来，全县人民扬眉吐气，欢声雷动，集会欢庆。

社会主义革命和建设时期

1949年4月25日，溧水解放。5月初，溧水县委县政府宣告成立。溧水解放之初，城乡共有人口20.6万人，新建立的人民政府将原来12个乡镇划分为6个行政区（至1950年1月，调整为8个行政区）。1949年5月24日，溧水开始建立基层人民政权，至1950年年底，全县划为68个乡镇，建立438个行政村，下辖行政组1211个。与此同时，按照党中央要求，从上到下、由点到面，组织农民建立农民协会，恢复和发展农业生产。至1950年2月底，全县6个区成立农民协会、2个区成立农民协会筹备委员会，成立乡农协会34个、乡农筹会19个，成立行政村农协会或农协会小组3987个。同月，县农民协会正式成立。

解放后，地处国民党统治中心南京外围的溧水，国民党残余势力的社会根基较强，县委县政府组织发动群众，有计划、有步骤地开展声势浩大的剿匪肃特斗争，狠狠地打击了敌人的嚣张气焰。同时，大力开展打击投机倒把、哄抬物价的违法行为，确保市场价格全面稳定；积极落实国家财经政策，开展城乡金融工作。限期禁用“金圆券”，取缔银圆，保证物价稳定。同时，改造旧有工商业，建立新型工商业体系。1950年3月，溧水建立第一家国营工商企业，国营工商业开始从无到有不断壮大，逐步确立在工商经济中的主体地位。根据中央决定及上级部署，县委领导开展“三反”“五反”运动，纯洁了党、团组织和干部队伍，使工商界受到教育、增强守法意识。

1950年11月至1953年7月，县委、县政府发动并依靠人民群众开展“抗美援朝、保家卫国”运动，通过增产节约、捐款捐物、参加志愿军和以反细菌战为中心的爱国卫生运动，激发广大群众爱国热情。1950年9月至1951年3月，开展土地改革运动，彻底废除地主阶级封建剥削的土地所有制，占全县总人口49.92%的贫农土地占有率从土改前的21%上升到53.42%，极大解放农村生产力。为巩固新生政权，开展历时3年的镇压反革命运动，胜利完成打击和摧毁反革命残余势力的任务。另外，还开展了禁赌禁毒、宣传贯彻婚姻法等各级社会民主改革运动，促进了社会风气改善。

1949年至1952年间，溧水教育、文化、卫生事业得到有效调整与发展。县委、县政府在接管恢复原有学校的基础上，调整学校布局，改革教学内容、改善教育设施，加强教师队伍建设；提倡学校向“工农开门”，工农业余教育迅速发展。成立县文化馆和区文化站，组织开展形式多样的文艺宣传活动。积极开展公共卫生、疾病防治、医疗保健等项工作，成立县卫生院和区乡卫生所、联合诊所；开展以除“四害”为中心的爱国卫生运动，先后消灭霍乱、鼠疫和天花。

中共溧水县委成立后，全县党的建设揭开新

篇章。县委着手整理原有地下党组织，把农村和机关作为建党重点，积极慎重发展党员，根据整党要求，组织领导整风和整党运动。1952年8月5日，溧水县第一期党训班开学，至11月底，全县共建立党支部75个，有党员570人。

从1953年起，县委及时宣传和贯彻党在过渡时期的总路线，开始有计划地经济建设，先后制定出农业生产、工业经济和商业经济第一个五年计划，有步骤地全面开展对农业、手工业和资本主义工商业的社会主义改造。通过"三大改造"运动，一个新的社会主义经济制度在溧水城乡基本建立。

全县政治建设稳步发展。经全县普选人大代表后，1954年7月12日，溧水县首届人民代表大会召开，人民群众当家做主的权利有了根本保障。县委认真贯彻党的统一战线方针政策，1956年10月召开的第二届人民代表大会，非党劳动群众和民主人士占代表总数60.2%。1956年4月24—27日，中共溧水县第一次代表大会召开，大会提出的经济和社会事业目标任务，极大激发全县广大干部群众建设社会主义的热情。

县委十分重视党的政治思想建设，1954年11月建立溧水县干部培训学校。1955年4月，县干部培训学校更名为县委党训班，开始有计划、有组织地培训教育干部。1956年创办五日刊《支部生活》和《溧水报》，成为党的方针政策宣传阵地和政治思想教育阵地。根据中共中央《关于审查干部的决定》，在省委、地委领导下，1955年5月，县委部署开展审干运动；6月至次年6月，开展肃反运动，清查暗藏在文教队伍、党政机关和企事业单位干部中的反革命分子和其他坏分子，进一步纯洁干部队伍。

1956年2月，县委贯彻落实中共中央《1956年到1967年全国农业发展纲要（草案）》，先后两次召开农业高额丰产评模大会，表彰先进典型，推动全县农业生产；举办农业展览会，设置7个展馆，展示中华人民共和国成立以来全县在农、林、牧、水利等建设方面取得的成就，让全县城乡干部和群众接受一次社会主义教育。

1956年，党的八大召开后，县委认真学习贯彻会议精神，明确当前的主要任务是集中精力发展生产力，把溧水县尽快从落后的农业县变为先进的工业县。在顺利完成第一个五年计划的基础上，制定第二个五年计划，明确县工业、农业和各项社会事业发展目标。

1957年5月，根据中央和省委、地委指示精神，县委成立整风领导小组，在全县开展整风运动，受全国形势影响，出现反右斗争扩大化倾向。在整风运动后期，县委根据广大党员干部群众以及党外人士意见建议，对县级机关开展精减和缩编工作，建立干部参加劳动制度，建立与人民群众联系制度，改善了党群、干群关系，促进了干部作风的转变。

党的八大二次会议后，全县开展"大跃进"和人民公社化运动，"左"的错误随之出现。1961年起，县委贯彻中央对国民经济实行"调整、巩固、充实、提高"八字方针，全县国民经济逐步摆脱困境，走上稳步发展的轨道。1963年1月16—19日，中共溧水县委第三次代表大会召开，决定继续调整全县国民经济，当年全县工农业生产明显回升，至1965年国民经济调整任务胜利完成。在此期间，县委根据省委、地委的部署，开展一系列社会主义教育运动。1965年4月25—27日，中共溧水县第四次代表大会召开，学习贯彻毛主席关于政治工作的论述，总结几年来政治工作方面的经验教训，研究今后进一步加强政治工作的意见。

1966年8月，"文化大革命"全面发动。虽然全县的各项工作和社会正常秩序受到很大破坏，但溧水广大干部群众依然以坚持生产、坚守岗位的实际行动，抵制"左"的错误路线的干扰和破坏。1976年10月，粉碎江青反革命集团的消息传开后，全县一片沸腾。11月1日，溧水举行声势浩大的群众集会和游行，各界人士自发走上街头，游行群众超过30万人次。随后，根据上级会议精神，县委部署开展揭发批判和清查江青反革命集团在溧水的活动。经过两年多时间的揭发批判、平反冤假错案，开展真理问题大讨论，全县广大干部群众从思想上、理论上和组织上逐步肃清其流毒和影响。

与此同时，县委加强对工农业生产的领导，贯彻第二次全国农业学大寨会议精神，提出加快建设大寨式溧水的步伐，实现农业"五大上"（即粮食、油料、生猪、养殖业、社队企业）的目标。以兴修水利、格田成方为重点的农业基础设施建设得到迅速发展，1978年创特大旱灾年取得农业大丰收的奇迹。县委在恢复和发展农业生产中，非常重视科学种田。一是推广杂交稻，1978年县农科所南优2号杂交稻获镇江地区科技大会奖；二是发展双季稻，被省列为单季稻改双季稻五个试验示范县之一。全县工业也进入大发展时期，创办了一批新的工业企业，如活塞环厂、纤维板厂等。1976年以后，社队工业大力发展，至1978年年末，全县社队工业企业实现总产值3167万元，初步形成多门类、多品种的社队工业框架体系。

1977年，党中央决定恢复高考制度，当年全县考取大学本科44人、大专62人。1978年，县委决定恢复教师进修学校，并重新任命一批中小学校长，建立起正常的学校工作秩序，全县教育事业走上健康发展轨道。1978年3月10—13日，县委召开全县科学技术大会，动员广大科技工作者，向科学技术现代化进军。先后恢复县科学技术委员会和县科学技术协会，组织开展科学技术研究和成果转化，广泛开展科学普及活动。1977年，溧水县被江苏省列为蚕桑生产重点县、茶叶生产重点县。1978年，县林场科研项目获省科学大会成果奖。卫生事业快速恢复发展，恢复县卫生防疫站和县妇幼保健所，新办赤脚医生卫生学校。1978年11月，江苏省结核病防治工作经验交流会在溧水召开，会上介绍了溧水县因陋就简办疗养所、开展群防群治肺结核的经验。1978年，县城主干道铺设柏油路面达17395平方米，溧水商场、图书馆、溧水影剧院等设施相继竣工运营，城区电话实行自动拨号。

1978年12月，党的十一届三中全会在北京胜利召开，这是中华人民共和国成立以来党的历史上具有深远历史意义的伟大转折，实现了全党工作中心的转移。从此，溧水与全国一样，进入改革开放和社会主义现代化建设的新时期。

改革开放和社会主义现代化建设新时期

1978年12月18—22日，党的十一届三中全会在北京召开。全会公报发表后，县委召开常委会（扩大）会议，学习贯彻党的十一届三中全会精神。是年年底，各公社党委分期分批轮训农村党员和生产队长以上干部。全县各企业主管部门和县级机关部门采取多种形式组织学习全会精神。1979年2月26日至3月4日，县委、县革委会召开县、社、队三级干部大会，集中组织学习。5月，县委宣传部组织宣讲团，到各公社、机关、工厂、学校等单位宣讲。同年，县委党校面对县各部门领导干部和县级机关干部举办培训班3期，共406人参训。同时，县委在全县普遍开展真理标准问题大讨论的补课。

1981年6月27—29日，党的十一届六中全会召开，审议并通过了《关于建国以来党的若干历史问题的决议》。县委先后召开常委会、三级干部会议，学习宣传和贯彻党的十一届六中全会精神。根据中央和省委有关文件精神，在全县开展历史遗留问题的复查，开展平反冤假错案、落实知识分子政策等工作。

1978年11月，安徽凤阳梨园公社小岗村18户农民冒着风险，包干到户，揭开了全国农村经济改革的序幕。包产到户、包干到户的“双包”责任制得到中央肯定并迅速在全国推广。至1982年年底，全县2798个生产队中，实行包干到户的2774个，占99.14%。1979年2月，县委提出并出台一系列政策发展多种经营，鼓励公社、大队因地制宜、突出重点，发展茶、麻、桑等经济作物，支持农民发展家庭副业。同时，改变单一抓农业经济的方针，走农、副、工全面发展道路。1982年年底，全县有社办企业160家，比1978年增长52.4%。

1978年，县法院、检察院恢复建制。1981年5月22日，溧水县第七届人大一次会议召开，这是改革开放后溧水召开的第一次人民代表大会，标志着溧水民主法制建设的恢复。同年5月21日，溧水县政协第一届第一次会议召开，选举产生溧水县政协常设机构——政协常委会。

党的十一届三中全会以后，全县党建工作稳步推进。1980年开始，采取上党课和多种形式教育轮训党员。县委组织部制定党员发展计划，加强对入党对象的培养。开展党支部的整顿和建设，建立健全基层党组织工作制度。1978年，县委组织部对党员干部借婚丧嫁娶、建房、生小孩等广收厚礼，大摆酒席、铺张浪费等不正之风问题进行查处。1981年，县委颁发《关于执行〈关于党内政治生活的若干准则〉，纠正不正之风的几项决定》。1982年，处分了在经济、计划生育、赌博等问题上犯有错误或严重错误的党员干部。

1983年12月开始，县委对农村人民公社体制进行改革，实行政社分设。1984年4月初，县委决定撤销人民公社，重新建立乡镇人民政府，并设立乡镇经济联合委员会。撤销生产大队，改为行政村，成立村民委员会。撤销生产小队，改为村民小组。全县16个公社、1个镇、213个生产大队，全部按规定进行了农村管理体制改革。

中共十二大后，农村改革进一步深入，全县农村不断改善农业结构，因地制宜发展多种经营。党的十二届三中全会后，全国经济体制改革进入以城市为重点的改革阶段，溧水县城镇经济体制改革全面展开。1982年以后，全县个体经济得到恢复和发展。1984年10月20日，党的十二届三中全会通过《中共中央关于经济体制改革的决定》，商品经济观念逐步深入人心。私营经济和中外合资经济也开始出现，一个以公有制为主体，多种所有制经济成分共同发展的经济体制在溧水初步形成。

为适应新时期、新任务的发展需要，县委不断加强干部队伍建设。同时，按照中央有关文件精神，妥善办理干部离退休。1984年年初，为适应改革开放形势，县委、县政府精简党政工作机构、人员编制、领导职数，合并一些职能重复的工作部门。

1982年3月，县委根据中央办公厅有关文件精神，在全县范围内广泛深入开展第一个“全民文明礼貌月”活动。1984年3月，广泛开展创建文明单位活动，在农村广泛开展创建文明村（单位）活动，大力推广“双文明户”（即社会主义物质文明和精神文明）经验。1985年，县委结合“苏南反顽战役阵亡将士纪念塔”落成，在全县开展继承革命优良传统的爱国主义教育。1986年，县委组织开展了学习战斗英雄韦昌进等英模的活动。1990年12月，根据上级要求在全县农村广泛深入地开展社会主义思想教育。

1982年10月，党的十二届二中全会通过《中共中央关于整党的决定》。根据中央部署，溧水属第二期整党范围，1985年3月至1987年3月，全县共有27个党委、24个党总支、570个党支部、1.28万名党员参与。1987年3月13—15日，省委在溧水县召开全省各市整党办公室主任会议，县委在会上做经验介绍。同年9月11—13日，中共溧水县第七次代表大会召开，大会对于切实加强和改进党的领导，提出具体措施。

1990年9月12—14日，中共溧水县第八次代表大会胜利召开。大会制定三年分两步走的奋斗目标：第一步，到1991年，力争国民生产总值在1980年的基础上翻两番（达到6亿元）；第二步，到1993年，国民生产总值保7亿元、争8亿元。

1992年，邓小平南方谈话发表后，县委、县政府及时组织全县党员干部认真学习领会谈话精神，开展了新一轮解放思想大讨论。3月，县委、县政府制定《关于提高干部队伍素质，加快改革开放、经济发展和基础设施建设的意见》。6月，县委作出建立溧水经济技术开发区的重要决策。1993年11月，经省政府批准，溧水经济技术开发区被列为首批13家省级经济开发区，定名为“江苏省溧水经济开发区”。县委、县政府以引进外资及港澳台资为重点，加快发展外向型经济。1996年至2000年，全县新批外商、港澳台商投资企业50个，投资总额1.35亿美元，实际利用外资及港澳台资1990万美元。

1994年5月，县政府颁发《关于鼓励扶持个体经济发展的意见》，县工商局出台相关配套文件，全县个体私营经济发展进入快车道。至1995年年底，全县有各类集贸市场25个，总面积5.28万平方米。

1994年7月12—14日，中共溧水县第九次代表大会召开，大会制定此后五年奋斗目标。1997年年底，在党的十四届三中全会和十五大精神鼓舞下，县委、县政府打响深化企业改革攻坚战，将县属国有、集体及乡镇企业实施产权改制，大多数企业改为民营。至2000年年底，全县个体工商户5767户，注册资金8012万元，从业人员1.19万人；私营企业625家，注册资金5.51亿元，从业人员5816人。

1999年8月19—21日，中共溧水县第十次代表大会召开，大会提出全面加强党的建设的措施，提出此后5年的奋斗目标：国内生产总值年均递增10%以上，财政收入年均递增10%以上。

2000年3月，根据中央部署，县委开展“三讲”（即讲学习、讲政治、讲正气）教育活动。针对全县发展氛围不浓、动力不足和软环境不宽松等问题，开展“双思”（即致富思源、富而思进）教育活动。

2000年12月，根据中央和省委部署，县委在全县开展“三个代表”重要思想学习教育活动，县级机关和各镇开展进村驻户活动。各学教单位着重从加强村级经济组织建设、深化完善村务公开和村账镇管（组账村管）、保护和调动基层干部队伍工作积极性等方面，建立为民服务长效机制。同时，县委就抓好农村党建工作提出创建“六好”镇党委、“五好”村党支部总体目标。是年年底，对符合条件的38个“五好示范村”和62个“五好村”进行评估验收。2002年，县委制定《溧水县村干部

"双带"工程考核办法》。2005年,村干部"双带"工程深入推进,全县499名村干部中有296名村干部有自己的致富项目,占全县村干部的60%。2006年,加大对村干部培训力度,实施村干部到外村、机关、企业"三挂职"锻炼。2007年,开展"双学"活动,结合村委会换届工作,切实加强村干部队伍建设。

1998年,党中央、国务院下发《关于实行党风廉政建设责任制的规定》。县纪委、监察局先后出台相关实施细则和实施办法,明确各级党政组织在党风廉政建设中的责任,把党风廉政建设列入各级党政领导班子和领导干部工作目标管理之中,实行"一岗双责"。2000年以后,县纪委以密切党同人民群众联系为核心,针对群众反映突出的问题,加大专项治理和纠风力度,严厉惩治腐败问题,立案查处党员干部各类违法违纪案件。

非公企业党建工作扎实推进。2000年,县委出台《关于加强和改进企业党建工作的意见》,对个体私营企业、合资企业等新经济组织党组织建设作了明确规定。

社区党建工作有效开展。2003年,开展县级机关与社区结对共建和县级机关党员赴社区报到活动;2004年,组织机关、事业单位2240名在职党员赴社区报到,在22个社区岗位中选择适宜岗位,为社区群众开展服务。形成1个求助中心、11个服务中心、3个服务超市、38个便民网点的社区服务格局,安置下岗职工及社区困难党员。2006年,推进和谐社区建设,筹建"爱心互助超市",发放"爱心互助卡""爱心服务卡",为社区困难群体提供日用品和志愿者服务。

"十五"期间,县委、县政府把外向型经济作为推动全县经济发展的突破口。创新招商方式,建立广东、上海等地为招商基地。开展最佳投资环境县建设,建立行政服务中心服务大厅,强化对企服务。引进内资、外资及港澳台资的年均增幅分别达96%和84%。

2004年12月6—9日,中共溧水县第十一次代表大会召开,制定以后五年奋斗目标:地区生产总值、财政收入年均递增20%以上。2005年12月12日,中共溧水县第十一届第四次全委会议召开,提出"十一五"期间全县经济社会发展主要奋斗目标,全力推进工业立县、三产兴县、科教强县、环境优先"四大战略"。大力发展先进制造业,形成汽车制造和汽车零部件制造产业、新型材料产业、食品加工产业、精细化工产业、轻工服装产业五大支柱产业。至"十一五"末,五大支柱产业年销售收入占全县工业经济总量的80.2%。

"十一五"期间,县委、县政府坚持全县重大项目推进月例会制度和县领导联系重大项目责任制,成立重大项目办公室;营造招商引资、项目落户一流环境,加快溧水经济开发区、各镇工业集中区和"三园"(南京白马国家农业科技园、南京航空产业园、江苏未来影视文化创意产业园)等载体建设。溧水入选"2010年度中国最具投资潜力特色示范县200强"。

党的十六大提出统筹城乡经济社会发展,实施工业反哺农业、城市支持农村战略。2010年,县委、县政府制定《关于加快推进城乡统筹协调发展的实施意见》,启动38个经济薄弱村标准厂房项目建设。2005年,县委、县政府对全县农民,包括种粮直补、良种补贴、购置农机补贴和农资综合直补进行财政补贴。

2005年1月开始,按照中央和省市委统一部署,全县保持共产党员先进性教育活动分县级机关、城市基层和镇机关、农村三个批次开展。各级党组织围绕群众关心的扶贫帮困、就业培训、医疗保健、子女上学、美化环境等突出问题扎扎实实抓整改。广泛开展"下基层、听呼声、送服务、解难题"和"结一个对子、献一次爱心、干一次农活、办一件实事"等主题实践活动。

2005年,中央颁布《建立健全教育、制度、监督并重的惩治和预防腐败体系实施纲要》后,县委制定相关实施意见。县纪委利用广播、电视等传媒平台,在全县营造党风廉政教育氛围。制定《溧水县重点工程廉政建设若干规定》,完善县管领导干部个人重大事项报告、述职述廉等工作具体实施意见。2007年,县纪委制定《构建"村官"保廉体系实施意见》《溧水县农村财务管理制度》,构建"村官"防腐反腐体系。2008年,南京市"构建'村官'保廉体系"现场会在溧水召开,溧水县加强农村党风廉政建设的做法得到省市肯定。

根据省委、市委部署,自2009年3月份开始,全县分两批开展深入学习实践科学发展观教育活动。紧扣"五年翻两番、全面达小康、建设新溧水"主题,广泛开展"进百村""入千企""访万户"等一系列实践活动。为群众办实事242件,解决群众反映强烈的突出问题40个，新增就业岗位1.88万个，新增农村劳动力转移1.52万人，城镇失业人员再就业2257人。村庄绿化、河塘清淤、农村改厕等工作均超额完成年度目标任务。

按照中央和省市委统一部署，2010年4月，全县"创先争优"活动全面展开。县委精心设计特色鲜明、务实管用的活动载体，分类提出具体要求。在开展党员公开承诺工作中，开展科学"定诺"、公开"承诺"、确保"践诺"、突出"问诺"、合理"评诺"为主要内容的"五步"承诺。组织全县848个党组织、1.5万名党员开展承诺，党员承诺事项3万余件。同时，组织开展县、镇两级党员领导干部到基层集中点评活动。

2011年，县委以镇党委换届为契机，扩大镇党委与政府、镇党委与人大之间交叉任职比例。加强村级组织"四有一责"建设，加强大学生村官结对培养、党员远程教育等工作，推进县委权力阳光公开透明运行试点工作。深入开展"勤政为民谋发展、廉洁奉公作表率"党性党风党纪教育。完善领导干部和党员联系群众工作机制，建立"12345"政府服务呼叫中心，深入开展社会评议、政风行风热线等活动。彻底解决历年来近4万名被征地人员社会保障问题。新农保、新农合实现全覆盖。7月20—22日，中共溧水县第十二次代表大会召开，提出"十二五"期间全县主要奋斗目标：与苏南地区同步，率先基本实现现代化；主要经济指标比2010年再翻两番，人均指标进入苏南强县行列。11月18日，县委召开溧水县率先基本实现现代化暨"三争一创"动员大会，部署全县主题实践活动。

2012年，县委深化"三争一创"实践活动，开展党务公开试点工作。开展"双提升"主题培训，教育各级干部。分类推进基层党组织建设，全县先进党组织达90.5%。开展"四解四促""四治四增"等活动。成立县督察办，对全县中心工作进行督查问责。加强政府投资项目、村级财务等专项检查，在县住建、国土等部门试点廉政风险防控，严肃查处少数党员干部违纪违法行为。积极推进简政强县强镇改革，重组和新建城建、商贸、水务等五大国企集团。在全市率先完成被征地人员纳入城镇保障系统工作。建设保障性住房200套、公共租赁住房160套。对农村困难群众危房实施"有一改一"。新建县开发区敬老院，建成75家居家养老服务站。开展新一轮教育布局调整，"全国教育均衡发展县"创建工作受到国家考核组肯定。

2012年11月，党的十八大胜利召开，在以习近平同志为核心的党中央坚强领导下，溧水和全国各地一同进入建设中国特色社会主义新时代。

中国特色社会主义新时代

党的十八大召开以后，县委召开会议及时传达学习十八大会议精神，成立县学习贯彻十八大精神宣讲团。认真贯彻中央和省市作风建设规定，出台改进作风"双十"规定，开展反浪费反奢侈、清理办公用房、清理创建达标等专项行动，有效遏制铺张浪费、庸懒散乱等不良现象。启动领导干部境外培训三年计划，完成撤县设区后领导干部转任工作，实施中层干部全员竞争上岗，村（社区）两委完成换届。实施"三争一创"重点项目52个，开展向人民汇报、政风行风热线等活动，加强"12345"政府服务呼叫中心建设。深化区委权力公开透明运行和党务公开工作，打造区地税局、洪蓝镇三里亭村等市级党务公开示范点。加强惩防体系建设，在区国土分局试行廉政风险防控动态预警，开展政府投资项目、党员干部非法集资等专项检查，严肃查处少数党员干部违纪违法行为。

2013年，溧水撤县设区后，区委科学谋划新一轮发展，明确南京副城总定位。开展城乡总体规划修编工作，制定融入主城、建设苏南现代化示范区实施意见和五个三年推进计划，排定项目支撑，区四套班子领导牵头实施。2014年，根据中央和省市委部署，区委组织开展第二批党的群众路线教育实践活动，全区1164个党组织、19097名党员参加。9月，区委根据省委要求，集中开展精简文山会海、行政机关、事业单位超编及在编不在岗等十大专项治理行动，专题部署开展贯彻中央八项规定精神工作、清理"人情保""在编不在岗"等专项整治行动。

抢抓改革元年机遇窗口，聚焦新型城镇化改革试点、综合改革工程、落实上级改革任务三大领域，改革布局全面展开。全区经济加快转型，新能源汽车产业发展迅速，被列为省级新能源汽车产业基地。创新活力不断增强，新增孵化面积5.5万平方米，新增高新技术企业22家、省级科技型中小企业55家。开发区、宁溧高科技产业园、白马国家农业科技园等重点片区加快建设。紧扣同城化标准推进民生工作，深入实施城乡居民倍增工程，城乡居民人均可支配收入较快增长。

根据中央和省市委部署，2015年，区委组织开展“三严三实”专题教育，覆盖75家单位、547名区管以上干部；组织开展“村村到户户访”、调研月等活动。科学谋划溧水“十三五”发展，突出五大发展理念，确定全区重点难点工作，由区领导牵头推进落实。出台干部选拔任用系列文件、从严管理干部和防治“为官不为”等制度规定，制定实施党风廉政建设责任追究办法和“五项责任清单”，开展群众身边“四风”问题查办督办、收受礼金礼券整治“回头看”等活动。制定实施有关基层服务型党组织建设文件，提升村（社区）规范化建设水平。帮扶攻坚取得阶段性成果，全区38个经济薄弱村、6500元以下低收入农户脱贫任务全面完成。

2016年，根据中央和省市委部署，组织开展“两学一做”学习教育，制定《一把手职责任务清单》，开展“领导干部立家规、共产党员正家风”主题活动，突出抓好基层支部学习教育，从严落实党员组织关系排查、党费收缴等七项任务。严明党的政治纪律和政治规矩，在全市率先启动巡察工作，实现巡察监督对象全覆盖。严格执行干部选任程序，顺利完成区镇村三级党组织换届。7月29—31日，中共溧水区第十三次代表大会召开。提出以后五年的奋斗目标：到2018年，基础设施、公共服务、社会保障等方面全面融入主城；到2020年，在提前实现地区生产总值、居民人均可支配收入“两个翻一番”的基础上，地区生产总值、公共财政预算收入等主要经济指标比2010年翻两番，力争五年翻一番，努力成为长三角城市群中有影响力的节点城市。按照党代会确定目标，区委着力保障和改善民生，坚持居民收入增长与经济发展同步。2016年用于扶贫财政资金达5597.4万元，实现脱贫4905人，脱贫比例超过50%，全区公共财政预算支出80%以上用于民生事业。提升基本公共服务水平，与主城区优质教育、医疗资源达成多项重要合作，城镇职工基本医疗保险、大病医疗救助实现市级统筹，城乡居民基础养老金最低标准、失业金最低标准稳步提高。

2017年，区委继续推进“两学一做”学习教育常态化、制度化，完善党建责任清单，推动“两个责任”向基层压实。切实提高政治站位，全力支持配合省委巡视工作，严肃认真对待巡视反馈问题。有序推进纪律检查体制改革，组建执纪监督工作室，实现区一级党和国家机关派驻监督全覆盖。紧盯违反“六项纪律”行为，创新开展作风建设、扶贫领域专项巡察，集中整治形式主义、官僚主义新表现，聚焦重点领域开展专项治理，组织开展区委多轮巡察，并向村（社区）延伸。运用好监督执纪的“四种形态”，广泛开展“以上率下、担当作为”主题活动。经济质效显著增强，实施省市重大项目99个，50个重点工业项目竣工投产，省市重大项目完成投资额列全市第一。推进“两落地、一融合”工作，组建溧水高新技术产业开发区、溧水高新技术产业投资有限公司，高新技术产业产值占比达40%。新能源汽车产业集聚4家整车企业，创成国家火炬特色产业基地，奠定在全国的领先地位。推进“放管服”集成改革，在全市率先实现“一枚印章管审批”、率先探索实施“容缺审批”机制，推行预审代办、不见面审批，受到国务院督查组肯定，全市两次现场会在溧水召开。深入推进镇街综合行政执法改革，下放行政检查事项1393项，141名执法人员全部下沉到位，实行“双随机一公开”监管。

党的十九大胜利召开后，区委把学习宣传贯彻十九大精神作为首要的政治任务，要求全区各级党组织和广大党员干部着力在“学懂、弄通、做实”上下功夫。全面贯彻落实新时代党的建设总要求和组织路线，建立健全新时代党建考核体系。认真整改中央巡视反馈意见，全部完成省委巡视反馈意见整改。层层压实意识形态工作责任制，实现镇街意识形态巡察全覆盖。坚持把高质量发展贯穿工作始终，2018年净增高新技术企业67家，高新技术产业产值占比达48%，同比提高7.4%。在全市率先出台“亩均效益”综合评价实施意见，处置低端落后企业51家，盘活低效闲置土地1257亩，帮助实体经济减负11亿元。机场大通关基地、空港会展小镇等临空产业项目入选省重大项目。城乡融合发展取得明显成效，全部镇街创成省级生态文明建设示范镇街。完成脱贫摘帽任务，农民和全体居民人均可支配收入增幅均列全省第一。

2019年，根据中央和省市委部署，溧水作为全市第二批参加单位，组织开展“不忘初心，牢记使命”主题教育活动。全区32名市管以上党员领导干部、455名区管党员领导干部、70家单位、1279个基层党组织、23235名党员参加主题教育活动。

区委把握目标任务，突出学做结合、查改贯通，贯彻落实"基层减负年"精神，区委、区政府发文量下降34.8%，召开会议数下降50%；施药动刀各种背离初心使命的积弊陋习，细化举措83项；围绕上学难、养老难、看病贵等问题抓整改。引进江苏省康复医院、南京市示范性颐养中心等一批定标性项目，在全国区县层面率先发布健康城市规划纲要。全体居民人均可支配收入增幅稳居全省前列，全面建成小康社会指标实现程度排名全省第四，基本公共服务满意度位列全市第一。粮食工作被省政府通报表扬，农村人居环境整治深入推进，被评为全国农村创新创业典型区，创成省级"四好农村路"示范区。组织开展"壮丽辉煌70年，健康活力新溧水"大型主题晚会、全区11个升旗点5000多人"同升国旗·同唱国歌"、社会各界向革命烈士敬献花篮、"我和我的祖国"百姓分享会等庆祝中华人民共和国成立70周年系列主题宣教活动。

2020年，区委沉着应对新冠肺炎疫情防控、复工复产、防汛抗旱等各类考验，全区党的建设在风险考验中得到加强。连续三年以全市第一名的成绩被评为全省基层党员冬训工作示范区，推进新时代文明实践中心省级试点工作，举办"十三五"建设成就展。突出政治过硬，大力发现培养选拔使用优秀年轻干部，提前一年超额完成"创业南京"人才计划五年任务。首次召开全区村社书记座谈会，在全省率先试行村书记专职化管理和农村发展党员违规违纪排查整顿工作，率先出台鼓励发展村集体经济政策。意识形态巡察工作基本实现全覆盖，持之以恒正风肃纪反腐。在全省区县层面率先谋划"十四五"和中长期发展规划，制定出台制造业高质量发展"双十条"政策，帮助企业降本减负，被评为全市唯一的全省制造业创新转型成效明显地区。省委两次专题召开农高区建设工作领导小组会议，完成农高区规划编制工作，白马湖公园、白马大道等重点项目全面建成，签约亿元以上项目24个，获评全省首批数字乡村试点地区。南部特色田园片区创成省级全域旅游示范区，获评全国美丽乡村旅游目的地。举行第二届健康中国发展大会，健康溧水总体指标提前十年达到国家标准，相关经验做法受到新华社、《人民日报》等中央媒体广泛报道。"放管服"改革"一件事一次办""一站式收费"等工作走在全市前列，新增市场主体数量创历史新高，率先实施"交房即办证"政策。空港保税物流中心封关运营，金陵海关正式入驻，跨境电商进出口业务突破1亿美元。农村居民收入增幅连续五年稳居全省前列。在2020年省对区高质量发展考核中，位居全省郊区第二，获评"全省推进高质量发展先进县（市、区）"。

2021年是中国共产党成立100周年，根据中央和省委、市委部署，区委制定《关于开展党史学习教育的实施方案》。上半年，围绕"七专题一实践"，面向全体党员、以处级以上领导干部为重点开展党史学习教育活动。区委理论学习中心组和全区各级党组织带头开展专题学习，为全区党员干部配发指定学习材料，各党支部通过主题党日、"三会一课"、党员冬训等形式开展集中学习。邀请省委、市委宣讲团成员开展党史专题宣讲，成立区党史学习教育宣讲队，到基层开展党史专题集中宣讲和主题宣讲。将党史学习教育纳入各类培训课程，组织党员领导干部、基层党组织书记在"七一"前后上专题党课。征集"我为群众办实事"项目清单377条，为民办实事1000多件。在党史学习教育中，对红色李巷进行提档升级，完成新四军第六师第十六旅、中共苏皖区委、苏南行政公署驻地旧址修复建设，建设新四军历史研究馆、"四史"教育馆等，李巷入选全省首批100个红色地名名录。全市发布的10条精品研学线路，溧水入选2条。6月16日，南京市委理论学习中心组到红色李巷开展专题学习。组织开展全区党史知识竞赛活动，"红色阅读"、"3·5"雷锋日、"童心向党"等群众性主题教育活动。创新探索群众诉求解决"只需跑一次"，整合"信访、调解、诉讼"三位一体的服务功能，问题解决率100%，获省指导组认可。完成村（社区）换届，书记、主任"一肩挑"比例92%。探索中央纪委同级监督联系点工作，有关经验做法被《人民日报》、省市纪委内网转发。建立健全"清风润溧大讲坛""清风润溧微课堂"等平台载体，受到中央纪委国家监委调研组肯定。

中共溧水区第十四次代表大会于2021年下半年隆重召开，溧水全区上下将按照大会确定的今后五年的奋斗目标和"十四五"发展规划，在区委区政府的带领下，奋力谱写溧水现代化建设新篇章。

注：本文节选自溧水区委党史办、溧水区志办编纂出版的史志作品《溧水记忆（1921—2021）：庆祝中国共产党成立100周年》。

溧水区获评“中国气候宜居城市”国家气候标志区

2021年12月，经国家气候中心认定，溧水区获评“中国气候宜居城市”，成为南京首个获得“中国气候宜居城市（县）”国家气候标志的区。

“中国气候宜居城市”是衡量一个地方优质气候生态资源综合禀赋的权威认定。国家气候标志气候宜居类有五大类42项评价指标，综合评价气候禀赋、生态环境、气候舒适度、气候景观、气候风险等。要求气候宜居禀赋和气候不利条件2项一级指标的合计优良率≥80%，所有5项一级指标的合计优良率≥80%、优率≥50%，才具有申报评价资格。经综合分析，溧水区气候宜居禀赋和气候不利条件评价优良率85.7%，5项综合评价优良率90.5%、优率54.8%，完全符合气候宜居评价标准。

环山河　　陈蓉　摄

溧水，隶属江苏省南京市，位于南京市中南部，是南京市“两带一轴”中南北向发展轴上的重要地区，是宁杭生态经济带上的南京南大门。该区交通便利，是一座集空港、铁路、轨道交通、公路、水路于一体的立体枢纽城市。溧水区始终坚持“生态优先、绿色发展”发展理念，持续推进生态文明建设，增强人民群众获得感、幸福感、安全感，创成生态文明建设示范区，实现生态美、百姓富、环境好、经济兴的目标。

溧水气候温和。年平均气温16.1℃，最冷月平均气温2.9℃，冬无严寒；年降水量1147.0毫米，雨水充沛，雨热同期；年平均相对湿度77%，年平均风速2.3米/秒。溧水气候宜居，体感舒适。年适宜温度日数124.4天，且呈逐年增加趋势；年适宜降水日数89.5天，四季相对均衡；年适宜湿度日数204.4天，四季湿润；年适宜风日数294.5天，风和舒适；年日

高铁溧水站前的花海　　段修兵　摄

◎特载

晶桥镇水晶村水产基地　　王鸿盛　摄

京无想山国家级森林公园，石臼湖国家级水利风景区，天生桥和周园2个国家AAAA级景区、东屏湖和石臼湖2个省级湿地公园。建有美丽乡村259个，其中省级示范村7个、市级示范村75个、市级宜居村165个、以及李在凤、诸家、张塘角等一批“秦淮源头”旅游特色村12个，全区规划布点村、美丽乡村全覆盖。建有幸庄湿地公园、秦淮源公园等大型城市公园8座，构建“5分钟到社区绿地、10分钟到社区公园、15分钟到城市公园”的健身服务圈。溧水拥有无想山南、石臼渔歌、秦淮源头、红色李巷四大都市田园休闲度假体验区，是长三角休闲度假养生基地、生态文化旅游目的地。

溧水气候禀赋优良，自然和人文景观丰富，名人荟萃，非物质文化遗产丰富，物产丰饶，宜居、宜养、宜休、宜游。（唐晨凯）

照时数1969小时，光照充足。体感舒适期长达7个月，气候度假期长达10个月，全年各月均适宜旅游。溧水区低温、干旱、沙尘天气少，存在高温、雨涝、强风、强对流风险，但气象灾害总体偏轻。

溧水生态环境优良。2020年空气质量优良天数304天，优良率83%。负氧离子浓度较高，空气较清新。植被条件好，林木覆盖率35.88%，居江苏省第二。水资源丰富、水质优。境内河、湖、水库、塘坝面积250.15平方千米，占总面积的23.44%。除7条骨干河道，另有79座大小湖泊星罗棋布，其中方便水库（东屏湖）、中山水库（中山湖）分别为南京市第二、第三大水库。在全省县（市、区）中，首个实现“全域Ⅲ类水”，主要水库水质更是达到Ⅱ类。无想寺水库及周边溪流中，发现对水质要求极高的马口鱼，反映该区域良好的水质状况。湿地面积1.66万公顷，自然湿地保护率90%，位列全市第一。境内有秤锤树、白鹤、小天鹅、白鹇、中华虎凤蝶、拉步甲等国家重点保护野生动植物16种。无想山区域发现白鹇，被确认为该物种的最北分布记录，证明溧水生态保护工作的成效。至2021年年底，有“白马黑莓”“富财圩螃蟹”“溧水草莓”3个全国地理标志农产品。2020年区域人均期望寿命82.76岁。

溧水景色宜人。2020年，有南

梦华苑春色　　顾学军　摄

“数据快车”助力溧水区新生儿出生“一件事”办理“零跑腿、零成本、零距离”

2021年，江苏省政务服务管理办公室、南京市政府办公厅分别发文，明确将深化“一件事”改革作为省、市政务办2021年工作要点之一，重点推进开餐馆、开旅馆、新生儿出生、初次就业、退休、不动产登记、军人退役和身后一件事等改革。7月20日，溧水区政府办印发《南京市溧水区新生儿出生“一件事”改革实施方案（试行）的通知》，将“新生儿出生”作为溧水区“一件事”改革重点。

溧水区针对多部门联动存在的数据壁垒，在全省首创数据协同新模式，创新推出新生儿出生“一件事”改革，探索出一条“材料零提交、成本零增加、办事高效率”的“一件事”办理新路径。新生儿家长办理完成所有9个事项，最快仅需30分钟，实现新生儿出生“一件事、一次办、线上办、零距离”。该改革案例入选中国改革案例100强，获评2021年度南京市优化营商环境创新优秀案例、全区2021年度改革创新案例评选第一名、全区党史学习教育优秀创新项目。创新做法被《南京改革》简报、“学习强国”平台、《新华日报》、人民网等报刊媒体宣传，获多个市领导批示肯定。

总体要求。以习近平新时代中国特色社会主义思想为指导，坚持以人民为中心的发展思想，牢固树立和践行新发展理念，加快推动政务服务从政府部门供给导向向群众需求导向转变，将新生儿出生医学证明签发、儿童保健手册（含首次接种凭证）发放、出生申报户口登记、身份证办理、社保建档、社保卡申领、医保参保登记、医保缴费、医保待遇结算和产妇生育保险待遇申领等相关服务事项，以“零距离、零材料、零跑腿”为目标，通过利用现有资源、再造审批流程、整合业务系统、延伸服务触角等改革措施，打造全区新生儿出生“一件事”主题集成服务，形成线上线下深度融合的一体化新模式，提升群众获得感和幸福感。

责任分工。区行政审批局牵头组织新生儿出生“一件事”改革工作，制订工作方案，协调各部门业务数据交换与协同工作，配合区智慧办做好相关系统开发维护；区卫健委负责在助产机构（设有产科的医院）设立新生儿出生“一件事”工作专窗并指定专职工作人员；区智慧办提供技术支持，负责研发业务协同系统，包括电子表单、电子印章的开发与应用；区民政局负责校验新生儿父母婚姻登记情况，将户籍办理所需婚姻登记信息推送至溧水公安分局；溧水公安分局各派出所负责登记新生儿身份信息，办理落户工作，将新生儿身份信息、落户情况推送至区人社局；区人社局负责办理新生儿社保建档、城乡居民医保参保登记手续；区税务局负责业务指导工作人员网上缴纳社保费；助产机构负责在HIS系统结算产妇生育保险、新生儿医疗保险费用，接受新生儿父母授权办理新生儿出生“一件事”，指导填写办理表单，开具新生儿出生医学证明、儿童保健手册（含首次接种凭证），将授权书、申请表单、面签凭证、新生儿出生医学证明推送给公安、民政等部门；金融部门负责业务指导专窗工作人员制作社保卡。

服务内容。为在全区助产机构出生的新生儿提供出生医学证明签发等一次性集成办理、多证联发服务。非婚生育或在外区市分娩的，仍按原规定执行。

重点任务。精简申请材料。整合办理出生医学证明、预防接种证、户口登记、医保参保登记等事项所需的7张申请表，形成《溧水区新生儿出生“一件事”办理申请表》，通过信息共享和电子证照应用，不同事项的相同证明材料免于重复提交，有电子证照的不再要求提供纸质材料。各助产机构收集的书面材料管理按出生医学证明档案管理标准执行。优化办事流程。建立跨部门联动审批服务机制，明确各部门职责分工，按照《溧水区新生儿出生“一件事”业务流程》，强化卫生健康、公安、民政、人社、医保、税务等部门业务协同，统一受理、集成办理新生儿出生政务服务事项，实现申请材料“一次提交、多次复用”。前置事项办理结果同步生成电子证照，作为下一事项办理的证明材

溧水区中医院新生儿出生“一件事”服务专窗　《今日溧水》报　供图

料，减少申请人必须参与环节。

办理流程。产妇入住助产医院，由助产医院负责在HIS系统结算产妇生育保险费用；新生儿出生后，父母在助产医院填写《新生儿出生“一件事”登记电子申请表单》，授权工作人员办理新生儿出生“一件事”；助产医院开具新生儿出生医学证明、儿童保健手册、首次接种凭证；专窗工作人员将电子表单（含授权书）、面签凭证、新生儿出生医学证明等材料定向推送溧水公安分局各派出所、区民政局婚姻登记处；区民政局根据电子表单等信息，核验新生儿父母婚姻状况，将相应信息推送至溧水公安分局相关派出所；溧水公安分局相关派出所根据电子申请表单、授权书、面签凭证、新生儿出生医学证明、新生儿父母婚姻登记信息生成新生儿身份信息，办理新生儿落户手续，并将新生儿身份信息、户籍信息推送至区人社局；区人社局收到新生儿身份信息、户籍信息后，为新生儿办理社保建档、医保参保登记手续；新生儿出生“一件事”专窗工作人员汇总、整合各部门办理结果，为新生儿制作社会保障卡，指导新生儿父母登录“江苏税务”App缴纳新生儿医保费（可在江苏省电子税务局网站“大众服务”模块点击“社保缴费”打印凭证，获得缴费证明）；助产医院根据新生儿的医保缴纳情况在HIS系统结算新生儿医疗保险费用。

组织保障。专门成立区新生儿出生“一件事”改革专项工作领导小组，由分管区领导任组长，区行政审批局、人社局、民政局、卫健委、税务局、智慧办、人民医院、中医院和溧水公安分局、人行溧水支行等相关单位负责人为成员，定期召开调度会议，及时会商解决改革推进中的问题，及时发现、研究、落实新的“一件事”场景，通过思路创新、举措创新，提高改革成效。

改革亮点。从“多次跑”到“一站办”，实现关联事项“全线上”办理。聚焦新生儿出生前后需办理事项多、涉及部门多、手续材料多等问题，2021年7月20日，在区中医院设立助产医院服务专窗，压减环节，合并关联事项，一次性办理从产妇入院到新生儿出院全流程政务服务事项。实现“七窗合一”，一窗通办。将卫健、民政、公安、人社、税务、医保、银行7个窗口整合成1个窗口，破解“多头跑”难题。实现“七表合一”，一表通办。全面精简申请材料，整合办理出生医学证明、预防接种证、户口登记、医保参保登记等事项所需的7张申请表，形成统一的《溧水区新生儿出生“一件事”办理申请表》。新生儿父母只需填写一张表单，无需提交其他材料，原需申请人提供20余份证明材料改由业务部门通过各自系统调取核验，实现“零材料”一表通办。实现“九事合一”，一事通办。将出生申报户口登记、新生儿身份证办理、社会保障卡申领及制卡、医保参保登记、新生儿医保待遇结算等9个事项整合成“一件事”，专窗工作人员根据新生儿父母申请授权，第一时间启动事项办理程序，将办事信息在线上精准推送到相关业务部门。各部门实时响应，通过线上流转反馈办理情况，将9个事项串联成业务办理链条，专窗人员汇总、整合各业务部门办理结果，形成办理闭环，确保9个事项“半小时”办结。

从“供给侧”到“需求侧”，实现用户体验“极致化”提升。聚焦新生儿出生政务服务“最后一米”，变“坐店等客”为“主动服务”，推行“就近办”“系统办”“按需办”，为新生儿父母提供更贴心、更暖心、更畅达的服务。多触点一窗受理，实现“就近办”。将办事窗口前移至助产医院，在离新生儿最近的“前沿阵地”为新生儿父母提供最便捷服务，住院期间就能将新生儿户籍、社保、医保等事项全部办好。保留原有综合服务大厅受理渠道，提供多样选择，线下多触点一窗受理。多事项一次办结，实现“系统办”。致力用户体验极致化，提升关联事项整合程度，依托医院HIS系统，创新将产妇生育保险待遇结算和新生儿医保待遇结算等事项纳入“一件事”范围，在出院时即可完成产妇生育保险及新生儿医疗保险结算。多选择一次满足，实现“按需办”。推进证件电子化，用新生儿户籍信息、社保二维码替代传统纸质户口本、实体社保卡，证件二维码信息线上线下复用互认。新生儿父母可在30分钟内办结所有新生儿“一件事”事项，携带手机即可调用相关证件信息，真正实现“无纸化”“省心办”。同时经银行授权在助产医院配置制卡机，现场制作新生儿社保实体卡，按需提供出生医学证明、社保卡邮寄等服务。

从“数据共享”到“数据协同”，实现政务数据“精准化”利用。聚焦“一件事”改革中数据集成瓶颈，突破共享数据必须“新建平台”的思维定势，借鉴“区块链”理念，首创数据协同新路径，通过数据桥接、节点交互，实现风险、成本“双归零”。“数据协同”支撑全流程网办。挖潜原有平台功能，以务实管用为导向，在“溧水政务”App上添加公共应用组件，设立包含新生儿出生“一件事”所有关联部门的工作群组，形成内网办理小组。受理端口部门将数据请求推送给事项办理节点部门，各部门以串联与并联相结合方式，调用所需数据并反馈给后置部门及受理端口部门，前置事项办理结果同步生成电子证照，作为下一事项办理证明材料，由端口部门整合数据终端，形成任务派发、部门协同、数据匹配的工作闭环。按需调用，流程上各部门间点对点传输，变“进门拿数据”为“门口取数据”，从原始数据共享转为次生数据共享，保证数据利用有效性和真实性，不影响各业务系统数据管理和数据安全，不用新建平台，不增加工作人员负担，即可实现数据精准利用，打破信息壁垒，为全流程网办提供数据支撑。

社会反响。2021年7月20日，新生儿出生“一件事”方案印发后，溧水区全方位、全渠道、全天候对外宣传。省、市政务服务管理办公室、雨花台区行政审批局分别到溧学习考察新生儿出生“一件事”改革经验。2022年1月11日，溧水区召开政务服务现场推介会，向社会推介溧水新生儿出生“一件事”改革经验做法。2021年7月改革实施至2022年2月，办理全流程新生儿出生“一件事”119件。

未来发展。溧水区将积极回应企业群众需求，横向将“数据协同”理念延伸应用到自然人和法人全生命周期政务服务中，推动更多高频事项“一次办、网上办”；纵向将审批权限下沉至街镇、村（社区）服务大厅，推动实现“就近办、门口办”，进一步打响“审批有速度、服务有温度”的“溧刻办”政务服务品牌。

“去中心化”拓展多渠道受理。依托区镇村三级公共服务体系，下放审批权限，构建“十五分钟政务服务圈”，区镇村三级服务大厅均能办理业务，实现空间地域“去中心化”；以后，通过数据协同，新生儿出生服务链涉及的公安、人社、民政等窗口均可无差别受理，实现办理节点去中心化；开发新生儿出生“一件事”场景小程序，嵌入“智慧溧水”App“一件事”专区，采用智能化方式集成，申请人直接用手机上传身份证照片就能办完9件事，推动从“窗口办”到“掌上办”，实现办理方式去中心化，做到“哪里有网络，新生儿出生一件事的便利服务就延伸到哪里”。

复制推广延伸多场景应用。总结新生儿出生“一件事”改革成功经验，将“数据协同”“去中心化”理念延伸应用到自然人和法人全生命周期政务服务事项。依托政务服务平台，线上数据协同、线下流程再造，打通关键堵点，推动更多“一件事一次办”顺利实现。2022年，数据协同模式下的“一件事”快速办、省心办向街镇企业营业执照办理、人才落户“一件事”等应用场景推广延伸。

（马茜）

白马镇石头寨村获评第二批全国乡村治理示范村镇

石头寨村村口　　白马镇　供图

白马镇石头寨村位于溧水区白马镇东南部，处丘陵山区，青山环绕，风景秀丽，为溧水一级生态红线管控区。村域面积16.7平方千米，耕地800公顷，山林213.33公顷。辖16个自然村、1个新社区，1137户3372人。党总支下辖5个党支部，至2021年年底，有中共党员102名、预备党员2名；农民人均可支配收入34698元，增长10%。

农业发展。依托丰富山林资源，石头寨村发展以“两莓”（蓝莓、黑莓）为主的特色林果产业，“两莓”最早于1986年起步发展，“白马黑莓”被认定为国家地理标志农产品，蓝莓获评全国“一村一品”。至2021年底，建有蓝莓基地420公顷、全年总产量2500吨，黑莓基地126.67公顷、全年总产量1300余吨，全年鲜果销售额超6500万元。**红色资源。**该村属黄茅革命老区，红色资源丰富。其中李巷自然村在苏南抗战中具有重要战略地位，是中共苏皖区委、苏南区行政公署领导机关和新四军第六师十六旅旅部驻地、溧水地区第一个农村党支部成立地，陈毅、陶勇、江渭清、钟国楚等新四军将领曾在此生活、战斗过。**所获荣誉。**石头寨村曾被评为中国美丽乡村百家范例、中国美丽休闲乡村、全国乡村旅游重点村、全国文明村、全国乡村治理示范村、省级生态文明示范村、省级休闲观光农业示范村、省级创业型村、省级农村电子商务示范村、江苏省乡村旅游重点村、江苏省先进基层党组织、江苏省文明村等。2021年9月，被中央农村工作领导小组办公室、农业农村部、中央宣传部、民政部、司法部、国家乡村振兴局评为第二批乡村治理示范村。

近年来，石头寨村深化全国乡村治理示范村建设成果，在基础设施、美丽乡村建设、民宿开发、乡风文明、社会治理等方面成效显著，乡村振兴事业繁荣向上，乡村治理工作积极有效，村民生活幸福感、获得感得到很大提升。

坚持党建引领，树立主人翁意识。2021年1月，石头寨村党总支、村委会圆满换届，党总支书记、村委会主任实行“一肩挑”，“两委”成员交叉任职8人。根据个人特长和工作需要对所有人员重

“白马黑莓”被认定为国家地理标志农产品

蓝莓获评全国“一村一品”　　白马镇　供图

新分工调整，成立以党总支书记为组长，其他成员为副组长，各村民组长为成员的工作小组，分片包干16个自然村、1个新社区，层层压实责任，确保各项工作落实。党总支下辖的5个党支部实施党员优化调整，每一名党员负责联系50~80名村民，发挥党员先锋模范作用。依据党的方针政策和国家法律法规，结合本村实际，征集村民意见，更新石头寨村村规民约，增加该村特色产业发展和股份制改革分红等内容，奖惩分明，获得广大群众认可。通过与代表座谈、实地走访摸排等方式，征集群众意见建议120多条，经党员大会、村民代表大会商议后，梳理汇总形成23件民生实事，定时定责、挂图作战，推动服务群众从"配餐"到"点餐"的转变，树立村民主人翁意识。

发挥家门口红色资源优势，传承红色基因。全村党员在红色李巷党性教育基地开展上好思想政治课、实践课等活动。组织村里老党员、志愿队长宣讲"不同时代、初心不改"微党课60多场。用好新时代文明实践基地载体，组织60多名志愿者开展环境整治、健康义诊、疫苗接种宣讲、免费磨刀等志愿服务活动十余次，变被动服务为主动上门，推动志愿服务有高度有温度、接地气聚人气。

发展特色产业，壮大村集体经济。抢抓时代机遇，弘扬红色文旅品牌。借助红色李巷带来的人气和后疫情时代机遇，于3月29日启动李巷新型民宿村打造项目，村"两委"5人参加工作专班，积极与设计方、施工方紧密配合，完成各种矛盾协调，抢抓时间节点，帮助农户办理各类相关证照，迅速开展李巷环境整治、河塘清淤驳岸、道路提档升级和绿化等。村集体旅游服务公司负责总体运营管理，统一采购布草和洗漱用品，招聘2名前台管理人员和4名保洁人员开展培训学习，组建工作队伍。完成31间客房建设，10月通过市级部门验收。至年底，接待3批职工疗休养团队入住，入选南京市职工疗休养基地（第二批民宿点），营业额65万元。

聚焦特色农业，拓宽蓝色产业版图。把"两莓"产业持续发展作为突破点，实施"支部+基地+农户"合作经营模式，在产业链上建设"两莓"支部，用好电商平台，拓宽销售渠道，创新农旅融合模式，举办特色农业节日，带动人流物流。在"两莓"种植区设立2个党员示范基地、3个党员联系点和2个党员志愿服务点，优化"两莓"党支部成员结构，重新调入从事"两莓"生产和销售的年轻党员21人，发挥党支部战斗堡垒作用。发展蓝莓主题休闲农业，连续8年举办溧水采摘季·蓝莓采摘节活动，整体策划，立体宣传，结合整村优势资源，全方位持续开展3天活动，现场人气火爆。2021年，"两莓"产业带动村民就业2260人。全年村集体稳定性收入211万元，较2015年增长4倍。

赋能乡村治理，建设数字化乡村。2018年、2019年中央一号文件和《国家乡村振兴战略规划（2018—2022年）》明确提出"实施数字乡村战略"任务，近期疫情也对智慧体系向乡村等社会治理的"神经末梢"延伸提出更高要求，亟须围绕"信息基础设施+智慧应用体系"进行"智慧乡村"建设，加快补齐农业农村发展和公共服务领域短板。石头寨村党总支与南京移动溧水分公司党总支签订"党建和创"协议，有效整合资源，立足美丽乡村建设，融入"绿色白马、智慧园区"规划，结合5G技术及应用，合作开展"智慧党建""智慧农场""智慧李巷"等项目，力争打造一流智慧村落标杆。"智慧乡村"建设并非"智慧城市"简单延伸，需要充分共享、紧扣需求、聚焦特色，促进乡村经济、社会、生态、旅游全面可持续发展。该村明确以数字化、网络化、智能化为导向，走创新、共享、绿色、高效的信息化发展道路，凸显特色、重点突破、分步实施，聚焦三大任务，构建"善治智农兴文"的智慧村落发展体系。首

李巷举办红色主题教育实践活动　　白马镇　供图

石头寨村党群服务中心　　　　白马镇　供图

先建设善治宜居乡村，以人为本，通过“智慧党建”体系，彰显和谐康养的为民服务新形象，助力打造美丽宜居特色田园乡村。其次建设智农增效乡村，以农为核，推进“互联网+农业”，构建“两莓”全产业链智慧能力，以绿色产业为核心带动扶贫、富民增效体系。最后建设兴文提神乡村，以红为魂，智慧化传承红色李巷历史，以“一村一品”模式兴盛文旅产业，提振乡村精气神。智慧村落项目经过反复磋商和调研论证后，在石头寨村落地生根，将推动该村整体面貌和软硬件实力提升，达到以科技促发展、以科技惠民生的效果。

提升人居环境，共享融合式红利。石头寨村牢固树立“绿水青山就是金山银山”发展理念，持续深化村庄人居环境综合整治，实施全域旅游战略，不断增强村民幸福感。提升环境建设水平。坚持把生态环境提升作为休闲旅游建设基础工程，严守生态保护红线，持续打造绿色生态，不断改善人居环境。同时，实施沿路环境、沿水环境、农田景观、村容镇貌、垃圾清理、污水处理6项整治提升工程，推动村庄整体生态环境发生“质变”。加快完善基础设施。坚持把基础设施规划建设作为现代农村建设的最普惠工程，以实施乡村振兴战略为契机，全方位推动提档升级。高水平编制《石头寨村整体发展规划》《李巷村村庄规划》，科学统筹村庄道路、亮化彩化、停车场、水电通信、雨污管网等基础设施建设。2021年，在完成枫石线等8条23千米“四好农村路”升级后，新建宝曹线、黄南线；打造朱岗美丽乡村，12件民生实事相继完成，让农村既有颜值又有气质，既有干净整洁的“外在美”，又有文明和谐的“内在美”。

石头寨村将在未来继续全力以赴：在“两莓”精深加工上下功夫，组织实施好集体资产资源出租工作，引入四季时令鲜果种植，拉长采摘季，向一、二、三产融合，打造全产业链要素效益；积极争取将红色李巷升级为国家级党性教育基地，完善配套服务功能；推动“两莓”产业与红色旅游两大特色板块融合发展，壮大村集体经济实力，推进富民强村，不懈追求“食有鲜果、住有民居、游有美景、闻有故事、品有文史”的生产、生活、生态和谐共融新境界。

（端舒娅）

李巷村　　　　许建全　摄

责任编辑　韦静

2021年

1月

1日

△第四届秦淮源头灯会亮灯仪式启动，灯会持续至3月底。

△共享美丽乡村生活新年发布会在溧水无想山裸心岭度假酒店召开，共享康养院子2021年新品、溧水"无想居"民宿公共品牌、溧水美丽乡村精品度假产品等对外发布。

4日

△溧水区市民之家入选南京市"十三五"十大优秀公共建筑工程。

5—7日

△政协南京市溧水区第十届委员会第五次会议召开。审议区政协十届四次会议以来常委会工作报告和提案办理情况报告，宣读《关于表扬2020年度委员履职先进集体和个人的决定》并举行颁奖仪式。

6—8日

△南京市溧水区第十六届人民代表大会第五次会议召开，票决通过10件区人民政府2021年度民生实事项目，通过会议决议。

7日

△溧水区举办南京房地产业协会溧水分会成立大会暨溧水房地产高质量发展论坛。

8日

△新教育实验启动暨溧水区第二高级中学"海门班"合作办学签约仪式在溧水区政府举行，会议签订《新教育实验区协议》《共建"海门实验班"协议》。

△"2020中国创新营销峰会暨中国创新营销大奖"颁奖典礼举行，江苏白马农博中心举办的首届"923"全球农产品直播电商节获年度电子商务类银奖。

9日

△以"恋恋红芭蕾"浪漫游为主题的"红芭蕾"草莓新季发布会在溧水金色庄园草莓基地举行。

△南京蓝联盟科技有限公司"蓝联盟创业大厦、共享梦工厂"创新创业载体项目在溧水开发区淮源大道开工，总投资10亿元。

△2020（第四届）博鳌企业论坛在海南召开，溧水经济开发区获"中国特色产业集聚发展典范园区"称号。

10日

△全区111个村（社区）党组织完成换届工作。

△溧水公安分局举行升警旗仪式，庆祝首个"中国人民警察节"。

12日

△溧水区委、区政府法律顾问聘任仪式在区政府多功能厅举行。

14日

△溧水区召开2020年度直属党组织书记抓基层党建述职评议考核会议，听取区人大办、政府办等9个区级机关直属党组织书记现场述职并

测评。

△溧水区召开村（居）民委员会换届选举调度会议，听取各街镇、村（社区）关于村（居）民委员会换届选举工作情况汇报，分析研判换届选举形势，研究部署下一步工作。

15日

△省卫健委发布《关于确认第一批江苏省示范发热门诊的通知》（苏卫办医政〔2021〕5号），溧水区人民医院发热门诊被确认为江苏省第一批示范发热门诊。

16日

△2021南京溧水智能制造（大健康）产业园签约活动举行，东莞阿李自动化、优品汽车服务、九州通医药和佳兆业4家企业入驻。

18日

△石湫街道东泉村、晶桥镇笪村、洪蓝街道上港社区、东屏街道白鹿村、永阳街道东山村和东庐社区6个村（社区）获评“第三批江苏省生态文明建设示范乡镇（街道）、村（社区）”。

20日

△2021年全省农村工作会议在南京召开，溧水区位列全省乡村振兴考核县级综合排名第一等次。

△溧水区召开年度改革创新案例评选现场会，溧水公安分局等10家单位改革案例获评2020溧水区年度十佳改革创新优秀案例；溧水区委组织部等10家单位改革案例获评2020溧水区年度十佳改革创新典型案例。

21日

△白鹤滩——江苏800千伏特高压直流输电线路工程（苏1标段）开工仪式暨基础首基试点在晶桥镇孔家村举行。

22日

△溧水区殡葬服务“一‘键’事”改革暨殡葬公共服务平台上线运行。

23日

△溧水区召开新冠肺炎疫情防控专项督导组成立暨动员培训会。

27日

△南京高新区管委会“1+15”联席会议在溧水区召开，南京高新区管委会和全市15个高新园区分别汇报相关工作情况，授牌建邺、鼓楼两家省级高新区，南京高新区建邺园、溧水园伙伴园区深化合作协议签约。

△溧水开发区与中铁十一局华东建设有限公司总部签署战略合作协议。

29日

△区政府召开2021年政务热线工作推进会，表扬2020年度“12345”政务热线工作先进单位和先进个人。

30日

△为期4天的“金牛犇溧水”2021永寿坊农货大集在永寿坊文化商业街区开市。

30—31日

△溧水区111个村（居）委会完成换届选举。

31日

△“新经济下的商业模式重构与人力资源领先战略”暨独角兽创新经济委员会成立大会在溧水开发区举行。

2月

2日

△团省委在溧水区举办江苏高校“挑战杯”竞赛工作座谈会暨“传承红色基因·践行初心使命”大学生“返家乡”红色专项实践活动启动仪式，同步启动“万名大学生看溧水”活动。

△溧水区举行《溧水区全域旅游发展规划》专家评审会暨溧水区全域旅游咨询委员会专家成员增补仪式，新增南京大学、南京师范大学等近10名教授专家担任区专家智库成员。

3日

△溧水区2021年一季度重大项目集中开工仪式在南京龙鑫电子专用材料生产基地项目现场举行，50个重点产业项目集中开工，总投资378.17亿元。

△聚溧发展，共赢未来——2021南京溧水制造业线上推介会举办。

7日

△刘小年、杨秋悦、经城、徐茂炳、程嘉、尹滇、张亚丁7人获评第十九届“南京好市民”。

8日

△溧水区第三届纪律检查委员会第六次全体会议召开。审议通过《推动新时代全区纪检监察工作高质量发展以优异成绩庆祝中国共产党成立100周年》工作报告。

10日

△省生态环境厅公布2020年江苏省县（市、区）环境空气质量排名，溧水区$PM_{2.5}$改善幅度优良天数比率、改善幅度均位列全省第一。

18日

△溧水区获2020年度市对区综合考核结果第一等次。

20日

△江苏长江商业能源有限公司落户和凤镇。

25日

△溧水区召开2021年全区各界人士元宵节茶话会。

26日

△溧水无想水镇（城隍庙文化街区）元宵节闹花灯暨2021年元宵节点灯仪式举行。

27日

△溧水区召开2021年全区农村工作会议，通报全区2020年度"三农"工作部分获奖情况。发布《关于全面推进乡村振兴加快农业农村现代化建设的实施意见》等"1+5"文件，为首批8名乡贤指导员颁发聘书。

27—28日

△长三角种业发展大会在长三角农业会展中心——白马农博中心举行，大会成立首个长三角种业发展联盟，秘书处设在南京国家农高区。南京农业大学国家大豆改良中心等平台、水韵苏米研究院有限公司等种业研发机构和企业集体入驻南京国家农高区。

3月

4日

△中国新四军研究会、新华报业传媒集团、南京市溧水区人民政府三方战略合作签约仪式在溧水举行。

5日

△省住建厅副厅长刘大威到溧水调研村镇建设高质量发展工作，考察江苏省首个零碳小屋——傅家边山凹村零能耗服务中心、红色李巷等地。

△全区党史学习教育动员会议召开。

△溧水区在通济街广场开展"志愿江苏，你我同行"2021年江苏省暨南京市学雷锋志愿服务集中活动。

6日

△2021首届南京溧水和凤百花节在三叶·梦华苑景区开幕。

12—14日

△大型全媒体系列采风活动"我眼中的全面小康"在溧水区开展，20多家央媒、省媒、地级市党报，以及腾讯、新浪等社会媒体记者参加。

13日

△2021中国溧水放心消费节启动仪式在开发区直播电商产业基地举行。

△"3·15"国际消费者权益保护日活动在天利广场开幕。

14日

△2021南京溧水山地半程马拉松赛举行。

18日

△国家体育总局副局长李建明带领总局以及运动医学研究所、社会体育指导中心相关负责人到溧水，考察国家极限运动溧水训练基地，看望备战东京奥运会和北京冬奥会的滑板运动员。

△市人大法制委员会主任委员姚正陆一行到溧水开展《南京市红色文化资源保护利用条例》立法调研。

△溧水开发区临空产业项目集中签约仪式举行，中建五局华东总部、德国温斯托德中国总部等17个项目集中签约。

20日

△"踏青户外·打卡溧水"溧水全域旅游春季活动发布会在无想山游客中心举行。

23日

△农业农村部农村经济研究中心党组书记贾广东带领政策与改革司、农村经济研究中心以及省市农业农村部门相关负责人，到溧水区调研农村产权交易市场建设情况。

△溧水区全面开展新冠病毒疫苗接种工作。

24日

△2021年全省农业农村重大项目建设现场推进会南京分会场在南京国家农高区举行。全市58个农业农村项目集中开工，总投资177.6亿元。

26日

△溧水区赴深圳举行2021南京制造业高质量发展试验区推介会。签约项目18个、总投资132.78亿元，南京智能网联汽车先导区同步启动。

27日

△2021首届全国有机直播电商节在江苏白马农博中心开幕。

△2021南京溧水草莓文化节开幕，溧水乡村建设行动启动仪式同步举行。

28日

△“健康生活，花季溧水”——2021南京溧水第十五届牡丹节在区特殊教育学校实验基地开幕。

29日

△德国温斯托德热处理设备亚太区域总部项目签约仪式在溧水开发区举行。

30日

△“丹心映山河——华夏女杰李坚真纪念展”在溧水区飞燕文化产业园举办。

31日

△溧水区全民阅读促进会成立暨第一届会员大会在区委党校召开，会议审议通过《南京市溧水区全民阅读促进会章程（草案）》，选举产生第一届理事会及会长、副会长等。

4月

1日

△溧水区举行2021年建筑业工作会议。

△2021年溧水土地资源招商推介会在遇园曾家大院举行。

2日

△溧水区召开创建省级食品安全示范区暨质量强区工作会议。

5日

△2021芝山硒谷文化旅游节暨晶桥螺蛳节在晶桥镇芝山村曹庄开幕。

7日

△南京市首期校友企业选址直通车启动仪式在溧水区举行。

8日

△“美‘溧’之家，科技赋能——读懂智慧生活”2021溧水区智能家居“产业链+创新链”双链交流会在溧水开发区规划馆召开。

9—10日

△由省苏商发展促进会主办的2021（第15届）苏商领袖年会在江苏白马农博中心开幕。

15日

△全市春季粮油生产现场推进会在溧水召开。

△溧水区与市地铁集团战略合作签约仪式举行。

16日

△溧水区与江苏省信用再担保集团签订合作协议，设立政府性融资担保机构，组建江苏信保投保联动基金。

△苏宁国际跨境电商溧水保税仓首单包裹出区仪式在南京空港保税物流中心举行。

△溧水区2021年度首场全国劳动模范、先进工作者先进事迹报告会在区委党校举行。

19日

△苏豪跨境电商项目签约落户溧水开发区。

20日

△全市地方志系统围绕党史学习教育开展的“跟着方志学党史”启动仪式在石湫街道横山人民抗日斗争纪念馆举行。

21日

△全区党史学习教育巡回指导工作动员培训会召开。省委党史学习教育巡回指导组组长吕振霖带领指导组到溧水调研指导。

23日

△2021年市农资打假专项治理暨“放心农资下乡进村宣传周”活动启动仪式在傅家边草莓园举行。

△扬州大学医学院附属溧水区中医院揭牌暨签约仪式在区中医院举行。

△首届无想山财经峰会在溧水举行。

24日

△“辉煌百年，阅动我心”2021年书香溧水读书节启动仪式暨名家阅读分享活动在溧水无想水镇举办。

24—25日

△第二十一届中国商品交易市场发展论坛暨中国特色优品博览会在中国江苏白马农博中心举行。

27日

△溧水区水务局河长制管理中心、中国建筑第五工程局有限公司溧水综合基础设施PPP项目获评“全国工人先锋号”。

28日

△“三农”科技发布推介平台在江苏白马农博中心举办第二次农业科技成果发布与推介活动。

29日

△省供销总社一级巡视员、苏合集团董事长徐筱棣带队到溧水，调研长乐农业科技有限公司溧水苏果基地和白马基层社重建意向选址地块。

△第七届环山河——南京玫瑰节在溧水玫瑰园开幕。

30日

△溧水华侨城文旅项目奠基仪式举行。

△“大地赞歌——钟国楚将军纪念展”在溧水区红色李巷开幕。

5月

1日

△南京市首条氢能源公交示范线路在溧水开发区开通运营。

△无想水镇（城隍庙文化街区）景区启动仪式在霓裳广场举行。

1—2日

△第九届咪豆音乐节在溧水天生桥景区举行。

7日

△大学生“聚溧”政策发布暨“万名大学生看溧水”线路首发活动在溧水区委党校举行，首批10所高校近400名青年大学生到溧水体验就业机会。

8—9日

△中国（南京）品牌农业博览会暨ABC中国品牌农业大会（南京）在江苏白马农博中心开幕。

10日

△区委召开党史学习教育领导小组办公室主任会议。

12日

△溧水防灾减灾科普教育体验馆在溧水市民之家7楼开馆。

13日

△“新规划·新起点·新征程”南京都市圈全媒体联盟首次新闻行动启动仪式在溧水区融媒体中心演播厅举行。

14日

△省法院审判委员会专职委员、执行局局长李玉明一行到溧水，现场评估溧水法院贯彻落实《中央全面依法治国委员会关于加强综合治理从源头切实解决执行难问题的意见》情况。

△2020年度“最美溧水人”颁奖仪式在溧水区融媒体中心演播大厅举行。邱玉梅、张亚丁、程智强、程嘉、黄吉、经城、陈白娣、刘洪义、芮群、刘小年10人获2020年度“最美溧水人”称号；周小雨、张巧珍、吴昊、邹道喜、刘九锦、杭福年、高远、端明秋、徐茂炳、邱雷10人获2020年度“最美溧水人”提名奖。

15日

△《人民日报》“奋斗百年路，启航新征程”专栏江苏专题文章“综合考核助力高质量发展”，溧水作为全省典型被重点报道。

17日

△溧水区举办“好味道好食材”对接大会——“江苏味道促消费”溧水专场。

△龙电华鑫华东总部暨南京龙鑫电子科技有限公司奠基仪式在溧水开发区举行，项目总投资100亿元，是华东区域首个锂电铜箔生产基地项目。

19日

△中共南京市溧水区第十三届委员会举行第十一次全体会议，研究确定召开中共南京市溧水区第十四次代表大会相关事宜。表决通过区委十三届十一次全会《关于召开中国共产党南京市溧水区第十四次代表大会的决议》。

19—20日

△由全国农业科技创业创新联盟、中国种子贸易协会指导，长三角种业发展联盟和南京国家农高区共同主办的2021长三角种业博览会暨现代种业发展大会在中国江苏白马农博中心开幕。

21日

△第三届中国社区厨余资源化利用研讨会暨社区堆肥培训会在溧水区举行。

△新华报业集团、南京航空航天大学马克思主义学院与区委宣传部共建签约仪式举行。

△全区推进高质量发展重大项目现场观摩会在和凤镇举办。

22日

△由中国园艺协会樱桃分会、南京国家农高区和江苏省农业技术推广总站联合主办的2021中国樱桃年会、第二届iFresh Cherry中国樱桃展、第三届iFresh亚洲果蔬产业博览会（江苏站），在江苏白马农博中心开幕。

△溧水区在天生桥举办"为爱减负,幸福加码"婚俗改革集体婚礼。

26日

△溧水区与市演艺集团联袂打造的大型红色原创史诗剧《红色李巷》在南京文化艺术中心大剧院首演,是全市首部反映新四军题材的大型史诗剧。

28日

△溧水区福建商会成立大会召开,大会宣布陈龙新当选区福建商会第一届理事会会长,副区长张德才为新任会长授牌。

△南京市溧水区土地储备中心揭牌。

30日

△首届江苏农业科技节暨2021江苏农业与科技融合发展大会,在江苏白马农博中心举行。

31日

△江苏溧水跨境保税商品展示中心开业。

6月

1日

△区委党史学习教育巡回指导工作座谈会举行。

2日

△溧水原创红色锡剧《军民情深》三部曲汇报演出在红色李巷举行。

3日

△由南京国家农高区主办的中国(白马)有机谷战略研讨会暨产业招商大会在白马科创中心召开,中国管理科学研究院职业教育研究院(白马)乡村振兴发展研究中心揭牌成立。

5日

△由溧水区人民政府、南京市乒乓球运动协会主办的"健康溧水杯"2021年第十七届全市乒乓球俱乐部联赛在溧水区开幕。

△未成年人保护宣传月暨"护苗同行,'未'你而来"启动仪式在晶桥镇举行。

7—9日

△溧水区1691名学生参加高考,设立江苏省溧水高级中学、溧水区第二高级中学两个标准化考点,57个考场。

10日

△国家卫健委规划信息司司长毛群安到溧水调研省康复医院项目和市颐养中心等地。

△溧水区在杭州市举行2021南京·宁杭生态经济带合作试验区推介会。16个项目签约落户,溧水数字经济科技企业(杭州)孵化器揭牌成立。

△江苏省"初心如金·红歌颂"系列活动启动仪式在溧水区红色李巷举行,由新四军老战士、知名作词人孙海云创作的《石臼渔歌》正式发布。

11日

△溧水区乡村振兴局在区农业农村局揭牌成立。

△2021"蓝莓之夏"白马乐活嘉年华在白马镇李巷富禾蓝莓园开幕。

15日

△白马镇红色李巷"四史"教育馆建成并对外开放。

18日

△市委书记韩立明在溧水会见"人民英雄"国家荣誉称号获得者、中国工程院院士、天津中医药大学名誉校长张伯礼。

△南京市"听党话、感党恩、跟党走"宣讲活动启动仪式在李巷大礼堂举行。

19日

△第二届长三角健康峰会暨中医药博览会在溧水区开幕。

19—20日

△溧水区3266名考生参加中考,全区设15个考点、117个考场。

21—23日

△2021农业科技嘉年华未来食品产业创新发展峰会在江苏白马农博中心举办。

22日

△蜂巢能源科技有限公司14.6GWh动力电池项目在溧水签约。

△溧水区举办庆祝中国共产党成立100周年大会暨党史知识竞赛决赛,区委宣传部代表队获一等奖。

23日

△市地方志办公室联合区政府在洪蓝街道遇园举行"志说南京·洪蓝"暨《江苏名镇·洪蓝街道志》首发式。

△溧水区2021年食品安全宣传周主场活动暨食品安全文明实践志愿服务启动。

24日

△溧水区"不忘初心,牢记使命"庆祝建党100周年党史知识竞赛决赛在区融媒体中心演播厅举

行，机关工委2队获一等奖，开发区2队、发改委党委队、东屏街道1队获二等奖。

25日

△2021全球智慧出行大会暨第二届中国(南京)国际新能源和智能网联汽车展览会在南京空港国际博览中心开幕。

△江苏智仁景行新材料研究院研制基地启用仪式在开发区举行。

△由市粮食和物资储备局与溧水区联合开展的“2021全国食品安全宣传周·粮食质量安全主题日”活动在海乐城广场举行。

△纪念铜山战斗胜利78周年暨主题雕塑揭幕仪式在晶桥镇铜山战斗纪念广场举行。

26日

△2021全球智慧出行大会主论坛暨中国汽车产业低碳发展高峰论坛在南京空港国际博览中心举行。

△黑马南京产业加速器加速成果汇报典礼在南京国家农高区举行。

△“奋斗百年路，永远跟党走”溧水区庆祝中国共产党成立100周年主题演讲比赛决赛，在区融媒体中心演播大厅举行。

26—28日

△第三十四届世界电动车大会暨展览会在南京空港国际博览中心开幕。

28日

△民革江苏省中山书画院溧水分院开院仪式举行。

29日

△2021南京国家农高区应用场景发布会在江苏白马农博中心举行。

△溧水区污水处理设施启动工程运行，30万立方米新水厂和秦源污水处理厂扩建项目建成并投入使用。

30日

△由市委教育工委、市教育局主办的“强‘四史’教育，争做‘四有’好老师”——新时代、新教师师德系列沙龙在红色李巷举办。

7月

1日

△全体市管领导干部以及全区各界人士集中收听收看庆祝中国共产党成立100周年大会实况直播。

△溧水公交28路往返南京禄口国际机场公交班线开通。

2日

△市妇幼保健院与溧水区合作共建溧水区妇幼保健院签约仪式在溧水区举行。

△溧水区举行庆祝中国共产党成立100周年座谈会暨区“两优一先”表彰会。

△溧水区全民健康信息平台获国家医疗健康信息互联互通标准化成熟度五级乙等(国内评定最高等级)授牌，区人民医院通过四级甲等测试。

14日

△全省中小学交通安全教育基地建设会议在溧水召开。

21日

△溧水区第一轮全员核酸检测工作启动。

23日

△溧水区设立7月10日起有南京禄口国际机场经停史人员核酸检测采样点。

△溧水区委召开应对新冠肺炎疫情工作领导小组会议，传达省、市防控政策，听取全区面上工作情况和第二轮全员核酸检测准备情况。

25日

△溧水区启动第二轮全员核酸检测，设置119个核酸采样点，较第一次增加47个，1020名医护人员参与。

△区委召开应对新冠肺炎疫情工作领导小组会议。

28日

△溧水区开展第三轮全员核酸检测。本轮设置119个采样点，上门采集封控小区内居民样本。

29日

△溧水区召开疫情防控(视频)调度会议，再安排、再部署全区疫情防控工作。

30日

△溧水区委召开应对新冠肺炎疫情工作领导小组(扩大)会议。

8月

1日

△溧水区委召开新冠肺炎疫情防控(视频)调度会议。

1、3日

△溧水区十六届人大常委会召开第三十三、三十四次会议，审议相关人事任免。听取审议区政府、检察院、法院人事任免案提请报告，决定任命唐慧炜、刘佳、印红军、费莉莉为区政府副区长，印红军为溧水公安分局局长，詹静为区检察院副检察长、检察委员会委员、检察员，接受部伦浩、王超勇、徐正凯、代吉上辞去区政府副区长职务，接受梁云辞去区检察院检察长职务，决定詹静代理区检察院检察长职务。任命秦启辉为区法院副院长。

2日

△国务院联防联控机制综合组赴江苏工作组到开发区西普诗鸿酒店，督查隔离酒店新冠肺炎疫情联防联控机制落实情况。

△溧水区中医院被南京市新冠肺炎联防联控指挥部确定为新冠肺炎治愈患者定点康复医院。

2—3日

△溧水区开展第四次全员核酸检测。

5—6日

△溧水区在开发区（柘塘街镇）、永阳街道、白马镇、石湫街道开展第五次核酸检测。

7日

△区委召开新冠肺炎疫情防控（视频）调度会议，听取全区疫情防控工作情况汇报。

8日

△溧水区启动相关街镇第六次核酸检测，涉及开发区、永阳街道、白马镇。

△溧水区永阳街道万科城香樟苑、宏力花苑，柘塘街道湖滨新寓由中风险地区调整为低风险地区。

19日

△溧水区定点康复医院首批6名新冠肺炎康复患者出院。

20日

△溧水区“抗疫情、纾企困、稳增长”线上对接会召开，发布《溧水区抗疫情纾企困稳增长八条措施》，签约产业项目348个，总授信金额1080亿元。

24日

△2021南京溧水科技型企业线上招商推介会开幕，25个项目落户，分南京、北京、西安、欧洲四大会场，1000余家企业代表参加。

△溧水区启动12～17岁学生新冠病毒疫苗接种工作。

27日

△溧水区举办产业链企业数字化转型沙龙。

9月

1日

△全区各中小学、幼儿园暂缓返校，启动新学期线上教学。

2日

△溧水区举行推进高质量发展重大项目现场观摩会。

3日

△2021南京·台湾机电产业园台商投资暨总部经济洽谈会在苏州昆山举行。和凤镇与达亚帆布（上海）有限公司、昆山第一屋科技有限公司、喃嵘水产（上海）有限公司、苏州瑟路舜智能科技有限公司4家企业签约。

4—5日

△中国共产党南京市溧水区第十四次代表大会在区委党校会议中心开幕。选举产生区委常委、书记、副书记。会议通过中共南京市溧水区第十四届纪律检查委员会第一次全体会议选举结果。

6日

△溧水区全国社区治理和服务创新实验区结项评估汇报会在区市民之家智慧城市运营指挥中心召开，会议以视频形式举行。

10日

△溧水区召开农业科技现代化先行县共建工作推进会。

△溧水区教育大会在区委党校会议中心召开。

14日

△区委召开区、街镇两级人大换届选举工作会议。

15日

△溧水区跨境电商B2B直接出口“9710”业务首批发运仪式完成，首批货物通过中欧班列“江苏号”南京—荷兰蒂尔堡专列发运出口。

17日

△由溧水区人民政府主办的2021溧水秋韵无想文化旅游节暨溧水秋季消费节发布会在无想水镇启幕。

22—24日

△“923”全球农产品直播电商节暨2021全国农村电商(白马)高峰论坛,在江苏白马农博中心开幕。

24—25日

△由国家体育总局主办、溧水区人民政府承办的第十四届全运会霹雳舞项目,在国家极限运动溧水训练基地开赛。

28日

△全市扶贫“三会”(市扶贫基金会、市老区经济促进会、市扶贫开发协会)重点帮扶村乡村振兴产业扶持工作交流会在溧水区召开。

30日

△溧水区社会各界向革命烈士敬献花篮。

10月

4日

△2021溧水农民丰收节首个专场活动在洪蓝街道塘西村举行。

10日

△陕西省商洛市商南县代表团到溧水对接对口协作工作,签订溧商协作“十四五”战略合作协议。

△由白马镇政府、区文联、文旅局联合主办的“金色大地——葵花田里的艺术展”在白马镇石头寨村朱岗自然村开幕。

12日

△由区委宣传部(网信办)主办的2021南京溧水网络安全宣传周开幕。

△江苏信保集团“万企联万村,信保兴枫香”活动在晶桥镇枫香岭社区举行,助力溧水区乡村振兴,增信8亿元。

△溧水郭云线获评中国公路学会第二届“全国美丽乡村路”。

13日

△南京智慧康养创新园开工仪式在晶桥镇举行。

13—15日

△由全国城市农贸中心联合会、世界批发市场联合会亚太地区工作组联合主办的2021国际农产品流通产业大会暨第六届中国农产品供应链大会,在江苏白马农博中心举办。

15日

△2021首届中国国际跨境电商发展大会在空港博览中心开幕。大会以“全球营销、全球供给”为主题,成立中国跨境电商50人论坛长三角秘书处和中国服务贸易协会直播电商长三角委员会;溧水开发区与苏豪泓瑞、宁波必创、新蛋集团、南京航际、厦门谷道合作签约。

△2021中国南京金秋经贸洽谈会溧水专场系列活动开幕式暨南京临空经济示范区溧水片区招商推介会在空港博览中心举办。总投资172.4亿元的27个重大项目集中签约。

△溧水区前列腺癌筛查项目启动仪式暨前列腺癌一体化诊疗中心揭牌仪式在区人民医院举行。

16日

△“秋韵无想·‘蟹’逅晶桥”2021南京溧水农民丰收节暨首届富财圩螃蟹节,在晶桥镇水晶村富财圩螃蟹养殖基地开幕。

18日

△首届中德农业青年领军者论坛在江苏白马农博中心开幕。

19日

△由中国国际商会、南京国家农高区和德国农业协会主办的农业未来国际合作发展大会在江苏白马农博中心召开。

20日

△由农业农村部、重庆市主办,农业农村部乡村产业发展司和社会事业发展中心、省农业农村厅与区政府共同承办的第五届全国农村创业创新项目创意大赛半决赛在溧水区举行。

21日

△溧水区在南京举行康养产业多学科融合的协同发展模式高峰论坛暨溧水区康复全产业链基地建设产业论坛。

23日

△2021全国农商互联暨乡村振兴产销对接大会在江苏白马农博中心开幕。大会以“品牌引领、循环互通、乡村振兴”为主题,全国28个省、市、自治区的500家企业参展,超千家渠道商参会。

26日

△溧水区国家级县域节水型社会建设验收会在南京举行,溧水区以全省最高分通过验收。

30日

△由溧水区政府、市农业农村局主办的2021溧水

农民丰收节暨“金陵味稻”稻米文化节在和凤镇省级水稻绿色高质高效示范区举行。

△溧水区首届“永寿坊杯”朗读好声音大赛决赛暨名家名篇朗诵会在永寿坊文化商业街区举行。

11月

2日

△2021年度全市职工职业(行业)技能大赛——灌木修剪技能竞赛在溧水区洪蓝街道傅家边梅花山举行。

3日

△第五届秦淮源头灯会招商推介会在永寿坊文化商业街区举行。

5日

△溧水首座沉浸式国学体验书院——无想书院,在溧水无想水镇揭牌,第一季国学经典无想书院活动同时启动。

8日

△溧水区启动3~11岁人群新冠病毒疫苗免费接种工作。

13日

△溧水区开展2021年秋冬季新冠肺炎聚集性疫情应急处置综合演练。

16日

△南京市生态环境局指导、溧水区政府主办、溧水生态环境局承办的2021年溧水区突发环境事件应急演练,在开发区南京顶正包材有限公司举行。

20日

△溧水区举行高质量发展重大项目现场观摩活动。

24—25日

△区长张蕴带队赴陕西省商南县开展对口协作考察交流活动。溧水区向商南县捐赠400万元对口帮扶资金。

28日

△溧水区举行2021南京市摩托车竞标赛。

29日

△溧水区警察协会成立暨揭牌仪式在溧水公安分局举行。

12月

1日

△溧水区选民到各选区投票点,以无记名方式选出人大代表。

6日

△由北京体育大学和中国田径协会联合举办的首届中国国际田径(短跑)高峰论坛在国家极限运动溧水训练基地开幕。

△溧水高新区南京溧航仿生产业研究院“物联网智慧医养融合创新中心”项目创成省级科创平台。

△无想水镇项目获评2020—2021年度第二批国家优质工程奖。

7—8日

△全市公共文化服务工作务虚会在溧水区召开。

8日

△全国农业科技现代化先行县(溧水)共建工作专班联席会在省农科院白马基地召开。

△2021两岸企业家紫金山峰会专场活动两岸(和凤)机电产业合作示范园区授牌仪式暨主题推介会在溧水举行。副区长顾顺清作“共享美溧新机遇,共创美好新未来”主题推介。

9日

△以“数字化转型,智能化引领”为主题的2021南京溧水智能制造装备产业推介暨装备数字化产需对接会举行。

10日

△南京飞燕活塞环股份有限公司入选国家级绿色工厂公示名单,实现区内国家级绿色工厂零的突破。

11日

△溧水区政府与南京水务集团战略合作签约仪式举行。

△国家气候中心发布国家气候标志评定结果公告,溧水区获评“中国气候宜居城市”。

13日

△溧水区在大金山庄国防园爱国主义教育基地开展南京大屠杀死难者国家公祭日活动。

16日

△南京市暨溧水区2021年度检察工作通报会召开,听取溧水区市人大代表对市、区两级检察院

工作意见和建议。

△溧水区举行新能源汽车产业链企业家早餐会，邀请30家链上重点企业代表，围绕“聚‘溧’智造，人车未来”主题开展座谈交流。

17日

△国家邮政局党组书记、局长马军胜到溧水洪蓝公交首末站交邮仓配运营中心、陈卞村“交邮快融合”村级站点调研指导。

△全区中共十九届六中全会精神宣讲暨村（社区）党组织书记能力提升专题培训在区委党校举行。

18日

△溧水区召开各街镇（开发区）书记座谈会。

21日

△溧水区2021年“慈善一日捐”捐赠仪式在区级机关多功能厅举行。

25日

△由区政府主办的2022南京溧水半程马拉松新闻发布会在无想水镇召开，赛事报名同步开启。

26日

△第二届中国城门楹联论坛暨2022“城门挂春联，江苏开门红”楹联故事会，在白马镇红色李巷举办。

27日

△溧水区领导干部警示教育大会在区委党校召开。

28日

△溧水区慈善工作会议在区级机关多功能厅召开。

29日

△中国共产党南京市溧水区第十四届委员会第四次全体会议举行。副市长、区委书记林涛代表区委常委会作工作报告。区委副书记、区长张蕴部署2022年经济工作。（吴萍）

无想山　　方飞　摄

责任编辑　吴萍

自然地理

【地理位置】 溧水区位于江苏省西南部，是省会南京南大门。东邻溧阳市，南连高淳区，西与安徽省马鞍山市博望区毗邻，西北与江宁区交界，东北与句容市接壤。距南京主城区45千米，距南京禄口国际机场13千米。宁宣高速、高芜高速（溧芜高速）、长深高速（宁杭高速）、沪武高速（常合高速）及宁杭高铁穿境而过，243省道、246省道、340省道、341省道、204省道贯穿全境，是长三角重要交通枢纽，苏、浙、皖、沪三省一市重要交通节点。宁溧城际轨道交通（S7线）、宁高城际轨道交通（S9线）直通南京主城。2021年，全区总面积1067.26平方千米（含石臼湖水域面积）。

【地形地貌】 溧水区位于北纬31°23′～31°48′、东经118°51′～119°14′，属宁镇扬丘陵山区，地势东南高、西北低，低山丘陵面积占总面积72.5%，最高海拔368.5米。境内浮山、东庐山、回峰山、芳山、秋湖山、无想山拱踞东南，连绵环列，西横山突兀西端，逶迤绵延。主要河流分属秦淮河及石臼湖两大水系，秦淮河水系有溧水河及溧水河分支一干河、二干河、三干河，石臼湖水系有天生桥河、新桥河、云鹤支河，过境长118.62千米。全区有中小型水库79座，其中方便水库（东屏湖）、中山水库（中山湖）分别为市第二、第三大水库。山水天然组合，植被完好，森林覆盖率34.2%，生态环境优良。 （区志办）

【气候水文】 2021年，溧水区平均气温17.0℃，比常年偏高1.0℃，与2004年并列历史第四高值；年高温日（日最高气温≥35℃）12天，比常年平均少2天，高温日期打破最晚纪录；年极端最高气温37.4℃（7月15日），年极端最低气温-9.8℃（1月8日）。年降水量1426.5毫米，较常年偏多24%；年雨日（降水量≥0.1毫米）132天，年暴雨日5天，最大日降水量91.0毫米（7月28日）；年降雪日2天，未出现积雪。年平均风速2.0米/秒，最多风向为东南偏东风。年日照时数2260.2小时，较常年偏多15%。全年雾日39天，霾日32天。6月13日入梅，7月11日出梅，梅雨期长29天，梅雨量319.7毫米，较常年偏多25%。有2个台风影响溧水区，其中第6号台风“烟花”停留时间长、过程雨量大、影响范围广。受“烟花”持续影响，7月24—28日全区大部分地区出现5～7级大风，最大阵风风速14.7米/秒（白马镇大树下村）；各地累计雨量均超过150毫米，最大雨量225.4毫米（和凤镇）。年内发生的主要气象灾害为暴雨、寒潮、连阴雨、强对流、高温、干旱、台风、雾和霾。 （经小美）

【自然资源】 2021年，全区耕地233.68平方千米，盛产水稻、小麦、油菜、蔬菜、薯类、豆类等农作物。水域面积257.56平方千米，盛产青虾、龙虾、螃蟹、鲈鱼、鳜鱼、细鳞斜颌鲴、白鱼、青鱼、草鱼、鲢鱼、鳙鱼、鳊鱼、鲫鱼、鳖等水产品，莲藕、菱角等水生植物。山林面积3.25万公顷，盛产林、桑、茶等，有金银花、铁皮石斛、茅苍术等中药材。山区有野猪、貉、果子狸、狗獾、鼬獾等哺乳动物12种，有小天鹅、豆雁、绿翅鸭、斑嘴鸭、白鹭、白鹤、东方白鹳、凤头鹰、白鹇等鸟类145种。境内矿产资源丰富，金属矿产有锶、铜、铅、锌、锗、铁、金、银8种，非金属矿产有水泥用石灰岩、建筑石料用火山岩、砂岩、砂、耐火黏土、高岭土和砖瓦用黏土，能源矿有铀矿，水气矿有矿泉水。

11月后，石臼湖迎来越冬天鹅　　杨孝林　摄

（溧水规划资源分局　区农业农村局　溧水生态环境局）

历史人文

【建置沿革】 隋开皇十一年（591）析溧阳西北境及丹阳（今江宁小丹阳）故地东部置溧水县，此为建县之始。元元贞元年（1295）升溧水为州，明洪武二年（1369）复改为县。明弘治四年（1491）析西南境置高淳县。清顺治二年（1645），溧水属江南省江宁府。中华民国元年（1912）至三年，溧水先后属南京府、金陵道，中华民国十八至三十八年（1929—1949），分别属江宁区、溧阳区、江苏省第一行政督察区。1938年6月，新四军到达溧水，溧水成为苏南抗日根据地战略要地。项英、陈毅、粟裕、谭震林、邓子恢、张鼎丞、傅秋涛、陶勇、王必成、江渭清、钟国楚等新四军将领曾在溧水组织指挥苏南地区抗日斗争。1941年，中国共产党在县境内分别建立溧水（后改为溧高）、江溧句（后改为江宁）、江当溧（后改为横山）抗日民主政府，组织领导抗日运动。同年年底，新四军第六师第十六旅旅部和苏南党政领导机关移驻溧水。1942年，溧水成为中国共产党领导苏南人民抗日斗争中心区。1949年4月25日，溧水解放，属镇江专区，1958年属常州专区，1959年9月9日复属镇江专区。1983年1月，划属南京市。2013年2月19日，撤销溧水县，设立溧水区。

（区志办）

【行政区划】 2021年，溧水区无行政区划调整事项。至年底，全区设永阳、柘塘、东屏、洪蓝、石湫5个街道，辖白马、晶桥、和凤3个镇；设有111个村（社区），其中社区居委会74个、村委会37个。

表1　2021年溧水区村(社区)情况一览表

街　镇	数量	村(社区)
柘塘街道(开发区)	14	社区(14):团山、明珠桥、新安、前进、荷花、机场路、柘塘、空港、乌山、群力、康怡、崇贤、秦淮、沙河
永阳街道	27	社区(24):中山路、秦淮路、庆丰路、毓秀路、东门街、通济街、状元坊、宝塔路、财贸新村、交通路、板桥、龙山、致远、仪凤、崇文、戴家、恒大、琴音、工农兵、城郊、十里牌、中山、东庐、石巷
		村(3):东山、高塘、秋湖
东屏街道	10	社区(5):方边、徐溪、长乐、定湖、金湖
		村(5):爱廉、爱民、和平、丽山、白鹿
洪蓝街道	12	社区(8):洪蓝、三里亭、天生桥、西旺、无想寺、傅家边、蒲塘、上港
		村(4):塘西、青锋、陈卞、姜家
石湫街道	14	社区(6):石湫、塘窦村、明觉、光明、蟹塘、社东
		村(8):东泉、向阳、三星、同心、桑园蒲、横山、九塘、上方
白马镇	10	社区(6):金谷、白马、朱家边、白龙、上洋、革新
		村(4):曹家桥、石头寨、大树下、浮山
和凤镇	12	社区(6):凤凰路、双牌石、毛公铺、沙塘庵、孔镇、乌飞塘
		村(6):孙家巷、张家、骆山、沈家山、吴村桥、中杨
晶桥镇	12	社区(5):陶村、杭村、新桥、枫香岭、芮家
		村(7):水晶、笪村、芝山、云鹤山、孔家、仙坛、邰村

注:全区有111个村(社区)。其中,社区居民委员会74个(划线社区居民委员会为“城市社区居民委员会”,计24个;其他社区居民委员会为“村改居”,计50个),村民委员会37个。　　(陈静)

【历史文化】　溧水历史悠久,文化底蕴深厚。据白马神仙洞出土的成年女性右颞骨化石和大量动物化石表明,1万多年前,溧水就有人类居住和生活。有回峰山神仙洞遗址、西周至春秋土墩墓、石山商周时期遗址、晶桥梁代采铜遗址、诸家唐代窑址等众多文化遗存,以及西周至春秋原始瓷器、汉代铜器、汉唐铜镜、刘宋货币、北宋影青瓷器、元代青花瓷和龙泉青瓷等出土文物,昭示着溧水灿烂的古文明。其中,元代龙泉窑荷叶盖大罐曾参加北京故宫博物院“中国文物精品汇展”,哥窑瓷器多次受到国内外学术讨论关注,弥足珍贵。李白、白居易、颜真卿、周邦彦、杨万里、袁枚等历代文人墨客,游历溧水并留下赞颂溧水的诗篇。北宋的俞栗,为县内有史记载的第一名状元,在县城为其所建状元坊一直传名至今。南宋要臣吴柔胜、吴渊、吴潜,被称为“溧水三贤”。唐代新罗诗人崔致远曾任溧水县尉,宋代词人周邦彦曾任溧水县令。溧水人齐泰曾任明朝兵部尚

和凤诸家村史馆　　《今日溧水》报　供图

书，为“明初四杰”之一。清康熙年间(1662—1722)，溧水明觉人汤鹏创作的铁画，至今仍为世人称道。抗日战争和解放战争中，县内一批仁人志士如曹明梁、李孝廉、经竹如、尚秉文、方东海等，毅然投身抗战和革命斗争中。溧水区文化遗产丰富，全国重点文物保护单位有蒲塘桥。省级文物保护单位有胭脂河与天生桥、长乐桥、宋瑛墓、永寿寺塔、魏家土墩墓群。市级文物保护单位有无想寺摩崖石刻、石湫社东魏氏宗祠、和凤诸氏宗祠、和凤杨氏宗祠、洪蓝芮氏祠堂、秋湖山采石遗址、黄家古井、谢氏宗祠、晶桥刘氏宗祠、溧水大金山抗日根据地遗址。区级文物保护单位苏南反顽战役回峰山遗址、永昌桥、赵氏宗祠、李巷革命遗址建筑群、寻仙观、樊氏宗祠、邱氏宗祠、义气墩、金井涌泉、石山遗址、秦淮源头。有非物质文化遗产保护项目46个。其中，国家级项目1个(骆山大龙)，省级项目3个(蒲塘桥祠山庙会、跳当当、打社火)，市级项目6个(明觉铁画、玉带糕制作工艺、打五件、西宋马灯、溧水剪纸、张氏喉科)，区级项目36个。

(区志办　区文旅局)

和凤诸氏宗祠　　《今日溧水》报　供图

【人口方言】　2021年，全区户籍人口45.30万人，增长7.17‰。在户籍人口中，男性人口22.70万人，女性人口22.61万人。0～17岁人口7.68万人，18～34岁人口9.04万人，35～59岁人口18.35万人，60岁及以上人口10.24万人。全年人口出生率7.5‰，人口死亡率6.6‰，人口自然增长率0.9‰。溧水处于江淮方言区与吴方言区交会处，跨两大方言区，境内方言较为复杂，内部差异较大。据其特点可划为3片：北片、中片、南片。另外，清末，县内有一定数量的河南、湖北等外地人迁入，以河南人为最多。客籍人定居溧水，所使用的方言，被称之为“客民话”，增加溧水方言复杂性。溧水城区属中片，其方言有新老派之别，老派说吴语，新派说江淮话。老派方言是原有溧水土话，属吴语区宣州片太高小片，代表全区大多数方言，但渐趋消亡。　(区志办　区统计局)

【民族宗教】　2021年，溧水区居民以汉族为主，户籍少数民族人口2767人，占全区总人口0.5%，以布依族、苗族、回族、彝族等为主，涉及少数民族族别38个，散居在各街镇(开发区)，人口分布以永阳街道、石湫街道、开发区居多。其中蒙古族107人、回族404人、藏族13人、维吾尔族6人、苗族439人、彝族265人、壮族155人、布依族462人、朝鲜族28人、满族161人、侗族63人、瑶族70人、白族134人、土家族191人、哈尼族16人、傣族18人、黎族42人、傈僳族77人、佤族2人、畲族9人、高山族1人、拉祜族3人、水族27人、东乡族1人、纳西族1人、景颇族12人、土族12人、达斡尔族2人、仫佬族7人、羌族2人、布朗族6人、仡佬族14人、锡伯族7人、阿昌族1人、怒族5人、俄罗斯族1人、鄂温克族1人、京族2人。和凤镇孔镇民族村是南京市3个民族村之一。全区有佛教、伊斯兰教、基督教三大宗教，认定备案的宗教教职人员47人，其中佛教比丘(尼)28人、伊斯兰教阿訇1人、基督教牧师1人、传道员17人。

(区民宗局)

【地名管理】　2021年，溧水区开展地名集中论证活动7期，论证建筑物25个、道路65条、桥梁38座、公共设施2个、社区名称1个；审批地名28个，其中建筑物26个、道路2条。挖掘红色资源，开展红色地名申报，6月，白马镇李巷村入选江苏省首批100个红色地名并参加省民政厅举办的红色地名文化展。完成省地名录第一部分词条和市地名录词条释义审核工作。开展"幸福溧水·人杰地灵"系列地名宣传推广活动，通过线上线下宣传，使地名文化深入人心，营造珍爱保护家乡地名的浓厚氛围。开展全区地名规划工作，发布《溧水区关于选送镇(街)地名专家的通知》《溧水关于征集文史地名材料的通知》，动员各街镇(开发区)组建地名专家库，收集街镇文史资料，启动全区地名规划和地名库建设。完成苏皖线界线联检，经专业测绘定点，新增323046-1号界桩并开展边界文化墙建设工作。

表2　2021年溧水区地名命(更)名情况一览表

所在街镇	命名名称	类　别	位　　置	命名时间
永阳街道	秀园西苑(名称沿用)	住宅小区(安置房)	东至区教师进修学校，南至秀园路，西至秀园西苑一期，北至西坛路	1月30日
	海棠明苑	住宅小区	东至石燕路，南至文昌路，西至君悦华庭，北至规划路	3月11日
	万驰广场	商业综合体	东至秦淮大道，南至加油站，西至江苏万驰国际赛车场，北至金东城世家	3月11日
	南堡雅居	住宅小区(安置房)	东至随园路，南至规划区间路，西至珍珠南路，北至天生桥大道	3月16日
	琴悦府	住宅小区(安置房)	东至琴音大道，南至昕悦尚宸苑，西至琉璃路，北至永阳321人才大厦	3月16日
	礼樾云居	住宅小区	东至仪凤北路，南至中山东路，西至秦淮大道，北至规划道路	3月18日
	云境尊邸	住宅小区	东至石燕路，南至规划教育用地，西至仪凤南路延伸路段，北至涌泉路	4月9日
	繁花里	商住楼	东至区间规划路，南至交通东路，西至水保路，北至润溧路	5月27日
	淮源雅居	住宅小区(安置房)	东至致远路，西至一干河，南至交通路，北至宏泰雅苑小区	7月6日
	石燕雅居	住宅小区(安置房)	东至琉璃路，南至规划道路，西至石燕路，北至分龙岗东路	8月10日
	紫玥居	住宅小区	东至琉璃路，南至幸庄路，西至石燕路，北至崇文路延伸路段	9月14日
	中霖仕嘉广场	商业综合体	东至十里牌路(规划名)，南至规划道路，西至繁花里住宅区，北至润溧路	9月14日
	玖宸府	住宅小区	东至石燕路，南至体育公园路，西至琉璃路，北至崇文路	9月14日
	都荟沐语花园	住宅小区	东至琴音大道，南至崇文路延伸路段，西至琉璃路，北至体育公园路	9月14日
	锋范花园	住宅小区	东至琉璃路，南至体育公园路，西至石燕路，北至规划道路	9月17日
	秀竹雅居	住宅小区(安置房)	东至西坛路，南至秀园西苑一期，西至栖凤南路，北至区生态环境局办公楼	9月28日
	秀茂花园(秀园西苑三期更名)	住宅小区(安置房)	东至区教师进修学校，南至秀园路，西至秀园西苑一期，北至西坛路	9月28日

续表

所在街镇	命名名称	类　别	位　　置	命名时间
永阳街道	润阳路(名称沿用)	道路	润阳路南延,南延路段北起交通东路,南至分龙岗东路延伸路段;调整后的润阳路为南北走向,南起分龙岗东路延伸路段,北至琴音大道	12月14日
柘塘街道	嘉树清园	住宅小区(安置房)	东至乌山路,南至淮源大道,西至规划路,北至规划路	3月18日
	君荟淮居	住宅小区	东至规划路,南至淮源大道,西至三山湖路,北至徐母塘路	3月18日
	观岚久筑	住宅小区	东至琉璃路延伸路段,南至秦淮花苑,西至钟灵都会里住宅小区,北至机场路	8月10日
	时光天境嘉园	住宅小区	东至规划道路,南至一干河,西至淮源大道,北至荷花路	8月25日
东屏街道	松岭路(名称沿用)	道路	松岭路西延,延伸路段西起兴屏路,东至金港路。松岭路延长后,西起兴屏路,东至汉唐路	3月11日
	迎湖路(名称沿用)	道路	迎湖路西延,延伸路段西起开屏路,东至东岗路。迎湖路延长后,西起东岗路,东止东湖大道	3月11日
洪蓝街道	华塘蓝庭(华塘佳苑二期更名)	住宅小区(安置房)	东至五峰山路,南至规划道路,西至凤凰井路,北至五峰山路	3月18日
石湫街道	星汇天际佳园	住宅小区	东至石湫新河,南至石湫中学,西至影视大道,北至规划路	1月30日
	石山东府	住宅小区(安置房)	东至三干河路,南至励学路东延,西至中心河路,北至石山路	2月7日
	新河北路(名称沿用)	道路	新河北路北延,延伸路段南起茅山东路,北至铜山东路(规划名),新河北路延长后,南起严家桥,北止铜山东路(规划名)	6月16日
晶桥镇	山南康城	住宅小区	东至246省道,南至新桥河,西至305县道,北至341省道	6月4日

(陈静)

经济社会发展

【经济建设】 2021年,溧水区经济运行稳中有进,地区生产总值1000.95亿元,增长8.4%;一般公共预算收入81.88亿元,增长3.6%。全社会固定资产投资增长10.2%,其中工业固定资产投资增长12.6%。社会消费品零售总额完成398.12亿元,增长13.8%;实际利用外资及港澳台资3亿美元,下降10.4%;外贸及港澳台贸易进出口总额150.49亿元,增长30.18%;净增规模以上工业企业116家;全体居民人均可支配收入50865元,增长9%;城镇新增就业2.01万人,城镇登记失业率控制在省定目标以内。

【政治建设】 2021年,溧水区接受人大工作监督、法律监督和政协民主监督,办理人大代表建议、政协委员提案232件,办结率、满意率100%。健全行政机关负责人出庭应诉机制,出庭应诉率100%。快速办理"12345"热线,解决群众诉求8.9万余件,综合排名蝉联全市第一。严控政府一般性支出,"三公经费"、区级行政机关运行支出保持零增长。绩效评价委员会、专家咨询委员会作用初显,强化审计监督成果运用,加快形成政府投资项目从策划设计、概算控制、监管督查到审计验收的标准化管理闭环。落实全面从严治党和意识形态工作主体责任,严格执行中央八项规定及其实施细则精神,深化各级巡视巡察反馈及审计问题整改,党风廉政建设取得新成效。(尹波)

【文化建设】 2021年，溧水区推进现代公共文化服务体系与服务效能提升，围绕庆祝中国共产党成立100周年和党史学习教育主题，策划区、街镇、村(社区)主题系列文化活动，开展"健康新溧水、唱响大戏台"送戏下乡等主题活动和各类文化活动1000场次。举办江苏省庆祝中国共产党成立100周年"百年百场"优秀文艺群众文艺作品巡演(溧水专场)。4月30日，"幸福溧水"第二十一届群众文化艺术节在区体育公园开幕。举办群众文化艺术演出30场。全区阅读驿站14家，村(社区)综合文化服务中心111家，乡村大戏台84座。8家少儿图书室通过市级验收。11月15日，首座沉浸式国学体验主题无想书院在无想水镇揭牌。溧水获评"中国诗歌之乡"，开展"文化进万家""我们的节日""秦淮源头、文艺魅溧"等文化惠民活动100余场，服务群众5万余人。举办"唱支山歌给党听"庆祝中国共产党成立100周年文艺会演，第三十届中国戏剧梅花奖获得者杨少彭、吴美莲在溧惠民巡演等文艺演出活动。联合市话剧团，创作南京首部反映新四军题材的大型史诗剧《红色李巷》，首演吸引800余名现场观众和近25万名网络观众观看；"红色锡剧三部曲"(《石臼湖畔鱼水情》《粟裕赔盆》《月夜送别》)、红色舞蹈《石臼丰碑》等一批原创作品亮相，多次登上中宣部"学习强国"学习平台；现代黄梅戏《永远的记忆》、锡剧《抗日交通员》获首届南京市公共文化"星辰奖"戏曲类一等奖。文化产业增加值44.44亿元，增长26%。新华报业传媒集团新媒体总部等7个项目在南京市文化产业资源共享会上签约，投资额88.8亿元，溧水入选南京文化产业招商"热力TOP5"。飞燕文化产业街区获评南京市文化产业园区搭建文化企业投融资服务平台，帮助南京陶玉梅服装设计实业有限公司等6家文化企业申请具有利率优惠的文化贷款0.25亿元，胭脂河古遗址公园提升等2个项目获市级文化产业专项扶持资金150万元。支持文艺团体以名师名家工作室、名师带徒等形式引进高层次文化艺术人才，鼓励文化企业以项目落地带动文化人才引进，以项目运营带动文化人才集聚。成功引进第二十七届中国戏剧"梅花奖"获得者何云在溧水设立文化名家工作室。组织大金山庄国防园等3家文化企业参加南京市第十届文化人才专场招聘会，开展南京市宣传文化系统第六批"五个一批"人才和第四批青年文化人才选拔推荐工作，南京视觉艺术学院杜江等2人获市级人才项目资助。

（张敏　尹波）

【社会建设】 2021年，全区办学水平稳步提升，开办省溧中"海安班"、溧水第二高级中学"海门班"，高考录取率创新高，获评全市高中教育发展性评估一等奖，初中办学质量稳居全市前三，区特殊教育学校获省基础教育教学成果一等奖。双塘幼儿园、新龙路幼儿园、毓秀路幼儿园、金东城世家幼儿园建成投入使用。全区义务教育集团化办学覆盖率26%。实施名校名园战略，省溧中与南京大学物理学院共建物理学科特长生基地，溧水第二高级中学"海门实验班"落地开班。加大优质医疗资源供给，区域三级医疗卫生服务能力全面提升，区中医院被确立为全省首批"体医融合"试点单位，在新冠肺炎疫情防控中快速改造成为全市出院患者定点康复医院。淮源街北延、珍珠路环境综合整治、体育公园体育场改造提升工程等112个项目完工。推进寺桥片区等城市更新改造工程，打造城市新文化地标。实施安居工程，完成棚改面积31.07万平方米，新开工安置房面积96.97万平方米，竣工分配4338套。实施"美丽家园"行动计划，整治老旧小区22.49万平方米，惠及居民2181户，同步增设机动车停车位500个。推进垃圾分类和"厕所革命"，创建省级生活垃圾分类小区9个，推广可降解餐厨专用垃圾袋进小区，新改建公共卫生间161座，划定15分钟免费停车泊位67个。

【生态文明建设】 2021年，溧水区突出系统治水，实施重点水污染防治项目6个、减排项目29个，以全省最高分通过国家级县域节水型社会达标建设省级验收，国省考断面水质、优Ⅲ比例达标率100%。强化工业污染源治理及扬尘管控，整治VOCs有组织排放企业50家、无组织排放企业75家，空气质量持续改善，被授予国家气候标志，获评"中国气候宜居城市"。完成2个"绿岛"试点项目，建成天山水泥固体危险废物协同处置综合"静脉"产业园。推进能耗双控，实现总量、强度双下降，单位地区生产总值能耗下降6.4%，探索推进

“零碳小屋”建设，建成全国首个零能耗乡村游客中心。绿色体系建设成效明显，1家企业入选国家级绿色工厂，实现零突破，5家企业7项产品入选国家级绿色产品，溧水区获批全省首个“江苏省碳达峰目标下绿色城乡建设试点区”。

【综合改革】 2021年，溧水区深化“放管服”改革，巩固“1120”“753”改革成效，“准入即准营”等改革试点走在全省前列。推进国企改革，完善国企高质量发展考核机制，区水务集团进入全国股转系统挂牌审查，三年国企改革事项总体完成率92%，区属国有企业资产规模2600亿元。推进国家城乡融合发展试验区建设，探索创新农村集体经营性建设用地入市试点工作，洪蓝街道傅家边、晶桥镇太阳庄2宗土地完成入市。以改革优化资源配置，擦亮“溧刻办”政务服务品牌，“一件事一次办”等改革试点全省领先，被评为全省营商环境综合评价先进区。以创新汇聚发展动能，高新技术企业5年增长3倍，万人发明专利拥有量60件，获评全国科技创新百强区、江苏知识产权强省建设示范区。实施“人才强区”战略，集聚各类高层次创业创新人才近1500人。推进国家临空经济示范区溧水片区建设，自贸区示范园企业注册数位居全市前列。外资及港澳台资企业407家，外贸及港澳台贸易总额实现翻番。举办第三十四届世界电动车大会等重大展会100余场。

【城乡建设】 2021年，溧水区串联乡村“精品线”，建成洪蓝街道山凹、白马镇李巷等市级职工疗休养基地5个，启动建设秦淮源头、金色庄园等6个特色田园乡村，溧水区获全国美丽乡村旅游目的地，市民之家、无想水镇获国家优质工程奖，创成省级全域旅游示范区，乡村振兴实绩考核位列全省第一等次。“十三五”期间，实施旧城“微更新”，完成城乡建设任务2230个，改造提升飞燕文化产业街区等城市客厅，5年完成10条主要道路和110条背街小巷整治出新，301个棚改项目惠及群众3.1万户、8.7万人，166万平方米老旧小区“旧貌换新颜”。建成干线公路3条，轨道交通S7、S9号线竣工通车，基本形成“两横两纵”高速公路网、“两横三纵”国省道布局，率先创成省级“城乡公交一体化”示范区。

【创新发展】 2021年，溧水区入库科技型中小企业769家。引进新研机构2家，通过市级备案4家，拥有新研机构14家，南京先进生物材料与过程装备研究院入选南京市2021年度高水平新研培育名单，成功申报国家级科技计划项目1个。创成省级技术创新中心1家、新组建省级工程技术研究中心3家、认定市级工程技术研究中心17家。新认定省级企业技术中心3家，市级企业技术中心12家。实施产学研合作项目133个，技术合同登记额14亿元。与江南大学共建的健康食品智能制造技术创新中心项目获批省级技术创新中心，获得“省重大科研设施预研筹建项目”1500万元立项支持。小虎科技创成省级众创空间，和凤机电产业园创建国家火炬特色产业基地材料上报科技部火炬中心。支持海外人才创新创业，申报工信部“启明计划”项目27个。申报高层次创新创业人才项目154个，入选区级高层次创新创业人才40人。8家人才企业被认定为培育独角兽、瞪羚企业。发放各类科技贷款12亿元，百联新消费产业基金、首正数字产业基金落户，无想投资人中心实体化运作，成功举办首届无想山财经峰会。

（尹波）

责任编辑　章雨婷

党政机关
Party and Government Organizations

中共南京市溧水区委

·决策部署·

【概况】 2021年，溧水区委以习近平新时代中国特色社会主义思想为指导，贯彻落实中共十九大、十九届历次全会和习近平总书记对江苏工作重要指示精神，按照中央、省委经济工作会议和市委十五届二次全会部署，对贯彻落实中共十九届六中全会精神作出部署安排。先后召开中国共产党南京市溧水区第十四次代表大会以及区委十四届一次、二次、三次、四次全会，总结部署全区工作。召开区委常委会会议41次，涉及党建、经济、社会、文化、稳定等议题199个。召开十三届区纪委六次全会、全区深化对标找差创新实干推动高质量发展大会、全区农村工作会议、全区党建工作会议、全区年轻干部座谈会等重要会议23次，部署落实全区重点工作。

【安全生产工作】 1月30日，区委办、区政府办印发《关于全面加强危险化学品安全生产工作的实施意见》，以创建国家安全发展示范城市为抓手，以防控系统性安全风险为重点，落实安全生产责任和管理制度，建立健全安全隐患排查和安全预防控制体系，加强源头治理、综合治理、精准治理，解决危险化学品领域基础性、源头性、瓶颈性问题。2月5日，印发《溧水区落实市安全生产巡查反馈问题整改工作方案》，要求各街镇（开发区）、区有关部门和单位结合安全生产专项整治行动，推进整治整改工作。3月31日，印发《关于进一步深化安全生产三年专项整治工作的意见》，要求各街镇（开发区）和各单位围绕“务必整出成效”和“两个不放松”目标要求，聚焦重大风险、重点领域、关键环节，采取一系列切实举措，特别是全区18项、区重点行业领域83项和各街镇（开发区）40项重点任务落实。

【推进乡村振兴加快农业农村现代化建设】 2月18日，区委办、区政府办印发《关于全面推进乡村振兴加快农业农村现代化建设的实施意见》，提出“提高农业质量和竞争力，保障重要农产品供给；实施乡村建设行动，加强美丽田园乡村建设；深化农村综合改革，增强农业农村发展内在活力；实现巩固拓展脱贫攻坚成果同乡村振兴有效衔接，推进富民增收”4项工作举措，提高乡村治理水平，推进农业农村现代化发展。年内，溧水区成为全市唯一、全省首批城乡公交一体化示范区，获评“四好农村路”全国示范区，培育社会治理样本村（社区）10个，石头寨村获评全国乡村治理示范村。实现农民人均可支配收入增速高于地区生产总值增速，农村发展安全保障更加有力的良好局面，提高农民获得感、幸福感、安全感。

【制造业高质量发展试验区建设】 3月15日，区委办、区政府办印发《溧水制造业高质量发展试验区建设2021年工作方案》，要求深入落实“十大工程攻坚年”，实施先进制造强基工程，结合全区实际，制订制造业高质量发展六大提升计划，即：开展产业层级提升计划，提升产业链现代化水平；开展园区提质增效计划，提升工业园区质效水平；开展数字能力提升计划，提升制造业数字化水平；开展创新主体培育计划，提升科技成果产业化水平；开展要素保障提升计划，提升资源要素保障水平；开展营商环境提升计划，提升企业服务能力水平。5月5日，区委办、区政府办印发《溧水区支持制造业高质量发展十条政策(2021年)》《溧水区支持制造业高质量发展十条政策实施细则(2021年)》，推进制造业高质量发展试验区建设，加快全区制造业高质量发展。

【治理体系和治理能力现代化建设】 7月2日，区委办、区政府办印发《特大城市郊区治理样本区建设三年行动方案(2021—2023)》，打造特大城市郊区治理样本。坚持和发展新时代"枫桥经验"，推进区域社会治理现代化建设，增强人民群众获得感、幸福感、安全感，发挥溧水治理创新改革成效和集成优势，推进治理体系和治理能力现代化，通过高水平治理服务保障高质量发展。年内，溧水区推进"一网统管"建设，推动8个镇街指挥分中心实体化运作，构建上下一体、协同高效的"两级平台、四级应用"组织体系。落实"实时感知监测、及时预警发现、快速应急处置"要求，聚焦疫情防控、环境监测、交通出行、燃气管理等重点领域，推出更多智慧应用场景。健全深化"镇街吹哨、部门报到、接诉即办"工作体系，系统抓好群众诉求意见收集分析，尽心尽力办好每一件工单。推动网格化治理走在前列，深化"全要素"网格化服务管理，创新网格员垂直管理机制，推动社会治理网格与责任部门力量叠加融合，把矛盾问题消除在萌芽状态，确保"小事不出村、大事不出镇、矛盾不上交"。推动实现重大战略执法、司法、守法大保护格局，会同2省3县(区)，建立石臼湖生态环境和资源保护跨区域联盟，建立健全协作机制，保护"天空之境"。 (易刚)

【文明典范城市创建】 2021年，溧水区坚持育"文明人"和建"文明城"并重，集中开展居民小区和楼宇、管线线缆、道路街巷、农贸市场及周边、交通秩序和电动自行车、文化旅游6项专项整治行动，推进文明典范城市创建。打响"幸福溧水""溧艺课堂""无想书院"等文化品牌，开展演出、展览、培训、阅读推广等各类文化活动1000场次，引导广大群众共同营造文明有礼、文明有序、文明有我的社会风尚，让城市路见本色、物显真容、文明相伴。 (尹波)

【新型冠状病毒肺炎疫情防控】 7月21日，区委办印发《关于区领导挂钩督导新型冠状病毒感染的肺炎疫情防控工作的通知》，建立区领导挂钩督导疫情防控工作制度，区委书记、区长负责全区面上情况指挥调度，区相关领导每人挂钩联系一个板块。7月28日，区委办、区政府办印发《关于调整优化南京市溧水区疫情防控相关业务组和工作专班的通知》，加强疫情防控工作组织领导，建立扁平化应急指挥体系，调整优化相关业务组和工作专班。8月2日，区委办、区政府办印发《关于进一步明确行业主管部门新冠肺炎疫情防控工作职责的通知》，要求各行业主管部门落实责任，及时解决工作中存在的问题，主要监管范围未能覆盖的，按照行业管理范围监管，落实"谁主管谁负责""管行业管防控"要求。8月19日，明确主管部门，调整部分行业主管部门。9月17日，区委办、区政府办印发《关于加强全区新冠肺炎疫情常态化防控工作的意见》，按照省、市疫情常态化防控要求，补短板、查漏洞、强弱项，提出具体工作意见。11月11日，区委办、区政府办印发《关于进一步加强疫情防控区驻各板块督导工作的通知》，加强疫情防控督导工作。

【区委十四届全会】 9月5日，区委十四届一次全体会议在区委党校3号培训楼3303室召开。会议

12月29日，中国共产党南京市溧水区第十四届委员会第四次全体会议举行 《今日溧水》报 供图

7月2日，溧水区举行庆祝中国共产党成立100周年座谈会暨区“两优一先”表彰会 《今日溧水》报 供图

选举中国共产党南京市溧水区第十四届委员会常务委员会委员和书记、副书记，通过中国共产党南京市溧水区纪律检查委员会第一次全体会议选举结果的报告。

9月15日，区委十四届二次全体会议在区级机关多功能厅召开，会议讨论通过溧水区酝酿产生的市出席省第十四次党代会代表候选人。

12月29日，区委十四届四次全体会议在区级机关多功能厅召开，开发区、各镇街设分会场。全会由区委常委会主持，南京市副市长、溧水区委书记林涛代表区委常委会作工作报告，并作总结讲话。会议总结2021年工作、分析当前形势，部署明年任务，审议通过《中共南京市溧水区委关于深入学习贯彻党的十九届六中全会精神的决定》、区委常委会2021年度抓党建工作情况的报告，讨论溧水区落实市第十五次党代会“五个示范”三年行动计划（2022—2024年）情况，即创新驱动、产业转型示范，区域协调、城乡融合发展示范，包容友好、共同富裕示范，生态优先、绿色发展示范，制度创新、治理变革示范。

【全区深化对标找差创新实干推动高质量发展大会】 2月19日在区级机关多功能厅召开，各街镇（开发区）智慧城市运营指挥中心设分会场。会议以习近平新时代中国特色社会主义思想为指导，贯彻全市对标找差工作大会精神，深化部署全区对标找差工作，聚焦“鼓励基层创新年”主题，动员全区上下在创新中实干、在实干中创新，推动高质量发展走在省市前列，全力冲刺全国百强区前20强。区委常委、常务副区长郜伦浩通报受到国家、省、市表扬的先进单位、先进个人，区委副书记汪冬宁宣读全区表扬表彰决定。区委区级机关工委、党校、区发改委、农业农村局、工信局5家单位作经验交流发言。

【溧水区庆祝中国共产党成立100周年座谈会暨区“两优一先”表彰会】 7月2日在区级机关多功能厅召开，各街镇（开发区）设分会场。会议学习贯彻习近平总书记系列重要讲话精神，庆祝中国共产党百年华诞，讴歌党的丰功伟绩，表彰先进、凝聚力量，激励全区各级党组织和广大党员不忘初心、牢记使命，锐意进取、砥砺前行，以更加昂扬的斗志、更加务实的作风，走好新时代全面建设社会主义现代化长征路。区委书记出席并讲话，区人大常委会、区政府、政协全体领导，区法院、检察院相关负责人等450人出席会议，会上表彰省市区“两优一先”“猎豹奖”获得者65人。

【中国共产党南京市溧水区第十四次代表大会】 9月4—5日在区委党校1号楼会议中心召开，区委书记出席并作报告。大会组建11个代表团，各街镇（开发区）代表团8个、机关事业单位代表团3个。会议以习近平新时代中国特色社会主义思想为指导，总结过去5年成绩，研究部署未来5年奋斗目标和主要任务，选举产生中国共产党南京市溧水区第十四届委员会和纪律检查委员会，动员全区上下埋头苦干、比学赶超，为建成全省现代化建设先行示范区而努力奋斗。 （易刚）

·巡察工作·

【概况】 2021年，溧水区委巡察机构落实中央和省市委巡视巡察部署，紧扣区委换届之年巡察目标要求，推动政治巡察开展。组织实施十三届区委第十四轮巡察，常规巡察溧水规划资源分局等5个区管部门、永阳街道通济街等12个社区并开展

“回头看”，发现问题160个、问题线索4件，提出巡察建议5条。实施十四届区委第一轮巡察，巡察区城建局等8个部门，围绕“三个聚焦”，发现问题85个、问题线索6件，推动立行立改6个。根据省市区三级联动开展涉粮问题专项巡视巡察工作要求，选派9名巡察专员参与市委第二联动巡察组赴浦口巡察，服务保障市委第四联动巡察组在溧巡察。区委巡察工作经验做法先后被《人民日报》、“学习强国”、省市纪委网站等采用50余次。

10月18日，深圳人大干部培训中心溧水教育基地在区委党校揭牌
郝宇　摄

【巡察方法与制度创新】　2021年，溧水区2批次修订完善巡察操作指引、监督重点，在实践中丰富“四清单”“十步法”，创新“机动式”“点穴式”等工作方法。发挥巡察联系群众纽带功能，结合“两在两同”建新功和“我为群众办实事”行动，解决群众急难愁盼问题16个。研究制订《关于落实巡视巡察上下联动的实施办法》，通过以下看上、下借上势，促进区委巡察工作规范提升。优化提升各类协作运行机制40余项，贯通有溧水特色的“1+3+N”监督体系。制订《区领导履行“一岗双责”全过程推动巡察监督实施办法（试行）》，得到省市巡视巡察机构认可。

【巡察整改与成果运用】　2021年，溧水区落实“四个融入”要求，将巡视巡察反馈问题整改工作与深化改革、完善机制结合起来，与全区重点工作、党建考核等一体推进落实。针对巡察学校发现的突出问题，召开专题整改落实推进会，压实学校党组织和教育工委主体责任，督促开展专项治理13批次，建章立制36项，立案查处2人，挽回经济损失14.2万元。明确巡察整改“七步流程”，探索未巡先改、边巡边改、巡改结合工作模式，完善建账、对账、销账“闭环式”责任链条，在十三届区委第十四轮巡察中推动即知即改问题30余个。对十三届区委巡察发现的问题、移交问题线索、发出巡察建议等进行“大起底”，推动街镇建章立制60项，形成特色典型整改案例32个。

【巡察队伍建设】　2021年，溧水区创新巡察兼职干部抽调机制，在全市率先建立新提拔区管干部、优秀年轻干部到巡察岗位锻炼制度。在十四届区委首轮巡察中，抽调区管副职干部2人、中青班学员36人到巡察一线实战经受锻炼。开设“清风润溧·巡察人课堂”8期14讲。开展党史学习教育，坚持“支部建在组上”，突出“动中抓建”推进党支部建设。推动巡察干部树牢“两职”观念，执行“两不”规定，严格执行“十不准”等纪律规定。

（李佳俐）

·组织工作·

【概况】　2021年，溧水区完善上下贯通、执行有力的组织体系，实施基层组织建设整体过硬年计划，建设政治过硬、具备领导现代化建设能力的干部队伍，打造人才“引育用留”全链条工作体系。至年底，全区有党员24438人，直属党（工）委31个，党（总）支部1295个，新发展党员450人，其中女性176人。

【基层党建】　2021年，区委主要领导带头领办基层党建“书记项目”，全区各党（工）委（党组）书记领办基层党建“书记项目”54个。制订基层党建“百项行动”计划，巩固村（社区）书记专业化管理、农村发展党员违规违纪问题排查整顿等试点工作成果，从“先行先试”成为“先行示范”。开展换届后村(社区)书记专职五级评定,新评定各级专职书记40人;制订发展党员全程纪实工作实施办法,在全市专题业务培训上进行情境模拟;建立区级机关部门结对、街镇领导包联常态化帮扶指导工作机制,区委领导带头联系43个村(社区)和10个软弱后进基层党组织;印发《关于下达2021年度村(社区)为民服务专项资金》通知,投入资金4440万元,实施为民服务项目498个。完成新一届村(社区)“两委”干部全员轮训,组织全区111名村(社区)党组织书记分3个批次赴四川成都、浙江杭州开展专题培训,面向108名村(社区)党组织副书记,举办全区新一届村(社区)“两委”乡村振兴示范培训班;以“线上理论教学+线下现场教学”形式,分设“党校主会场+街镇分会场”,培训提升村(社区)党组织书记、主任、“两委”干部、村(居)务监督委员会主任能力。开展庆祝中国共产党成立100周年系列活动,214名(个)个人(集体)获省市区“两优一先”表彰。颁发“光荣在党50年”纪念章2815枚,走访慰问各类对象784人,发放党内关爱慰问资金164万元。编印《百名党员话初心》,评展“先锋90后”108人。新冠肺炎疫情防控期间,全区各级党组织和1.2万名党员干部闻令而动,扛起疫情防控政治责任。成立临时党委3个、临时党支部23个,“抗疫先锋”行动党支部128个,设立党员先锋岗,划定党员责任区。落实加强基层治理能力建设十项举措,形成50个工作项目190条具体措施。印发《关于响应党中央号召在全区党员干部中开展“两在两同”建新功行动的实施方案》,列出4项工作任务,明确时间节点和任务要求,引导党员干部在解决人民群众“急难愁盼”问题中履职尽责。 (黄殿磉　焦鹏)

【区镇村三级换届】 2021年,溧水区坚持党的领导,把换届工作作为重中之重,精心谋划部署,科学推进实施,完成换届各项任务。在区镇村换届中,区镇党委成立由主要领导担任组长的换届工作领导小组,加强组织领导,精心组织实施,把握换届工作主动权。围绕换届的前期准备、推荐考察、选举大会、后续工作4个阶段,细化明确具体任务,以“精细实、零差错”的标准完成每一个环节。坚持把换届作为锻造高素质干部队伍的“大考场”,区、镇街、村(社区)三级领导班子结构优化。在村级换届中,全区村(社区)书记致富能手、“两委”成员大专以上学历比上届分别提高10%、2.3%,“两委”成员平均年龄下降2.2岁,全面实现“三升一降”目标。在镇党委换届中,新提拔“85后”年轻干部9名进入乡镇领导班子,选调19名“80后”区管干部充实到镇街一线,全区“90后”区管干部实现“零突破”。严把党代表产生关、审查关、选举关、培训关,26个选举单位选举产生的250名党代表充分彰显先进性、广泛性、代表性,确保区第十四次党代会顺利召开。坚持把换届风气监督作为履行管党治党主体责任的重要内容,与换届工作同安排、同部署。加强各级党员干部党性教育、纪律教育、警示教育,建立领导干部换届联系点,选派换届风气监督员16名,保证换届工作顺利进行。发放严肃换届纪律提醒卡5000余份,集中观看严肃换届纪律警示教育片《警钟长鸣》、“十严禁”动漫宣传片8500余人次,签订严守换届纪律承诺书1600余份,推动“十严禁”纪律要求在基层落地落实,引导党员干部自觉做到“五个必须”、坚决不搞“七个有之”,正确对待个人的“进退留转”,营造风清气正的换届环境。溧水作为全市唯一的区接受中央换届督导组检查,现场获得好评。 (戴文健)

【机关党建】 2021年,溧水区履行机关党建和作风建设主体责任,制订年度工作要点,开展作风评议工作,促使机关各部门服务提质增效,区委区级机关工委被省委省级机关工委、省人社厅联合表彰为全省机关党建先进集体。组织开展党史学习教育和庆祝中国共产党成立100周年活动。协助区创建文明城市办公室监督检查城区13个类别中的18个村(社区)服务点和12个区级部门联络点60余次,检查人员到岗到位情况、现场服务表现、巡查劝阻效果。《美溧先锋》刊载3期专栏报道区级机关在“两在两同”(同人民想在一起、干在一起,风雨同舟、同甘共苦)建新功行动、“我为群众办实事”实践活动方面的典型案例。组织500余名机关党员志愿者下沉社区疫情防控一线,参与全区6轮全员核酸检测志愿服务工作。开展“党旗在防疫一线高高飘扬”行动,配合街镇、村(社区)成立临时党组织,168名党员突击队员成为应急力量。加强“学习强国”学习平台阵地建设,审核稿件50余篇,刊发33篇。督促区级机关各部门履行意识形态工作主体责任,印发《关于进一步加强意识形态工作的通知》。区委区级机关工委所属42个党组织(3个机关党委、19个党总支、20个直属党支部)中115个党支部标准化规范化建设全面达标,选树示范党支部13个,打造党建示范品牌9个、党建培育品牌8个。建设"智慧机关党建"信息平台,有机结合机关党建考核,建立各类人员资料库、党员发展25个环节、"学习强国"督促提醒等机制,将其打造为指导和检查基层党组织"三会一课"落实情况的实时载体。严把党员入口关,落实党员发展纪实管理,全程纪实发展党员工作,一人一档,全年发展党员35人,培训入党积极分子和预备党员109人。区委区级机关工委系统获得全区优秀共产党员、优秀党务工作者表彰16人次。机关党委(总支)下属二级党支部115个,有党员1899人,其中在职党员1267人、退休党员523人。完善"网上评议+书面评议""意见反馈+整改落实""明察暗访+回头看"作风评价工作机制,更新各类评议人信息,建立各部门(单位)作风建设工作联系人网格。组织区作风监督组座谈会,传达区委作风建设工作意见建议,讨论年度作风监督工作计划。协调5个作风监督组与联系部门(单位)举办作风建设交流会5场,通过电话回访、现场走访等方式,整改落实群众意见建议。 (刘华)

2021年,溧水区南大校友经济产业园党群服务中心垠坤集团联合"喜马拉雅"App共同打造"智慧党建"有声图书馆,通过手机"扫一扫"二维码,实现党的声音随听随学、党建知识即扫即学 《今日溧水》报 供图

【国有企业、事业单位党建】 2021年,溧水区推动国有企业党建强引领、树品牌。修订区属国有企业"三重一大"事项决策制度,督促指导国有企业制订党组织前置研究讨论重大事项规程,落实党组织前置研究讨论事项清单。督促指导区人民医院、中医院制订党委会会议议事规则和院长办公会议议事规则,推进落实公立医院党组织领导下的行政领导负责制。加强党对民办学校的全面领导,贯彻落实加强全市民办学校党建工作实施意见。

【"两新"组织党建】 2021年,溧水区稳步推进"两新"组织(新经济组织、新社会组织)党务工作者专业化建设工作。构建"四级五专"专业化建设体系,开展"两新"组织党务工作者专业资格认证工作,评选中级党务工作者8人、初级党务工作者38人。集中选派59名党建工作指导员,下沉756家企业一线指导工作。举办全区"两新"组织党组织书记"强党建、兴产业"专题示范培训班,提升抓党建、促发展、兴产业能力水平。加强新领域新业态党建工作,以新能源汽车、智能家居等产业为切入点,组建产业链党建联盟;推动"产学研""上下游""大中小"企业开展党建联建,将组织优势转化为经济动能,相关改革做法被省委《组工研究》专题刊发。 (陈远伟)

【干部选拔任用】 2021年,溧水区突出政治标准,坚持正确选人用人导向。修订完善区委工作规则、区委常委会议事决策规则、"三重一大"事项决策等制度,提高选人用人制度化、科学化、规范化水平。坚持把政治过硬作为首要标准,对干部政治表现考察实行"考察谈话必问、民主测评必测、征求意见必听、考察材料必写、任职谈话必谈"。执行"凡提四必"、廉政意见"双签字"、全程纪实等制度,综合研判组织考察情况和纪检监察机关意见,一案一判、从严把关。突出实干实绩导向,组织开展年度综合考核工作,科学评价干部实绩,190名区管领导干部考核为"优秀"等次。注重在急难险重岗位磨炼、选用干部,在疫情防控一线考察识别干部,建立一人一档,作为提拔使用干部重要参考。严格换届政策,新一届街镇党政班子成员平均年龄41岁、班子成员中35岁以下干部占30%,本科以上学历占93%,完成各项结构性配备要求。选举产生省党代表2人、市党代表21人、区党代表250人，区人大代表234人，区政协委员233人。新一届区委、区纪委组织提名人选全部高票当选，3个街镇党委班子成员一次性选举成功，区、街镇两级党委换届完成。在换届风气、换届人选方面零信访、零举报。科学统筹配置干部资源，突出人事相宜、优势互补、强强联合。在正副搭配上，选拔驾驭能力强、善于抓班子带队伍的干部担任正职；在年龄组合上，坚持老中青相结合，形成传帮带梯次组合；在经历互补上，促进机关干部与基层干部双向交流、复合培养。在全市率先建设智慧组工系统，建立年轻干部储备库，实行“动态监测、动态调整”。落实年轻干部常态化配备要求，空缺领导职数优先考虑年轻干部。全区“80后”区管干部增加10人，其中“85后”区管干部增加9人，“90后”科级干部增加5倍，突破100人，“90后”区管干部实现零的突破。（郭登）

【干部教育培训】 2021年，区委组织部印发《溧水区2021年干部教育培训工作要点》。完成主体班次培训15场次，培训干部3217人次。部门办班5场次，培训干部290余人次。举办区管领导干部中共十九届五中全会精神网上专题轮训班、公务员及科级事业人员轮训班5期。在15个主体班次中安排习近平总书记“七一”重要讲话、“从党史学习中汲取奋进的智慧和力量”等专题课程。举办制造业数字化转型、科技创新、先进制造业招商、乡村振兴等9个专题培训班，培训干部471人次。举办“80后”区管年轻干部读书班、第十六期中青年干部培训班、溧水区“90后”科级干部综合素质能力提升培训班。开展专题讲座，举办“溧水大讲堂”2期，培训1000余人次。推动部门区管干部在公务员及科级事业人员轮训班、第十六期中青年干部培训班等上讲台34次。完成省市委组织部调训95人次，春秋两季高校专题培训62个班次354人次。做好陕西省商南县在溧水挂职交流干部培训工作，2名挂职干部同步参加第十六期中青年干部培训班。（张波波）

【干部监督】 2021年，溧水区干部监督工作以营造风清气正政治环境为统揽，以《党政领导干部选拔任用工作条例》为遵循，加强日常监督，深化专项整治，净化选人用人风气。制订《关于严肃换届纪律加强换届风气监督的实施方案》，印发《关于组建全区严肃换届纪律工作领导小组的通知》，成立区严肃换届纪律工作领导小组。建立领导干部换届联系点，区领导联系点包干到街镇，各街镇(开发区)党政领导成员联系点确定到村(社区)。在人大、政府、政协换届期间，成立区街镇换届选举工作巡回督导组，选派16名换届风气监督员。召开严肃换届纪律业务培训会，相关部门具体负责人员及巡回督导组成员、换届风气监督员40余人次参加培训。发放严肃换届纪律提醒卡5000余份，签订承诺书1600余份，观看警示教育片《警钟长鸣》500余人次、“十严禁”动漫宣传片8000余人次。发挥“12380”五位一体综合举报受理平台作用，换届期间举报平台24小时畅通。9月26日，中组部、中纪委机关换届风气督查组到溧水区检查区、镇、村三级风气监督工作，准备11类台账资料90余份，完成迎查工作并获得检查组肯定。指导监督各单位选拔任用中层干部60余批次。部署推进领导干部个人有关事项填报工作，查核224人次，提醒3人、函询2人、诫勉2人。接待处理信访举报5件。调整区管领导干部出入境登记备案59人。（张益霖）

【公务员管理】 2021年，溧水区根据省市公务员主管部门时间节点要求，在做好新冠肺炎疫情防控的前提下，推进网上报名、资格复审、考察政审、办理录用等各环节工作，构建公开公平公正公务员考录秩序。全区公开招录公务员53人(含溧水公安分局警校生10人)，选调生6人。经市委组织部审核批准，办理公务员调任手续3人。根据上年度部门和街镇综合考核等次，实行单位年度考核优秀比例分等次差异化测算，按照有关文件精神给予一定物质奖励。完成2020年度溧水区公务员年度考核工作，2020年度溧水区区管及以下公务员(参公人员)记三等功72人，嘉奖375人。贯彻落实公务员法、公务员职务与职级并行制度规定以及溧水区职务与职级并行制度实施方案，开展公务员职务与职级并行职级晋升工作，统筹发挥职务与职级两条并行晋升通道功能。晋升一至四级主任科员及其他相当层次职级114人(不含四调及以上职级)，溧水公安分局晋升二级高级警长2人、三级高级警长(警务技术三级主任)5

人、四级高级警长8人，办理区管干部退休30人。 （付辉）

【事业单位管理】 2021年，溧水区完成事业单位新进人员工资核发376人，退休人员138人；完成各项奖励性绩效工资布置工作，审核绩效工资、绩效增量、专项绩效6572人；完成带薪年休假布置工作，审核2554人；审核发放在职人员工资7064人。完成事业编制人员招聘361人。其中，教育系统参加南京市统一招聘179人，校园招聘67人，高层次人才引进3人；卫健系统公开招聘31人，面向新冠肺炎疫情防控一线编制外医务人员定向招聘2人，校园招聘15人，高层次人才引进9人；通用类招聘65人；各类政策性安置7人。全区12人获市级脱贫攻坚记功奖励，给予46名事业单位工作人员、12家事业单位集体区级嘉奖奖励。发放“中国人民志愿军抗美援朝出国作战70周年”纪念章47枚。完成抗击新冠肺炎疫情省级、市级表彰推荐工作（省级先进个人3人、先进集体1个，市级先进个人22人、先进集体6个）。 （王晓静）

3月，溧水区新时代文明实践中心开展新时代文明实践所（站）互学互鉴暨党史学习教育活动 区委宣传部 供图

【老干部工作】 2021年，溧水区围绕老干部服务管理精准精细、离退休干部党建创新创优、老干部作用发挥增强增辉等方面推进老干部工作。区委老干部局在南京市第三届“最美系列”评选中获评“最美老干部集体”。召开离休干部“六必访”、深化服务等工作会议3次，调整离休干部生活补贴标准和高龄护工费补贴，为12名抗战时期参加革命工作的离休干部调整医疗待遇；开展“春夏秋冬”走访慰问离休干部和四套班子老领导4次。重阳节期间，慰问56名已故离休干部无工作遗属，做好离休干部居家养老服务工作，安排每人每月8小时免费生活照护服务。区四套班子主要领导上门为离退休干部代表颁发“光荣在党50年”纪念章。首次举办2020年度全区离退休干部党支部书记履职报告会，实行支部书记“双述职”制度。每月向全区52家离退休干部党支部发放支部学习清单、赠订《离退休干部党支部——学习参考》杂志。评出洪蓝街道老干部党支部等6家区级离退休干部“六有一提升”示范党支部，区检察院老干部党支部被省委老干部局、省委离退休干部工委评为“江苏省百佳离退休干部党支部”。成立“银龄七彩同行”党建联盟，通过“五联”（主题活动联办、政治理论联学、培训教育联抓、作用发挥联促、党建品牌联创）方式，实现全区离退休干部党员主题党日活动全覆盖。在政法系统关工委建立功能型党组织，推动离退休干部工作和党组织有效覆盖。举办学习贯彻中共十九届五中全会精神老干部专场宣讲报告会、溧水区离退休干部党员集体党日活动暨党史学习教育专场报告会；在全区离退休干部党支部中开展“回望百年路、助力新征程”主题党日活动；组织开展“重走长征路、银龄再出发”主题党日活动，60余名老干部党支部书记和联络员重走“长征路”，观看由老干部文艺爱好者自编自演的音乐歌舞情景剧《长征组歌》，参观大金山庄党史国史教育馆、雷锋文化馆。实行划片分组互学共促同提升行动，将全区离退休干

部党支部划分为6个片组，开展交流研讨活动26场。举办为期5天的离退休干部党支部书记（联络员）培训班，解读离退休干部党组织建设质量提升行动"五强化五推进"重点任务及政策，开展意识形态教育辅导和中共十九届六中全会精神宣讲报告，开设老干部党支部书记工作讲坛。启动离退休干部党支部巡学旁听活动。与市委老干部局联动举办"回望百年路、助力新征程"庆祝中国共产党成立100周年全市离退休干部书画摄影联展；召开四套班子老领导、离退休干部支部书记等3场座谈会，征集建党感言66条。制订《在全区离退休干部党员中开展"两在两同"建新功行动的实施方案》，列出14条具体措施工作清单。出台《溧水区"紫金银辉"工作站实施方案》，在区"银发生辉"志愿服务总站增挂南京市"紫金银辉"工作站溧水分站牌子。举办全区"银发生辉"骨干业务培训班，开展离退休干部党员"两在两同"建新功行动专题辅导和推进会，专题举办"银发先锋"宣讲报告会。在南京市第三届"最美系列"评选中，退休干部余炜、区政法系统关工委分别被市委老干部局、市委离退休干部工委评为"最美老干部"和"最美老干部团队"。制发《关于规范干部荣誉退休工作的通知》，明确开展专题谈心谈话、安排服务保障对接、举办荣誉退休仪式、加强思想政治引领、引导发挥优势作用、丰富精神文化生活、组织专题学习培训7项措施。溧水公安分局、东屏街道、晶桥镇等单位先后举办集体荣誉退休仪式。12月6—10日，首次举办2021年度退休干部"离岗不离党、退休不褪色"主题培训班，举行"夕阳生金辉、银龄再出发"退休生活故事分享会。（王晓梅）

·人才引进与培养·

【概况】 2021年，溧水区坚持"人才强区"发展战略，确立人才引领发展的战略地位，抢抓人才"第一资源"，人才工作取得新成效。区委组织部召开2021年"百校对接计划"专题会议、2021年全区人才工作领导小组会议，强化校地融合工作落细落实，明确目标任务和责任分工，形成工作合力。举办人才政策南京林业大学专场宣讲会、开发区专场宣讲会，现场推介人才政策。举办2021年南京溧水科技型企业线上招商推介会、2021年紫金山英才·无想山高层次创新创业人才项目综合评审会、溧水区省第十四批科技镇长团送岗会、省第十四批科技镇长团到任部署暨政策培训会。溧水区9名人才入选2021年江苏省科技副总，7家人才企业创新产品入选南京市创新产品应用示范推荐目录。溧水区省第十三批科技镇长团溧水团赴合肥、北京、哈尔滨考察交流。举办2期溧水区高层次人才"爱国·奋斗·奉献"专题培训班，强化人才心为党属，激发使命担当。举办2021年度溧水区高层次人才沙龙暨金融对接会，4名人才入选2021年江苏省"双创计划"。评审区级企业专家工作室3家，通过市级企业专家工作室1家，引进博士后3名，留学回国人员213名；牵头海内外高层次人才公开选聘工作，引进具有海外经历的外向型专业人才26名，充实各党政机关和国资平台。区人才企业江苏本川智能电路科技股份有限公司在创业板上市委员会审议会议审核通过，成为溧水区第二家A股上市公司。

（王妍　檀林杰　王晓静）

【创新创业人才培养】 2021年，溧水区成功入选省"双创计划"4人，卫生系统2位专家首次入选省"双创博士"。实施紫金山英才计划，组织4名院士专家申报紫金山英才计划高峰项目，1名专家被评为市科技顶尖专家；培育壮大懂科

6月22日，溧水区举办南京农业科技嘉年华未来食品产业创新发展峰会
区委组织部　供图

技、懂市场的创新型企业家7人，超额完成市对区考核任务。组织海内外人才154人申报高层次创业人才项目，优化承载平台，整合溧水海外人才创业园、空港智慧创业园等载体资源，形成人才项目及企业入驻、孵化、毕业、管理一条龙服务机制，提高人才入驻率、孵化率和加速成功率。培育规模以上人才企业9家，认定高新技术企业22家，入选培育独角兽企业、瞪羚企业27家。其中，人才企业8家，占30%。

12月7日，溧水区召开高层次人才沙龙暨人才金融对接会

区委组织部　供图

【人才引进】　2021年，溧水区坚持需求导向，集聚一批人才到溧水创新创业。申报国家级人才计划项目27个，相关经验做法获市委组织部肯定，并获全区二季度创新工作猎豹奖；引进区级高层次创业人才40人，4人被评为市级高层次创业人才。推进省科技镇长团和市百校对接计划2项工作，协助区内企业与华东理工大学、暨南大学等高校院所共建产学研合作平台24个，签订合作协议32份，吸引近50名高校师生到溧水创新创业。搭建人才系列活动平台，举办首届中国国际跨境电商发展大会、智慧白马国际创客马拉松等专场活动，做好产业人才在溧水落地发展宣介和对接，吸引高层次人才29人带资金带技术到溧水创业。

【人才扶持资金兑现】　2021年，全区兑现市科技顶尖专家资助资金2010万元(含区级和开发区、永阳街道配套资金)、创新型企业家贷款贴息补助189.72万元、市(区)高层次创业人才资助资金925万元、市中青年拔尖人才津贴补助11万元(含区级配套资金)、市中青年优秀人才津贴补助18.5万元、省双创人才资助资金181万元(含区级配套资金)、省科技副总资助资金160万元、省“333工程”人才资助资金4.8万元。　(王妍　檀林杰)

【海内外高层次人才公开选聘】　2021年，溧水区首次公开选聘海内外高层次人才，面向社会引进具有海外经历的高层次专业人才，参与报名1100余人次，通过资格审查214人。其中，国内985、211高校毕业生64人，占30%；世界前200名高校毕业133人，占62.2%；确认引进26人。

(王晓静)

【人才集聚新高地建设】　2021年，溧水区推进基础设施和环境建设，聚力打造人才集聚新高地。加快推进南京国家农高区创新载体建设，南京农业大学作物表型组学研发中心完成主体建设，建筑面积2.27万平方米；建成白马未来食品研发试验用房、神农智慧农业研究院厂房、南京爱易测生物科技有限公司场地；6万平方米中小食品产业园一期入驻项目进行内部装修，二期进场施工；省技术产权交易市场现代农业行业分中心在南京国家农高区挂牌成立。幸庄科技产业园一期投入运营15万平方米，入驻企业368家。溧水幸庄人才公寓总建筑面积10.1万平方米，打造成集商业街区、人才公寓、精品酒店于一体的综合社区。空港智慧创业园在孵企业使用场地(含公共服务场地)2.1万平方米，入驻企业140余家，毕业企业21家，培育高新技术企业20家。10月，举办开发区海创(push众创)基地启用仪式暨国际英才创业政策发布会，宁欧科创基地场地正式启用；基地孵化面积2100平方米，入驻企业16家，引进海外人才13人，核名注册中外合资企业2家。发放“紫金山英才卡”231张，解决子女就学需求49人，为100余名高层次人才提供健康体检服务。加强落地企业与团队创业服务和跟踪监测工作，给予入选紫金山英才计划等重点工程的人才生活补贴、购房补贴，落实人才安居等"一揽子"政策。依托幸庄科技产业园、华夏幸福产业新城等重大创新创业载体平台，孵化人才企业近100家，重点引进培育新能源、临空产业、生物医药、电子信息等科技含量高、市场前景好的新兴产业。（王妍 檀林杰）

【职称技能评审】 2021年，溧水区注重发挥领军型高技能人才示范带动作用，健全技能人才队伍培养，完善技能人才评价、使用、激励和服务保障机制。开展职称评定工作，完成职称初定681人，其中初级593人、中级88人。审核教育系统一级、二级教师252人，高级教师51人；审核卫生系统高级职称72人。新增高技能人才284人，职业技能鉴定取证4626人。（王晓静 王妍 檀林杰）

·宣传工作·

【概况】 2021年，溧水区宣传系统按照中央和省市区委部署，围绕中心工作落实"举旗帜、聚民心、育新人、兴文化、展形象"的使命任务，加强意识形态管理，推进党史学习教育，思想理论武装，新闻舆论引导，精神文明建设，文化产业发展，新闻出版管理。全年在区外媒体发稿1.3万余篇。评选2020年"最美溧水人"。指导东屏街道徐溪社区创成江苏省"扫黄打非"进基层示范点，溧水区"扫黄打非"办被评为2020年度南京市"扫黄打非"工作先进集体。印发《2021年全区意识形态重点工作清单》，做好事前审查备案、现场监督管理、活动宣传管理、事件应急处置等风险防控工作。优化意识形态工作责任制专项检查流程，专项巡察31家区级机关和镇街意识形态工作，向村社一级延伸，及时做好查漏补缺。

【党史学习教育】 2021年，溧水区围绕"七专题一实践"（专题学习、专题培训、专题党课、专题宣讲、专题研究阐释、专题社会宣传、专题民主生活会和组织生活会，"我为群众办实事"实践活动）开展党史学习教育，征订指定教材2.3万余套。组织主题学习1000余场，现场培训500余场。创新开展"百场党课进村社"活动，举行专题党课400余场。举办庆祝中国共产党成立100周年座谈会和"永远跟党走"主题征文座谈会等。开展"永远跟党走"等主题活动5000余场，在主流媒体刊发相关稿件1740篇次，其中中央媒体刊发300余篇次、区融媒体刊发报道2695篇次，编发简报80期。开展专题组织生活会1000余场和专题民主生活会70余场。开展"我为群众办实事"实践活动，组织走访40万余人次，征集各类问题8242个，梳理制订项目清单898条。

【思想理论建设】 2021年，区委中心组开展专题学习44次，其中交流研讨8次。印发区属党（工）委（党组）中心组学习安排和参考资料汇编各12期，配发政治性、理论性学习书籍1000余本，在12个单位旁听巡学。成立区级宣讲团，宣讲2000余场、基层老党员等群体特色宣讲1000余场，形成调研文章200余篇。提升"学习强国"工作水平，全区适龄党员注册率112.93%，平均活跃度92.07%，在全市排名第一。被"学习强国"平台采用稿件437篇，其中19篇登上全国平台。

【新闻宣传】 2021年，溧水区坚持做好庆祝中国共产党成立100周年、全面建成小康社会、党史学习教育、习近平总书记"七一"重要讲话精神、中共十九届六中全会、统筹推进新冠肺炎疫情防控和经济社会发展、制造业高质量发展等重大主题、重点工作、重要活动宣传。开展"为群众办实事"新闻发布会；参与对标找差融媒微访谈等市属媒体集中采访，以及"我眼中的全面小康"大型全媒体采风、"新规划、新起点、新征程"南京都市圈全媒体联盟新闻行动等。区融媒体中心打造"两微一端"（"微溧水"微信公众号、"溧水发布"微博，"最溧水"新闻客户端）以及抖音号、百家号等多个新媒体号，台、报、网融合传播的全媒体矩阵，媒体融合发展走在省市前列。正面宣传打造一批网红点，"#溧水亮了#"微博话题阅读量1.7亿次，"城管小姐姐喊话封控小区""这棵银杏树美了1800年"等成为全网热点。区委宣传部（网信办）获评2021年度全市重大主题网络传播优秀单位，"微溧水""溧水发布"获评全市优秀政务新媒体账号，"大溧出奇迹"账号获评2021年"极美南京"影像传播优秀社会自媒体账号。

表3　2021年度国家级媒体报道溧水新闻情况一览表

日　期	媒　体	标　　题
1月3日	新华社	江苏溧水打造体娱融合制作基地
1月3日	中央电视台	元旦假期精彩活动欢乐多
1月3日	中央电视台	中国多地举行精彩活动喜迎元旦
1月3日	中央电视台	江苏南京:流光溢彩彩灯点亮新年新生活
1月4日	中央电视台	南京:秦淮源头灯会打造沉浸式体验
1月5日	《人民日报·海外版》	华灯璀璨庆新年
1月6日	新华社	南京溧水打造新能源汽车产业基地
1月22日	《人民日报》	南京国家农高区,新时期踏上新征程
1月26日	中央电视台	《寻路乡村中国》第4集:佳境
2月11日	新华社	南京溧水:秦淮源头年夜赏花灯
2月15日	新华社	习近平总书记关切事｜为了亿万"不回家"的人……
2月16日	中央电视台	春花次第开,芬芳四溢惹人醉
2月17日	中央电视台	欢喜过大年"渠道+网络"让米袋子 菜篮子有保障
2月23日	新华社	江苏溧水:暗香浮动赏春梅
2月24日	《人民日报》	南京溧水经济开发区多措并举谋求高质量发展、宜居宜业、引才聚才
2月27日	中央电视台	"欢天喜地闹元宵"江苏南京:正月十五年味浓,舞动大龙闹元宵
3月1日	中央电视台	"南方赏花时节美"江苏南京:数万游客赏花"夜梅"推动夜经济发展
3月4日	中央电视台	传承榜样力量,书写新时代雷锋故事
3月5日	中央电视台	江苏南京:雷锋生前战友捐赠藏品,宣讲雷锋精神
3月17日	《人民日报》	各地不断完善医保制度、推进社保扩面、优化报销流程,织牢保障网、托起好生活(会后探落实·办好民生实事)
3月19日	中央电视台	中国滑板队:在蹦床上练滑板
3月23日	中央电视台	春日中国"花经济"巩固脱贫成果增加农民收入
3月23日	中央电视台	今晚关注:巩固脱贫攻坚成果,全面推进乡村振兴,发展赏花经济,助力乡村振兴
3月14日	新华社	江苏溧水:打造"莓"好生活
3月14日	新华社	美丽山凹村,金陵桃花源
3月31日	新华社	南京溧水2020年度高质量发展考核位列全省县(市、区)第二
4月2日	中央电视台	亲人"身后事"一键办理,少跑腿提升效能
4月4日	《人民日报》	绿色文明祭扫,安全有序出行
4月8日	《人民日报》	南京智能网联汽车先导区建设启动
4月13日	新华社	播下雷锋精神的种子——一堂特殊的党史教育课
4月15日	中央电视台	奋斗百年路,启航新征程:学党史、悟思想、办实事、开新局,学党史砥砺奋进,办实事践行初心
4月15日	《人民日报》	南京溧水:多措并举促民生

续表

日　期	媒　体	标　　题
4月19日	中央电视台	职业教育提质增效,加快培养大国工匠
4月24日	新华社	首届无想山财经峰会在南京溧水举行
5月2日	中央电视台	防控到位有序出行,多彩活动迎"五一"
5月3日	中央电视台	落实防控举措,欢度多彩假日
5月12日	《人民日报·海外版》	乡村旅游迸发新活力
5月14日	新华社	江苏各地因地制宜组织开展防灾减灾主题宣传教育
5月15日	中央电视台	江苏南京设如厕专用车位,15分钟内免费
5月27日	新华社	南京首部新四军题材史诗剧《红色李巷》上演
6月2日	《人民日报》	南京溧水:创新模式打造红色地标
6月7日	中央电视台	江苏首个农业经济服务总站在南京成立
6月9日	《人民日报·海外版》	红色旅游抒写精彩篇章
6月10日	《人民日报》	江苏首个农业科技服务总站成立
6月10日	新华社	南京红色旅游热
6月17日	《人民日报》	《南京市红色文化资源保护利用条例》将于7月1日实施:用法治方式更好保护红色文化资源(坚持和完善人民代表大会制度·地方立法新实践)
6月18日	中央电视台	"拜托了保税仓! 直播间下单,保税仓发货"
6月24日	新华社	聚全球智慧,创共同未来,外媒点赞创新南京
6月25日	新华社	一个乡村的党史学习热——南京溧水"红色李巷"见闻
6月29日	中央电视台	多地加大智能网联汽车技术及产业化推广
6月29日	新华社	温度·我和她的故事
7月8日	《人民日报》	江苏开展系列活动——传唱红色歌曲 传承红色精神
7月9日	新华社	温度·三尺讲台:一口冷水,我为家乡代言
7月11日	中央电视台	新能源汽车遭遇"电池荒"
7月16日	《人民日报》	南京溧水:"四好"路上好风光
7月17日	中央电视台	暑期托与管
7月18日	中央电视台	江苏南京:暑期的托与管,社区暑托班报名情况没有预想中火爆
7月22日	新华社	江苏省南京市溧水区开展全员核酸检测
7月23日	新华社	南京市溧水区全员核酸检测工作顺利完成
7月23日	新华社	写下请战书、彻夜守护! 溧水这抹藏蓝有温情有速度
7月24日	新华社	温度·守护南京"手"护你
7月24日	新华社	"溧"刻行动|溧水抗疫微视频
7月25日	新华社	南京市溧水区第二轮核酸检测有序进行
7月28日	新华社	溧水区疾控中心主任倪鲁金接受采访:截至7月27日24时溧水新型冠状病毒肺炎疫情情况
7月29日	新华社	南京溧水:城管小姐姐这些话暖心了
8月1日	新华社	致奋战在疫情防控一线全体工作人员的一封信

续表

日期	媒体	标题
8月2日	新华社	南京溧水区:扎牢防疫屏障,保障群众生活
8月4日	新华社	南京新冠肺炎出院患者定点康复医院正式启用
8月4日	中央电视台	严防疫情反扑,南京加快建设应急隔离公寓
8月5日	中央电视台	各地从严从紧落实防控措施,坚决遏制疫情扩散蔓延
8月5日	中央电视台	江苏|新冠肺炎疫情防控,南京调低部分区域风险等级
8月5日	中央电视台	各地各部门从严从紧落实防控措施,坚决遏制疫情扩散蔓延
8月6日	新华社	解封不解防,南京溧水城管小姐姐暖心喊话
8月6日	新华社	南京溧水区开展第五轮核酸检测
8月6日	中央电视台	新冠疫情防控 | 江苏南京:首批6名患者出院继续接受康复隔离
8月6日	中央电视台	各地从严从紧落实防控措施,坚决遏制疫情扩散蔓延
8月6日	中央电视台	江苏南京9区开展第五轮核酸检测
8月8日	中央电视台	江苏南京:终末消杀小队 高温中持续作业
8月8日	中央电视台	新冠肺炎疫情|江苏南京:三伏天终末消杀小队在冲刺
8月9日	新华社	韩立明在溧水区检查指导疫情防控工作
8月9日	新华社	GLOBALink | How China guards against Delta variant
8月12日	中央电视台	江苏南京:新冠肺炎疫情防控,确诊病例经救治陆续出院转运至康复隔离点
8月14日	新华社	温度·"抗疫"情侣:最美的情侣装
8月20日	新华社	暑去秋来,这座城市正恢复往日活力——南京全域重回低风险见闻
8月28日	新华社	"无人机小姐姐":创新服务暖人心
8月31日	新华社	这件头等大事做得咋样——秋季开学疫情防控见闻
9月1日	新华社	绿色高效农业助力乡村振兴! 溧水区创建全国绿色食品原料(水稻)标准化生产基地
9月7日	新华社	多留意一眼,竟救下一条人命
9月9日	中央电视台	医生救人一命! 只因"多看你一眼"
9月17日	新华社	南京溧水:科技赋能智能交通"哨兵系统"上岗运行
9月18日	中央电视台	大山里的国防情——投身国防教育的老兵张勇
9月19日	中央电视台	"中秋假日来了"江苏南京:溧水文旅"大餐"等你来
9月20日	中央电视台	江苏南京:溧水文旅"大餐"等你来
9月23日	新华社	南京溧水首单B2B跨境电商业务通关
9月23日	中央电视台	看点十足! 霹雳舞来袭,体能先行
9月26日	《人民日报》	基础大项的人才沃土,新兴项目的推广舞台,十四运会——竞技体育"晒家底"
9月27日	新华社	溧水税务推行"非接触式"服务,让税收服务更有温度
10月2日	新华社	南京溧水:迎来国庆假期旅游热,达人体验玩乐vlog上线
10月3日	新华社	温度·四色乡村
10月4日	中央电视台	多彩假日,享受欢乐时光
10月5日	新华社	众多艺术家及内容创作者齐聚南京溧水助力传播传统文化

续表

日 期	媒 体	标 题
10月5日	中央电视台	国庆假期·出游|江苏南京:古风游园,文创市集,假期打卡新去处
10月10日	新华社	战地黄花分外香——艺术葵花"绽放"红色李巷
10月12日	新华社	聚焦南京市溧水区推进"我为群众办实事"实践活动
10月18日	新华社	中建五局华东公司溧水综合基础设施PPP项目荣膺"全国工人先锋号"
10月20日	新华社	古巷有酒香
10月21日	新华社	"掐"出来的非遗
11月2日	新华社	建行"裕农学堂"扎根溧水和凤镇,镇银共建为美丽乡村添金融智慧
11月4日	中央电视台	江苏南京:稻米喜获丰收,助力乡村振兴
11月6日	新华社	第一季国学经典·无想书院:南京溧水开讲
11月12日	新华社	这棵银杏树,美了1800年
11月15日	《人民日报》	南京溧水多措并举激发基层创造力"我们干劲更足了"
11月19日	新华社	江苏南京:层林尽染迷人眼
11月30日	《人民日报》	绿色农业,生态优先
12月4日	新华社	周末看什么 | 江苏溧水石臼湖风光旖旎 碧水蓝天
12月6日	中央电视台	江苏南京:老年人帮代办,便民服务零距离
12月7日	新华社	江苏南京:源头治理还一江碧波
12月22日	新华社	奔跑江苏·2021溧水卧龙湖四分马接力赛
12月27日	《人民日报》	沿江省份全面落实十年禁渔政策措施——共同守护美丽长江

【网络管理】 2021年,区委宣传部印发《2021年溧水区网信工作要点》,常态化开展"清朗2021"、网信普法"四进"活动等专项行动,重点信息系统漏洞、通报、处置工作机制平稳运行。深化网络文明建设,开展"争做中国好网民"主题活动,推进网民网络素养教育基地、网络文化小屋等线下阵地建设。参与南京网络公益周、网络生态志愿者在行动、市"百灵鸟""网信普法大讲堂"等普法活动。重点抓好学校意识形态工作,加强思政课主渠道建设,管好课堂阵地、学术活动阵地、校园舆论阵地、文化阵地和社团阵地。

【精神文明建设】 2021年,溧水区印发《南京市溧水区精神文明建设指导委员会2021年工作要点及任务分工》《2021年南京市溧水区未成年人思想道德建设工作要点及责任分工》,统筹推进文明培育、文明创建、文明实践。深化社会主义核心价值观教育实践,红色李巷成为全区首个省级爱国主义教育基地。开展新时代文明实践,实施志愿服务项目105个,新增文明实践阵地12处,各相关单位志愿服务队"接单"7090余项,开展文明实践活动8000余场。征集校园歌谣创作作品1200余篇,2000余名学生参与《我和我的祖国》快闪录制活动。印发《文明城市创建工作指引》《文明城市创建实地考察场所信息表及责任人体系》《溧水区文明典范城市创建专班工作文件汇编》等资料,开展交通秩序和电动自行车专项整治、"文明楼道"专项行动、校园周边环境整治等。推动56个部门单位机关干部下沉一线开展创建志愿服务活动,在区内媒体"最溧水"App设置"溧水全民拍"专栏,引导全民参与文明城市创建。举办2020年度"最美溧水人"评选活动。毛岸生获评"中国好人",计竹华、程嘉获评"江苏好人",14人获评第二十届"南京好市民",9名学生获评“南京市新时代好少年”，2人获评南京市优秀志愿者。评选2018—2020年度区级文明行业10个、文明单位60个、文明社区10个、文明街镇6个、文明村66个，2020年区级文明家庭1113户。

【党员冬训】 2021年，溧水区印发《关于认真组织开展2020—2021年度全区基层党员冬训工作的通知》，组织开展骨干培训班。开展冬训“第一课”150余场，成立区级冬训宣讲团宣讲300余场。冬训与党史学习教育等工作紧密结合，开展党史专题学习宣讲300余场，组织退休老党员、退伍军人、乡贤名人等群体开展宣讲1000余场。聘请4所高校马克思主义学院教授加入冬训宣讲团，组织宣讲30余场。开展基层党员冬训“争先创优”系列评选活动，评出优秀“冬训微课”10个、“创新项目”10个、“宣讲达人”10人、“学习之星”20人，永阳街道、开发区、白马镇、洪蓝街道获评冬训工作先进集体。溧水区连续4年获评全省基层党员冬训工作示范区。

【新闻出版行业管理】 2021年，溧水区实施“正道”“新风”专项行动，开展集中整治行动4次、联合检查6次，核查印刷企业、书店等重点场所74家，协调办理“扫黄打非”案件10件。开展新闻出版行业安全生产培训2场，组织应急演练观摩活动1次，协调联动区有关部门联合检查9次，委托第三方安全评估机构拉网式全覆盖检查4次。放映农村公益电影1700场，协调推进街镇影院建设，白马镇影院主体竣工，洪蓝街道和东屏街道公益影院建成投入使用。

【“最美溧水人”评选】 5月14日，2020年度“最美溧水人”颁奖仪式在区融媒体中心一楼演播大厅举行，约160人参加。经各街镇（开发区）、各部门和社会各界广泛推荐、征求意见、媒体展播、社会投票、综合评定等程序，刘小年等10人获评“最美溧水人”称号，周小雨等10人获评“最美溧水人”提名奖。10名“最美溧水人”分别是：刘小年、程智强、张亚丁、邱玉梅、程嘉、黄吉、经城、陈白娣、刘洪义、芮群。10名“最美溧水人”提名奖分别是：周小雨、吴昊、杭福年、高远、端明秋、徐茂炳、邱雷、邹道喜、刘九锦、张巧珍。

（黄晓萍）

·统战工作·

【概况】 2021年，溧水区健全统一战线工作领导小组会议运行机制，建立海外统战工作协作机制，落实民营经济协调机制及新的社会阶层联席会议制度。召开区委常委会专题研究和学习统战工作会议6次，区委统一战线工作领导小组会议、对台工作领导小组会议、民族宗教工作领导小组会议、高校联席会等会议7次。牵头成员单位学习新修订的《中国共产党统一战线工作条例》，邀请江苏省社会主义学院教授作条例专题讲座。开展统一战线理论培训教育，举办中共十九届六中全会精神宣讲、新修订条例专题讲座等14场，受众近1000人次。组织全区统一战线代表人士集中收看中国共产党成立100周年庆祝大会，召开溧水统一战线各界人士庆祝中国共产党成立100周年座谈会，支持区民主党派、统战团体开展庆祝活动100余场。区委统战部获评2020年度溧水区机关作风建设先进单位。

12月27日，柘塘街道新的社会阶层人士联谊会党支部成立

区委统战部　供图

【政党协商】 2021年，区委召开情况通报会、征求意见会及有关人事安排协商会，就重大决策和重要事项向党外人士征求意见和建议。区委统战部召开各民主党派、无党派、工商联负责人座谈会，学习区委区政府重要文件和重要会议精神，听取意见和建议。新发展民主党派、无党派人士20人。区党外人士担任特约人员88人次。在区人大、政协换届过程中，协助做好党外政协委员推荐提名、征求意见工作。其中，无党派代表人士留任9人，新推荐6人；各民主党派留任32人，新推荐23人。

【统战阵地建设】 2021年，溧水区坚持在统战基地建设上求创新，建成党派之家、新的社会阶层人士实践创新基地等11处，民革溧水基层委被民革中央评为"脱贫攻坚工作先进集体"，民建溧水基层委获评民建江苏省委特色基层组织，溧水农工之家入选省第一批示范农工之家。"同心大讲堂"被确定为市级新阶层创新项目。打造省级"红石榴家园"6处、市级"红石榴家园示范基地"5处。全区各商会、开发区新联会成立党支部，建立党建联络员制度。企业党支部统战委员实现全覆盖。指导石湫街道商会党支部创建"南京市基层商会先进党支部标兵单位"。成立常州市溧水商会和溧水区福建商会。 （王士云）

·机构编制管理·

【概况】 2021年，溧水区探索建立行政事业编制"周转池"、编制街镇权力清单、推进"大数据+指挥中心+综合执法队伍"改革，发挥机构编制资源最大效益。制订《溧水区"三定"规定制定工作流程》《溧水区关于明确机构编制员额申请事项有关工作的实施办法》《溧水区办理列编手续工作流程》等业务办理工作指南，提高一次性办事成功率。

【教育系统机构编制优化调整】 2月2日，区永阳新区小学更名为区文昌小学，4月6日，区机关幼儿园更名为区状元坊幼儿园。4月13日，区委编委同意《南京市溧水区教师发展中心"三定"规定》。12月20日，区委编委同意区教育局增设校外教育培训监管科；同意重新核定溧水区中小学教职工编制，在国标比例基础上，按照3%核增中小学专任教师编制94名，保障教育系统用编需求；同意将区状元坊幼儿园、工交幼儿园、商业幼儿园3所幼儿园经费渠道明确为差额拨款；同意成立南京晓庄学院附属溧水幼儿园，为区教育局所属事业单位，公益二类，规格相当于正科级，经费渠道为差额拨款。

【卫健系统机构编制优化调整】 2021年，区委编办通过现场走访、座谈交流、问卷调查、查阅文献资料等方式调研全区公立医疗卫生机构情况，按照公立医院、基层医疗卫生机构和专业公卫机构分类，解构分析机构设置、编制配备和人员配置，找出关键问题，提出相应措施意见，形成《注重内涵提升、发挥三级合力、筑牢健康长城、护航健康溧水建设发展》调研报告。4月13日，同意东南大学附属中大医院与区人民医院在开展紧密型合作共建期间，区人民医院党委书记、院长由中大医院委派人员兼任，可设置常务副书记、常务副院长各1名，列区管正职管理，阶段性使用。7月5日，将区人民医院预防保健科更名为公共卫生科。7月12日，同意区卫健委使用区公立医院及基层医疗卫生机构备案制员额236名。12月20日，同意建立卫健系统事业编制"周转池"，专项用于卫健系统引进高层次人才和紧缺专业人员。

【交通运输领域综合执法改革】 7月12日，区委编委同意《南京市溧水区交通运输局所属事业单位优化调整方案》《南京市溧水区交通运输综合行政执法改革人员转隶原则》。12月29日，区委常委会研究通过并由区委编委印发《南京市溧水区交通运输综合行政执法大队职能配置、内设机构和人员编制规定》《南京市溧水区公路事业发展中心职能配置、内设机构和人员编制规定》。

【其他机构编制调整】 2月9日，区委编委同意在区农业农村局内设机构渔业渔政科加挂区禁捕退捕办公室牌子，在区农业农村局下属事业单位区农业综合行政执法大队增挂区渔政执法大队牌子。

4月13日，同意南京市溧水区土地储备中心“三定”规定；同意成立南京市溧水区事业编制统筹调配中心，为区委编办所属事业单位，主要承担统筹调配事业编制资源，服务保障溧水区重点领域公益事业发展等职责。

6月2日，同意调整区级扶贫工作机构设置。撤销原在区农业农村局挂牌的区政府扶贫工作办公室牌子，加挂区乡村振兴局牌子，负责巩固拓展扶贫攻坚成果，统筹推进实施乡村振兴战略有关具体工作。

7月12日，同意区科协成立内设机构办公室（挂“学会工作部”牌子）、科普工作部，同意在区社会福利服务中心（区社会福利院）增挂区养老服务指导中心牌子。

7月12日，同意成立区绿色建筑发展中心，为区城建局所属事业单位，公益一类，规格相当于正科级，经费渠道全额拨款。同意整合区建设工程质量监督站、区建设工程安全生产监督站职能，组建区建设工程质量安全生产监督站，规格相当于正科级，经费渠道自收自支。同意撤销区建设工程质量监督站、区建设工程安全生产监督站，人员整建制划转至区建设工程质量安全生产监督站。

7月12日，同意区城建集团、产业集团、经济技术开发集团各增设总审计师1名，列区管副职管理，区水务集团内设机构财务审计部增加副部长职数1名；同意区城建集团增加“全区区域内智慧城市建设运营”职责，不再承担“全区区域供水、污水处理设施建设、运营管理以及区域内组织实施全区水环境生态维护和治理项目”职责；同意区水务集团增加“全区农村污水处理设施一体化运维、大气治理及产业投资与资产运营”等职责。

10月9日，在区文旅局增挂区文物局牌子，主要承担文博事业发展、文物保护、文化遗产保护、考古、文物和博物馆公共服务等职责。

12月20日，同意优化调整行政复议工作机构，将区司法局行政复议与应诉科分设为行政复议科、行政应诉科，职责相应拆分；同意筹措开发区科技创新创业服务中心、洪蓝街道企业服务中心、白马镇企业服务中心各1名事业编制工勤岗位，用于安置2021年度退役士兵。

12月20日，区委编委会明确将区管国有企业职责明确、机构设置、员额核定等管理职能由区委编办交由区国资办负责。

【镇（街道）权力清单编制】 4月，省委、市委编办印发《关于开展乡镇（街道）权力清单编制工作试点的通知》，和凤镇列入编制一般乡镇权力清单试点镇。溧水区编制各街镇（开发区）权力清单，重点统一权力类型、权力名称、基本编码、设定依据4项内容，做到“四级四同”（省、市、区、街镇四级）。12月，《南京市溧水区镇（街道）权力清单》通过政府常务会议审议印发，梳理镇（街道）权力清单273项，其中法定权力事项80项，改革赋权事项193项，实现镇（街道）权责清单全覆盖。

【事业单位登记管理】 2021年，溧水区新批准设立登记事业单位13家，变更登记72家，注销登记11家。完成2020年度事业单位信用等级评价工作，274家事业单位均为A级。落实事业单位年度报告公示制度，全区275家应报单位完成2020年度事业单位法人年度报告工作，按规定在区政府网站公示273家。机关群团统一社会信用代码新赋码1家、变更10家、撤销2家。

【机关绩效管理】 2021年，溧水区根据《溧水区区级机关单位对标找差创新实干服务高质量发展2020年度考核实施办法》，开展2020年度区级机关单位绩效考核年终评分工作，完成考核结果得分汇总、排名及等次评定。调整2021年度机关绩效考核办法、指标设置、考核实施、结果运用等内容，制订印发年度考核办法和评分细则，拟订《溧水区机构编制规范管理考核细则》《溧水区领导评价实施细则》。

【编外人员管理】 2021年，溧水区执行机关事业单位编外人员管理各项制度规定，增加区人大常委会办编外员额1名、溧水公安分局编外员额6名，下达员额使用计划47名、公立医疗卫生机构备案制员额使用计划236名，安排既有编外人员流失补充计划52名。相应人员招录补充数量大幅下降。

（杨支援）

·党校工作·

【概况】 2021年，溧水区委党校举办干部培训、社会培训等培训班次445期，培训学员3.86万人次。完成省市级调研课题4项，年度立项课题10项。5月27日，与杭州国际城市学研究中心、杭州城市学研究会签订战略合作框架协议。6月，《中共南京市溧水区委党校志》出版。9月4—5日，中国共产党南京市溧水区第十四次代表大会在区委党校召开。10月18日，深圳人大干部培训中心培训基地在区委党校揭牌。聘请专业机构制订《溧水区委党校内部控制制度》，修编《溧水区委党校制度汇编》。被评为2020年度全省基层党员冬训工作优秀组织单位。

【干部培训】 2021年，溧水区委党校发挥干部教育培训主渠道作用，围绕"一个中心、四个方面"教学布局，规范设置主体班次及学制，做到习近平新时代中国特色社会主义思想、意识形态和"四史"课程全覆盖。突出党的理论教育，在培训菜单中设置习近平新时代中国特色社会主义思想、党性修养等单元；将党规党纪党性教育纳入干部培训必修课程，确保党的理论教育和党性教育占培训总课时的70%以上。举办新任区管干部综合素质提升培训班、80后区管干部读书班、2021年公务员及科级事业单位人员轮训班、2021年度"抓党建促乡村振兴"村社党组织书记示范培训班等主体班次15个，培训学员3217人次。

【调研科研】 2021年，区委党校与南京师范大学马克思主义学院开展合作调研，编写乡土教材《新发展理念在溧水的实践》，3篇成果刊载在国家二级核心期刊《中国社会科学报》。立项江苏省社科联课题2项、江苏省社科应用精品工程课题1项；申报江苏省社科联课题2项、南京市社科联课题2项；立项省委党校调研课题1项、市委党校调研课题4项及教学课题1项；1项课题获江苏省社科应用研究精品工程二等奖，3项课题获市委党校系统调研课题结项（含重点1项）；5篇论文在市级以上党报党刊、学术期刊公开发表。主办刊物《溧水党政干部论坛》出刊4期，累计出刊88期。

【理论宣讲】 2021年，区委党校成立全区理论宣讲志愿服务队伍，创立"高岩红"理论宣讲品牌，创新体验式教学、微党课、访谈教学、音乐教学、情景教学等多种授课形式，在全区开展理论宣讲志愿服务。宣讲460余场，受众约2.1万人次。1人在全区冬训"创先争优"系列评选活动中获"宣讲达人"称号，2人微课获"冬训微课"奖项。"铮铮铁骨男儿汉，一腔热血献党怀"课程被评为2020—2021年度全市基层党员冬训微课视频优秀作品，登上"学习强国"平台。

【中青年干部培训班】 2021年，区委党校举办第十六期中青年干部培训班，通过"校内+校外""党校+高校""专家学者+领导干部"等多种授课形式，围绕党性教育、政治教育、思维培养、能力与素养、现场教学与实践5个单元，提升学员综合能力。安排中国共产党最新理论成果、马克思主义经典著作、保密教育等相关内容专题讲座37场次。邀请省市委党校、省社会主义学院等20余名专家教授，为中青年干部培训班学员授课26场次。组织学员到红色李巷、铜山战斗纪念广场、秦淮梅园廉洁文化博览馆等地，瞻仰革命先烈图片及珍贵历史文物。组织学员参与区委十四届第一轮巡察、区疫情防控指挥部工作，提升实操能力。

【课程研发】 2021年，区委党校坚持将"用学术讲政治"贯穿教学管理全过程，研发专题课程37门，其中"四史"课程14门。深入挖掘本土红色资源，研发制作红色家书诵读情境式系列课程、《英模之乡：与英雄面对面》访谈式系列课程、"红色李巷"情境系列课程、经典红歌教唱系列、"党校建筑风格中的党史"微党课等具有地域特色的"小而美"课程。1堂微课被市委办公厅纳入党史学习教育基地课程，14门课程被纳入全市党校系统现场教学基地资源库，24门课程被纳入全市党校系统主体班课程库，相关经验做法被《江苏党校报》《市委党校（市行政学院）简讯》刊载并推广介绍。

【开放办学】 2021年，区委党校加强校企战略合作，与区产业集团签订战略合作协议，助力"红色李巷”打造省爱国主义教育基地。拓展外培市场，与省市机关、国有企业单位及部门加强沟通共建培训基地。承办社会培训班次430个，参训学员35410人次。其中，区内班次222个，参训26727人次；区外班次208个，参训8683人次。整合培训资源，与区委党史办、区文联、产业集团等部门协作，打造党性教育、新兴产业及先进制造业、乡村振兴、健康溧水、全域旅游、社会综合治理6大现场教学专题，研发配套课程9门，2条现场教学专线入选南京市党史学习教育首批精品研学线路，32个教学点入选省委党校现场教学点名录。（蒋迪）

南京市溧水区人民代表大会

·综　述·

【概况】 2021年，溧水区人大常委会履行宪法和法律赋予的职权，依法召开相关会议。1月5—8日，召开区十六届人民代表大会第五次会议。全年召开常委会会议9次、主任会议11次，开展执法检查5次、专题询问1次，依法作出决定决议7项，任免国家机关工作人员39人次。9月24日，区人大常委会通过《南京市溧水区人大常委会关于开展第八个五年法治宣传教育的决议》。组织开展党史学习教育，完成区十六届人大五次会议确定的各项任务。

【人大代表构成】 南京市溧水区第十六届人民代表大会代表205人，其中领导干部76人，农民79人，工人17人，企业负责人19人，专技人员14人。南京市溧水区第十六届人民代表大会第一次会议选举产生区人大常委会主任1人，副主任4人，委员28人。

【人大制度理论研究和宣传】 2021年是区第十六届人大及其常委会履职的收官之年。2017—2021年，区人大常委会加强人民代表大会制度理论研究和宣传，关于克服形式主义、提高审议质量的路径研究，关于人大代表票决民生实事项目征集、评估、监督机制研究，通过江苏省人大理论研究会专家鉴定并被评为三等奖。《地方人大常委会提升会议审议质量研究》《练好调查研究基本功，推动履职行权高质量》获评南京市第六届人大工作理论研究会优秀论文，《溧水区推进“人大协商”的实践与思考》获南京市第六届人大工作理论研究会2021年研讨会论文二等奖。《以“五精”举措提升审议质量》《在精准履职上下功夫在务求实效上做文章》《学百年党史，扬人大优势，促高质量履职》等履职经验在《人民代表报》刊载。

【基层人大工作】 2021年，各街道人大（工委）落实常委会要求，抓牢主责主业，改进代表接待方式内容。接待方式由“等待型”向“主动型”转变，改变以往“一块牌子、一张桌子等选民上门”的接待方式，要求街镇人大提前一周在选区醒目公告栏和网格内网上发布代表接待日公告，让代表深入到村（社区）为民服务中心接待选民，让选民在家门口就可找到代表，与选民进行零距离互动，第一时间解决群众关心的问题。接待形式由“单人接”向“组团接”转变，各街镇人大（工委）一次安排2～3名各级人大代表联合接待，通过各级人大代表逐级反映，起到“1+1>2”效果。接待内容由“无主题”向“有主题”转变。代表针对不同选区的具体情况以及广大选民最关注、最需解决的实际问题，确定每次活动中心议题，安排专业对口代表参与接访。由于问题相对集中，解答、处理问题能力相应增强，提高接访质量和效率、选民反映问题的解决率和满意率。（洪霞）

·重要会议·

【区第十六届人民代表大会第五次会议】 1月5—8日，溧水区第十六届人民代表大会第五次会议在区级机关礼堂召开，区人大常委会主任张伟主持开幕式。会议听取区政府区长张蕴作的政府工作报告、区人大常委会主任张伟作的区人大常委会工作报告、区法院院长水振华作的法院工作报告、区检察院检察长梁云作的检察院工作报告。听取区人民代表大会法制委员会、监察和司法委员会、财政经济委员会、社会建设委员会工作报告。会议审议政府各项报告、2021年度民生实事候选项目及“十四五”规划纲要和2035年远景目标(草案)、2020年国民经济和社会发展计划执行情况与2021年国民经济和社会发展计划(草案)、2020年财政预算执行情况及2021年区本级财政预算及开发区(柘塘街道)、永阳、石湫、东屏、洪蓝街道和相关单位部门预算(草案)等。表决通过关于政府工作报告、国民经济和社会发展计划报告、财政预算报告、区人大常委会工作报告、区法院工作报告、区检察院工作报告、“十四五”规划纲要和2035年远景目标7项决议。表决通过刘振华为区十六届人大财政经济委员会主任委员,薛昌国为区十六届人大社会建设委员会主任委员。选举程民为区第十六届人民代表大会常务委员会副主任,补选花毅、张明春、张诗鹏、陈禄森、曹园园为区第十六届人民代表大会常务委员会委员。会议通过民生实事项目人大代表票决办法,票决出2021年度区人民政府民生实事项目。

【区第十六届人大常委会会议】 2021年,区人大常委会召开常委会会议9次。

表4 2021年溧水区第十六届人大常委会会议情况一览表

时间	会议名称	会议内容
1月9日	第三十次常委会会议	审议通过人事任免案
3月17日	第三十一次常委会会议	审议区人大常委会2021年工作要点及议题安排;审查溧水区2020年棚改专项债务调整方案;审议区政府2020年环境状况和环境保护目标完成情况报告;审议区政府关于区人大常委会《关于依法防控新型冠状病毒肺炎疫情,切实保障人民群众生命健康安全的决定》执行落实情况报告,进行满意度测评;审议区政府检查安全生产“一法两条例”实施情况审议意见落实情况报告,进行满意度测评;审议区政府乡村产业振兴发展实施情况审议意见落实情况报告,进行满意度测评;审议通过人事任免案
5月14日	第三十二次常委会会议	审议区检察院虚假诉讼检察监督工作情况报告;审议区政府关于落实区人大常委会《中华人民共和国就业促进法》审议意见情况报告,开展满意度测评;审议区政府老旧小区环境综合整治情况审议意见落实情况报告,进行满意度测评;审议区人大常委会执法检查组检查《南京市动物重大疫病免疫条例》实施情况报告;审议毛新平、吕璟、陶玉梅3名市人大代表履职情况报告并进行测评;审议区司法局、信访局、水务局、文旅局主要负责人履职情况报告并进行评议;审议通过人事任免案
8月1日	第三十三次常委会会议	审议通过人事任免案
8月3日	第三十四次常委会会议	审议通过人事任免案
8月26日	第三十五次常委会会议	听取区政府2021年上半年工作情况和下半年工作安排报告;审议区政府2021年国民经济和社会发展计划上半年执行情况的报告;审议区政府2021年预算上半年执行情况报告;审查2021年地方政府债务限额和2021年省转贷新增地方政府债券安排及区级预算调整方案;审议区政府关于2020年区级财政预算执行和其他财政收支情况的审计工作报告;审议区政府溧水区2020年政府投资建设项目(2018—2020年教育用房建设、管理及使用情况)审计情况报告;审查溧水区2020年区级决算;审议区政府关于国有自然资源资产管理情况的报告;审议区政府国有资产管理情况综合报告

续表

时　间	会议名称	会　议　内　容
9月24日	第三十六次常委会会议	审议区政府区十六届人大五次会议代表议案和建议办理情况报告;审议区政府制造业高质量发展试验区建设情况报告;审议区人大常委会执法检查组检查《中华人民共和国固体废物污染环境防治法》实施情况报告;审议区政府绿色农产品品牌打造情况报告;审议区法院全区法院刑事审判工作情况报告;审议区政府"七五"普法工作完成情况报告;审议区政府关于提请审议《关于开展第八个五年法治宣传教育的决议》的议案;审议区人大常委会《关于全区区镇两级人民代表大会换届选举的决定》《关于成立区镇两级选举委员会的决定》《关于区镇两级人大换届选举工作实施方案》;审议徐亮亮、梅小明、葛飞、张伟4名市人大代表履职情况报告,进行测评
11月25日	第三十七次常委会会议	审查2021年区级预算调整;审议区政府2020年政府投资建设项目和区级预算执行审计查出问题整改情况的报告;审议区政府养老服务区级集中供养点建设情况的报告;审议区政府城市更新工作推进情况报告;审议区人大常委会开发区(柘塘街道)、东屏街道、洪蓝街道工作委员会工作报告;审议区政府关于永阳街道村(居)民委员会调整议案;审议区人大常委会召开区十七届人大一次会议的决定草案;审议关于接受溧水区选举委员会部分成员辞职的决定
12月30日	第三十八次常委会会议	审议区政府2021年民生实事项目实施情况和2022年民生实事候选项目报告,进行民生实事项目实施情况满意度测评;审议区政府2021年国民经济和社会发展计划执行情况及2022年计划编制情况报告;审议区政府2021年预算执行情况及2022年预算编制情况报告;审查2021年区级预算调整;听取区人大代表换届选举工作情况报告,确认新当选代表资格;讨论区人大常委会工作报告;听取区十七届人大一次会议筹备工作情况及各项建议名单的报告;审议通过人事任免案

【区第十六届人大常委会主任会议】 2021年,区人大常委会召开主任会议11次。

表5　2021年溧水区第十六届人大常委会主任会议主要议题情况一览表

时　间	会议名称	主　要　议　题
1月9日	第三十七次主任会议	讨论决定提请区十六届人大常委会第三十次会议审议的人事任免案
1月26日	第三十八次主任会议	传达学习习近平总书记在十九届中央纪委五次全会上发表的重要讲话内容;征求编制市人大"十四五"工作规划意见建议
3月12日	第三十九次主任会议	听取区人大常委会2021年度工作要点及议题安排的报告;听取《关于依法防控新型冠状病毒肺炎疫情,切实保障人民群众生命健康安全的决定》执行落实情况、议题准备情况报告;听取《关于溧水区2020年环境状况和环境保护目标完成情况》议题准备情况报告;听取《关于检查安全生产"一法两条例"实施情况审议意见落实情况》议题准备情况报告;听取《关于乡村产业振兴发展实施情况审议意见落实情况》议题准备情况报告;听取溧水区2020年棚改专项债务调整方案初审情况报告;讨论通过《关于进一步加强和改进我区规范性文件备案审查工作的通知》;决定区十六届人大常委会第三十一次会议举行日期、讨论会议议程(草案)和会议日程

续表

时　间	会议名称	主　要　议　题
5月11日	第四十次主任会议	讨论决定提请区十六届人大常委会第三十二次会议审议的人事任免案；听取区检察院虚假诉讼检察监督工作情况议题准备情况报告；听取区政府落实区人大常委会《中华人民共和国就业促进法》审议意见情况议题准备情况报告；听取区政府老旧小区环境综合整治情况审议意见落实情况议题准备情况报告；听取关于检查《南京市动物重大疫病免疫条例》实施情况议题准备情况报告；听取关于毛新平、吕璟、陶玉梅3名市人大代表履职情况议题准备情况报告；听取区司法局、信访局、水务局、文旅局主要负责人履职情况议题准备情况报告；讨论通过《关于组织人大代表旁听评议法院案件庭审工作暂行办法》；讨论通过加强和改进全区人大机关调查研究工作意见；决定区十六届人大常委会第三十二次会议举行的日期、讨论会议议程和会议日程
8月1日	第四十一次主任会议	讨论决定提请区十六届人大常委会第三十三次会议审议的人事任免案；决定区十六届人大常委会第三十三次会议举行日期、讨论会议议程和会议日程
8月1日	第四十二次主任会议	讨论决定提请区十六届人大常委会第三十三次会议审议的人事任免案
8月3日	第四十三次主任会议	讨论决定提请区十六届人大常委会第三十四次会议审议的人事任免案；决定区十六届人大常委会第三十三次会议举行日期、讨论会议议程
8月20日	第四十四次主任会议	听取区政府2021年上半年国民经济和社会发展计划执行情况议题调研情况报告；听取区政府2021年上半年预算执行情况议题调研情况报告；听取区政府2021年省转贷新增地方政府债券安排及区本级预算调整方案和地方政府债务限额议题调研情况报告；听取区政府关于溧水区2020年度区本级预算执行和其他财政收支审计情况及政府投资项目专项审计情况议题调研情况报告；听取审查溧水区2020年区级决算议题调研情况报告；听取区政府2020年国有资产管理情况及国有自然资源资产管理情况议题调研情况报告；决定区十六届人大常委会第三十五次会议举行日期、讨论会议议程和会议日程
9月22日	第四十五次主任会议	听取《区政府关于区十六届人大五次会议以来代表议案和建议办理情况的报告》议题准备情况报告；听取《区政府关于先进制造业高质量试验区建设情况的报告》议题准备情况报告；听取《区政府关于〈中华人民共和国固体废物污染环境防治法〉实施情况的报告》议题准备情况报告；听取《区政府关于绿色农产品品牌打造情况的报告》议题准备情况报告；听取《区法院关于全区法院刑事审判工作情况的报告》议题准备情况的报告；听取《区政府关于"七五"普法完成情况报告及提请审议"八五"普法决议(草案)议案》议题准备情况的报告；听取换届选举工作有关事项准备情况报告；听取徐亮亮、梅小明、葛飞、张伟4名市人大代表履职情况报告议题准备情况报告；决定区十六届人大常委会第三十六次会议举行日期、讨论会议议程和会议日程
11月16日	第四十六次主任会议	听取2021年区级预算调整议题准备情况报告；听取区政府2020年政府投资建设项目和区级预算执行审计查出问题整改情况的报告》议题准备情况报告；听取《区政府关于养老服务区级集中供养点建设情况的报告》议题准备情况报告；听取《区政府关于城市更新工作推进情况的报告》议题准备情况报告；听取《区人大常委会开发区(柘塘街道)、东屏街道、洪蓝街道工作委员会工作报告》议题准备情况的报告；听取《区政府关于提请审议永阳街道村(居)民委员会调整的议案》建议；听取区人大常委会关于召开区十七届人大一次会议的决定；决定区十六届人大常委会第三十七次会议举行的日期、讨论会议议程和会议日程

续表

时 间	会议名称	主 要 议 题
12月27日	第四十七次主任会议	讨论决定提请区十六届人大常委会第三十八次会议审议的人事任免案；听取《区政府关于2021年民生实事项目实施情况和2022年民生实事候选项目的报告》议题准备情况报告；听取《区政府关于2021年经济社会发展目标完成情况及2022年目标编制情况报告》议题准备情况报告；听取《区政府关于2021年预算执行情况及2022年预算（草案）编制情况报告》议题准备情况报告；听取《审查2021年区级预算调整》议题准备情况报告；听取区人大代表换届选举工作情况报告；听取《代表资格审查委员会关于溧水区第十七届人民代表大会代表资格的审查报告》；讨论区人大常委会工作报告；听取区人大财经委、社会委、法制委、监察和司法委工作报告；听取《关于区十七届人大一次会议筹备工作情况的报告》议题准备情况报告；讨论区十七届人大一次会议各项建议名单；决定区十六届人大常委会第三十八次会议举行日期、讨论会议议程和会议日程

（洪霞）

·人大监督·

【概况】 2021年，区人大常委会按照区委部署要求，以“职权法定”的法治思维提升监督工作质效。认真履行宪法法律赋予的重大事项决定权、监督权、人事任免权，围绕改革发展稳定、社会治理、群众关切等热点难点焦点堵点，正确有效依法开展监督，增强监督的政治效果、法律效果和社会效果。对全年开展的42个监督议题，全面开展“回头看”，督促审议意见落地落实，全力形成监督闭环。

【专项工作监督】 3月3日，区人大常委会调研《南京市溧水区人大常委会关于依法防控新型冠状病毒肺炎疫情、切实保障人民群众生命健康安全的决定》执行落实情况，采取视察、座谈、听取工作汇报等方式进行，听取区政府关于依法防控新冠肺炎疫情切实保障人民群众生命健康安全情况汇报，调研组围绕工作开展情况、存在的主要问题和薄弱环节提出意见、建议和下一步工作打算。

9月9日，区人大常委会调研全区绿色农产品品牌打造情况，研究分析存在问题，围绕“进一步扩大溧水区绿色农产品品牌影响力，提升农产品质量安全治理能力和水平”提出意见和建议。调研组到无想田园展示展销中心、南京果果食品有限公司、南京金色庄园农产品有限公司等地，实地查看、了解全区绿色农产品品牌打造情况。召开座谈会，区农业农村局、市场监管局、供销总社和各街镇（开发区）相关负责人分别就绿色农产品品牌打造情况作汇报交流。

9月9日，区人大常委会专题调研区法院刑事审判工作。区法院相关负责人汇报2018—2021年刑事审判工作情况，就如何加强刑事审判工作提出下一步工作打算。区检察院、溧水公安分局、区司法局等相关负责人及调研组成员，就区法院刑事审判工作提出意见和建议。

9月13日，区人大常委会调研全区“七五”普法完成情况，听取对“八五”普法工作意见建议。调研组前往柘塘街道公共法律服务中心、荷花社区、荷花全生命周期法治广场等地，听取汇报、查看普法宣传工作开展情况。座谈中，区司法局相关负责人汇报全区推进落实“七五”普法5年工作情况；区委组织部、宣传部等有关负责人及调研组成员结合工作实际，对全区“七五”普法完成情况和“八五”普法决议（草案）起草情况提出意见和建议。

9月16日，区人大财经委（预算工委）组织部分区人大常委会组成人员和部分区人大代表，调研全区制造业高质量发展试验区建设情况。调研组实地走访南京市腾阳机械有限公司、江苏冠超物流科技有限公司、南京我乐家居智能制造有限公司等企业，了解企业生产经营、自主创新、人才保障等方面的情况，听取区工信局关于溧水区制造业高质量发展试验区建设情况汇报。

10月28日，区人大常委会调研全区养老服务区级集中供养点建设工作。调研组一行到东屏长乐、洪蓝街道三里亭区级集中供养点，实地查看区养老服务区级集中供养点项目建设进展情况。

11月4日，区人大常委会调研全区城市更新工作推进情况。调研组到寺桥片区改造工程、包家地块口袋公园、飞燕文化街区等地，实地调研走访，了解各项目进展情况、存在问题以及下一步打算。溧水规划资源分局、区城建局、房产局、产业集团、永阳街道分别汇报城市更新工作推进情况。调研组结合实地调研情况进行发言，提出建设性意见和建议。

【法律法规实施监督】 4月29日，区人大常委会调研《南京市动物重大疫病免疫条例》在全区贯彻实施情况。调研组前往石湫街道畜牧兽医站、南京温氏畜禽有限公司，了解条例宣传贯彻动物防疫体系和队伍建设以及违法行为查处等情况。9月14日，检查《中华人民共和国固体废物污染环境防治法》在全区贯彻实施情况。调研组到南京沃优生物肥业有限公司和南京经源环境服务有限公司，了解《中华人民共和国固体废物污染环境防治法》宣传贯彻、工业危险固体废物管理及无害化处置、城乡生活垃圾资源化利用及违法行为查处等情况。

【"一线访民意、一线解难题、一线促发展"活动】 2021年，区人大常委会坚持学党史、悟思想、办实事、开新局，组织开展党史学习教育，将学习成效转化为"我为群众办实事"的具体实践。6月，区人大常委会党组成员和机关党员干部开展"一线访民意、一线解难题、一线促发展"活动，参加活动30余人次，接访代表和基层群众150余人次，走访企业和社区20余个，收集问题30余个。其中，现场指导解决8个，转交有关单位部门10个，其余12个协调督办解决。常委会党组成员分别到晶桥镇孔家、和凤镇沙塘庵、石湫街道张家等村（社区）了解为民服务、养老医疗教育、村民建房等群众关心的问题。走访和凤镇李明、陈正华等10余名区镇人大代表，征求代表对全区经济社会发展和人大工作的意见建议。听取江苏新恒基特种装备股份有限公司、岸保环保科技（南京）有限公司等企业情况介绍。向区发改委、工信局、财政局、人社局、商务局等部门发出督办函5份。视察晶桥镇绿地康养项目、太阳庄猎狐科技运动基地、铜山抗战胜利纪念广场、里佳山红色教育基地等项目现场；督促指导农村生活污水治理和石湫街道团结圩、胜利前圩、龙坎撇洪沟消险工程建设推进情况，做好防汛防旱工作。 （洪霞）

·代表工作·

【代表履职】 2021年，区人大服务保障代表履职，激励代表保持活跃度、提升贡献度，做到"人人、月月有活动"。邀请代表列席常委会会议、参加专题调研和视察150余人次；在区市民之家组织接待群众活动19次，在各街镇（开发区）开展接待和联系选民70余场600余人次；全体代表参与文明典范城市创建，全程参与民生实事项目监督。全区400余名各级人大代表带头执行防疫各项规定，参与值守执勤1000余人次，捐献款物200余万元，提出意见建议80余条。举办培训班3期；督办代表建议110件并全部办结；加强代表宣传，50余名代表事迹在《人民代表报》、"江苏人大发布、南京人大"抖音号集中展示，溧水"人大故事"在群众中广泛流传。

【区镇人大换届选举】 2021年，溧水区依法推进区镇人大换届选举。9月10日，召开专题会议研究换届选举工作，传达学习省市委人大换届选举工作会议精神，研究讨论《区人大常委会党组关于做好区镇两级人民代表大会换届选举工作的实施意见（征求意见稿）》等相关文件和方案，提交区委研究转发，区委常委会开展换届选举工作专题研究3次。各街镇（开发区）党（工）委成立选举工作领导小组及办公室，建立党政领导班子蹲点联系村（社区）制度。9月14日，区委召开区镇两级人大换届选举工作会议；9月24日，区人大常委会就换届选举等有关问题依法作出决定并予以公告；9月27日，区选举委员会召开第一次会议，学习市选举办关于区镇两级人大换届选举选民登记工作的若干规定，讨论通过选举委员会办公室、5个工作组成员建议名单及职责，各工作组围绕三个阶段制订工作计划并紧扣时间节点推进；10月30日，区选举委员会召开第二次会议，对提名推荐和协商确定区镇人大代表候选人工作进行部署。12月上旬选举结束，历时3个多月，选举风清气正，结果人民满意，实现选民登记率高、代表候选人与选民见面率高、选民参选率高，无一信访、无一上访、无一负面舆情，一次性投票成功，省市选举办刊登溧水区做法8次。组织338名区人大代表候选人见面会108场、316名镇人大代表候选人见面会99场，部分候选人因特殊原因不能到场，通过录音或视频与选民进行见面。在《今日溧水》报等媒体刊登选民登记公告，发布选民须知，发放“致选民的一封信”16.5万份。区选举办推送选民登记提醒短信、微信100余万条，在各选区悬挂横幅1000余条，张贴选举委员会公告2000余张，张贴换届选举宣传挂图350套2600张，利用LED显示屏滚动播放宣传标语，宣传换届选举特别是选民登记工作。区选举办编发工作简报7期，及时宣传总结推广换届选举工作动态、选民登记方面好经验、好做法。区选举委员会成立4个检查组，由党组成员带队到8个街镇（开发区）检查督促。“表图工作法”“四部工作法”等创新做法得到省、市选举办肯定。

延伸阅读　表图工作法：通过“一表”“一图”比质量、赛进度，每日一通报，实时掌握总体进度和8个街镇（开发区）进展情况，对进度较慢的街镇加强督促指导，压实责任，有效提升登记速度和质量。

四部工作法：通过微信工作群“促一促”、利用公安户籍信息“比一比”、各街镇自报进度“赛一赛”、发挥社区网格员“铁脚板”作用“访一访”，加快“未登记户籍数”核实清零。

【新一届人大代表初任培训】　12月13日，区人大常委会组织开展溧水区第十七届人大代表初任培训，区人大常委会主任、党组书记张伟出席并讲话，党组成员花毅主持会议。邀请市人大常委会人代联委副主任程新元、省人大法制委主任委员王腊生作专题授课，部分连任代表现身说法，交流履职体会。（洪霞）

12月13日，区人大常委会开展第十七届人大代表初任培训
区人大办　供图

·议案办理·

【概况】　溧水区十六届人大五次会议期间，区人大代表围绕全区经济、政治、文化、社会和生态文明建设以及人民群众关心的热点难点问题，对政府工作提出建议。会后，经区人大常委会有关委员会审查确定将102件代表建议交由区政府研究办理。闭会期间，部分代表围绕有关问题向区政府提出8件建议。区政府办将110件建议交与42个部门、单位（含协办单位）办理。至年底，所反映的问题得到解决或建议被采纳103件，占93.64%；因客观条件限制暂时不能解决并向代表作出解释说明7件，占6.36%；经区人大常委会有关委员会组织代表不见面测评，满意率100%。

【《溧水区人大代表旁听评议法院案件庭审工作暂行办法》出台】　2021年，区人大常委会出台《溧水区人大代表旁听评议法院案件庭审工作暂行办法》。该办法变“法院选案”为“代表点案”，由过去“法院邀请、人大组织”变“人大组织、法院实施”，改“一听了之”为“现场评议”。庭审结束，代表们集中评议庭审工作，现场“打分”，围绕庭审情况、审判人员履职能力及法律应用等问题提出意见建议，法院在20个工作日内报送意见、建议落实情况至区人大常委会；变“一般旁听”为“重点旁听”。优先选择5类案件确定旁听评议：在本行政区域内影响较大、与人民群众切身利益相关案件，人大代表提出和人民群众信访反映的典型案件，与人大常委会监督议题有关案件，人民法院、人民检察院建议旁听案件，其他需要组织人大代表旁听评议的案件。

【《南京市关于进一步做好新冠肺炎疫情防控工作的决定》贯彻落实】　10月，市人大常委会出台

《南京市关于进一步做好新冠肺炎疫情防控工作的决定》。区人大常委会迅速采取行动，推动决定在全区落实。区委以批转人大常委会党组报告的方式将“建议”印发全区各部门、各板块，形成决定贯彻落实整体合力。区政府制订印发《关于加强全区新冠肺炎疫情常态化防控工作的意见》《关于优化完善溧水区新冠肺炎疫情防控工作指挥体系的通知》，围绕落实“四方责任”、优化平战结合指挥体系、严防境外疫情输入风险、加快提升应急处置能力、加大财政资金保障力度5个方面，出台具体实施办法。（洪霞）

南京市溧水区人民政府

·重要会议和重点工作·

【区政府常务会议】 2021年，区政府召开常务会议19次，涉及议题108个。

1月22日，区政府召开第79次常务会议。研究部署安全生产工作，听取产业项目风险防范情况汇报，研究成立百联新消费基金、国家极限运动馆溧水训练基地项目增加投资等事宜。

2月1日，区政府召开第80次常务会议。审议《2021年区政府十大主要任务百项重点工作分工方案》《关于全面推进乡村振兴，加快农业农村现代化建设的实施意见》《溧水区实施现代农业引领工程工作方案》《溧水区进一步支持加快现代农业高质量发展奖励办法》《溧水区特色田园乡村创建工作实施方案》《溧水区农村人居环境整治提升长效管护运行机制实施方案（试行）》《关于在乡村振兴事业中探索建立乡贤指导员制度的试点方案》，研究区产业引导母基金出资结构调整、中山湖酒店装修及室外景观工程总承包项目、204省道城区段改扩建工程变更事宜。

3月19日，区政府召开第81次常务会议。审议《关于进一步深化安全生产三年专项整治工作的意见》《2021年开发区、各镇（街）党（工）委政府和区安委会成员单位履行安全生产工作责任考核评价指标》《关于进一步加强招商引资工作的意见》《分解下达2021年全区招商引资工作目标》《溧水区镇街相对集中行政处罚权改革实施方案和综合行政执法管理规定（试行）》《溧水区人口集聚十条新政》《溧水区加快制造业数字化转型发展实施方案（2021—2023年）》《溧水区支持制造业高质量发展十条政策（2021年）》《“无想夜市”项目租赁协议》《关于促进城乡公交一体化发展的实施意见》《溧水区公交企业成本规制财政补贴实施方案（试行）》。

4月12日，区政府召开第82次常务会议。审议《溧水区2021年棚户区改造及征收计划表》《关于进一步加强溧水石臼湖水域禁捕退捕的长效管控措施》，研究氢能公交示范线相关工作、组建南京溧水智慧城市开发运营集团、溧水秦源污水处理厂四期扩建工程临时施工许可证延期事宜。

4月27日，区政府召开第83次常务会议。研究下一阶段经济工作、成立永阳生物医药天使基金、无想国医文旅小镇项目咨询服务招标、智选酒店运营管理事宜。

5月27日，区政府召开第84次常务会议。研究加强国有投资项目招投标管理相关办法、合作共建AIoT智联植物工厂示范项目、现代智能温室示范项目、白马农业会展中心酒店项目追加投资、合作共建南京市妇幼保健院溧水分院、收储南京国信林业公司相关事宜。

6月10日，区政府召开第85次常务会议。审议《特大城市郊区治理样本区建设三年行动方案（2021—2023年）》《溧水区促进高新技术企业高质量发展扶持措施（试行）》，研究恒天集团奇瑞REDS项目、南京航空产业园PPP项目退出PPP模式、合作共建南京福喆未来食品研究院事宜。

7月1日，区政府召开第86次常务会议。审议《2021年南京市溧水区法治政府建设工作计划》《南京市溧水区交通运输综合行政执法改革实施方案》，听取溧水区争创国家级“四好农村路”示范区工作情况、溧水区失能人员照护保险制度实施有关工作情况。

7月15日，区政府召开第87次常务会议。审议《溧水区国企改革三年行动实施方案（2020—2022年）》《溧水区省级数字乡村试点建设实施方案》《南京地铁S7号线溧水站综合交通枢纽项目合作协议》。

8月17日，区政府召开第88次常务会议。研究溧水区三级公共卫生组织领导体系职责分工与任务清单等试行文件、2021年街镇园区千分制考核办法、《溧水区抗疫情纾企困稳增长八条措施》、《溧水区全面推行证明事项告知承诺制工作方案》。

9月3日，区政府召开第89次常务会议。审议溧水区“大数据+指挥中心+综合执法队伍”试点工作方案、2020年度区管国有企业负责人综合业绩考核及薪酬兑现方案、空港新城（溧水）城市功能设施PPP项目实施方案、空港会展项目建设推进事宜。

9月25日，区政府召开第90次常务会议。研究开发区双塘路学校项目、梨园城市文化客厅项目有关事宜。

10月20日，区政府召开第91次常务会议。审议《溧水区卫生健康事业发展“十四五”规划》《健康名城实施方案（2021—2025年）》，研究法雷奥汽车空调生产项目、和凤镇凤翔路26号地块资产转让、南京容州文化产业投资有限公司项目处理事宜。

11月9日，区政府召开第92次常务会议。审议《关于进一步减轻义务教育阶段学生作业负担和校外培训负担的意见》《关于深入做好全区中小学课后服务进一步提升课后服务水平的实施意见》，听取加快解决突出生态环境风险隐患问题及第一轮中央、省生态环境保护督察“回头看”工作汇报，解读《市级交办第一批生态环境问题风险隐患“一案一策”整改方案》。

11月19日，区政府召开第93次常务会议。审议《溧水区关于加大隐性债务化解三年进入“绿区”实施意见》《溧水区老旧小区改造工作实施意见》，听取贯彻落实全省燃气安全生产工作电视电话会议精神工作情况汇报、全区屋顶分布式光伏试点工作相关情况汇报。

12月10日，区政府召开第94次常务会议。审议《关于开展富民强村帮促行动接续推进乡村全面振兴的实施意见》《溧水区根治欠薪冬季专项行动工作方案》《溧水区推进公共基础设施城乡一体化管护体制改革试点工作方案》《溧水区知识产权专项资金管理办法》《溧水区镇（街道）权力清单》《溧水区委托基层消防监督执法工作方案》。

12月17日，区政府召开第95次常务会议。审议《溧水区“十四五”规划纲要主要目标和重点任务分工方案》《区委宣传部、区司法局关于开展法治宣传教育的第八个五年规划（2021—2025年）》。

12月25日，区政府召开第96次常务会议。审议《关于溧水区2021年国民经济和社会发展计划执行情况与2022年国民经济和社会发展计划（草案）的报告》《2022年溧水区民生实事候选项目清单》《2021年预算执行和2022年预算草案》《溧水区“十四五”应急体系建设规划》，通报南京国琳运输有限公司“11·4”车辆伤害事故、南京市路桥工程有限公司“11·11”车辆伤害事故、湖南楚玺建筑劳务有限公司“11·25”高处坠落事故调查情况，审议《溧水区城市消防安全专项规划》《溧水区“十四五”社会消防救援事业发展规划》《南京农高区（白马镇）消防专项规划》《溧水区“十四五”人口集聚发展规划》《溧水区“十四五”生态环境保护规划》《溧水区“十四五”制造业高质量发展规划》《溧水区“十四五”科技创新规划》《溧水区创新驱动、产业转型示范三年行动计划（2022—2024年）》《溧水制造业“腾笼换凤、筑巢引凤、凤凰涅槃”三年行动计划》《溧水区低效工业用地再开发实施方案》《2021年财政预算调整方案编制情况》。

12月30日，区政府召开第97次常务会议。学习国家统计局召开统计系统贯彻落实《关于更加有效发挥统计监督职能作用的意见》视频会议精神，审议《政府工作报告》，审议《溧水区“十四五”教育事业发展规划》《溧水区“十四五”综合交通运输体系发展规划》《关于进一步加强和规范新建商品住房销售管理工作的通知》。 （尹波）

【民生实事】 2021年，溧水区完成省民生实事29项、市民生实事26项，区级10件70项任务基本完成。完成开发区小学地库上下学系统试点建设，新龙路、双塘路、毓秀路、金东城世家幼儿园投入使用，校园健康饮用水实现全覆盖，新增普惠托育机构4家。建设“15分钟医保服务圈示范点”，全额资助1.55万名低保、特困供养人员等符合条件的困难群众纳入城乡居民医保、大病保险；全面推广使用医保电子凭证，方便群众就医购药。为全区146名0～14岁残疾儿童提供免费基本康复服务；建成省级儿童“关爱之家”示范项目1个、事实孤儿“梦想小屋”20个。创建美丽乡村68个；新建拆迁安置房96.97万平方米，竣工分配4338套；改造农村危房70户；推进老旧小区整治，增设小区机动车停车位500个；新改建农村公厕158座。改造城区垃圾中转站2座，居住小区生活垃圾定时定点分类覆盖率100%，完成9个省级垃圾分类达标小区创建任务，在全区推广使用可降解餐厨专用垃圾袋。划定“15分钟免费停车”泊位67个，在人流集中区域合理设置出租车候客点55个，投放共享助力车5000辆；建设镇村公交站亭70座、站牌280块，提档升级“四好农村路”60千米，贯通23条城乡“断头路”。实现老旧小区内基础视频、门禁等信息数据100%联网汇聚；背街小巷、城区主要河道等区域通过新增监控设施和实施AI分析等措施加强管理。新建村级体育公园7个，更新健身路径32套。举办各类演出、公益培训、讲座、展览100余场，开展各类阅读活动1013场，放映农村公益电影1600场；建成永阳、石湫、洪蓝街道3个智慧广电街道，每个街镇建成少儿阅读室1个。

表6　2021年溧水区10件70项民生实事完成情况一览表

民生实事	序号	具体任务	牵头部门	完成情况
一、加大教育惠民力度	1	开工建设致远路幼儿园	教育局	未达序时进度。开始招标前期工作
	2	开工建设荷家路幼儿园	教育局	未达序时进度。开始招标前期工作
	3	完成永阳中心幼儿园易地新建	教育局	基本完成
	4	完成毓秀幼儿园建设工程	教育局	完成
	5	完成钟灵路幼儿园建设工程（改名为石燕路幼儿园）	教育局	基本完成
	6	建成新龙路幼儿园并于9月开学	教育局	完成
	7	建成双塘路幼儿园并于9月开学	教育局	完成
	8	开工建设区实验小学通济街校区	教育局	基本完成
	9	开工建设开发区双塘路小学	教育局	未达序时进度。完成规划设计招标等前期相关工作
	10	开工建设区第三实验小学老校区优化改造项目	教育局	完成。地下工程土方施工中
	11	完成省溧中附属初级中学改扩建	教育局	完成
	12	完成省溧中宿舍楼结构主体建设	教育局	未达序时进度。完成立项，开始招标前期工作
	13	开工建设城南小学	教育局	未达序时进度。完成立项，开始招标前期工作
	14	开工建设城中初中	教育局	未达序时进度。完成立项，开始招标前期工作
	15	完成区第二高级中学改扩建一期工程（宿舍）项目	教育局	未达序时进度。由于周边居民阻碍未能施工，结合二高中改扩建整体方案调整建设地点
	16	石湫街道明觉小学建成投入使用	教育局	完成
	17	石湫街道实施校园健康饮用水全覆盖	教育局	完成
二、健全公共卫生体系	18	推进慢病精细化管理，完成1000名高血压、4500名糖尿病患者精细化管理服务，提高血压、血糖控制率	卫健委	完成。完成1000名高血压、5857名糖尿病患者精细化管理服务
	19	全区智慧化儿童预防接种门诊建成率75%以上，提高儿童预防接种工作规范性、及时性和安全性	卫健委	完成。永阳、白马、柘塘荷花、东屏、晶桥、和凤、洪蓝7家智慧化儿童预防接种门诊建成并运行，建成率77.8%，儿童预防接种规范性、及时性和安全性进一步提升

续表

民生实事	序号	具体任务	牵头部门	完成情况
二、健全公共卫生体系	20	村(社区)心理咨询室(社区工作室)建成率80%以上	卫健委	完成。建成村(社区)心理咨询室(社会工作室)20个,建成率86%
	21	在城乡社区、人群密集的公共场所设立15个健康驿站,投放智慧健康自测一体机,提高居民健康指标监测可及性,实现居民自测数据实时上传至全民健康信息平台和个人健康档案,促进疾病早发现、早干预和早治疗	卫健委	完成。完成15个健康驿站建设,并组织各街镇(开发区)、村(社区)开展健康驿站培训工作,全面投入使用
	22	建设全区医共体内处方流转平台,通过电子处方和线上药房,实现在基层医疗机构为慢病和复诊患者开具上级医院处方药,通过物流点对点配送	卫健委	完成
三、深化就业创业服务	23	新增5000名大学生在溧水就业创业,援助900名就业困难人员实现就业,城镇新增就业1.9万人	人社局	完成。新增6868名大学生在溧水就业创业,援助1238名就业困难人员就业,城镇新增就业20135人
	24	举办就业招聘会100场,城乡劳动者就业技能培训5000人次	人社局	完成。开展线上线下相结合的就业招聘活动131场,城乡劳动者就业技能培训1.73万人次
	25	退役军人专场招聘会不少于2场	退役军人事务局	完成
	26	组织全区农民专业合作社、家庭农场、农产品种植大户、生产型服务业等电商直播技能培训不少于500人次	商务局	完成。完成电商直播技能培训512人次
	27	支持职工创业,为下岗失业人员发放小额贷款1000万元	总工会	完成。发放小额贷款1050万元
四、增强为老服务能力	28	完成家庭适老化改造200户	民政局	完成
	29	每个街镇建成1个社区居家综合护理中心	民政局	完成。实现社区居家综合护理中心各街镇(开发区)全覆盖
五、健全社会保障体系	30	城乡居民医保参保率99%以上,全额资助低保、特困供养人员等符合条件的困难群众纳入城乡居民医保、大病保险	溧水医保分局	完成。完成24万人参加居民医保,参保率99%,全额资助15506名困难群众参保,按要求做好新生儿、退役士兵、职工医保中断人员等对象的动态新参保工作
	31	落实带量采购任务,降低药品、耗材价格,减轻群众医疗负担;全面推广使用医保电子凭证,方便群众就医购药	溧水医保分局	完成。实现全区定点医药机构医保电子凭证全覆盖开通;完成区人民医院、中医院等13家定点医疗机构参与国家、省、市药品(医用耗材)集中采购落地工作。全区14家定点医疗机构完成医用耗材集中采购金额6854.76万元,节约医保基金和减轻患者负担1415.45万元
	32	保障重点优抚对象中的“三属”、在乡复员军人、带病回乡退伍军人、参战参试退役人员、7～10级在乡残疾军人商业惠民医疗保险全覆盖,确保医保范围内住院费用在统筹基金、大病保险、民政补助后实现100%报销	退役军人事务局	完成各街镇(开发区)上报的商业医疗补助申请材料二次核对筛查,移交保险公司报销

续表

民生实事	序号	具体任务	牵头部门	完成情况
五、健全社会保障体系	33	建立全区孤儿、建档立卡青少年、留守儿童等困境青少年信息数据库、爱心企业库、社区志愿者库,整合到“智慧溧水”App,推进全社会保护困境青少年权益	团区委	完成。建设智慧帮扶互助平台,以互联网架构,建成完善保障体系,搭建困境儿童、志愿者(爱心企业)数据库
	34	完成低收入重度残疾人家庭无障碍设施改造100户	残联	完成项目改造101户
	35	为全区有康复需求的0~14岁残疾儿童提供免费基本康复服务	残联	完成146名残疾儿童筛查,为有康复需求的残疾儿童签订康复协议并转介至康复定点康复机构
	36	新建拆迁安置房80万平方米,竣工分配4000套	房产局	完成开工面积96.97万平方米,完成率121.21%,超额完成年度目标任务;完成竣工分配4338套
	37	开工建设栖凤佳苑二期公共租赁住房工程	房产局	完成土方外运,1号楼基础施工完成,开始主体施工,2、3号楼基础施工中
	38	完成农村危房改造70户	城建局	完成
六、优化交通出行环境	39	开展巡游出租车和网约出租车融合发展改革试点,在人流集中区域合理设置出租车候客点55个;分批投放5000辆共享助力车	交运局	完成
	40	优化城市部分道路信号灯智能设置,提高通行效率	溧水公安分局	完成。在老城区和城南片区部分具备条件的路口增设雷达检测设施,实时统计交通量,配置自适应控制路口信号灯,提高通行效率
	41	建设镇村公交站亭70座,镇村公交站牌280块	交运局	完成
	42	提档升级“四好农村路”20千米	交运局	完成。建成“四好农村路”60千米
	43	贯通23条城乡“断头路”	交运局	完成
七、改善城乡居住环境	44	完成杨家园片区、荷花塘、县前新村等老旧小区整治,增设小区机动车停车位500个	房产局	完成。杨家园片区整治,荷花塘小区施工95%,县前新村改造部分施工95%,增设机动车停车泊位500个
	45	完成6个老旧小区燃气改造工程	城建局	完成。天胜花园、金山公寓、宏泰四期、中心花园、方正佳苑、弯子口水利大厦施工改造完成
	46	新改建农村公共卫生间158座	城管局	完成
	47	建设旅游厕所8座	文旅局	完成
	48	完善公共卫生间导视系统	城管局	完成
	49	全区居住小区生活垃圾定时定点分类覆盖率100%	城管局	完成
	50	推广使用可降解餐厨专用垃圾袋	城管局	完成
	51	改造城区垃圾中转站2座	城管局	完成
	52	实施一干河(水岸新都段)河道整治、景观提升	水务局	完成一干河上游段水环境综合整治工程秦淮大道—致远路段综合整治
	53	改造老旧小区供水管网20千米	水务局	完成水务局宿舍、杨家园活塞环厂宿舍、教委宿舍等老小区及珍珠路以西片区老小区供水管网改造

续表

民生实事	序号	具体任务	牵头部门	完成情况
七、改善城乡居住环境	54	实施城区断头管网打通及雨污分流工程10千米	水务局	完成分龙岗主管网建设;分龙岗路片区断头管打通
	55	按标准新建完成30个以上美丽乡村并通过市级验收	农业农村局	完成。创建美丽乡村68个
八、加强社会治理建设	56	进一步推进"智慧城市"建设,分级分层有序开展全区智能安防小区建设,实现老旧小区内现有的基础视频、门禁等信息数据100%联网汇聚,新建小区按智能安防小区标准进行建设,视频门禁数据实现联网汇聚,不断提升社会治安防控管理服务水平	溧水公安分局	完成
	57	开展城乡视频点位拾遗补缺,自然村主要出入口安装监控设施	溧水公安分局	完成
	58	对背街小巷、城区主要河道等区域通过新增监控设施和实施AI分析等措施加强管理	溧水公安分局	完成
九、提高便民服务水平	59	在秦淮源公园、幸庄公园、状元坊公园、竹溪园、南门广场、珍珠广场和明珠广场增加坐凳座椅	城建局	完成
	60	南门广场、珍珠广场、明珠广场、宝塔广场、区第三实验小学广场进行照明安全品质提升改造	城建局	完成
	61	致远路(天生桥大道至秀园路段)加装步道灯,改善步道照明效果	城建局	完成
	62	新增2家普惠托育机构,增加普惠托位200个	卫健委	完成。新增普惠托育机构4家,增加普惠托位264个
	63	在全区推进殡葬服务"一'键'事"改革,减少审批环节,优化殡葬服务	民政局	完成。殡葬公共服务平台全面上线运行
十、丰富群众文体生活	64	完成区图书馆、区儿童图书馆规划设计	文旅局	完成
	65	完成区文化馆改造设计工作	文旅局	完成
	66	完成区工人文化宫选址及规划设计工作	总工会	完成
	67	新建村级体育公园7个	文旅局	完成
	68	更新健身路径32套,完成国民体质监测3200人	文旅局	完成
	69	开展阅读活动200场以上	宣传部	完成。开展阅读活动1013场
	70	举办各类演出、公益培训、讲座、展览等活动100场	文旅局	完成。各类演出、公益培训、讲座、展览等活动115场

【富民增收】 2021年,溧水区制订《2021年溧水区富民增收促进共同富裕工作任务清单》,培育壮大主导产业,提升产业发展层级和水平。重点聚焦新能源汽车产业发展,推进重点健康产业项目发展,发挥重大项目在经济社会发展、促进就业中的战略引领和龙头带动作用,推进建设省市重大项目41个、区级重点产业项目270个,排定重点推进健康产业项目33个。培育新型经营主体,省市级农业产业化龙头企业数量全市第一。城镇新增就业2.01万人,新增在溧水就业创业大学生6868人,援助1238名就业困难人员实现就业,帮助31名残疾人就业。开展131场线上线下相结合的就业招聘活动,举办退役军人专场招聘会2场。

10月1日，陕西省商洛市商南县代表团到溧水现场考察并召开溧商对口协作联席会议　《今日溧水》报　供图

【基本公共服务】 2021年，溧水区实施164项基本公共服务标准，按照《南京市基本公共服务体系建设监测统计工作实施暂行办法》要求，对照基本公共服务体系建设监测统计指标及测算方法，每季度摸底调查基本公共服务事项，街镇、部门联动，查缺补漏。完成1000名高血压、5857名糖尿病患者精细化管理服务；在城乡社区、人群密集的公共场所设立健康驿站15个；实现全区医共体内处方流转、产前筛查和新生儿疾病筛查全覆盖。各街镇（开发区）建成社区居家综合护理中心1个，开展高龄、失能、重度残疾老年人家庭适老化改造200户。解决老年人智能技术使用困难，开展专项普及培训6022人次；在全省率先启动“亲人身后一件事”改革。制订并印发《2021年溧水区基本公共卫生服务项目实施方案》《2021年溧水区基本公共卫生服务项目绩效考核方案》，将计生服务工作及婴幼儿托育服务纳入工作任务清单。推行“点单式”家庭医生签约服务，重点人群签约率65%；计生服务特别扶助881人，签约878人，签约率99.66%，应签尽签。鼓励支持养老事业发展，兴办民营养老机构，促进就业；政府为80周岁及以上老人和“五类”老人开展政府购买居家服务，全区111个村（社区）有居家养老服务中心136个、助餐点136个。《2020年全市基本公共服务体系建设监测统计报告》公布溧水区公共服务水平总指数93.12，位居全市第八位；发展总指数93.81，居全市第一位；满意度86.0分，居全市第四位。

【对口帮扶支援】 2021年，溧水区制订《溧水区2021年度对口支援协作工作要点》，明确各街镇（开发区）、区各部门年度工作任务，并将对口支援协作工作纳入高质量发展考核，党政领导互访有序开展，组织两地开展交流互访及考察调研活动8批次54人次。巩固加强与“十三五”期间结对的8个街镇、15个村（社区）、3家村企、1个社会组织、1所学校、1家医院协作，商定“十四五”对口协作协议及年度工作计划，10月，完成“十四五”框架协议签订及帮扶资金落实。举行2021年“春风行动”等系列招聘活动9场次，培训劳动力326人，帮助农村劳动力实现就业431人（完成指标任务的103%）。其中，帮助脱贫人口劳务协作转移就业261人（完成指标任务的132%）；到东部省份就业171人，省内就近就业189人，到其他地区就业71人。协助陕西省商南县与区供销社、南京市众彩批发市场、南京芭比食品集团对接，发出购买商南县农副产品倡议书，推动消费扶贫取得实效，线上、线下帮助商南县销售扶贫产品2200万元，完成年度目标任务。协调2家企业入驻商南县，完成投资200余万元，带动50余名群众就近就业。援建扶贫车间4个，吸纳农村劳动力就业145人，其中脱贫人口61人。选派2名党政干部、6名支农人才、12名支教支医人才援助帮扶。协助商南县举办乡村振兴培训班4场次，培训干部700余人。组织社会各界到商南县开展助学助困活动，捐赠社会帮扶资金120.64万元。动员社会力量捐物折款170.19万元。拨付区级财政资金400万元用于打造商南县乡村振兴示范村。帮扶墨竹工卡县资金30万元，订购墨竹小油菜籽油200万元。

【粮食储备管理】 2021年，溧水区国有粮食企业完成夏秋两季粮食收购，其中小麦收购2.8万吨、稻谷收购4.2万吨。出动检查人员50余人次，踏仓检查400余仓次。投资1.2亿元的沙塘庵粮食产业园提档升级工程基本完工。其中，建筑面积2650平方米的信息化综合服务楼完成主体建设，部分投入使用；占地674平方米的日处理能力300

吨烘干设施完成设备调试；智慧化平台管理中心项目于11月份招标，航天信息股份有限公司以875万元中标。12月，全区国有粮食企业总仓容16.8万吨。其中，现代化高大平房仓13.8万吨，占82%；实现低温、准低温储粮仓容15.7万吨，占93%；应用环流熏蒸仓容13.8万吨，占82%。建成粮食产后服务中心5个，提升为农"五代"（代清理、代干燥、代储存、代加工、代销售）服务能力。4月，"中国好粮油"行动示范项目竣工，7月16日通过市级验收。项目总投资1803万元；实际完成投资财务决算金额1928.07万元，投资完成率为106.94%。其中，优粮优购1136.60万元，优粮优加496.56万元，优粮优销232.70万元，咨询培训项目62.21万元。全区粮食安全责任制考核蝉联全市第一。（徒成免）

·政务服务·

【概况】 2021年，溧水区行政审批与政务服务工作围绕"放管服"改革要求，加强政务服务标准化、规范化、便利化建设，打造"溧刻办"政务服务品牌。溧水市民之家窗口受理办件近116.2万件。其中，区行政审批局受理办件近5.5万件次，发放证照1.36万本，税费超11亿元，综合满意率99.95%。行政审批与政务服务工作实现由"跟跑"向"领跑"转变，"1120""753"改革全国领先；"准入即准营""新生儿出生一件事"改革、"办理工程建设项目审批"指标全省领先，其中"新生儿出生一件事"改革入选中国改革2021年度地方全面深化改革典型案例。2021年度南京市优化营商环境创新优秀案例获全区2021年度改革创新案例第一名，"一刻钟政务服务圈"改革全市领先，"12345"政务热线考评、代办连续2年获全市第一，政务服务考核连续2年获全市第一等次。区行政审批局连续2年获评区机关作风建设先进单位，被市政府评为2021年南京市扛起"争当表率、争做示范、走在前列"三大光荣使命先进集体；"放管服"改革和数字政府建设工作获得省政府督查激励；代办中心、法规（审改）科分别获评2021年度区第二、第三季度"猎豹奖"。洪蓝、东屏2个街道便民服务中心成为全市标杆，经验做法被省政务办采用。溧水区政务服务大厅被评为2021年度南京市最佳政务服务大厅。

【行政审批服务】 2021年，溧水区坚持新发展理念，贯彻落实《南京市优化营商环境100条》，以市政务办"宁满意"工程建设要求为指导，优化审批流程、精简审批环节、压缩审批时限，创新构建"溧刻办"极速审批服务体系，实现企业和群众办理"政事"少填、少报、少跑、快办。办理审批事项5.59万件次。其中，投资项目380个，投资总额内资超618.4亿元，外资及港澳台资超3亿美元。办理注册企业4604家，注册总额内资超409亿元，外资及港澳台资近9亿美元。办理施工许可证132件（含房地产）。

延伸阅读 "溧刻办"党建+政务服务品牌：2020年开始，区行政审批局党组创新打造"溧刻办"党建+政务服务品牌，以党建引领促服务提质增效，以党建创新为改革助燃赋能，提升政务服务速度、温度、高度和风度。其中，"溧"代表溧水区，突出地域特色和区位优势，打造具有区域影响力的服务品牌。同时谐音"立刻办"，承载"便民、廉洁、高效、规范"的内涵。围绕政务服务"4度"（更快的速度、更暖的温度、更高的高度、更靓的风度）建设目标，开展"四大工程"（红色领航工程、红色阵地工程、

3月，洪蓝街道在2020年度南京市政务服务系统评选中，获"最优为民服务中心"称号　　《今日溧水》报　供图

红色先锋工程、红色堡垒工程),探索创新工作载体和方法,提升政务服务品牌知晓度和认可度,打造环节最少、效率最高、服务最优的“溧刻办”“宁满意”金字招牌。

【疫情防控+政务服务】 2021年,溧水区落实柔性管控措施,构建“疫情防控+政务服务”常态化机制,推行“网上办、预约办、快递办、远程办”服务,减少市民外出接触,倡导“不见面”办理方式,开辟涉及疫情防控、省市区重点工程重大项目审批绿色通道,助推区内企业复工复产。建立“溧刻办”办结机制,手续齐全的事项快速办,材料不齐但符合条件的事项容缺办,确保15分钟内迅速办结,最大限度减少大厅人员聚集。建立企业“零跑腿”快速响应机制,加强部门联动,为企业项目审批提供上门服务。解决中国东部农业科技创新港等17个项目审批问题30个,提供企业、群众帮代办5000余次,保障防疫生产两不误。

【“1120”改革】 2021年,区行政审批与政务服务工作按照减材料、减环节、减时限、减跑动要求,深化“1120”改革,提升政务服务效能和企业群众满意度、获得感。在区市民之家开办企业“一站式”服务大厅,开辟企业开办自主申报专区,完善开办企业全链条服务,在原有注册登记、公章刻制、涉税业务、银行开户4个环节上增加社保登记、公积金开户2个环节,推行全流程电子化,通过引导新办企业网上自主申请,社保账户、住房公积金企业缴存账户登记实时联办,实现企业开办6个环节“一表申请、一网流转,一日办结”。5月,市市场监管局发布《全市企业开办数据监测通报》,溧水区开办企业办结平均用时1.04天,位列全市12个板块第一名。落实《溧水区不动产登记一日办结工作实施方案》,实施不动产登记全流程“一窗受理、集成服务”,优化银行贷款审批流程,受理、审核、登簿、制证、发证各环节无缝衔接,提高不动产登记全流程1个工作日内办结占比率。开办企业全流程办结案例2172件,其中“一日办结”1252件。不动产交易登记案例1750件。其中,1个工作日内办结1673件,完成率95.6%。全区各部门办理工业项目施工许可案例233件,涉及审批环节701个,审批时限达标率99.71%。其中,全流程办结施工许可32件,达标率100%。

【“753”改革】 2021年,溧水区围绕“推动项目快落地”目标,深化工程建设项目审批制度改革,优化办事流程,减少办事材料,缩短办事时限,推进项目开工建设。推动收费事项“一窗办”,试点“一站式”收费改革,依托市政务办并联审批系统、一站式缴费平台等,集中涉及不同部门独立办理的工程建设项目收费事项到一个综合窗口办理,实现建设单位缴费“一单清、一网办、一窗办、一次办”。试点后办结“一站式”收费项目46个,收费3.9亿元。推广审批事项“承诺办”,符合条件的市政基础设施项目和新建房屋建筑项目推行告知承诺制,开通建设项目常态化绿色审批通道。急需开工的建设项目,施工单位承诺在规定时间内提交政府各部门出具的土地证、建设工程规划许可证、施工图审查合格书和消防设计审查意见书4个关键材料,先行领取正式施工许可证。

【“准入即准营”改革】 2021年,溧水区聚焦市场准入后行业准营环节,开展企业登记“一业一证”改革模式,常态化满足本地企业准入准营办理需求。1月6日,印发《溧水区企业登记“准入即准营”改革工作的实施方案(试行)》,在区行政审批局三楼C0区设置企业登记“准入即准营”综合窗口,提出一单告知、一表申请、一窗受理、一同核查、一并审批、一证准营的“六个一”工作规范,通过前台一窗受理、后台通办联办、限时办结出证,实现为企服务“一站直达”,大幅压减企业办理证照时限。1月20日,在溧水市民之家综合制证、发证窗口,为南京耐思教育培训中心有限公司发出全市首张培训机构“行业综合执业证”。6月2日,向南京溧水中山大药房有限公司发出全市首张零售药店“行业综合执业证”。在渣土运输、医疗诊所、娱乐场所、理发店等9个行业实现“准入即准营”。

【“一件事一次办”改革】 2021年,溧水区以“一件事一次办”为导向,围绕企业法人从设立到注销、自然人从出生到离世这2个全生命周期,梳理“一件事一次办”应用场景。推进企业全生命周期服务“一窗通办”,依托“互联网+政务服务”,设立“企业全生命周期”服务窗口,整合注册登记、公章刻制、税务、银行、社会保险等业务,推行税务注销分类处理,优化社保、商务等登记注销,各环节并联办理。4月,溧水区入选南京市惠企政策直达工作试点区。梳理近3年相关政策文件及长期稳定施行的普惠性惠企政策文件目录清单，形成13个区级部门惠企事项62条，搭建政策库和企业库，上线"宁企通"平台惠企政策15条，配备申报事项42项。7月，在全省率先推出新生儿出生"一件事"，延伸"一次办"事项服务链条，将产妇生育保险待遇结算、新生儿出生医学证明签发等9个事项整合成"一件事"。设立新生儿出生"一件事一次办"综合窗口，新生儿父母根据实际情况，填写新生儿出生"一件事"办理登记电子表单，实现多部门业务"一窗联办"。

【一刻钟政务服务圈】 2021年，溧水区为切实解决群众办事"跑远路、跑多次"问题，在全市先行先试"一刻钟政务服务圈"，初步构建"政务服务大厅+自助大厅+服务站点+服务网点"政务服务新格局。1月，将市民卡制卡、公交功能开通、充值、转值、优惠功能升级5个事项延伸到各街镇（开发区）、村（社区）、银行网点、超市网点，增加市民卡办理点9个，全市率先实现市民卡业务街镇可办。4月，在永阳街道推进"一中心四站点"（永阳街道为民服务中心、戴家分站点、宝塔分站点、琴音站点、石巷站点）建设。至年底，4个站点均投入运营，为群众办理或代办社保、民政、卫计、残联等业务53项。在全区设置12个24小时自助服务点，引进综合自助服务终端，配备社保查询自助机、市民卡一体机以及法律援助自助机，群众凭二代身份证，选择任意时间进入自助区均可办理相关业务。10月，印发《溧水区东屏街道为民服务中心争创市级样板实施方案(试行)》《溧水区洪蓝街道为民服务中心争创市级样板实施方案(试行)》，选取东屏、洪蓝2个试点街道，设置综合受理窗口，梳理整合部门下沉事项，推进区级办理权限的行政权力事项和公共服务事项集中进驻街道为民服务中心，实施硬件建设、事项进驻、服务模式、办理标准、监督考核"五位一体"。构建区、街镇（开发区）、村（社区）三级代办服务体系，组建代办员队伍，为行动不便和特殊群众上门服务，为异地群众提供帮办服务。全年为企业、群众提供帮办代办服务3.8万余次，将"群众跑"转化为"代办跑"，打通便民利企服务"最后一米"。

【投资建设审批代办服务】 2021年，溧水区以企业需求为导向，围绕全流程、定制化、精准化目标，打造代办服务新名片。完善"区—街镇—投资集团"代办网络，全区注册代办员64人，其中区级代办员6人、街镇代办员31人、投资集团代办员27人。5月，出台《2021年重大项目代办服务实施方案》，明确2021年溧水区从建立"先解决问题再说"代办服务协调推进机制、制订年度重大项目代办服务清单、开展重大项目一对一代办服务、深入推进重大项目全周期代办服务、建立重大项目"接力代办"服务机制、开展重大项目代办服务专报制度、推进重大项目审批手续整合优化、加强重大项目代办服务考核工作8个方面强化代办服务工作。牵头组建由涉及工程建设项目审批的8个部门35个环节26名审批人员组成的审批专办员队伍，明确专办员工作职责，帮促投资者申办项目各环节审批，增强区行政审批局与审批部门的沟通联系。完成全区省、市重大项目41个和区重点产业项目"一对一"全程代办配对83个，实现重点项目代办全覆盖。至年底，欣旺达动力电池、省康复医院等74个子项目取得正式施工许可证或临时施工通知单。定向开展代办点餐式走访调研，走访企业36家，召开审批专题会11次，帮助项目解决问题189个。在全市率先推出"海外人才创新创业"代办服务，设置海外人才服务专窗，配备专人为在溧海外人才企业办理政务事项提供服务。7月，上线《溧水区工程建设项目审批宝典》更新版，补充介绍篇、流程篇、申报篇、费用篇、公共服务篇、联络篇6个篇章内容，以二维码方式新增法人空间激活、并联审批图审、施工许可、消防设计审查、消防竣工验收备案5个环节单独申报颗粒化操作指南。代办工作被《人民日报》《新华日报》等媒体、内刊宣传推广；开发区、永阳街道项目推进办2个专业代办部门获区一季度"猎豹奖"、区代办中心获区二季度"猎豹奖"；12月，武凯"开启全链条代办之旅，为企业顺利投产保驾护航"和马晓婷"术业有专攻"2个案例入选2021年度全市先进代办服务案例，案例入选个数居全市第一；在2021年度市对区考核中，溧水区代办中心位列全市第一。

【公共资源交易服务】 2021年，区行政审批局响应"互联网+"公共资源交易发展总体要求，深化公共资源交易全流程电子化，推进公共资源交易纸质材料零提供，实现信用报告直接调用；开通分中心保证金拆分功能，处理承租方在规定期限内不缴纳服务费现象，打造法治化、规范化、透明化交易环境。组织政府采购47批次，实际采购金额2.35亿元，节约资金2752.96万元，综合资金节约率10.47%，全程电子化率100%。监管工程交易开评标280场次288个标段。定标306个标段数，中标金额185.61亿元，标段数下降35.58%，中标金额增长31.3%。进场国有房产出租项目277个，完成交易项目130个，交易金额3804万元。土地交易进场项目57个，交易金额105.73亿元。

【“12345”工单办理】 2021年，溧水区优化提升工单签收、派发、催办等多个环节，确保工单第一时间科学合理下达到相关责任单位、责任人，督促群众诉求第一时间处置，按时办结率100%。强化全程跟踪督办，依托热线大数据分析监测功能，加强实时跟踪、有效督办、及时反馈、结果落实“全链条”管理，联合区委督查室、区政府督查室每周通报诉求办理情况、存在问题和典型案例，形成问题有效解决“闭环”。受理、办理群众诉求工单超8.9万件，综合满意度96.47%。年度绩效考核评创全市12个版块第一。在《新华日报》《南京日报》《政务快讯》等副省级以上平面媒体刊登信息宣传报道102篇。

（马茜）

·外事　侨务　对台事务·

【外事】 2021年，溧水区外事工作部门围绕“底数清、情况明、管得住、服务好”工作目标，为在溧水工作的外企人员和到溧水投资、科研、学习等外籍人士做好服务管理工作。按照“事由充分、当前必须”原则，办理外国人邀请业务19批69人次。加强属地4所高校管理，及时了解在校外教和留学生工作生活情况，严格执行各项防控措施。发布多语种疫情防控相关通告、“给外籍人士的一封信”、解除医学观察证明书，增强外籍人员防控意识。严格执行计划管理，重点保障招商引资、“生根”计划和友城交流等团组活动。支持和鼓励企业“走出去”，帮助区内企业申办APEC商务旅行卡6张。根据常住外籍人士国别和地区、外资外贸企业性质，走访调研开沃新能源汽车集团有限公司、艾欧史密斯（中国）环境电器有限公司、南京西普水泥工程集团有限公司等区内重点企业，了解在溧水的外籍人士生活工作情况，为他们排忧解难。联合溧水公安分局走访南京西普水泥工程集团有限公司、南京美高美新材料有限公司等对外经济合作企业，开展领事保护宣传工作，提升企业在面对境外安全风险时的防范意识和处置能力。举办第三十四届世界电动车大会、南京欧洲企业创新合作全球（上海）推介会等重大活动。

（尹波）

【侨务】 2021年，溧水区侨务侨联部门围绕大侨务工作格局，完善相关工作机制，将部门工作职责具体化、明细化。丰富侨情数据资源，加快完善基层侨务工作网络建设，召开基层侨联组织建设推进会议，组织相关街镇赴江宁、栖霞学习交流，打造开发区、白马镇新侨创新创业基地和遇园侨胞之家，开发区获批省侨联新侨创新创业基地。弘扬侨界创新创业精神，完成在溧水的华侨华人、留学归国人士创新创业事迹稿件7篇；整理英籍华人周贺桐与周园故事，在《华人时刊》杂志刊登报道；为长三角健康峰会暨中医药博览会等重大活动专题组稿，在俄罗斯华文媒体《俄罗斯龙报》专版刊发。举办侨界人士植树活动，市区两级侨联联动，在洪蓝街道傅家边播下侨界“红色纪念林”。组织侨界人士、留学归国代表、溧水在海外同胞线上观看中秋直播活动。助力新冠肺炎疫情防控，动员侨界人士、归国留学人员捐款捐物约20万元。组织重点侨资企业代表参加民营企业政企银企政策解读会，推荐侨务干部、侨界代表8人次参加全市侨务相关培训。开展新修订《中国共产党统一战线工作条例》和统战涉侨文件学习和理论培训。接待美国华人基金会、比荷卢江苏商会等团队到溧水考察教育及健康产业，接待省海外代表人士国情研修班参访，会同省欧美同学会、青委会联合举办“健康溧水，同心同行”考察溧水活动。推荐2名归国人才创业项目参加省侨联“创业中华、筑梦江苏”侨界创新大赛，分别获最佳科技创新奖和优秀奖，促成1家侨联委员企业与南京工业大学浦江学院开展校企合作，1名海归人才入选市科技顶尖专家集聚计划。

【对台事务】 2021年，溧水区对台工作着眼台青创业、台企发展、台胞纾困，汲取初心力量、立足工作实际，为在溧水的台商台胞提供精准服务。和凤台湾机电产业园举行台企迎新春座谈，园区台企民企共度传统佳节。区台办会同区工商联、检察院、税务局和金融机构举办专题政策解读会。省、市、区台办及相关单位调研走访溧水重点台企近10批次，妥善协调台企遇到的问题。组织南京多家知名连锁餐饮企业走进台资食品企业、农业企业对接供需、促进合作。完成“宁台携手赢”和凤台湾机电产业园、台企、台青创业专题采访4次，在《南京日报》、中国江苏网、中国新闻网等多家媒体刊发转载。6月8—10日，区台办随市台办赴苏州昆山、浙江省嘉兴，拜访台协会、台资企业，宣传推荐溧水投资环境。9月3日，以“溧水南部增长极·两岸合作示范区”为主题，在苏州昆山举办和凤台湾机电产业园台商投资暨总部经济洽谈会，100余名台资企业代表参加，达亚帆布（上海）有限公司、昆山第一屋科技有限公司、喃嵘水产（上海）有限公司、苏州瑟路舜智能科技有限公司4个高端制造业项目签约落户。邀请外地台商到溧水走访考察，参加中国南京金秋经贸洽谈会溧水专场活动，考察制造业、科技农业、文旅、大健康产业等。利用“感知美好江苏·台协会长南京行”活动契机，接待全省台协会、台青会会长走进红色李巷和山凹村，了解乡村发展，深化溧台合作交流。（王健）

12月8日，两岸（和凤）机电产业合作示范园区授牌仪式暨主题推介会在溧水举行
《今日溧水》报　供图

【马里奥获聘“南京城市国际化紫金友好使者”】　3月28日，“南京城市国际化紫金友好使者”选聘仪式在南京友谊国际公园举行，溧水区国际友人 Camozzi Mario（卡莫齐·马里奥）入选。Camozzi Mario 于2017年受布雷博意大利总部派遣至布雷博（南京）汽车零部件有限公司，建立公司技术团队，致力于布雷博汽车制动系统先进技术研发和新材料生产工艺流程设计，推进企业产能稳步提升。所在公司被布雷博意大利总部授予“全球产能提升最佳工厂”称号。（刘晨）

3月28日，溧水区国际友人卡莫齐·马里奥（左二）获聘“南京城市国际化紫金友好使者”
区商务局　供图

【两岸（和凤）机电产业合作示范园区授牌】　12月8日，2021两岸企业家紫金山峰会专场活动在溧水举行，授予和凤台湾机电产业园“两岸（和凤）机电产业合作示范园区”称号，推进两岸装备制造产业园区发展壮大。和凤台湾机电产业园以台湾高端机电、高端装备、智能制造产业为发展方向，吸引台湾大同公司、高崎电机公司、传仕重工公司等台资企业落户，形成台资机电制造主导产业集聚区。至年底，园区拥有独立核算工业企业62家，集聚台湾机电及配套企业32家。其中，规模以上企业30家、高新技术企业17家、市级以上“专精特新”企业12家，瞪羚企业2家。（王健　夏雨欣　范玮洁）

【永阳街道侨联成立】　12月17日，永阳街道侨联第一次代表大会召开，会议听取《永阳街道侨联筹备工作报告》，通过《永阳街道侨联选举办法》。选举产生永阳街道侨

联第一届委员会领导班子和委员名单，举行揭牌仪式，庆丰路社区侨联小组、通济街社区侨联小组、永阳街道“宁侨志愿者”服务队成立。（王健）

政协南京市溧水区委员会

·综　述·

【概况】 2021年，溧水区有市政协委员4人，区政协委员264人，分布在19个界别。新调整区政协委员1人，增补委员7人。至年底，区政协召开十届政协第五次全体会议1次、常委会会议5次、主席会议6次；组织各类协商议政活动56场，其中专题协商18场、对口协商20场、界别协商12场、提案办理协商6场。推进基层协商议事，开展基层协商议事活动110余场，围绕全区发展大局和民生实事，组织相关部门和委员开展协商议政。召开政协工作例会、换届工作会议等其他工作会议4次。7月新冠肺炎疫情期间，全区政协委员捐款捐物300余万元。搭建协商载体和平台，在全区打造135个“有事好商量”协商议事室，实现村（社区）“有事好商量”协商议事室全覆盖。

【政协委员构成】 政协南京市溧水区第十届委员会有政协委员264人，常委会组成人员30人，占委员总数11.4%；中共党员委员122人，占委员总数46.2%；女性委员81人，占委员总数的30.7%；汉族委员261人，占委员总数的98.9%；回族委员2人，占委员总数的0.75%；彝族委员1人，占委员总数的0.37%。政协南京市溧水区第十届委员会有19个界别，其中中共11人、各民主党派13人、无党派人士8人、工会6人、共青团6人、妇联6人、工商联8人、台侨联和民族宗教10人、科技科协14人、经济28人、农业农村17人、商贸金融15人、教育体育17人、医药卫生16人、文化艺术14人、社会管理和社会保障14人、城乡建设和环境保护22人、政法13人、特邀人士26人。

【基层政协】 2021年，全区各街镇（开发区）政协工委践行习近平总书记关于加强和改进人民政协工作的重要思想，立足政治协商、民主监督、参政议政职能，锚定新使命新任务履职尽责，着力提高基层政协工作水平，发挥委员主体作用，为推动经济社会高质量发展贡献政协力量。

开发区政协工委开展考察调研4次，组织集中学习4次。编写报送社情民意信息9条，十届政协五次全会期间提交提案15件，完善黄彩萍“有事好商量”协商议事室。配合区政协完成第十一届政协委员换届工作，产生政协委员21人。

永阳街道政协工委开展考察调研4次，召开专题协商会4次，组织学习4次。向区政协反映社情民意信息8条，十届政协五次全会期间提交提案12件。配合区政协完成区第十一届政协委员换届工作，产生政协委员20人。

白马镇政协工委新增政协委员1人，配合区政协完成第十一届政协委员换届工作，产生新一届委员12人，涉及9个界别。组织学习2次，开展考察调研4次，就“进一步提升农村人居环境，助力乡村振兴”“完善村规民约，树立文明新风”“爱环境、讲卫生”等议题召开专题协商议事会4次。十届政协五次全会期间提交提案13件。协助区政协接待区外政协考察团队20余次。

石湫街道政协工委配合区政协完成第十一届政协委员换届工作，推荐产生区政协委员9人。开展视察调研活动4次、民主监督活动4次，理论学习会4次，围绕石湫田园综合体建设、旅游业高质量发展等主题开展协商议事活动6次。反映社情民意信息12条，十届政协五次全会期间提交提案12件，完善“有事好商量”协商议事室2个。

洪蓝街道政协工委召开协商议事会4次，围绕街道“十四五”规划及产业规划议题开展视察调研活动。完善塘西村协商议事室，上报社情民意等信息15条，被区政协《工作建议》采用3条，市政协社情民意采用2条。十届政协五次全会期间提交提案15件。

东屏街道政协工委完善“有事好商量”协商议事室建设，组织政协委员开展政治理论学习4次、协商议事活动4次、一线调研活动4次。反映社情民意信息8条，十届政协五次全会期间提交提案8件。完成区第十一届政协委员换届工作，产生政协委员12人。

晶桥镇政协工委配合区政协完成第十一届政协委员换届工作，推荐产生区政协委员11人。组织开展工作例会4次、理论学习4次，围绕发展壮大村集体经济等主题开展协商议事活动。其中，“完善村规民约，树立文明新风”活动经验被省政协采纳并刊登在内部刊物上，“完善人居环境长效管理机制问题”被省政协评为典型案例。反映社情民意信息8条，被区政协《工作建议》采纳1篇。十届政协五次全会期间提交提案12件，大会采纳11件。新建镇政府“协商议事室”，完成石山下“协商议事室”升级改造。组织辖区内政协委员投身疫情防控工作，俞同荣、罗友琼、史晓虎等政协委员先进事迹先后获交汇点新闻、紫金山新闻等媒体报道。

和凤镇政协工委开展协商议事活动4次，考察调研全镇经济社会发展、监督落实民生实事等工作，反映社情民意信息4条。建设村级协商议事室1个，高标准建设镇级委员之家。十届政协五次全会期间，提交提案8件，其中集体提案3件。完成区第十一届政协委员换届工作，推荐产生区政协委员12人。（汤文璐）

·重要会议·

【区政协十届第五次全体会议】 1月5—7日举行，区委书记出席并在会上讲话。会议听取和审议朱克成代表政协溧水区第十届常委会作的《深入学习贯彻党的十九届五中全会精神，为全区“十四五”开好局起好步凝聚智慧汇集力量》工作报告，审议通过十届政协四次会议提案办理情况报告。与会委员列席区第十六届人民代表大会第五次会议开幕式，听取讨论区长作的政府工作报告以及发展与改革委、财政局报告，听取“两院”（区法院、检察院）工作情况报告。会议表扬2020年度委员履职先进集体和先进个人。闭幕会上，委员们听取审议《政协南京市溧水区第十届委员会第五次会议提案征集情况报告》，通过《政协南京市溧水区第十届委员会第五次会议决议》。

【区十届政协常委会会议】 2021年，区政协召开常委会会议5次。1月7日，区政协召开十届第二十次常委会议，听取区政协十届第五次全体会议委员讨论情况汇报，讨论提案征集情况报告（草案），审议《中国人民政治协商会议南京市溧水区第十届委员会第五次会议决议（草案）》。

4月28日，区政协召开十届第二十一次常委会议，听取区教育局汇报全区教育布局调整工作情况，围绕“优化全区教育布局，促进城乡教育均衡发展”主题协商建言。会议协商通过丁群辞去政协委员的申请，增补张亚军、许金香、俞同荣、王迪、芮必云、袁勇为区十届政协委员。

6月24日，区政协召开十届第二十二次常委会议，听取区农业农村局关于全区智慧农业发展情况汇报，围绕“大力发展智慧农业，推动农业高质量发展”议题建言献策。会议协商通过张琳增补为区十届政协委员。

9月10日，区政协召开十届第二十三次常委会议，分别听取2021年上半年经济社会发展情况和提案办理情况汇报，围绕下半年工作提出意见和建议。

12月4日，区政协召开十届第二十四次常委会议，听取2021年度全区纪检监察工作情况通报，就做好纪检监察工作提出意见和建议；协商通过区十一届政协委员建议名单；讨论通过区政协第十一届委员会第一次会议议程、日程安排及第十届委员会常委会工作报告。

【区十届政协主席会议】 2021年，区政协召开主席会议6次，重点围绕“优化农村居民住房政策，提高人民群众生活环境”、“全区科技创新，产业链供应链优化升级”、政协换届工作事宜、“全区生态环境保护，乡村旅游发展环境优化进展情况”、“全区传统村落传承与保护工作开展情况”、“全区社区治理模式创新，养老服务业发展情况”等议题协商讨论，形成工作建议报送区委、区政府。

表7 2021年溧水区第十届政协主席会议情况一览表

时间	会议名称	内容
4月2日	第三十一次主席会议	听取溧水规划资源分局关于全区农村居民住房建设情况汇报，区农业农村局、城管局、城建局、房产局和相关街镇围绕“优化农村居民住房政策，提高人民群众生活环境”主题协商建言

续表

时　间	会议名称	内　　容
5月28日	第三十二次主席会议	视察调研南京腾阳机械有限公司、南京佛吉亚排气控制技术有限公司，听取区发改委、科技局、工信局、投促局、卫健委等部门负责人汇报全区科技创新、产业链供应链优化升级进展情况并协商建言
9月16日	第三十三次主席会议	区政协委工委汇报《关于溧水区政协换届工作的请示》，区政协换届工作领导小组成员围绕政协换届工作事宜协商讨论
10月21日	第三十四次主席会议	听取溧水生态环境局、区文旅局汇报全区生态环境保护、乡村旅游发展环境优化进展情况，区城建局、税务局、财政局等部门和各街镇（开发区）结合工作职能协商建言
11月18日	第三十五次主席会议	听取区城建局、文旅局、产业集团汇报全区传统村落传承与保护工作开展情况并建言献策
11月26日	第三十六次主席会议	听取区民政局、开发区、洪蓝街道汇报全区居家养老服务工作情况，围绕“全区社区治理模式创新、养老服务业发展情况”主题协商建言

（汤文璐）

·协商议政·

【专题协商】 2021年，区政协举办专题协商会18场，重点围绕解决企业人才招引、办事减负减证便民、一号提案办理、基层医疗卫生人才队伍建设、健全矛盾纠纷多元化解体系、产业链供应链优化升级、城乡教育均衡发展、布局调研和教育质量提升、智慧农业发展等专题，听取相关部门、单位及委员建言献策，形成工作建议报送区委、区政府。

3月31日，开发区政协工委围绕“加强我区智能制造产业工人队伍引进、培养、建设，解决企业缺工问题”议题召开专题协商议事会。区人社局、工信局、教育局和开发区劳保所等部门负责人以及部分政协委员、企业代表就企业招工存在的困难和问题开展交流讨论，提出意见建议。

4月19日，区政协召开“办事减负减证便民”专题协商会。溧水公安分局、生态环境局和区行政审批局、民政局、人社局、市场监管局、税务局、城建局、农业农村局、卫健委、应急管理局等部门围绕“办事减负减证便民”相关工作落实情况、存在问题和工作建议交流发言，针对可以进一步精简或取消的证明事项进行讨论。

4月29日，晶桥镇政协工委以“村级集体经济发展情况”为主题开展协商议事活动。与会人员实地考察芝山村曹庄富硒生态农业产业园，听取镇经管站关于晶桥镇农村集体经济发展基本情况的介绍，并就壮大村集体经济协商议政，提出意见和建议。

5月21日，石湫街道政协工委围绕文化和旅游融合发展情况，开展协商议事活动。与会人员现场视察南京玫瑰园，考察调研园区休闲农业及三产高效融合发展情况，并从发展文体健康产业、校地合作共建、完善旅游线路规划等方面建言献策。

5月27日，洪蓝街道政协工委以街道“十四五”规划及产业规划为主题，召开协商议事会。与会人员实地考察调研丰树产业园项目、百泽机械和华塘三期安置房工程，听取洪蓝街道“十三五”时期发展成果总结、“十四五”发展方向和战略路径的情况介绍，并从深挖区位优势、拓展主城城市功能、加强文化宣传、推动乡村振兴及企业提档升级等方面开展协商议事和建言献策。

5月28日，和凤镇政协工委召开“完善村规民约，树立文明新风”专题协商议事会，政协委员、村民代表参加会议。与会人员围绕村内婚丧嫁娶方面存在大操大办、请客送礼等问题建言献策。

6月3日，区政协召开提案办理专题协商会，围绕一号提案（“合力攻坚，推动人口倍增”提案）办理情况协商建言。区委组织部、区工信局、农业农村局、人社局等提案承办单位、协办单位分别汇报“合力攻坚，推动人口倍增”提案及并案“关于如何提升城市吸引力，留住外来人口”提案办理落实情况。提案人（单位）分别评价提案办理情况，就进一步加速全区产业升级集聚人才、留住人才提出意见建议。

6月18日，白马镇政协工委围绕“完善村规民约，树立文明新风”主题，召开关于“两莓产业带动村民增收致富，助力完善村规民约”协商议事会。镇民政办、石头寨村相关负责人及部分政协委员、村民代表参加会议，听取石头寨村“两莓”产业相关情况介绍，从建立“两莓”党支部带动村民集体增收致富、充分发挥“两莓”品牌效应、加大村规民约宣传力度等角度提出意见建议。

6月24日，区政协围绕“加快基层医疗卫生人才队伍建设，提高基层医疗卫生服务水平”主题召开专题协商会，实地察看区第三人民医院和永阳街道社区卫生服务中心，区委编办、溧水医保分局、区卫健委、科技局、财政局、人民医院、中医院等部门、单位就医院编制名额不足且使用范围窄、备案制管理人员晋升机制不畅通、医院运行人力成本高等问题提出意见和建议。会后形成《关于加强基层医疗卫生人才队伍建设的建议》报区委、区政府。

10月11日，永阳街道政协工委组织开展“有事好商量·民生专题协商议事月”暨“‘七一’讲话·协商议事室委员来宣讲”活动。与会人员以“创建文明典范城市”为主题开展调研，就老旧小区“飞线”整治、加大文明典范城市创建宣传力度、惩治违章行为等方面提出意见建议。

10月23日，东屏街道政协工委围绕“村级健身公园建设及健身路径更新”专题开展“有事好商量”协商议事活动。街道文体中心、人居环境整治办公室、保洁管理所、第三产业管理办公室、安全生产监督管理办公室负责人和部分政协委员、长乐社区代表参加活动，实地参观长乐社区凉蓬村健康公园和健身路径，听取文体中心负责人介绍相关情况，从加强宣传普及、严格建设标准、提升管护水平等方面建言献策。

10月28日，区政协围绕“健全矛盾纠纷多元化解体系，推进更高水平平安溧水建设”召开专题协商会，视察调研石湫街道上方村综治中心、洪蓝街道社会矛盾纠纷调处化解中心、区社会矛盾纠纷调处化解中心，区委政法委，区城建局、人社局、房产局、智慧办和溧水规划资源分局、公安分局等部门，从专职调解员队伍建设、工作机制完善等方面提出意见建议。会后形成《关于进一步完善矛盾纠纷多元化解工作的建议》报区委、区政府。

【专题调研】 2021年，区政协围绕优化农村居民住房政策、产业链供应链优化升级情况、乡村旅游发展环境优化、传统村落传承和保护等专题，组成调研组开展专题考察调研。1月12—14日，区政协人资环委、城建局、农业农村局、溧水规划资源分局等部门负责人到永阳街道、开发区、洪蓝街道、白马镇、和凤镇等6个街镇(开发区)开展农村宅基地改扩建房政策专题调研座谈，形成建议案报送区委、区政府。3月29—31日，区政协教卫文体委围绕“优化教育布局，促进城乡教育均衡发展”主题，组织区教育局、教师进修学校等部门负责人赴南通如皋市、镇江扬中市考察调研，形成工作建议报区委、区政府。5月10—12日，区政协经科农委组织区卫健委、发改委、工信局、科技局、投促局和开发区等部门负责人赴合肥市瑶海区、蜀山区学习考察科技创新、产业链供应链优化升级情况，并编写工作建议报区委、区政府。5月24—28日，区政协教卫文体委组织区卫健委、民政局、中医院等部门负责人赴江西省南昌市东湖区、九江市濂溪区、景德镇市昌江区、鹰潭市月湖区考察调研，围绕“强化政策支持，创新体制机制，加快医养融合养老体系建设”主题学习经验做法。7月12—16日，区政协人资环委组织溧水生态环境局、区城建局、文旅局等部门负责人和有关政协委员赴江西省南昌市新建区、九江市柴桑区、景德镇市浮梁县、上饶市玉山县考察调研生态环境保护、乡村旅游发展环境优化情况，学习交流先进经验。9月29日，区政协教卫文体委会同区城建局、洪蓝街道、和凤镇相关负责人到和凤镇孙家巷村、张家村诸家、洪蓝街道仓口、蒲塘等传统村落调研传统村落传承与保护情况，编写工作建议报送区委、区政府。

（汤文璐）

·民主监督·

【概况】 2021年，区政协拓宽民主监督渠道，构建专题监督、专项监督和协商式监督相结合的民主监督体系，专项监督组和全体委员参与的民主监督工作格局。围绕农村道路提档升级、粮食安全保障能力体系建设、传统村落和传统民居保护、提案办理协商等主题，开展各类民主监督活动76场。

3月23日，区政协第一民主监督组应邀参加区市场监管局召开的《关于加强食品外卖行业监管力度的提案》办理答复意见会。与会委员就提案答复情况进行面商，并从加强盲区监管、拓宽监管渠道、加强安全培训、营造全民监管氛围等方面提出意见和建议。

4月13日，区政协第二民主监督组和城区第一委员活动组围绕溧水区农村道路提档升级后续管理和农村支路建设情况，联动开展视察调研及座谈活动。政协委员实地考察石湫街道赵向线、石场线、中孙线等道路情况，现场听取区交运局负责人介绍相关路段的建设及使用状况，从加大宣传力度、促进农路深度开发利用、争取政策支持、资金扶持、加强道路养护等方面提出意见和建议。

5月21日，区政协第九民主监督组围绕粮食安全保障能力体系建设主题，开展民主监督活动。政协委员到石湫街道仲阿宝省级示范家庭农场、晶桥镇庆宏农机专业合作社、和凤镇吴村桥村谷丰农机专业合作社等地，现场察看稻米加工情况，了解粮食生产、销售、用地等基本情况和存在问题，在座谈会上从推进产品优质化、推行全程标准化、推动种植规模化、加强营销品牌化4个方面建言献策。

6月11日，区政协第二民主监督组委员与部分人大代表、人民监督员一同参加区检察院召开的检察听证专题新闻发布会，公开听证1起交通肇事案件和2起滥伐林木案件。与会委员观看最高人民检察院展播的检察听证案例，集中听取区检察院公开听证工作情况汇报，以及案例基本案情、主要证据，拟不起诉理由和法律依据。结合案件事实、相关证据和法律规定，一致通过检察机关作拟不起诉处理意见。

7月2日，区政协第五民主监督组围绕传统村落、传统民居保护主题开展民主监督活动。政协委员到洪蓝街道仓口村、和凤镇诸家村实地查看古建筑、古村落，听取村负责人介绍保护利用情况，并从传统建筑修缮、维护保养、传统村落开发利用、资金保障等方面建言献策。

【“四统四分”专项民主监督】 2021年，区政协创新采用“四统四分”方式(统筹谋划，分解任务；统一调度，分别监督；统一评议，分别点评；统一意见建议，分别反馈)，围绕2021年度省市对区高质量发展考核指标任务落实进展情况开展专项民主监督。以各委办为单位成立7个专项民主监督组，分工负责，年初统一部署，对接全区近30个部委办局，跟踪督促各项指标任务按期完成，定期召开会议分析评议指标完成情况，以《工作建议》形式及时向区委反馈情况，推动监督成果转化落实。此项经验做法在《江苏政协》杂志上刊登。 (汤文璐)

·委员工作·

【委员履职管理】 2月，区政协修订印发《政协南京市溧水区第十届委员会委员履职考核办法》，按组别对政协委员履职情况实行季度考核，考核结果作为年度评先评优依据。建立政协委员定期培训机制，增强委员履职能力。5月25日，举办区十届政协委员专题培训班，系统传达全国政协十三届四次会议精神，邀请区委宣讲团成员围绕“中华民族伟大复兴与中国共产党人的使命担当”作专题讲座。12月7日，举行区十一届政协委员学习培训班，邀请市政协有关专家和市政协委员从人民政协基本理论和社情民意撰写、提案撰写、政协委员职责担当和“有事好商量”工作开展等方面作专题辅导和经验传授。

【社情民意】 2021年，区政协收集社情民意信息及线索80余条，向区委、区政府和上级政协组织编报《工作建议》《信息专报》35期，被省、市政协采用8条，区委、区政府领导批示6条。其中《关于调整优化农村居民建房政策，改善农村居民生活环境品质的建议》《关于“双减”政策落地中的问题及建议》《关于加快发展智慧农业，推动农业高质量发展的建议》《建议江苏省征兵政策进一步细化学历审核认定》4条社情民意被省政协采用。《关于丰富山凹村民宿周边业态，提升乡村旅游体验感的建议》《关于进一步优化企业和群众办事环境的建议》《关于推动农产品供应链转型升级发展的建议》《关于优化全区教育布局促进城乡教育均衡发展的建议》《关于发展壮大村级集体经的工作建议》《关于提升农村公共厕所建设和管理水平的建议》得到区委、区政府主要领导批示。 (汤文璐)

·提案督办·

【提案办理】 1月5—7日，区政协十届五次会议期间收到政协委员提案158件。其中，集体提案和委员联名提案58件，委员个人提案100件。经审查，立案122件，属提案内容相同相似并案33件，转工作建议4件。经分类，创新发展产业转型类23件，占18.9%；城乡建设和生态环境类35件，占28.7%；社会发展和民生改善类36件，占29.5%；法制建设和社会治理类28件，占22.9%。经区政协主席会议协商，26件提案确定为2021年度重点提案，《关于合力攻坚，推动人口倍增的提案》定为2021年区政协“一号提案”。经酝酿协商，122件提案分别由57个相关部门、单位办理。至年底全部办结，办结率100%。问题解决或者建议采纳114件、占93.44%，列入计划逐步解决6件、占4.92%，因客观条件限制暂时不能解决并向提案人作出解释说明2件、占1.64%。经不见面测评，办理结果满意和基本满意率100%。

表8　2021年溧水区政协重点提案情况一览表

案　由	提案人	承办单位
关于合力攻坚，推动人口倍增的提案	芮明翠、马里兵、城区一组	区人社局主办，区委组织部、区发改委、工信局、农业农村局、科技局、教育局、卫健委、健康办、房产局和溧水公安分局协办
关于支持重点制造企业强化产业链、形成集群效应、产业联动协同，加速溧水区制造业高质量发展的提案	吴启楠、开发区政协工委、黄彩萍、徐立南、肖冬梅	区工信局主办，开发区协办
关于加强平台建设，拓宽就业渠道，促进农民就业的提案	孙育荣	区人社局、农业农村局、融媒体中心分办
关于加强我区智能制造产业工人队伍建设，打造区域内技术技能人才培训基地的提案	黄作霖	区人社局、教育局、工信局、总工会分办
关于南京溧水开发区奋力争创国家级经济技术开发区的提案	赵丽娟	开发区主办
关于大力发展数字经济助推经济转型升级的提案	潘晓彬	区工信局、农业农村局、智慧办分办
关于进一步做好白马会展助推南京国家农高区发展的提案	季玲、刘东锋、涂维浩、严雪凤、张成林	区商务局、农业农村局、工信局和南京国家农高区工作专班、白马镇、会展办分办
关于加大沿石臼湖农旅融合开发的提案	和凤镇政协工委	区农业农村局、文旅局分办，和凤镇、洪蓝街道、石湫街道协办
关于进一步加强生态智慧未来城和东屏城市精细化管理水平的提案	东屏街道政协工委、包兆鼎	溧水规划资源分局、区智慧办、产业集团、工信局、东屏街道分办
关于加快晶桥镇健康产业核心区建设的提案	晶桥镇政协工委	区健康办、发改委、投促局分办
关于做好垃圾分类工作的提案	永阳街道政协工委、李立超、张群、谢模霞、刘铠豪、李苏秦、民主监督十一组、陈林香、严令明、李君龙、王淑娟	区城管局主办，各街镇(开发区)协办
关于加快洪蓝街道与中心城区融合发展的提案	孙继文	溧水规划资源分局，区交运局、城建局、文旅局和洪蓝街道分办
关于进一步加大支持本土有机肥生产及使用推广力度助推农村环境提升、农业生态发展的提案	民主监督九组	区农业农村局主办
关于支持重点制造企业强化产业链、形成集群效应、产业联动协同，加速溧水区制造业高质量发展的提案	吴启楠、开发区政协工委、黄彩萍、徐立南、肖冬梅	区工信局主办，开发区协办
关于加快配套建设，提升无想山景区窗口形象的提案	民主监督三组	区交运局、溧水规划资源分局、区商务局、城建局分办，区城建集团协办
关于适度放开规划保留村村民建房的提案	包旭华	溧水规划资源分局主办

续表

案　由	提案人	承办单位
关于加强新时代教师队伍建设的提案	徐群	区教育局主办
关于提高低收入群体的增收能力和生活水平的提案	芮咏梅	区发改委主办，区人社局、民政局、农业农村局协办
关于后疫情时代溧水区域内旅游景点全面向本地市民免费开放的提案	陈优民	区文旅局主办，区城建集团、产业集团协办
关于针对溧水商业街区“总量控制、存量优化”的提案	吴万德	区商务局、发改委和溧水规划资源分局分办
关于加大扶持本地养老服务组织、养老机构的力度，进一步促进全区养老事业发展的提案	徐国财、黄宙国、池忠铭、金伟素	区民政局主办，区卫健委协办
关于加大养生保健行业诈骗老年人行为查处力度的提案	谢秋、严雪凤	区市场监管局、地方金融监管局、溧水公安分局分办
关于加强住宅小区综合治理，规范小区管理的提案	永阳街道政协工委、汪业宏、周金兰、肖冬梅、武永芳、查春华、张方健、张召中、童月琴、葛丽	区房产局主办，区城管局、溧水公安分局、各街镇（开发区）协办
关于进一步完善我区公共建筑、体育公园设施常态化维修管养机制的提案	城区六组	区城建局、文旅局、城建集团、产业集团、水务集团分办
关于加强全装修房质量管控的提案	李婧	区城建局、发改委、房产局、市场监管局分办
关于完善设施农用地管理，进一步促进农业企业健康发展的提案	付逸凡	区农业农村局主办，溧水规划资源分局协办

【一号提案】 2021年，区政协将《关于合力攻坚，推动人口倍增的提案》确立为一号提案。该提案由政协委员芮明翠、马里兵提出，与城区第一委员活动组《关于如何提升城市吸引力，留住外来人口的提案》并案。由区人社局主办，区委组织部、溧水公安分局、区发改委、工信局、农业农村局、科技局、教育局、卫健委、健康办、房产局协办。提案办理期间，区人社局和各协办单位多次召开网络会议，围绕优惠政策制订实施、高层次人才引进、完善外来人口服务保障等方面开展协商讨论。区人社局研究分析人口集聚规律，结合区情实际，牵头起草《溧水区人口集聚十条新政》及实施细则。通过新政实施，提升人口集聚公共服务水平，增强对外来人口的吸引力。 （汤文璐）

6月3日，区政协召开《关于“合力攻坚，推动人口倍增”的提案》办理专题协商会　　区政协办　供图

中共南京市溧水区纪委 溧水区监委

·综　述·

【概况】 2021年，溧水区纪检监察组织履职尽责、担当作为，在开展党史学习教育、保障区镇党委换届等大事要事，应对突发新冠肺炎疫情、查办重点案件等大战大考中深化正风肃纪反腐，纪检监察各项工作取得新进步。3月，区纪委监委获评南京市高水平全面建设小康社会先进集体；11月，区纪委监委机关获评全省纪检监察系统先进集体。

【纪检监察队伍建设】 2021年，区纪委监委配合筹办区第十四次党代会，完成区镇纪委换届。深化纪检监察体制改革，指导白马高新区纪工委实体化运作，设立纪检监督室与白马镇纪委合署办公，实现白马高新区、白马镇、南京国家农高区监督全覆盖。发挥“清风润溧”大讲坛、“清风润溧”微课堂、“三不一体”实境课堂等功能，开展专题业务培训。抽调20名纪检监察干部参加中央和省市纪委专案、省市委巡视巡察，组织街镇年轻纪检监察干部参与留置实战。深化“学恩来精神、守初心使命”专题教育活动，召开担当作为先进个人座谈会。开展“打铁必须自身硬”专项行动，常态化开展谈心谈话和思想教育，引导纪检监察干部履职尽责。组织党史学习教育，开展集体学习36次、专题研讨9次，创新开展“听我讲党史”微宣讲活动，融合推进“两在两同”和“我为群众办实事”实践活动，“专项监督守好村集体‘钱袋子’”获评全区党史学习教育优秀创新项目。 （杜勇）

·重要会议·

【区十三届纪委六次全会】 2月8日，中国共产党南京市溧水区第十三届纪律检查委员会第六次全体会议在区级机关多功能厅召开。全会总结2020年全区纪检监察工作，明确2021年重点任务。区纪委常委会主持会议，区纪委书记、区监委主任葛飞作《推动新时代全区纪检监察工作高质量发展，以优异成绩庆祝中国共产党成立100周年》工作报告。会议主要任务是，深入学习贯彻习近平总书记在十九届中央纪委五次全会上的重要讲话精神，落实中央纪委、省市纪委和区委全会最新要求，保持战略定力，推动全面从严治党向纵深发展。会议播放警示教育片《正风反腐永远在路上》，要求全区各级党组织全覆盖观看。

【全区领导干部警示教育大会】 12月27日，全区领导干部警示教育大会在区委党校召开，副市长、区委书记林涛出席会议并讲话。区长张蕴主持会议，区人大常委会主任，区政协主席等全体市管领导、在职区管干部出席。会议采用“主会场+分会场”视频形式召开，与会人员集体观看警示教育片《心无敬畏，难守始终》。 （杜勇）

·监督执纪·

【监督检查与审查调查】 2021年，溧水区纪检监察组织接收信访举报195件次，处置问题线索1484件，谈话函询1000件，立案查处违纪违法案件305件，党纪政务处分251人。其中，处级干部10人，科级干部11人，一般干部4人，农村、企业等其他人员226人。全区纪检监察组织运用“四种形态”处理1711人次。其中，运用第一种形态处理1426人次，占83.3%；运用第二种形态处理236人次，占13.8%；运用第三种形态处理13人次，占0.8%；运用第四种形态处理36人次，占2.1%。

【政治监督】 2021年，区纪委开展粮食购销、供销合作社系统腐败问题专项整治，查处违纪违法案件9件，留置1人。推进安全生产专项整治三年行动监督检查，以某公司火灾事故为切入口，追责问责6人，推动开展“厂中厂”专项整治。监督保障换届风气，先后审核16批次1362名干部人选党风廉政情况。围绕大气污染防治、全国文明典范城市创建、公共停车管理、营商环境等强化监督，推动纠改问题600余个。贯彻落实《中共中央关于加强对“一把手”和领导班子监督的意见》，协助区委制订落实方案，出台或推动制订修订《关于进一步做好“三重一大”事项决策和监管的意见》等多

12月27日，全区领导干部警示教育大会召开　　区纪委　供图

项制度。整治民生领域突出问题，锁定农村集体资源出租领域，督促全区开展系统筛查，党纪政务立案28人，推动完善区级层面操作规定，解决产权交易平台“应进未进”问题93个，租赁年限长、租金低问题181个，收回拖欠租金868.3万元。针对农村污水漫溢、管网破损、管线不通等问题，实地查看全区农村污水处理设施点位400余个，发现并推动解决具体问题144个，党纪政务立案11人，督促相关部门明确农村生活污水处理设施管养运营责任，开展“回头看、再提升”行动。会同相关部门严肃查处南京某医院涉嫌欺诈骗保案，依法逮捕3人。同步开展物业维修资金管理、养老机构管理、电影下乡等专项监督，在落细落小中维护群众利益。

【政治巡察】 2021年，区纪委监委开展十三届区委第十四轮即最后一轮巡察，常规巡察5个区管部门、12个社区党组织并“回头看”，完成十三届区委巡察全覆盖任务。开展十四届区委第一轮对8个区管部门党组织巡察工作。落实巡视巡察上下联动要求，制订《溧水区关于落实巡视巡察上下联动的实施办法》，健全领导体制、运行机制、基础保障。制订《溧水区领导履行“一岗双责”全过程推动巡察监督实施办法》，做好巡察问题整改。探索建立新提拔区管干部、优秀年轻干部到巡察一线实践机制，培养锻炼干部，提高巡察质效。（杜勇）

·党风廉政建设·

【纠“四风”树新风】 2021年，溧水区纪委监委整治违反中央八项规定精神问题，查处相关问题66个，涉及102人。其中，党纪政务处分94人，通报曝光问题14个22人。协助区委开展对全区党政负责人集体约谈，通报“四风”问题典型案例。推动落实基层减负要求，依托省纪委在白马镇的基层发文监测点，定期开展统计分析，查找问题，重点提醒，基层收文下降21.83%。聚焦“指尖上的形式主义”“任务层层加码”“考核台账多”三大难题，选取永阳街道交通路等3个社区作为区级监测点，梳理分析现有台账资料、检查考核、工作App、专项系统数据填报等情况，督促做好规范、合并、取消工作。制订《溧水区鼓励基层创新予以容错纠错八种情形》，容错纠错8件13人，为受到不实反映的35人和3家单位予以澄清正名，消除影响。

【“三不”机制建设】 2021年，区纪委监委推进“不敢腐、不能腐、不想腐”机制建设，开展“信访面对面、润溧直通车”活动。参与查办山东税务系统腐败案件，留置6人，追缴违纪违法所得3000余万元。开展追逃追赃工作，办理全省第一件没收在逃人员违法所得案件，组织实施简易程序审理案件试点工作。在全市率先实行派驻机构案件“二次审理”机制，把好案件质量关。做实审查调查“后半篇文章”，制发纪检监察建议45份，推动制订或修订制度20项。针对查办区供销合作总社原负责人案件中发现的社有资产处置乱象问题，督促收回违规划拨土地2200余平方米、社有资产房屋1.6万平方米，修订完善《社有资产出租管理办法》等制度4项，相关经验做法被省纪委专刊推介。协助区委召开年度警示教育大会，制作警示教育片《权力变形记》，督促城建系统以案为鉴，在全系统开展警示教育。发掘溧水红色廉政文化资源，创成市级廉政文化示范项目2个，命名区级示范项目4个。

【“三不”一体实境课堂打造】 2021年，区纪委监委立足一域深挖资源、放眼全国找准特色，创新打造一体推进“不敢腐、不能腐、不想腐”溧水区实境课堂，自主开发“严以用权”“警示教育”等4个系列12项课程，开展专题培训110余场次，受众3000余人次。5月11—12日，中央纪委专题驻点调研实境课堂，给予“政治站位有高度、落实举措有创新、培训阵地有保障”的评价；9月，市纪委带队其他11个板块专题参观实境课堂；12月21日，实境课堂获评全市廉政教育基地。（杜勇）

责任编辑　章雨婷

民主党派 工商联 人民团体

Democratic Parties & Federation of Industry and Commerce & People's Organizations

民主党派 溧水区工商联

·民主党派·

【概况】 2021年,溧水区各民主党派加强组织制度建设、思想政治建设和履职能力建设。开展与政府部门沟通联系和共建活动,选派民主党派人士和无党派人士8人担任特约人员,履行政治协商、民主监督、参政议政职能,区人大、政协换届中,7人当选人大代表,52人担任政协委员。开展“不忘合作初心、继续携手前进”主题教育活动,学习《中国共产党统一战线工作条例》《中国共产党党史》等内容。至年底,全区各民主党派成员205人,其中新发展成员16人。

表9 2021年溧水区民主党派成员情况一览表

单位:人

党派	成员数量						
	合计	其中					
		男	女	专科	本科	研究生	其他学历
民革	47	35	12	5	38	3	1
民盟	29	16	13	9	18	2	—
民建	41	25	16	7	27	6	1
民进	12	7	5	—	11	1	—
农工党	34	22	12	2	26	4	2
致公党	10	8	2	1	8	1	—
九三学社	32	21	11	2	19	11	—
合计	205	134	71	26	147	28	4

【民革南京市溧水基层委员会】 2021年,民革溧水基层委员会加强组织建设,有党员47人,其中新发展党员5人。围绕庆祝中国共产党成立100周年,在中山博爱讲堂举办党史教育讲座、党员读书会,参加市委会组织的征文、微视频征集和“同心向党,礼赞百年”庆祝中国共产党成立100周年书画展等主题活动。开展民革溧水中山博爱文化服务队文化下乡活动,捐资助学晶桥镇贫困学子,

6月28日，溧水区中山书院开院暨民革江苏省中山书画院写生创作基地揭牌　　区委统战部　供图

与开发区空港社区党总支结对共建。7月，响应民革省委和民革市委决策部署，捐款8.17万元，捐赠价值10万元的物资，慰问新冠肺炎疫情防控值班卡点、核酸检测点工作人员。9月，推荐黄安化、夏天、陆云3人为民革南京市委第十三次代表大会代表。11月，开展学习中共十九届六中全会精神专题活动，与开发区新的阶层人士联谊会党支部结对共建。12月，被民革中央授予“民革助力脱贫攻坚工作先进集体”称号，综合二支部被评为民革江苏省示范支部（第二批）。

【民盟南京市溧水总支】　2021年，民盟溧水总支重视组织建设，有盟员29人，其中新发展盟员4人。赴江阴、常州等地交流学习“民盟之家”建设，探访盟内先贤故居。被民盟南京市委采用信息11条。开展留守儿童和贫困儿童助学帮扶工作，落实“烛光行动”帮教计划，盟员汪峰赴新疆开展支教活动。成立民盟总支抗疫小分队，参与疫情防控志愿者107人次，与市城建集团组成“宁归来”首站公寓临时抗疫支部，配合建设首站公寓。走进社区开展非遗公益课堂及端午传温情活动，组织“志愿敬老行，关爱传真情”关爱老人行动，慰问石湫中心卫生院医护人员，与民盟南京市二院支部举办联合义诊暖人心活动。总支委员会获“江苏民盟先进集体”称号，盟员邱霞被评为民盟南京市2020—2021年度社会服务工作先进个人，盟员吴丽花创办的“花针匠”非遗衍生文创无想水镇店获评“南京特色文旅商店”，盟员丁虹在市旅游协会“坚持创新发展、坚持产业振兴”主题评选中被评为2020—2021年度先进个人、民盟江苏省委员会先进个人。

【民建南京市溧水区基层委员会】　2021年，民建溧水区基层委员会新增会员2人，有会员41人。撰写建议和提案，向民建南京市委、区人大、区政协提交建议和提案30件，潘晓彬的《关于大力发展数字经济助推经济高质量发展的建议》被区政协列为重点提案。与民建江苏省委庆“三八”妇女节，组织观看“中国共产党在江苏历史展”网上展览，开展“学党史、跟党走”主题教育活动。接待民建贵州省委、民建江苏省委考察调研，走访民建黔东南州委黎平支部并缔结为友好支部，联合民建南京市委召开金桥议政座谈会。参加市民建“思源工程”捐款活动，捐款3.18万元，18人参与疫情防控志愿服务，防疫捐款11.33万元，会员潘晓彬支援山西抗汛，捐赠抽水泵价值约90万元。民建南京市溧水区基层委被评为2020年度宣传工作优秀组织奖，一支部、二支部被评为宣传工作先进支部。王鸿盛、张巍获2020年度宣传工作先进个人，翟海萍撰写的《加强民主党派委员服务管理》、张巍撰写的《关于深化协商议事的几点想法》获2020年度优秀理论研究成果奖，王鸿盛拍摄的《黑莓引领致富路》作品被省委统战部评为一等奖，徐友根、严令明、葛丽、张巍、潘晓彬获评2020年度区优秀政协委员。

【民进南京市溧水支部】　2021年，民进溧水支部发展新会员1人，有会员12人。响应“双减”政策号召，会员童月琴、路晶、汤绿香先后5次通过举办公益家庭教育讲座、教师业务能力培训会等形式，宣传新教育思想，推进支部社会服务建设。区两会提交大会书面发言4篇，提案6件，其中个人提案5件，《关于做好开发区老旧小区人居环境管理与提升工作》被评为优秀提案。承办民进溧水支部2021年度文化沙龙、“六护彩虹行动”，副主委汤绿香带领“六护彩虹行动”送教助学代表团到晶桥镇开展困境儿童心理疏导、学业帮扶以及捐资助学活动。在中山书院举办国风少年形象代言人活动，向少年儿童普及美学教育。支部主委张为真、副主委汤绿香当选中国民主促进会南京市第十二次代表大会代表，宣传委员童月琴当选中国民主促进会江苏省第十一次代表大会代表。民进溧水支部被评为江苏民进社会服务暨脱贫攻坚工作先进集体，汤绿香被评为江苏民进社会服务暨脱贫攻坚工作先进个人。

【农工党南京市溧水综合支部】 2021年，农工党溧水综合支部强化组织和思想建设，组织架构完善，有党员34人，发展新党员3人，培养入党积极分子3人、后备干部7人。4月，完成“农工党之家”二期建设。在和凤中心卫生院、洪蓝街道卫生院建立党员为民服务工作室。组织党员参加区红十字会主办的义务献血、义诊、“慈善一日捐”捐资助困活动。13名党员参加市级以上各种学术交流会和研讨会，提出人大建议1件、政协提案12件、社情民意5篇。组织开展中医发展与健康中国的关系、现代农业发展、中山水库饮用水水源地水环境提升等方面调研，撰写调研报告2篇，其中《充分发挥中医药特色优势，全面推动中医药现代化产业化》被农工党江苏省委采纳。支部建立的“农工之家”被农工党江苏省委评为“示范农工之家”，主委周海森获“南京市劳动模范”称号。

【致公党南京市溧水综合支部】 2021年，致公党南京市溧水综合支部新发展入党积极分子2人，支部有党员10人。开展系统学习活动3次，围绕重点行业、中心任务精准发力，建言献策，提交提案8件。立足本职、建功立业，接待到溧水参观学习的考察团15场次。卞维亮被评为“南京老科协事业30年”先进个人。张锦花获水利部“全面推行河长制湖长制工作先进工作者”称号。马红松的技术创新成果“观赏羽衣甘蓝新品种选育和推广应用”在省农业科学技术进步工作评比中获一等奖，其本人被评为“南京老科协事业30年”先进个人。疫情期间，支部参与区疫情防控值守等工作，捐款捐物2万余元。

【九三学社南京市溧水支社】 2021年，九三学社溧水支社新发展社员3人，有社员32人。撰写人大议案1件、政协提案8件、社情民意2篇，撰写理论调研文章《深刻认识凝聚共识重要职能，积极加强九三基层组织建设》和调研报告《浅谈医共体下基层医疗机构发展》，报送各类信息20余条。组织捐款1.68万元支持防疫抗疫。被九三学社南京市委会表彰为2021年度先进集体，严雪凤被九三学社江苏省委表彰为2021年度组织建设先进个人，熊国庆、朱琳劼被九三学社南京市委会表彰为先进个人。秦国强获梁希林业科学技术奖（科技进步奖）二等奖、中国风景园林学会科学技术奖（科技进步奖）一等奖；宗超、陆友正、李在峰等发表论文7篇，顾郑强、涂维浩等申请发明专利6件；涂维浩获中国三农科技服务金桥奖；熊国庆获“溧水区最美产业工人”称号，参与建设项目获2020年度江苏省“扬子杯”优质工程奖。

（张全勇）

·溧水区工商联·

【概况】 2021年，溧水区工商联坚持把政治建会、团结立会、服务兴会、改革强会作为工作统领，为会员企业修宽“桥梁”、系牢“纽带”，履行工作职责。上报全国工商联2020年度70家规模以上民营企业调研材料；完成全国工商联2020年度民营企业社会责任调研表45份；“走出去”调研2家南京市民营企业情况。动员工商联常执委企业和所属商会投身疫情防控、“光彩助学”等活动，派出志

5月28日，溧水区福建商会召开成立大会　　区工商联　供图

愿者816人次，筹集、资金物资折款616万元，用于疫情防控，筹集153.4万元帮助困难学生427人。加强组织建设，完成8家基层商会和2家行业商会换届工作，完成南京市溧水区酒类协会民政注册工作。至年底，区工商联主管和指导商（协）会24家，累计企业会员2762家，其中行业商会14家、街镇（开发区）商会8家、异地商会2家。外地溧水商会4家，与省内外22家工商联（商会）组织建立友好工商联（商会）。区工商联被中华全国工商业联合会评为2020—2021年度全国“五好”区（县）级工商联，石湫街道商会党支部被市工商联党组评为南京市基层商会先进党支部标兵单位。

【服务民企】 2021年，区工商联依托与区委政法委打造的法律服务平台，开展为民办实事活动，走访民营企业105家，通过企业走访、问卷调查等方式，掌握企业发展状况和存在困难，听取民营企业家关于企业创新发展、提升营商环境等方面的意见建议，梳理解决“我为群众办实事”清单问题11个。协调开发区帮助南京润立汽车零部件有限公司污水管接入市政污水系统；邀请区房管局召开协调会，解决成都润安物业管理公司安置小区物业费结算矛盾；协调白马镇帮助落实金鑫投资集团“万企联万村”项目，邀请企业家参加区检察院教育整顿第二次征求意见座谈会。10月31日，与区税务局联合召开小微企业税务培训会，邀请全区60余家小微企业开展“我为群众办实事、服务民企365”专项活动，宣讲《安全生产法》，解读减税降费政策。

【招商引资】 2021年，区工商联对接北京、深圳、浙江等地客商，接待省工商联、句容市工商联、市南安商会等考察团到溧水考察80余人次。6月，会同区投促局、发改委、产业集团和东屏街道承办南京·宁杭生态经济带合作试验区专题招商推介会。9月15日，邀请5位客商参加2021中国南京金秋经贸洽谈会。发送招商信息15条，宝腾智能润滑系统研发生产、南京弘煊科技有限公司海洋工程装备研发生产2个亿元项目落户永阳街道。

【友好商会交流】 1月26日，区总商会与市南安商会建立友好互信商会。3月24日，句容市工商联到溧水交流学习。5月7—8日，组织机关党员和基层商会党支部书记（党务工作者）到南通张謇纪念馆开展“传承红色基因，弘扬张謇精神”党史学习教育专题活动。5月18日，联合市南安商会党支部开展“学习百年党史，赓续红色血脉”主题党日活动。

【商南对口扶贫协作】 8月20日，区工商联（总商会）与陕西省商南县工商联（总商会）签订对口合作帮扶协议，资助24名贫困准大学生助学金3万元。11月10日，组织台宁生态农业发展（南京）有限公司、石湫街道商会、江苏宏马建设有限公司、南京杰亚挤出装备有限公司分别与商南县试马镇大坪村、城关街道办碾盘村、金丝峡镇太极河社区和毕家湾村签订村企结对合作帮扶协议，分别向结对合作帮扶村捐赠3万元。

【工商联九届五次执委会】 4月15日，区工商联（总商会）召开九届五次执委会。区委常委、统战部部长王克全、市工商联党组成员钱卫兵及区工商联主席（会长）、副主席（副会长）、常委、执委150余人参加会议。会议听取并审议九届五次执委会工作报告、2020年度总商会会费审计报告，选举赵孝云、刘容、常丰3人分别为区工商联（总商会）九届执委会副主席（副会长）、兼职秘书长、常委。表彰开发区商会、东屏街道商会为2019—2020年度全国“四好”商会，晶桥镇商会、石湫街道商会、进出口商会、东屏街道商会为2019—2020年度江苏省“四好”商会。推送的亮点工作“搭建法律服务平台，护航民企发展”获评全国工商联2020年度“创新中国”区县级工商联工作最佳案例。（王杰）

人民团体

·溧水区总工会·

【概况】 2021年，溧水区总工会围绕区委中心工作和市总工会工作要求，以党史学习教育和产业工人队伍改革为主线，狠抓基础工作。新建工会56家，发展会员5221人。“党建带工建”创新成果被省总工会评选为优秀工作案例，经费审查规范化建设获市考核一等奖，审计项目获市优秀奖。

【工会组织建设】 2021年，区总工会赋能基层工会，扩大工会组织覆盖面，确保25人以上（含）法人单位建会率动态保持在90%以上。重点抓好新业态群体、联合工会、第三产业工会组建工作。完成各镇街（开发区）总工会换届选举，加强工会干部配置，完善组织架构。落实“两会一家”工作要求，坚持“会、站、家”一体化思路，推进“六有工会”建设，打造区水务集团、和凤机电产业园等职工之家。建立溧水区职工（代表）大会信息库、基层工会（会员）代表信息库。永阳街道城郊社区等4家单位获评市模范职工之家，南京高崎电机有限公司等6家单位获评市模范职工小家，区城建局陈新龙、永阳街道徐婷获评市优秀工会工作者。加强工代会、职代会工作指导，申报市级职工提案6件，召开全区职工代表大会观摩会，组织直属工会及部分企业代表现场观摩。创成基础爱心母婴室3家，提档升级三星3家、四星2家、五星1家，创建女职工康乃馨服务站2家。围绕《新时期溧水产业工人队伍建设改革实施方案》中明确的4大体系17项举措、9个重点突破项目，重点做好2个街镇、3家国有企业和3家非公企业试点工作；形成溧水区新能源汽车产业集群，配合市总调研组开展区内小微产业集群产改工作专题调研；分层次、分类别开展业务培训、技能竞赛、劳模工匠进企业宣讲等活动，着力在产业工人思想政治引领、素质提升、地位提高、制度保障等重点领域取得突破。召开区总工会经审委会议，审议通过《2020年溧水区工会经费收支决算》《2021年溧水区工会经费收支预算》。启动第二轮经费审计三年计划，开展19家直属工会和17家基层工会经费审计，推动问题整改到位，督促基层工会经费审计组织履行经审职能。

【职工思想政治引领】 2021年，区总工会学习贯彻习近平总书记“七一”重要讲话精神，中共十九届五中、六中全会精神。在洪蓝街道蒲塘社区、中行溧水支行开展理论宣讲3场；开展“思政教师进企业，劳模工匠进校园”活动，在溧水中专校、南京城市职业学院组织劳动模范工匠宣讲2场；在南京长安汽车有限公司、溧高投工会开展思政教师党史宣讲2场。组织职工参加省总工会中共十九届五中全会精神网络知识竞赛、市总工会“知史爱党，同心筑梦”30天学党史朗读打卡和知识竞赛活动、全省职工摄影大赛（展）。联合溧水规划资源分局开展“魅力溧水，幸福家园”建设和规划资源主题摄影大赛，用镜头讲好中国共产党的故事、工人运动故事。承办全市2021年度全国劳动模范、先进工作者先进事迹报告会，邀请全国劳动模范严瑾、邢青松宣讲劳动模范先进事迹；在区电视台开设“劳动者·奋斗情”专栏，宣传2021年新当选的省劳动模范、市“五一巾帼标兵”和标兵岗等先进个人（集体）事迹；在白马镇红色李巷召开“学史爱党，知史爱国”全区劳动模范代表座谈会。

【先进典型选树】 2021年，溧水区推荐当选省劳动模范5人、市劳动模范25人。区水务局河长制管理中心、中建五局有限公司溧水综合基础设施PPP项目组获评“全国工人先锋号”。区供电公司获评全国工会职工书屋示范点，石湫街道石湫社区获评江苏省工会职工书屋示范点，南京长安汽车有限公司“书适”等2家阅读组织获评市级优秀职工阅读组织，南京金恒新型材料有限公司等10家企业被评为区级书香企业。区税务局“红帆溧税”等5家志愿服务组织被评为市优秀职工志愿服务组织、溧水公安分局王化龙等4人被评为市优秀职工志愿者。区中医院王娟被评为市优秀抗疫职工，区供电公司李乐唯、产业集团章琪获评市文明职工。选树20名区级优秀职工志愿者、10家区级优秀职工志愿服务组织。区人民医院感染科等4家单位获市“五一巾帼标兵岗”；区殡仪馆女子化妆工作室获评市“工人先锋号”；区城建局臧正芳等4人获评市“五一巾帼标兵”。

【劳动技能竞赛】 2021年，区总工会开展技能素质提升竞赛、转型升级竞赛、建功“十四五”“安康杯”竞赛等，首次承办南京市灌木修剪一级技能竞赛，举办炒茶制茶、管道安装、建筑施工、燃气安全、消防职业等区级技能竞赛。组织康颐公司中国中医健康养生示范区建设项目、中建五局江苏省康复医院建设项目参加市重点工程劳动竞赛。出台竞赛经费奖补制度，鼓励直属工会举办区级以上技能竞赛，补助基层工会13万元。组织规模以上企业参加“安康杯”竞赛，获市“安康杯”优胜单位4家、优胜班组4个、优秀个人1人。全区组织劳动技能竞赛50余场

4月23日，区总工会和水务集团共同主办区首届“清泉杯”管道安装技能竞赛　　区总工会　供图

次，参加人员6000余人次，提升全区职工技能水平。

【职工创新创优】 2021年，区总工会面向基层一线，开展劳动模范、职工创新工作室争创活动，发挥劳动模范工匠示范效应，带动更多职工立足岗位、创业创新。年初，南京金龙客车制造有限公司李江科技创新工作室、区供电公司陈洪创新工作室被评为市级职工创新工作室，区税务局张显美、区供电公司毕勇劳模创新工作室等被评为市级劳模创新工作室。推进劳模支部“双创双提升”工程，成功申报市级劳模、职工创新工作室6家，清泉水务隐形井盖液压提放装置获评“南京职工十大先进操作法”。

【职工权益保障】 2021年，区总工会组织工会维权律师深入企业开展“尊法守法，携手筑梦”法治宣传活动，组织职工法律服务活动32场次，发放宣传资料5000余份。接待职工群众来信来访62件78人次，为31名受援人办理法律援助案件28件，挽回经济损失79.3万元。推动集体协商工作提质增效，深入企业指导开展工资集体协商、能级工资集体协商等工作，召开现场会10场次，发放要约书1000份。开展女职工关爱行动，展现巾帼风采。妇女节期间，在开发区、永阳街道、晶桥镇开展女职工普法宣传培训3场次。组织开展女职工“两癌”（乳腺癌、宫颈癌）筛查三年行动，完成1.7万人次“两癌”筛查任务。山凹村、李巷N四号院获批南京市首批职工疗休养基地，石头寨李巷民宿、李在凤邦泰峡都舍民宿获批南京市第二批职工疗休养基地；组织274名劳动模范、职工参加疗休养活动，邀请其他区1000余名职工到溧疗养。

【困难职工帮扶服务】 2021年，区总工会开展关爱劳动模范行动，向31人发放低收入劳动模范生活困难补助37.6万元，慰问帮扶困难劳动模范20人6万元，春节、七一慰问劳动模范273人19万元。开展“工会进万家”活动，春节、疫情、七一期间慰问救助区级困难职工38人70余万元，突发性困难职工212人21.2万元，留溧过年外地职工、快递员、送餐员、网约车司机等新业态劳动者400人18万元，困难互助互济会员269人31万元。开展夏季“三送”活动，慰问高温一线职工2000余人12万元；申请“宁工”爱心基金，救助生大病职工42人40余万元，帮助78名创业人员申请小额创业担保贷款1050万元。开展“圆梦微心愿，关爱暖童心”活动，为220个困难家庭子女圆梦“微心愿”。开展户外劳动者关爱活动，随园路、明珠桥、双塘路工会户外劳动

2021年春节，溧水区发出“非必要不返乡，就地过年”的倡议，发放现金奖励，开展“留溧过年”暖心活动，外来务工人员积极响应　《今日溧水》报　供图

者服务站点被评为全省“最美工会户外劳动者服务站点”。（赵伟）

·共青团溧水区委员会·

【概况】 2021年，溧水团区委围绕全区发展大局和青年成长需求，服务青年成长成才，融入经济社会快速发展，完成各项目标任务，有序推进全区共青团工作。摸排全区困境青少年295人，帮助达成“微心愿”520份。开展“童享阳光·希望有约”公益夏令营及暑托班，受益儿童1000余人。开发区荷花社区、康怡社区，永阳街道戴家社区，石湫街道石湫社区被选为第一批团中央试点青春社区。

5月7日，团省委、团市委、市人社局和溧水区联合举办大学生“聚溧”政策发布暨“万名大学生看溧水”线路首发活动　团区委　供图

【共青团组织建设】 2021年，团区委加强基层共青团组织建设，团员发展和团组织建设工作踏上新台阶。全区有基层团(工)委41个、团总支85个，团支部1259个，团员1.3万人，团干部2741人，其中专职团干部23人。发展新团员735人，18所中学团委团干部配备率100%。运用“智慧团建”系统，摸清家底，健全组织。做好机关企事业单位、街镇社区、非公企业团组织建设。引领新兴领域健团，青年社会组织建设团组织3个，新兴青年群体领域新建团组织3个。全区创建、申报推选“五四”红旗团委6个、先进团(总)支部33个、优秀团干部30人、优秀共青团员31人。与区委组织部合办2021年溧水区村(社区)优秀后备人才能力提升工程暨青年马克思主义者培养工程农村班，遴选40名优秀后备人才和优秀团干部，进行为期1年的培训。

【青年主题团日活动】 2021年，团区委以“青春向党，奋斗强国”主题活动为主线，五四青年前后开展“云看南京，潮玩溧水”等各类主题团日活动80余场，近2.2万名团员青少年参加活动，开展党史宣讲大篷车活动10余场，布置党史宣讲小喇叭50余处，在机关企业开展八点半课堂、午间课堂60余场次。“逐梦青春跟党走”活动征集红色剧本4部、党史学习手绘海报100余张。结合庆祝中国共产党成立100周年，在全区开展红色主题团课、队课，参与上级部门组织的“唱支红歌给党听”“寻访老党员”等活动。

【“青年大学习”行动】 2021年，团区委推进“青年大学习”行动，强化意识形态工作。提升打造“溧志之路”青年学习社及线路，提升全区青年学习社硬件和软件建设，每周组织“青年大学习”网络主题团课，参加网络学习1万余人次。

【青年志愿服务】 2021年，团区委发动全区青年投身48个村(社区)，开展新冠肺炎疫情防控、疫苗接种等志愿服务。五一期间，招募第九届咪豆音乐节青年志愿者200人次。招募储备机关企事业单位、街道社区、社会组织、在宁大学生、社会青年等各领域青年志愿者1698人，上岗志愿者3066人次，服务点位89个、时长逾9200小时。

【困境青少年综合服务平台建设】 2021年，团区委整合全区困境青少年、爱心企业(社会组织)、志愿者三大信息库，统一并入“智慧溧水”App，创新搭建困境青少年权益保护“一网三库”智慧平台，通过线下数据采集、线上动态跟进方式，为全区孤儿、留守儿童、事实无人抚养儿童等困境青少年群体提供线上线下双向帮扶，开展“暖冬行动”暨“小小心愿环游记”心愿派送活动，走访慰问“事实孤儿”等困境青少年，推进困境青少年权益保护实现动态化精准化。（顾泽皓）

·溧水区妇女联合会·

【概况】 2021年，溧水区妇联贯彻中央关于群团改革工作要求，落实习近平总书记关于妇女和妇女工作等重要论述，围绕妇女儿童“急难愁盼”问题，办实事，解难题。至年底，全区有妇联组织290

个，妇女微家79个，其中新成立新兴领域妇联组织10家、新建妇女微家10个。年初，111个村（社区）妇联组织完成换届工作，选出村（社区）妇联主席111人、副主席343人、执委1709人。

【妇女维权】 2021年，区妇联深化婚姻家庭矛盾纠纷多元化化解工作，接待调解家庭矛盾纠纷案件115件，调解大联动平台家庭矛盾纠纷案件20件，95%的婚姻家庭纠纷得到有效化解。

【巾帼志愿服务】 2021年，区妇联开展巾帼志愿服务，实施以“天生溧质”为主题的女性发展与成长项目，通过“学习、支持、带动、服务、引领”，整合机关部门、企事业单位、村（社区）和社会组织等资源，组建20人的“天生溧质”专业巾帼志愿者队伍。新冠肺炎疫情防控期间，向全区女性发布《行动起来，为疫情防控贡献巾帼力量》倡议书，动员全区妇女工作者、女党员、巾帼志愿者2000余名参与街镇（开发区）、村（社区）疫情防控工作；统筹调度“两新组织”妇联资源，组建110人的疫情防控志愿者队伍，协助社区做好核酸检测、公共区域消毒、防疫点执勤、摸排居民健康情况等工作；女企业家商会为疫情防控捐资捐物近30万元，彰显巾帼担当。

【扶弱助困关爱行动】 2021年，区妇联帮助5名“两癌”妇女申报获得贫困“两癌”妇女国家救助金。全区各级妇联助困帮扶“两癌”、单亲、大病等困难妇女、贫困学生等弱势妇女儿童群体246人，慰问金23.5万元。

【庆祝“三八”系列活动】 2021年，区妇联开展第111个“三八”国际妇女节系列活动。通过短信祝福、鲜花慰问等形式，为全区优秀女性代表送出节日祝福。在全区范围内评选表彰“三八红旗手”27人、“三八红旗集体”19个、优秀基层妇联组织21个、优秀基层妇联干部30人，评选“巾帼文明岗”27家、“巾帼岗位明星”23人，激励妇女在岗位上建功。

【“美丽庭院”打造】 2021年，区妇联按照市区农村人居环境整治工作总体部署和市妇联“美丽庭院”创建工作实施方案要求，开展“美丽庭院”创建工作，引导广大妇女和家庭打造“美丽庭院”，参与村庄清洁、垃圾分类、环境整治等，发挥妇女在家庭文明建设中的重要作用。全区评出区级“美丽庭院”示范户1000户，产生市级“美丽庭院”示范户420户。洪蓝街道塘西村、和凤镇吴村桥村被评为“美丽家园”省级示范点。

【寻找“最美家庭”】 2021年，区妇联开展寻找“最美家庭”活动，通过群众自荐、基层推荐和单位举荐，评出64户“最美家庭”。尹滇家庭获全国“最美家庭”称号，方述怀家庭获省级“最美家庭”称号，张文军等6户家庭获市级“最美家庭”称号，汇编“最美家庭”事迹进2021年《溧水家韵》专辑。5月18日晚，由区妇联和区文明办主办、永阳街道办事处承办的“爱祖国、颂党恩、相亲相爱一家人”国际家庭日主题活动暨2021年溧水区“最美家庭”揭晓仪式在体育公园水上舞台举办，引导社会形成相亲相爱、睦邻友善的良好社会风尚。

5月18日，区妇联在溧水体育馆水上舞台举行“爱祖国、颂党恩、相亲相爱一家人”国际家庭日主题活动暨“最美家庭”揭晓仪式　　区妇联　供图

【家风家教宣传】 2021年，区妇联实施“溧质天生，芳菲欲燃”“天生溧质——溧水区妇女家庭成长发展”项目，提升女性素质。在永阳街道宝塔路社区、石湫街道石湫社区创建家庭教育示范社区，拓展省妇联“三全”（社会全域、父母全程、家庭全类型）社区家庭教育支持行动。进行“家风家训”宣传，通过开展“弘扬好家风，传承好家训”主题手抄报展、“最美家庭文明行”暨家风家训户外分享活动、“我是家风家训传承者”诵读活动等形式，营造传承优良家风氛围。　（杨静）

责任编辑　章雨婷

法治

Rule by Law

政法委和社会治安综合治理

【概况】 2021年，溧水区政法系统聚焦全区高质量发展新定位、新使命，推进防风险、保安全、护稳定、促发展、惠民生工作。以建党100周年庆祝活动为主线，着力加强党的政治建设，提升政法工作现代化水平。推动法治溧水建设优化布局，制定《法治溧水建设规划（2021—2025年）》《溧水区法治社会实施方案（2021—2025年）》，整体推进街镇综合行政执法体制改革。出台10余项配套政策，紧盯政治安全、公共安全、社会安全等风险防控重点领域，防范化解重大风险。开展平安创建活动，健全常态化扫黑除恶斗争机制，部署“四大行业领域”（信息网络、自然资源、交通运输、工程建设）整治。推动实现重大战略执法、司法、守法大保护格局，会同2省3县（区），建立石臼湖生态环境和资源保护跨区域联盟，建立健全协作机制。打造全省民法典（荷花）全生命周期法治广场，推进平安建设和民法典、长江保护法、反间谍法等法律常识宣传，开展“平安溧水、法治溧水建设和网格化社会治理”系列专场演出及“4·15”全民国家安全教育日活动等法治宣传活动200余场，发放宣传折页10万余份、倡议书16万余份、全降解宣传环保袋8万个、医用口罩62万个，手机短信平台推送信息410万余条，提升群众对政法工作的知晓率和满意度。

（许鹏）

【依法治区】 2021年，溧水区召开区委全面依法治区委员会第三次会议，审议通过并印发《法治溧水建设规划（2021—2025年）》《溧水区法治社会实施方案（2021—2025年）》《溧水区区委全面依法治区委员会2021年工作要点》，督促2021年法治建设重点任务和为民实事稳步推进。制订《关于对溧水区镇街相对集中行政处罚权改革实施方案及溧水区镇街综合行政执法管理规定的通知》《溧水区镇街综合执法局规范化建设标

5月9日，“办实事解难题、政法工作我来说”政法系统为民服务“微典型”案例讲评会举行　　区委政法委　供图

准》，整体推进街镇综合行政执法体制改革。发挥行政复议制度功能和优势，推进政府依法行政。全年审理行政复议案件28件，审结26件；办理区政府为被告的行政应诉案件62件，其中结案34件、驳回原告诉请18件、原告撤诉10件。办理区政府为被申请人的行政复议答复3件(2020年结转1件)，结案2件(驳回复议申请1件、责令履行1件)。重点打造宝塔路社区"三方齐力共治援法议事微平台"，并在全区推广，引导村(社区)积极创新，形成特色基层治理协商模式。5月8日，柘塘街道获评2019—2020年度法治南京建设示范单位。（方洁）

【平安溧水建设】 2021年，溧水区以建设"特大城市郊区治理样本"为目标，加强和创新基层社会治理，协调推动重大风险防范化解，健全完善社会治安防控体系，推进平安建设工作。开展扫黑除恶、铁路沿线排查整治、缉枪治爆、打击电信网络诈骗、盗窃重点案件攻坚战和"黄赌毒"专项斗争，全区涉电信诈骗、涉娼涉赌、涉盗发案数下降。开展电动自行车充电安全、群租房安全、堵塞消防通道行为集中整治，拉网式清查200余家公共场所和300余家特种行业，整治治安重点突出问题。严厉打击电信网络诈骗违法犯罪，推动全区17.8万人注册"金钟罩"防电信诈骗微信小程序，受保护市民近21万人。加强严重精神障碍患者、社区矫正对象等特殊人群管理，落实严重精神障碍患者监护责任"以奖代补"606人，奖补资金85.9万元。完成稳定评估项目55个，排查重大风险隐患166件，化解110件，对未化解风险实施挂图作战，每月汇总推进情况。落实重点群体服务管理，建设区级心理咨询室8个，建成村(社区)心理咨询室(社会工作室)97个，覆盖率87.39%。4月，承办全市社会心理服务体系建设现场会。加强平安建设宣传工作，提高群众安全感满意度。

【政法改革】 2021年，溧水区推动区、街镇两级指挥中心网络互联互通、数据实时共享，下放行政处罚169项、行政强制事项16项，建立"大数据+指挥中心+综合执法队伍"新模式，提升行政执法效能。构建现代化诉讼服务、政务服务、公共法律服务体系，深化"互联网+"执法司法模式应用。加强诉源治理，健全诉讼与非诉讼对接机制，推进一站式多元解纷和诉讼服务体系建设。强化政法大数据共享应用平台建设，应用"智慧队建"系统，提高政法队伍建设工作的规范化、信息化、协同化水平。

【网格化治理】 2021年，溧水区贯彻落实《中国共产党政法工作条例》，配齐8个街镇专职政法委员，建立"专职+兼职""网格员+信息员"的网格工作队伍。组织15批次网格员和社区党组织书记(主任)参加市区业务培训。制订《2021年度溧水区网格化社会治理绩效考核实施办法》，保障基层网格员工作开展。举办网格员典型案例分享会，8名优秀网格员代表分享交流经验。出台《规范基层治理建设更高水平平安村(社区)的工作方案》，明确村(社区)党组织建设有力、群众自治依法规范、文化道德形成新风、平安建设更加有力等6个方面21条具体标准，评选首批区级社会治理样本村(社区)10个，发挥正面示范效应，带动全区社会治理能力整体提升。新冠肺炎疫情防控期间，全区729名政法网格员、642名专职网格员下沉社区网格，成立党员突击队、"抗疫先锋"政法网格员小分队，协助开展疫情防控。网格工作入选全市政法网格员月度十佳工作案例14个、年度十佳工作案例1个、优秀工作案例1个。

【政法队伍教育整顿】 2021年，溧水区开展政法队伍教育整顿。组织12名干警开展"跟班先进找差距"活动，选树宣扬政法系统先进典型事迹9个，47个学习小组开展集中学习1100次、政治轮训1.98万人次，举办研讨、演讲201场次，创作微视频宣传片20余部，621名干警参与率100%。落实谈心谈话1230人次，梳理干警自查问题3130个，查结上级交办问题线索75条；开展各类案件自查2.47万件，整改问题294个；排查警情8417起，整改问题警情121起。向社会公开公示39项140条顽瘴痼疾整治内容，制订专项整治方案43个；公布为民办实事项目38个，梳理群众需求事项清单61项，出台便民措施112条；开展知识培训、法律咨询、反诈宣传等为民服务520余次。制订出台各类措施、规定165项，教育整顿工作获评全市专项评比第一等次。

【执法监督(涉法涉诉信访)】 2021年,溧水区出台《关于进一步规范处理涉法涉诉信访案件的实施意见》《溧水区涉法涉诉信访案件清查工作方案》《涉法涉诉信访案件整改工作方案》《溧水区政法联席会议制度》《溧水区涉法涉诉工作机制》,加强和改善执法监督,形成科学有效监督机制。区政法系统接待来访群众200余人次,登记信访案件119件,涉及40人,其中重复信访16人85次。救助案件60件,救助金额135.31万元。9月,联合区纪委监委成立督查巡查组,专项督查溧水公安分局。开展举报平台涉法涉诉信访案件集中评查化解专项行动,自查全国政法干警违纪违法举报平台("12337"平台)涉法涉诉信访案件案卷,在实体和程序上审查平台17条线索(7件案件),逐案形成评查报告。政法业务协同系统流转案件1508件(公安723件、检察院409件、法院376件),流转卷宗723卷、文书2436份。其中,提请逮捕203件305人,受理通知425件,开庭通知724件,判决文书送达887件,委托调查40件,法律援助6件,交付接收158件。

【法学会活动】 2021年,区法学会团结广大法学、法律工作者,开展法学研究,服务法治实践和地方建设。组织会员开展青年普法志愿者法治文化基层行活动61场,其他活动26场;参与平安建设、法治建设、国家安全、反诈防诈、网格服务、交通安全等宣传活动;为61家企业开展法治体检,解决法律问题38个,收集排查企业法律风险服务需求164项,促进企业健康成长。开展"我为平安溧水建言献策"征文活动,收集征文130余篇,评选优秀征文30篇,发放奖金1.98万元。组织区政法、教育、卫健、妇联、残联、专业调解组织、律师等部门法学会会员分析研讨反家暴工作,推动反家暴工作法治化、体系化、社会化。少年法学院开展法治宣传教育活动61场次、党史学习教育12场次、模拟法庭5次。

(许鹏)

法治政府建设

【概况】 2021年,溧水区整体推进并完成街镇综合执法体制改革,各街镇(开发区)设立综合执法局并实体运行,下放行政处罚事项169项、行政强制事项16项,办理行政处罚案件81件。贯彻行政执法人员资格准入及培训制度,颁发街镇行政执法资格证102人。落实重大行政处罚案件备案审查工作,区城建局、城管局等5家单位报送重大行政处罚案件备案报告117件。9月29日,印发实施《溧水区行政复议体制改革实施方案》,建立行政复议联席协调会议制度,构建办案部门共同参与疑难复杂行政复议案件办理工作机制,审理审结行政复议案件22件,办理行政应诉案件54件,行政负责人出庭应诉率100%。落实重大行政决策合法性审查制度,加强政府合同审查与行政规范性文件管理,开展行政规范性文件专项清理4次,审查政府合同70余件,提出修改意见310条,办理上级征求意见回复32件。

【行政复议应诉】 2021年,溧水区司法行政系统审理行政复议案件28件(2020年积存3件,新收25件),审结25件。审结案件中,终止12件,驳回6件,维持6件,撤销1件。新收案件中工伤认定5件,投诉举报15件,行政不作为1件,不予受理先行支付告知2件,政府信息公开答复1件,非行政行为1件(伪造材料行为)。办理区政府为被告的行政应诉案件62件,经区政府复议8件(含2020年结转3件),未经复议直接诉讼54件;一审32件、二审16件、再审5件、检察监督5件、执行4件。办理区政府为被申请人的行政复议答复3件(含2020年结转1件)。办结区政府为被告行政应诉案件34件,败诉3件,败诉率8.82%,实现行政应诉"双下降",经复议行政应诉案件中,复议决定无一被法院撤销或确认违法,败诉率为零。应诉部门协助区政府办理政府信息公开申请答复7起,行政应诉案件矛盾纠纷化解3起,有效防范法律风险,实质化解行政争议。区司法局定期对出庭应诉情况、诉讼结果、判决执行情况反馈研判,加大对相关职能部门指导、监督力度。落实行政机关负责人出庭应诉,接受法院监督。南京江北新区人民法院、市中级人民法院开庭审理以区政府为被告的行政案件10件,区政府负责人出庭率100%。法院作出的生效判决、裁定和上级行政机关作出的行政复议决定均执行到位。

【行政复议体制改革】 2021年，溧水区实施《溧水区行政复议体制改革实施方案》。自10月1日起，除实行垂直领导的行政机关、税务、金融和国家安全机关外，区内行政复议案件由区政府统一管辖，各部门不再行使行政复议职责，区司法局为行政复议机构，依法办理行政复议事项，以区政府名义作出行政复议决定。经区委批准同意，分设行政应诉科，增加4名政法专项编制人员从事行政复议与应诉工作。加强司法所基层行政复议联系点建设，接收符合条件的行政复议申请，打通便民复议“最后一公里”。加强听证机制建设，常态化公开听证审理疑难复杂行政复议案件，听证率93.3%。规范化建设正、负面清单，研究制订方案，逐条落实整改。调整、扩大行政复议办公场所，完成“一站式”行政复议中心建设，建立通报机制，分析和通报工伤类和投诉举报类案件2次。建立行政复议监督履行制、责任追究制和案件回访制；制作行政复议案件督办函回访、追踪问效，确保行政复议决定及时、全面履行。根据需要制发行政复议意见书或建议书，指出存在问题，督促整改，并要求反馈整改落实情况。全年发出行政复议建议书6份，意见书2份，主要涉及土地房屋征收、劳动保障、市场监管、公共安全等领域，规范行政执法行为，促进依法行政。

【行政规范性文件审查】 2021年，溧水区司法行政系统落实行政规范性文件合法性审核全覆盖要求，拟定行政规范性文件合法性审核送审材料模板，把好前期制发程序关；开展涉及长江流域保护、行政处罚、外商投资、计划生育内容行政规范性文件专项清理4次。按照“谁实施、谁负责”原则，要求各实施单位根据法律、法规、规章、政策等上位文件修改废止情况筛查本单位负责实施的区政府行政规范性文件，并报送清理意见。落实《重大行政决策程序暂行条例》有关规定，审查行政决策草案1件，审查其他文件5件，参与区政府文件征求意见39件；审查政府合同70余件，提出修改意见310余条；回复区政府交办的国家省市法律、法规、规章、规范性文件的征求意见32份，为依法决策、科学决策、民主决策提供法治保障。围绕区委区政府“十四五”规划重点工作聘任新一届法律顾问，经考核遴选、审查公示等程序，选聘资深律师6位，参与审查政府合同13件，参加专家咨询会议5次。

【证明事项告知承诺制推行】 2021年，溧水区司法行政系统制订《关于印发溧水区全面推行证明事项告知承诺制工作方案的通知》，分3个阶段在全区组织开展证明事项告知承诺制工作。拟定区级第一批证明事项清单39项，并在区政府门户网站公布，涉及部门7个，公开公示证明事项相关清单目录、办事指南、告知承诺书范本等，各部门上报办理事项66件。 （方洁）

公　安

【概况】 2021年，溧水公安系统紧扣“十大攻坚提升行动”目标任务，打造更高质态平安溧水。收集各类情报信息3000余条，编发《每日公安情况》336期、《公安信息快报》38期、《网络舆情信息》225期。围绕各级“两会”、建党百年大庆、中共十九届六中全会等节点，排查化解矛盾纠纷9000余起，协助收治易肇事肇祸精神病人27人。强化重大活动安全保障，会同大型活动场所、旅游景区、繁华商圈主管单位，开展安全隐患排查。完成第四届秦淮源头灯会开灯仪式、第九届咪豆音乐节、2021南京溧水国际山地马拉松赛、区党代会、无想水镇开园、各类大型展览等活动100余场

11月29日，溧水区警察协会成立　　曹阳　摄

和各级领导到溧水考察安保任务，服务全区政商活动开展。制订完善全面从严治警、执法制约监督、财务管理、干部交流轮岗等建章立制文件21个，全局25个部门425名民警参加教育整顿。开展规范接处警、法律法规、专业技能和科技手段培训32期，培训民警516人次、辅警612人次。坚持“一所一主题一特色”理念，打造东屏派出所“廉政教育”基地、晶桥派出所“红色教育”基地，建强基层党支部战斗堡垒，弘扬警营正能量。1名民警立个人二等功，10名民警立个人三等功。

8月，溧水公安分局和凤派出所成功破获1起非法销售、存储成品油案件
《今日溧水》报　供图

【刑事案件侦查】　2021年，溧水公安系统立刑事案件2141起，破案1042起，抓获713人。其中，破获电信诈骗案件82起、抓获102人、挽回经济损失300余万元，抓获在逃人员150人。侦破假冒注册、销售商标案4起，抓获嫌疑人19人。打击整治黄赌娼违法犯罪，推进“利刃”系列打击娼赌专项行动，查处娼赌刑事案件27起，采取刑事强制措施48人，提起公诉79人，捣毁娼赌团伙3个；查处娼赌治安案件95起，治安处罚254人，处罚违法经营场所25家。推进“昆仑2021”专项行动，做好野生动物保护、长江“禁渔”和打击制售假劣商品犯罪等重点工作。

【经济案件侦查】　2021年，溧水公安系统开展打击非法集资、传销等专项行动，开展打击涉税、职务侵占、挪用资金、合同诈骗等经济犯罪。受理立案经济犯罪28起，抓获经济犯罪嫌疑人35人，公诉23人。侦办王某冬等人职务侵占案，为南京金龙客车制造有限公司挽回经济损失160余万元；侦办陈某良合同诈骗案，为中意汽车公司挽回经济损失200万元；与南京经侦支队共同侦办“7·22”操纵证券市场案，涉案价值10亿余元，抓获犯罪嫌疑人11人，逮捕7人，冻结资金、资产1.7亿余元。

【公共安全监管】　2021年，溧水公安系统按照安全生产“三年大灶”部署要求，深化群租房、危化品、基层消防等八大领域“梳网清格”，紧抓5个景区、34家民宿、4家大型商业综合体、89家寄递物流等重点部位及3313家三级消防重点单位和一般单位，开展联合式、拉网式滚动排查，整治各类隐患3400余处，整改率99.68%。检查涉危单位790家次，下发隐患整改通知书21份。收缴管制刀具21件，集中销毁过期、劣质、非法烟花爆竹1600余箱，处置涉案危险化学品700余公斤。新登记流动人口9.78万人，受理申领流动人口居住证6420人，新登记出租房屋5214户，居住证系统登记实有出租房屋2.84万户、群租房2户；摸排群租房安全隐患48处，其中治安隐患12处、住房隐患12处、消防隐患18处、用电隐患6处；与房主签订治安综合责任书6份，下发隐患整改通知书6份，对其中非公安职责范围的安全隐患，发放隐患抄告通知书18份。

【综合改革成效提升】　2021年，溧水公安系统51个警格与网格无缝对接，创新完善警格网格双网融合机制；组建交警铁骑队伍，13条城区主干道创新实施“绿波云控系统”，建设“哨兵系统”“横向来车预警系统”等智能化设备25套，建立“一村一警”劝导教育点24个，着力破解城市交通治理难题；在区第一初级中学、第三小学试点建设全省中小学交通安全教育基地，并获全省推广。推进现代警务变革，探索构建“扁平指挥、警种合成、上下贯通、闭环运作”的“情指勤舆”一体化体系；做强溧水公安分局网办中心、派出所综合办理窗口、流动服务车，推广电子证照应用，推动线上线下融合，提升“网上办、一次办、就近办”服务水平。坚持执法办案中心标准化管理，推进刑事案件“两统一”机制落地，规范嫌疑人信息采集、看押、讯问、体检、电子卷宗扫描、光盘刻录、远程提审等环节操作，源头保障执法规范化水平。建立“日巡查、周研判、月考评”工作制度，实现涉案人员、警情、案件、财物、场所管控全覆盖，巡查警情7700余起，收押嫌疑人374人、信息采集311人次、体检126人次，提供远程提审220次。

【警务设施装备建设】 2021年，溧水公安系统加快推进业务大楼、永阳派出所等基础设施建设，提升警营质量。加强基层装备、车辆资金投入，推进科技强警、智慧警务战略，建设公共安全视频监控联网、警务云项目、智能柜等工程设施，建成派出所“训练角”8个。更新公务用车4辆、新增警用摩托车19辆，配建各派出所智能柜。推进智能交通三期、智能安防小区等项目建设，在小区安装车辆、人脸抓拍系统，完成封闭式老旧小区门禁系统联网改造。向全区寄递企业、危化品等单位推广“慧寄递”“智慧危管”等应用软件，组织开展专项培训，严格审核运行安全，提升行业智能监管水平。

【警务服务】 2021年，溧水公安系统强化窗口服务，组织警力依法处理民生反映强烈的举报、投诉，结合二次回访提升民警解决问题、落实措施成效。110接处警工作和窗口办证业务短信回访13.92万余次，跟踪监测案件办理评价指数、交通事故处理评价指数，形成有效回访1.13万次，总体满意率99.58%，接收办理短信工单1865件、来电工单76件。做好信访人员接待、登记受理，听取信访诉求，接待来访163批次、受理信访诉求94件，及时处置办结，群众满意率100%。

【交通安全管理】 2021年，溧水公安系统组织开展“扫街”“扫楼”行动，办理电动自行车临时信息号牌8.78万辆，新国标电动车上牌1.19万辆。严查机动车违停、未礼让行人以及电动自行车不上牌、不戴盔、闯红灯、逆行、走机动车道等交通违法行为。查处交通违法行为19.3万起，其中非机动车交通违法2.9万起，查处机动车未礼让行人1.2万起，清拖占用消防应急通道车辆21辆。推进快递、外卖骑手“六统一”（统一号牌、统一编号、统一佩戴头盔、统一服装样式、统一持证上岗、统一购置保险）管理，完善红黑榜评级举措，实行约谈通报制度，推进骑手二次违法停单学习、多次违法行业禁入等措施。排查全区重点车辆5645辆、重点驾驶人1.2万名，完成背景审查9293人次，检查“两客一危”（旅游包车、三类以上班线客车和运输危险化学品、烟花爆竹、民用爆炸物品的道路专用车辆）车辆3330辆次、渣土运输车辆4920辆次，约谈重点企业25家，发放交通安全告知单521份、隐患整改通知书83份，向交运等部门发放抄告单38份，处罚多次超载超限运输企业58家次，清理车辆隐患271起、驾驶人隐患1046个。完善交通事故分析通报制度和死亡事故“一案一析”研判机制，排查道路交通安全隐患363处，全部完成整改。

2021年，溧水公安分局交警大队在全省率先运行道路交通安全警示辅助设备与系统，即“哨兵系统” 《今日溧水》报 供图

【疫情治安防控】 2021年，溧水公安系统开展新冠肺炎疫情重点防控、人员隔离、安全保障、应急处置等工作。部署89家寄递业防疫措施，排查从业人员585人。核酸检测600余人次，接种疫苗560人，上门检查防疫80余次，保证疫情

防控常态化期间寄递正常运营。开展全区娱乐服务场所疫情期间关停情况抽查，检查场所145家。抽调120余名警力投入全区10处离宁查验点，组建党员突击队，筑牢“防外溢、防输入”道路交通防线，检查车辆28.1万辆次，查验驾乘人员41.6万人次，劝返车辆3.4万辆次，劝返人员5.3万人次。抽调100余名警力组建防疫专班4个，梳理20批7.47万条专项数据，排查密接、次密接1631人，第一时间阻断传染源；投入6000余人次警力下沉防疫一线，完成全区核酸检测安保任务6次，关停棋牌室、足疗洗浴等场所1120家，保障18家隔离酒店、10个封闭小区（村）隔离任务。编发疫情防控工作表扬通报27期，1名辅警被市公安局记功，2名民警、2名辅警获通报表扬。

【侦破“7·22”操纵证券市场案】 7月22日，溧水公安分局抓获操纵新元科技股票交易价格犯罪嫌疑人6人归案。2018年10月30日至2020年1月23日期间，嫌疑人实际控制51个自然人名下54个证券账户，利用证券账户资金优势、持股优势，采取连续买卖、对敲、封涨停等手段，操纵新元科技股票交易价格。经公安部、江苏省公安厅指定管辖，溧水公安分局于2021年5月8日立案侦查。组织警力赴北京、河北、山东、陕西、宁夏、广东6省（市）实施收网抓捕行动。

【电信诈骗“断卡”行动】 2021年，溧水公安系统成立“反诈中心”，研判新发电信网络诈骗案件，诈骗金额在百万元以上的电信诈骗案件全部侦破。加大“境外回流”打击力度，多次抽调警力赴驻云南普洱的江苏省打击电信诈骗境外“回流”工作站，开展守候审查工作。深化“断卡”行动，落实专人限时核实线索92条，打击处理本地涉嫌办卡、洗钱团伙2个，移送起诉26人、行政处罚11人，教育规劝责令作出承诺49人，挤压“两卡”（手机卡、银行卡）犯罪生存空间，减少本地涉电信诈骗犯罪活动。 （刘利娟）

11月17日，国际大学生节，区检察院未成年人检察部门干警走进南京工业大学浦江学院，开展“法治青春远航追梦”第三届“法治进高校”活动，举办以“揭秘网络骗术教你如何反诈避坑”为主题的法治讲座　　区检察院　供图

检　　察

【概况】 2021年，溧水区检察机关落实《中共中央关于加强新时代检察机关法律监督工作的意见》，强化司法办案能力和队伍建设，以检察工作高质量发展服务保障经济社会高质量发展。全年办理各类案件1119件，5起案件入选全国、省市典型案例和优秀案例，认罪认罚从宽制度适用率、确定刑量刑建议采纳率、一审服判率等质效指标位居全市前列。开展政法队伍教育整顿，深化政治教育、警示教育、英模教育，确定并向社会公布“6+1+N”（六大顽瘴痼疾+涉法涉诉信访案件办理效率不高+办案理念更新不及时、政法网格员工作成效不突出）专项整治内容，制订整改方案8个，完善检察权运行监督制约、队伍管理等机制20个。实施“聚溧”青蓝工程，选派9名优秀青年干警参与专案办理、跟班学习、竞赛集训，提升检察干警素能。严厉打击涉及新冠肺炎疫情犯罪，快捕快诉打砸防疫卡点涉嫌寻衅滋事犯罪嫌疑人，督促其认罪认罚认赔。加强预防疫情犯罪普法宣传，“溧水检察院”微信公众号推出涉疫典型案例15件，在101个社区网格张贴防疫普法海报600余张，相关做法入选市委政法委疫情防控专刊，被《新华日报》《江苏法治报》报道。全年18项工作、52人次获区级以上表彰。

新冠肺炎疫情期间，区检察院启动远程提审，依法办理案件

区检察院　供图

【刑事检察】　2021年，溧水区检察机关加强刑事立案、侦查、审判活动监督，监督立案6件、撤案12件，纠正漏捕2人、漏诉7人，纠正侦查活动、审判活动违法17件次，提出再审检察建议2件，孙某某虚假诉讼案获评全市检察机关虚假诉讼监督优秀案例。加强刑罚执行监督，联合区看守所常态化开展监管场所安全检查，实现连续20年安全无事故；开展判处实刑罪犯交付执行检察监督，加大社区矫正、财产刑执行监督力度。

【民事行政检察】　2021年，溧水区检察机关组织开展民事虚假诉讼监督、审判程序违法监督和执行活动违法监督专项行动，聚焦民事虚假诉讼、诉讼保全、简转普、小额诉讼等，定向调卷、审查460件。以多元监督为手段，受理各类监督线索88件，运用提请抗诉、再审检察建议等方式，依法办理监督案件，维护司法公正、司法权威。以机制创新为保障，健全与律师事务所协作机制，强化案源挖掘，办理民事支持起诉案件37件；建立行政裁判结果监督、行政非诉执行监督“回头看”工作机制，发现行政审判程序违法和执行活动违法监督线索14件、化解行政争议3件。

【公益诉讼检察】　2021年，溧水区检察机关做好公共利益守护，围绕公共安全、食品药品、生态环境等领域开展公益诉讼，办理行政公益诉讼案件34件，刑事附带民事公益诉讼案件16件。就药店虚假宣传、小区“飞线充电”（电缆线经门窗将家中插座与便携式充电器连接，实现充电）、无障碍设施缺损等问题，发出检察建议，督促相关部门加强监管，提升人民群众安全感。拓展行政公益诉讼新领域，摸排红色文化资源点，制发检察建议，促进有关部门及时修缮受损纪念设施。

【未成年人保护检察】　2021年，溧水区检察机关落实未成年人保护特别程序，设置“一站式”办案场所，最大限度减少犯罪对未成年被害人的二次伤害。坚持“双向保护”，从严打击侵犯未成年人权益犯罪，起诉8人；依法惩治未成年人犯罪，办理审查逮捕案件10件13人、审查起诉案件23件33人，不捕8人、附条件不起诉10人，其中陈某某强制侮辱、抢劫纠正漏捕案获评全市检察机关优秀侦查监督案件。落实未成年人监护联动保护工作机制，介入核查监护侵害线索2件，向2名未成年被害人发放救助金3万元。办理的蒋某某盗窃案被省检察院、省妇联评为涉案未成年人家庭教育指导典型案例。

【社会稳定维护】　2021年，溧水区检察机关严厉打击刑事犯罪，办理审查逮捕案件232件325人、审查起诉案件593件826人。常态化开展扫黑除恶斗争，办理某恶势力保护伞案件，通过补充侦查、调取关键证据，查明犯罪事实。保障公共安全，重点办理一批上级指定管辖的非法制造枪支案，起诉9人。依法惩治重大责任事故等安全生产领域犯罪，起诉3人，制发检察建议堵塞监管漏洞。维护食药安全，依法惩治生产销售有毒有害食品犯罪，起诉10人。开展“断卡”行动，严厉打击非法贩卖手机卡、银行卡及关联违法犯罪，办理案件56件109人。

【法治化营商环境优化】　2021年，溧水区检察机关走访南京云海特种金属股份有限公司等民营企业，调研企业需求，服务保障制造业高质量发展试验区建设。探索企业合规检察工作机制，成立专班梳理涉企案件，通过释法说理、政策解读，助推企业依法依规经营。打击妨害企业生产经营犯罪，办理扰乱市场秩序、破坏金融管理秩序等犯罪案件27件42人。与人行溧水支行签署协作意见，联手惩治洗钱犯罪。落实“少捕慎诉慎押”刑事司法政策，审慎办理涉企案件17件24人，依法不批准逮捕5人、不起诉11人。

5月14日，区检察院会同高淳区、安徽省马鞍山市博望区、当涂县检察院，在博望区举行石臼湖生态环境和资源保护跨区域检察联盟会签仪式

区检察院　供图

【生态环境守护】 2021年，溧水区检察机关会同高淳区、安徽省马鞍山市博望区、当涂县检察机关建立跨区域检察联盟，合力守护石臼湖生态环境，相关做法被《检察日报》等国家级媒体报道。在石湫街道设立保护生态环境“党员工作岗”，与溧水规划资源分局共建“检源行”党建联盟，联动社区力量、自然资源执法力量，保护溧水生态环境。依法打击破坏生态环境违法犯罪活动，办理案件16件，涉案30人。注重生态环境修复，对犯罪情节轻微、认罪认罚认赔，完成补种林木、放养鱼苗等修复义务的犯罪嫌疑人，依法不起诉11人。

【诉源治理】 2021年，溧水区检察机关落实“群众信访件件有回复”要求，办理来信来访113件，做到7日内程序性回复，3个月内办理过程或结果答复。出台《溧水区刑事和解工作办法》，通过部门联动、检调对接，促成刑事和解10件。办理司法救助21件，发放救助金43.5万元。强化公开听证，邀请人大代表、社区党组织书记、群众代表等参与评议，依法救助3名涉案患癌老人，相关做法被“学习强国”平台报道。

【普法责任制落实】 2021年，溧水区检察机关开展“精准普法月月行”活动，组成青年普法志愿团，深入企业、校园、社区，精准普法30余场次。开展溧水农村商业银行200余名干部职工职务犯罪预防和“禁赌博、禁酒驾”警示教育。结合新安全生产法施行，联合区工商联、税务局开展企业安全生产专题培训，60多家企业派员参训。开展“法治进校园”活动，围绕未成年人保护新“两法”（《中华人民共和国未成年人保护法》《中华人民共和国预防未成年人犯罪法》）施行、反电信诈骗等主题，到溧水中专校、省溧中附属初级中学、区东屏中学等学校开展法治宣讲12场，参与学生3000余名。

【检察改革】 2021年，溧水区检察机关开展检察官业绩综合考评，优化案件质量评价体系。深化落实认罪认罚从宽制度，质效指标位居全市前列。落实“少捕慎诉慎押”刑事司法政策，开展羁押必要性审查专项行动，制订《溧水区刑事案件逮捕必要性审查工作办法》《溧水区刑事案件起诉必要性审查工作办法》，不起诉率全市第一。坚持员额检察官联席会议、重大案件请示报告等制度，确保案件质量。强化智慧检务系统应用，运用政法协同办案平台，实现办案提质增效。（闫小旺）

法　院

【概况】 2021年，溧水区法院推进审判高质量发展、队伍高素质建设，统筹抓好执法办案，服务常态化疫情防控、经济社会发展。受理案件10011件，审执结9547件。强化审判应对，新冠肺炎疫情期间，通过邮寄、线上办理等方式立案250件，在线开庭审理案件73件，线上调解案件138件，集中办理财产网络查控829件，线上查控财产1400余笔，保障群众合法权益。推进“打财断血”工作，加大涉恶案件财产刑执行力度。开展涉黑涉恶案件线索倒查，再次核查审结生效的6件涉恶案件和移送区扫黑办相关案件线索。开展“法企共抗疫，助力双胜利”活动，走访调研企业10余次，帮助企业降低疫情影响。结合党史学习教育开展教育整顿学习，组织“晚自习”式学习30余次，收听讲座13场次，举办知识竞赛9次，开展“铸牢政治忠诚、锻造政法铁军”主题演讲比赛，选树先进英模典型4人。协同联动做好整顿期间举报线索核查，受理核查各类线索55件。强化建章立制，制订完善各项制度55项。相关工作经验在《人民法院报》、“学习强国”平台推介。5个集体、13名个人获得市级以上表彰。在市级及以上媒体发布典型案例12件，入选《中国法院2021年度案例》2件；形成调研报告9篇，1篇获第三十三届全国副省级城市法治论坛优秀论文奖。

【刑事案件审判】 2021年，溧水区法院依法严惩刑事犯罪，审结刑事案件427件，判处罪犯590人。打击故意伤害、抢劫、强奸、涉毒等案件77件，保障人民群众生命健康和财产安全。保持惩治腐败高压态势，依法审结职务犯罪案件6件7人。落实食品药品安全工作“四个最严”重要指示，审结危害食品药品安全犯罪案件3件6人。

【民商事案件审判】 2021年，溧水区法院坚持法理情相融合，受理民商事案件6223件，结案5684件。审理婚姻、赡养、继承等案件626件。审慎处理商品房销售、土地使用权出让、建设工程施工合同等房地产纠纷案件588件，维护房地产市场秩序。处理精装房质量问题、商铺租赁等系列案件212件，助力政府完善商品房买卖合同范本，依法保障购房人合法权益。审理劳动争议类纠纷案件290件，维护劳动者合法权益。打击电信网络诈骗等涉民生领域犯罪行为，受理相关案件53件，判处罪犯80人。规范审理民间借贷纠纷，加大打击高利贷、职业放贷、虚假诉讼行为力度，民间借贷案件数量下降24.1%。

【审判监督】 2021年，溧水区法院加大司法公开力度，线上直播庭审2401件，点播观看近56万人次；举办打击治理电信网络诈骗工作新闻发布会，发出司法建议2条，在微博、微信和官网发布原创信息280条，在《人民法院报》、江苏电视台等平台播发信息近百条次。接受人大、政协及社会监督，定期开展走访、座谈、联络活动87场次，配合区人大常委会创新人大代表选案旁听评议庭审工作机制，113名代表委员旁听庭审、见证工作10场次。开展“公众开放日”活动，区状元坊小学37名学生参加模拟法庭活动，感受审判工作。

【案件执行】 2021年，溧水区法院加强执行团队建设，推动执行工作从“基本解决执行难”向“切实解决执行难”转变。新收执行案件4995件，执结4999件，执行到位金额3.57亿元，执行案件终本率、首次执行案件实际执结率2项重点指标分列全市基层法院第一、第四。推进执行指挥中心“854”模式(由执行指挥中心集中办理执行当事人初次接待、制发法律文书、线上线下查控、办理委托执行事项、录入强制措施信息、网络拍卖辅助、接待执行来访、接处举报电话8类事务性工作；提供视频会商、执行过程记录、执行公开、舆情监测、决策分析5类技术服务；承担繁简分流、案件质效、执行案款、终本案件4项管理职责)迭代升级，实现以执行指挥中心为中枢、以执行案件无纸化和执行事务中心为依托的一体两翼新机制实质化运行。发挥快执团队作用，平均办案天数由58天压缩至45天。开展“惊蛰”“夏炎”等涉民生案件集中执行行动7次，出动人员202人次，执行到位351万元。贯彻国务院《保障农民工工资支付条例》，审理拖欠工程款案280件，执行到位并发放农民工工资1745万元。开展执行案款清理工作，清理不明案款364笔，清理率95%，金额5884万元。

【法治化营商环境优化】 2021年，溧水区法院坚持“法治是最好的营商环境”，从严打击破坏企业正常生产经营秩序和侵犯民营企业的产权犯罪。畅通“僵尸”企业退出机制，出台《溧水区关于切实加强“执转破”工作的实施意见》，成立“执转破”(执行案件移送破产审查制度)审判团队，优化工作水平，受理“执转破”案件11件，自破产案件受理到管理人接管平均用时20天，盘活市场资源。召开债权人线上会议，表决通过债务人财产变价方案、分配方案等决议，实现破产案件办理减负增效。在全市率先采用预重整方式挽救困境企业，38天快速审结南京爱德置业有限公司重整案，化

2月18日，溧水法院诉讼服务中心入驻溧水区社会矛盾纠纷调处化解中心
张瑶 摄

解债务近5亿元，推动该公司天生御景项目复工，有效化解社会矛盾。

【普法宣讲】 2021年，溧水区法院推进政法网格员进网入格工作，擦亮“溧法直通车”品牌，73名网格法官深入街道社区实地走访调研889人次，指导纠纷化解33次，开展网格员培训3场。“阳光溧法”法治报告团宣讲民法典专题10余次，提升区域法治水平。组织反对校园欺凌主题宣讲4次，构建平安法治校园。联合区关工委举办关心关爱活动54人次，护航未成年人成长。结合“我为群众办实事”活动，化解电信诈骗、非法集资、“全装修”商品房装修质量、物业纠纷等人民群众“急难愁盼”问题，网格员深入社区开展巡回审判、普法宣讲活动125场，解答法律咨询325场次，发放宣传册2923册，形成进网入格案例35件，其中3件入选全市政法网格员工作月度十佳案例。

【“一站式”服务中心建设】 2021年，溧水区法院在全省率先将诉讼服务中心、非诉讼服务中心分中心、诉讼与非诉讼对接中心整体并入区矛盾调解中心，畅通现场、自助、网上、巡回、邮寄立案服务等立体化诉讼渠道。成立调裁快审中心，设立以调解员个人名义命名的调解工作室4个，配备专业化、复合型调裁团队6个，实现简单案件在矛调中心全流程高效闭环处理，复杂纠纷转业务庭专业法官精审，提升解决诉求和矛盾调处综合能力。调裁快审中心受理速裁案件1766件，结案1597件；新收诉前调解案件4198件，诉前分流率67.69%，调解成功率34.77%，位居全市基层法院首位。创新发展“枫桥经验”，与相关部门合力打造“纠纷分流、层级过滤、非诉在前、诉讼断后”的“一站式”纠纷化解机制，推进区、街镇、社区（部门、单位）三级平台建设，打造群众“家门口”的诉讼服务中心。

【人民法庭建设】 2021年，溧水区法院坚持将洪蓝人民法庭打造成基层法治建设新阵地，创新打造“蒲公英——传播法治的种子”法治品牌，创设“左民右刑，普法护民”巡回普法品牌，开展巡回审判6次，巡回普法宣讲15次。对接司法所、村（社区），法官实地走访调研68人次，指导基层解决纠纷13起。参加街镇牵头的处置纠纷联席会议，入驻洪蓝街道“一站式”矛调分中心，在晶桥镇设立“兴乡印”法庭工作站，融入基层社会治理体系。落实“支部建在庭上”要求，推进“法治集结”法庭品牌创建，洪蓝法庭获全省法院系统党建工作先进集体。

11月12日，区法院民一庭副庭长李刚到东屏街道爱民村开展巡回审判活动
张飞飞 摄

【物业纠纷化解】 2021年，溧水区法院探索物业纠纷化解方式。对接开发区、永阳街道、洪蓝街道，加强物业管理法律法规宣传。常态化开展预防化解物业纠纷攻坚战“润物行动”，邀请30余名区人大代表、政协委员、媒体记者实境体验集中送达、调解工作，集中调处物业纠纷98件，平均审理天数18.5天。加大物业纠纷诉前调解力度，通过诉前分流物业纠纷1236件，结案1234件，调解成功830件，成功率67.26%。物业纠纷诉调对接工作获评全省法院类型化纠纷诉调对接工作先进集体，相关经验获评全市政法网格员优秀工作法。

（简伊乔）

司法行政

【概况】 2021年，溧水区司法行政系统开展法律服务“进网格、进园区、进项目、进乡村、进家庭”五进活动，优化法律援助绿色通道，受理办结法律援助案件601件。围绕重点法律服务领域，调整政府法律顾问团，设立法律专家咨询委员会，助力依法行政；法企同行，优化企业法治营商环境，前移企业法律保护关口，服务需求精准对接；实施新冠肺炎疫情防控法治同行、法润江苏春风行动、法援惠民生拓展工程，建立企业“普法+调解+援助”法律服务直通车。聚焦人民群众反映强烈、严重损害律师队伍形象的突出问题，开展律师行业突出问题专项治理，促进律师队伍政治素质提升、服务为民意识增强、行业风气好转。深化多元矛盾纠纷化解机制，夯实基层根基，加强区非诉中心建设，强化组织建设、人员配备、纠纷调处和后勤保障，维护社会和谐稳定，柘塘司法所被司法部表彰为全国模范司法所。做好建党100周年安保工作，加强社区矫正对象等重点人员滚动摸排管控。加强刑释人员信息核查，强化与监狱看守所、强制戒毒所信息对接，开展特殊人群困难家庭帮扶活动；实施社区矫正教育创新工程，全体在矫对象安全稳定，未发生重新犯罪。创新法治宣传形式，发挥“谁执法谁普法”责任制优势，推动法治文化建设，区法治宣传教育领导小组获评2016—2020年全国普法工作先进单位。

6月9日，溧水区司法局与南京监狱、南京晓庄学院、北京大成（南京）律师事务所共建“枫桥”矛盾调解实践研究基地 区司法局 供图

【公共法律服务】 2021年，溧水区公共法律服务中心、非诉讼调解中心、法律援助中心三大中心进驻“信访超市”公共服务中心。设专职调解员工作室和网上远程调解室，建立引导、调解和律师值班机制，确立线上+线下业务引导、流转和办理机制，搭建公共法律服务新平台。公共法律服务网络平台、实体平台和“12348”热线平台融合一体，实现江苏法网全覆盖，专设一体机40台，方便群众网上办事。公共法律服务中心再升级，配调解庭、巡回法庭、复议庭等现代化功能室，工作人员51人，街镇法律服务中心全部达省级标准并提档升级。全区有一至四级专职调解员166人，行业性、专业性人民调解委员会17个，律师调解工作室9个，人民调解员721人。开展机关人员、律师进网格工作，全体律师、公证员、企事业单位法律顾问、村（社区）法律明白人参与公益法律服务，组织各类普法宣传活动142场，送法进校园16场次。为140余家企业提供免费法律咨询、法律指导294次，风险排查69次。搜集社情民意14件，报送典型案例28件（优秀案例3件）。聚焦简政，落实告知承诺制证明事项，增加公证办理“少跑腿”项目，提升群众办理公证便利程度，办理“最多跑一次”和“一次都不跑”公证事项3100余件，调解矛盾纠纷8600余起。精简优化法律援助办理流程，接待来访、“12348”法律热线服务1.3万余人次，为受援人挽回经济损失1200

余万元。推进法律顾问工作，抓好即时服务、预约服务、精准服务、微信服务、常态服务，悬挂法律顾问信息公示牌，免费服务老人、残疾人，组建专业法律顾问团，发挥111个村（社区）法律顾问微信群作用，满足服务对象法律需求，落实村（社区）法律顾问“一月一坐班”制度，为群众举办法治讲座、解答法律咨询、提供法律援助。

【产业链+法律服务】 2021年，溧水区司法行政系统推进“产业链+法律服务”，打造汽车零部件制造业法律服务“溧水特色”。开展专题讲座，为产业链提供法律培训服务。定期开展“走进律所”“走进产业链企业内部”活动，组建民法典宣讲团，编制《2021年〈民法典〉下汽车零部件制造业经营管理应变指南》，开展系列法律知识公益讲座。编纂《企业法律风险问答——合同篇》《企业法律风险问答——劳动用工篇》《劳动用工风险管理常用文本》，打造汽车零部件制造业企业法律风险防控系列产品，汇编行业典型案例，为相似案件纠纷处理提供参照与指引。向企业发放《常年法律顾问工作报告》汇编；多途径助力产业链企业发展；整合优质资源，协助企业破冰融资。

【矛盾纠纷化解】 2021年，溧水区司法行政系统重点落实新冠肺炎疫情防控工作决策部署相关要求，建设非诉中心，抓好疫情防控期间矛盾纠纷排查化解工作，加强非诉讼纠纷解决机制建设，化解社会矛盾纠纷，维护社会和谐稳定。各类人民调解组织受理调处矛盾纠纷23336件，调解成功23333件，调处成功率99.99%，涉及金额1.72亿元。区交通调解工作室受理调处交通事故赔偿纠纷398起，公调对接调解室受理调处矛盾纠纷3660起，街镇调处中心受理调处矛盾纠纷5150起，村（社区）调解委员会受理调处纠纷1.24万起，未发生群体性事件及“民转刑”案件。开展与行政部门联合联动工作，指导行政调解工作取得实效，全区受理行政调解11873起，调解成功11213起，成功率94.44%。民商事仲裁受理2868起，化解2482起，行政复议受理29起。

【特殊人群管理】 2021年，溧水区司法行政系统接收社区矫正对象200余人，接受安置帮教对象300余人。实施普遍教育、分类教育、个别教育“三项教育”，开展社区矫正教育创新工程，打造“433”精品教育课堂（工作人员授课40课时，专家授课30课时，矫正对象自我交流30课时）、“381”分类教育课堂（入矫教育、矫中教育、解矫教育3项，8家司法所各选1个主题开展）和“111”个别教育课堂（1名矫正对象选择1名工作人员开展1对1帮助指导），提高教育形式、制度、内容规范化水平。春节前，走访慰问困难安置帮教对象，发放帮扶金5000元。“六一”儿童节前，协调有关部门，落实符合助学条件的特殊人群家庭教育政策。开展“春风护苗助学行动”，发放困难家庭8名未成年子女4000元助学金以及相关学习用品。

【智慧矫正中心建设】 2021年，溧水区司法行政系统明确“建设全省一流的社区矫正中心”工作目标，推进信息化工作机制建设、应用平台建设、数据资源建设、信息化支撑体系建设、“智慧矫正”重点应用和基础设施建设，涉及6大类39项目标，构建城区特色“智慧矫正”新模式。8月，智慧矫正中心启用，业务用房近3000平方米，拥有“监督管理、教育帮扶、综合管理”三大区域，包含大厅3个、功能室33个、办公用房6间，实现现代矫正中心向智慧矫正中心转型升级。至年底，开展自助式入矫及自动化数据采集44人，VR情景模拟教育12场，线上集中教育4场，疫情防控期间信息研判活动3次，智慧矫正中心建设通过司法部远程验收。

【律师管理】 2021年，溧水区司法行政系统开展律师行业突出问题专项治理行动，集中开展自主学习活动37次，召开工作会议6次。推动全区律师参与依法决策、协助政府预防和化解矛盾纠纷，规范建设项目协议审查、风险评估、监督履行、协助调解等工作，律师参与审查区政府重大合同114件次，PPP项目相关合同11件，提出审查意见400余条。开展法企同行、法治体检专题活动，举办咨询讲座31场，为企业进行“法治体检”310余次，向企业宣讲产权保护、合同管理、劳资关系等法规政策，提出法律风险防范建议210余条。全区律师代理各类诉讼案件3970余件，代理非诉讼法律事务1120件，担任各类法律顾问750余家，设立律师调解工作室9个。成立律师志愿者服务团，参与一线防疫工作，组织编写《疫情防控常见法律知识问答》《应对新冠肺炎疫情防控企业防范法律风险》等手册，从疫情防控、企业复工、员工待遇等多个方面，为保障群众生产生活秩序和企业复工复产提供法律指导。

【法治宣传】 2021年，溧水区司法行政系统优化法治宣传形式，加大法治文化建设力度。草拟《溧水区关于开展法治宣传教育的第八个五年规划（2021—2025年）》，征求意见建议。按照《全市省级民主法治示范村（社区）建设巩固提升年活动实施方案》要求，成立工作专班，细化工作任务、明确时间节点，对照复核和动态退出，严守第一道防线，确保省级民主法治示范村（社区）建设提质增效。印发《溧水区法律明白人培育实施方案》，创新提出“1+2+5”法律明白人培育模式（1名法律顾问指导2名法律明白人带动5名法律服务志愿者），提升村（社区）法律服务志愿者参与村（社区）依法治理的能力和水平，促进乡村治理法治化。开展“民法典宣传月”活动，刊播2期《我为群众办实事——普法宣传进社区》电视栏目。开展“美好生活·法典相伴”夕阳红法治书法篆刻展。联动多部门开展“民法典宣传月”活动，推进法律明白人、法律顾问、社区普法志愿者、普法联络员落实普法宣传责任，开展民法典“十进”活动。发动党员、群众参与民法典有奖竞答活动。开展“法润溧水·春风行动”之法治春联进社区活动，走村入户分发法治春联。联动12家普法成员单位集中开展“4·8司法日”“农民工学法活动周”“防网络通信诈骗”“安全生产月”等宣传活动。打造全省首家民法典全生命周期法治广场荷花法治广场，宣传人生各阶段法典知识，结合“美好生活，法典相伴”主题活动，带动千余名群众参观学习，拍摄宣传视频，扩大受众面。依托大金山庄国防园省级法治文化教育基地，建设以“国防+法治”为主题的法治文化特色园。12月28日，区法治宣传教育领导小组被中央宣传部、司法部、全国普法办评为2016—2020年全国普法工作先进单位。（方洁）

4月7日，石湫司法所组织法律顾问、人民调解员、法律援助工作者、“12348”中心工作人员到石湫陆家菜场，开展“法治让生活更美好——12348，司法行政护航服务你我他”司法日专项普法宣传活动　　区司法局　供图

仲　裁

【概况】 2021年，溧水区受理劳动人事争议仲裁案件364件。其中，涉及劳动报酬类案件21件，社会保险类171件，终止、解除劳动合同类170件，确认劳动关系类2件。结案364件，结案率100%，涉案金额2352.2万元，其中调解结案133件、裁决结案180件（其中一裁终局51件）、其他方式结案51件。当期仲裁管理信息系统按期运行率100%。规范仲裁工作流程、环节和程序，加强仲裁案件接待咨询、案前调解、立案受理、开庭审理等环节监督，实行仲裁案件录入江苏省人社一体化信息平台办案系统。

【劳动人事争议调解平台建设】 2021年，区人社局引导当事人通过江苏省调解平台网上申请，选派调解专家协调处理，促进双方当事人达成调解意愿，提高调解成功率。劳动争议仲裁委员会受理劳动争议案件908件（其中省调解平台调处成功劳动争议案件544件），涉案金额3247.73万元，劳动关系保持和谐稳定。加强裁审衔接机制建设，提高仲裁员处理案件能力。区法院在仲裁院开设巡回法庭，联合参与调处劳资纠纷10次。（王晓静）

责任编辑　吴萍

人民武装

【概况】 2021年，溧水区贯彻强军思想，突出举旗铸魂，注重按纲抓建，强化抓手推进，着重抓好党史学习教育活动，严格落实“四个一”制度（每周一次小夜校、每月一次专题讨论、每季度一次专题研讨、每半年一次总结讲评）。聚焦能打胜仗练兵备战，按照“超前谋划、及早准备”工作思路，完成民兵整组工作，抓好实战化训练演练，提升民兵分队综合能力。梳理国防工程、交通运输、民兵支前等工作，加强数据采集和补充完善。按照“一年两征”要求，早筹划早准备，组织征兵工作人员培训，开展兵役登记和征兵宣传，严把体检和政审关口，落实廉洁征兵纪律。7月，应对新冠肺炎疫情，区人武系统设立6个民兵高速口执勤布控点、65个社区执勤点和1个党员职工社区执勤点，动用民兵全面参与疫情排查、防疫消毒、拦截查问等工作。整合区内国防教育资源，发挥大金山庄国防教育基地、红色李巷、回峰山纪念馆等红色基地作用，开设“最溧水”App“溧水·国防在线”专栏，拓展国防教育普及面。错峰组织高一新生军训，开展“国防教育宣传月”活动，普及中小学国防知识，营造全社会支持武装工作浓厚氛围。

【兵役征集】 2021年，全国征兵工作实行“一年两征”改革，区人武系统应对区内挂钩高校数量少、疫情影响导致学生返校难等实际情况，提升大学毕业生征集比例，采取“线上+线下”相结合方式开展征兵宣传，完成大学毕业生征集要求和企业征兵应征指标任务。协调区融媒体中心通过官方微信公众号、门户网站等新媒体刊登征兵信息、政策解读。对接区公交公司和地铁站，在各站点张贴征兵宣传海报。落实企业员工带编入伍工作要求，区征兵办、国资办、退役军人事务局、区委编办、区内6家国企联合召开专题会议研究带编入伍事宜，出台《溧水区企业员工入伍奖励政策》。发动6家规模以上企业，组织企业征兵专场招聘会，现场与大学毕业应征青年签订合同。

【民兵整组】 2021年，溧水区坚持平战一体、军地合力，推动军事斗争动员准备向纵深发展。落实民兵编组，完成基干民兵、普通民兵编组。10月，在全省民兵工作考评中获优秀等次，在南京警备区排名第二。

【军事训练】 2021年，溧水区牢记职能使命，认清形势任务，推动一切工作向战斗力提升聚焦。修订完善日常战备、处置突发事件总体应急预案、指挥所编组预案以及抗洪抢险、森林防火、反恐维稳、应急行动等18套方案预案。重大节日前开展战备演练，组织战备教育，值班人员全时段在岗在位，提升民兵分队应急应战水平。明确指挥机构、内部编组、人员确定、指挥协同关系、职责分工5个重点，推动作战准备实案化、精细化。完成备勤轮训、新兵役前教育训练等任务。根据《南京警备区基层武装部规范化建设清零活动》要求，指导白马、洪蓝、和凤3个街镇人武部完成“三室一库”

（办公室、资料室、活动室，战备物资器材库）规范化建设。至年底，全区8个基层人武部均完成规范化建设。

【国防教育】 2021年，溧水区制发《2021年溧水区国防教育工作要点》，在“最溧水”App开设“溧水·国防在线”专栏，开设学校国防教育课程，使国防教育有固定阵地、有明确对象、有重点内容。清明节前夕和烈士纪念日，分别在白马镇苏南反顽战役烈士纪念碑和中山烈士陵园，组织民兵代表向烈士敬献花圈。9月18日，在大金山庄国防园组织役前教育预定新兵向烈士默哀活动，通过重走长征之路、聆听国防讲座、参观党史国史馆，激发适龄青年关心国防、参军奉献的责任和热情。10月，错峰组织全区2021级普通高中和中等职业学校新生分批次开展军训。12月13日，在大金山庄国防园开展南京大屠杀死难者国家公祭日活动。

（许杨羊）

9月30日烈士纪念日，溧水区举行社会各界向革命烈士敬献花篮活动　　《今日溧水》报　供图

【武警溧水中队】 2021年，武警溧水中队强化政治引领，着眼任务牵引、抓好练兵备战，激勉活力强底蕴、固强补弱练精兵，实现“两个确保”。1名干部立三等功、7名战士被评为“四有”优秀士兵并记嘉奖，3名战士入党。开展“传承红色基因、担当强军重任”主题教育和党史学习教育，组织6类配合活动（观看红色电影、教唱红色歌曲、制作主题板报、交流读书体会、开展讨论辨析会、组织主题故事会），强化官兵对中国共产党的红色基因和精神的理解传承。对照胜战标准，组织“龙虎榜”“创纪录、当尖兵”等评比竞赛活动，提升实战化军事训练水平。按照“全面建设、体系防控、科技强勤、确保安全”总思路，与溧水公安分局开展联合演练6次。年内，出动武警兵力完成武装押解犯人、协助公安特警武装巡逻、参加夫子庙秦淮灯会安保、高考警戒等任务；组织武警官兵到区看守所打扫卫生，清理生活垃圾；联合区文旅局、图书馆、文化馆在中队开设流动图书站，开展“图书、党史进军营”和“砥砺奋进学党史、军民同乐庆端午”活动。清明节及南京大屠杀死难者国家公祭日期间，派武警官兵为烈士陵园敬献花圈。武警溧水中队被武警江苏总队评为2021年“四铁”（铁一般信仰、铁一般信念、铁一般纪律、铁一般担当）先进单位、2021年正规化执勤优秀单位，中队一班被武警南京支队授予集体嘉奖。

（仓浩）

人民防空

【指挥通信保障】 2021年，溧水区制订《溧水区2021年人民防空训练工作计划》，坚持从实战出发，强化使命任务课题学习训练。开展机动指挥所训练4次，提升技能、锤炼队伍，提升指挥通信保障能力。完善防空警报系统建设，强化警报维护管理，落实专人负责。组织“9·18”人民防空警报试鸣日、“12·13”南京大屠杀死难者国家公祭日等重要纪念日的警报鸣放工作。调整战时人民防空指挥部编成，完成专业队员整组任务，启动区、街镇、村（社区）人民防空方案编制以及重要经济目标防护方案修编工作。开展人防训练信息系统测试、训练，维护通信设备。

【人防工程建设】 2021年，溧水区完成人防工程使用管理单位年检备案材料审核，审核率100%。开展人防工程标识标牌更换工作，完成度超70%。3月，与区城建局推动建设工程、人防工程联合质监改革创新工作。优化整合报建手续，实行“一个窗口受理、一份办事指南，一张申请表单，一套申报材料，一套审批结果，完成多项审批”的运作模式，方便生产企业申请报建，节约优化行政管理资源，提高办事效率，促进“放管服”改革。

【人防训练演练】 2021年，溧水区多次参加省、市人防演练，组织区级指挥工程通讯保障演练。4

月，联合六合区人防办，赴江苏省人防训练基地（宿迁）开展人防训练；参加省人防办联合安徽、浙江、上海等13家省市区组织的长三角区域人防机动指挥所联演联训。结合“5·12”防灾减灾日，协调消防、卫健等部门在省溧中组织防空疏散演练，参演950人。

5月7日，区人防办联合区红十字会、消防大队到省溧中附属高级中学开展2021年“全国防灾减灾日”青少年科普活动　　区人防办　供图

【人防宣传教育】　2021年，溧水区利用“3·1”国际民防日、“5·12”防灾减灾日、“9·18”国防教育日、“12·13”南京大屠杀死难者国家公祭日，向市民分发宣传册1000份，展示防空减灾宣传图板10块，发放宣传品2000份。配发中小学人防教育图书1696册，开展中小学人防知识竞赛活动。9月，组织人防进党校活动。在永阳街道龙山社区、中山路社区、仪凤社区、崇文社区发放人防应急包8000个。联合永阳街道共建人民防空宣传教育中心，场馆包括三维技术人防工程漫游区、人防空袭射击VR体验区等，11月落成开馆。（王蓉）

双拥共建

【拥军优属】　2021年，溧水区坚持双拥工作与经济社会发展规划同部署、同推进，践行军人优先理念，推进解决军人后路、后院、后代问题。实现军转干部安置满意率100%，安置符合政府安排工作条件的退役军人，发放义务兵优待金和重点优抚对象抚恤补助；发放驻溧部队随军未就业官兵家属困难补助；解决军人子女入学入托问题，协调区教育局帮助驻溧部队官兵子女入学。春节、“八一”建军节组织慰问驻溧部队。发放2019年、2020年入伍士兵慰问金、家庭优待金和义务兵大学生奖励金（含学院兵）。5月17日，区退役军人事务局党支部与驻溧某部党支部举行党建共建签约仪式，加强军地党支部共建，打造“党建+双拥”共建模式。区双拥办结合双拥创建，加大拥军支前力度，协助开展2次征兵宣传和役前训练，在国家、省和市级媒体分别发表拥军宣传文章10篇、6篇和181篇，举办2021年度春季新兵欢送仪式，开展反通讯网络诈骗宣传主题等送政策法规入军营活动，和驻溧部队共同举办迎国庆双拥文艺演出。

10月8日，溧水区召开双拥工作会议　　区双拥办　供图

【拥政爱民】　2021年，驻溧部队视驻地为故乡，把人民当亲人，为溧水区经济发展建设贡献力量。1月25日，武警江苏总队驻溧某支队到石湫街道塘窦村社区走访慰问困难群众。3月5日，解放军陆军工程大学教练勤务营组织官兵到前进社区参加“学雷锋”活动。7月25日，武警溧水中队开展“患难‘豫’共，‘郑’爱同心”主题捐款活动，为河南暴雨受灾群众捐款2万余元。（王馨雨）

宏观经济运行管理

【概况】 2021年,溧水区加强经济运行跟踪分析,建立经济指标月度分析研判工作机制,组建专班,强化经济分析预测考核工作,坚持"一月一分析、一月一交办"。紧盯经济发展预期目标,做到动态衔接、动态监测、动态预警,调研全区产值前50强、工业前30强、板块前10强企业,跟踪企业用工、订单、销售情况,调度焦点问题。落实南京市优化营商环境政策新100条,检查责任部门每季度执行情况,推进政策举措落地见效。制订区优化营商环境新政策,出台优化电力营商环境八项举措。从推动现代化经济体系、开放创新体系、治理体系和治理能力现代化、绿色人文生态体系建设以及基础领域建设等方面启动溧水区高标准率先基本实现现代化研究方案工作。列入国家重大建设项目库储备项目17个,下达专项债资金25.25亿元,申报2021年棚户区改造中央预算内项目3个,下达资金4308万元。全年地区生产总值、固定资产投资额、社会消费品零售总额等主要经济指标增长幅度位居全市郊区前列。

【重大项目建设】 2021年,溧水区根据省市重大项目年度目标任务,明确责任单位和具体负责人,逐项逐月调度推进。编制和印发2021年区重点产业项目计划,明确年度目标任务和跟踪推进单位,序时督促项目责任单位开工建设。市重大项目完成投资242.87亿元,占年度计划的100.03%;270个区重点产业项目开工265个,开工率98.15%,完成投资415.34亿元,占年度计划的101.29%。

【新基建行动】 2021年,溧水区列入南京市新基建项目4个,总投资89.07亿元,项目整体有序推进,完成投资14.69亿元,占全年计划投资的100%。(徒成兔)

【民营经济管理】 2021年,溧水区新增私营企业4919家,增长26.8%,新增注册资本421.76亿元,增长17.8%;注销私营企业1826家,增长41.3%。新设立私营企业中注册资本超亿元企业38家,增长5.6%。新增个体工商户1.92万户。全区市场主体总量10.97万户("十三五"末8.68万户),增长26.38%。推行企业"休眠"制度,做好企业困难时期短暂停业、歇业扶持,保市场主体审慎退出。区市场监管局开展知识产权质押融资服务,帮助73家企业完成质押融资91笔,总金额3.56亿元。首创召开质量品牌优秀经验分享会,开展小微企业质量管理提升行动,全区66%的规模以上企业通过培训考核获取首席质量官证书,培训人数超1000人次。(童羽欣 马茜)

【宁杭生态经济带建设】 2021年,溧水区以"宁杭合作、共谋未来"为主题,举办2021南京·宁杭生态经济带合作试验区推介会,揭牌成立溧水数字经济科技企业(杭州)孵化器,签约总投资超100亿元项目16个。溧水生态智慧未来城宁杭合作试验区创智谷项目完成启动区和东片区控制性详细规划编制，成立攻坚组、交通路征迁工作组、核心区征地事务组，推进征地拆迁和基础设施建设，完成人才公寓项目监理招标和可研批复修改，深化站前综合体方案。（徒成兔）

国有资产管理

【概况】 2021年，溧水区围绕资产管理、股权投资功能定位，推进国企改革三年行动实施方案，优化国有资本布局、配置和运行效率。化解隐性债务1.88亿元，解决融资风险问题，降低企业资产负债率。加强国有资产安全管理，按照谁使用、谁负责的总体原则，与区教育、卫健系统所属使用单位签订资产管理协议，落实资产安全管理主体责任，督促使用单位定期安全检查，及时发现危旧房屋安全隐患，强化落实隐患整改措施，履行产权人管理职责。

【国有资产运作】 2021年，区国资集团与省信用再担保集团深化战略合作，增资扩股省信保集团3亿元，累计投资入股4.13亿元，并与省信保集团全资子公司江苏省融资再担保有限公司合资成立江苏信保南京信用融资担保有限公司（注册资金3亿元，区国资集团出资1亿元）。重点支持溧水区中小微企业发展，拓宽区内中小微企业融资渠道，解决融资难、融资贵等问题。对接金融机构和相关单位，通过变更还款计划、提前还款降低贷款利率等方式，化解隐性债务1.88亿元，在工商银行贷款由2.5亿元降至0.57亿元，集团五年期以上贷款利率由4.7%降至4.2%以下，区国资集团担保余额由108亿元下降至56.6亿元，有效化解企业债务风险，节约利息支出，降低企业资产负债率。推进区级党政机关事业单位所办企业清理脱钩工作，完成南京市溧水人力资源有限公司、南京溧水人才开发有限公司、南京市溧水区容欣劳务服务有限公司、南京市溧水区林场有限公司4家公司股权划转，与划转单位区人社局、城管局和农业农村局签订委托管理协议，细化明确经营管理、安全管理、劳动人事管理权、财务管理权等方面的权利和义务，做到产权清晰、运转协调、监管到位。（于婷婷）

【国资国企改革】 2021年，溧水区根据中央、省、市国资国企改革方案精神，结合区内实际，制订《溧水区国企改革三年行动实施方案（2020—2022年）》，确定国企改革目标，涉及总体要求和首要任务、主要目标、完善中国特色现代企业制度、推进国有经济布局优化和结构调整、深化混合所有制改革、健全市场化经营机制、形成以管资本为主的国有资产监管体制、加强国有企业党的领导、组织实施和保障措施9个方面37项改革措施103条改革内容，逐一分解到各责任单位，明确工作要求和时间节点。至年底，完成改革内容95条，占92.23%，剩余8条完成工作量的83.78%。国有企业公司制改革完成42户，完成率100%。（何秋艺）

【南京溧水高新技术产业投资有限公司】 南京溧水高新技术产业投资有限公司为溧水高新区科技投融资平台，注册资金32亿元，负责全区创新载体打造、建设、招商、运营及股权投资、创业环境塑造、科技成果转化等工作。2021年，溧水高新区辖区面积24.38平方千米，有规模以上企业605家、高新技术企业404家。年内，溧高投引进新型研发机构及研究院13家，完成新型研发机构备案4家；新型研发机构及其孵化引进企业营业收入29.78亿元，企业研发投入占营业收入3.2%；高新技术产业投资额86.35亿元；新增指标高技术服务业营业收入16.94亿元、高技术制造业产业产值131.72亿元。通过主体信用AA评级，获中国证券投资基金业协会私募股权基金管理人牌照，被评为南京市金融服务科创精英团队。1月，南京高新区管委会“1+15”联席会议在溧水区召开。建邺高新区、溧水高新区举行伙伴园区深化合作协议签约仪式。3月，溧高投与兰州大学洽谈共建航空集成电路与新材料研究院并举行签约仪式。4月，溧高投举办2021南京技术交易创新大赛；组织首届无想山财经峰会分会场活动“青年创始人说”；召开新型研发机构、众创空间、关联企业结对结盟专题对接会。6月，2021年江苏省第七届“i创杯”互联网创新创业大赛——南京·“互联网+大健康”专场暨上海交通大学医健未来领袖校友会溧水基地揭牌仪式在南京幸庄科技产业园举行，18家企业与上海交通大学医健未来领袖校友会签订落地意向协议，4

4月23日，溧高投举办首届无想山财经峰会　《今日溧水》报　供图

个项目晋级复赛。9月，召开新型研发机构+关联企业+基金结对联动推进会暨幸庄科技产业园招商政策推介会。莱特威特轻量化技术研究院+皓焜自动化科技有限公司+溧高投成立注册新公司联动发展签约。10月，集中签约入驻企业9家。11月，举行上海交通大学医健未来领袖校友会健康产业项目集中签约仪式，签约入驻健康产业领域企业6家。12月，海纳云华东区域研发中心项目签约落地。　　（钱争）

【南京溧水产业投资控股集团有限公司】　2021年，区产业集团总资产规模406亿元，净资产规模168亿元，年营业收入16亿元，净利润2亿元。招商签约亿元以上项目10个，签约项目投资总额53亿元。一、二、三季度在全区招商引资考核中连续获目标任务进度奖、重大项目推进奖双第一。

推进城乡建设，毓秀路桥梁改造完工；大西门道路综合改造路面破除完成，雨污水管网施工；交通路东延（机场路—兴屏路）、龙山东路（晨光路—站前路）、智谷路（交通路—中山东路）土地报批完成。区商业幼儿园新园、毓秀路幼儿园建成投用；实验小学通济街校区新建项目EPC招标完成，进行方案设计；区第一初级中学、第二高级中学改扩建项目开工建设。新建巷安置房进行方案设计；金龙南郡三期安置房完成地勘，县前新村改造完成4栋，荷花塘小区综合整治完成7栋。周家山公墓生命园主体工程建成。可降解垃圾袋厂项目建成投产，日产量5万只。打造特色旅游村，红色李巷二期2月6日开工建设、6月30日完工，建成开放中国新四军历史研究馆、四史馆和时间轴战斗场景及英雄人物、精神谱系馆，挂牌江苏省爱国主义教育基地；红色里佳山2月6日开工建设、6月30日完工，建成里佳山民宿、村民活动中心、赵松泉陈列馆、王家祠堂、赵家祠堂、蓝渠两侧老建筑改造。管理运营农副产品交易中心1个，板桥便民服务中心等13个农贸市场，全年提供肉、禽、蛋、蔬菜等约25万吨；7月21日—8月25日新冠肺炎疫情期间，下属农贸市场为秀园西苑、宏力花苑、万科（棕榈苑、香樟苑）、湖滨新寓、石湫碧桂园等8个封闭小区（村）提供生活物资142吨；规划新建农产品综合物流交易中心，投资4.1亿元，占地4.75万平方米。

举办“踏青户外·打卡溧水”、“恋在溧水·天生一对”、咪豆音乐节、秦淮源头灯会等重大节庆活动，旗下景点年度接待游客97.18万人次。加强城市文化客厅建设，通济街城市更新改造项目一期完工。飞燕文化产业街区3、4号楼改造提升施工完成，2号楼工业咖啡馆施工完成，签约企业6家。永寿坊文化商业街区开街，招商签约商户27组，

6月30日，2021年江苏省第七届“i创杯”互联网创新创业大赛——南京·“互联网+大健康”专场暨上海交通大学医健未来领袖校友会溧水基地揭牌仪式在南京幸庄科技产业园举行　　高新区　供图

签约率75.87%。寺桥街区建成首开区餐厅、永安门广场、原畜牧站办公改造及部分市政杆线下地工程。健康溧水产业稳步发展，1月1日，发布共享康养院子新品、溧水“无想居”民宿公共品牌，包括遇园无想山居酒店、石岗无想山居酒店、孙家艺术家工作室村落、李在凤“凤栖”共享创新社区、诸家艺术家共享康养集群、青年戏剧创作基地等共享康养院子项目。中国中医健康养生示范区项目一期主体部分竣工，B地块展示中心对外运营，研学馆科技长廊改造验收完成并对外开放，C地块主体在建。国医文旅小镇委托无锡拈花湾文化投资发展有限公司开展项目产品研发工作，完成文化策划定位方案、首开样板段深化策划方案、总体概念规划方案和整体开发策略。惠泽国际自然学校总投资约1亿元，主要从事自然教育，9月开业，开放一期室内教学区、园艺美学区。建成开放上方轩驿站、观山驿站、遇园游客中心、秋湖驿站、老虎山驿站、刘家山驿站、天池驿站、无想山游客中心、天生桥游客中心、郊野书屋10所全域旅游驿站。

3月30日，“丹心映河山——华夏女杰李坚真纪念展”在飞燕文化产业街区举办　　区产业集团　供图

5月21日，“艺境天开，诗画诸家”2021石臼湖艺术季暨诸家村艺术家驻村启动仪式在和凤镇诸家村戏台广场举行　　区产业集团　供图

表10　溧水区产业集团子公司名录

全资子公司	合资子公司
南京溧水产业投资控股集团昱通建设发展有限公司	南京溧城测绘有限公司
南京昱扬建设工程有限公司	南京市溧水区晶桥建设开发有限公司
南京溧水文化旅游集团有限公司	南京枫香岭旅游发展有限公司
南京溧水产业投资控股集团昱达文旅发展有限公司	江苏澎湃体育发展有限公司
江苏秦源国际旅行社有限公司	中青城投明城江苏文旅发展有限公司
南京天生桥文化旅游发展有限公司	南京溧水傅家边旅游开发有限公司
南京无想山文化旅游发展有限公司	南京溧水傅家边休闲农业开发有限公司
南京溧水宾馆有限公司	江苏新华美溧传媒有限公司
南京溧水产业投资控股集团天生文化传播有限公司	南京燕然文化产业发展有限公司
南京溧水产业投资控股集团旭日投资发展有限公司	南京燕新运营管理有限公司
南京溧水粮食购销有限公司	南京康颐健康发展有限公司
南京溧水安民农副产品有限公司	南京中交商旅置业有限公司
南京溧水汇民农副产品市场管理有限公司	南京市银达商贸有限公司
南京市溧水区昱达集团金属材料有限公司	南京石山下旅游发展有限公司

续表

全资子公司	合资子公司
南京金苏皖物资城	南京石湫思鹤之乡田园运营管理有限公司
江苏昱晟会展服务有限公司	—
南京市溧水区车辆租赁有限公司	—

（杨志业）

【南京溧水城市建设集团有限公司】 2021年，区城建集团紧扣“营城兴业”主责主业，做大做强城市建设业务，培育城建文旅、智慧城市运营、新能源产业等新业务，城隍庙文化街区、裸心岭酒店、“宁归来”首站公寓等重点项目投入运营，南京图南智慧大数据集团有限公司实体化运作。全年各项经营业务营业收入26.25亿元，融资151.72亿元，融资放款195.10亿元，完成超5%高成本融资置换42.25亿元。发行美元债6000万美元，是全区首支以公募方式发行的境外债。招商引资亿元以上签约项目9个，投资总额95.63亿元。7月，举办欧洲企业创新示范区全球招商推介会。9月30日，欧洲企业服务中心启用。

推进城市建设，投入运营新能源汽车充电站46座，充电桩232台，其中直流桩95台、交流桩137台。开通学生公交线路118条，运行76.4万千米，线网覆盖全区街镇小学19所。维修保养校车644辆次、出租车1899辆次、业务单位车辆296辆次，维修保养收入147.6万元。升级改造梅家岗、竹溪园等24个智慧停车场，新增智慧停车泊位2502个；完成中山湖地铁站、君悦华庭北、状元坊北等6个停车场施工。路内泊位完成方塘巷（中山路—大东门街）、新珠路（新龙路—珍珠路）等17条路段892个地磁安装。智慧停车系统联网接入45个停车场，泊位10841个。省市重点工程项目珍珠路环境整治工程全线完工，完成工程竣工预验收；秦淮大道综合管廊及地下空间项目有序推进，管廊及两处地下空间封顶，进行内部安装及装饰装修。

加强基础设施项目建设，续建农村公路16条36.2千米；11月，高平大街公交首末站移交区公交公司使用；石湫乡村公交驿站示范项目完成施工图设计及二次施工招标工作；白马公交首末站、东屏公交首末站项目进入方案设计。建设公交候车亭108座（其中城区38座、镇村70座）、站牌280块，增设公交电子站牌18块，完成调度系统基础数据维护188次、公交线路修改及站点数据采集45次、电子站牌信息发布38次、手机App及微信公众号信息发布44次，助力群众便捷出行。6月，溧水公交通过江苏省第一批城乡公交一体化建设试点示范评估验收。改造洪蓝公交首末站、石湫公交首末站场内设施设备，依托沿途镇村公交班线接入邮政业务，利用镇村公交班车富余装载空间，为沿线乡村投递快件，促进乡村物流发展，为服务乡村振兴战略提供支撑。12月，溧水区通过农村物流省级达标县验收评审工作。

推进市政道路建设，承建市政道路项目16个，南堡南、工农兵线、珍珠南路3条道路环境综合整治完工；琉璃路（一期）、龙山路东延等10条道路持续施工；S123洪蓝集镇段改造项目清单完成送审；仪凤南路改造提升完成立项，新龙南路施工图设计中。承担政府代建项目10个，其中竣工2个、续建5个、新建3个，万科东体育中心项目、体育公园提升改造项目、新龙路幼儿园按时交付。省溧中附属初级中学改扩建项目1、2、3号楼封顶，二次结构完成60%。承建拆迁安置房项目17个，投资221.87亿元，总建筑面积227.32平方米、住房14269套，完成投资20.21亿元。湖韵怡居B于6月交付入住；中山水苑AB、南堡翠城、天生华府、秀园三期4个项目5个工程装饰装修和室外附属工程扫尾；锦和二期、秀园南苑、天生华都BC、秀园二期进入主体结构及装饰装修施工；屏溪二期、栖凤佳苑二期3个项目进入基础和主体施工。加强工程安全管理，制发项目工程安全专项检查督办单446份，检查发现问题和隐患2617处，其中生产经营单位303处、建筑工地2314处。组织扬尘专项检查140次，发现问题161个，制发扬尘督办单63份，处罚款10.4万元。

（宋丹）

【南京溧水水务集团有限公司】 2021年，区水务集团当选省环保联合会第三届理事会常务理事单位，加入江苏省企业绿色发展同盟，成为首批成员单位，获南京市高水平全面建设小康社会先进集体奖、2019—2021年度市级文明单位，城区排水管网清淤疏通CCTV（内窥摄像）检测修复及断头路管网打通工程获2021年度中国地理信息产业优秀工程银奖。全年营业收入4.5亿元，利润1.19亿元；总资产163亿元，净资产97亿元。优化营商环境，开通“968008”24小时水务热线、规范“13530”（1分钟接单、3分钟出车、5分钟与用户联系、30分钟到达现场）标准化抢修，推出镇村专属“水管家”服务。

4月23日，首届溧水区“清泉杯”管道安装技能竞赛举办　区水务集团　供图

实施水务建设项目37个（新建27个，续建10个），投资14.6亿元。新水厂30万立方米/日、秦源污水处理厂5万吨/日扩建项目通水运行。其中，新水厂获省级文明工地、市优质结构工程奖项，秦源污水处理厂获评省优秀污水处理厂。新建供水管网19千米，改造全区供水老旧管网及设施161千米、18个老旧小区供水设施、45个小区外墙立管防冻保温。完成16个片区污水主支管网工程建设40千米、再生水管网5.8千米。全年城乡供水总量4705.22万立方米，处理污水总量2081万吨。巡查河道1700千米，清疏检测4个达标区内23个小区22千米，保障污水管网正常运行。3月，在原有大气VOCs（挥发性有机物）走航监测车上装载道路积尘负荷监测系统，引进$PM_{2.5}$在线源解析监测车，收集道路积尘实时数据，解析$PM_{2.5}$在线源，提高精准治污能力。全年大气走航监测超2万千米，发现各类大气环境问题点位252处，交办区环保部门，整改率91.2%。购置两套地面焰炉播撒系统，分别安装在回峰山、东庐山附近，用于阴雨天气增加降雨量，有效降低颗粒物浓度，助力大气污染防治。完成一干河上游段（秦淮大道—致远路段）水环境综合整治，实现中山河全线贯通，解决断头河问题。在护城河设置再生水补水点，安装水质提升净化设备及曝气增氧设备，提升城区河道水质。完成清水通道扩容，泵站由2.0立方米/秒扩建为4.0立方米/秒，新建配套压力出水管道1.3千米。

（刘丽）

土地资源管理

【概况】 2021年，溧水区围绕规划引领、要素保障、资源保护、生态文明建设等重大职责，统筹推进规划资源事业高质量发展。成立副处级事业单位区土地储备中心。分4月、7月、10月3个批次上市住宅用地，出让地块25宗，面积108.08公顷。推进农村集体经营性建设用地，实施低效用地再开发，提升土地效益。加强国土规划空间保障，完善土地利用总体规划，结合全区发展战略，修改涉及规划空间指标，征收土地项目70个，面积247.65公顷。组卷报批各类建设用地14个批次，项目38个，用地167.7公顷。

【国有土地使用权出让】 2021年，溧水区按照重点工业项目用地有限保障、“三产”服务业项目有序推进、房地产和保障房项目用地有限供给、城市公共设施和公益事业项目用地保障原则，制订全年土地供应计划。应用公开网上交易系统，防范交易过程人为干扰，执行经营性土地最高限价，竞争保障房面积竞价和工业用地底价出让方式，遏制地价上涨，维护土地市场稳定。办理出让土地建设项目57个，面积193.9公顷，金额105.73亿元。其中，经营性土地项目44个，面积154.5公顷，金额104.42亿元；工业用地项目11个，面积39.38公顷，金额1.3亿元。划拨公共设施和公益事业供地项目22个，面积424.68公顷。倾斜重大项目需求，对接省市重大建设项目5个，面积82.54公顷。

【不动产登记服务】 2021年，溧水规划资源分局实现不动产登记存量房交易（含抵押）业务1个工作日内办结，受理相关案例1645件。其中，1日办结1589件，办结率96.6%。办理各类不动产转移登记2.15万件。其中，办理购买商品房、保障性住房、拆迁安置房、集资房转移登记1.64万件，办理存量房买卖与赠与转移登记4362件，司法裁定（含协执、查封、司法拍卖）类转移登记119件。落实“交房（地）即发证”政策，办理“交地即发证”地块14宗，面积57万平方米，出让金额63亿元；“交房即发证”房屋143套，面积2.09万平方米；解决历史遗留问题11个，涉及房屋住户3056户。完善档案管理，实现档案数字化，完成存量档案数字化加工32万余卷。不动产登记中心受理各类型不动产登记12.5万件，发放不动产证书证明4.8万件，出具查询证明1.7万件，接听“96510”业务来电咨询9735次，处理“12345”工单358件。

【土地维权】 2021年，溧水区完成批后实施项目38个，面积167.7公顷，办理征地进保1223人。接待群众来信来访32批次65人次，其中集体访1批次20人次。无重大上访，办结率100%。接到来信9件、领导信箱12件、和谐信访网13件、市规划资源局交办4件、自然资源部信息系统6件，全部办结。受理“12345”工单420件，答复率100%，办结率100%。

【国有土地收储】 2021年，溧水区结合国土空间规划、土地储备规划、低效用地再开发规划等，完成年度土地储备计划编制，获省自然资源厅批复。落实区级增减挂钩指标台账管理，更新复垦验收形成、区级交易、省级购买、各街镇（开发区）平台使用与节余。完成全年增减挂钩指标交易，年初土地节余增减挂钩指标571.25公顷，全年验收形成土地15.28公顷，两次通过省级交易平台购入增减挂钩节余指标（附带规划空间）61.23公顷。收购各街镇（开发区）增减挂钩指标12公顷，支付指标交易金额1.8亿元；交易给开发区、区城建集团、水务集团增减挂钩指标48.67公顷，收回指标交易金额7.3亿元。报批增减挂钩建设新区用地指标243.23公顷，至年底，全区土地节余增减挂钩指标404.53公顷。组卷上报建设项目征地15个批次，获征地237.09公顷。完成芦家边人才公寓租赁住房土地储备项目专项债券、2022年度市区联合收储地块申报。成本结算华侨城、西环加油站、城西加油站等涉及土地储备中心成本出让地块。

【地籍管理】 2021年，溧水区推进2020年土地变更调查，涉及图斑3999个，数据成果通过自然资源部核查。开展2020年大比例尺地形图动态维护、地图编印及2021年大比例尺地形图动态维护，维护成果汇交至市规划资源局成果库，验收合格。落实国家、省、市关于加快集体建设用地使用权和房屋所有权确权登记要求，推进集体建设用地调查入库颁证，按照市规划资源局统一编制的农村不动产统一登记数据库标准，完成集体建设用地权籍调查入库2404宗。根据各街镇（开发区）申请，完成集体土地所有权变更登记4件34宗。按照市规划资源局基础地理信息数据保密管理规定，开展坐标转换服务和地形图供图服务，转换坐标4627次，对外地形图供图48次5478平方千米。受理不动产权证地图查询258宗。根据省测绘市场管理中心要求，完成区域内测绘备案审核项目48个。完成外业测量163宗，出具规划核实地籍测绘成果报告149份，出具各类供地勘测定界成果报告242份；完成征地勘测定界96件，配合组装批次16个。

【节约集约用地】 2021年，溧水区依据市政府《关于实施〈南京市2019—2020年度城镇低效用地再开发实施计划〉的通知》，制订《溧水区城镇低效用地再开发实施意见》，按照低效用地标准，排查低效用地企业名单，加大低效用地有序退出。通过拆迁收购、追加投资转产转项、土地转让等，完成低效用地再开发项目66个，面积147.66公顷。其中，招拍挂项目2个，面积3公顷；政府收储、收购项目52个，面积117.2公顷；转让项目4个，面积7.73公顷；追加投资项目8个，面积19.73公顷。依托自然资源部土地市场动态监测与监管系统，跟踪监管建设用地按照合同约定及时缴纳土地出让金、按期交地、按约定开发利用等，督促用地单位如约履行合同，提高土地开发利用率。各街镇(开发区)国土所(办)设立巡查岗，上下联动，监管供后土地，约谈未按期竣工地块受让单位，巡查率100%。

【土地执法巡查】 2021年，溧水区加强日常土地执法巡查督查，溧水规划资源分局巡查、督查64次，各街镇(开发区)巡查612次，结合巡查周报、群众举报，发现新增违法用地64宗，全部立案查处到位。向各街镇(开发区)函告纠正自然资源违法行为79次，督促各街镇(开发区)落实整改，采取相关措施，消除违法状态。打击土地违法行为，处罚相关责任人52人次，查处率100%。配合区农业农村局做好“大棚房”专项检查回头看，实地检查核查全区设施农业用地项目262个，未发现问题。汇总全区重点违法案件，上报区政府违法用地专报6期，及时报告新增重大违法用地，督促责任单位提早整改，减少损失。

【集体土地入市】 2021年，溧水区完成集体经营性建设用地入市2宗，出让面积3.52公顷，成交价款3565万元。2月24日，首宗集体经营性建设用地入市交易，成交价2400万元，该地块位于洪蓝街道傅家边农业园，面积2.30公顷，用途为商业服务业设施用地，以协议出让方式出让给南京溧水傅家边现代农业园发展有限公司，用于打造民宿、餐饮等旅游配套设施。11月1日，第二宗集体经营性建设用地入市交易。该地块位于晶桥镇团山水库以东，面积1.22公顷，用途为商业服务业设施用地，经江苏省土地市场网挂牌，成交价1165万元，竞得人为江苏和正太阳庄大酒店有限公司，用于打造集无线电培训测试、越野测试与体验、团建拓展运动于一体的科技运动基地，是南京市首宗通过异地调整方式入市地块，首宗由市场主体竞得。此次入市是在《中华人民共和国土地管理法实施条例》发布后，首宗对产业准入及生态环境保护提出明确要求的集体经营性建设用地，拉动区域产业发展，推进农村“生产、生活、生态”空间再造。

（杨文健）

财　政

【概况】 2021年，溧水区聚力财政运行提质增效，实施财政收支动态平衡管理，发挥财力保障、引导调节、政策协同功能，确保经济社会平稳有序运行，推动高质量发展。全区一般公共预算收入81.88亿元，增长3.6%。一般公共预算支出129.27亿元，增长2.7%。

【财政资金保障民生】 2021年，溧水区财政围绕中心工作，优化支出结构，精准资金投向，提升共同富裕内涵，持续改善民生，民生支出占一般公共预算支出的80.6%。安排卫生健康支出9.93亿元，保障新冠肺炎疫情防控需要，完善公共卫生服务体系建设，推进医疗机构发展，提升基层医疗服务能力，稳步提高居民医疗保险参保补贴及待遇支付标准。安排教育支出22.7亿元，推进教育现代化建设，支持教育布局调整。安排社会保障和就业支出13.06亿元，提高城乡居民养老保险待遇和缴费补助标准，加强社会保障兜底。安排节能环保支出10.5亿元，支持生态红线区域保护及修复，推进环境保护与污染防治。安排城乡社区支出20.34亿元，加大城乡基础设施建设，着力提升城市品质。安排农林水支出13.45亿元，落实农业保险补贴、农业支持、地力保护等惠农政策，加大农村公共服务投入，支持农村人居环境整治，推进乡村振兴。安排住房保障支出4.93亿元，加强基本住房保障，增加保障性租赁住房供给。

【财政资金服务市场主体】 2021年，溧水区加快中央、省、市专项资金拨付速度，为企业提供财政资金支持。获批上级专项资金10.09亿元，发放新能源汽车推广应用及充电桩建设补贴8.49亿元，商务发展专项资金1120.7万元，工业和信息化转型升级专项资金3830.3万元，产业链提升发展资金1510万元，技术装备投入专项资金5624.1万元，知识产权强市专项资金173.74万元；现代服务业发展专项资金271.3万元，农业保险补贴1808万元等。安排科学技术支出2.42亿元，激发创新产业活力，突破科技成果转化瓶颈，聚集科创企业，落实人才引领发展战略。为受疫情影响企业纾困解难，参与南京市民营企业转贷基金，提供企业应急转贷服务，解决企业临时性资金困难。

【政府投资项目资金管理】 2021年，溧水区加强项目资金源头审核，从严核定建设规模和建设标准，按照《进一步加强政府投资项目管理的通知》要求，在各项目立项前，平衡方案审核项目资金来源。审核项目179个，资金246.62亿元。其中，上级补助0.97亿元，区级财政19.04亿元，自筹214.86亿元，土地收益11.75亿元。

【政府采购管理】 2021年，溧水区强化政府采购监督与管理，计划采购金额5.51亿元，实际采购金额4.90亿元，节约资金0.61亿元。其中，货物实际采购金额1.59亿元，节约率11.73%；工程实际采购金额1.50亿元，节约率11.13%；服务实际采购金额1.80亿元，节约率10.18%。处理与政府采购有关的信访、举报和投诉90余件。其中，受理投诉4件，涉案金额2346余万元；行政复议1件，获南京市财政局支持。

【财政绩效管理】 2021年，溧水区以预算绩效管理提质扩围为契机，引入全生命周期管理理念，探索绩效管理新路径。出台《溧水区绩效评价结果运用办法》，区财政部门绩效管理工作纳入全区高质量发展考核，绩效管理和政府绩效考核联动，提升评价结果运用成效。强化绩效管理在财政预算及政府投资管理中的刚性约束，开展重点绩效评价43项，节约资金2800万元，收回闲置资金5600余万元。加强绩效目标重点审核，压缩2022年项目预算规模5亿余元。

表11 2021年溧水区一般公共预算收支执行情况一览表

单位：万元

收入		支出	
项目	决算数	项目	决算数
合计	818776	合计	1292670
其中：一、税收收入	635359	其中：1.一般公共服务	97540
1.增值税	235202	2.公共安全	50118
2.营业税	0	3.教育	226989
3.企业所得税(40%)	82273	4.科学技术	24244
4.个人所得税(40%)	61244	5.文化旅游体育与传媒	28213
5.资源税	477	6.社会保障和就业	130610
6.城市维护建设税	34363	7.卫生健康	99262
7.房产税	20057	8.节能环保	104991
8.印花税	8583	9.城乡社区	203358
9.城镇土地使用税	10504	10.农林水	134537
10.土地增值税	97920	11.交通运输	21611
11.车船税	3145	12.资源勘探信息等	83355
12.耕地占用税	7494	13.商业服务业等	8995
13.契税	65466	14.金融	785
14.环境保护税	8682	15.援助其他地区	4171
15.其他税收	-51	16.自然资源海洋气象等	6277
二、非税收入	183417	17.住房保障支出	49273

续表

收入		支出	
项目	决算数	项目	决算数
1.专项收入	66046	18.粮油物资储备	2957
其中:教育费附加收入	15023	19.灾害防治及应急管理	2660
地方教育费附加收入	10017	20.债务付息支出	11517
文化事业建设费收入	0	21.债务发行费用	77
残疾人就业保障金收入	1026	—	—
教育资金收入	22211	—	—
农田水利建设资金收入	17769	—	—
水利建设专项收入	0	—	—
2.行政事业性收费收入	28439	—	—
3.罚没收入	10120	—	—
4.国有资源(资产)有偿使用收入等	81461	—	—
5.其他收入	-2649	—	—

(方晶)

税务

【概况】 2021年,溧水区围绕"放管服"改革,强化依法治税建设,落实省、市减税降费政策,深化税收征管改革,提升纳税服务水平,优化营商环境,支持经济发展。全区税务登记纳税人69521户。其中,企业类纳税人22036户,占31.69%;个体类纳税人47485户,占68.31%。增值税一般纳税人12436户。组织入库各项收入149.4亿元,增长13.6%。开展"我为纳税人缴费人办实事暨便民办税春风行动",召开专题会议4次,梳理119条便民办税春风行动任务,开展"问需求、优服务"纳税人缴费人座谈会等活动,聚焦纳税人、缴费人"急难愁盼",收集意见建议17条,形成问题清单,及时整改解决。区税务局获省市区级各类奖项33项,获评2019—2021年度江苏省文明单位、2021年江苏省五四红旗团支部。

【税费征收】 2021年,溧水区组织完成各项收入149.4亿元,增长13.6%。其中,税收收入112.97亿元,增长1%;社保费收入31.27亿元,增长83.8%;其

4月22日,区税务局走进南京广播电台《税收直通车》栏目,传递税收优惠政策
区税务局　供图

表12　2021年溧水区税务部门组织完成各项收入情况一览表

单位：万元

项　　目	累计收入			
	金额	增减额	增幅	占税收比重
合　计	1494092.8	179020.08	13.6%	—
一、税收收入(含免抵)	1129732.3	11511.6	1.0%	—
1.分级次完成情况	—	—	—	—
中央级	493128.4	13716.3	2.9%	—
地方级	636603.8	-2204.7	-0.3%	—
2.分税种完成情况	—	—	—	—
增值税	470462.1	89833.8	23.6%	41.6%
消费税	16094.4	2362.0	17.2%	1.4%
企业所得税	205825.8	-2108.0	-1.0%	18.2%
个人所得税	155801.5	-58873.0	-27.4%	13.8%
车辆购置税	24840.4	3106.9	14.3%	2.2%
资源税	476.9	321.9	207.6%	0.0%
城市维护建设税	34371.9	5816.5	20.4%	3.0%
房产税	20016.0	22919.5	-12.7%	1.8%
印花税	8583.2	2475.9	40.5%	0.8%
土地使用税	10504.6	-22943.2	-68.6%	0.9%
土地增值税	97920.5	6040.4	6.6%	8.7%
车船税	3295.6	268.5	8.9%	0.3%
契税	65466.1	7046.3	12.1%	5.8%
耕地占用税	7493.6	-17781.9	-70.4%	0.7%
环境保护税	8682.3	-1116.8	-11.4%	0.8%
二、非税收入	364360.5	167557.0	85.1%	—
社保收入	312746.5	142565.8	83.8%	—
非税收入	50584.5	23961.7	90.0%	—

注：表中涉及个人所得税数据未扣除代扣代缴手续费。

他非税收入5.06亿元，增长90%。税收收入中，中央级税收入库49.5亿元，增长2.8%，地方一般公共财政预算收入入库63.5亿元，下降0.4%。办理出口退税9亿元，增长45.2%。其中，退税6.7亿元，增长31.4%；免抵调减增值税2.3亿元，增长109.1%。

【减税降费】 2021年，溧水区开展精细化减税降费效应分析，做好减税降费政策落实监控，确保各项优惠政策落地。新增减税降费4.5亿元。小微企业增值税减免2.72亿元，企业所得税减免1.46亿元，研发费加计扣除12.66亿元；增值税留抵退税4.99亿元,中小微制造业阶段性缓税1.6亿元。抓好政策追溯退税、减税降费统计核算落实,办理各类税费退库4.31亿元(不含出口退税)。其中,增值税期末留抵退税2.65万元,落实安置残疾人就业等增值税即征即退优惠政策2833万元,汇缴类退税1.09亿元。落实阶段性减免社保费政策,减免7725家企业和机关事业单位基本养老保险和失业保险降费率金额2.03亿元。落实非税收入减免政策。核实教育费附加、地方教育附加应享未享1052条,退费5.2万元;核实应减免文化事业建设费4户,退费7.33万元。落实小微企业普惠性税收"六税二费"(资源税、城市维护建设税、房产税、城镇土地使用税、印花税、耕地占用税,教育费附加、地方教育附加)减免政策,执行疫情期间"房产税一免两减半、小规模纳税人和四大困难行业纳税人房土两税免征"多项税收优惠政策,减免房产税2087万元、城镇土地使用税1359万元、城市维护建设税615万元、印花税2466万元、耕地占用税2948万元。开展减税降费成效盘点和问题查漏补缺,核实财产行为税优惠政策落实疑点数据45批2000多条,涉及税款约300万元。

【依法治税】 2021年,溧水区全面深化依法行政,推进税收法治建设。发挥集体审议决策优势,落实重大税收事项集体决策制度。召开全面依法行政领导小组会议3次,接收重大税务事项集体审议提请3项,涉及纳税人70余户次,重大税收执法事项审议面100%无越权或违反规定决策情况。深化行政审批制度改革,全面取消非行政许可审批事项,规范和改进行政许可行为,加快审批效率,提高纳税人满意度。完成最高开票限额审批6759户次,未发生审批超期现象。严格执行行政处罚裁量,确保"首违不罚"清单制度有效落实,对5户次因疫情影响逾期申报或逾期报送相关资料的纳税人免予行政处罚政策。推进"三项制度"(行政执法公示制度、执法全过程记录制度、重大执法决定法制审核制度),审核通过《国家税务总局南京市溧水区税务局重大税收执法决定法制审核(暂行)办法》,法制审核3件超2000元的罚款、2件重大执法决定。

【征管风险应对】 2021年,溧水区落实省税务局税收风险应对工作模板,规范风险平台操作,优化风险管理运行。完成风险应对任务392户次,其中国家税务总局任务6户次、省税务局任务303户次、市税务局任务83户次。应入库税收收入7586.58万元,非税收收入43.05万元,加收滞纳金779.02万元,合计入库8408.65万元,调减留抵122.67万元,调减亏损48916.85万元,折合总成效20760.53万元,户均成效52.96万元。开展成品油、人力资源劳务派遣、车购税风险、废旧物资企业专项风险排查。

【社会保险费征缴】 2021年,溧水区依法开展社会保险费征收。坚持与税款现金征缴风险同部署、同排查、同整改,做好企业单位征缴风险防范,加强委托代征点、POS机、虚拟户管理,做好自然人征缴风险防范。依托全区8个联络群、111个征收点、114名社保员、30名税务网格员,开展贴近服务,进行网格化管理。配置63台移动POS机,减少社保费现金征缴,每周巡查村(社区)网格,及时发现和处理征缴问题。开展缴费宣传提醒,制作《溧水区2022年城乡居民医保参保缴费标准告知书》《溧水区中小学生2022年城乡居民医保参保缴费告家长书》。组织征收基本养老保险费15.74亿元,其中企业职工基本养老保险费11.91亿元、机关事业单位基本养老保险费2.92亿元、灵活就业人员养老保险费0.9亿元。基本医疗保险费7.9亿元,其中灵活就业人员基本医疗保险费4664.77万元;失业保险费6542.14万元(包含灵活就业人员失业保险费);工伤保险费4679.16万元;生育保险费5438.93万元;退役士兵社保费补缴征收企业职工基本养老保险费63.13万元,补缴待安置退役士兵社会保险费15.06万元。

【纳税服务】 2021年,区税务系统落实新冠肺炎疫情防控要求,加强办税厅现场管理。推行"不见面"服务,升级"非接触式"办税,新办企业业务平均办结时长在10分钟以内,惠及纳税人3479户次。精简60%以上涉税事项,涉税资料报送减少30%以上,发票领用线上办理占96.78%,位列全市税务系统第一,"不见面"服务占90%。税企服务智能平台激活纳税人20642户，激活率95.56%；纳税人入群率、消息阅读率、“税小蜜”App使用频率均位于全市税务系统前列；留抵退税办税时长压缩至0.8天。加大税收宣传力度，开展“纳税人学堂”活动11场，税企服务智能平台线上直播7场，培训辅导纳税人3700余人次。开展纳税人座谈会、进企业、进校园等活动11场。通过税企服务平台推送各类税收政策、操作提醒、涉税通知396条，提醒纳税人570万人次；通过“12366”短信平台推送短信74.3万条。

【企业所得税管理】 2021年，区税务系统完成2020年度企业所得税汇算清缴工作，全区应参加汇缴14760户，实际汇缴14688户，准期申报率99.51%，位列全市税务系统第二；汇算清缴补缴1.71亿元，查账征收盈利企业所得税预缴率89.13%。企业享受优惠减免企业所得税税额32.35亿元，增长19.24%，3303户盈利小微企业减免企业所得税1.46亿元。89户盈利高新技术企业减免税额1.75亿元。474户企业享受研发费加计扣除12.66亿元，117户科技型中小企业享受研发费加计扣除2.03亿元，加计扣除额14.69亿元，增长25.13%。403户企业享受公益性捐赠全额扣除1107.56万元。预缴申报104户企业享受研发费加计扣除新政，加计扣除2.52亿元。其中，83户制造业企业享受研发费100%加计扣除，金额2.39亿元。加强核定征收风险管理，“积极稳妥、分期分批”完成现行所有事前核定征收企业所得税的纳税人转查账征收第一阶段工作。完成三批次308户高新技术企业初审工作，予以推荐298户，公示通过111户。

【进出口税务管理】 2021年，区税务系统开展出口退税工作，办理退税6.03亿元。完成风险户选案工作，上报风险信息，参与出口退税风险评估复核工作。年度分类评定企业486户，整合上线出口退税系统。加强退税审核，通知纳税人错峰申报，安排出口退税岗位专人在自助办税厅值班，指导纳税人新系统操作。开展工作人员、纳税人“金税三期”系统操作培训。参与市税务局进出口处风险管理，编写应对指引和风险提示提醒，编发出口企业防范风险提示提醒，出口退（免）税风险管理案例入选全省优秀案例。接收核实函70封，出口退税函调按期回函率100%。

【个人所得税管理】 2021年，区税务系统落实网格化管理责任，在税务人和纳税人之间，建立网格化管理和一对一服务模式，将管理服务细化到户，分片包干、分类施政，做好分批分类引导工作。与预计涉及补税、退税的扣缴义务人对接，告知分批分期错峰办理，有序引导个税汇算清缴。组建汇算退税人工审核工作团队，保障退税业务平稳推进。全年应汇缴人49793人，其中非豁免补税申报2522人、退税申报42719人。规范高收入高净值人群征管，防范管理风险。加强股权转让个人所得税管理，重点审核自然人股权转让涉税业务操作中隐蔽性问题、难点问题，完善股权管理台账，核实796户股权转让案件，入库个人所得税231.4万元。组建复审团队，抽取上半年股权转让案件25件，从程序和实体方面复审案件，发现18户存在问题，全部完成整改。

【土地增值税清算管理】 2021年，区税务系统从房地产开发项目立项、规划设计、施工、预售、竣工验收、工程结算、项目清盘全过程跟踪房地产开发，强化完善土地增值税清算管理。围绕省税务局《关于进一步加强土地增值税管理的通知》，组织土地增值税1+N配套文件集中培训，提高业务水平。梳理全区未清算房地产开发项目181个，其中达到清算条件86个。跟踪监控开发全过程，做到税务管理与纳税人项目开发同步。依托清算审核团队，清算计划项目24个，完成清算审核12个，清算税款5257万元。

【环保税管理】 2021年，区税务系统全面规范环保税管理。强化污水处理场所、固体废物、市政工程扬尘环保税政策落实。加强税源管理，开展环保税税源清查和新增环保税纳税人识别、认定工作。加强监测和征收管理，保障纳税申报质量。加强环保税风险识别及防范，识别纳税人未纳入环保税税源管理、未缴、少缴环保税风险。加强环保税征管协作，清查排污许可证信息42条、处罚信息57条、在建工地信息159条，提高环保税征管质效。核实2020年核发排污许可证企业、环境违法及受行政处罚单位环保税缴纳情况。加强施工扬尘环保税征管，核查施工工地159个，19个工地补征施工扬尘环保税187.74万元。

【税收征管改革】 2021年，区税务系统贯彻中央、省、市改革要求，制订落实方案和工作措施，在精细服务、精确执法上试行团队化实体运作。推进税费服务新体系建设，建立税费服务调查专业化团队，集中处理24类调查、审核事项，辅导纳税人732人次，完成各类税费服务事项调查核实526户次。发票类事项平均办结时间由3天下降至1.2天以内，提速超150%；股权转让及资产转让事项平均办结时间由11天下降至6.2天，提速77.4%。按照分类分级执法要求，建立综合执法团队，任务平均完成时间由17天缩短至4.82天，提速253%，位居全市第一。以"统一化、规范化"为目标，组建任务统筹领导小组，发放统筹任务49项7.53万户次，平均任务完成时间提速1～3个工作日。推进智慧税务应用，"江苏税务"App企业及个体推广率位列全市税务系统第二。

（黄昺泽）

金融监管

【概况】 2021年，溧水区围绕防范化解金融风险、强化过程监管机制，深化政金企对接服务，畅通融资渠道，加快企业上市步伐，助推资本市场。"本川智能"在深交所首发上市，实现溧水区创业板上市企业零的突破。新增江苏证监局辅导备案企业2家；新增四板挂牌企业57家，增长70%，累计四板挂牌企业139家。落实《防范和处置非法集资条例》，开展金融普及专题宣传14场、集中宣传57场，进村组、进社区、进企业宣传254次，参与市民2.3万余人次，发送警示短信47.6万余条。

（何秋艺）

表13　2021年溧水区金融机构存款情况一览表

单位：万元

指　　标	数　据
年末存款余额	10743057
（一）境内存款	10739685
1.住户存款	4146417
（1）活期存款	1087340
（2）定期及其他存款	3059077
2.非金融企业存款	4313383
（1）活期存款	2139723
（2）定期及其他存款	2173660
3.广义政府存款	2072398
（1）财政性存款	217347
（2）机关团体存款	1855051
4.非银行金融机构存款	207486
（二）境外存款	3372

表14　2021年溧水区金融机构贷款情况一览表

单位:万元

指　标	数　据
年末贷款余额	11894923
(一)境内贷款	11894790
1.住户贷款	3633997
(1)短期贷款	647442
消费贷款	141251
经营贷款	506190
(2)中长期贷款	2986556
消费贷款	2700859
经营贷款	285696
2.非金融企业及机关团体贷款	8260793
(1)短期贷款	2079950
(2)中长期贷款	6120987
(3)票据融资	59856
(4)融资租赁	—
(5)各项垫款	—
3.非银行业金融机构贷款	—
(二)境外贷款	—

(区统计局)

【金融招商】 2021年,溧水区聚焦热点信息,多渠道金融招商。以基金招商为重点,与30余家投资机构对接,落实产业引导基金招商引资职能。以机构招商为载体,发挥省信用担保公司、银行业、证券业金融机构资源优势,引荐优质项目。以活动招商为平台,利用“抗疫情、纾企困、稳增长”线上对接会,与交通银行江苏省分行签订战略合作协议。至年底,引进杭州银行溧水支行、国联证券等金融机构9家,完成年度目标的300%;提供金融信息26条,完成年度目标的173%;组织金融招商活动1场。

【“民宿贷”创新】 2021年,溧水区在全市率先推出“民宿贷”赋能乡村振兴,借力国企平台规模优势和正向外部经济,将白马镇红色李巷、洪蓝街道傅家边山凹村等民宿基建项目与民资主体“小而美”差异发展相融合,建立白名单、直播带货民宿专场和“精品民宿”消费融资闭环,破解民宿“小、散”产业现状和乡村民宿发展资金难题,释放潜力融资1.2亿元。至年底,放款5813.43万元。

【“政银担”安全网联建】 2021年,溧水区搭建融资担保平台,引入省信用再担保集团有限公司、农业融资担保有限责任公司等融资担保知名企业合作共建,设立注册资本3亿元的政府融资担保公司,按盈亏平衡点提供不低于10亿元的政策性普惠融资担保服务到“最基层”,化解企业互保贷款潜在风险，帮助企业节约担保费740万元，破解互保风险3.6亿元。响应企业融资需求，创立“溧水园区保”综合服务品牌，配置区级财政资金分摊违约风险，采用担保+投资+租赁综合服务模式，化解融资难、融资慢。至年底，“溧水园区保”合作银行8家，入库中小企业407家，在保余额2.42亿元。借力江苏信保集团数据资源，延伸担保服务，创建全省首支“投保联动”基金，规模1.5亿元。降低财务杠杆风险，支持导入期和成长期科技型中小微企业对接多层次资本市场。

10月12日，江苏信保集团“万企联万村，信保兴枫香”活动在晶桥镇枫香岭社区举行　　《今日溧水》报　供图

【金融服务精准对接】　2021年，溧水区精准对接金融服务，定向释放政府引导效应，开展政金企对接活动22场次，对接融资项目683个，授信1081.33亿元。聚焦企业难题，举办“抗疫情、纾企困、稳增长”线上对接会，引入银行授信等“金融活水”1926.5亿元。聚焦产业项目，开展富财圩螃蟹节、“溧水园区保”“民宿贷”等专场对接会11场次，对接融资项目335个，授信1.33亿元。聚焦政策解答，邀请中国国际金融股份有限公司、省信用再担保集团有限公司等金融机构政策专家不定期开展座谈对接服务10场次，服务企业403家。

【金融风险防范】　2021年，溧水区落实属地责任，加强部门联动，结合“双随机、一公开”检查，专项排查17家养老服务、145家私募基金、3家校外培训机构风险；集中排查涉嫌非法集资风险企业1417家；完成2021年及2022年到期债券风险排查；聘请第三方监测机构监测205家中小企业资金链风险。区金融监管部门实施商事注册登记会商机制，严控输入型风险，与区行政审批局、市场监管局、人行溧水支行等部门会商通过企业49家。防控涉稳风险，“12345”、区社会综合治理大联动平台工单办结率、满意率均为100%。

【本川智能上市】　2021年，溧水区助推资本市场发展，强化政策支持，印发《关于建立溧水区

8月5日，江苏本川智能电路科技股份有限公司（股票代码300964）在深圳证券交易所创业板敲响首发成功的钟声　　《今日溧水》报　供图

推进企业上市工作联席会议制度的通知》，制定《溧水区上市后备企业培育管理办法》，提供企业上市绿色通道。精准上市培育，围绕主导产业，培育独角兽、瞪羚、“专精特新”等企业，与各街镇（开发区）建立推荐入库机制，全区114家企业被纳入上市后备企业库，定期跟踪企业上市进展情况。8月5日，江苏本川智能电路科技股份有限公司（本川智能，股票代码300964）在深圳证券交易所上市，实现区内创业板上市企业零的突破。 （何秋艺）

价格监督管理

【价格服务】 2021年，溧水区围绕稳控房价，抓好新建商品住房价格申报备案指导工作，申请备案项目30个、批次54个，按南京市价格调控要求，发放价格联系单。申报通过10幅“双限地”（限低价、限房价）地块：中山湖站南地块、梁家边南地块、陈家村3地块、金宝市场西地块、华夏片区两宗地、中铁十一局、德乐地块、二高中北地块、幸福佳苑东地块。会同溧水规划资源分局、区房产局汇总拟出让地块基本信息、规划条件、周边新房、二手房及前期“双限地”价格等，形成建议价格。开展农产品初加工用电比例申报工作，申报通过农产品初加工企业17家。指导燃气企业做好非冬季非居民用气收费价格调整工作。落实新办幼儿园收费管理政策；按《市政府办公厅关于全面深入做好中小学课后服务工作实施意见的通知》，制订中小学课后服务费300元/生·学期，指导各学校按照规定填报收费变更表，做好收费公示。制订《关于进一步明确住宅小区物业管理区域汽车停车服务收费政府指导价标准有关事项的通知》。完成5个街镇污水处理收集成本监审工作，调查东庐观音寺景区门票价格。

【价格监测认证】 2021年，溧水区开展粮油、肉禽蛋、水产品、调料、水果、豆制品、蔬菜等多种产品的价格监测工作，按要求上报各类价格信息5份，监测品种达200多种。完成农户种植意向、农户存售粮和省、市下达的农户购买农资情况调查，完成粳稻成本收益一次性预测调查，完成设施西红柿、茄子、菜椒和露天圆白菜成本收益调查，完成种粮大户与普通种粮户种植成本收益比较调查，向省、市成本处报送数据和分析调查报告。办结各类价格认定案件136件，认定总额92万余元，无一起需要重新认定或者申请复核裁定案件发生，准确率达100%。 （徒成兔）

【价格检查】 2021年，溧水区围绕防疫用品及民生商品价格，每日开展市场主体巡查，严打借疫情之机哄抬物价、价格欺诈、不明码标价等搅乱市场违法行为。出动执法人员590人次，检查药店、超市、农贸市场等市场主体近2000家次，发放、张贴价格政策提醒函649份，确保各类生活必需品、口罩等防疫用品市场价格平稳。开展殡葬收费、餐饮及住宿价格、停车收费、房地产销售明码标价等热点问题专项检查，立案查处未明码标价违法案件2件。开展粮食市场秩序专项整治，打击粮食购销领域扰乱市场秩序和违法交易行为。推进减税降费决策部署，清理转供电环节加价行为，确保电价政策红利全面传导至终端用户，180家转供电主体签订转供电主体履

11月4日，区发改委组织市场价格检查 区发改委 供图

行国家电价政策承诺书，退款91万元。

（童羽欣）

审 计

【概况】 2021年，溧水区完成计划内审计项目25个、工程结算审计及复核项目542个，核减7.07亿元；完成招标控制价项目76个，核减1.35亿元。区审计局获评2019—2021年度江苏省文明单位、南京市文明单位，2021年全省审计通联工作先进单位，在市区级审计机关综合考核中名列第一等次，创成南京市档案工作规范化建设优秀单位。

【财政预算执行审计】 2021年，溧水区审计部门开展2020年度区本级财政预算执行和决算草案审计。深化预算管理制度改革，关注预算执行效率、财政改革推进、专项资金管理、非税收入管理、决算草案编制等。开展政府债券发行使用、战略性新兴产业发展专项资金等审计，统筹街镇内部审计资源，统一开展阳光惠民专项审计。

【经济责任审计】 2021年，溧水区审计部门开展5家部门7名主要领导干部经济责任审计。实施区水务局、司法局、档案馆3名主要负责人任中审计，区城建局原负责人离任经济责任审计，永阳街道3名领导干部党政同责同审。重点关注领导干部遵守有关经济法律法规、贯彻执行有关经济工作方针政策和决策部署情况，制订和执行重大经济决策情况，履行党风廉政建设第一责任人职责情况，关注国有资产管理和使用、防范风险情况等，促进领导干部履职尽责。推进领导干部任职告知和离任交接，增强领导干部责任意识和自律意识。

【自然资源资产任中审计】 2021年，溧水区审计部门同步统筹开展永阳街道领导干部离任经济审计和自然资源资产任中审计工作。结合领导干部岗位职责特点，依法审计土地、水资源、森林等国有自然资源，以及环境综合治理和生态保护修复等情况，揭示违法违规问题，加强资源管理，维护资源安全，促进领导干部守法、守纪、守规、尽责，履行自然资源资产管理和生态环境保护责任，促进自然资源资产节约集约利用和生态环境安全、绿色发展。

【国有企业审计】 2021年，溧水区审计部门组织溧高投2017—2020年资产负债损益审计。重点关注企业资产规模、结构、质量，企业负债规模和结构，资产负债率、现代化企业治理结构建立健全情况，企业损益规模和结构、收入质量，关注企业持续经营状态。审计核实企业资产负债损益的真实性、合法性、效益性，揭示问题，促进企业加强内部管理、建立健全现代企业管理制度，防范经营风险。推动国有企业健康持续发展，提高企业运行绩效。

【民生审计】 2021年，溧水区审计部门组织保障性安居工程资金投入和使用绩效审计，重点关注安居工程目标任务、政策落实、住房建设、管理使用、资金筹集管理和使用，保障性住房准入、退出和运行管理机制等情况。审计社会保险基金，重点关注国有社会保险政策贯彻落实、应对疫情阶段性社保费减免缓征、社会保险基金筹集管理使用、基金收支平衡、基金安全性和可持续性、降低社会保险费率综合方案落实等情况。开展中小学教育经费管理使用情况专项审计，重点关注落实国家和省基础教育改革发展政策措施、基础教育经费投入、学校收费、支出管理及效果、学校债务化解、教育资产统筹利用、教材等教育用品的采购与管理等情况。结合区卫健部门预算执行审计，审计智慧医疗信息系统，揭示系统建设、管理和运行存在的突出问题和薄弱环节。

【政府投资建设项目审计】 2021年，溧水区审计部门专项审计区教育用房建设及管理情况、区中医院异地新建项目开展竣工决算。重点关注目标任务完成、项目建设程序履行、内部控制制度、资金落实与成本控制、财务收支和项目竣工决算的真实合法合规和效益等。规范建设行为，防止国有资产流失，提高建设管理水平。跟踪重大项目审计112个，加强工程建设项目过程审计监督；复核竣工结(决)算审计项目542个,核减资金7.07亿元;复核招标控制价项目76个,核减资金1.35亿元。促进相关建设部门加强过程管理,提高政府投资效益。

【部门财政执行情况审计】 2021年,溧水区审计部门重点关注政府组成部门2020年部门预算收支的规范性,专项资金、项目经费以及国有资产管理使用绩效,落实中央八项规定及其实施细则精神,“三公两费”(因公出国〈境〉费、公务接待费、公务用车运行维护费,会议费、培训费)管理使用及政府部门财务报告编制工作开展等情况。关注民生实事、阳光惠民项目,开展部分阳光惠民专项审计。开展2020年度永阳街道财政决算审计,分析财政收入组织、支出管理、财政资金管理、政府债务管理、预决算公开、国有资产管理等方面存在的问题,提出可行性操作建议。

【防疫集中隔离场所专项审计调查】 8月3日—11月23日,溧水区审计调查新冠肺炎防疫集中隔离场所征集、场地设置、人员配备、日常运行管理等环节。审计结果表明,自7月20日起,疫情防控指挥部逐个排查、逐个把关全区宾馆酒店,做到应统尽统、能征尽征,保障疫情防控工作。组织专业施工队伍,全程跟踪保质量,争分夺秒抢进度,完成“三区两通道”改造,确保符合疫情防控要求。及时申领送达防疫物资,组织工作专班与酒店方对接。第一时间协调解决各类问题,确保隔离场所保障到位、运行顺畅。审计提出加强防疫物资管理,健全完善隔离场所防疫物资台账登记管理制度,加强隔离场所全过程管理,建立健全隔离场所征集、使用、管理等全过程内部控制制度,完善集体研究相关会议记录,严格按照协议约定费用标准和支付方式支付隔离场所费用,支付费用时要获取规范齐全的票据等意见建议。

【2018—2020年教育用房建设、管理及使用情况审计】 2月26日—6月10日,溧水区审计调查2018—2020年教育用房建设、管理及使用情况。审计结果表明,区教育局及相关单位(部门)落实中央、省、市及区委、区政府的各项政策要求,校园改扩建及异地新建学校工作稳步、有序进行,工程施工、设备采购及监理服务等基本履行招投标程序,为推动办好优质均衡教育提供有力支撑,缓解招生压力。审计提出加强国有资产监督和管理,统筹管理国有资产购置、占有、使用、处置等;依法履行基本建设程序,加强建筑活动的监督管理,维护建筑市场秩序,保证建筑工程的质量和安全;加强工程建设项目质量过程管控,完善工程建设质量管理各项制度;完善财务支付管理制度,加强工程价款支付管理,严格按合同及相关规定执行,确保国有资金安全有效使用等意见建议。

【智慧医疗信息系统审计】 2月20日—6月20日,溧水区审计智慧医疗信息系统。审计结果表明,智慧医疗信息系统基本覆盖三级医院1家(区人民医院)、二级医院1家(区中医院)、二级专科医院1家、直属事业单位5家、中心卫生院5家、街镇卫生院3家、村(社区)卫生服务站91家。全民健康信息平台被认定为国家医疗健康信息互联互通标准化成熟度五级乙等,为行业最高标准。审计提出推进智慧医疗信息系统建设,加快推进项目建设;结合医改制度,推进项目个性化建设;完善智慧医疗信息系统功能模块,协调采集相关数据,将公共卫生绩效考核纳入系统统一管理;清理测试数据和冗余数据,确保数据真实性、准确性和完整性;完善系统日志模块,建立统一完整操作登录日志,设置HIS(医院信息系统)业务预警模块,避免逻辑错误;加强医疗业务监督和管理,规范医疗收费,避免重复收费等意见建议。

【区中医院异地新建项目竣工决算审计】 7月12日—10月29日,溧水区开展中医院异地新建项目竣工决算审计。审计结果表明,区中医院功能更加完善,投入使用后,住院收治能力提高,医疗资源紧张状况有所缓解,推进医疗卫生资源均衡化,更大程度满足群众医疗卫生需求。审计提出严格履行基本建设程序,切实加强建筑活动监督管理,维护建筑市场秩序,保证建筑工程质量和安全;加强工程建设项目质量过程管控，结合实际情况，完善工程建设质量管理各项制度；严格落实建设单位工程主体责任，督促相关单位各履其职，严格按招投标文件及相关合同约定执行，确保工程建设质量；加强《中华人民共和国招标投标法》《中华人民共和国招标投标法实施条例》等相关法律、法规学习和贯彻，增强法制意识；完善财务支付管理制度，加强工程价款支付及建设项目成本管理，按合同及相关法律法规执行，确保国有资金安全有效使用；加强聘用人员考核管理，严格按照区委、区政府相关规定执行，提高聘用人员工作主动性和有效性，合理配置利用人力资源等意见建议。

（翟海萍）

统　计

【概况】 2021年，溧水区强化数据质量，优化统计服务。创新经济运行预警监测分析方式，收集溧阳、宜兴、昆山、余杭等对标区（县、市）经济运行指标，比对分析数据。建立覆盖GDP核算全领域4项长效工作机制，推动核算行业主管部门建立健全规范统计工作体系。组织月度新投产项目入库，申报入库单位296家。核查全区41家贸易企业、50家工业企业、20家能源企业、34家建筑企业和15家房地产企业数据质量。举办业务培训24场次，培训600人次。组织专业人员到各街镇（开发区）了解经济运行情况、基层基础建设情况及存在问题。开展公开经济社会发展情况查询服务，回复工单8件。组织编印《建党100周年——溧水发展成果概览》统计资料，记录溧水1949—2020年经济社会发展成就。

【地区生产总值统一核算】 2021年，区统计部门立足统一核算改革需求，创新建立“政府+部门+统计”三位一体、覆盖GDP核算全领域4项长效工作机制，为推动全区高质量发展提供统计保障。印发《溧水区地区生产总值统一核算改革工作实施方案》《统一核算部门联席会议制度》，明确部门统计职责，推动12家核算行业主管部门建立健全规范有序的部门统计工作体系，提升行业统计基础数据对GDP核算的有效支撑。建立统计专业联合协作制度，印发《统一核算监测制度》，推动统一核算改革，在全区形成统计与部门融合互补、多维度协同发力常态化工作机制，为全区经济高质量发展提供制度保障。

【统计法治工作】 2021年，区政府常务会议专题学习《南京市防范和惩治统计造假、弄虚作假督察工作办法》，区统计部门开展送法下基层，组织编印《统计规章规范性文件汇编》并发放到街镇和相关部门。开展2021年度全区公务员及科级事业人员统计法律法规培训，签订“统计调查对象统计数据质量自查承诺书”。完成“双随机”执法检查，检查单位38家，其中警告处罚违反统计法单位2家。

（张三福）

市场监督管理

【概况】 2021年，溧水区市场监管系统做好“六稳”“六保”工作，推进新冠肺炎疫情防控和市场监管，助推全区经济社会高质量发展。3月，举办“新消费·享生活·促发展”2021中国溧水放心消费节活动，行业联动、市区互动，释放消费红利，激发消费活力。4月，溧水区召开省级食品安全示范区创建推进会暨质量强区工作会议，各责任单位递交创建目标责任书。7月起，针对新冠肺炎疫情，开展辖区内冷链食品经营主体、零售药店、外卖平台、餐饮单位等重点环节监督检查，“日查+夜查”模式加大街面巡查力度，落实相关防疫措施。打击侵权仿冒、假冒伪劣、虚假广告、价格违规等多领域违法行为，保障民生需求供给，维护市场稳定秩序。推进“放管服”改革，营造宽松便捷市场准入环境，引入信用监管、智慧监管等创新监管模式，优化营商环境。建设特色质量基础设施“一站式”服务工作站，多头推进质量提升行动，实施质量强区战略。

【品质管理】 2021年，溧水区新增贯标创建企业51家、南京市知识产权示范企业3家。2家企业入围市长质量奖现场评审，6家企业入围区政府质量奖并通过第一轮公示。7篇质量管理论文获市级奖项，区市场监管局获优秀组织奖。1家企业获

"江苏精品"认证,实现区"江苏精品"零的突破。首创召开质量品牌优秀经验分享会,开展小微企业质量管理提升行动,全区66%的规模以上企业通过培训考核获首席质量官证书,培训1000余人次。新增省级标准化示范项目2个,发布国家标准2项,主导修订团体标准1项。南京多特工具有限公司主导修订的一般用途米制螺纹国际标准,获质量强省专项奖补资金50万元、省标准创新三等奖。

【市场安全监管】 2021年,溧水区聚焦食品安全领域开展"一大一小一高"企业(大企业、小作坊、高风险企业)质量提升行动,24家食品生产企业通过先进质量体系认证,23家食品生产企业建立电子追溯体系,培育金陵名食坊4家、江苏名特优食品小作坊2家,116所学校食堂"明厨亮灶"覆盖率100%。食品抽检2482批次,合格率98.23%,按程序处置省、市、区级各类抽检不合格食品108批次。推进专项整治三年行动,开展涉危化品、压力管道、游乐设施、人员密集场所等领域特种设备安全大排查大整治,检查特种设备使用单位597家,发现和消除安全隐患725个,发出安全监察指令书103份,办理违法案件35件。出台《溧水区住宅电梯管理诉求处置建议》,细化电梯安装、使用、维保等各环节各方责任,明确处理电梯问题规范流程,推进电梯"保险+服务"模式。聚焦成品油、非道路移动机械用油、燃气器具、化肥、口罩等重点品种,实施专项检查和监督抽检,检测相关产品70批次,生产经营单位185家。推进药品不良反应报告工作,上报425例。开展新冠病毒检测试剂、无菌和植入类器械、儿童化妆品、隐形眼镜等多个医疗器械专项整治行动,检查医疗器械经营使用单位183家。

【市场行政执法】 2021年,溧水区市场监管系统健全跨部门"双随机"联合抽查机制,牵头制订《溧水区市场监管领域部门联合抽查事项清单(第一版)》,推动跨部门"双随机"监管常态化。29个部门使用平台制订抽查计划283条、任务283条,抽查各类主体2303户。加强"先照后证"改革事中事后监管,30个部门归集涉企信息1.82万条,强化信用约束与失信惩戒。加大侵权仿冒、假冒伪劣、虚假广告等多领域违法行为打击力度,立案查处简易程序案件835件,一般程序案件立案354件,罚没款539万元。开展殡葬、餐饮住宿、停车、房地产等价格专项检查,整治价格欺诈、哄抬物价等违法行为。打击非法传销,以各街镇(开发区)为单位建立8个网格化管理图,网格覆盖全区,集中力量打早打小打源头。开展农村食品生产经营、小餐饮、厂中厂、房地产市场等领域专项执法,消除民生安全隐患。围绕防疫用品及民生商品价格开展全区相关市场主体巡查,严打借疫情之机哄抬物价、价格欺诈、不明码标价等搅乱市场违法行为,出动执法人员590人次,检查药店、超市、农贸市场等市场主体近2000家次,发放、张贴价格政策提醒函649份,有效保障市场价格平稳。

【消费维权】 2021年,溧水区市场监管系统开展"新消费·享生活·促发展"2021中国溧水放心消费节、"3·15"国际消费者权益保护日等主题活动,线上线下同步发力,引导改善消费环境,促进消费潜力释放。发挥典型示范带动和辐射作用,推进放心消费创建,10家单位被评为2021年度市级

10月28日—11月30日,溧水区开展特种设备安全生产大排查大整治行动　　童羽欣　摄

放心消费先进、示范单位，数量位列全市第二。做好广告、网络交易日常监测监管，监测网络交易主体1800余户次。畅通投诉举报渠道，受理“12345”“12315”热线、大联动平台、来信来函等各类工单10655件，为消费者挽回经济损失590余万元。推进计量惠民服务活动，完成24家农贸市场822台计量器具申报、强制检定。

6月，溧水区推行食品经营许可登记管理“证照分离”改革后发出首张小餐饮信息公示卡　　《今日溧水》报　供图

【营商环境优化】 2021年，溧水区实施市场主体倍增计划，至年底，全区市场主体总量10.97万户，净增市场主体2.3万户，完成年度任务的108.29%，在全市率先完成年度任务。推进小餐饮、小食杂、食品小作坊“证照分离”改革，食品加工小作坊登记时限由5个工作日压缩至3个工作日，下降40%。推行网上办、掌上办、预约办、帮代办、一次办等多种办理方式，畅通电脑端、移动端、自助端等多种办理渠道，疫情防控背景下持续推动政务“无接触服务”。督促帮助企业开展年报工作，全区企业年报率93.3%，位列全市第二。在全市先行先试食品安全信用信息等级评价，评价食品生产经营者154家，发挥信用监管在食品安全监管领域的重大作用，增强食品生产经营者的诚信自律意识和信用水平。

【食品安全示范创建】 2021年，溧水区围绕打造“健康溧水”示范样本，开展江苏省食品安全示范区创建。制订创建方案及《江苏省食品安全指数指标任务分解表》《创建江苏省食品安全示范区工作进度表》，组织各街镇（开发区）、相关部门挂图作战，实行“时间倒排、任务倒逼、责任倒追”工作机制，压实工作责任。聚焦短板弱项开展专项治理，重点治理学校食堂、农村集体用餐、流动食品摊贩、托幼养老机构、建筑工地食堂等薄弱环节，规范提升小作坊、小餐饮、小摊贩“三小”行业与网络销售、冷链食品等重点业态。创新监管模式，推广“互联网+明厨亮灶”，建设食品安全智慧监管平台，实现大厅视频、手机终端实时监控平台、网上实时监控等多方位立体化监管。强化宣传，营造浓厚氛围，借助公共交通宣传平台、电子显示大屏等开展全方位、立体式宣传，制作发布食品安全科普视频8期，张贴宣传品4.1万份。现场点位检查通过省专家组评估验收。

【智慧监管】 2021年，溧水区完成电梯智慧监管平台整体项目建设，实现电梯信息动态管理、隐患实时预警、维保单位智慧监管、远程实时监测、应急联动指挥等功能。在全市率先建设餐饮智慧监管工程，完成35家景区餐饮单位、14家重大活动保障餐饮单位、1家中央厨房智慧监管建设，实现远程可视化、线上视频巡查，提升监管效能。推动电梯、餐饮智慧监管两大平台融入“智慧溧水”新生态，强化大数据分析诊断应用，电梯、食品安全监管由信息化迈向智慧化。

【“质量小站”建设】 11月25日，溧水高新区“质量小站”开站运营。“质量小站”整合市场监管领域技术资源，配备专业“质量管家”，覆盖各街镇（开发区）2万家注册企业，为企业提供计量、标准、认证认可、检验检测、质量管理、知识产权、品牌培育等质量基础设施一站式全链条服务。采用线上、线下并行模式，建立“全程网上办理、机构服务优势互补、企业需求多方在线协作”的服务机制，打通质量技术服务“最后一公里”。组织“质量管家”开展质量基础设施一站式服务相关知识培训，涵盖质量管理、质量监督、认证认可服务等7大类14小类相关内容，提高服务人员专业能力。制作宣传手册，以74条“质量小站”小问答形式解答企业创业发展常见疑问。至年底，高新区“质量小站”为22家企业开展区长质量奖申报辅导咨询，为26家企业开展首席质量官线下培训，为20家小微企业提供质量管理体系提升服务，免费为企业提供各类技术标准40余份，为70余家企业提供产品检验、设备报检等技术服务。（童羽欣）

知识产权保护

【概况】 2021年，溧水区出台知识产权全生命周期保护法律服务方案，优化营商环境，推动知识产权强区建设。围绕知识产权创造、运用、管理、保护、服务全链条，建设一站式知识产权全生命周期法律服务平台，打造“一链办理”标准化服务流程和服务项目清单，建立知识产权保护“三大”人才库（专业人才库、法律服务人才库、维权援助志愿者服务库），健全完善“事前+事中+事后”知识产权保护体系建设；建立联动机制护航知识产权发展，开展“双打”、“铁拳”、地理标志保护等专项行动。成立区知识产权调解中心，在部分贸易市场开展典型案例集中宣讲活动，在公共法律服务中心设立巡回法庭。全年查处专利标识标志不规范案件40件，出具电商平台侵权判定咨询意见书43份，调解商标纠纷案件29件，查处商标侵权案件10件，非正常申请专利查处撤回率99.5%。与江宁经济技术开发区人民法院建立协同机制，探索具有特色知识产权纠纷诉前调解机制建设，建立“江苏微解纷”线上分流、委托送达、行业调解、行政调解参与的共同调解机制和远程司法确认机制，化解知识产权纠纷。为150余家企业提供“点对点”精准服务，受理知识产权举报投诉154件，调解知识产权纠纷58件，电商侵权判定案件55件。组织企业参加省、市知识产权工程师、知识产权高研班、国外专利申请等各项培训活动，提升企业知识产权保护意识与水平。（方洁　童羽欣）

4月23日，一起侵犯商标权纠纷案件在溧水知识产权巡回法庭公开开庭审理，这是区司法局、市场监管局联合江宁经济技术开发区人民法院开庭审理的首宗知识产权案件　《今日溧水》报　供图

【知识产权建设】 2021年，溧水区新增注册商标2028件，农产品注册商标448件，“汤辰秋湖”等获集体商标。全区专利授权5747件，其中发明专利授权1072件，完成目标任务的238%。万人发明专利拥有量60件。新增南京市知识产权示范企业3家、贯标创建企业51家。创成江苏知识产权强省示范区，南京国家农高区创成省级知识产权示范园区。7月，江苏冠军科技集团股份有限公司的水性醇酸树脂涂料战略性新兴产业标准化试点项目，被认定为2021年江苏省战略性新兴产业和服务业标准化试点项目，为全区工业企业首次入围战略性新兴产业标准化试点项目；南京金万辰生物科技有限公司的金万辰工厂化栽培金针菇产业标准化试点项目入选2021年度江苏省农业标准化试点项目。8月，南京金鑫传动设备有限公司发明专利“大功率矿渣微粉磨主齿轮箱”和南京云海特种金属股份

有限公司等4家企业4件实用新型专利获2021年度南京市优秀专利奖，南京天益汽车贸易有限公司被认定为2021年度南京市“正版正货”街区（行业）培育单位。开展知识产权质押融资服务，帮助73家企业完成质押融资91笔，总金额3.56亿元。

【知识产权宣传】 2021年，溧水区开展知识产权宣传，宣扬“尊重知识，崇尚创新，诚信守法”的核心理念。开展企业知识产权保护专题宣讲，与商家代表面对面座谈，零距离指导，帮助企业强化知识产权保护意识，维护品牌市场形象。举办“3·15”国际消费者权益保护日活动，向市民开展现场宣传与投诉受理，表彰50家“金拇指奖”获得单位、14家先进集体和13名先进个人、10家商品与服务质量优胜单位、3名“2020年度消费人物奖”。举办“4·26”世界知识产权日系列活动，围绕“全面加强知识产权保护，推动构建新发展格局”主题，通过知识产权巡回审判零距离旁听、“正版正货”品牌保护宣传、知识产权纠纷诉前调解等形式，传播知识产权文化。（童羽欣）

信用体系建设

【概况】 2021年，溧水区完善社会信用制度建设，制订溧水区社会信用体系建设工作要点。做好信用信息归集管理，依托市区两级统一公共信用信息归集平台，归集各类信用信息11.27万条，其中双公示信息31654条（行政许可信息28775条，行政处罚信息2879条）。发布自然人失信被执行842人次，屏蔽自然人84人次，限制高消费发布1791人次，撤销740人次。发布法人及其他组织失信信息152条，屏蔽法人及其他组织71条。

【社会信用制度建设】 2021年，溧水区贯彻《江苏省社会信用条例》和《南京市社会信用条例》，开展立体层面信用宣传。强化信用建设分级分类监管，构建以信用为基础的事前、事中、事后新型监管机制。围绕重点领域，强化政务诚信建设，在政府采购、政府和社会资本合作、招投标、招商引资、地方政府债务、统计等领域开展制度建设和分级分类监管。拓展“信用+”应用场景，开展新型农业经营主体信用评定工作。

【信用建设服务实体经济】 2021年，溧水区帮助企业修复信用160余次，开展企业信用预警11家，信用查询50批次。完成30家企业信用管理培训，均达贯标要求。开展企业信用建设试点示范工作，全区有信用贯标企业230家，市级信用示范企业26家。规范信用服务行业秩序，排查辖区内经营范围中包含信用服务业务的机构，责令退出、强化监管不符合要求的机构。（徒成兔）

责任编辑　吴萍

江苏南京国家农业高新技术产业示范区

Jiangsu Nanjing National Agricultural High-tech Industry Demonstration Zone

农业科技

【概况】 江苏南京国家农业高新技术产业示范区位于溧水区白马镇，距溧水城区15千米，面积146平方千米（含白马镇），东至常州溧阳市、南至溧水区晶桥镇、西至溧水东庐山麓、北至镇江句容市。宁杭城际铁路、长深高速公路（宁杭段）、341省道纵横境内。2019年11月18日，国务院同意江苏南京白马农业科技园区建设为江苏南京国家农业高新技术产业示范区。是全国首批、长三角地区唯一的国家农业高新技术产业示范区，承担建设国际农业科技合作示范区、长三角农业科技创新策源地、科技振兴乡村样板区的重大使命。2021年，南京国家农高区放大创新资源优势，强化农业科技成果转化，打通科技创新“最后一公里”，先后集聚南京农业大学、南京林业大学、省农业科学院等7家涉农高校及科研院所，建有国家及省市科研平台80余个。推进农业科技创新，发布涵盖数字农业、智慧生态等多领域应用场景38个，总投资8.4亿元，成功入选省数字乡村试点、市数字经济产业园区。强化省级知识产权示范园建设，搭建白马高新区知识产权公共服务平台，设立知识产权维权援助窗口，有专利、商标、优势企业培育知识产权。至年底，有效发明专利拥有量969件，万人拥有授权发明100件；协助57家驻区企业、院校兑现2020年区专利授权等专项补助140.97万元。坚持“以示范引领、以科技兴农、以产业带动”发展方向，有蓝莓黑莓种植企业16家，专业合作社36家，种植大户及经纪人300余户（人），带动3000余名农民年均收入增加1.6万元。9月30日，获中国技术市场协会第三届三农科技服务金桥“突出贡献奖”。

4月24日，南京大学新农科教学实践基地挂牌仪式在南京国家农高区举行
朱建勇　摄

【科技创新载体建设】 2021年，南京国家农高区推进创新平台建设，健康食品智能制造技术创新中心创成省级技术创新中心，南京农业大学作物表型组学研发中

心完成主体建设，南京福喆未来食品研究院有限公司、神农智慧农业研究院南京有限公司等实体化运行。神农智慧农业研究院南京有限公司成立智慧农业技术创新战略联盟，入选第七批省级农业产业技术创新战略联盟。南京金万辰生物科技有限公司省科技计划现代农业（“百城百园”行动）项目立项，获中央财政地方引导资金150万元；江苏青好景观园艺有限公司获批省政策引导类国际科技合作项目，30名科技人才成功申领紫金山英才卡；南京新瑞泽农业生物科技公司成功申报市级高峰计划项目；中植生态农业科技股份公司等3家企业入选省科技副总人才项目。南京黄教授食品科技有限公司获批建设省级工程技术研究中心及省优秀研究生工作站；江苏富禾农业科技有限公司创成省级农业科技型企业。引进省外农业高新技术产业企业10家，入库科技型中小企业66家，入选市级独角兽企业1家，培育瞪羚企业2家。

【未来食品技术创新中心建设启动】 1月13日，南京国家农高区启动未来食品技术创新中心建设，获省科技厅创新能力建设专项资金支持。6月22日，成立未来食品产业技术创新战略联盟，并被选为联盟理事长单位，联盟成员单位包括40家食品领域顶尖高校和龙头企业以及京津冀、长三角、珠三角等区域食品生产企业和科研部门。8月5日，白马未来食品研究院首个孵化公司——南京福喆未来食品研究院有限公司通过2021年度第一批南京市新型研发机构备案，获批省科技厅重点研发计划3个，项目总经费2700万元。省现代农业研发计划3个重点项目获省级立项和经费支持900万元。11月11日，南京福喆未来食品研究院有限公司与江南大学联合共建的研究生工作站获批2021年江苏省研究生工作站。11月27日，白马未来食品研究院与美国加利福尼亚大学戴维斯分校（University of California Davis）签约合作协议共建中美全健康食品协同创新中心。（余金峰）

【江苏省技术产权交易市场现代农业行业分中心挂牌】 3月4日，江苏省技术产权交易市场现代农业行业分中心在南京国家农高区挂牌。该中心服务交易场所占地约2000平方米，拥有技术交易、测试认证、价值评估、技术运营、科技金融、在线智库6大核心功能，为企业提供确权、挂牌、评估等一站式综合服务。该中心构建技术交易网上平台和技术产权交易体系，制订《南京国家农高区科技成果入乡转化改革事项清单》《南京国家农高区促进科技成果转移转化的若干措施》《南京国家农高区赋予科研人员职务科技成果所有权或长期使用权试点实施办法》等试点文件，通过“一中心、一平台、一体系”，疏通科技成果入乡转化堵点，对接供需两端，为企业提供更为精准的技术交易配对服务。至年底，引进6家科技服务机构和1家专业技术转移机构，培育技术经纪人136人，挖掘企业需求114项，汇集东南大学、南京农业大学、南京林业大学、南京工业大学和南昌大学5所高校院所科研成果资源，发布83项科技成果，交易额158万元，完成技术合同认定成交额0.8亿元，签订企业产学研合作协议10余项。（余金峰　傅中杰）

【农业科技创新成果展示】 6月29日，2021年南京国家农高区农业科技领域最新创新成果发布会在江苏白马农业国际博览中心举行。发布会发布应用场景66个，融合应用云计算、大数据、区块链

6月29日，2021南京国家农高区应用场景发布会在江苏白马农业国际博览中心举行

《今日溧水》报　供图

等数字经济七大优势产业，展现技术融合、价值再造和数字化治理时代特征。南京国家农高区发布重点应用场景38个，总投资8.4亿元，涵盖产业发展、民生服务、数字消费等领域。其中，产业发展类9个，投资4.42亿元；农业发展类20个，投资3.7亿元；社会治理类8个，投资3900万元；民生服务类1个，投资300万元。

【博士未来食品孵化器获市级认定】 11月10日，南京国家农高区博士未来食品孵化器被市科技局列入科技企业孵化器公示名单。博士未来食品孵化器位于南京国家农高区核心区，孵化面积3000平方米，是市内现代农业领域专业型科创载体，集聚众多创新创业资源，建有大数据平台，为企业提供体检与规划支撑服务。围绕现代农业领域开展精准孵化，提供咨询、培训、创业辅导、知识产权、市场拓展、投融资等12个要素服务，招引有潜力项目团队，培育孵化企业，营造创新创业生态环境。在孵企业10家，毕业企业2家，设有孵化基金500万元。与白马未来食品研究院合作成立公共实验室服务平台，为孵化企业提供资金、智能化研发和检验检测技术支持。

【国际农业科技合作】 2021年，南京国家农高区围绕建设国际农业科技合作示范区，强化国际农业科技合作，对接荷兰汉德克斯基因育种集团等国外农业龙头企业，举办荷兰绿色智慧农业企业项目路演等系列国际交流合作活动。先后与美国富美实、法国安迪苏、荷兰瓦赫宁根大学研究中心、荷兰华人青年企业家协会等建立初步合作意向；借助会展功能平台，举办中国国际集约化畜牧展览会、农业未来·国际合作发展大会、2021国际农产品流通产业大会暨第六届中国农产品供应链大会、首届中德农业青年领军者论坛等会展活动13场。提升农产品质量，推动溧水黑莓蓝莓农产品进入国际市场，销往全球20余个国家。

（余金峰）

重点项目建设

【概况】 2021年，南京国家农高区推进各类项目建设，列入区级以上重点产业项目20个，总投资167.6亿元，完成年度投资43.75亿元。南京林业大学溧水校区一期主体封顶，二期进场施工；中国东部（南京）农业科技创新港一期地库封顶、4号楼主体结构封顶，五期进场施工。建成白马未来食品研发试验用房、神农智慧农业研究院厂房、南京爱易测生物科技有限公司场地项目3个。获批立项重点建设项目19个，其中白马中心幼儿园民生类项目2个、未来食品科技园产业类项目3个、人才公寓改造类项目6个、工业园区道路提升市政工程类项目8个。

10月18日，首届中德农业青年领军者论坛在江苏白马农业国际博览中心开幕　　《今日溧水》报　供图

【未来食品科技园一期投入运营】 5月21日，南京国家农高区未来食品科技园一期项目建设竣工投入运营。该项目位于食品加工产业园，建筑面积6.3万平方米，总投资5亿元，首批驻园企业4家。未来食品科技园是集食品工业生产、食品冷链物流、电子商务等功能于一体的生态、环保、健康高效集群式产业园，由1幢6层研发大楼和2幢4层主厂房及相关配套设施组成。

【南京林业大学溧水校区开工】 8月23日，南京林业大学溧水校区在南京国家农高区开工建设。校园占地244.13公顷，总建筑面积106万平方米，实行一次规划、分期建设。一期建设生命科学组团、工科组团（合并设置土木工程学院、汽车与交通工程学院和机械电子学院为代表的工科）2个组团学院楼及其附属设施，建筑面积13万平方米；二期建设生命科学组团、工科2个组团配套宿舍、食堂及其附属设施，建筑面积15万平方米。2020年8月18日，溧水区与南林大签署《关于南京林业大学新校区和农业科技创新港建设项目协议》，双方合作建设南林大新校区。2021年1月，双方签署合作协议，启动南林大白马诚信基地建设。3月，该项目被列为2021年度江苏省重大项目。

【中饮巴比现代化智能早餐项目主体封顶】 10月15日，由中饮巴比食品股份有限公司投资建设的现代化智能早餐项目主体封顶。该项目位于南京国家农高区（白马镇康居路以西，食品园大道以北），总投资6亿元，占地6.66公顷，建筑总面积12万平方米。设计生产能力年产面点类产品（其中包子、馒头、饺子成品类11.96万吨，预包装速冻面食1800万袋、礼品式面食140万盒）、馅料类产品13万吨，销售OEM饮品及生鲜类产品24吨，年产值15亿元。（余金峰）

产业发展

【概况】 2021年，南京国家农高区着力构建以生物农业为引导，以农产品特色加工、农业智能装备制造、农业科技服务业发展为特色，以未来食品为战略的“1+3+1”现代产业体系，建设有区域特色的农业科技产业集群。至年底，园区入驻企业486家。其中，规模以上工业企业35家，总部企业1家（深能南京能源控股有限公司）。

【招商引资】 2021年，南京国家农高区强化招商引资，签约大希地产业园、深能综合能源等亿元以上项目24个，总投资106.98亿元，利用外资及港澳台资2005万美元，重大项目注册21个，新增招商项目信息145条。对接荷兰汉德克斯基因育种集团等国外农业龙头企业，与新加坡新果科技共建高效节能立体农业整体解决方案和育苗育种科研实验室项目签约注册。首期规模20亿元的良润溧水产业基金实质运行，完成首期出资4亿元。

【生物农业与农产品特色加工产业】 2021年，南京国家农高区有农产品加工、生物农业企业82家，其中农业龙头企业28家、涉农高新技术企业8家。运用5G技术打造“两莓”（蓝莓、黑莓）产业示范园，基地面积扩增到1066.7公顷，“两莓”加工龙头企业9家，种植大户60户，年销售“两莓”包括深加工产品收入5.8亿元。“两莓”产业示范园被评定为国家级产业化示范基地、省级生物农业示范基地、省级十佳农产品集中区。至年底，南京国家农高区有绿色蔬菜产业基地533.33公顷，蓝莓、黑莓产业基地800公顷，水产业基地200公顷，稻米产业基地1600公顷。稻米、茶叶、蓝莓、黑莓等农产品加工区156个。

【长三角种业发展联盟成立】 2月27—28日，首届长三角种业发展大会在南京国家农高区举行。中国水稻研究所所长、中国工程院院士、扬州大学教授张洪程等专家学者汇聚溧水，聚焦育种短板和“卡脖子”技术等进行探讨。现场宣布成立

2月27日，长三角种业发展联盟成立大会在江苏白马农业国际博览中心举行
《今日溧水》报 供图

6月5日，南京国家农高区与南京金阳光乳品有限公司签约　朱建勇　摄

长三角种业发展联盟，由江苏、上海、浙江、安徽等地涉农高校院所、种业企业和相关管理部门等75家成员单位组成，发布一揽子政策支持种业“卡脖子”技术攻关，为种业发展提供技术支撑。南京国家农高区拥有作物遗传与种质创新国家重点实验室等种业相关的国家和省部级平台58个，粮食与经济作物等品种资源3万余份，每年发布植物新品种200个，区内培育研发水稻、蓝莓等农业新品种累计示范推广面积近2亿亩次，拥有凯达农业等多家从事种苗繁育和市场推广企业。会上，南京国家农高区设立总部企业奖、落户奖、经营贡献奖等5个奖项支持现代种业发展。其中，落户南京国家农高区的总部型种业企业最高可获1000万元奖励；新获得全国种业相关品牌排名前十位企业，给予最高200万元的一次性奖励；引进种业企业平台可获最高50万元奖励。

【金阳光高端乳制品及智能制造基地项目落户】　6月8日，由南京金阳光乳制品有限公司投资建设的高端乳制品及智能制造基地项目签约落户南京国家农高区。该项目总投资10亿元，总建筑面积4.1万平方米，采用国际、国内成熟、先进、高自动化生产线，产品涵盖巴氏奶、乳酸菌饮料等各类高端乳制品，设计生产能力200吨/天。

【大希地大健康食品产业园项目签约】　6月10日，大希地大健康食品产业园项目签约落户南京国家农高区。杭州大希地科技股份有限公司投资20亿元，建设大希地健康食品产业园。项目占地0.73公顷，规划建设1座3万吨中央仓、3座立体自动化库、6个产品线智能化车间、1个2万平方米创业创新孵化中心、1个多品种新品开发车间、1个1.4万平方米总部大楼，涵盖产品研发检测中心、区域总部中心、全渠道销售中心。

【“923”全球农产品直播电商节】　9月22—24日，2021年“923”全球农产品直播电商节在江苏白马农业国际博览中心举行。电商节以“向阳而生”为主题，结合中国农民丰收节主题“庆丰收，感党恩”，邀请全国各地乡村主播，重点推荐延安、井冈山、西柏坡等全国30个革命老区500余家品牌2000余个品种农特产品参与活动。活动现场由非遗展示表演区、“923”丰收良品区、“25度”旅行展示区、消费助农区、十城十湖展示区等组成。直播区划分为1个“太阳直播间”和8个

9月24日，923全球农产品直播电商节暨2021全国农村电商(白马)高峰论坛在江苏白马农业国际博览中心开幕　《今日溧水》报　供图

“行星直播间”以及70余个标准直播间。现场150名带货主播汇聚苏宁易购、淘宝、抖音、快手等平台，直播总时长800小时，线上总浏览量突破2亿次，农特产品成交额2亿元。

10月13日，由全国城市农贸中心联合会、世界批发市场联合会亚太地区工作组联合主办的2021国际农产品流通产业大会暨第六届中国农产品供应链大会在江苏白马农业国际博览中心开幕　　《今日溧水》报　供图

【2021国际农产品流通产业大会】　10月13日，2021国际农产品流通产业大会暨中国第六届农产品供应链大会在江苏白马农业国际博览中心开幕。大会由世界批发市场联合会亚太地区工作组与全国城市农贸中心联合会联合主办。全国城市农贸中心和各省、市、自治区有关领导及农业企业代表等500人参会。大会以“重构·创新·链通全球”为主题，打造“3+2+N”会议矩阵，设置3场主题论坛、2场专业沙龙和多个同期开展的活动，与会嘉宾和企业围绕“农产品供应链新格局”“未来5～10年中国农产品流通发展格局”“数字化助力农产品市场高质量发展”等主题展开深入讨论，旨在帮助解决农业企业实际问题，共谋农产品流通行业未来发展。全国城市农贸中心联合会与日本农业国际交流协会、阿根廷—中国交流理事会、西安市商务局、陕西阳光天晟文化旅游集团股份有限公司签署合作协议。宜昌三峡物流园有限公司、红星实业集团有限公司分别与尼泊尔什里综合公司、达拉泰市场等签署友好市场合作协议。

【溧水两莓进入国际市场】　12月8日，南京中亮有机蔬菜食品有限公司23吨速冻黑莓农产品搭乘货轮销往泰国，溧水黑莓打开国际市场。溧水是国内最早种植黑莓和蓝莓农产品地区之一，有30多年种植历史。至年底，南京国家农高区累计引进南京中亮有机蔬菜食品有限公司、宝生源等10余家“两莓”种植加工企业，集聚“两莓”种植企业16家，种植大户及经纪人300余户(人)，种植面积1333.33公顷，“两莓”出口示范基地113公顷。南京国家农高区、区商务局、金陵海关工作人员多次赴企业调研，针对国际市场相关检疫检验要求，帮助企业从源头规范病虫害防治，严控选种、种植、加工每个环节质量关，协助企业获得多项质量管理认证，实现速冻黑莓从企业冷库到实验室冷柜快递直达，销往澳大利亚、欧盟等20余个国家和地区。

（余金峰）

责任编辑　尹伟

都市农业

综　述

【概况】 2021年，溧水区围绕“农业高质高效、乡村宜居宜业、农民富裕富足”总目标，以实施乡村振兴战略为引领，促进农业稳产增效，开展乡村建设，深化农村综合改革，“三农”工作呈现稳中有进的良好态势。全区粮食种植总面积2.86万公顷，增加120公顷，总产量20.7万吨。其中，水稻种植面积1.73万公顷；小麦播种面积8604公顷，增加50公顷。蔬菜种殖1.23万公顷，总产量43.19万吨，增加0.16万吨，总产值28.2亿元。出栏生猪5.08万头，存栏3.73万头。标准化生产基地总面积1万公顷，分布在东屏、洪蓝、石湫、白马、和凤、晶桥6个街镇。12月，全国绿色食品原料（水稻）标准化生产基地通过中国绿色食品发展中心验收。全年落实农业支持保护补贴4795万元、耕保资金补贴约1.2亿元。发放稻谷规模种植生产者补贴资金1.43亿元，实际种粮农民一次性补贴379.57万元。以江苏白马农博中心为阵地发展农业会展经济，成功举办长三角种业发展大会、首届江苏农业科技节等。承办第五届江苏省农村创业创新项目创意大赛、第五届全国农村创业创新项目创意大赛半决赛及全国农村创业园区（基地）现场观摩会，组织南京金色庄园农产品有限公司吴中平和南京三元农业科技有限公司陈骏参加南京市第五届农村创业创新创意大赛，分别获初创组和成长组一等奖。吴中平“小草莓结出致富希望果，托起农民致富梦”项目获第五届江苏省农村创业创新项目创意大赛成长组一等奖及全国总决赛成长组三等奖。吴中平入选2021年全国农村创业创新优秀带头人典型案例。白马、傅家边、和凤、晶桥、石湫5家农业园区及溧水特色设施蔬菜星创天地、南京梅产业星创天地7家单位入选全国农村创业园区（基地）目录。溧水区跨入全国农业科技现代化先行县行列。 （时秀菲）

表15　2021年溧水区农林牧渔业总产值、增加值情况一览表

指　　标	本年度现价计算（万元）	缩减指数（%）	按可比价格计算（万元）	上年现价同期（万元）
一、农林牧渔业总产值	860535	101.15	850754	832720
（一）农业	491500	103.32	475707	474700
（二）林业	37650	101.33	37156	35020
（三）牧业	49000	81.14	60389	52750

续表

指　　标	本年度现价计算（万元）	缩减指数（%）	按可比价格计算（万元）	上年现价同期（万元）
（四）渔业	207870	101.94	203914	200100
（五）农林牧渔服务业	74515	101.26	73588	70150
二、中间物质消耗	300419			289655
（一）农业	118243			112450
（二）林业	16345			15120
（三）牧业	28820			31125
（四）渔业	103806			99700
（五）农林牧渔服务业	33205			31260
三、农林牧渔业增加值	560116	101.37	552550	543065
按行业分				
（一）农业	373257	103.22	361613	362250
（二）林业	21305	101.8	20928	19900
（三）牧业	20180	73.68	27389	21625
（四）渔业	104064	102.2	101824	100400
（五）农林牧渔服务业	41310	101.26	40796	38890
按支出法分				
（一）固定资产折旧	58000			55000
（二）劳动者报酬	412000			401000
（三）生产税	6800			5600
（四）生产补贴				
（五）营业盈余	83316			81465

（区统计局）

【农业龙头企业】 2021年，溧水区新增国家级农业龙头企业1家（南京金色庄园农产品有限公司）、省级农业产业化龙头企业2家（南京双吉农业发展有限公司、南京小洋人生物科技发展有限公司）、市级农业产业化龙头企业12家、区级农业龙头企业14家，国家、省级以上农业龙头企业位列全市第一。区级以上农业龙头企业97家，实现销售收入163亿元。其中，吴中平草莓小王子项目获第五届全国农村创业创新项目创意大赛成长组三等奖、第五届全省农村创业创新项目创意大赛成长组一等奖。（吕孝伟）

【农业专业合作社】 2021年，溧水区完成农民合作社质量提升整区推进试点创建，新认定市区级示范社62家，其中南京市溧水区宗轩生态农业专业合作社、南京市金瑞蓝莓专业合作社等市级示范社11家，南京依云农业专业合作社等区级示范社51家。全区示范社173家，其中国家级12家、省级31家、市级25家、区级105家。新成立村集体领办的农民合作社综合社5家。213家农民合作社进入市“金陵惠农贷”扶持名录。

（周明胜）

表16 2021年溧水区四级示范社创建情况一览表

街镇（开发区）	数量（家）	市级示范社	区级示范社
开发区	2	—	南京市溧水区英云水稻种植专业合作社、溧水中鼎泰果蔬专业合作社
永阳街道	6	溧水立新蔬菜专业合作社	南京依云农业专业合作社、南京市溧水区百辰果蔬种植专业合作社、溧水金禾农作物专业合作社、溧水东山苗木专业合作社、南京涧湖果蔬种植专业合作社
东屏街道	6	溧水正隅农产品专业合作社	南京市溧水区宏志水稻种植专业合作社、南京市溧水区墨涵苗木种植专业合作社、南京市溧水区中凯苗木种植专业合作社、溧水勋成农机服务专业合作社、南京市溧水区轩冉苗木种植专业合作社
洪蓝街道	11	溧水天桥苗木专业合作社、溧水玉凤蔬果专业合作社	溧水金点子水稻专业合作社、南京绿福茶叶专业合作社、南京千畹果蔬种植农民专业合作社、溧水悦达葡萄专业合作社、溧水丹丹禽蛋专业合作社、溧水秦源水产专业合作社、南京市溧水区孝芳果蔬种植专业合作社、南京中甜农业发展专业合作社、溧水众鑫果蔬专业合作社
石湫街道	5	南京市金瑞蓝莓专业合作社、溧水明国农业专业合作社	南京溧水区文菊农产品专业合作社、溧水塘禾农作物专业合作社、溧水亭山茶叶专业合作社
白马镇	6	南京市金瑞蓝莓专业合作社	南京牧坤稻渔共生水产专业合作社、南京博裕苗木专业合作社、南京捷垦农机服务专业合作社、溧水阳山果品专业合作社、溧水杨氏茶叶专业合作社
和凤镇	7	南京市溧水区明头农机专业合作社	溧水佳春苗木农民专业合作社、南京永浩生态农业专业合作社、南京仙郎山灵芝种植专业合作社、南京和美凤鸣谷物种植专业合作社、南京市溧水区万博农作物种植专业合作社、溧水俞祚金农业专业合作社
晶桥镇	19	南京市溧水区宗轩生态农业专业合作社、南京和晶林果专业合作社、南京江苑果蔬种植专业合作社	溧水大禹农机专业合作社、南京市溧水区国伟苗木专业合作社、南京广仁苗木专业合作社、南京佶欣苗木专业合作社、南京之珩农产品种植农民专业合作社、南京丞慧农作物专业合作社、南京市溧水区明笑苗木专业合作社、南京红美人林果专业合作社、南京市溧水区枫林农作物专业合作社、溧水方正禽蛋专业合作社、南京市溧水区炜益果品农民专业合作社、南京周沫果蔬种植专业合作社、南京市溧水区家乡美苗木专业合作社、溧水华源苗木专业合作社、溧水国色天香茶叶专业合作社、南京市溧水区平心水产养殖专业合作社

（赖金玉　时秀菲）

【家庭农场】 2021年，溧水区新认定示范家庭农场120家，其中省级3家、市级10家、区级107家。全区示范家庭农场200家，其中省级40家、市级27家、区级133家。奕同家庭农场入选省级家庭农场典型案例。新认定153家进入南京市家庭农场“金陵惠农贷”扶持名录。新冠肺炎疫情期间，根据贷款贴息管理办法，调查摸排家庭农场，按程序委托第三方核查审计，62家享受51万元贷款贴息。

（周明胜）

10月，位于石湫街道西横山脚下的南京恒益家庭农场16.67公顷碧根果进入采摘期　《今日溧水》报　供图

表17　2021年溧水区新认定市级以上示范家庭农场情况一览表

街镇(开发区)	省级示范家庭农场	市级示范家庭农场
开发区	李善文家庭农场	前云家庭农场
永阳街道	—	品恋家庭农场
东屏街道	—	城玥家庭农场、风调雨顺家庭农场
洪蓝街道	—	廷洪家庭农场、仁宣家庭农场
白马镇	盛明红家庭农场	伍勇家庭农场
和凤镇	山南家庭农场	和丰家庭农场
晶桥镇	—	江苑家庭农场、长青家庭农场

（赖金玉　时秀菲）

【农业农村项目建设】 2021年，溧水区建设农业农村重大项目52个，总投资111亿元，完成年度计划投资33.68亿元。其中，开发区建设项目3个，完成投资1.96亿元；永阳街道建设项目4个，完成投资4.6亿元；东屏街道建设项目3个，完成投资0.44亿元；洪蓝街道建设项目7个，完成投资1.65亿元；石湫街道建设项目5个，完成投资1.19亿元；白马镇建设项目11个，完成投资19.06亿元；和凤镇建设项目10个，完成投资2.38亿元；晶桥镇建设项目8个，完成投资2.27亿元；区本级建设项目1个，完成投资0.13亿元。中国东部农业科技创新港和大希地牛肉加工2个项目被列入全省农业农村重大项目省级示范项目。全年建设农业重点产业项目54个，计划投资20.57亿元，实际总投资20.7亿元，完成计划投资100.63%。其中，开发区建设项目2个，完成投资0.42亿元；永阳街道建设项目3个，完成投资4.5亿元；白马镇建设项目9个，完成投资6.35亿元；东屏街道建设项目9个，完成投资0.93亿元；洪蓝街道建设项目9个，完成投资3.4亿元；石湫街道建设项目3个，完成投资0.89亿元；和凤镇建设项目10个，完成投资1.98亿元；晶桥镇建设项目9个，完成投资2.23亿元。完成2020年度市级农业产学研合作示范项目5个，南京溧水天福禽业专业合作社成功申报江苏现代农业（水禽）产业体系溧水推广示范基地。

9月17—18日，由省农业农村厅主办，南京国家农高区、区农业农村局承办的“溧水农商行杯”第五届全省农村创业创新项目创意大赛在溧水区举办

《今日溧水》报　供图

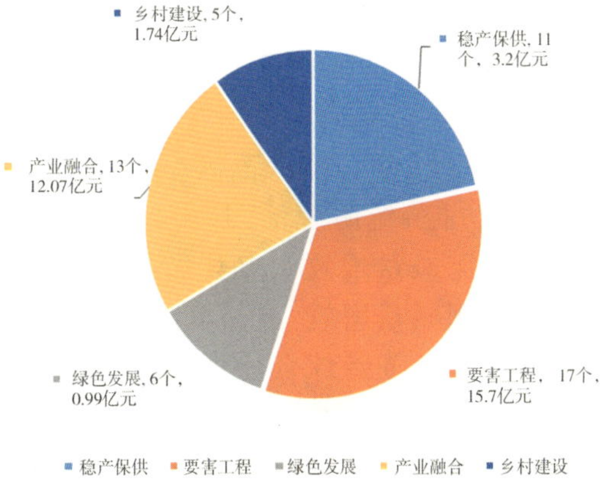

2021年溧水区农业农村重大项目按投资领域分布情况图表

（梁珂　林婷婷）

【农产品质量安全】 2021年，溧水区加强农产品质量安全监测，开展定量检测2300批次，合格

率99.52%。开展“双随机、一公开”农产品质量安全监督检查，春节、端午、中秋、国庆等重要节日期间加强监督抽查，确保重点时节地产农产品质量安全。全区建立村级检测站20个，配备监管员、协管员178人，形成区、街镇、村三级监管网络。推进“三定一考核”（定监管人员、定监管对象、定监管任务，年底绩效考核）监管模式，从源头保障区域农产品质量安全。实施规模主体入网监管行动，1689家农业生产企业录入追溯平台。构建溧水草莓、华成蔬菜、中亮蓝黑莓等产业化联合体9家，联合体内部实行统一种苗供应、统一农资供应、统一农机服务、统一标准生产、统一运输销售等“八统一”制度，农产品质量和农户利益得到有效保障。开展农产品安全执法检查，查处农产品质量安全案件10件，罚款35万余元。（袁丹丹）

【农业绿色发展】 2021年，溧水区推进农业绿色发展，实施绿色食品原料基地、有机产品基地建设。全区新增绿色食品企业20家（面积786.67公顷）、有机企业10家（面积153.33公顷）。“富财圩螃蟹”取得农业农村部农产品地理标志登记证书，“溧水草莓”通过部级初评。1万公顷全国绿色食品原料标准化生产基地通过验收。推进2个省级绿色优质农产品基地建设，石湫街道2133.33公顷水稻和东屏街道2000公顷水稻通过验收。推广绿色农药使用，制订《溧水区食用农产品“治违禁、控药残、促提升”三年行动方案》，加强农药销售使用环节监督与管理，发放农药经营许可证123张。建设省级农作物病虫绿色防控示范区4个，白马蓝莓开创“绿色防控+统防统治”病虫防控新模式。实施部级化肥减量增效试点县建设项目，全区重点实施化肥减量增效、有机肥增施面积3100公顷。提升畜禽粪污综合处理能力，全区畜禽粪污综合利用率99.55%，畜牧生态健康养殖示范场创建比例100%。秸秆综合利用率95%。实行溧水区石臼湖同步于长江“十年禁渔”制度，在石臼湖水域开展增殖放流，放流鱼苗62.8万尾。

【农业机械化】 2021年，溧水区新增各类农机具197台，其中大中型拖拉机42台、乘坐式水稻插秧机56台、联合收割机16台。受益农户91户，享受省级以上财政补贴资金348.25万元，带动农户投入1200余万元。全区农业机械总动力35.23万千瓦，增长1%。主要农作物（水稻、小麦）机耕面积4.47万公顷、机播（插）面积3.25万公顷、机植保面积2.7万公顷、机收面积3.59万公顷，产地机械化烘干粮食16.5万吨。主要农作物（水稻、小麦）生产全程机械化水平95%。办理拖拉机登记上牌52台、联合收割机登记上牌18台，新发拖拉机、收割机驾驶证27本。办理违章记分审验13人次。

【秸秆机械化还田】 2021年，溧水区投入大中型拖拉机及配套还田机427台套，完成稻麦秸秆机械化还田作业1.34万公顷，其中麦秸秆机械化还田作业4900公顷、稻秸秆机械化还田作业8500公顷。享受省、市秸秆还田作业补助资金503.47万元。（黄海）

【高标准农田建设项目】 2021年，溧水区实施国家高标准农田建设和市级耕地质量提升两大项目。完成2020年国家高标准农田建设项目6个，面积733.33公顷；立项2021年国家高标准农田建设项目3个，面积333.33公顷；申报2022年国家高标准农田建设项目2个，面积113.33公顷。6个2018年、2019年市级耕地质量提升项目通过市级核查验收，项目总规模1329.16公顷，总投资1.23亿元。完成2020年市级耕地质量提升项目10个，面积2084.17公顷，总投资1.85亿元。（汤姣姣）

【农业行政执法】 2021年，溧水区推进农业综合行政执法体系建设，规范行政执法主体，登记持证执法人员64人，持证上岗率100%。办理农业行政许可6.19万件。推行行政执法“三项制度”（行政执法公示制度、执法全过程记录制度、重大执法决定法制审核制度），加强农资市场监管。出动农业执法人员710人次，检查农资经营单位252家，办结行政处罚案件51件，撰写以案释法典型案例3篇。组织参加全市农业综合行政执法信息化技能竞赛，获优秀组织奖、二等奖、三等奖各1项，获奖数量列全市第一。落实“谁执法谁普法”责任，开展农业普法活动13场次。办理野生动物保护、林场网格内服务管理等群众来信来访31件、“12345”工单216件、社会治理大联动工单100件，全部按期办结。

（田宇）

【农业生产安全隐患排查】 2021年，溧水区开展森林防火、农业机械、危化品、畜牧兽医、涉渔涉捕、农产品质量重点整治，加强农药、兽药、生猪屠宰、饲料、农机、农产品加工、沼气、渔业船舶等安全隐患排查。区农业农村部门出具产地检疫证8362张，无害化处理生猪6127头。检查各类企业机构39家次，出动人员128人次，查办食品安全违法案件10起，开具合格证30.91万张。开展农机安全专项整治，送检下乡，年检拖拉机546台，检验率87.2%；检验收割机144台，检验率94.2%。全区无重大森林火灾、无重大动物疫情、无重大农产品质量安全事件，农机事故起数和死亡人数实现“双零”目标。

（时秀菲）

种 植 业

【概况】 2021年，溧水区围绕稳粮绿色高质高效发展目标，克服新冠肺炎疫情不利影响，综合施策，减少农业经济损失，实现农药、化学肥料双减和提质增效。粮食生产基本稳定，夏粮种植面积9005公顷，增加30公顷；单产4.9吨/公顷，减少0.05吨/公顷；总产量4.41万吨，减少0.03万吨，其中小麦面积8604公顷，增加54公顷；单产5吨/公顷，减少0.06吨/公顷；总产量4.3万吨，减少0.02万吨。油菜面积3327公顷，增加279.73公顷；单产2.45吨/公顷，减少0.03吨/公顷；总产量0.82万吨，增加683吨。秋粮种植面积1.96万公顷，其中水稻种植面积1.73万公顷、玉米638公顷、大豆847公顷、薯类667公顷。水稻单产8.73吨/公顷，增加0.02吨/公顷；总产量15.1万吨，增加0.08万吨。秋粮总产量16.29万吨，增加0.08万吨。

（林婷婷）

表18 2021年溧水区种植业生产情况一览表

指　　标	面积(公顷)	单产(吨/公顷)	总产量(吨)
农作物总播种面积	46844		
一、粮食作物合计	28570	7.25	207006
(一)夏收粮食	9005	4.90	44084
其中:小麦	8604	4.99	42970
(二)秋收粮食	19565	8.33	162922
1.秋收谷物	17927	8.64	154909
其中:稻谷	17289	8.73	150997
2.秋收豆类	970	2.57	2497
3.薯类(按五折一计算)	668	8.25	5516
二、油料合计	3893	2.48	9643
其中:油菜籽	3327	2.45	8162
三、棉花	176	1.23	217
四、苎麻	200	2.42	484
五、甘蔗	44	38.09	1676
六、药材	193		
七、蔬菜(含菜用瓜)	12327	35.04	431920
八、瓜果类	964	30.89	29774

续表

指　　标	面积(公顷)	单产(吨/公顷)	总产量(吨)
九、其他农作物	478		
附:常年种蔬菜面积	3565		

(区统计局)

【优质稻米种植】　2021年,溧水区倡导绿色优质稻米生产,发展优质食味稻米。全区种植高端优质稻米面积1486公顷,总产量1.34万吨,产值9735万元;中端优质稻米1.13万公顷,总产量9.89万吨,产值4.78亿元;常规优质稻米4660公顷,总产量4万吨,产值1.46亿元。创建和凤、晶桥等8个街镇4533公顷水稻绿色高质高效示范片,推广应用武运粳、南粳等系列优质稻米品种,打造优质稻米"无想田园"品牌主导产品,建设稻米文化休闲项目,促进农业旅游融合发展。建成全国绿色食品原料(水稻)标准化生产基地1万公顷,市级优良食味稻米基地4个、展示基地1个、育种基地1个。启动建设4960平方米的集低温储藏、烘干、加工、包装、展示、销售于一体的优质稻米产业综合服务体。　(林婷婷)

【稻田综合种养】　2021年,溧水区因地制宜推动稻田综合种养适度发展,稻田综合种养"稻+龙虾"面积126.97公顷,其中柘塘街道5.3公顷、东屏街道7.33公顷、石湫街道75.17公顷、和凤镇6.67公顷、晶桥镇32.5公顷。稻田综合种养效益公顷均增7650元。按照6000元/公顷标准给予奖补,兑现区财政水稻生态补偿资金72.64万元。

(彭广霞)

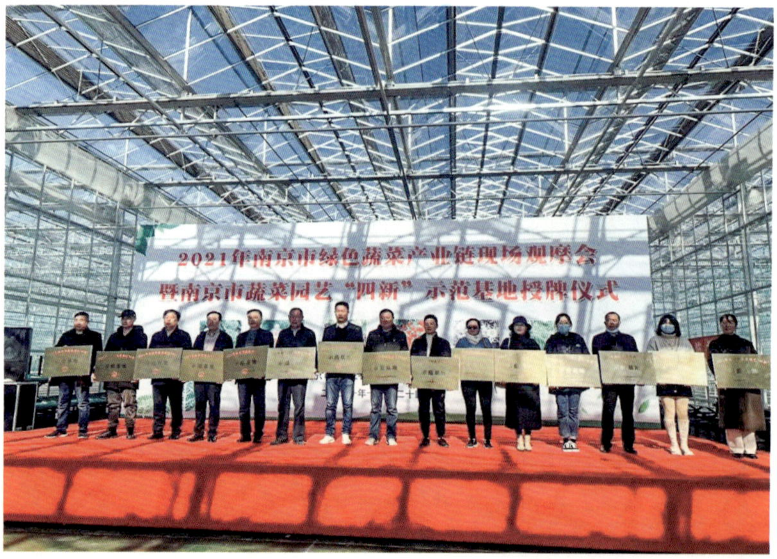

11月24日,南京市蔬菜园艺"四新"示范基地评选结果揭晓,溧水5家单位榜上有名　　区农业农村局　供图

【蔬菜种植】　2021年,溧水区种植蔬菜面积1.23万公顷,其中有机蔬菜面积400公顷、高效设施蔬菜面积2000公顷。蔬菜总产量43.19万吨,增加0.16万吨;总产值28.2亿元,增加2.74亿元。巩固和凤镇乌飞塘社区万亩蔬菜产业园,提升华成、普朗克、金万辰等品牌蔬菜(食用菌)基地,壮大永阳高塘普朗克有机蔬菜基地、晶桥普仁有机蔬菜基地、东屏祥康蔬菜基地、和凤金农汇蔬菜基地、石湫九塘藕生产基地、白马金万辰食用菌等一批特色蔬菜基地。南京金万辰生物科技有限公司成为华东地区食用菌最大生产基地,日产140吨。　(林婷婷)

【蔬菜园艺"四新"示范基地】　2021年,南京市蔬菜园艺"四新"(新品种、新技术、新模式、新装备)示范基地评选中,南京花师傅农业发展有限公司(新品种——玫瑰墨红)、南京金万辰生物科技有限公司(新模式——金针菇新品种工厂化生产模式)、南京金色庄园农产品有限公司(新技术——草莓花芽分化提早技术)、南京普朗克科贸有限公司(新技术——5-氨基乙酰丙酸肥料施用技术)、南京市汤磊樱桃种植农民专业合作社(新模式——新樱桃品种高效栽培模式)5家单位被定为南京市蔬菜园艺"四新"示范基地。

(张晓英)

【草莓种植】　2021年,溧水区草莓种植面积873.33公顷,产量

1.76万吨，产值3.89亿元。种植区域主要分布于洪蓝街道傅家边园区、东屏街道长乐社区等，主要品种为红颜，先后引进天使8号、香野、淡雪、初恋的味道等10多个草莓新品种。草莓品牌有“傅家边草莓”“天使美莓”“金色庄园草莓”等。南京金色庄园农产品有限公司分别在第八届和第九届江苏“紫金杯”优质草莓评比活动中获金奖。2021南京市优质草莓评比活动中，溧水区获特等奖6个、金奖7个、优胜奖5个。其中，南京美莓源生态农业科技有限公司的“宁玉”草莓、南京金色庄园农产品有限公司的“红颜”“香野”“宁玉”草莓、南京市溧水区杨古岱蔬果专业合作社的“红颜”草莓、南京市溧水区洪蓝镇班班草莓专业合作社的“红颜”草莓获特等奖。（伍琳）

【蓝莓种植】 2021年，溧水区蓝莓种植面积946.67公顷，产量2700吨，产值7270万元。产地集中在白马镇，实现绿色有机农产品生产重点企业、重点产业、重点区域全覆盖，创建省级绿色优质蓝莓基地800公顷。全区百亩以上种植基地20余个，40公顷以上种植基地4个。主要品种有绿宝石、珠宝、布里吉塔、园蓝、梯芙蓝、杰兔、灿烂、粉蓝等。知名蓝莓品牌有“双吉百瑞”“中亮”“六步山”“宝生源”等。区内建有田果农、中亮、双吉、沃德绿、泽朗等蓝莓加工企业，新研发产品有蓝莓果汁、果酱、果酒、蓝莓酵素、蓝莓咀嚼片和蓝莓凝胶糖等。（林婷婷）

【茶叶种植】 2021年，溧水区茶叶种植面积1776.67公顷，产量367吨，产值1.84亿元。其中，名优茶产量294吨，产值1.71亿元。茶叶种植主要分布于白马镇、和凤镇、洪蓝街道和晶桥镇。茶树品种以黄山小叶种为主（占80%），其他品种有白茶系列、龙井系列等。全区有规模茶场32家。其中，省级龙头企业1家，市级龙头企业4家，区级龙头企业4家。省级名牌茶叶商标有“严景万”系列茶、“溧峰”碧螺春、“傅家边”系列茶等，地方知名品牌有晶桥镇“逸程农林”、洪蓝镇“涧之东”、和凤镇“月牙湖”“倪春香”等。“月牙湖”茶叶为“无想田园”区级农产品公用品牌旗下主推产品。2021年南京市雨花茶暨名特茶质量评价活动中，溧水区获金奖8个。4月19日，区农业农村部门举办名优茶评比活动，评出头茶奖5个、名茶奖5个、好茶奖8个。（伍琳）

畜 牧 业

【概况】 2021年，溧水区综合施策恢复生猪生产，及时兑现贷款贴息、扩能增量综合奖励、种猪引种补贴等扶持政策，兑现财政奖补资金460余万元，有效稳定生猪生产，增加生猪存栏量。全年生猪出栏5.08万头，存栏3.73万头，完成市考核任务的108.4%。推进蛋鸡、水禽、肉禽等畜禽养殖方式转型升级和畜牧生产规模化、装备自动化、环境生态化，全区规模畜禽养殖场28家，其中猪场12家（万头以上2家）、蛋禽场12家、肉禽场3家、羊场1家。蛋禽存栏131.53万羽。其中，蛋鸡存栏124.64万羽，肉禽存栏237.41万羽，出栏1120.94万羽。全区有饲料生产企业7家，兽药生产企业3家，畜禽屠宰企业2家。禽蛋产量1.46万吨，其中鸡蛋1.87万吨，禽肉产量0.94万吨（包括淘汰的蛋禽及兼用型禽类）。推进粪污资源化利用、无害化处理、非洲猪瘟检测、洗消中心等附属工程建设，创建美丽牧场3家、生态健康养殖示范场28家，其中省级11家、市级17家。畜牧业绿色高质量发展比重100%，规模养殖企业粪污资源化利用率100%。资源化利用整村推进涉农村80个，推进面100%，粪污资源化利用率97%。（冯杰）

【鸭生态健康养殖新模式】 2021年，南京溧水天福禽业专业合作社投资700余万元，新建3栋3200平方米轻钢结构鸭舍。鸭舍内采用“上网下床”网上养鸭、网下设置生物发酵床，粪污原位发酵生态健康养殖模式。顶棚采用夹芯保温材料，配置无动力风扇，两侧设置湿帘和风机纵向通风系统，配置自动喂料、饮水设备，建设消毒通道、防疫隔离墙、粪污处理等配套设施，年饲养肉鸭20万羽。该新型养殖模式减少环境污染和疫病发生，提高肉鸭品质和食品安全。（徐阿涛）

【生猪产地检疫监管】 2021年，溧水区严格产地检疫，严把生猪出栏关，严格出证情况核查，建立出证情况核查报告制度。开展屠宰环节非洲猪瘟

生猪规模饲养基地溧水牧原农牧有限公司　　《今日溧水》报　供图

自检制度和官方兽医派驻制度“两项制度”行动回头看，落实入场把关和凭证出场制度。生猪产地检疫出证562张5.17万头，其中用于屠宰3.38万头。

【重大动物疫病免疫】 2021年，区农业农村部门制订《关于做好非洲猪瘟等生猪疫病综合防控工作的通知》《南京市溧水区2021年度兽医工作要点》。巡查指导畜禽养殖场兽药经营企业和病死动物无害化处理中心，防控非洲猪瘟、高致病性禽流感等重大动物疫病，检查各类场所1000余家次，出动执法人员1500余人次。开展春季、夏季重大动物疫病集中补免和消毒灭原、秋季重大动物疫病集中免疫行动，重大动物疫病保持应免尽免，免疫应免密度和免疫抗体监测符合省、市规定要求。全年免疫口蹄疫生猪7.41万头、牛羊0.09万头（只），免疫猪瘟7.37万头，免疫高致病性猪蓝耳病7.37万头、禽流感1116.31万羽（鸡899.22万羽、水禽217.09万羽）、羊小反刍兽疫1.1万头（只）。狂犬病免疫犬4126只。强制免疫病种应免密度100%，全年未发生重大动物疫情。（汤盛）

【动物疫病检测】 2021年，区农业农村部门检测非洲猪瘟、口蹄疫、高致病性禽流感等各类重大动物疫病样品1.4万余份。其中免疫抗体检测1.8万余份，各病种免疫抗体合格率均高于80%，超过农业农村部规定的70%标准。病原学检测6000余份，均为阴性，保障全区畜牧业健康发展。

（魏晚晴）

【动物无害化处理】 2021年，区农业农村部门推行重大动物疫病防控责任制，举办兽医技术培训、动物无害化处理知识讲座。养殖环节无害化处理病死生猪6127头、家禽8.01万羽。屠宰环节无害化处理病死生猪73头，处理屠宰废弃物及病害猪产品折合生猪132头。（张道篩）

水　产　业

【概况】 2021年，溧水区围绕质量渔业、生态渔业、高效渔业发展目标，保障水产品质量安全，促进渔业增效渔民增收。全区水产放养面积4582公顷，其中养殖区面积2562公顷、限养区面积2020公顷。河蟹养殖面积2667公顷，鲈鱼养殖面积130公顷，青虾主养面积900公顷。水产品总产量2.83万吨。推广河蟹（长江2号）、异育银鲫（中科5号）、青虾（太湖2号）和兴凯湖白鱼等名优水产新品种，扩大良种覆盖率。开展河蟹、加州鲈鱼、青虾、鲫鱼、草鱼、花白鲢等水产养殖常见性、多发性病害监测，监测样品41个10个批次药敏试验，上报水产养殖病害测报、预报8期，全区无重大病害发生。

【精品蟹虾及特色鱼养殖】 2021年，溧水区依托市切块资金，推进精品蟹虾产业、特色鱼产业链发展，打造洪蓝街道陈卞村养殖池塘生态化改造项目、石湫街道团结圩特色鱼基地，投资2216万元。在石湫街道开展特色鱼养殖培训，引导有条件的养殖户扩大特色鱼养殖规模。在和凤镇、晶桥镇开展蟹、虾高效生态养殖关键技术培训，提高渔民科学养殖水平。晶桥镇建成3000平方米的河蟹分拣中心。全区河蟹、青虾等特种水产养殖面积3800公顷，占水产养殖总面积的83%。

【百亩连片养殖池塘生态化改造】 2021年，溧水区实施百亩连片养殖池塘生态化改造，包括池塘规整、进排水系、净化设施、场地道路、生产房改造等，提升全区渔业基础设施水平和生产能力，促进尾水达标排放或循环使用，推进渔业绿色、高质量发展。改造面积283.5公顷，超额完成16.87公顷，其中石湫街道133.3公顷、洪蓝街道150.2公顷，总投资2386万元。

【废旧渔网渔具回收处置试点】 2021年，溧水区制订《南京市溧水区水产养殖生产环节废旧渔网渔具回收处置与利用实施方案》。各街镇(开发区)广泛宣传发动，开展废旧渔网渔具摸底调查，设立集中归集点14个，结合乡村垃圾回收站点、废品回购站等设置废旧渔网渔具归集点，依托废旧农用地膜、农药肥料包装废弃物回收网点集中归集，开展回收处置工作。

【水产品质量安全监管】 2021年，溧水区更新完善水产养殖户清册，落实养殖户主体责任。各街镇(开发区)选定3～4户水产养殖示范户作为水产品质量安全重点监管户。到户发放水产养殖生产安全及水产品质量安全承诺书、塘口生产管理记录簿等资料2000份。开展青虾、河蟹高效健康养殖技术、水产健康养殖与规范用药、水产品质量安全与安全用药等知识培训，指导养殖户科学养殖，规范使用投入品，参训720人次。开展日常及节庆巡查检查，重点检查渔业投入品(抗生素、敌百虫)使用情况、是否执行渔药休药期及“三项记录”等，督促养殖户加强生产过程的质量监管。配合省、市开展水产品监督抽检和例行抽检，全区省、市、区监督抽检12个，省、市例行抽检96个，检测品种有青虾、龙虾、鲫鱼、鲢鱼、草鱼、加州鲈鱼、河蟹等，全区水产品抽检合格率100%。 (彭广霞)

林　业

【概况】 2021年，溧水区新增造林16.4公顷，建设市级绿美村庄7个，更新改造长深高速两侧意杨林100公顷。开展区域内第一次森林火灾险情普查，完成历史火灾和减灾能力调查。开展全区林草湿综合监测评价，对接融合林草湿数据与国土三调数据，构建全区林草湿资源“图数库”。

【绿化造林】 2021年，溧水区推进森林质量提升，退化林修复20.4公顷、低效林改造10.47公顷、更新造林36.13公顷、森林抚育400公顷。新增造林16.4公顷。完成绿美村庄建设7个。组织植树节绿化宣传周系列活动，开展区领导及机关干部、省级机关、市民义务植树活动，植树1.4万余株。完成长深高速两侧意杨林改造100公顷。

【森林资源管理】 2021年，溧水区办结林地征占用项目15个，面积36.69公顷，其中省级公益林1.65公顷、市级公益林2.58公顷、一般商品林32.46公顷。缴纳植被恢复费6.67亿元。办理省级公益林调整项目2个，开展区域内林草湿综合监测评价，完成溧水区森林资源“一张图”年度更新。

【森林防火】 2021年，溧水区森林防火重点区域卡口防火码2.0版本全面应用。维修清理防火通道6065公顷、抚育防火隔离带36.6公顷。新建2处同频同播基站，组织区林场与产业集团开展森林火情应急演练。启动全区第一次森林火灾险情普查，完成14个标准地和1个大样地现地核实、样品采集、样品烘干，完成历史火灾和减灾能力调查。

【森林病虫害防治检疫】 2021年，溧水区开展松材线虫病治理工作，组织春秋两季普查，清理疫木面积390.4公顷1.8万株。设置75处美国白蛾诱捕桶、40台太阳能杀虫灯。开发区、洪蓝街道分两次释放周氏啮小蜂3000万只，实施生物防治。区公路管理站开展204省道药物注干防治，城区交通要道两侧化学防治。区林场实施无人机防治黄脊竹蝗、栎掌舟蛾，面积超1333.33公顷。国家级林业有害生物测报点发布短期预报19条，发布历期调查表10份，虫情动态58条。核发植物检疫证1871份、林木种子生产经营许可证7件。

【林长制】 2021年，溧水区推进林长制，推动森林资源“一增、二保、三防”(增加森林蓄积量，保持林木覆盖率和林地保有量稳定，防控森林火灾、防治林业有害生物、防范破坏森林资源行为）协调发展。建立区、街镇、村（社区）三级林长组织架构，设立总林长、副总林长各2人，区级林长21人、街镇级林长91人、村（社区）级林长102人，护林员436人。树立街镇级林长制公示牌39处。启动溧水区林长制综合信息管理系统建设，初步完成系统架构搭建。（赵晓旭）

现代农业产业园区

【概况】 2021年，溧水区有国家级农业产业园区1个（南京白马现代农业高新技术产业园区），省级农业产业园区2个（江苏省溧水白马现代农业产业园区和南京市溧水区现代农业产业示范园），市级农业示范园区7个（白马、和凤、洪蓝、晶桥、石湫、永阳、东屏现代农业示范园区）。总规划面积3.27万公顷，龙头企业97家，全年农业总产值119.9亿元。市农业农村局监测评价溧水区7个市级现代农业示范园区的建设水平，白马、和凤园区被评为A类园区，洪蓝、晶桥园区被评为B类园区。（翟晓南）

【南京傅家边现代农业园】 南京傅家边现代农业园位于洪蓝街道东南部，规划面积36平方千米，核心区面积12.8平方千米。园区设有特色农业、高新产业、生态果茶、农产品展示和休闲观光5个功能区。2021年，傅家边现代农业园以草莓为主导产业、以青梅和优质稻米为重点产业、以优质水果及茶叶为辅助产业功能布局，形成"1+3"特色农业体系。种植草莓533.33公顷、青梅133.33公顷、优质水稻1400公顷，种植葡萄、梨、桃、茶叶等经济作物66.67公顷。与省市农科校院所对接，引进美味C、初恋味道、黑珍珠、枥乙女、粉玉等草莓系列新品种13个，推广高垄、半高垄栽培模式，采用无土栽培和脱毒基质育苗技术，推动草莓产业优质、高效和安全发展。在蒲塘社区薛家村、傅家边社区汤家村分别建设33.33公顷草莓新品种生产基地、5.33公顷草莓新品种育苗基地，实现草莓亩产量增产30%～50%，平均亩产量2000千克，亩增经济收入1万元左右，比普通草莓效益增长2倍。引进国家级农业龙头企业南京金色庄园农产品有限公司，推行"公司+基地+农户"种植模式，采取统一种苗、统一植保、统一农资供应、统一标准、统一品牌管理、统一市场销售"六统一"措施，保障莓农收益。核心区主导产业草莓和重点产业青梅等农产品实现年销售收入5.8亿元，直接带动6810户农户平均收入增加2万元，带动周边农户创造就业岗位2000余个。11月，傅家边社区获评农业农村部2021年全国乡村特色产业亿元村。（赵荣）

【南京市溧水区现代农业产业示范园】 南京市溧水区现代农业产业示范园区位于溧水区洪蓝街道，与石臼湖东北岸相接，西北与石湫街道相邻，东北依永阳街道，南临晶桥镇、和凤镇，总面积108.94平方千米。形成草莓为主、水稻与青梅为辅的"1+2"主导产业体系，草莓种植面积533.4公顷，青梅种植面积333.4公顷，水稻种植面积1666.7公顷。2021年，园区与江苏省农业科学院、南京农业大学、金陵科技学院等高校院所开展产学研合作，申报入库3个产学研项目，攻关蛋鸡减抗绿色防控技术、草莓感官品质无损评价、热带水果（南果北种）等技术，推动园区农业生产科技化、绿色生产智能化，推进工程建设项目15个。实施江苏溧水现代农业产业园区项目（一期），分别建成33.33公顷草莓生产基地和5.33公顷草莓育苗基地，促进草莓"种苗繁育—种植推广—技术服务—农产品深加工—冷链物流—农产品销售"全产业链发展。

【南京和凤现代农业示范园区】 南京和凤现代农业示范园区位于和凤镇，2011年列入南京市首批市级农业示范园区，2019年获评国家农业创业创新园区，2020年获评农业农村部以优质稻米全产业链为主导产业的农业强镇，2017—2021年在全市41家市级农业园区建设水平监测年度评定考核中，被评为A类。园区建成连片规模特色化农业生产基地2.87万公顷，形成优质水稻种植产业区（980公顷）、连片高效设施蔬菜产业区（340公顷）、精品有机茶叶产业区（353.33公顷）、高档苗木花卉产业区（826.67公顷）、连片高效特种养殖产业区（380公顷）五大特色产业区，规模化发展程度85%，初步建成特色鲜明、产出高效、产品安全、产业兴旺的现代化产业示范区。

【石湫现代农业示范园区】 南京石湫现代农业示范园区位于环山河畔，毗邻有“南京天空之境”之称的石臼湖，总面积4797公顷，总投资2.2亿元。2021年，园区以环山河为核心，南连现代化粮油示范产业园，北接田园综合体，形成“一核两翼”功能布局。农林牧渔及服务业总产值11.08亿元。园区发展定位与石湫街道整体定位相衔接，突出“农业+文艺”“农业+教育”发展优势，发挥江苏第二师范学院等高校教育优势，发展生态农业，将旅游业与农业发展相融合，植入农业新业态。基本完成田园综合体建设，世界昆虫博物馆等企业入驻园区，配套系列昆虫主题民宿、活体昆虫生态园等相关文化项目。玫瑰园、芊芊杨梅园、胖胖草莓园等成为南京都市圈都市白领节假日旅游打卡地。（翟晓南）

10月16日，晶桥镇在水晶村举办2021首届溧水富财圩螃蟹节，揭牌国家农产品地理标志、国家地理标志商标　　晶桥镇　供图

农业品牌化建设

【概况】 2021年，溧水区持续培育发展公正稻米、淞湖稻米、傅家边草莓、金色庄园草莓、严景万茶叶、普朗克有机蔬菜、华成蔬菜、金万辰食用菌等名牌农产品。区域公用品牌“无想田园”通过开设直销店、旗舰店，进商超、机场、机关食堂、高速服务区等措施，拓展营销市场，提高品牌知名度。水晶水产专业合作社“富财圩螃蟹”和“普朗克有机田园”系列产品入选2021年江苏农业品牌目录产品品牌，全区有6种农产品入选省级品牌目录。50家企业（126张证书）通过绿色食品认证，29家企业（52张证书）通过有机产品认证，绿色优质农产品占83%，超省考核数21%。拥有“白马黑莓”“富财圩螃蟹”2个地理标志登记保护农产品，“溧水草莓”品牌通过农业农村部专家评审。

【农产品地理标志】 6月4日，农业农村部颁发“富财圩螃蟹”农产品地理标志登记证书。11月25日，“溧水草莓”符合农产品地理标志登记条件，通过农业农村部专家评审。溧水区是江苏省主要草莓规模生产基地，“溧水草莓”果实端正、果色纯正、奶香浓郁、风味酸甜，区域知名度较高。“溧水草莓”划定地域保护范围为溧水区所辖永阳街道、柘塘街道、东屏街道、洪蓝街道、石湫街道、白马镇、和凤镇、晶桥镇8个街镇109个村（社区）。地理坐标为北纬31°23′14″～31°48′23″，东经118°51′59″～119°14′16″。（袁丹丹）

【“无想田园”公用品牌运营】 2021年，溧水区做实“无想田园”公用品牌运营，拓展线上线下市场。南京禄口国际机场、阳澄湖高速服务区、梅村服务区、广陵服务区、东庐山服务区、江宁金鹰超市、上海久光、上海供销e家连锁超市等15处线下平台设立专卖、专柜展销。线上平台有苏宁易购溧水馆、淘宝企业店、“食礼秦淮”平台、“慧农帮”扶贫商品平台、鲜丰汇平台、中润油平台、“智慧溧水”商城等。直接参与或组织国内各类展销活动275场次，面向长三角地区农产品销售额增长60%。22家授权企业在公用品牌带动下，整体销售额13.1亿元。其中，线上销售额4.7亿元，增长18.2%。无想田园公司获评区级农业龙头企业，展销中心获评区级巾帼文明岗，“溧水大米”列入市级大米十大品牌，被评为南京好大米金奖产品。（钱小丽）

责任编辑　李淑萍

制造业

Manufacturing Industry

综　述

【概况】 2021年，溧水区围绕制造业高质量发展试验区建设，抓目标管理，抓改革创新，抓举措落实，推进工业经济质效迈上新台阶。全年完成规模以上工业总产值856.74亿元，排名全市郊区第一。规模以上工业增加值增长21.9%，制造业投资增长18.2%，制造业增加值占地区生产总值的43.5%，工业战略性新兴产业占工业总产值的37.6%。（范玮洁）

2月3日，溧水区2021年一季度重大项目集中开工仪式在南京龙鑫电子科技有限公司电子专用材料生产基地举行，50个重点产业项目集中开工，总投资378.17亿元　《今日溧水》报　供图

表19　2021年溧水区工业主要经济指标情况一览表

单位：万元

指　标	合计	规模以上工业*	规模以下工业
企业个数（个）	3828	622	3206
资产总计	14081554	10771829	3309725
本年折旧	353076	179313	173763
工业总产值	11000701	8567420	2433281
主营业务收入	9776303	8333314	1442989
主营业务税金及附加	69206	38174	31032
营业利润	576950	551602	25348
利润总额	615226	588109	27117
应交增值税	296075	177432	118643

续表

指　　标	合计	规模以上工业*	规模以下工业
工业增加值	4488915	3906705	582210
职工平均人数(人)	112681	63206	49475

注:规模以上工业指年主营业务收入2000万元以上的工业企业。

表20　2021年溧水区规模以上工业企业主要产品产量一览表

产品名称	单位	数据
饲　料	吨	24918
塑料制品	吨	10401
饮　料	吨	42019
服　装	万件	703
灭火器	台	2353704
纸制品	吨	13030
铸钢件	吨	30225
水泥熟料	吨	1796376
水　泥	吨	132698
钢　材	吨	38574
自来水生产量	万立方米	3343
汽　车	辆	21016
新能源汽车	辆	7114
锂离子电池	只	273994
彩色电视机	台	1659840
家用电冰箱	台	2228475
铝合金	吨	156024

表21　2021年溧水区开票销售收入前50名工业企业名录

序号	单位名称	序号	单位名称
1	西门子数控(南京)有限公司	26	南京溧水中石油昆仑燃气有限公司
2	创维电器股份有限公司	27	南京正源搪瓷设备制造有限公司
3	南京创维平面显示科技有限公司	28	南京氟源化工管道设备有限公司
4	南京云海特种金属股份有限公司	29	南京明辉混凝土有限公司
5	南京金龙客车制造有限公司	30	南京众山电池电子有限公司
6	南京佛吉亚排气控制技术有限公司	31	大唐南京热电有限责任公司
7	南京长安汽车有限公司	32	南京正锐电力科技有限公司
8	艾欧史密斯(中国)环境电器有限公司	33	南京聚鑫材料科技有限公司
9	南京喜之郎食品有限公司	34	南京三叶金鹰摩托车有限公司
10	南京市欣旺达新能源有限公司	35	南京仁创建筑科技有限公司
11	南京联塑科技实业有限公司	36	南京飞燕活塞环股份有限公司

续表

序号	单位名称	序号	单位名称
12	布雷博(南京)汽车零部件有限公司	37	江苏冠超物流科技有限公司
13	康迈(南京)机械有限公司	38	南京金岛服装有限公司
14	南京我乐家居智能制造有限公司	39	南京合强混凝土有限公司
15	溧水天山水泥有限公司	40	南京卓南建设科技有限公司
16	南京恒生制药有限公司	41	南京西卡德高建材有限公司
17	南京顶正包材有限公司	42	瀚乐电子机械(南京)有限公司
18	江苏可兰素环保科技有限公司	43	南京云海轻金属精密制造有限公司
19	南京美高美新材料有限公司	44	南京市溧水中山铸造有限公司
20	江苏昆腾新材料科技有限公司	45	南京永川混凝土有限公司
21	南京市比亚迪汽车有限公司	46	南京阿斯提电子有限公司
22	南京创源天地动力科技有限公司	47	南京喜之郎海苔食品有限公司
23	含羞草(江苏)食品有限公司	48	南京瑞摩速珂智能科技有限公司
24	南京云开合金有限公司	49	南京鸿发有色金属制造股份有限公司
25	南京胜捷电机制造有限公司	50	东盟电气集团南京股份有限公司

（区统计局）

【制造业高质量发展十条政策】 3月26日，在2021南京制造业高质量发展试验区(深圳)推介会上，溧水区发布《溧水区支持制造业高质量发展十条政策(2021版)》，围绕提升产业协同、绿色集约、科技创新、企业竞争、要素配给5个能力，涉及支持企业重大项目引进、产业联动发展、绿色发展、开拓创新、数字化转型、扩大规模、培育行业标杆、上市融资、保障规划资源要素、引进技术人才10个方面内容。2021版新“十条政策”调整和完善支持企业数字化转型部分，提高3个奖励标准，增加6个新奖项；拓展奖励范围，工程技术研究中心和独角兽企业、独角兽培育企业、瞪羚企业等纳入奖励范畴，引进高新技术企业从省外拓展到市外。调整内容聚焦制造业发展难点、痛点，更合理、精准，科技创新、数字赋能成奖励、激励鲜明导向。

（范玮洁）

【重点产业】 2021年，溧水区制造业发展重点围绕新能源汽车、智能制造装备产业等主导产业，编制产业链高质量发展工作方案，研究制订产业链全景图以及重点企业、配套企业名录表，建立完善产业链企业库，推进制造业高质量发展试验区建设。新能源汽车、智能家居、新医药与生命健康、智能制造装备四大产业链分别完成营业收入310亿元、194亿元、135亿元和60亿元。新增亿元以上企业超40家。创建省专精特新“小巨人”企业9家，经市发布认定2021年度南京市独角兽、培育独角兽、瞪羚企业27家，新增省、市级企业技术中心15家。开发区获评江苏省新型工业化产业示范基地。

（耿玥　徒成兔）

【产业链发展】 2021年，溧水区按照《南京市推进产业链高质量发展工作方案》，结合区内产业发展实际，聚焦新能源汽车、智能家居、新医药与生命健康、智能制造装备四大产业链，实施产业链“链长制”，实行“一条产业链，一位区领导，一个工作专班，一位专班负责人”工作推进机制，推动产业链创新发展。发展产业链重点园区建设，培育产业链龙头企业，全年产值超亿元以上企业突破170家。推进产业链示范应用，开发新应用场景，总投资31亿元。实施重点产业链强链补链，抓重点项目招引和推进，全区亿元以上工业签约项目185个，其中产业链相关项目138个。四大产业链主营业务收入增长20%。

（沈泽林）

【产业量级提升】 2021年，溧水区36个市“双百工程”产业项目完成投资93.9亿元，175个区重点工业项目完成投资277.2亿元。其中，重点技术改造项目77个，完成投资81.3亿元，技术改造投资占60%。净增规模以上工业企业116家。

【制造业高质量发展试验区建设】 2021年，溧水区推动制造业高质量发展试验区建设，启动南京智能网联汽车先导区建设，扩大影响力。围绕产值50强企业以及新增产值超亿元以上企业，开展培育服务。区工信部门深入企业现场调研，组织召开各板块工业经济运行工作会议，强化规模企业运行监测，做好运行分析、汇总、预测预警，及时协调解决企业生产经营中遇到的困难问题。制订《溧水制造业"腾笼换凤、筑巢引凤、凤凰涅槃"三年行动计划(2021—2023年)》，明确2021—2023年完成400公顷低效工业用地再开发，提出增资技改、联合开发等实施路径，打造永阳街道、东屏街道百亿级园区、开发区千亿级园区。实施《南京市溧水区城镇低效用地再开发实施细则》，建立低效用地评价指标体系和分布图谱，健全低效用地再开发激励等政策，完善多维度政策体系，形成系统性支撑。完成低效用地再开发95.33公顷。推动各板块结合企业特点和规划需要，制订"一企一策"提升方案，规模以上工业亩均税收16.05万元，提高9.6%。 (范玮洁 刘耀晨)

【营商环境优化】 2021年，溧水区创新建立"1+1+10"网格化企业服务机制，打通为企服务"最后一公里"，形成"9951"(九问、九宣、五建立、一落实)溧水企业服务新品牌。聚焦企业发展最迫切难题，制订制造业"双十条"、升规追赶计划等惠企政策、区(街镇)主导产业千分制考核细则，完善政策扶持机制。建立产业基金强化金融要素保障，鼓励、支持企业发展壮大，全区577家企业享受市级转贷基金服务904笔，转贷规模41.8亿元。新冠肺炎疫情期间落实"抗疫情、纾企困、稳增长"八条措施，简化审批流程，兑现制造业奖补资金4641.72万元。完善精准培育机制，区工信局会同统计局梳理分类先进制造业产业四大类企业，建立"小升规"和"专精特新"企业培育库，每月监测、滚动更新。落实《南京市进一步加强精准调控优化有序用电方案》，区发改委会同区工信局制订全区有序用电工作方案，加强精准调控，确保电网安全稳定运行。开展库内企业专题培训，主动上门解决资金、技术等难题，实施精准培育，净增规模以上企业116家。搭建政产学研用学术交流、技术合作、数据共享平台，助力成员间互相交流、互采互供。先后举办新能源汽车产业链企业家早餐会，新能源汽车、智能家居及高端制造装备产业链交流推介会，数字化转型、"小升规"等企业座谈会10场次。 (范玮洁 徒成兔)

新能源汽车产业

【概况】 2021年，溧水区新能源汽车产业链关联企业209家。其中，规模以上企业179家，含整车企业6家。车型覆盖乘用车、商用车、重卡、轻卡以及工程车辆等专用车领域，取得公告目录车型200余款。新能源汽车产业链主营收入310亿元，增长19.2%。核心零部件生产企业102家，基本覆盖汽车电机、传感器、电池、电控系统、充电桩等产业链核心环节。签约新能源汽车重点项目20个，总投资167.3亿元。建设新能源汽车重点项目26个，全部开工，竣工投产11个，完成投资87.2亿元。3月8日，南京金龙客车制造有限公司纯电动厢式运输车入选工信部《免征车辆购置税的新能源汽车车型目录(第四十批)》。5月1日，溧水氢能公交示范线开通，单辆车日运营里程约250千米。 (耿玥)

5月17日，龙电华鑫华东总部暨南京龙鑫电子科技有限公司奠基仪式在开发区举行 《今日溧水》报 供图

【新能源汽车产业链企业家早餐会】 12月16日，溧水区举行新能源汽车产业链企业家早餐会，以面对面交流形式，了解企业诉求、解决企业困难，构建“亲”“清”政商环境，推动新能源汽车产业链高质量发展，30家链上重点企业代表参加。开沃新能源汽车集团股份有限公司、南京长安汽车有限公司、南京恒天领锐汽车有限公司、南京市欣旺达新能源有限公司等14家企业代表交流发言，围绕“聚‘溧’智造，人车未来”主题开展座谈交流。

（沈泽林）

【世界电动车大会】 6月25—28日，第三十四届世界电动车大会（EVS34）暨展览会在空港博览中心举行，时隔十年后第三次来到中国。世界电动车协会主席、EVS34主席、中国工程院院士陈清泉，中国电工技术学会理事长、天津理工大学校长杨庆新，市委常委王华参加会议并致辞。中国科学院院士欧阳明高、中国工程院院士丁荣军、中国电工技术学会理事长杨庆新和欧盟委员会交通运输总局主任埃朗·路特斯作大会主题报告。大会以“奔向智慧电动出行”为主题，展览规模超3万平方米，内容覆盖整车、关键零部件及充换电等上下游产业，包括比亚迪、一汽红旗、恒天领锐等整车行业。ABB、TUV莱茵、深圳欣旺达等关键零部件行业300余家国内外企业参展。德国展团、荷兰展团、巴基斯坦展团和中国电工技术学会团体会员展团等集中参会。（刘晨）

【开沃新能源汽车集团股份有限公司】 2021年，开沃新能源汽车集团股份有限公司实现销售额40亿元，增长23%。累计申请专利1290项，其中发明专利477项。获得“十大新能源客车品牌”“优秀客车品牌”等奖项。是集新能源整车及核心零部件研发、生产、销售、服务于一体的高新技术企业、独角兽企业。集团产业布局全国，总部位于开发区，在深圳、武汉、徐州、呼和浩特、渭南均建有生产基地，产品涵盖乘用车、客车、物流车、专用卡车、无人驾驶车等多种车型，可提供充/换电场站建设和运营解决方案。城市公交智能化示范应用项目通过南京市首批重点产业链示范应用场景认定。

【南京市欣旺达新能源有限公司】 2021年，南京市欣旺达新能源有限公司实现产值17亿元。被授予“江苏省四星级上云企业”“南京市重大项目”“2021年度推动高质量发展有功企业”称号。公司主要从事动力电池电芯、电池模组和电池系统研发、生产、检测、销售、运营等经营活动，生产高安全性、长寿命、高能量密度锂离子电芯及电池模组，以先进的锂电池集成技术，为全球新能源车企提供电动汽车电池包解决方案。南京市欣旺达动力电池项目为江苏省重大项目，总投资135亿元。公司通过IATF 16949质量管理体系、ISO 14000环境管理体系、ISO 45000职业健康安全管理体系及两化融合管理体系认证，与国内外知名企业、工信部、高校院所建立科研项目合作关系，与国内外知名主机厂法国雷诺、东风日产，以及国内广州小鹏汽车科技有限公司、福建省汽车工业集团云度新能源汽车股份有限公司、浙江吉利汽车研究院有限公司、东风柳州汽车有限公司等知名新能源汽车生产商建立供销关系。

【南京佛吉亚排气控制技术有限公司】 2021年，南京佛吉亚排气控制技术有限公司销售收入19.4亿元，实现税收2700万元。经营范围为汽车零部件及配件制造，主产品为汽车排气控制系统，为IATF 16949认证企业。公司隶属佛吉亚集团，佛吉亚集团绿动智行事业部在乘用车和商用车排放控制领域具有全球市场领先地位。客户主要有上汽集团、大众汽车集团、奇瑞汽车公司、马自达集团以及理想汽车等多家新能源汽车企业。（耿玥）

智能家居产业

【概况】 2021年，溧水区智能家居产业集聚创维电器股份有限公司、南京创维平面显示科技有限公司、艾欧史密斯（中国）环境电器有限公司、南京我乐家居智能制造有限公司等龙头企业6家，南京豪骏电器科技有限公司、南京昌德成电器有限公司等链条重点企业67家，创维电器研究院等高端研发机构和平台5家，实施产学研合作项目20个。完成产值194.7亿元，增长18.1%。占全区四大产业20%，保持强劲上升势头。

【项目建设】 2021年，溧水区智能家居产业实施产业链重点项目10个，总投资13.5亿元。其中，南京创维平面显示科技有限公司新建年产100万超高清液晶显示器项目，投资1.61亿元；盛宁家用电器零部件制造项目投资1.5亿元。签约智能家居重点项目6个，总投资34.3亿元。其中，恒洁智能家具及智能家电项目总投资10.2亿元，创维智能家电产业园项目总投资9.3亿元。

【企业培育】 2021年，区工信部门围绕智能家居企业需求，开展专题培训，召开数字化转型、“小升规”等企业座谈会5场、产业链交流推介会4场，帮助企业开拓市场。至年底，全区有“小升规”企业培育库智能家居企业31家，占13.5%。单项冠军和国家、省“专精特新”企业培育库智能家居企业12家。

【智能化改造】 2021年，溧水区智能家居产业围绕智能家电、智能安防、大数据平台等智能家居推广应用，遴选认定智能工厂、智能车间，提升企业生产效率、产品质量和本质安全生产水平，强化柔性制造能力。创维电器、创维平面、艾欧史密斯、我乐家居被认定为省级智能车间，艾欧史密斯、创维电器、创维平面入选国家级绿色设计产品，创维电器股份有限公司入选省级绿色工厂。（董兰兰）

【南京我乐家居智能制造有限公司】 2021年，南京我乐家居智能制造有限公司营业总收入9.67亿元，增长35.15%；利润总额1.47亿元，增长29.87%；纳税总额4467.90万元，增长168.8%。公司拥有70项授权专利、2项作品著作权、8项软件著作权。获评高新技术企业、江苏省示范智能车间、南京市认定企业技术中心、溧水区政府质量奖（提名奖）、2020年度南京市瞪羚企业。（耿玥）

智能制造装备产业

【概况】 2021年，溧水区智能制造装备产业链完成产值132.55亿元。新认定南京皓焜自动化科技有限公司、江苏凯泉泵业制造有限公司等瞪羚企业9家，南京创博机械设备有限公司等高新技术企业12家。全球工业4.0标杆、工业智造全球领先企业——西门子数控（南京）有限公司建成投产。和凤台湾机电产业园被两岸企业家峰会授予“两岸（和凤）机电产业合作示范园区”称号。签约百泽机械、汉刚机床等重点招商项目38个，总投资91.07亿元。其中，工业机器人项目4个，数控机床项目4个，成套设备项目30个。腾阳机械高端数控机床研发生产等5个项目列入省市重大项目，总投资51.2亿元，完成年度投资12.8亿元。至年底，全区智能制造装备产业链在库企业130余家。其中，规模以上工业企业79家、高新技术企业74家、瞪羚企业12家，省级以上“专精特新”企业4家。

4月8日，区工信局承办2021溧水区智能家居产业链+创新链双链交流会　　刘耀晨　摄

【重点项目建设】 2021年，溧水区智能制造装备产业链推进西门子数控、三众机械、惠诚工具、百泽机械等重点项目建设。其中，西门子数控总投资30亿元，10月底建成投产；三众精密机械总投资2亿元，9月底开工建设；惠诚工具总投资1.2亿元，9月底开工建设；百泽机械总投资1亿元，1月10日开工建设。（朱恺）

【康迈（南京）机械有限公司】 2021年，康迈（南京）机械有限公司南京工厂销售总额12亿元，纳税总额1亿元。公司为美国康迈集团（Consolidated Metco，Inc.）全资子公司。集轮毂总成集成系统的试制、总装、检试验、销售于一体，与国内外主流商用车品牌长期合作，为国内外高端商用车使用者提供长寿命、可视化、免维护的商用车轮毂总成系统。终端客户有一汽、东风、重汽、福田、柳汽、宇通等国内大型重卡及公交巴士厂家，以及美驰、沃尔沃、戴姆勒等国外知名企业。“康迈”商用车高端轮毂总成产品凭借长寿命、可视化、免维护

的突出特点，市场份额稳居高端商用车轮毂总成市场前列。（耿玥）

医药与生命健康产业

【概况】 2021年，溧水区立足现有健康产业基础，以产业集聚为目标，推进33个重点健康产业项目，包含文化旅游、康养医养、医疗医药、农业食品、体育运动等方面，完成投资51.73亿元。江苏省康复医院、南京市颐养中心、中国中医健康养生示范区等一批定标性健康项目落地，安意达医疗设备智能制造园区、洪宇健康产业园、天安未来生态城等健康产业园相继开工建设，构建"药、医、食、养、游、动"跨界融合健康全产业链条。全区有新医药与生命健康产业在库企业30家，聚集南京恒生制药有限公司、南京星银药业集团有限公司、南京柯菲平盛辉制药有限公司等重点医药企业，产品涵盖生物制剂、仿制药生产、中药饮片研发生产等领域。完成产值52.98亿元，增长2.5%。龙头企业南京恒生制药有限公司完成年产值9.74亿元，碳酸司维拉姆片新产品入选《南京市创新产品应用示范推荐目录（生物医药类）》。（耿玥　徒成兔）

【重点项目建设】 2021年，溧水区列入市新医药与生命健康类项目10个，总投资179.19亿元，完成年度投资56.5亿元。其中，省重大项目2个，市重大项目5个，新增项目3个，分别为洪宇、巴比食品、医疗器械CDMO技术服务平台。重点推进省康复医院项目、安意达医疗设备智能制造项目、恒生制药高端制剂自动化生产线技术改造项目。引

10月13日，南京智慧康养创新园项目开工仪式在晶桥镇举行　《今日溧水》报　供图

进亿元以上大健康项目31个，总投资119.07亿元。其中，黑龙江中桂制药新药研发生产等10亿元以上项目5个，济民可信小分子靶向肿瘤药物研发及产业化项目总投资30亿元。

【"健康+"特色产业】 2021年，溧水区以临空国际健康服务集聚区、晶桥健康旅游核心区、白马健康农业示范区等核心区为主阵地，推动定标性项目落地建设。强化健康产业项目招引，以金雨茂物投资、隆宇发展为核心，联合南大生物医药校友会建设国际化智慧产业社区，聚集生物医药、医疗大健康产业。以"创新、绿色、智慧、高端"为规划理念，以"资本+人才+实业"为手段，配套发起生物医药创新基金，入驻并培养南京天朗制药有限公司、南京柯菲平盛辉制药有限公司、南京金盾动物药业有限责任公司等国内一流生物医药产业之星，建成永阳生物医药产业园，初步形成"健康+"特色产业体系。（王成）

【2个健康医疗项目签约落户】 7月，智能静脉用药调配机器人、聚力医药流通基地2个健康医疗项目签约落户晶桥镇。智能静脉用药调配机器人项目一期投资1.2亿元，该项目由深圳懒人自动化机械有限公司历时10年研发推出。聚力医药流通基地一期投资1.3亿元，为聚力医药产业规模升级项目，建设集存储车间、医药配送中心、质量检验中心、综合楼于一体的大型医药批发与流通基地。（王雪琴）

【南京星银药业集团有限公司】 2021年，南京星银药业集团有限公司开票营收1.9亿元，税收约700万元。是集中西药、原料药、医药保健品研发、生产、销售于一体的新型制药企业。先后获评"国家高新技术企业""南京市诚信劳动保障企业""建设溧水有功单位"。建成冻干粉针剂、口服液体制剂（合剂、口服溶液剂）、喷雾剂、固体制剂、中药提取、多肽6个生产车间，拥有国际先进仪器装备、生产技术设施、检测和专业人才。主要产品有治感冒中药葛根汤合剂、喷鼻剂星瑞灵，治咳嗽复方磷酸可待因及注射用环磷腺苷，治过敏性鼻炎曲安奈德鼻喷雾剂，妇科用药卡贝缩宫素等。（耿玥）

责任编辑　李淑萍

建筑业

Construction Industry

综 述

【概况】 2021年，溧水区建筑行业把握新发展阶段，发展壮大区域建筑业，推进建筑业倍增行动，实现建筑业平稳发展。加强生态文明建设，推动城乡建设步入绿色、循环、低碳科学的发展轨道，培育节能环保、新能源等新兴产业。全区建筑产业产值和税收等指标稳定增长，技术创新和工程质量提升。围绕溧水建筑业发展目标，编制完成《溧水区建筑业"十四五"发展规划》。至年底，全区建筑业开工项目471个，开工率100%；完成投资281亿元，投资完成率93.7%。

【建筑企业】 2021年，溧水区培育产值超亿元建筑企业37家，其中产值超5亿元企业9家、超10亿元企业3家、超50亿元企业1家。总产值超亿元企业占全区建筑企业数量的13.8%，占全区建筑业总产值的79.7%。其中，1亿～10亿元企业33家，占企业总数的12.3%，总产值占全区建筑业产值的30.1%；10亿元以上企业4家，占企业总数的1.5%，总产值占全区建筑业产值的49.6%。加强建筑品牌管理，南京明辉建设有限公司、南京市第八建筑安装工程有限公司、江苏之上建设有限公司等12家企业年纳税额超过1000万元。新增资质建筑业企业139家，其中一级资质企业3家、二级资质企业24家。引进品牌建筑企业32家，其中中铁十一局集团华东建设有限公司、中建五局江苏投资建设有限公司2家高资质企业落户溧水。

【建筑产业现代化】 2021年，全区新型绿色建材应用扩大，永阳新城区域内新建住宅项目和单体建筑面积超5000平方米的公共建筑项目，重点推广装配式建筑模式。装配式建筑采用GRC混凝土幕墙、石墨改性模塑聚苯板外墙外保温系统、浮筑楼板保温隔声系统、保温模板一体化板外墙外保温系统等新材料、新工艺；发展烧结空心、加气混凝土制品，多功能复合一体化墙体、屋面材料，低辐射镀膜玻璃，惰性气体、断桥隔热门窗等建材。至年底，全区装配式在建项目105个，面积185万平方米。建筑产业现代化全产业链总投资7.43亿元，部品部件生产企业总产值1.27亿元；创建省级建筑产业现代化示范项目1个，市级建筑产业现代化示范基地3个、示范项目1个，培育市级示范建筑产业现代化相关设计、生产、施工、监理等上下游企业3家。

【绿色城乡建设试点】 5月16日，溧水区获省住建厅批复，成为全省首个和唯一一个"江苏碳达峰目标下绿色城乡建设试点区"，旨在探索城乡建设领域低碳建筑技术标准规范，打造绿色城乡建设新样板，为全省城乡建设领域"碳达峰"目标破冰探路。区城市建设部门联合省住建厅科技中心共同编制《溧水区绿色城乡建设碳达峰专项规划》，开展重点区域低碳能源规划、绿色低碳建筑技术导则、绿色社区行动和绿色村镇建设实施方案编制。坚持规划与试点并行，围绕城乡融合建设，由点到面，通过傅家边山凹村游客中心"零碳小屋"、中国东部（南京）农业科技创新港、西门子数控超低能耗等试点项目，在大型公共建筑、特色小镇、绿色园区等各类项目类型上推动全区碳达峰目标下绿色城乡建设，致力实现溧水区碳达峰目标下绿色城乡建设走在全国前列。6月，傅家边山凹村游客中心“零碳小屋”项目被中国建筑节能协会评为第一批近零能耗建筑项目、全国首个近零能耗乡村游客中心。8月，西门子数控作为超低能耗项目建成投产；地源热泵系统竣工，可减排二氧化碳533吨/年；太阳能发电系统在建设中，可发电183万千瓦时/年、减排二氧化碳1407吨/年。中国东部（南京）农业科技创新港项目利用建筑节能减排和可再生能源新技术，采用区域集中供能方式，为能源需求稳定的公共建筑碳达峰目标下绿色建设探索新路径。至年底，完成园区双碳规划、能源供应等设计，进入地基基础建设施工。（孙燃）

建筑施工

【概况】 2021年，溧水区建筑业完成施工产值277.96亿元，增长10.6%；完成施工面积1375.05万平方米，增长7.9%；完成税收12.9亿元，增长6.1%，占全区税收的11.8%。受新冠肺炎疫情影响和经济下行双重冲击，全区建筑业外向拓展速度下降，省外产值占总产值比例从2020年的11.04%下降为2021年的7.85%，完成省外产值23.59亿元，下降15.42%。

【工程监理】 2021年，溧水区执行工程监理制度，把好工程质量监督关，监控工程进度和质量，落实边施工边巡察、监督、检查制度，发挥监理人员能动性、主动性。严格质量控制程序，确保工程质量达到标准。全区在监工程219个，面积1495万平方米，其中房屋建设项目193个、市政园林项目26个。开展日常监督抽检584次，行政处罚169件，罚款206.5万元。报市建委64家施工、监理企业扣减南京市信用分，扣减40家施工、监理企业溧水区信用分。

【建设工程招投标】 2021年，溧水区加强建设工程招投标管理，规范市场秩序。加大招标公告、招标文件、特殊事项、开标评标、招标代理、评委抽取等重点环节监管。召开招投标监管领导小组会9次，研究大项目议题125个、其他事项11个。制止招投标市场违法违规行为，移交行政处罚案例3件，其中应招未招2件、弄虚作假1件。联合溧水公安分局调查MAC码一致行为1件，涉及投标企业2家，约谈递交无竞争力投标文件（不以中标为目的）企业13家。受理涉及招投标投诉7件，其中网上投诉3件（涉及项目1个）。监督招标人按规定处理质疑、异议38件，“12345”投诉5件，信访件1件，满意率100%。强化招标代理机构市场行为监管，落实《南京市建设工程招标代理机构信用管理暂行办法》，通报招标代理缺陷行为3件，涉及招标代理公司3家，其中被暂停在溧水承揽招标代理业务公司2家。监管进场交易和登记建设工程318个标段，交易和登记总金额189.67亿元，增长31.04%；建筑面积142.55万平方米，增加61.67万平方米。施工和工程总承包234个标段，交易和登记总金额186.74亿元。其中，公开招标221个标段，中标价185.94亿元；邀请招标3个标段，中标价0.8亿元；直接发包10个标段，发包价6.45亿元；无明标明投。勘察设计34个标段，交易和登记总金额1.14亿元，增长17.09%。监理60个标段，交易和登记总金额1.79亿元。其中，公开招标58个标段，中标价1.78亿元，增长11.6%；直接发包2个标段，发包价137万元。

【施工图审查】 2021年，溧水区推进施工图审查提质增效，精简流程，要件材料由23件精简到5件。审查各类建筑项目387个，面积702.41万平方米；豁免各类项目105个，总建筑面积99.88万平方米。审查并纠正勘察设计文件中违反工程建设强制性条文395条次，违反应执行条文1659条次。收取图审费983.89万元，增长44%；设计变更审查项目48个、绿色建筑方案55个。实现施工图审查数字化，完成数字化审查项目383个，确保在12个工作日（工业项目7个工作日）内完成技术性审查。

【装配式建筑】 2021年，溧水区新出让明确装配式要求地块113.8万平方米，占新出让地块的87%；开工装配式建筑面积185.9万平方米，推广应用预制“三板”建筑面积125万平方米，装配式建筑占新开工建筑面积的35%。区城市建设部门从土地出让环节中明确装配式要求、容积率奖励、提前预售、地方专项资金奖补等配套政策支持方式，逐步过渡到市场预期引导，吸引社会资本进入装配式建筑领域。至年底，全区装配式建筑市场规模超过10亿元。

【建筑安装工程质量检测】 2021年，溧水区签订建筑安装工程检测项目155个，接受委托检测送样1.54万批次。其中，混凝土和砂浆试块类10.95万组，增长4.8%；钢筋类5.13万组，增长26%；主体结构类2215组，增长13.35%；植筋锚栓4.89万组，增长76.32%。出具检测报告16.73万份，其中不合格报告1582份。检测产值4018万元，增长22.8%。

【建筑工程质量安全监督】 2021年，全区住宅、公共建筑工程新增201.8万平方米，在监工程项目219个，面积1495万平方米，其中房建工程项目193个、市政园林工程项目26个。开展建设工程质量安全监督检查、质量抽查1418次，质量专项检查2次，发现问题3550个。行政处罚2起，罚款76.97万元。受理、办理工程质量投诉1920件，满意率91%。开展市级信用考评，核减企业信用分项目64个。创新实践，与区人防办联合进行质监，工程质量安全、人防工程质量监督手续与施工许可合并办理，竣工验收一次性完成，质量监督报告、竣工备案合并完成。至年底，完成联合质监报监项目31个、主体验收项目141个、竣工初验项目40个、单位工程竣工备案项目389个。

【工程施工安全文明管理】 2021年，溧水区组建建筑施工危险性较大的分部分项工程安全检查专家库，梳理重大危险源，制订建筑施工安全和文明施工积分考核办法。严格日常检查及专项检查，按照“三个必须”（管行业必须管安全、管业务必须管安全、管生产经营必须管安全）要求，实行在建工程网格化管理。区城市建设部门开展工程施工安全检查1300余次，整改隐患5000余处；开展“双随机、一公开”专项检查8次，检查项目260余个，发现安全文明问题1500余个，发文通报至各在建工程项目部；会同建设工程安全生产专业委员会各成员单位，开展建设工程专项督查4次、夜查270余次，强化属地安全文明生产管理水平。发布建设工程安全文明红黑榜通报27期，通报黑榜项目45个、红榜项目4个，季度通报批评32个项目。实施安全文明施工类行政处罚170件，罚款130余万元，其中简易行政处罚124件。完成中高考保障工作，印发工作方案、发布管控通告、安排考试期间专人驻点和保障期间常态化巡查，检查工地72家次，出动执法人员212人次。严格夜间施工审批，全年审批370家，限止施工60家，审批不通过10家，撤销22家。创建省级文明工地20个、市级文明工地41个，省级绿色智慧示范片区标准化星级工地17个。（孙燕）

建筑行业管理

【概况】 2021年，溧水区加强建筑行业管理，加大建设领域市场秩序专项整治，规范建筑行业市场主体各方行为。完善政府投资项目标后监管，强化“五方”（建设单位、施工单位、监理单位、勘察单位、设计单位）主体责任，实施市场与现场相互联动监管，构建统一开放、竞争有序、诚信守法、监管有力的建筑行业市场管理体系。根据在建工程进度及管理情况，实施差别化监管，提高企业主体责任意识。召开建设工程质量安全观摩会6次，开展建设工程管理人员专业培训和继续教育7场次、新《中华人民共和国安全生产法》集中学习2次。全区建立应急救援队伍10支，开展在建工程项目现场处置应急演练200余次。

【建筑市场管理】 2021年，溧水区加强区域内建筑市场管理，开展“双随机、一公开”专项检查，检查建筑项目114个，通过检查市场行为资料、勘查现场、交流提问、核查分析等，查处违法分包3件、其他违法行为13件，罚款1.47万元。开展市级信用考评，考评建筑企业1297家。引导企业树立品牌意识，打造精品工程，以争创“扬子杯”“金陵杯”为目标，争创精品建筑工程，推动优质结构工程建设，让品牌引领全区建筑企业发展。全年获评“扬子杯”项目3个、“金陵杯”项目30个。

【建筑人才培养】 2021年，溧水区有建造师3804人，其中一级建造师706人、二级建造师3098人。

有中级及以上专业技术职称人员2405人、特种作业人员986人。至年底，完成集聚人口2.77万人，占区下达指标的138.4%。

【工程造价管理】 2021年，溧水区核定建设工程安全文明施工措施费费率事项25个，其中省级文明工地项目19个、市级文明工地项目6个。处理建设工程计价解释11起，协调解决建设工程计价争议9起，未发生建设工程招标控制价投诉事项、处理工程造价咨询企业违法违规事项。全区有造价咨询企业20家，造价资质取消，不分等级。区城市建设部门不再发布溧水区建设工程材料预算指导价格，各相关单位在参与建设工程造价相关业务活动时，参照南京市工程建设材料市场指导价格执行。

【省级绿色智慧示范片区创建】 2021年，溧水区落实省住建厅《关于统一全省建筑工程绿色智慧示范片区建设标准及加强过程管理的通知》精神，创成省级绿色智慧示范片区17个。区城市建设部门按照绿色智慧示范片区创建要求，搭建智慧工地安全监管平台，遴选17个智慧工地参与绿色智慧示范片区创建，搭建项目端集成分析平台，并接入区级监管平台，全天候、全时段监管17个智慧工地现场危险性较大的分部分项工程管控、人员管理及文明施工状态。

【建筑业信息化管理】 2021年，溧水区运用信息化手段提升建筑行业监管能力，推进智慧城建综合管理平台建设，纵向实现省、市、区三级业务全协同，横向实现部门业务全覆盖。应用信息化手段开展日常监督管理，推进"智慧工地"示范片区、差别化管理工地创建和BIM技术在建设工程管理中的运用。推广市建委风险源微信小程序，各在建项目按要求进行风险辨识上报、跟踪整改闭合等。至年底，全区在建"智慧工地"140个，差别化管理工地40个。

【建筑领域农民工工资管理】 2021年，溧水区预收项目254个，收费7513.96万元。其中，划缴项目254个，工伤保险划缴1243.10万元、大病医疗保险划缴6270.86万元。办理建设工程社会保险费退费81份，退费总金额3433.72万元。办理实名制登记项目256个，参保在建项目225个，开通工资专户项目194个，申请专户项目10个，专户开通覆盖率86.22%，专户中尚有余额项目146个。开展考勤项目208个，覆盖率92.44%；银行代发工资项目169个，覆盖率75.11%，通过工资账户发放工资18.02亿元。

（孙燃）

11月18日，省安监总站验收溧水区绿色智慧示范片区建设

区城建局　供图

责任编辑　朱幸福

旅游业

Tourism Industy

综述

【概况】 2021年，溧水区完善旅游设施和服务，以全域旅游为方向，以健康为主题，以产业融合为手段，突出改革创新，注重高质量发展。围绕旅游小城镇与古街区、乡村旅游、文旅综合体、旅游医疗健康与养生养老、赛事场馆5个方面推进飞燕文化街区、华侨城大型文旅综合项目、铜山红色旅游教育基地等10个省市区重点项目建设，年底，基本完成竹上云想民宿酒店、里佳山红色旅游教育基地、凉篷下旅游民宿3个重大重点项目建设并进入试运营阶段。实施品牌战略，放大全域旅游"健康"特色，创新利用南京地铁、中国铁塔广告位营造全域旅游氛围。开展"全域旅游应知应会"有奖竞答，吸引近20万市民游客参与。《溧水全域旅游发展规划》通过专家评审，全域旅游专家智库增补7位。以打造新型民宿为突破口推动乡村振兴，先行先试打造洪蓝山凹村、白马李巷N四号院市级疗休养基地民宿，入选首批南京市职工疗休养基地。发布"无想居"民宿公共品牌及Logo（商标），新增上线民宿8家，总数43家。受新冠肺炎疫情和台风影响，溧水采摘旅游受阻，鲜果滞销，区文旅局对接多平台助促水果销售。把握"庆祝中国共产党成立100周年"系列活动浓厚氛围，发展红色旅游。晶桥镇石山下创成省级乡村旅游重点村，无想水镇创成市级夜间文旅消费集聚区，梦华苑创成国家AAA级旅游景区。

（黎战　吴萍）

【旅游接待】 2021年，溧水区接待游客1360万人次，实现旅游收入157.8亿元，增长14.6%。其中，"五一"小长假期间接待游客94.5万人次，增长57%，酒店、宾馆、民宿入住率90%。溧水文旅活动网络关注量超5亿，被《新闻联播》连续报道为"全国假日旅游网红区"。（吴萍）

【智慧旅游】 2021年，溧水智慧旅游三期重点建设旅游年卡平台，通过智慧票务、身份识别、软硬件集成打造溧水惠民年卡。连通"线上+线下"，

9月11日，溧水华侨城欢乐时光创展中心开业　《今日溧水》报　供图

方便游客购卡、开卡、用卡，加强区内旅游态势跟踪。完成旅游年卡合作景区闸机、检票机等设备安装，并连接景区视频监控。完成周园、大金山、郭兴庄园、三叶梦华苑、丽山音乐农场5个景区外网映射部署，实现互联网对接。联通溧水政务云平台与景区之间的内网专线光纤，客流数据对接溧水全域旅游运营监测平台。形成溧水旅游小程序“一码畅游溧水”升级2.0版本规划方案。整合文旅产业相关资源，为游客提供一站式旅游服务。（陈梦琴）

【国家全域旅游示范区创建】 2021年，溧水区召开健康活力新城高质量发展大会，部署国家全域旅游示范区创建工作。召开台账编制专题工作例会，根据创建任务分解表常态化跟踪、联络工作进度。对照省文旅厅反馈的创建工作问题，逐一挂牌整改销号。加强创建业务工作指导，聘请第三方公司全程跟踪辅导，补充完善相关申报资料。利用江苏音乐广播（FM98.5）、南京地铁（1号线、4号线）广播、中国铁塔广告牌宣传溧水全域旅游。结合第九届咪豆音乐节开展“全域旅游应知应会”有奖竞答，吸引近20万市民游客参与。（黎战）

旅游资源

【概况】 2021年，溧水区有A级以上景区7个，其中AAAA级景区2个、AAA级景区5个。国家级乡村旅游重点村1个、省级乡村旅游重点村2个、省级旅游度假区（实验）1个、市级旅游度假区1个、省级生态旅游示范区1家、旅行社15家、星级酒店2家（四星级1家，三星级1家）。省五星级乡村旅游区1家、四星级乡村旅游区4家、三星级乡村旅游区4家。省级自驾游基地2个、市级自驾游基地1个、上线民宿43家。南京市疗休养基地2个。市级夜间文旅消费集聚区1个，市级特色文旅商店3家。竹上云想民宿酒店桃林老鸭入选南京“十佳民宿名菜”，香野民宿农家豆腐圆子入选南京“十佳民宿名点（小吃）”，山凹旅游服务有限公司陈秋兰入选南京“十佳民宿管家”，溧水区田姐家获评南京“十佳农民自办民宿”。（黎战）

表22 2021年溧水区国家AAA级以上景区情况一览表

景区名称	等级	地 址
天生桥景区	AAAA	洪蓝街道天生桥大道500号
周园景区	AAAA	白马镇白袁路88号
大金山景区	AAA	东屏街道金山路99号
无想山景区	AAA	洪蓝街道
万驰国际汽车体育公园	AAA	开发区东城路1号
傅家边景区	AAA	洪蓝街道傅家边现代农业园
梦华苑景区	AAA	和凤镇

【周园景区】 国家AAAA级旅游景区周园位于南京市溧水区白马镇，是中国最大的私人收藏馆，由周园、文化艺术展示中心及徽文化精品体验中心三部分组成，享有“北有故宫，南有周园”的美誉。周园于2007年10月29日对外开放，占地6.67公顷，以佛教文化和徽派建筑为主题，汇集石雕、木雕、玉雕、古床、古典家具、佛像、壁画等综合性古代文化艺术品。2021年新冠肺炎疫情闭馆期间，开展员工素质培训，提档升级景区内部基础设施，修缮门楼、更新标识系统、更新安全监控系统、维修生态停车场等，建设周村（周园二期）3座AAA级旅游厕所，投资500余万元。7月，通过国家AAAA级景区复核。

【天生桥景区】 国家AAAA级景区天生桥景区位于溧水城西3千米处，距南京市区50千米。天生桥景区是天生桥旅游度假区核心景区，面积约2平方千米，以秦淮文化、明文化、河运文化为重点，是集生态景观、旅游休闲、度假养生、人文景观于一体，为南京郊区旅游胜地，金陵新48景之凝脂沉霞位于该景区，是国家水利景区、江苏省重点文物保护单位、江苏省旅游度假（实验）区、南京市旅游度假区、南京市自驾游基地。景区分为天生桥博物馆、凤凰井游览区、天生音乐谷主题活动区、天生桥胭脂河景观游赏区、河西休闲体验区和游客中心服务区。2021年，景区采取预约制及现场应核尽核等方式，做好疫情防控管理，举办“咪豆Holiday”、“天生有爱”暖秋浪漫交友会、“天生漫时光”第三届烧烤露营节等系列游园活动，国庆期间总客流量创新高，接待游客数增长近23%，实现旅游接待保障工作“安全、文明、有序、高质”四统一。

【无想山景区】 溧水区无想山景区为国家AAA级旅游景区。景区设有游客咨询、寄存服务、医务室、手机自助充电站、母婴室、迷童中心、游客休息、婴儿车自助租赁等综合旅游服务点。有“天池雪霁”“石梯观云”“凤林摩崖”“无想晨钟”4个“无想十景”打卡点（其余6个分布在景区外围）及载心亭、云罊亭2个景观亭，修复韩熙载读书堂和美成草庐2个观景中心，设置5组铜质/石质特定情景雕塑。建有A级以上旅游厕所4座，无想湖、天池生态化停车场等6个。2021年，启动“杜城路”建设项目，在不破坏山体植被、自然环境前提下，新建步道2千米，建设2处观景平台，实施景区人车分流。修整天池游步道等路段3.5千米。9月28日，联合区林场、无想山景区保安队开展消防安全演练活动，强化景区工作人员消防安全意识，保障景区及游客人身财产安全。无想山景区获评南京市中小学生研学实践教育基地，洞壁琴音原木栈道入选南京最美健身步道。

（吴萍）

规划建设

【概况】 2021年，溧水区立足文化和旅游深度融合发展实际，推进文化旅游供给侧结构性改革，发布《溧水区“十四五”文化和旅游发展规划》，召开高质量发展大会，部署国家全域旅游示范区创建工作，整合2条党史学习教育精品参观线路，梳理中山烈士陵园、大金山庄国防园、红色李巷、石山下、山凹村党史学习教育基地情况，其中红色李巷入选江苏省爱国主义教育基地名单。

【溧水区“十四五”文化和旅游发展规划】 2021年，溧水区明确2021—2025年溧水区文化和旅游发展重点任务和工作举措，编制并发布《溧水区“十四五”文化和旅游发展规划（2021—2025）》。提出挖掘溧水特色文化；争创国家全域旅游示范区，打造健康旅游目的地；繁荣文化事业，发展文化和旅游产业，提高溧水文旅软实力，争做文旅融合发展典范的总体目标，明确“全域推进、改革突破、业态升级、文化传承、要素创新、主客共享、品牌推广”7个方面主要任务。提升文化软实力、旅游吸引力和城市竞争力，推进文化旅游供给侧结构性改革。

【旅游驿站】 2021年，溧水突出“快旅慢游”，在高速公路、省道及全域旅游综合服务环线的重点位置建设旅游驿站，植入旅游集散功能，以点串线，构成“区级旅游集散中心—游客中心—环线驿站”多级旅游集散和咨询服务体系。驿站内设置免费Wi-Fi、免费停车、免费充电、骑行维修等基础服务项目，配套茶吧、餐厅、自动售货机、医疗点、农家书屋、垃圾分类收集设施、旅游厕所，提供自助旅游优化、信息咨询、票务预订等全方位服务，实现旅游要素和公共服务全域覆盖。周边村民借助驿站线上平台进行产品售卖和直播带货，打通地方特色农产品富民增收“最后一公里”。全年打造完成红色李巷、上方轩、老虎山、傅家边草莓园、观山等10座旅游驿站，分别突出党史学习教育、骑行运动、静心冥想、古风怀旧、网红打卡等不同主题。其中，243省道柘塘“江南驿”获评南京市普通国省道公路驿站服务品牌。

（黎战）

【梦华苑获批国家AAA级景区】 12月29日，溧水区和凤镇梦华苑景区获批国家AAA级旅游景区。该景区是一座以“春花秋色”为主题，观赏四季鲜花为特色的四季精品花园，由梦蝶园、岩石园、法式玫瑰园、荷兰花田等组成，经国内外专业团队打造，集园林观光、科普教育、园艺体验、休闲运动功能于一体。园区总占地33.3公顷，一期工程完成23.3公顷，有海棠、郁金香、广玉兰、樱花、玫瑰等5000余种名贵植物。

（吴萍）

旅游业态

【概况】 2021年，溧水区以“健康”为主题，立足文旅资源优势，以李巷、梦华苑、梅花山、天生桥大运河风光带、无想水镇、石湫影视基地等为旅游载体，推进红色旅游、乡村旅游，促进红色文化、乡村文化、运河文化、影视文化等文旅体验业态发展，提升“健康即旅游，旅游即生活”的获得感。

【红色旅游】 2021年，溧水区通过“红色+”，探索出一条以保护为前提、以环境营造为依托、以红色文化内核为导向的红色乡村旅游开发路径。围绕红色李巷，挖掘打造包含77处革命遗址的“红色矩阵”，开发建设贯穿全区的“红色专线”。李巷红色教育基地布局红色照相馆、红色餐厅、新四军历史研究馆等红色旅游点。设计改造里佳山新四军被服厂等老旧建筑面积约5250平方米，改造提升景观、绿化、亮化等相关附属工程，串联红色教育、祠堂、旅游文创、文化展览、研学住宿等空间，打造里佳山红色旅游教育基地。铜山战斗纪念广场建设红色剧场、红色阅读等设施。做精大金山国防园军事体验、国防教育。“红色李巷—石山下—山凹村”“中山烈士陵园—大金山国防园”2条红色旅游线入选南京市首批党史学习教育精品线路。

（吴萍）

【乡村旅游】 2021年，溧水区将乡村旅游发展列为推动全区乡村振兴工作重点。以富民增收为导向，指导山凹村按照乙级以上民宿标准提档升级乡村民宿设施。通过完善公共配套、导入体育活动、建设“零碳小屋”、打造健康驿站，构筑“吃、购、健、史、游、会”疗休养体系，打响“秦淮源头”乡村旅游品牌和“无想居”精品民宿品牌。乡村旅游区域提档升级和产业发展取得省市奖补资金。强化乡村旅游公共卫生管理，改扩建旅游重点村A级以上旅游卫生间8座。全年乡村旅游接待游客1117.87万人次，占全区游客接待总量82.19%；乡村旅游收入114.5亿元，占全区旅游收入的72.56%。晶桥镇石山下创成省级乡村旅游重点村。李在风粮仓都舍酒店获评2021十六届中外酒店白金奖“最佳文化主题酒店”。

（黎战）

【李巷“四史”教育馆】 6月15日，位于红色李巷的“四史”教育馆建成开放。展馆面积830平方米，按照中国共产党史、新中国史、改革开放史和社会主义发展史时间脉络，用图文和影像等多媒体形式，展示中国共产党的百年奋斗史。其中，党史展馆设“开天辟地”“改天换地”“翻天覆地”“惊天动地”4个部分，以党的历次代表大会为主线，穿插重要历史事件；新中国史展侧重从社会、经济、国防、科技等方面发展变化，以大事记形式展示；改革开放史展包括“改革篇”“开放篇”“伟大成就和杰出人物”3个部分，用数字和重大事件展示改革开放40多年来中华民族从站起来、富起来再到强起来的历史性飞跃；社会主义发展史展包括“空想社会主义阶段”“科学社会主义理论的创立”“列宁对社会主义的实践”“苏联模式逐步形成与失败”“新中国成立后中国共产党对社会主义的探索和实践”“开创和发展中国特色社会主义”6个阶段，时间跨度达500年。教育馆创新开发专题课程37个、微党课10个、音乐教学课6个。与“四史”教育馆一同开放的还有精神谱系馆和英雄人物馆，展示25个精神谱系以及革命年代、和平年代涌现的英雄人物代表。

（吴萍）

【诸家艺术家共享康养集群项目】 2021年，和凤镇诸家村引进艺术家康养集群项目，打造艺术家院落组团9个（康养院落16个，艺术家、生活家工作室10间，主题乡创、文创用品店9家）。改造13间老旧房屋作为村落美术馆，安装艺术

山凹民宿村　　　　俞俊　摄

装置20件，艺术墙绘10幅，统一整村主路系统标识。

【旅游民宿打造】　2021年，溧水区打造新型民宿，推动“农户变经营户、饭馆变旅馆、村长变董事长、乡村变度假村”。新增民宿8家，总数43家，总床位1434张。先行先试打造洪蓝山凹村、白马李巷N四号院两处市级疗休养基地民宿示范村，改造客房156间。鼓励农户抱团发展乡村优质民宿，推动全区旅游民宿规范、规模发展，形成多元格局。创新探索“八统一”（统一品牌宣传、统一平台上线、统一价格策略、统一前台接待、统一客流分配、统一服务标准、统一耗材品供、统一售后服务）和后端“六保服务”（内外保洁、消杀保净、物业保修、设备保养、环境保绿、外围保安）运营管理模式，不断提升民宿运营水平和品质。“山凹经验”多次登上“学习强国”平台，在全市推广。　　（黎战）

旅游推介

【概况】　2021年，溧水区在抓好新冠肺炎疫情防控同时，以节庆活动为契机，完善相关基础设施、

3月20日，“踏青户外打卡溧水”溧水全域旅游春季活动发布会在无想山游客中心举行　《今日溧水》报　供图

3月28，“健康生活、花季溧水”——2021南京溧水第十五届牡丹节在溧水特殊教育学校实验基地开幕　《今日溧水》报　供图

优化产业布局、传播地域文化，促进农、文、商、旅深度融合。举办咪豆音乐节、秦淮源头过大年、梅花节、采摘节、秋韵无想文化旅游节等活动100余场次。以区域优质旅游资源为核心，通过流量营销推广、内容整合孵化、商业资源嫁接、直播视频发行等多点开花孵化模式，助推区域旅游资源推广和变现，持续释放乡村旅游红利，完成从好风景到好“钱景”迈进。超2000位网红参与“FUN假溧水”主题活动，生成热门溧水种草视频1000条，溧水潮玩攻略5000余条，覆盖核心传播人群1亿人次，话题阅读量超10亿人次，打造出“石臼湖天空之镜”“咪豆音乐节”“天空之镜变身龙猫草原”等多个话题。中央电视台、新华社等国家级媒体连续17次报道溧水文旅活动，“龙猫草海”“醉美婚纱拍摄地”“晚霞版天空之境”等文旅话题获亿级流量关注，14次登上微博热搜。

表23　2021年溧水区主要旅游节庆活动情况一览表

活动名称	活动时间	活动地点
溧水第四届秦淮源头灯会	1月1日—3月31日	溧水城区
溧水梅花节开幕暨夜梅亮灯仪式	2月21日	傅家边科技园
无想水镇城隍庙文化街区元宵节闹花灯活动	2月26日	无想水镇
2021溧水梅花节——山凹人家烟火节	2月28日	洪蓝街道傅家边社区山凹村
首届溧水和凤百花节	3月6日	梦华苑、秦淮梅园
“踏青户外，打卡溧水”2021溧水全域旅游春季活动发布会	3月20日	无想山游客中心
2021南京·溧水第十五届牡丹节	3月28日	溧水区特殊教育学校
2021年书香溧水读书节启动仪式暨名家阅读分享会活动	4月24日	无想水镇
“幸福溧水”第二十一届群众文化艺术节开幕式	4月30日	体育公园水上舞台
“石里春华·梦玫以湫”2021年第七届环山河·南京玫瑰节	4月29日	南京玫瑰园
2021第九届咪豆音乐节	5月1—2日	天生桥景区
2021南京溧水杨梅节	6月10日	石湫街道芊芊杨梅园
2021“蓝莓之夏”白马乐活嘉年华	6月11日	白马镇李巷富禾蓝莓园
“FUN假溧水，果然有趣”溧水第十八届采摘节发布会	6月18日	南京老门东
“秦淮源头过端午”系列活动	6月12—14日	各景区景点
2021南京·溧水石湫首届荷花文化节	7月20日	石湫街道九荷塘
2021溧水“秋韵无想”文化旅游节暨溧水秋季消费节发布会	9月17日	无想水镇
2021溧水农民丰收节暨和凤田园艺术节石臼湖艺术季发布会	9月20日	和凤镇诸家村
“丰收满仓，振兴农香”2021年洪蓝农民丰收节暨乡村旅游推介会	10月4日	洪蓝街道
2021溧水农民丰收节暨“金陵味稻”稻米文化节	10月30日	和凤镇省级水稻绿色高质高效示范区
“秦淮源头过大年”系列活动开幕	12月25日	各景区景点

【2021溧水梅花节】　2月21日，2021溧水梅花节开幕暨夜梅亮灯仪式在傅家边科技园梅花广场举行，活动持续至3月底，主题为“梅好生活，香约美溧”，中央电视台、新华社、人民网等主流媒体聚焦报道。景区内设置品梅园、梅好方阵、“梅”好情缘隧道等多个亮化区域。开幕式现场，引入特色民俗表演打连响、舞狮、划龙船、腰鼓、何林坊双龙、青圩马灯等，以“花”为主题的烟花秀点亮夜空，增添节日氛围。以梅花节活动为契机，放大旅游经济效益，带动草莓采摘、农家乐、民宿等多种业态发展。

【秦淮源头过元宵活动】 2月26日，“唐朝街区”无想水镇亮灯，“秦淮源头过元宵”活动在无想水镇景区霓裳广场举办，以“花灯寄寓，上元燃灯”为主题。活动期间，民俗表演陆家大龙、白石观马灯轮番登场，300架无人机方阵与地面花灯互相辉映。景区设唐潮市集小吃、手工艺品、娱乐体验活动区，上演《唐风丽人》《舞梦飞天》《点灯祈福》等唐风文艺节目。

3月6日，2021首届南京溧水和凤百花节在三叶梦华苑景区开幕

《今日溧水》报 供图

【和凤首届百花节】 3月6日，“水韵和凤百花开，正是风华追梦时”和凤首届百花节在梦华苑开幕。活动以观光休闲为基础，汇集亲子游乐、文化体验、美食市集等特色项目，并推出线上“云赏花”和“摄影大赛”“花仙子”评选活动，历时2个月。百花节围绕“梅好和凤”“乡遇时光”“花田雅趣”3大主题展开，结合和凤特色产业，打造以梅花、多肉、茗茶、花卉与农产品为核心的4大展区，梦华苑、秦淮梅园为2大主会场。活动现场举行舞蹈《盛世花开》、“百花仙子”走秀、乐队表演。

【第九届咪豆音乐节】 5月1—2日，2021第九届咪豆音乐节在溧水天生桥景区举办。邀请崔健、郑钧、朴树、二手玫瑰、橘子海、霓虹花园、声音碎片、虎啸春等受年轻人喜爱的歌手、乐队现场开唱，并有文创集市、美食补给、游艺玩乐等形式多样的游园活动，提供丰富多彩的咪豆体验。咪豆音乐节品牌影响力辐射旅游、餐饮、住宿、农业等本地产业，音乐节期间，全区酒店、宾馆、民宿入住率90%，溧水文旅活动网络关注量超5亿。9月1日，咪豆音乐节入选江苏“运河百景”标志性运河文旅产品。

【2021溧水采摘节发布会】 6月18日，“FUN假溧水，果然有趣”2021溧水采摘节发布会在南京老门东开幕。开幕式上“三个一首创”亮相，官宣首支2021年溧水采摘季主题曲、首个“溧HI甜团”水果微信表情包、首个“星推官”称号。现场设置溧HI潮玩街，打造包含溧水非遗、文创、花卉、香氛等高品质生活方式类主题市集，吸引人民网、江苏广电、澎湃新闻等十余家媒体转发报道。发挥线上为主、线下为辅双线协同效应，推介水果采摘线路、采摘点，让市民游客感受溧水“山水境、花果园”的地方特色。邀请直播南京、新浪直播、小红书等平台直播推介，在电商平台开展“溧HI果然卡”“溧HI果盲盒”等多种营销活动，发放10万元惠民补贴，吸引百万人次参与。

【农产品助销】 2021年，受疫情和台风影响，溧水采摘旅游受阻，不少鲜果面临销售困境。区文旅部门汇总需助销的水果品种、产量、价格、联系方式等，通过“溧水旅游”微信公众号发布助农信息，江苏省文化和旅游厅、南京广播电视台、南京旅游集团等多渠道账号转发，新浪江苏联动宣传，南京欧美同学会上线“战疫情、守‘胃’宁”专题页面，全网曝光量超百万次。同步对接江苏省互联网协会等机构，农产品上架顺丰年丰小当家、汇通达、苏宁拼购等电商平台，通过《乡村发现》栏目带动水果销售200吨。维也纳酒店、南京金色庄园农产品有限公司等企业采购水果数万斤，百果园、苏果超市、盒马生鲜等大型商超与果农达成数十吨水果采购计划，助销水果超过100吨。

【秋韵无想文化旅游节暨秋季消费节发布会】 9月17日，2021溧水秋韵无想文化旅游节暨溧水秋

9月17日，2021溧水秋韵无想文化旅游节暨溧水秋季消费节发布会在无想水镇启幕　　《今日溧水》报　供图

季消费节发布会在溧水无想水镇开幕。以“FUN假溧水，YUE来越美”为主题，发布“秦淮源头过中秋”“咪豆Holiday”“十四届全运会”、霹雳舞赛、“跟着非遗游溧水”等丰富多样的文旅活动，推出郭兴粉黛露营节、万驰赛、板栗节、丰收节等秋季文旅体验。与江苏广播电视台合作打造融合文旅、竞技、游戏等多重元素的全新文旅体验类融媒体直播节目《FUN假去哪儿》，在国庆期间推出首期节目；在活动现场与南京电视台签约合作“醉美婚纱拍摄地”项目。启动2021溧水秋季消费节，围绕健康美食、绿色农产品、新能源汽车文体旅游、夜间消费、主题直播等特色，开展“销售竞赛季”直播电商节、汽车展等线上线下系列主题活动，营造消费氛围，融入2021南京国际消费节（秋季），提振消费信心，恢复市场活力。　（吴萍）

旅游市场管理

【概况】　2021年，溧水区有旅行社15家，其中3星级旅行社3家；旅游星级宾馆2家，其中4星、3星级宾馆各1家。落实旅游业新冠肺炎疫情防控低风险常态化管理，以创建国家全域旅游示范区为契机，推进服务型旅游行政执法工作。在春节、“五一”、暑期、中秋、“十一”等节假日及文旅活动前，组织执法人员重点检查各景区、星级饭店及旅行社等文旅市场人员密集场所安全生产工作。开展A级旅游景区安全防护措施、旅行社责任险落实、星级饭店消防系统和特种设备、用电用气设施设备安全等专项治理。结合“中国旅游日”活动，开展文明旅游志愿服务等系列宣传活动，引导和推动全社会文明旅游、安全旅游、诚信旅游、理性消费。全年开展安全生产检查380家次，联合相关部门开展旅游大巴、水上游艇、消防火灾等安全检查7次，出动执法人员1140人次。全区文旅行业安全形势持续稳定向好，实现安全生产零事故。

【平安景区创建】　2021年，溧水区突出“治安、生产、消防”三要素，推进平安景区创建，组织开展安全教育培训2次，组织文旅企业开展消防安全暨反恐防暴演练9场次，疫情防控安全演练2次。7月21日，联合区消防救援大队，在天生桥景区开展全区文旅市场消防安全和应急救援演练，提升景区人员安全意识和应急实战水平。在南京市平安景区创建工作中，溧水区获评创建先进区，天生桥景区获评示范单位，大金山景区、无想山景区获评先进单位，周园景区、傅家边农业科技观光园、万驰汽车体育公园获评达标单位。李明春、李雯获评先进个人。

【旅行社管理】　2021年，受疫情影响，国际、省际旅游线路暂停开放，旅行社经营业务锐减。区文旅部门为开拓和发展溧水旅游事业，盘活旅游资源，实行以奖代补政策，鼓励旅行社加强地接业务，并根据地接人次给予定额奖补，给予每家5万～8万元不等纾困资金，缓解经营困难。全年实现旅游地接8.99万人次。　（吴萍）

责任编辑　尹伟　吴萍

银 行

【概况】 2021年，溧水区有银行业金融机构22家，人行溧水支行贯彻新发展理念，围绕稳中求进的总基调，传导国家金融宏观调控、稳健灵活适度货币政策导向，履行基层央行职责，发挥抓总、协调职能作用，引导银行业金融机构聚焦区域发展，注重普惠金融构建，推进货币政策精准落地。优化金融服务，扩大金融投入，注入区域经济高质量发展金融新动能，保持区内信贷和社会融资总量稳定增长，主要金融运行指标保持增长态势。至年底，全区有银行业金融机构22家、营业网点89个，各项存款余额1074.31亿元，增加158.48亿元，增长17.3%；各项贷款余额1189.49亿元，增加206.06亿元，增长20.95%。其中，制造业贷款106.05亿元，增加26.32亿元，增长33.01%，高于总贷款增长12.06%，制造业贷款占比、增长均居全市首位；实体经济贷款703.4亿元，增加167.36亿元，增长31.22%；民营及小微企业贷款336.6亿元，增长48.94亿元，增长17.01%。信贷资金贷存比110.72%，居全市第一。 （许云 何秋艺）

表24 2021年溧水区银行业金融机构存贷款情况一览表

单位：亿元

名 称	存款余额	贷款余额	名 称	存款余额	贷款余额
工行溧水支行	102.01	250.48	宜兴农商银行溧水支行	4.27	8.97
农行溧水支行	177.09	123.31	民生银行溧水支行	25.09	31.83
中行溧水支行	73.83	127.88	恒丰银行南京溧水支行	3.74	5.56
建行溧水支行	72.69	130.45	浙江稠州商业银行溧水支行	16.87	9.79
农发行溧水支行	3.45	39.88	光大银行南京溧水支行	30.38	20.82
溧水农商银行	212.29	168.82	平安银行溧水支行	1.10	4.50
邮储银行溧水支行	74.57	30.35	华夏银行溧水支行	8.30	11.11
江苏银行溧水支行	61.44	35.84	中信银行溧水支行	12.68	15.86
南京银行溧水支行	49.91	40.03	宁波银行溧水支行	19.66	5.92
民丰银行溧水支行	13.35	13.80	兴业银行溧水支行	37.41	71.15
上海浦发银行溧水支行	43.47	41.25	杭州银行溧水支行	8.96	1.90

（许云）

8月20日，溧水区召开"抗疫情、纾企困、稳增长"线上对接会

人行溧水支行　供图

【融资服务】 2021年新冠肺炎疫情期间，溧水区坚守金融服务不打烊，提升金融服务实体经济效率，引导金融支持溧水经济高质量发展。拓宽政金合作，与建行南京分行、太平洋财险江苏分公司等金融机构线上签订战略合作协议，引入资金800亿元，全方位提供银行授信、直接债务融资工具、投资银行等综合金融服务。聚焦主导产业，推动投融协同增长，围绕绿色新能源、文体健康、智能制造等领域企业融资需求，采用主会场+分会场联动模式举办"抗疫情、纾企困、稳增长"线上对接会，推广数字金融，22家银行业金融机构与255家企业348个产业项目达成合作意向，授信金额1080亿元，增长56.1%，支持疫情防控，帮助企业纾困发展。发展资本市场，释放股权"乘数"，精准招商资深基金机构，通过投贷联动、投保联动和产业投资，降低财务杠杆，提升企业融资能力，线上签约省信保集团投贷联动等基金项目9个，总规模46.5亿元。（许云　何秋艺）

【货币政策工具运用】 2021年，人行溧水支行引导辖区法人机构用好用足中小微企业贷款阶段性延期还本付息、普惠小微企业信用贷款支持计划2项货币政策工具，发挥政策"精准滴灌"作用。至年底，全区银行业金融机构延期普惠小微贷款49.17亿元，延期率81.85%；发放普惠小微信用贷款31.09亿元，占普惠小微贷款发放量的27.59%，延期率、信用贷款余额占比均为全市第一。

【线上反向保理业务】 2021年，人行溧水支行指导南京银行溧水支行通过中征平台在线为核心企业南京金龙客车制造有限公司上游供应商南京创捷和信汽车零部件有限公司提供反向保理融资500万元，实现科技型小微企业无担保抵押、无授信评级，通过中征平台反向保理业务解决融资需求，注入小微企业发展"金融活水"。

【农村普惠金融建设】 2021年，人行溧水支行坚守"金融为民"宗旨，以农村金融服务站建设为抓手，增强普惠金融服务农村、农民和实体经济能力，提升农村普惠金融服务覆盖面、可得性和满意度。会同溧水农村商业银行建设多功能普惠金融服务"掌上通"平台，实现线上线下服务融合，推动农村金融服务提质增效。至年底，建设普惠金融服务点315个，其中智能点1个、综合点60个、支付点254个。服务点金融业务交易30.02万笔，金额2.14亿元，查询业务7.32万笔。

【农村信用体系建设】 2021年，人行溧水支行联合区发改委、农业农村局、地方金融监管局开展新型农业经营主体信息采集和信用评定工作。制订《溧水区新型农业经营主体信用评定信息采集工作方案》，建立溧水区新型农业经营主体基础信用档案库，指导涉农银行依据评价结果，提供新型农业经营主体信贷支持，实现"一键化"授信。至年底，采集龙头企业80家、农民专业合作社120家、家庭农场92家，通过信用评定发放贷款10.1亿元。以惠农促融为出发点和落脚点，以信息征集、信用评价和服务应用为突破口，制订《溧水区信用户、信用村（社区）、信用镇（街）评定标准》，推动溧水区率先在全市开展"三信"评定先行先试，至年底，评选信用户123户、信用村（社区）21个、信用街镇2个。指导银行业金融机构给予获得"三信"称号单位"信易贷"绿色通道，贷款利率下降10%～30%。信用户录入区农业农村局新型农业经营主体信息管理系统，纳入示范户评定标准；信用户、信用村（社区）、信用街镇评定纳入各街镇（开发

区）千分制考核，为巩固拓展脱贫攻坚成果、助力乡村振兴和农业农村现代化，发挥金融支农惠农作用。

【便捷化退库】 2021年，人行溧水支行落实国家税务总局与人行总行关于企业和个人便利化退库相关规定，不再要求税务机关向国库提供原缴库信息（包括电子纸质形式），落实出口退（免）税申报无纸化要求。加强与区税务部门配合协调，畅通退库渠道，将增值税留抵退税、个人所得税汇算清缴退库、支持小微企业和个体工商户发展等政策性减税降费惠企利民“红利”落到实处，增值税留抵退税退付时间缩短到0.5个工作日，出口退税、个人所得税等其他退税业务1个工作日内退付完成。至年底，汇算清缴个人所得税45249笔，金额2157.19万元，办理小微企业和个体工商户所得税退税4619笔，金额107.89万元。

【国库实战应急演练】 3月11日，国家金库溧水支库承接南京分行营管部开展以新冠肺炎疫情常态化防控为背景的国库业务异地整体接管实战应急演练。演练采用桌面推演和实战环境演练方式进行，设置“报告突发情况、启动应急预案、设置应急用户、提取业务资料、业务交接准备、业务处理与验证、档案整理、隔离接触业务交接”等场景，由溧水业务人员在生产环境中办理高淳支库该日发生的真实业务，进行业务验证核对，保证所有业务处理真实有效及国库资金安全。南京分行营管部党委委员、副主任陈琦，国库处处长徐文峥、副处长夏依等，人行高淳支行相关人员等20余人参加。演练以实战方式验证异地整体接管方案的可行性，增强全市各级国库应对突发事件的反应速度、处置和沟通协调能力。

（许云）

【中国工商银行股份有限公司南京溧水支行】 2021年，工行溧水支行有员工124人，内设综合管理部、公司金融业务部、机构与结算业务部、个人金融业务部4个部门。下辖1个营业部和中大街、经济开发区、珍珠南路、通济广场4个二级支行。配有离行自助银行9个。至年底，人民币各项存款余额102.01亿元，增加10.07亿元；各项贷款余额250.48亿元，增加42.12亿元。

注入区域经济发展资金，做好项目审批和投放工作，审批项目17个，金额252.64亿元，发放公司类贷款82.66亿元。参加区政府溧水融媒直通厅——区长、企业家面对面活动以及“抗疫情、纾企困、稳增长”线上对接会，用金融力量助力区政府和企业，办理无还本续贷6亿元，发放贷款3.85亿元。响应国家支持小微企业贷款及延期还本付息政策号召，以“e抵快贷”“经营快贷”等拳头产品为抓手，以“烟草贷”“政采贷”“宁创贷”等新型产品为补充，政策信息及时落地转换，普惠金融285户，净增81户；普惠贷款余额9.05亿元，净增3.85亿元。1月1日，投放3.86亿元“城市更新融资业务”贷款，是该支行首单城市更新业务。

支持居民住房及生活类消费，发放个人类贷款9.71亿元，其中商贷6.86亿元、公积金贷2.85亿元。9月9日，位于永阳街道庙巷46号离行自助银行——南京通济广场支行营业，营业网点增加到5家。走进部队、企事业单位、社区，开展全员反诈、存款保险、金融知识普及、守住“钱袋子”等金融主题宣传活动30余场。（魏文秀）

【中国农业银行股份有限公司南京溧水支行】 2021年，农行溧水支行有员工190人，内设公司金融部、个人金融部、普惠金融部、风控与信用管理部、综合营运部5个部门。下辖支行营业部、湾

7月1日，农行溧水支行走进永阳街道毓秀路社区为居民办理三代社保卡

农行溧水支行　供图

子口支行、华府支行、交通路支行、永阳支行、洪蓝支行、石湫支行、晶桥支行、和凤支行、柘塘支行、白马支行、东屏支行12个营业网点，设区人民医院、小洋人、中大街3个离行式自助服务区，设惠农通服务点15个。至年底，各项存款余额177.09亿元，增加46.18亿元；各项贷款余额123.31亿元，增加29.75亿元。全年安全运营无事故，被市公安局评为内保系统保卫组织立功集体、人行溧水支行评为平安金融先进集体。

聚焦重大项目，助力地方经济发展，审批综合授信客户4户，贷款项目8个，授信额度93.6亿元。围绕区内重点基础设施建设，支持中国建筑第五工程局有限公司石湫保障房、洪蓝新城低效用地、润科置业梧桐里保障房等一批重点基建项目，助力提升城市整体形象。对接中国东部农业科技创新港和南京林业大学溧水校区2个省级重大项目，成为项目融资牵头行，投放项目前期周转贷款12亿元。对照区内各类产业集群、优势行业、特色产业、成熟专业市场，匹配推广“一项目一方案一授权”模式应用，以批量化运作带动批量化获客，立项15个，用信余额7.43亿元。

加大普惠贷款政策倾斜，立足服务“三农”，加速发展普惠业务，推动“百行进万企”“进村入户”等专项服务，加大对制造业企业、规模以上工业企业、“专精特新”企业信贷支持，用活“简式贷”“抵押e贷”“小微贷”“惠农e贷”等普惠产品，降低融资成本，注入实体经济发展金融“活水”。至年底，普惠贷款余额6.85亿元，增加2.27亿元；个人普惠余额5.6亿元，增加1.05亿元。

履行社会责任，保护消费者合法权益，组织员工走进永阳街道毓秀路社区、南京市欣旺达新能源有限公司工地、南京金色庄园农产品有限公司、南京溧水天生桥风景区等企事业单位17次，宣讲普及存款保险、反洗钱、反电信诈骗等金融知识，增强消费者防范诈骗意识，守护居民“钱袋子”安全，发放各类宣传折页6000余份。

（熊琪）

【中国银行股份有限公司溧水支行】 2021年，中行溧水支行有员工102人，内设公司金融部、个人数字金融部、综合管理部3个部门，下辖1个营业部和状元坊、开发区、秦淮源3个经营性支行，配有依附式自助服务区4个、离行式自助服务区2个。至年底，人民币各项存款余额73.83亿元，增长11.20%；人民币各项贷款余额127.88亿元，增长11.26%；实现拨备前利润2.87亿元，营业净收入3.38亿元，中间业务净收入6100万元。

拓展行政事业客户，参与区财政、国土、房产、社保、城建等部门专项资金招标与住房维修基金招标，提升份额；围绕区内法院破产管理人系统、烟草整体合作、社保合作等重点工作，稳定行政事业压舱石存款地位，财政性存款全区市场份额增至第二位。行政事业存款日均余额15.3亿元，增加3.57亿元，计划完成率142.68%，排名中行南京分行第一。

支持实体经济，普惠金融、制造业贷款增长，至年底，绿色金融增加4.84亿元，计划完成率242%；战略性新兴产业投放增加2.38亿元，计划完成率238%。制造业贷款增加2.59亿元，计划完成率103%；制造业客户增加26户，计划完成率217%；民营企业贷款余额10.30亿元，增加2.29亿元，增长29%；公司普惠金融增加8615万元，计划完成率114%；个人普惠金融增加1.13亿元，计划完成率77.96%。支持区内制造业高质量发展，提供南京云海特种金属股份有限公司、开沃新能源汽车集团有限公司、江苏本川智能电路科技股份有限公司、艾欧史密斯（中国）环境电器有限公司、南京市欣旺达新能源有限公司和康迈（南京）机械有限公司等重点制造业中型客户超过20亿元的授信支持。

做大全量金融资产，提升存款市场竞争力，跟踪区内拆迁资金项目，实现过渡费代发超1.5亿元。与区人武部对接，拓展入伍新兵及退伍老兵服务群体；跟进营销南京联塑科技实业有限公司、南京恒天领锐汽车有限公司和南京市欣旺达新能源有限公司等制造业客户，新增薪酬代发7000余人。作为南京城市职业学院溧水校区校园卡项目的服务银行，做强校园客群目标，提供学校全方位金融服务，服务新生近7000人，代发教职工补助资金4000余万元。

（史文君）

【中国建设银行股份有限公司溧水支行】 2021年，建行溧水支行有员工107人，内设综合管理部、公司业务部、个人金融部、住房金融业务部4个部门，下辖营业部、大东门支行、珍珠桥支行、开发区支行4个营业网点。配有自助服务区7个、自助银行设备18台、智慧柜员机11台。至年底，一般性存款日均余额72.69亿元，增加12.02亿元；非贴贷款余额130.45亿元，增加20.23亿元，中间业务净收入7451万元。

围绕区政府产业化和城镇化主攻方向，对接重大项目、新城镇、基础设施、美丽乡村、民生工程、健康产业等，加大信贷投放，新增审批项目8个，金额22.4亿元，发放公司类贷款35.26亿元。提升实体经济服务能力，发放区内重点单位制造业贷款2.14亿元、涉农贷款1.5亿元，普惠金融贷款新增3.75亿元。支持企业复工复产，发放小微客户新冠肺炎疫情利息补贴51万元，受益企业240家。新冠肺炎疫情期间，通过善融商城、南京分行实惠在金陵、乡村大喇叭等，建立常态化互助合作，帮助果农销售滞销鲜果7500千克。提供区人民医院、中医院防疫人员“爱心保”专属保险保障6500份。

优化办理个人贷款流程和时间，发放个人贷款11.27亿元，增加5.31亿元。以“助业贷”“房抵贷”“商用房龙支付结算贷”为抓手，发放对私普惠金融贷款2.37亿元；推动个人消费信贷增长，发放个人消费贷款2.19亿元。推进信用卡分期信贷业务发展，实现各项分期交易额1.3亿元；发放公积金住房贷款3.19亿元，新增余额1.85亿元。走进街道、社区、学校，开展金融知识综合宣传活动8次。设立和凤镇沙塘庵村委会裕农学堂，开展系列金融宣讲活动，从消费者权益保护角度出发，以不同视角普及市民金融反诈知识，发放金融知识材料8200份。（孙溧）

【中国农业发展银行南京市溧水区支行】 2021年，农发行溧水支行有员工14人，内设客户部、综合部2个部门。至年底，各项贷款余额39.88亿元，各项存款余额3.45亿元，实现账面利润3187.66万元，到期贷款收回率100%，无不良贷款和表内外欠息。发挥粮食收购资金供应主渠道作用，投放夏粮购销储贷款1.15亿元，收储小麦4.82万吨；投放秋粮购销储贷款1.54亿元，收储稻谷5.75万吨。2020年度稻谷收购贷款提前实现本息“双结零”。

与区城建集团、区产业集团、南京溧水水务集团有限公司、南京国家农高区、开发区等单位开展项目对接和业务交流，对接南京溧水清源资产经营管理有限公司南京智慧康养园项目、南京溧水经济技术开发集团有限公司溧水开发区长安环保搬迁工程（一期）项目、江苏南京国家农业高新技术产业示范区发展集团有限公司南京林业大学溧水校区科技创新港项目和东部农业科技创新港项目前期贷项目4个，其中2个位列江苏省240个重点项目。至年底，南京溧水经济技术开发集团有限公司溧水开发区长安环保搬迁工程（一期）项目、江苏南京国家农业高新技术产业示范区发展集团有限公司东部农业科技创新港项目前期贷项目完成现场调查评估。

推进二维码收单业务营销，落实“以客户为中心”经营理念，在深挖存量客户潜力的同时，挖掘社会资源，至年底，营销企业5家，收单金额1476万元，日均存款36万元，超额完成上级行收单额度500万元目标。新冠肺炎疫情期间，采购贫困地区农产品葵花籽油、水果价值1.74万元；借助农发易购平台宣传农副产品，帮扶销售业务3单，金额1.25万元。（赵玲）

【江苏溧水农村商业银行股份有限公司】 2021年，溧水农商银行有员工423人，营业网点30个，其中营业部1个、分理处2个。内设18个部室，配有离行式自助服务区3个、便民服务点315个。至年底，各项存款余额212.29亿元，增加24.7亿元，增长13.17%；各项贷款余额168.82亿元，增加19.12亿元，增长12.77%。

加速普惠金融提档，开展整村授信服务，集中化、批量化服务获客，坚持“走访全覆盖、服务全覆盖、授信全覆盖”的整村授信原则，普惠建档、评级全区村（社区），采取线上线下融合模式，提供农户30万元以内免抵押免担保贷款。以移动小微平台为载体，客户经理手持移动平板，现场采集信息、评级授信、发放贷款，“搬”银行柜台到百姓家中，“送”金融服务到田间地头，将客户经理服务公示牌粘贴到每个村（社区）、自然村，为村民带去便捷、实惠、高效的金融服务。至年底，整村授信53个村（社区），授信7105户，授信金额5.83亿元；用信3889户，用信余额3.52亿元。

服务“三农”和金融惠民，与区政务部门合作，实现不动产网上“E办证”、不见面办理抵押注销等业务，开展第三代社保卡业务，推出市民卡业务“一站式”办理，助力“新生儿出生一件事”便民服务，发放社保卡22万余张。改善老年人金融服务体验，推出"健康驿站"，提供健康自助检测，开展主题开放日4次，接待老年客户200余人。以"转场"赢"市场"，加快线上业务推进步伐，通过"E路有我"平台开设"助农有溧"销售专区，交易订单2011笔，销售各类水果8000千克，缓解新冠肺炎疫情期间果农经营压力。

促进民宿产业高质量发展，推出"民宿贷"，激活乡村文旅产业，至年底，发放"民宿贷"5013.43万元。创新担保方式，推出商标权质押、专利权质押、采矿权质押、收费权质押等方式，加强与省信用再担保集团有限公司、省农业融资担保有限责任公司的业务合作。简化担保手续，缩短贷款申报审批流程，简化信用评级、信贷授信、用信、合同签订等审批流程，提高申贷放贷效率，至年底，省农业担保贷款余额9622.41万元。（王新亚）

保　险

【概况】　2021年，溧水区保险业金融机构按照上级公司统一部署，紧扣区域内惠民生、防风险的发展要求，融入区域经济社会发展，着力为全区各类企业、个人提供保险保障。以高质量发展为目标，坚持稳健经营，提升发展效益，践行"以客户为中心"的服务理念，提高服务效率。至年底，全区有保险业金融机构16家。

【中国人民财产保险股份有限公司溧水支公司】　2021年，人保财险溧水支公司保费收入3.72亿元，增长35.5%；支付各类赔款1.69亿元，增长26%。被人保财险江苏省分公司评为标杆团队。结合区域经营实际，对标发展、争先进位，实现业务发展多轮驱动，优化业务结构，车险保费收入2.11亿元，增长3.51%；整体保费增速超市场1.29%，家用车效益品牌续转率101.5%，车上人员责任险承保50%，居辖区内第一。对接境内企业，强化项目管理，密切渠道合作，构建业务发展新格局，重视风险控制，关注业务质态，确保业务可持续健康发展，保费收入5770万元，增长51.5%。与区政府部门合作，通过提标、扩面、增品，完善农业保障体系，总签单保费4065万元，总保险保障金额超过18.34亿元。处理理赔案件804件，支付赔款2637万元，农险案件年底全部完成赔付。

（冉晴）

【中国人寿保险股份有限公司溧水支公司】　2021年，中国人寿溧水支公司有员工41人，其中劳动合同制员工38人、劳务派遣合同员工3人。内设营销发展部、收展发展部、个险培训部、机构业务部、客户服务中心和综合部，各街镇（开发区）设有正常运转营销服务部2个。至年底，总保费收入4.28亿元，增长11.2%；保险理赔7327.93万元，增长22.02%。完成长期险首年期交保费8716.91万元，增长14.62%；短期险保费4237.26万元，增长13.02%。各项业务指标和队伍指标均超额达成年度预算目标，全市综合考核排名第一。

强化客户服务，每月制订客户服务方案，研究各类客户需求关注点，制作对应服务策略，寻找客户保险需要点，单件保单年交超20万元以上保单26件。每月举办客户服务活动，邀约客户5000余人次，到会3000余人次。

做好常态化增员，加强队伍建设，开展观影沙龙、蛋糕烘焙沙龙、插花沙龙、口红DIY沙龙、厨艺秀沙龙、垂钓比赛、掼蛋竞赛、农家采摘等增员活动150场次，中国人寿南京分公司在全市推广。拓宽新增渠道，通过缘故法、宝妈群体等举办专项主题创业说明会，增加行业吸引力；推广医惠保1号，发挥保单服务专员招募优势，走进街镇、村（社区），开展系列创说会和增员沙龙活动，新增和留存优质新人。做好新人培育，提升新人业务技能，举办新人衔接培训班16期，培训新人228人。健全职场风控联系人队伍，加强风险管控，每月召开岗位人员会议，明确部门风险管理履职清单。注重诚信销售，防范非法集资和反洗钱等，推进风险管控主题执行。每月开展履行案件防范职责情况检查，化解重大风险。开展平安金融创建，落实主体责任，连续6年被人行溧水支行评为平安金融先进单位。

把握经营节奏，咬定阶段目标，加快业务发展，从一季度开门红、五六月联动、季度业务竞赛，做好销售人员发动，各业务渠道以高达成率居于全市前列。加强与区政府职能部门联系，深入各街镇、村（社区），加大老人险、大病保险分散性收费力度，提升城乡居民保障水平，各类惠民保险费总量超2100万元，增长15%。（张幼敏）

证　券

【概况】 2021年，溧水区证券业金融机构坚守合规底线，促进行业健康发展，保护投资者合法权益，以确保无重大风险事故发生为目标，对照行业各类常见问题，开展各项自查自纠工作，落实廉洁从业要求。针对新监管规则、业务规则，强化岗位制衡与内部监督机制，完善防控措施，履行社会责任，维护投资者合法权益。营造风清气正的行业形象，促进溧水资本市场持续、稳定、健康发展。至年底，全区有华泰证券、国泰君安证券、上海证券、东北证券、国联证券5家证券业金融机构。

【国泰君安证券股份有限公司南京溧水中大街证券营业部】 2021年，国泰君安证券南京溧水营业部有员工7人，内设综合营运部、财富管理部、营销业务部3个部门，主营证券经纪、证券投资咨询、融资融券、证券投资基金代销、期货公司中间介绍、代销金融产品等业务，提供客户各类量身定制理财产品以及个性化服务。以客户为中心，为个人和机构客户提供各类金融服务，丰富线上客户活动，依托君弘百事通，提供客户线上财富管理。线下组织客户参加高净值客户尊享活动5场，结合市场热点及各类业务需要，组织线下投资沙龙4场。开展投资者教育活动，涉及打击非法集资、反诈骗、反洗钱等，帮助区内投资者培养科学理性投资理念和理财观念。至年底，客户总数3.24万户，托管总资产124.7亿元，理财产品月均保有1.5亿元；融资融券开立541户，融资余额1.05亿元。获评溧水区平安金融创建活动先进集体。　（张园）

【华泰证券股份有限公司溧水珍珠南路证券营业部】 2021年，华泰证券溧水营业部有员工6人，内设综合营运部、财富管理部、机构业务部3个部门。至年底，新开客户1899户，客户总数1.36万户，托管总资产53.45亿元，综合交易量332.52亿元；融资融券新开客户73户，年利润1200万元。3月开展投资者保护、理性投资、远离非法证券期货陷阱线下投资者教育活动，5月开展打击洗钱犯罪活动，12月开展北交所投资者教育活动。推动财富管理和机构业务双轮驱动战略转型，以线上直播和短视频方式开展客户服务。与各街镇（开发区）合作，提供上市资质企业三板挂牌业务，为东屏、洪蓝、石湫等街道开展挂牌培训活动10余场次，辅助20多家企业挂牌。为区城建集团、水务集团、商旅集团等提供发债业务。　（甘文娟）

其他非银行金融机构

【概况】 2021年，溧水区地方金融监管部门履行监管职责，加大日常监管力度，督促地方非银行金融机构合规合法经营。全区有非银行金融机构10家，其中农村小额贷款公司4家、典当行1家、融资担保公司4家、商业保理公司1家。发生交易421笔，总金额约7.5亿元。

【农村小额贷款公司】 2021年，溧水农村小额贷款公司主要面向“三农”（农业、农村、农民）、中小微企业，提供金融服务保障，开展股权投资业务，促进中小微企业融资增量，支持企业实体经济做大做强，促进农业经济稳健发展。至年底，全区有农村小额贷款公司4家，发放贷款201笔，总金额3.23亿元。

【典当行】 2021年，溧水典当行服务于非国有中小型企业、个体工商户、个人，主要经营动产质押、财产权利质押、房地产抵押、限额内绝当物品买卖、鉴定评估及咨询等服务。全区有典当行1家，办理业务67笔，业务总额92.54万元。

【融资担保公司】 2021年，溧水融资担保公司致力于服务小微、“三农”、双创等市场主体，以畅通渠道、掌握资产端为重点，以高效服务、赋能客户为生命线，构建区域担保体系，增加区域金融供给，优化区域金融生态。至年底，全区有融资担保公司（含分支机构）4家，办理业务46笔，担保总规模6.45亿元。

【商业保理公司】 2021年，溧水商业保理公司坚持服务小微企业，遵循客户利益至上原则，提供专业化、系统化、个性化保理融资服务，帮助客户实现融资，降低客户融资成本。全区有商业保理公司1家，全年发生业务107笔，总金额6999.5万元。

（何秋艺）

房地产业

Real Estate Industry

综述

【概况】 2021年，溧水区房地产业坚持“房住不炒”原则，促进房地产市场平稳发展。注重品牌房企招商，引进南京德信房地产开发有限公司、中铁二十二局集团房地产开发有限公司等大型房地产企业，提高区域内楼盘品质，推进溧水房地产高品质开发、高质量发展。统筹全区住房保障、房地产市场管理、物业管理和国有土地房屋征收与补偿。城市中低收入住房困难家庭实现应保尽保，开展住房保障常态化受理，组织4批次保障房分配，推进栖凤佳苑（二期）公共租赁住房建设。落实人才安居政策，发放人才安居货币补贴1285万元。制订《溧水区房地产市场秩序专项整治行动实施方案》，会同相关部门排查房地产市场风险隐患，加强风险项目运营监督。全市率先建立《溧水区商品住宅全装修全过程监管制度》，开展全装修房屋联合验收8次、上市前联合约谈9次，全过程监管商品房项目设计、施工、销售、交付等环节。开展常态化物业管理督查，通报问题1500余个，发布常态长效检查通报20期。专项检查居民小区和楼宇项目207个，发布情况通报12期，约谈物业企业11家。制订《南京市溧水区既有建筑安全隐患大排查大整治专项行动方案》，启动市“智慧房安”系统录入工作，录入房屋1.5万余栋380万平方米。强化消防安全检查，开展“飞线”充电、消防通道堵塞等专项整治，整改闭环物业小区10家，张贴消防安全告知书2546份，组织物业开展消防应急演练51次。

5月27日，市房产局现场检查溧水区部分项目开工和实施情况，重点检查安置房开工建设和棚改项目推进情况　　区房产局　供图

【房屋安全管理】 2021年，全区办理房屋结构变动许可60件，区房产部门接到涉及房屋安全投诉及咨询等98件，出现场200余次，无行政处罚案例。新增D级危房飞燕活塞环厂宿舍6月15日完成拆除消险，C级危房区机关幼儿园综合楼8月底完成加固消险，C级危房庆丰路11-1、11-2号列入2022年度城建加固改造计划。完成危房月度例行巡查，排查出有幕墙建筑282处，按市房产局要求全部录入“智慧房屋”安全系统。排

查全区城镇既有建筑隐患，房屋1.8万栋，上报市房产局隐患建筑清单33栋。

【公房经营管理】 2021年，溧水区收缴各类公房租金94.20万元，其中公共租赁住房51.04万元、直管公房4.49万元、直管门面房9.1万元、毓秀路代管门面房29.54万元。收回不符合承租公共租赁住房资格租户9户，自愿退租户1户，清理长期欠缴租金租户4户，处理存在转借公共租赁住房租户4户。出动执法人员180余人次，拉网式安全检查各类公房90余次。

【房产测绘】 2021年，溧水区完成单位房、工业厂房、私房测绘160件，其中单位房测绘面积165.10万平方米。完成商品房及拆迁安置房竣工实测面积260.80万平方米，包括朗润B地块、时光悦府AB地块、未来苑、鑫悦府、文汇苑、锦合悦名邸、橡树城、华塘佳苑等项目；完成商品房预测绘及安置房委托测绘面积205.70万平方米，包括熹樾花园、都汇沐语、观岚久筑、山南康城半夏园、南堡雅居、华侨城等项目。配合拆迁，测绘城区、各街镇（开发区）国有土地拆迁地块，其中永阳街道拆迁测绘面积10万平方米、区林场棚户区改造测绘面积5万平方米。配合完成厂房、商品房及安置房规划核实130件。（严海燕）

房屋征收

【概况】 2021年，溧水区克服新冠肺炎疫情影响，倒排时间节点，分层分类推进棚户区（城中村、危旧房）改造，逐个项目明确解决路径和方案。全区完成棚户区改造面积31.07万平方米、安置房建设面积96.97万平方米，竣工分配安置房4338套，超额完成省市区下达目标任务，争取上级安居保障补助资金9000万元。

【拆迁安置房建设】 2021年，溧水区新建安置房80万平方米。至年底，实际完成建设项目5个，房屋6832套，面积96.97万平方米，开工完成率121.21%。其中，开发区沙河地块房屋2718套，面积40万平方米；华美南地块房屋490套，面积8.47万平方米；锦和家园三期房屋1582套，面积16.8万平方米；锦和家园四期房屋1152套，面积16.86万平方米；锦和家园五期房屋890套，面积14.84万平方米。全区续建安置房项目32个，面积545.98万平方米，房屋3.63万套。其中，开发区续建秦淮人家一期、秦淮人家二期东地块、丽景雅苑、淮源雅筑、正方佳园西园、正方佳园东园、梧桐里、秦淮人家二期西地块、山泉云庭、卧龙溪岸一期、秦淮佳苑五期1号和2号楼安置房项目11个，永阳街道续建梁家边、秋湖嘉苑四期安置房项目2个，东屏街道续建芦家边二期安置房项目1个，洪蓝街道续建华塘佳苑三期、华塘佳苑四期安置房项目2个，石湫街道续建石山东府、湫水佳苑安置房项目2个，白马镇续建金谷佳苑五期安置房项目1个，和凤镇续建和泰嘉园二期、孔镇社区安置房项目2个，晶桥镇续建晶桥镇三期、晶桥镇四期安置房项目2个，区城建集团续建天生华都、中山水苑、南堡翠城、天生华府、锦和家园二期安置房项目5个，区产业集团续建秀园南苑、秀园西苑二期、秀园西苑三期、双塘景苑西安置房项目4个。

【拆迁安置房分配】 2021年，区政府计划分配拆迁安置房4000套，实际拆迁安置房项目6个，房屋4338套，面积64.91万平方米，分配完成率108.45%。其中，开发区荷花嘉苑三期1069套，面积16.9万平方米；永阳街道梁家边1014套，面积15.75万平方米；区产业集团双塘景苑西208套，面积2.05万平方米；石湫街道石山东府西943套，面积14.5万平方米；晶桥镇晶桥镇三期684套，面积9.91万平方米；和凤镇和泰嘉园二期420套，面积5.8万平方米。

【安置房建设融资】 2021年，财政部下达保障性安居工程配套基础设施建设中央预算内投资基金4308万元，其中华塘佳苑二期项目1748万元、华塘佳苑三期项目1189万元、湖韵怡居B项目1371万元。下达中央保障性安居工程补助资金4042万元，其中开发区9个项目2748万元、永阳街道2个项目445万元、东屏街道1个项目140万元、区城建集团2个项目662万元、区产业集团1个项目47万元。省下达城镇保障性安居工程补助资金526万元，其中开发区6个项目328万元、永阳街道2个项目76万元、区城建集团2

个项目114万元、区产业集团1个项目8万元。

（严海燕）

房地产开发

【概况】 2021年，溧水区落实房地产市场调控政策，满足百姓多层次居住需求，促进房地产市场平稳健康发展。加强商品房市场管理，稳控市场形势，规范商品房项目预售管理，强化全装修过程监管。区房产部门会同溧水规划资源分局召开城市建设项目推介会，吸引厦门建发房地产集团有限公司、中交房地产集团有限公司、明发集团南京房地产开发有限公司、上海大发房地产集团有限公司等60余家知名房地产企业及规划设计研究院120余位代表参会，推介拟出让地块30宗。全区完成房地产投资130.72亿元，下降12.7%。其中，住宅投资99.21亿元，下降14.8%；办公楼投资0.7亿元，下降63.3%；商业用房投资12.39亿元，下降26.1%；其他用房投资18.41亿元，增长26.3%。（严海燕）

表25　2021年溧水区房地产开发项目投资情况一览表

指　　标	单位	数据
计划总投资	万元	10714432
自开始建设累计完成投资	万元	5778905
本年完成投资	万元	1307171
其中：本月完成投资	万元	—
按构成分：	—	—
建筑工程	万元	741025
安装工程	万元	185760
设备工器具购置	万元	24505
其他费用	万元	355881
其中：旧建筑物购置费	万元	0
土地购置费	万元	309264
按工程用途分：	—	—
住宅	万元	992112
其中：90平方米及以下	万元	254465
144平方米以上	万元	180691
其中：别墅、高档公寓	—	—
办公楼	万元	7008
商业营业用房	万元	123922
其他	万元	184129
本年新增固定资产	万元	1116135

（区统计局）

【施工队伍】 2021年，全区有房建类资质建筑施工企业532家。其中，特级资质企业1家（南京明辉建设有限公司）、一级资质企业35家、二级资质企业136家、三级资质企业303家、专业承包不分等级企业18家、劳务企业39家。升级总承包一级资质企业1家（南京巨润园林建设工程有限公司）、专业承包一级资质企业4家、总承包二级资质企业1家。新增总承包一级资质企业1家（江苏宏域建设有限公司）、专业承包一级资质企业2家、总承包二级资质企业3家。全区建筑业从业人员10.52万人，工程技术人员1.04万人，占从业人员总数的9.9%；现场施工人员8.40万人，占从业人员总数的79.8%。建筑业从业人员人均劳动报酬5.81万元，增长1.75%。（孙燃）

【土地出让】 2021年，溧水区加大商品住宅、拆迁安置房、租赁住房建设，引进香港置地集团有限公司、南京万科置业有限公司、金地集团南京置业发展有限公司、南京正荣德信房地产开发有限公司、中铁二十二局集团房地产开发有限公司、中铁十一局集团南京房地产开发有限公司等大型房地产企业。加强住宅用地供应调控，科学保障各类建设用地供应，精准确定4月、7月、10月3个批次住宅用地上市计划，保障全区商品住宅土地需求，为棚户区改造拆迁安置及租赁市场提供土地要素支持。全年出让住宅用地30宗，土地143.86公顷，出让总金额101.76亿元。其中商品住宅用地11宗，面积57.53公顷，出让金72.43亿元；安置房及租赁住房项目用地19宗，面积86.33公顷，出让金29.33亿元。（杨文健）

房地产市场

【概况】 2021年，溧水区房地产业坚持稳中求进的工作总基调和新发展理念，房地产市场健康平稳发展，建立商务办公项目上市前联合会审机制，加强精装房屋和商业房屋销售管理，建立全装修全过程监管制度，推行交付前房屋质量查验和全装修专项验收制度。率先在全市推行商品房交易买卖双方签订“关于定金的声明”，安置房项目参照商品房模式上市试点。注重日常巡查，规范企业经营，打击房地产市场违法违规行为。

【房地产交易管理】 2021年，全区办理房屋维修收存金额1.87亿元；房屋租赁登记备案369件；开具购房证明499件。受理测绘申请1073件，测绘配图7803件。房产交易与不动产综合受理3128件，存量房网签370件，商品房预售合同备案6756件。

【商品房销售】 2021年，全区商品房上市面积107.84万平方米，其中住宅89.13万平方米。实现商品房合同销售94.7万平方米，其中住宅85.78万平方米。预售款监管协议备案56件，涉及29家开发企业29个项目，监管房屋152幢，总金额73亿元；完成经纪机构备案24件。商品住宅开盘50次，其中公证摇号开盘10次。成交均价13644元/平方米，增长6.99%；上市、成交面积分别占全市的6.40%、6.98%，上市面积位列全市各区第八、新六区第四，成交面积位列全市第五、新六区第四。至年底，全区商品住宅滚动一年供销比1.04∶1，供需趋于合理，市场运行平稳。

【房地产市场管理】 2021年，溧水区落实房地产市场健康发展主体责任，秉持“房住不炒”主基调，房地产市场运行平稳。商品房上市107.84万平方米，下降31.89%；成交面积94.7万平方米，下降24.75%；成交金额125.90亿元，下降21.59%。其中，商品住宅上市89.13万平方米，下降32.86%；房屋7278套，下降37.58%；成交面积85.78万平方米，下降25.29%；成交金额117.04亿

4月1日，2021年南京溧水土地资源招商推介会在遇园曾家大院举行
《今日溧水》报 供图

10月20日，溧水区不动产登记中心在银城天荟售楼处开展“交房即发证”服务
《今日溧水》报　供图

元，下降20.06%。至年底，全区商品住宅可售面积83.36万平方米，房屋6507套；按近一年商品住宅月均去化速度计算，去化周期分别为11.66个月、10.90个月。二手房成交46.29万平方米，增长15.42%；成交3639套，下降8.36%；成交金额50.48亿元，增长20.82%。其中，二手住宅成交36.62万平方米，下降6.81%；成交3479套，下降6.53%；成交金额37.94亿元，下降7.53%；成交均价10361元/平方米，下降0.77%。新冠肺炎疫情期间，加强企业指导和巡查，强化精装房屋和商业房屋销售管理，推出“掌上楼市”。规范商品房市场经营行为，落实商品房项目开盘前约谈制度，加强综合执法，梳理全区商品房项目，开展房地产市场联合检查4次，检查企业200余家次。

表26　2021年溧水区与南京市其他各区商品住宅销售情况比较表

区　属	商品住宅上市			商品住宅成交		
	面积（万平方米）	占比（%）	同比（%）	面积（万平方米）	占比（%）	同比（%）
合　计	1393.78	100	11.86	1228.37	100	19.94
溧水区	89.13	6.40	-32.86	85.78	6.98	-25.29
六合区	79.45	5.70	20.75	63.27	5.15	9.44
高淳区	85.68	6.15	33.01	59.94	4.88	-17.96
江宁区	244.11	17.51	-12.71	237.38	19.32	8.93
浦口区	131.69	9.45	-16.33	159.62	12.99	24.87
江北新区直管区	208.55	14.96	55.46	179.51	14.61	51.84
鼓楼区	28.91	2.07	-21.55	24.32	1.98	-22.07
建邺区	98.38	7.06	29.26	82.41	6.71	44.12
栖霞区	178.59	12.81	7.65	163.84	13.34	19.74
秦淮区	102.80	7.38	176.52	66.14	5.38	813.48
玄武区	35.22	2.53	51.91	29.01	2.36	93.18
雨花台区	111.27	7.98	53.16	77.15	6.28	15.11

表27　2021年溧水区与南京市其他新六区商品住宅均价走势比较表

单位：年月、元

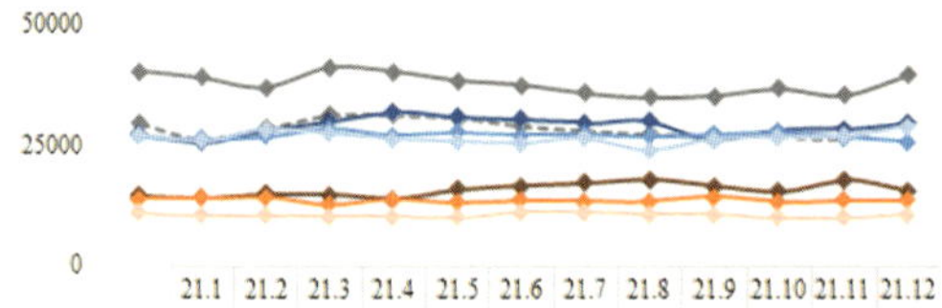

	21.1	21.2	21.3	21.4	21.5	21.6	21.7	21.8	21.9	21.10	21.11	21.12
全市	26622	28851	31552	31471	30931	29251	28120	27399	26882	26876	26468	30033
江南六区	39267	37193	41487	40581	38623	37727	36083	35227	35481	37051	35589	39771
江北新区直管区	25666	28190	30277	32035	31095	30544	29868	30292	26170	28094	28463	29816
浦口区	26483	26923	28512	27316	27850	27309	27329	26905	27376	27861	26712	25878
江宁区	26145	28561	27603	26332	25766	25464	26413	24044	26319	26803	27012	29005
六合区	14094	14974	14719	14009	15898	16694	17423	17980	16599	15445	17874	15823
溧水区	14211	14377	12836	13894	13324	13625	13529	13474	14483	13368	13732	13573
高淳区	10587	10511	10292	10336	10101	11136	11117	10654	10809	9921	10012	10711

（严海燕）

房地产租赁和中介服务

【概况】 2021年，溧水区房地产业强化“房产+公安”租赁管理模式，加强租赁行为管理，利用租赁服务监管平台实行租赁房源发布和租赁合同网签，租赁当事人按要求申办租赁登记备案手续。完成市对区高质量考核指标，开工建设栖凤佳苑二期公共租赁住房，总投资1.06亿元；筹建开发区柘塘站南侧、福田路、金宝市场西地块、“宁归来”首站公寓项目4个，市场化租赁住房2000余套，至年底，各地块项目取得施工许可。

【房屋租赁管理】 2021年，溧水区施行“房产+公安”租赁管理模式，区房产部门配合区公安部门摸排辖区内10处群租房安全隐患，开展群租房安全隐患专项整治3次，排查出存在安全隐患群租房13户，督促租赁当事人整改到位。装修馨怡嘉园、燕熙苑、康乐佳苑等公共租赁住房，总投资540万元，满足住房困难家庭基本生活需求。加强房地产租赁市场宣传，普及市民租房知识，借助南京市“宁慧租”平台，通过区物业公司张贴宣传海报1.5万余张，提醒市民谨慎甄别，抵制违法违规房屋租赁行为。加大租赁企业排查整治，现场排查蘑菇租房平台存在资金沉淀租赁企业，未发现存在相关风险。

【二手房市场监管】 2021年，溧水区加强二手房市场监管和房产中介行业管理，规范经营行为。开展全区房产经纪机构“双随机”常规排查3次，涉及经纪机构和租赁企业115家次，打击存量房市场违法违规行为。新增房产经纪机构备案24家，每月在区政府网站公示备案经纪机构清册，提醒市民慎重选择房产中介。年检审验房产经纪机构29家。

（严海燕）

物业管理

【概况】 2021年，溧水区严格物业行业监管，落实新冠肺炎疫情防控责任，加强安全生产管理，推进小区出新整治，严格维修基金管理。交付竣工小区326个，其中有物业服务企业进驻管理小区173个、街镇公益性物业服务企业或社区托管小区153个。交付保障房小区56个，由市场化物业或政府公益性物业管理。全区有物业服务企业71家，实际托管物业企业68家，物业管理覆盖面积约2000万平方米。实施商品房小区、安置房小区、老旧小区物业管理考核全覆盖，制订《溧水区老旧小区管理全覆盖实施方案》。实施文明典范城市创建工作，小区检查督查常态化，做好物业管理安全防范，兜底物业立体服务。

【物业业务办理】 2021年，溧水区查验万达广场、金都华府等项目22个，受理电话投诉115件，处理“12345”工单43件、大联动平台工单28件，回复信访（市长信箱、人民来信）投诉7件，处置水环境工单1件。参与处理一品骊城原物业撤场，帮助解决望景名府、风麟水苑、天人佳园小区停车收费、物业管理、自治组织建设，现场协调凯阳花园、中南锦城、南方新城等小区垃圾分类。指导万科、碧桂园等5家物业企业完成市级物业管理示范项目创建。接受数字城管工单273件，办理71件，非权属202件。成立业主自治组织163个，其中管委会154个、业委会9个。录入系统内小区总基数295个，组建率55.25%。老旧小区录入系统内落实合同备案项目100个，合同备案率100%。发布居民小区和楼宇专项组文明创建通报21期，覆盖居民小区332个，发现问题1656个；发布文明创建常态长效检查通报26期，覆盖居民小区460个，发现问题2005个；发布文明创建督查通报18期，督查项目94个，督查出问题456个。开展新冠肺炎疫情

3月29日，区房产局召开溧水区2020年物业管理工作总结暨居民小区文明创建常态长效工作推进会　　　　区房产局　供图

防控检查1381次，发布通报37期，通报问题171个。

【老旧小区整治】　2021年，溧水区完成杨家园片区、康居小区（含零散片区）、荷花塘、县前新村老旧小区改造项目4个，涉及楼房92栋，面积19.33万平方米，惠及居民2171户。其中，杨家园片区、荷花塘小区、县前新村住户1531户，面积11.44万平方米，总投资1.96亿元，获国家专项补助资金660万元、省级引导资金69万元；康居小区（含零散片区）住户650户，面积7.89万平方米，总投资5600万元。4个改造项目增设机动车泊位500余个。

【老旧小区管理全覆盖】　2021年，溧水区制订《老旧小区管理全覆盖实施方案》，全区100个老旧小区完成物业服务管理全覆盖，其中永阳街道87个、东屏街道1个、洪蓝街道3个、和凤镇1个、晶桥镇8个。创新老旧小区规模化、集约化、专业化管理模式，各街镇（开发区）成立公益性物业服务企业9家，所有老旧小区实现社区托管长效管理。

【小区消防安全管理】　2021年，溧水区加强小区消防安全管理，成立“打通生命通道”专班，教育引导物业企业和市民增强安全意识，保持消防车通道畅通。区房产部门深入金东城世家、广成东方名城、秦淮东郡等37个小区，开展生命通道宣传培训42次，涉及市民1262人；督办市消委会检查临时不畅通小区22个，按要求完成整改。联合区消防、公安、城管、房产、社区整治、劝阻、剪除“飞线”2273根，消除小区“飞线”充电安全隐患。开展物业企业消防、恶劣天气、电梯困人等各类实战应急演练与培训144场次。

【维修资金管理】　2021年，全区归集首期住宅专项维修资金1.87亿元。区房产部门受理使用维修资金申请288件，其中一般维修112件、应急使用174件、房改房维修2件。支付维修项目210件，划拨维修资金530.25万元，其中一般维修73件177.87万元、应急维修135件347.6万元、房改房维修2件4.78万元。

【白蚁防治】　2021年，溧水区联合市白蚁防治管理中心开展保护红色资源、传承红色基因南京市红色文化资源点白蚁防治公益行动，系统检查全区范围内“红色不可移动文物建筑”。现场勘查、灭治受白蚁侵害居民住宅72户，面积427平方米。与区第一初级中学改建项目、南京金雁元锦房地产开发有限公司溧水2020G53地块项目、白马镇第一中心幼儿园教学楼项目、山泉云庭安置房项目等签订白蚁防治公共服务受理单97份，总面积约700万平方米。其中，预防施工137处，面积93万平方米。（严海燕）

责任编辑　朱幸福

商贸服务业

Commerce and Service Industry

综　　述

【概况】 2021年,溧水区统筹新冠肺炎疫情防控和商务发展,商务经济总体延续稳定恢复态势,主要经济指标保持在合理区间。全区实现社会消费品零售总额398.12亿元,增长13.8%,增幅高于全市4.1个百分点,位列全市第一。限上贸易额368.2亿元,增长24.4%,增幅列全市第五。兑现《溧水区促进服务业高质量发展扶持政策(试行)》,奖补企业150家,奖补资金1400余万元。

(刘晨)

表28　2021年溧水区社会消费品零售总额一览表

单位:万元

指　　标	2021年
社会消费品零售总额	3981188
其中:限额以上	2223542
一、限额以上批发业	137529
二、限额以上零售业	2031566
三、限额以上住宿业	7719
四、限额以上餐饮业	46728

(区统计局)

【服务业大项目建设】 2021年,溧水区实施重点服务业项目41个,计划投资112.84亿元,实际投资117.46亿元,完成计划投资的104.1%。其中,续建项目25个,实际投资92.54亿元;新建项目16个,实际投资24.92亿元,新建项目开工率100%。其中,中铁十一局华东区域总部基地总投资30亿元,江苏汉资总部基地现代服务业项目总投资1.5亿元。

【国际消费中心城市特色区建设】 2021年,溧水区制订《溧水区关于建设国际消费中心城市特色区的实施意见》,建成无想水镇(城隍庙文化街区)、咪豆音乐节等8个南京国际消费中心城市重点项目,无想水镇、永寿坊文化商业街区相继开街。新增永寿坊、城隍庙、通济街仿古步行街区、海乐城负一层乐市集、"非遗"游、花季溧水旅游线路等特色场景。优化城中海乐城、城南万达广场、城东市场群三大核心商圈商业结构,发展商业新模式、新业态,加速商圈数字化改造,加快传统商业转型升级。以培育夜间经济集聚区为契机,统筹布局无想水镇、通济街、永寿坊三大街区,推动商旅文体多元素集聚、“吃住行游娱购”多业态融合发展。引进名品名店,实施品牌战略,建设特色化现代化商业街区。新增樱花の翼江苏首店、皇家迪智尼儿童游乐品牌南京首店,DC童装、觅香(精品)南京首店、一汤一煲、奈雪的茶、丛林狼、元气宝贝、迪笛欧女装等20多个首店品牌。

4月30日,2021溧水秦淮源春季美食节暨五五狂购节在万达广场启动
区商务局　供图

【消费促进】 2021年,溧水区加快消费载体建设,打造特色消费场景,推动海乐城、万达广场两大商圈夜市经济、假日经济发展。区商务局以春、秋季消费节为主题,牵头举办“溧”刻新消费、“水”韵好年华、秦淮源美食节、溧水区第二十五届、二十六届汽车展等多场线上线下活动,商旅文体会联动,促流通扩消费。全年开展消费促进活动100余场,拉动零售增长5%。无想水镇系列促消费活动2次被中央电视台经济频道和新闻频道视频报道;永寿坊文化商业街区系列促销费活动被中央广电总台国际在线、新华网、中华网等中央主流媒体宣传报道。组织7家企业参加南京市销售竞赛季活动。其中,江苏苏果超市有限公司、南京百沃优鲜超市有限公司分列全市连锁超市销售优胜奖第三名、连锁超市销售潜力奖第三名,分获奖励资金40万元、20万元。　(刘晨)

商贸流通

【概况】 2021年,溧水区商务经济总体质量提升、稳中有进,限额以上社会消费品零售总额完成222.35亿元,增长30.8%,增幅列全市第一位。其中,限额以上批发、零售、住宿、餐饮分别增长15.8%、32%、12.5%、14.4%。净增限上批零住餐企业53家,累计在库超400家。

【肉菜追溯体系建设】 2021年,溧水主城区有农贸市场9家,其中8家建立肉菜追溯系统,分别是城西农贸市场、双塘景苑便民中心、石虎名苑便民中心、幸福佳苑便民中心、陈沛桥便民中心、板桥便民中心、秦淮东郡便民中心、马家园智慧农超。开发区所属乌山农贸市场、塞纳名邸农贸市场、怡景家园便民服务中心、荷花嘉苑便民中心4家农贸市场以及洪溪、众鑫2家生猪屠宰企业先后完成肉菜追溯体系建设。城区肉菜追溯系统覆盖率88%。全区有13家农贸市场建立肉菜追溯体系信息化平台,通过信息采集、电子屏幕显示,将各经营户基本信息、产品检验、市场行情、销售价格等相关信息上传网络端,实现共享。同时,公示投诉电话,接受群众和社会监督。

【农贸市场提档升级】 2021年,溧水区新建农贸市场1家,开发区和街镇农贸市场提质改造覆盖率90%,晶桥农贸市场、和凤镇孔镇农贸市场完成提档升级,软硬件设施达到星级标准,基本满足市民“菜篮子”布点需求。至年底,全区有农贸市场(含社区便民服务中心)28家。

【老字号企业】 2021年,溧水区拥有省、市老字号企业4家。其中,南京秦源食品有限公司、南京市溧水茶叶实验场为江苏省老字号企业,南京飞燕活塞环股份有限公司、南京溧水宾馆有限公司为南京市老字号企业。　(刘晨)

商业业态

【概况】 2021年,溧水区商业呈现东、西、南、北多面均衡发展格局。随着万达广场和海乐城等

标杆商业综合体项目开业，进入品牌标杆商业时代，市场提质优化进程加速。至年底，全区面积超过1万平方米的规模商业综合体有7家，分别是万达广场、海乐城、时代国际广场、康利广场、悦居广场、永寿坊文化商业街区、无想水镇（城隍庙文化街区），经营总面积38万平方米。大型专业市场6家，分别是五洲星世纪商贸城、顾家欧亚达广场、月星国际家居天利广场、天益汽车商贸服务园、金宝大市场、新金宝永阳装饰城。

【夜间经济】 2021年，溧水区加快建设城南"万达广场—无想水镇—无想山"商旅文融合特色型夜间经济聚集区，完善基础配套设施，提升夜间管理水平，发展夜间消费业态，挖掘夜间消费潜力。新增永寿坊文化商业街区、无想水镇等特色消费场景和夜间消费场所，带动全区消费增加超千万元。

【商旅会结合】 2021年，溧水区举办秦淮源头灯会、梅花节、和凤百花节、第九届咪豆音乐节、玫瑰节、"繁花似锦，嗨购全城"春季消费节溧水专场、汽车展等活动，成为消费引流最大热点。2021南京溧水山地半程马拉松赛强化"草莓"和"生态"两大特色，深度挖掘"马拉松+文化+旅游"新形式，吸引1.2万人参赛。"五一"期间，咪豆音乐节、玫瑰节、击剑俱乐部联赛、万驰赛等活动叠加，吸引游客102万人次，咪豆音乐节连上微博、抖音热搜，全网关注超3亿人次。永寿坊文化商业街区、无想水镇获评南京市"暇在足尖"十佳场景，花迹无想山居、李在凤粮仓都舍酒店获评南京市"梦在枕尖"十佳场景。 （刘晨）

【临空经济】 2021年，溧水区利用南京空港保税物流中心（B型）、南京机场跨境电商产业园、空港博览中心等高能级开放平台，吸引京东、国美、中铁十一局华东区域总部、德乐临空产业园等总部经济、跨境电商企业落户，构建临空制造、总部经济、保税跨境、自贸联动、会展直播五位一体临空经济生态圈。举办第三十四届世界电动车大会、全球智慧出行大会、新能源汽车下乡江苏站启动仪式等高品质展会活动20场次。至年底，全区临空产业在库企业64家，实现产值171.59亿元，增长6.9%。 （董兰兰）

供销合作经济

【概况】 2021年，溧水区供销合作系统商品销售总额实现47.58亿元，增长37.12%。其中，基层供销社销售额6.11亿元，专业合作社销售额5.01亿元，为民服务中心销售额2.85亿元，企业销售额33.61亿元。农副产品收购额37.01亿元，增长39.77%。连锁销售额7005.8万元，增长19.98%。农村电商销售额6.66亿元，增长32.32%。利润953万元，增长29.06%。完成社会化服务面积1.21万公顷、土地全托管面积2900公顷，配方施肥、统防统治、农机作业三项环节服务2.31万公顷次。为农民提供化肥4972吨、农药141.54吨。新增2家专业合作社和1家联合社，新建永阳街道东山村村级供销社，新增3个"国字号"农民专业合作社。建成东屏供销社为农服务综合体，改造提升永阳、洪蓝2家基层社，提档升级永阳街道韩湖村等3家农村综合服务社。至年底，全系统农民专业合作社78家。其中，联合社8家，社员5449人。区供销总社获评江苏省供销合作总社2021年度二十强县级供销合作社、南京市供销合作总社优秀等次单位。南京溧水半山果蔬种植专业合作社、南京溧水立新蔬菜专业合作社、南京溧水美康玫瑰专业合作社获评中华全国供销合作总社系统农民专业合作社示范社。

【"无想夜市"项目签约】 4月15日，南京润立供销集团有限公司与南京地铁小镇开发建设集团有限公司签订合作协议，投资8000万元，合作建设"无想夜市"项目。该项目紧邻长途汽车站和S7轻轨站点，建筑面积5.7万平方米。秉承"天生无想"理念，依托地铁小镇IP"美都""荟佰通"商业文化，打造新时尚文化旅游消费街区。

【供销助农新模式】 7月下旬，区供销总社启动"供销助农行动"，对接"百果园""金色庄园"、苏果等渠道商，收购受新冠肺炎疫情和台风"烟花"双重影响滞销水果460.7吨。牵头区农业农村局、文旅局、商务局和溧水农商银行等单位，开展"助农有'溧'——2021溧水地产优质水果助销活动"，运用网络下单、上门送货社区团购新模式，推动全区地产水果销售。水果助销服务专班从渠道对接、

10月22日，区供销总社举办直播进百村活动，打开农产品新销路

孙艳 摄

信息记录、基地调研、品质把控、溯源记录、物流发货、售后联系等环节，层层检查，严格把关，做到绿码采摘、绿码运输，“无接触”配送到位。销售各类水果1581.8吨，助农增收1654万元。省、市供销合作总社在供销系统推广溧水区供销总社助农成功经验。

【南京润立农业发展有限公司】 7月13日，南京润立农业发展有限公司成立，为区供销总社所属企业，承担溧水区农药零差率集中统一配供、“两废”回收、农业社会化服务的任务。组织街镇、基层社、农服中心等部门遴选网点53个，建立区、街镇（开发区）、村（社区）三级农药零差率统一配供体系。至年底，通过农药零差率平台订货128万元，品种近30个。服务农户6800户，配送6700公顷次。会同区农业农村局启动绿色农药项目，承接26.67公顷水稻种植大户绿色防控任务，实现年销售200万元。（钱小丽）

专项经营

【烟草专卖】 2021年，溧水区销售卷烟2.64万箱，下降6.25%；销售收入12.45亿元，下降0.86%；销售平均单价188.6元/条，增长5.75%。新办许可证186件。建设营销加盟终端6户、合作终端16户、新现代终端51户。全区设置13个吸烟区、75个吸烟点，打造文明吸烟环境。区烟草专卖局（分公司）联合区市场监督管理局排查登记中小学周边200米、幼儿园30米售烟网点，实施“双随机、一公开”监管。联合市公安局食品药品和环境犯罪侦查支队、溧水公安分局等部门开展“百日会战”打假打私专项行动，在广西壮族自治区南宁市、广东省广州市及南京市三地抓获嫌疑人11名，查获现货假烟1.13万条，案值220万余元，刑拘11人，逮捕4人。全年查获各类案件270起，涉案卷烟720.8万支，涉案金额642.2万元。其中，5万元以上案件20起，100万元以上案件2起。查获假私烟案件131起，销毁假烟5.3万余条。处理各类举报投诉104起，处理满意率100%。获省烟草专卖局嘉奖令2个。（陈铭）

【盐业营销】 2021年，溧水区盐业销售收入865万元，实现利润14万元，销售各类盐产品4643吨。其中，小包装食盐销售1819吨，品种盐（高端盐）占22%；大包装食盐2005吨；工业盐销售819吨。（王成）

9月16日，区烟草专卖局开展假日市场检查　　周勇 摄

【成品油销售】 2021年，溧水区有加油站36家，销售成品油12.95万吨。其中，中石化8.86万吨，中石油1.03万吨，民营企业1.13万吨，外资及港澳台资企业1.93万吨。区商贸服务安全专业委员会制订《溧水区全面加强成品油市场综合整治实施方案》，牵头公安、市场监管、应急管理、交通运输等相关部门开展成品油市场综合整治。全年查获黑油车17辆、黑油点7处；查获储油设备23个、汽油3.56吨、柴油21吨。查处案件8起，行政拘留13人，罚款11万元。 （刘晨）

6月26日，2021全球智慧出行大会主论坛暨中国汽车产业低碳发展高峰论坛在南京空港国际博览中心举行 《今日溧水》报 供图

会 展

【概况】 2021年，溧水区克服新冠肺炎疫情影响，招展引会，展会层级再提升。举办各类会展活动43场。其中，国家级以上展会18场，产业类展会20场，提升5%。溧水区获“中国会展经济产业贡献奖”“中国十佳会展名区”2项业界大奖。

3月18—20日，第十八届中国会展行业年会暨2020年度中国会展产业年度颁奖盛典举行，溧水区获“中国会展经济产业贡献奖”“中国十佳会展名区”2项业界大奖 区商务局 供图

【“会展+产业”融合发展】 2021年，溧水区坚持以展促产，展产融合发展。举办产业类展会20场，展会主题覆盖新能源汽车、智能制造、智慧农业、大健康等多个重点产业领域。成功举办第三十四届世界电动车大会、全球智慧出行大会、新能源汽车下乡江苏站启动仪式等高品质展会，扩大地方企业与行业领军企业的沟通和交流。举办全国农商互联大会、首届中德农业青年企业家、农场主大会、“923”全球农产品直播电商节、江苏白马国际未来农业食品博览会等活动，拓宽区内农产品销售渠道，带动地方农业发展。

【溧水区获评2项全国会展界大奖】 3月18—20日，第十八届中国会展行业年会暨颁奖盛典在上海举行，全国50多个会展城市政府代表、500多位行业精英及专家学者出席会议，区商务局（会展办）、江苏白马农博中心应邀参会。会上，溧水区获“中国会展经济产业贡献奖”“中国十佳会展名区”2项业界大奖。溧水作为会展行业新秀，在2020年度举办展会数量与质量、保障水准和服务能力、政策支持及品牌影响力等综合评比中，得到专家评委及业界同仁一致认可。

【全国农商互联暨乡村振兴产销对接大会】 10月23—25日，2021全国农商互联暨乡村振兴产销对接大会在江苏白马农博中心举行，由商务部流通产业促进中心主办。大会以“品牌引领，循环互通，乡村振兴”为主题，通过搭建展示推介、产销对接、品牌发布、产业链供应链资源合作平台，强化产销衔接机制，巩固脱贫攻坚成果，共谋乡村振兴路径，共享农商互联资源。会展面积近2万平方米，全国28个省、市、自治区500余家企业到会，超千家全国采购商参会。其间举办多场区域公共品

牌专场推介、西部地区专场产销对接等系列产销对接活动。（刘晨）

10月23日，2021全国农商互联暨乡村振兴产销对接大会在江苏白马农业国际博览中心开幕 《今日溧水》报 供图

【江苏白马农业国际博览中心获评国家级会展品牌场馆】 12月15日，南京国家农高区江苏白马农博中心被全国会展品牌委员会授予“2021中国区域会展品牌场馆”称号。该中心位于南京国家农高区核心区，2019年12月建成运营，布展面积2万平方米，可容纳3000人参会，配套中小型会议室30个。全年举办会展32场，其中国际级4场、国家级9场，总计展会面积35万平方米，吸引全国参展企业3000余家。先后获“中国会展之星优秀展馆奖”“中国最具影响力会展会议中心金手指奖”“最具竞争力会展中心金手指奖”，被评为“国际大会及会议协会ICCA”认证会员企业。（余金峰）

物 流

【概况】 2021年，溧水区物流业总体运行平稳，物流规模持续扩大。完成社会货运量3747.35万吨，实现社会物流总额3000亿元，社会物流总费用133亿元。依托空港保税物流中心（B型），实现进出口贸易总额2.55亿美元、跨境进出口单量100万单。120余家电子商务企业实现网络销售额50亿元，电商派生快递日均发件量超4万件。37家规模以上物流企业实现营业收入46.62亿元，增长21.6%。推进农村物流示范区建设，丰富和完善区域农村物流新业态、新模式、新服务，建成洪蓝、石湫街镇仓配运营中心2个。促进“交邮快”（交通运输和邮政行业资源整合转运社会快递）融合发展，形成具有地方特色农村物流服务品牌，带动境内农民就地就业。按照“区级—街镇级—村级”节点体系架构，建成三级物流站点54个，覆盖村（社区）28个，开通“交邮快”融合公交线路3条。三级物流体系基本建成，成功创建江苏省农村物流达标区。编制《南京市溧水区“十四五”现代物流业和枢纽经济发展规划》，参与南京空港型国家物流枢纽建设方案编制及申报工作，推动诚通国际物流智慧物流主体培育综合改革试点。

（徒成兔 陈舒）

6月10日，区供电公司主动为南京绿能物流有限公司引进纯电动运输车，安装充电桩等设备，南京首家纯电动物流公司顺势而成 《今日溧水》报 供图

【中国邮政集团有限公司南京市溧水区分公司】 2021年，溧水邮政分公司有营业网点18个。其中，城区4个，农村14个。投递班组12个，邮政信筒19个、信箱67个。邮政业务汽车41辆，其中快递业务汽车36辆。邮政邮路44条，投递总里程4947.2千米。全年业务收入1.21亿元，增长14.83%。其

中，非寄递收入9829.64万元，增长17.60%；寄递收入2408.53万元，增长4.75%。其中，特快业务收入481万元，增长26.6%；揽收快递包裹710.6万件，增长81.3%；投递快递包裹425.56万件，增长53.9%。

提高普遍服务水平，建设三级物流建设体系，在全区打造“交邮快”合作示范，建成街镇仓配运营中心2个，进驻街镇公交场站2个，设置村（社区）物流三级服务站点54个，建成三级综合便民服务站87个，覆盖建制村39个，提升农村邮政快递末端配送服务水平。深挖市场，促进邮务业务创新发展，销售党史图书近3万册，函件专业收入190.52万元，集邮专业收入212.2万元，发行专业收入330.73万元，线上媒体收入203.67万元，期刊图书收入139.49万元。

5月31日，江苏溧水跨境保税商品展示中心开业 《今日溧水》报　供图

坚持量质并举，推进网格化转型，释放营销、揽收力量，突出特快业务发展，开发南京金龙客车制造有限公司、开沃新能源汽车集团股份有限公司客户，依托同城网发展生鲜市场，开发蓝莓、螃蟹等特色农产品项目以及钻石级电商客户，日揽收快递包裹3万余件。优化快包业务，压缩收寄成本，突出轻小件和长三角区域发展，全年长三角发件占52.36%。超常规发展金融业务，新增资产10.26亿元。走进社区、街道，搭建邮商联盟，开展主题路演活动90余场次，参与市民5000余人次。启动三代卡更换业务，发放有效卡2.9万张。发挥平台独有优势，提供便民服务。至年底，渠道平台收入372.7万元，其中增值业务收入19.2万元、分销业务收入353.5万元。办理警邮业务2174笔，税邮代征税额518万元。突出协同发展，走访区内合作社935家，组建溧水区家庭农场联盟，入驻合作社家庭农场42家；服务合作社家庭农场26家，其中寄递板块服务20家、配送农产品70.25吨。新冠肺炎疫情期间，发挥自有“邮乐小店”等线上平台和EMS同城物流寄递优势，通过“抗疫助农、邮油同行”直播平台，帮助30余户果农运输水果250吨。（陈舒）

【重点枢纽经济项目建设】 2021年，溧水区有序推进京东南京运营总部基地、国美电商（江苏）区域总部、中铁十一局华东区域总部基地、宝能华东智慧供应链临空产业园等8个重点枢纽项目建设，完成投资33亿元。溧水生态智慧未来城依托宁杭高铁溧水站打造人工智能、数字经济、总部经济等项目集聚平台，推进宁宣高铁以及溧水西站规划建设。

【跨境物流产业】 2021年，溧水区依托南京空港保税物流中心（B型）及跨境电商综合试验区双平台叠加优势，发展跨境物流产业。南京机场跨境电商产业园引进苏宁易购、菜鸟国际、江苏苏豪、航际电商、南京淘福等跨境电商运营企业，全年跨境单量突破100万单。5月31日，南京首家“仓”外跨境保税商品展示中心暨江苏溧水跨境保税商品展示中心开业，获批南京市重点培育直播电商基地（园区）。（徒成兔）

【农村寄递物流体系建设规划】 2021年，溧水邮政分公司编制完成《溧水区农村寄递物流体系建设规划》，规划建设规模化三级物流体系。一级站点县域仓配运营中心，满足区域仓配运营中心仓储运输功能需求，申请物流用地3.33公顷。分2期建设，一期建设2万平方米，包括快递处理分拣、快递公司、仓储和停车4个区域；二期根据快递公司入驻情况，增加邮件处理场地，邮件处理场地工艺设计配置装卸车垛口、胶带系统、集包

笼、小件分拣机等设备。二级站点街镇仓配运营中心，与各快递公司合作，进驻三级物流体系。依托仓配运营中心冷库存储功能，发展覆盖区域内生鲜农产品揽收寄递功能，实现农产品上行。三级站点村物流服务站点，针对镇村公交沿途村庄站点设置，增加镇村公交线路沿途站点村庄村邮站覆盖率，落实“农村快递进村”要求，扩大农村物流网络节点体系规模和深度。迁移村邮站至三级站点，签约三级站点为邮乐购加盟店，实现多站合一，提升三级站点与邮政黏度，增强站点稳定性。后期开发建设三级站点服务其他社会快递公司。

【三级物流体系建设】 2021年，溧水邮政分公司落实国家乡村振兴战略，构建区、街镇（开发区）、村（社区）三级快递物流体系，打通工业品下乡、农产品进城双向通道，促进农村电商、包裹快递、普遍服务等业务协同融合发展。区域仓配处理中心具备邮件自动化处理、工业品存储及下行配送、农产品存储包装出口、电商服务、快递共配等功能。

7月10日，街镇仓配运营中心首个试点洪蓝交邮仓配运营中心成立，位于洪蓝公交场站，面积200平方米，含快包处理场、普邮投递室、常温储藏室、冷库。对接区交运局、公交公司，利用城镇公交车辆发运代投渔歌投递片区邮件，覆盖渔歌、孔镇、晶桥3个投递片区，形成3条“交邮”公交线路，设置三级物流服务站点19个。其中，公交代运代投自提点6个，邮递员代投自提点13个。根据“洪蓝模式”，9月25日，二级站点石湫交邮仓配运营中心成立，设置三级物流站点9个。其中，公交代运代投自提点2个，邮递员代投自提点7个。10月，中通快递渔歌片区快件加入投递，促进“交邮”融合发展。至年底，结合村邮站、邮乐小店以及供销社站点资源，建设村（社区）三级服务站点54个，覆盖村（社区）28个，覆盖率71.79%。洪蓝仓配运营中心日均处理邮件560件，石湫仓配运营中心日均处理邮件600件。 （陈舒）

【“交邮快”融合发展】 7月，区交运局联合溧水邮政分公司推进“交邮快”融合发展，提高农村地区物流服务能力、资源利用效率。开展“交邮快”融合资源整合，利用遍布城乡镇村公交网络资源和镇，村公交班车富余装载空间，推进镇村客运、邮政、快递融合发展。10月1日，开通南京市首条“交邮快”融合线路蒲塘至陈卞村线，在保障农村居民乘车需求和安全前提下，镇村公交车辆携带邮政快件、民营快件进村，降低农村物流末端配送成本，提高镇村公交运营效益，促进“交邮快”融合深度发展。吸引顺丰、申通等主要品牌快递加入，实现城乡物流双向流通，打通工业品下乡、农产品进城双向通道，解决农村物流“最后一公里”，化解乡村快递运营成本高、不进村、配送不及时等问题。至年底，开通蒲塘—陈卞村、孔镇—后许、孔镇—大沟圩3条“交邮快”融合公交线路。

10月19日，溧水区开通首条“交邮快”融合公交线路　区交运局　供图

【溧水区通过省农村物流达标区验收】 12月，溧水区通过江苏省农村物流达标区验收。全区加强交通运输、农业、供销、邮政、快递等农村物流基础设施规划衔接，推进“交邮快”融合发展，借助“村村通”镇村公交，实现统筹布局、资源互补、共同开发，以“区级中转、街镇级分拨、村级配送”原则定位，依托溧水邮政分公司寄递事业部、区农副产品物流中心、各街镇（开发区）公交场站、邮政支局、村邮站、农家店等场站资源，建设城乡物流服务体系，促进城乡公共服务均等化，为服务乡村

振兴战略、农业和农村现代化提供支撑。打造覆盖广泛、结构合理、分工明确的三级农村物流网络体系。丰富和完善区域农村物流新业态、新模式、新服务，让农村居民享受到和城市居民一样的物流服务。至年底，全区建成三级物流体系，覆盖率、直投率均为100%。老百姓不出村就可以拿到快递，乡村快递配送时间由3天左右缩短至1.5～2天，物流时效提高50%、成本下降20%。

（柳郑英）

4月10—12日，2021中国国际电子商务博览会在浙江义乌开幕，溧水区在展区布展135平方米　　《今日溧水》报　供图

电子商务

【概况】 2021年，溧水区制订《溧水区支持直播电商发展扶持政策》，从基地建设、人才培养、模式应用、要素支持、氛围营造等多角度扶持电商发展。全区电子商务产业实现网络零售额44.5亿元，增长22.2%。溧水直播电商产业基地获评第一批市级重点培育直播电商基地，幸庄直播电商孵育基地获评第二批市级重点培育直播电商基地，海之韵普趣服饰有限公司获评第二批市级重点培育直播电商机构。

【跨境直播服务贸易新模式】 2021年，南京机场跨境电商产业园实现进出口额超18.8亿元，占全区进出口总值的13%，完成跨境电商业务100万单。建成江苏溧水跨境保税商品展示中心，推行跨境电商“网购保税进口+实体新零售”模式。举办“6·18”跨境电商出口直播专场推介活动，推进“跨境电商出口+直播”新业态模式，在“1210”网购保税进口模式基础上，向南京海关申报增加“9610”“9710”B2B直接出口业务，苏豪泓瑞9月中旬开启“9710”首单业务。

【中国国际跨境电商发展大会】 10月15—16日，2021首届中国国际跨境电商发展大会在空港博览中心举行，由中国服务贸易协会、南京临空经济示范区建设指挥部办公室、市商务局、苏豪控股集团主办。大会主题为“全球营销，全球供给”。第十二届全国政协副主席马培华、中国国际经济交流中心副理事长兼秘书长张大卫，中国服务贸易协会会长、中科院院士周成虎，国务院参事汤敏等与会领导嘉宾围绕跨境电商发展主题作主旨演讲。会议现场成立中国跨境电商50人论坛长三角秘书处和中国服务贸易协会直播电商长三角委员

10月15日，2021首届中国国际跨境电商发展大会在溧水区南京空港国际博览中心开幕　　《今日溧水》报　供图

会。开发区与苏豪泓瑞、宁波必创、新蛋集团、南京航际、厦门谷道签订合作协议。

【跨境电商出口直播专场活动】 6月18日，溧水区首场跨境电商出口直播专场活动举办。活动现场实时展示溧水直播基地主播通过海外社媒平台介绍南京本土工业产品，海外客户在焦点科技平台上成功下单全过程。市商务局为溧水跨境电商产业园授牌“南京市重点培育直播电商基地(园区)”，举行“中国溧水跨境电商直播基地”揭牌仪式，溧水直播基地完成由“中国溧水直播电商产业基地”向“中国溧水跨境电商直播基地”转型升级。开发区招商局、南京空港文化科技发展有限公司相关负责人分别作南京临空经济示范区溧水片区、溧水跨境电商直播基地招商推介。 (刘晨)

【农村电子商务】 2021年，溧水区鼓励各类新型农业经营主体通过自建平台或第三方平台开设网店，拓展农产品销售渠道，推进“电商拓市”。区供销总社开展农村电商培训，开设农产品商品化处理和营销、物流解决方案、电商直播及短视频运营等课程，参训1000人次；与邮政、顺丰公司签订溧水区农产品快递物流“助农降费”服务协议，降低农民专业合作社、农业龙头企业农产品销售成本；与盐业公司、美团优选、兴盛优选、多多买菜、新媒体等平台合作，探索特色电商之路。南京润立供销集团农产品有限公司快销品销售额2067万元，增长100.58%。至年底，全区网上营销主体347个，销售网店439个，网上农产品销售9.29亿元，增长10.2%。溧水区创建为省农村电商示范县，白马镇石头寨村、晶桥镇水晶村、洪蓝街道傅家边社区、和凤镇乌飞塘社区4个村(社区)创建为省级农村电商示范村。 (时秀菲　钱小丽)

居民生活服务业

【家政服务】 2021年，全区注册登记家政服务业经营者57家。其中，企业25家、个体经营户32家，家政从业人员约385人。家政企业引用互联网技术，建立企业微信公众号、微商城，引入云健康智能监护系统等智能设备，实现网上下单，助推家政服务提质扩容。建立“一中心多网点”体系，依托社区提供多业态家政服务。公司综合服务中心提供技能培训、人力资源、综合养老服务、保洁服务、物业服务，以“政企项目合作”形式和优惠价格为社区提供服务。区妇联指导通济街社区建立“宁姐月嫂”家政服务社区工作站，引入溧水巾帼家政入驻社区，以找服务、找培训、找工作为核心，嵌入街道(社区)服务功能。接待妇女咨询80人次，对接服务10余次，提供社区服务10余次。 (刘晨　杨静)

【健康餐饮】 2021年，溧水区以美食节系列活动和“健康餐厅”创建为引领，提升市场消费活力。举办2021溧水秦淮源春秋季美食节、溧水区好味道好食材对接大会、2021江苏餐饮业高质量发展溧水峰会、溧水区第一届特色商务套餐大赛、溧水区第一届家庭健康美食大赛、溧水区第一届婚品汇等多场活动，通过多平台展示，扩大企业品牌影响力。利用扶持政策，创建“健康餐厅”，规范整改餐饮硬件设施、完善食品安全追溯体系、实施“明厨亮灶”工程、导入厨房4D标准管理服务，提升餐饮企业硬件水平和服务质量，推动餐饮业高质量发展。11月底，20家“健康餐厅”集中授牌。 (刘晨)

【住宿业】 2021年，溧水区有宾馆酒店153家，其中四星级酒店1家(约翰花园大酒店)、三星级1家(宏泰大酒店)。约翰花园大酒店平均客房出租率67.02%，增长30.5%，平均房价150.7元/天，下降41.51%；宏泰大酒店平均客房出租率43.12%，增长102.54%，平均房价161.91元/天，增长3.51%。住宿行业应对疫情冲击，优化硬件设施，提升服务水平，形成以约翰、恒大、开元、西普等品牌酒店为引领，全区宾馆酒店品质整体提升的良好格局。全年实现营业额1.12亿元。其中客房收入7228万元、餐费收入3581万元。区商务局统筹全区宾馆酒店接待服务资源，为“第三十四届世界电动车大会”“2021全国农产品产销对接大会暨农商互联赋能乡村振兴大会”“亚太地区樱桃产业发展论坛2021中国樱桃年会”等43场会展活动提供住宿保障，以优质服务展示溧水良好形象。7月20日南京新冠肺炎疫情发生后，27家符合隔离场所要求的宾馆酒店承担防疫隔离保障任务，为全区疫情防控做出贡献。 (张力　丁蓉华)

责任编辑　李淑萍

数字基础设施建设

【5G网络建设】 2021年,溧水区推动运营商加大数字基础设施建设投入,加快骨干网络、5G通信基站、数据中心等重大电信基础设施项目建设。建设开通5G基站536个,累计1532个。实施5G融合应用项目14个,实现南京国家农高区、开发区、高新区及永阳、石湫、和凤等工业集中区以及城区主干道全覆盖。高新区、幸庄产业园2个园区入选南京市首批数字经济产业园区。 (杭云)

【信息化项目建设】 2021年,溧水区统筹推进信息化建设项目36个,其中基础设施类9个、政府监管类12个、城市管理类9个、为民服务类6个。总投资8000万元。组织方案论证会92场,项目对接协调推进会76场,方案评审会32场,项目验收会28场,区领导专题调度会11场。至年底,等级保护评测服务、政务外网(二期)、政务云中心安全、重点区域视频点位拾遗补缺、区“智慧党建”、溧水科技创新服务云平台、溧水区应急广播(二期)等23个项目竣工,智慧城建综合平台(一期)、溧水区农业农村大数据云平台、智慧退役军人一体化平台等13个项目建设有序推进。

【政务云灾备平台建设】 5月,溧水区政务云灾备平台建设完成。6月1日,培训上云系统单位22家。该平台集备份、容灾、恢复于一体,提供实时连续数据保护(CDP)、定时容灾备份、恢复等功能,支持多操作系统版本(Windows、Linux)、虚拟化平台、超融合平台、数据库和服务器中运行的各类业务系统,以低成本提供数据7×24小时无间断保护,被保护数据或业务系统出现故障或数据损坏后,能快速恢复数据和重构业务系统,确保数据无丢失(RPO=0),业务系统中断短时恢复(RTO=分钟级)。形成区内异地备份,提供政务云内22个单位、121台虚拟服务器安全保护。 (王艳)

数 字 产 业

·软件业·

【概况】 2021年,溧水区新增涉软企业14家,累计194家。新增从业人员400余人,累计3.2万人。新增涉软建筑面积2万平方米,累计52.1万平方米。全区集成电路企业3家、双软企业(软件产品登记、软件企业认定)15家、工业App8个。软件业务收入39亿元,增长10%。软件业务收入超5000万元的企业有32家,超1000万元企业70家,超500万元企业85家。

【双软企业】 2021年,溧水区有双软企业15家,主营业务收入2.64亿元,软件业务收入2.32亿元。工业系统双软企业有2家,主营业务收入0.99亿元,软件业务收入0.79亿元。其中,南京直觉科技有限公司涉及汽车、传媒、自动化等多个制造领域,承接汽车检测系统、大屏幕多通道投影融合系统及工业检测系统、自动控制系统等开发项目；南京联亿鑫软件开发有限公司主营从销售至发货覆盖制造行业全部管理流程的ERP系统。有应用软件企业3家，主营业务收入1.28亿元，软件业务收入1.28亿元。其中，南京创维电器研究院有限公司主营高新技术、电器、电子、机械产品研发及相关软件设计、技术开发、技术服务、技术转让、技术咨询；江苏小桥流水科技股份有限公司的主营产品有环境应用、管理系列软件、环境安全与决策辅助软件、环境治理过程工况监控软件，涵盖无线远程自组网技术与设备、智慧环保物联网系统、应急监测及决策指挥系统等；江苏漫通传媒有限公司主要经营数字文化创意内容应用服务、动漫游戏开发、数字文化创意软件开发。其他软件企业10家，主营业务收入0.37亿元，软件业务收入0.25亿元。其中，南京灵渠信息科技有限公司主营计算机信息咨询服务、企业管理服务、计算机软硬件研发及销售；南京趣拍网络技术有限公司主营网络技术开发、销售，计算机软硬件开发、销售。（杭云）

·通信产业·

【概况】 2021年，溧水区通信行业开通5G基站1532个，在网用户57.5万户，宽带用户21.5万户，业务总收入5.62亿元。

【中国电信股份有限公司南京溧水区分公司】

2021年，溧水电信分公司移动在网用户18万户，宽带用户11万户，天翼高清用户9.5万户，业务总收入2.06亿元，增长4%。建设5G站点54个，累计5G基站538个，5G网络室外覆盖率99.5%。超忙场景新增及扩容基站45个，无线小微室外资源调配及整改基站124个，处理“五高一地两美”（高铁、高速、高校、高密集住宅小区、高流量商务楼宇，地铁，美景、美食）场景投诉问题43个，优化小区23个，完成2021长三角健康峰会、中国品牌农业博览会等大型活动网络保障15次。

提升无线容量、有线接入能力，开通基站591个，总投资2600万元。其中，无线2000万元，有线、杆管350万元，新建小区驻地网接入光缆100余万元，其他建设140余万元。实现溧水“宁归来”首站公寓、南京市欣旺达新能源有限公司等重点场景和万达御景仕家、秦淮源筑等32个新建小区5G全覆盖，全区5G室外覆盖率99%。改造升级84个室内分布系统至5G制式，提升用户室内5G体验感知。建成、开通通信总机房、开发区等14个点位政企接入OTN（光传送网），扩容双牌石、高家等55个局点千兆板卡180块，新增万兆端口约1500个，万兆端口总容量近6000个，新增管道25千米，提升传输承载、千兆响应等有线通信能力。

推进中国电信集团有限公司“云改数转”战略落地，提升员工在云网数字化、5G+、集成交付等方面的理论水平和商机获取、项目实战能力。提升政府和企业信息化水平，完成溧水区“智慧机关”党建、开发区智慧城市运营中心平台、全区街镇一体化信息系统软件平台深度开发、溧水全域旅游运营监测平台、南京城市职业学院开放教育数据管理平台等软件平台类项目签约，总金额1200万元。

落实国家乡村振兴战略，加快乡村通信基础设施建设，创新信息应用方式，搭建数字化综合信息服务平台。至年底，与18个村（社区）签约平安乡村工程，用于公共设施看护、垃圾分类监督、村内道路监控等场景，服务农村社会治安和网格化管理。（王盼）

【中国移动通信集团江苏有限公司溧水分公司】

2021年，溧水移动分公司有员工88人，营业网点109个。在网用户32万户，5G在网用户5.79万户，宽带用户13.6万户，互联网电视10.4万户。全年完成各类收入3.14亿元，增长9%。完成咪豆音乐节、2021长三角健康峰会等大型活动通信保障20次。被中国移动江苏分公司表彰为“发展先锋”和“先进基层党组织”，被省、市文明办表彰为“2019—2021年度文明单位”。

围绕中国移动集团公司“创世界一流企业的力量大厦”总体战略要求，勇担网络强国、数字中国、智慧社会主力军，推进数智化转型，实现高质量发展。建设“信息高速”，新建驻地网信息点7583个，基站399个，其中4G基站34个，5G基站365个（2.6G频段68个，700M频段297个）。累计5G基站813个、宽带信息点38.4万个，基本实现城乡全域5G网络、千兆宽带全覆盖。运营“信息高铁”，助力社会综合治理领域智慧化，建成区“智慧城市大脑”、白马“数字乡村”、开发区L4级智能网联汽车测试场等标杆项目。其中，白马“数字乡村”项目获省委网信办“2020数字江苏建设优秀实践成果奖”，开发区L4级智能网联汽车测试场项目位列十大5G+北斗高精度定位应用场景名单，并入围全国首批“5G+北斗应用示范基地”。提升教育信息化水平，加大教育和社会综合治理等民生领域资源投入，校（园）智慧安防提升工程、教室巡课系统等项目落地。通过开发区智慧环卫管理平台、应急管理与救援指挥中心平台、国省道测速抓拍卡口、智慧电梯监管平台、智能交通及公共安全视频维保、综合执法指挥平台等项目建设。助力智慧抗疫，新冠肺炎疫情期间，第一时间对接各级政府，提供服务保障，分赴113个村（社区）核酸检测点位，保障信号传输稳定。组织志愿者70余人，安装隔离房间宽带和监控，辅导、安装隔离门磁，提供“苏康码”测温设备141套和各类志愿服务277人次。为区防疫指挥部群发精准防疫短信1650万条、AI外呼3万余户。

开展公益服务——“春笋助农团购”，销售白马镇石头寨村春笋5000余千克，价值2万余元，降低笋农损失，获省级媒体“交汇点”宣传报道。联合南京城市职业学院到开发区荷花佳苑社区开展“我为群众办实事，反电诈宣传进社区”活动，讲解反电诈基本知识，介绍不同场景常见诈骗案例，发放防诈宣传单页200余份，提升居民防范意识。（杨辉）

【中国联合网络通信有限公司溧水区分公司】 2021年，溧水联通分公司下设“两网格两中心”（公众网格、政企网格，支撑中心、工维中心），在职员工57人。在网用户7.5万户，其中5G用户1.1万户、宽带用户1.5万户。主营业务收入4200余万元，增长27.3%。获评2019—2021年南京市文明单位。

提升网络能力，建设精品网络，新建5G站点128个。至年底，全区有4G宏站590个、5G宏站549个。保障集团用户及公众场所通话质量，完成溧水天利广场、区人民医院新病房楼、万达御景仕家、南京工业大学浦江学院溧水校区二期等5处4G室内覆盖建设，新增3G、4G室内覆盖点55个。加强数固网建设，完成79个集客业务开通调试。加大小区宽带接入，新增新国标小区26个，覆盖用户约1.3万户。完成咪豆音乐节、马拉松赛、国际浆果展览会等重大活动通信传输保障。

深耕市场、聚焦重点，提高区域内信息化项目参与率，助力江西省建工集团有限责任公司、智宪科技有限公司搭建智慧工地系统，确保工程项目建设安全。完成南京工业大学浦江学院溧水校区安防项目综合布线及监控平台搭建、白马镇会议系统升级，保障信息安全传输及存储。提供中国建设第八工程局第三建设有限公司弱电智能化安装、江苏北佳房地产开发有限公司车库智能化建设等项目建设，提高智能化和创新业务水平，签约金额2000余万元。

新冠肺炎疫情防控期间，组织志愿者60余人次，助力永阳街道、开发区核酸检测信号保障。配合区政府完成永阳街道、开发区10个社区信号开通、石湫街道大喇叭平台建设，紧急开通“宁归来”首站公寓等10多个基站NB信号网络，支撑疫情防控。（汪慧娟）

产业数字化转型升级

【概况】 2021年，溧水区制订《溧水区制造业数字化转型三年行动计划》，推动数字技术与实体经济深度融合。以智能网联汽车、智能装备、智能家居、生物医药等产业为重点，打造特色数字产业集聚区。有序引导企业技术创新，加快自动化、数字化、网络化等先进制造系统、智能制造设备及大型成套技术装备在重点产业领域的应用推广。近40家企业实施智能化改造，实施企业数字化、智能化项目103个，发布应用场景93个。打造工业互联网平台1个、省工业互联网标杆工厂1家，培育互联网标识解析二级节点1家，创建省级智能制造示范车间3家。以建设智慧农业为目标，实施“互联网+”行动，推进物联网、大数据、电子商务等技术推广和应用，基本实现村村通光纤，街镇、村（社区）4G网络基本全覆盖，农业新型经营主体应用物联网技术主体发展到45家。全区县域规模设施农业物联网应用占21.3%。（耿玥　时秀菲）

【制造业数字化改造】 2021年，溧水区推动重点行业数字化改造，围绕新能源汽车、智能制造装备、新医药与生命健康产业等重点行业，推进应用场景开发建设，推动新技术新产品迭代升级。欣旺达电芯智能制造车间、精工新材料智能化吹塑车间、可兰素车用尿素智能灌装车间通过省级验收，被授牌省级智能制造示范车间。新增省“两化融合”管理体系贯标试点企业10家，累计通过“两化融合”管理体系贯标企业有27家。其中，工信部试点贯标企业5家，省试点贯标企业22家。新增星级上云企业20家。至年底，全区有省星级上

云企业54家，其中四星级13家、三星级41家。实施智能化改造、数字化转型项目103个。（杭云）

【农业数字化转型】 2021年，溧水区完成《溧水区“十四五”数字农业农村建设规划》编制，以规划引领建设目标、重点任务和相关部门职责。根据农业数字转型需求，围绕“163”架构（一个中心：农业农村大数据中心，六大平台：产业振兴平台、乡村治理平台、业务监管平台、惠民服务平台、“互联网+”平台、智慧决策平台，三个体系：标准规范体系、运营中心服务体系、综合保障体系），启动溧水农业农村大数据云平台建设，依托南京国家农高区和溧水区省级数字乡村建设契机，加快农业数字化进程。至年底，数字乡村应用场景建设完成86个，完成产业振兴平台、乡村治理平台的基本构建，农业农村大数据平台雏形初显。农村电子商务快速发展，通过自建平台网店和第三方平台，实施“互联网+”农产品出村进城，全年农业网上营销9.29亿元。推广农业物联网技术应用，推动新一代信息技术与种植业、畜牧业、渔业生产、农机作业、农产品加工等深度融合。江苏中植生态植物科学研究院有限公司引入现代智慧装备，建设5G智慧数字农场管理平台，集精准监测、智能控制、科学生产管理与区块链质量安全溯源体系于一体，通过物联网技术手段，实现蓝莓种植物理空间数字化；南农大白马基地现代化循环流水无人化渔场—“智慧养鱼”项目，融合仿生态尾水处理和物联网两大核心技术，实现养殖过程标准化、无人化和生态化，养殖成本降低20%，产量是土塘养殖的6～10倍，新模式推广到全国12个省市自治区。溧水区林长制综合信息管理系统初步完成架构搭建，构建森林防火、有害生物防治、野生动植物保护、古树名木保护、森林督查等功能模块的“平台+移动端”等林长制智慧平台，全区森林防火重点区域推广应用卡口防火码2.0版本，提升场景应用率与卡口启用率，实时跟踪火情火险信息，发挥森林防火监控系统平台的监测作用。推动“互联网+政务服务”向乡村延伸，实现各条线部门业务联通并下沉到村（社区），农民专业合作社设立、变更、注销登记，农业机械安全生产检查，农业机械备案管理等涉农服务事项在线办理；利用乡村治理大联动平台构建区、镇两级指挥，60个部门联动，111个村（社区）互联的群众诉求体系，线上受理处置群众诉求，有效改善村民“跑空趟”“没人管”“不知情”等传统乡村治理弊端。其中，红色李巷作为溧水区乡村数字治理试点，探索应对大量游客来访的复杂乡村治理环境，形成乡村数字治理合理体系。（李业）

【服务业数字化转型】 2021年，溧水区推动服务业领域数字化转型，打造服务业新模式、新业态、新场景。零售业线上交易与线下交易融合，全区有各类电子商务企业400余家，实现网络零售额44.5亿元，增长22.2%。电商龙头企业江苏递乐科技发展集团有限公司成功申报江苏省电子商务示范企业，全年网络零售额2147.5万元。跨境电商稳步推进，区内有2家跨境电商平台企业、100余家跨境电商应用企业。依托跨境电商综试区、保税物流中心（B型）等平台叠加优势，率先在南京市开通1210网购保税备货业务，发展O2O、网购保税进口+实体“新零售”等新业务模式。互联网+医疗服务能力提升，区人民医院信息化建设完成63个业务信息系统、53个运维管理系统建设，实现医嘱、药品、手术、血透、输血、检验等主要医疗业务闭环管理。开展互联网与自助医疗业务，分别与农业银行、建设银行签订医院信息化建设协议，发展便民服务及互联网业务，全院所有诊区、病区等公共场所实现自助医疗服务，绝大部分业务流程通过自助设备完成，在南京市首家开展医保脱卡支付。溧水旅游小程序“一码畅游溧水”构建智慧旅游新业态，游客手持移动终端享受“一码畅游”；旅游年卡平台通过智慧票务、身份识别、软硬件集成打造惠民年卡，连通“线上+线下”方便游客购卡、开卡、用卡，实现区内旅游态势跟踪。周园、大金山、郭兴庄园、三叶梦华苑、丽山音乐农场5个景区实现互联网对接。8月，溧水科技创新服务云平台上线运行，注册企业超300家，注册中介服务机构近30家，为企业提供高新技术企申报等服务超200余次。（周峰）

4月9日，工业互联与数字经济创新发展论坛在江苏白马农业国际博览中心举办　　《今日溧水》报　供图

数字化应用

【5G融合应用】 2021年，溧水区实施5G+工业互联网应用场景14个。其中，5G+工业互联网平台项目2个（南京正锐电力科技有限公司5G+工业互联网平台项目、江苏凯泉泵业制造有限公司5G+工业互联网平台项目），5G+仓储物流项目2个（南京丰东热处理工程有限公司5G+智能仓储项目、南京尤孚泵业有限公司5G+仓储物流项目），5G+人工智能项目2个（南京依友空调配件有限公司5G+人工智能项目、创维电器股份有限公司5G+人工智能项目），南京国家农高区发展集团有限公司5G数据监控和采集、南京一品红水族用品科技发展有限公司5G+企业生产管理等项目8个。（杭云）

10月15日，开发区5G+北斗应用示范基地授牌现场
罗燕 摄

【智能网联汽车项目】 2021年，开发区研发智能网联汽车项目，基础设施部署RSU22个、行人过街预警6个、信号机升级改造6个、视频检测器及雷视融合设备6套、MEC边缘计算设备12套、融合传感器15套等。11月3日，获南京市自动驾驶测试牌照2张。至年底，总测试时长200小时，测试总里程2000千米。测试场景包括闯红灯预警、弱势交通参与者提醒、施工预警、信号灯信息推送、特种车辆优先、超速提醒、隧道测试、雨雾天气模拟、行人横穿提醒等。10月15日，被中国移动授予“5G+北斗应用示范基地”。（沈泽林）

【智慧城市建设】 2021年，溧水区推进智慧城市建设，以数字化手段赋能城市管理精细化、社会治理现代化，实施全区数字化治理。完成政务外网（二期）、量子通信加密、等级保护等基础设施项目建设，汇集共享3.8万路社会面视频和12.7亿条数据，提供36个委办局78个应用系统服务。统筹建设信息化项目36个。其中，创新开发核酸检测慢直播、“宁归来”首站公寓智慧平台、未佩戴口罩行为视频AI分析预警，助力全区新冠肺炎疫情防控。完善“街镇吹哨、部门报到”工作机制，为基层赋权赋能，提高部门联动处置效率，各街镇（开发区）发起吹哨155件，上升181.8%。社会治理大联动平台受理、归集各类工单38.38万件。区智慧城市运营指挥中心项目入选2021年中国智慧城市优秀案例。

【“溧水政务2.0”上线】 11月，“溧水政务2.0”平台上线运行，平台融入“高效、集约、节约”理念，集态势感知、预警预测、辅助决策、智能办公、高效服务于一体，包含溧水概况、重点关注、行政办公、政务督查、事务中心、会议中心、领导直通车、地图服务、即时通讯、视频会议、应用超市等功能，满足全区党政机关办文、办事、办会、沟通等需求和区、部门、街镇、村（社区）四级应用。整合全区各类政务应用，面向多部门、多层级协同，形成统一数据和业务流，通过一站式安全登录，打通各部门政务应用系统，实现政务工作信息化、移动化。至年底，平台覆盖全区138个部门，注册用户近7000人，日均登录1000余人次，处理文件约32万件、通知1万余件。平台以“大协同”提高办公效率，在全市率先与“我的南京”政务版融合应用，为政务服务创新提供技术支撑，助力溧水政务办公智能化、精细化、高效化、科学化。

【社会治理大联动平台应用】 2021年，溧水区社会治理大联动平台拓展工单来源渠道，依托社会面视频共享交换平台成果，利用AI视频智能分析技术，搭建小区车辆占用消防通道、电瓶车入楼充电、占道经营、道路积水等应用场景，告警信息以工单形式直接派发至相关部门，生成工单3000余条。引导市民参与城市管理，开发“智慧溧水”App“随手拍”功能，市民可对城市管理中损坏市政设施、破坏环境卫生、扰乱公共秩序、妨碍公共安全四大类34小类问题，拍照上传后系统自动推送至相关部门。通过优化“智慧溧水”App积分功能，市民浏览、使用“随手拍”均有积分，可在“智慧溧水”App“特产商城”兑换无想田园农产品。至年底，受理“随手拍”工单1.14万条，增长920%。（王艳）

经贸合作

Econmic and Trade Cooperation

招商引资

【概况】 2021年，溧水区聚焦重点城市、产业集聚、功能区域，围绕制造业主导产业，创新“招商推介+”“主题推介+”项目签约、洽谈对接、项目路演等组合模式，推介溧水高质量发展投资环境和高质量发展试验区，构建优势产业全产业链配套协同发展格局。组织各类招商活动30场，其中重点招商活动17场。实际利用内资276.4亿元。签约亿元以上项目298个，签约项目投资总额824.85亿元。蜂巢能源科技（南京）有限公司、江苏本川智能电路科技股份有限公司等一批主导产业链龙头企业签约落地。溧水区获市招商引资工作优胜奖和质量奖。（朱恺）

【工业招商引资】 2021年，溧水区围绕装备制造、新能源汽车、机器人、电子信息等产业，到北京、深圳、上海等地开展招商活动。深挖生物医药与生命健康产业项目信息，针对创新药品研发、仿制药研制、医疗器械、医药产业厂房、孵化器、制药研发开展主导产业招商。通过举办战略性新兴产业、制造业高质量发展试验区推介会等多种形式精准化招商，推动符合溧水产业发展优质项目落地。至年底，全区签约亿元以上工业项目185个，总投资644.21亿元。其中，高端智能装备项目130个，总投资372.12亿元；绿色智能汽车项目9个，总投资138.52亿元；新型电子信息项目13个，总投资18.7亿元；生命健康项目26个，总投资98.62亿元；环保新材料项目7个，总投资16.25亿元。

10月21日，溧水区举办康养产业多学科融合的协同发展模式高峰论坛暨溧水区康复全产业链基地建设产业论坛　区投促局　供图

【产业链精准招商】 2021年，溧水区梳理各产业链重点企业，绘制产业链图谱，加强招商引资，推进产业链上下游协作配套。先后到北京、深圳、上海等地召开专题推介会，招引新能源汽车产业链项目46个，总投资480亿元。签约亿元以上高端智能装备项目125个，总投资430.8亿元。（王成）

【农业招商】 2021年，溧水区举办首届江苏农业科技节等农业招商活动2场，实现农业招商引资签

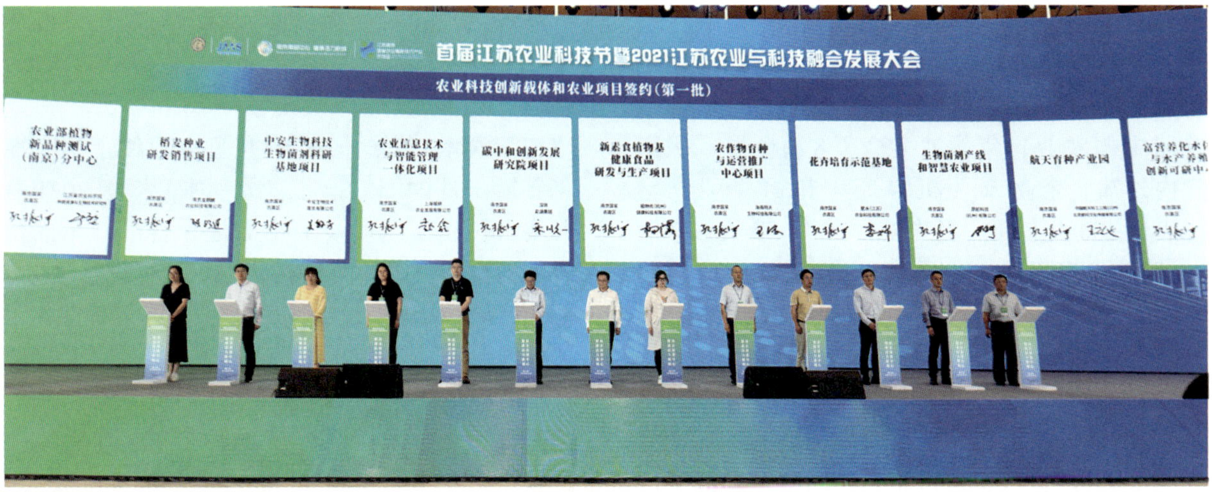

5月30日，首届江苏农业科技节暨2021江苏农业与科技融合发展大会在江苏白马农业国际博览中心举行

《今日溧水》报　供图

约项目27个，总投资33.61亿元。引进蜻蜓农用无人机智慧调度与生物菌剂产研、微玉玉米种植加工基地、环境友好型高效水生态修复产品及技术研制与应用3个千万元以上农业项目。

（吕孝伟）

【项目落地转化】 2021年，溧水区注册上报重大项目129个。其中，10亿元以上项目8个，30亿元以上项目2个，50亿元以上项目2个。亿元以上开工运营项目88个，开工运营率55.7%。欣旺达动力电池等18个项目纳入省市重大项目（2019年以来招商项目），南京龙鑫电子科技有限公司、南京佛吉亚排气控制技术有限公司等49家企业升级“四上”企业（规模以上工业企业、资质等级建筑业企业、限额以上批零住餐企业、限额以上服务业企业），115家企业实现税收入库。（朱恺）

【外资及港澳台资利用】 2021年，溧水区新增外资及港澳台资企业66家，协议投资额11.4亿美元。其中，开发区13家，永阳街道5家，石湫街道6家，白马镇6家，和凤镇5家，洪蓝街道5家，晶桥镇6家，高新区20家。实际利用外资及港澳台资3亿美元，下降10.6%，完成市目标任务的107%。主要用于通用设备制造、创业空间服务和汽车零部件及配件制造等行业。（刘晨）

【南京金秋经贸洽谈会溧水专场系列活动】 10月15日，2021中国南京金秋经贸洽谈会溧水专场系列活动开幕式暨南京临空经济示范区溧水片区招商推介会在空港博览中心举办。以“共谋临空新发展，共享美丽新机遇”为主题，开展“1+4+8”13场主题活动，包括首届中国国际（溧水）跨境电商发展大会、南京国际新医药与生命

10月15日，2021中国南京金秋经贸洽谈会溧水专场系列活动开幕式暨南京临空经济示范区溧水片区招商推介会在南京空港国际博览中心举办

区投促局　供图

健康产业创新投资峰会分论坛活动、南京智慧康养创新园开工仪式、智能制造专场推介会4场重点活动，以及2021全国农产品产销对接大会、首届中德农业青年领袖大会等8场会展。吸引省内外知名企业、研发机构、金融机构、行业协会代表近200人参加。签约项目27个，涉及临空制造、跨境电商等临空产业，总投资172.4亿元。

（朱恺）

【南京制造业高质量发展试验区（深圳）推介会】 3月26日，溧水作为南京市唯一制造业高质量发展试验区，首次把南京制造业高质量发展试验区推介会"移师"中国工业第一城深圳，大会以"宁心聚溧，智造未来"为主题，溧水区现场介绍试验区建设成果，发布制造业"十条政策"（2021版）。18个制造业项目集中签约，总投资132.8亿元。除深圳主会场外，分别在北京、上海两座城市和溧水本地设分会场，采用视频连线方式同步举行。

（范玮洁）

【南京·宁杭生态经济带合作试验区（杭州）推介会】 6月10日，2021南京·宁杭生态经济带合作试验区（杭州）推介会召开，200余名长三角知名企业、商协会、科研院所代表参加。会议围绕"宁杭合作，共谋未来"主题，聚焦宁杭生态经济带建设，共话合作，共谋发展。发布宁杭生态经济带合作试验区实施方案，溧水数字经济科技企业（杭州）孵化器揭牌成立，签约项目16个，涉及数字经济、智能制造、大健康、总部经济等，总投资108.9亿元。

（朱恺）

【"智汇溧水，创享未来"科技型企业线上招商推介会】 8月24日，"智汇溧水，创享未来"2021南京溧水科技型企业线上招商推介会举行。推介会由区政府主办，区科技局、投促局联合承办。区工信局、农高区、各街镇（开发区）、溧高投等区级部门参加，与南京、北京、西安、欧洲四大会场以及100余家企业代表开展线上推介互动。邀请江苏省产业技术研究院生物医药和医疗器械产业科技服务中心、周子未来食品科技有限公司、南京翱翔信息物理融合创新研究院3家企业"现身说法"，分享投资贸易成功经验。区科技局、投促局等部门就区域科技人才、营商环境优化、科技型企业扶持等科技创新政策作解读推介，为与会企业代表现场答疑。促成云签约项目25个，包括科技型人才项目9个、新型研发机构与企业项目8个、现代农业科技项目8个，涵盖智能制造、生物医药和医疗器械、智慧农业、能源设备等产业。

（傅中杰）

对外及对港澳台贸易

【概况】 2021年，溧水区外贸及港澳台贸易额150.49亿元，分别完成市、区目标任务的110.43%、114%，增长24.37%，增速位列全市第五。（刘晨）

表29　2021年溧水区外向型经济主要指标完成情况一览表

指　　标	单位	数据
一、直接利用外资及港澳台资		
1.当年利用外资及港澳台资项目数	个	66
2.千万美元以上项目数	个	12
3.注册合同外资及港澳台资	万美元	99539
4.实际利用外资及港澳台资	万美元	29977
二、对外及对及港澳台贸易		
进出口总值	万元	1504907
其中：出口	万元	1270497
进口	万元	234410

（区统计局）

【货物贸易】 2021年，溧水区完成外贸及港澳台贸易额150.49亿元，增长23.7%。其中，出口127.05亿元，增长19.2%；进口23.44亿元，增长55.5%。有进出口实绩的外贸企业379家，增长25%。出口产品结构优化，主要有智能家电、金属制品、装饰材料、电摩、电子产品等，其中新能源汽车和数控机械出口、集成电路芯片和药品进口成为新亮点。出口30强中，21家出口企业保持正增长，平均增幅超50%，其中创维电器、云海金属、美高美新材料等企业位居前三。外贸企业与75个国家和地区有贸易往来，进出口前五位市场依次是欧盟、"一带一路"沿线国家、RCEP成员国、美国、东盟，占全区进出口总额比重分别为25%、15%、15%、7%、和6%。（俞祚俊）

【自贸联动创新发展】 2021年，溧水区在自贸试验区联动创新发展示范园注册企业80家，其中71.6%符合产业定位、78.75%实际经营。区商务局开展制度创新案例复制和"反哺"，提炼上报5项制度创新案例。其中，"跨境电商+直播""保税展销""数字化转型助推工程服务提效能"3件案例被市自贸办采纳推广，"跨境直播服务贸易"创新案例在《南京改革》刊发。溧水区与自贸区南京片区共育"跨境电商进出口+直播"外贸及港澳台贸易新兴业态联动项目，与南京片区内多家企业达成合作，通过直播培训，指导海外数字化营销，为海外客户在国内市场销售双向服务，实现片区企业与联动区企业双赢发展。

【服务贸易创新发展试点】 2021年，溧水区梳理《南京市全面深化服务贸易创新发展试点任务举措清单》，落实符合溧水发展现状改革试点举措，推进全区服务贸易高质量发展。发展基于工业互联网数据采集、存储、处理和交易等跨境服务，加强与境外商协会和贸易投资机构交流合作，探索开展中小服务贸易企业保单融资，开展知识产权质押贷款，探索开展出口信保保单融资5条试点任务完成，取得阶段性成效。

【服务贸易活动】 2021年，区商务局组织云海金属、康迈机械、苏豪泓瑞、西普水泥等区内重点服务贸易企业，以及有服贸潜在市场的南京航际电商服务公司等企业参加2021全球服务贸易大会、数字贸易欧美专场线上对接会、东盟博览会以及"苏新服务·智惠全球"对接会、中国国际进口博览会江苏交易团交流活动，展示溧水投资环境和企业服务能力，推动务实合作，促成与境外发包方业务洽谈，达成订单意向。

（刘晨）

溧水经济开发区

·综　述·

【概况】 溧水经济开发区位于南京市南部，溧水城北侧，与主城相依。境内有宁宣、长深、沪武3条高速公路，204省道、243省道、246省道、340省道4条高等级公路，以及宁杭城际铁路、轻轨S7线，距南京南站30分钟车程。域内水陆空立体交通体系完备，交通方便快捷、物流顺畅，是苏、浙、皖三省交通节点，大通关基地距南京禄口国际机场仅一河之隔。2021年，开发区辖域面积138平方千米（含柘塘街道），下辖14个社区和1个果园试验场，户籍人口67933人。有高新技术企业178家，"四上"企业403家，其中规模以上工业企业247家、资质以上建筑企业36家、房地产24家、服务业96家。园区形成新能源汽车、智能家居、智能制造、新医药与生命健康等特色产业集群，建有新能源汽车产业基地（国家火炬特色产业基地）、南京临空经济示范区溧水片区、南京溧水航空物流园（省级示范园）、南京机场跨境电商产业园、空港保税物流中心（B型）、空港会展小镇、海外人才创业中心等特色园区。全区实现地区生产总值369.23亿元，增长9.0%；一般公共预算收入28.86亿元，增长1.70%；全社会固定资产投资176.86亿元，增长11%；工业固定资产投资107.57亿元，增长12.20%。年底排名全省省级开发区第8位，位次前移2位；排名省级以上开发区（含国家级）第29位，位次前移5位。1月，开发区商会获全国"四好商会"称号。6月，开发区获省科技厅省级以上科技企业孵化器运营评价优秀等级；7月，获评省工信厅第八批江苏省新型工业产业示范基地；12月，获评国家级科技企业孵

2月7日，开发区获评2020年度中国企业营商环境十佳园区　张进　摄

化器运营评价优秀等级；获评区委、区政府2021年度机关作风建设先进单位。

【工业】　2021年，开发区实现工业总产值712.53亿元，增长24.30%；规模以上工业总产值555.95亿元，增长30.30%；实际利用外资及港澳台资1.45亿美元。外贸及港澳台贸易总额100亿元，增长53%。实施技术改造项目60个，净增规模以上工业企业41家、省级专精特新"小巨人"企业5家、三星上云企业7家、瞪羚独角兽企业9家。推动江苏本川智能电路科技股份有限公司在深交所创业板上市，创成国家级绿色工厂1家、省级绿色工厂1家、国家绿色产品5个，入选江苏省新型工业化产业示范基地。

【招商引资】　2021年，开发区招商签约亿元以上项目106个，总投资634.94亿元。围绕新能源汽车产业"补链强链供应链"，引进蜂巢能源动力锂电池及世特科零部件、长安新能源南京研究院、普瑞赛思检测与研发项目10个。围绕智能制造产业，引进恒洁智能家具及智能家电、本川智能总部、创维智能家电产业园、南京西普智能化水泥生产线及主机装备研发投资10亿元以上项目4个。围绕新医药与生命健康产业，引进济民可信小分子靶向肿瘤药物研发总部及产业化、黑龙江中桂制药新药研发生产、深圳普门科技股份有限公司总部、江苏赛佳股份有限公司、泸溪河食品（南京）有限公司总部投资10亿元以上项目5个。围绕临空产业，引进德乐临空产业园投资100亿元以上项目1个；引进新华报业传媒集团总部、中建五局华东区域总部基地、天溯·溧水大健康智能制造产业中心等投资10亿元以上项目4个。

【人才引进】　2021年，开发区强化科技人才引进，开展工信部"启明计划"、江苏省"双创计划"、企业专家工作室等人才项目申报，入选省"双创计划"科技副总1人、区级高层次创新创业人才9人。建立中小微企业创业辅导"全链条"一条龙服务体系，引进创业导师3人，组织创业导师及行业专家围绕主导产业链开展政策解读、项目申报等辅导培训5次。营造良好安居就业环境，落实区人才安居政策，新增租赁补贴人员189人，743名人才发放租赁补贴346.21万元；新增购房补贴人员48人，127名人才发放购房补贴423.15万元；提供29家企业58名人才购房服务，82名企业高管进入溧水区重点企业人才行列，93名人才成功申领紫金山英才卡，为31名人才解决子女入学问题。（张明华）

·南京溧水新能源汽车产业基地·

【概况】　南京溧水新能源汽车产业基地是溧水区首个国家火炬特色产业基地，紧邻南京禄口国际机场，规划面积9.43平方千米，分3个片区。北片区重点打造整车产业集群，面积5.4平方千米，依托南京金龙、恒天领锐、比亚迪、长安发动机等企业，以新能源汽车整车和汽车发动机制造、研发、检测、技术服务等产业为发展方向。南片区重点打造零部件配套产业集群，面积1.5平方千米，以佛吉亚、布雷博等零部件生产研发企业为核心。东片区重点打造新能源乘用车整车及配套，面积2.53平方千米，以南京长安新能源、蜂巢动力电池项目为代表。2021年，基地围绕新能源汽车产业"补链强链供应链"，引进投资45亿元蜂巢能源动力锂电池项目、投资3亿元世特科零部件项目，引进亿元以上长安新能源南京研究院、普瑞赛思检测与研发等项目10个。新能源汽车产值突破270亿元。基地按照国际化、生态化、智能化要求，设计建成国内一流、国际知名的新能源汽车研发、生产、销售和服务基地，打造溧水千亿元级产业新地标。

【开发区入选新能源汽车江苏省新型工业化产业示范基地】 6月29日，《2021年江苏省新型工业化产业示范基地拟认定名单》公示，开发区入选。省级新型工业化产业示范基地是江苏省制造业集聚发展重要载体和制造强国建设的支撑力量，由工业和信息部组织开展评价工作。开发区作为全省最早建立的新能源汽车产业基地，实施壮大新能源汽车发展战略，引领到位、服务到位、政策到位，营造制造新能源汽车产业良好发展环境。围绕整车产业、汽车零部件配套等主导产业，优化园区产业结构，引领作用逐步彰显。2021年，基地以新能源汽车整车产业为龙头，关键零部件产业齐头并进，基本形成从整车制造到关键零部件研发、生产、销售，覆盖上下游产业链的产业生态系统。至年底，集聚比亚迪、金龙、长安等新能源汽车主导产业企业170家。其中，新能源汽车规模以上企业72家，完成产值310亿元。

【蜂巢能源动力锂电池项目】 6月22日，蜂巢能源科技有限公司动力电池项目在开发区签约。项目总投资45亿元，建设产能8.94千兆瓦时锂电池生产线，年产值71亿元，税收2亿元。该项目9月量产，产品被东风、长城、合众、前晨等知名车企订购。

【南京智能网联汽车先导区建设启动】 4月8日，溧水区在深圳召开南京制造业高质量发展试验区推介会，会上宣布在开发区启动南京智能网联汽车先导区建设。国内外重点汽车生产企业代表200余人参会，签约创新型总部型项目18个，总投资132.78亿元。9月，建成8.5千米智能网联车封闭测试基地。 （张明华）

·南京溧水经济开发区科创中心·

【概况】 开发区科创中心分为3个片区，分别为福田路与淮源大道交界处的汇智产业园片区，福游路以南、创业路以西的溧水产业新城片区，柘宁东路368号的南京溧水空港智慧创业园。科创中心围绕主导产业方向，重点引进培育新能源、临空产业、生物医药、电子信息等科技含量高、市场前景好的新兴产业。建有14.19万平方米孵化研发楼、7.5万平方米中试厂房、5万平方米人才公寓，是集科技企业孵化加速器、中试厂房、产业基地及相关配套设施于一体的综合性科创载体。建成国家级科技企业孵化器1个、市级众创空间2个。6月，空港智慧创业园获省级以上科技企业孵化器运营优秀（A）评价。产业新城科创中心入驻科技企业12家，全年对接产业孵化、研发项目13个。空港智慧创业园驻园企业140余家，培育高新技术企业20家，引进国家级人才5人、省“创业创新”人才6人，获科技部火炬中心国家级科技企业孵化器运营评价优秀等级。汇智产业园科创大厦是集基础研发、高科技企业孵化加速器于一体的综合服务大厦，一期用地4.57万平方米，总建筑面积6.08万平方米，展览中心面积2919.54平方米，于10月启用，入驻企业20家。帮助30家企业申请“溧科贷”“宁科贷”“苏科贷”资金1亿元。助力科技企业服务，启用汇智产业园科创大厦，引进专业运营团队3家。推动各类科技创新平台建设，立足科技创新创业生态体系服务支撑。上半年，科创中心科技服务云平台上线运营，采取线上线下相结合方式，摸底排查区域科技企业及科技人才数据，录入企业311家、技术需求134条、技术经纪人信息86条。联合技术经纪人实地走访对接企业32家，开展企业技术“问诊服务”活动15次。

【科创主体培育】 2021年，开发区实施创新主体培育升级行动计划，推动政策、项目等创新要素向企业集聚，壮大科创森林集群，助力科技型中小微企业向高新技术企业成长，登记入库科技型中小微企业210家，增长62%，认定高新技术企业43家，园区高新技术企业总量178家。健全企业研发投入体系，构建企业创新机制和先行先试机制，实现规模以上工业企业研发投入强度超3%、规模以上工业企业中有研发活动企业占60%，高新技术投资60.6亿元，增长13.2%。强化重点实验室、工程技术研究中心等平台建设管理服务与质量提升，2家企业3个项目获江苏省重点研发计划项目立项、8家企业项目获市工程技术研究中心立项、1家企业项目获省级工程技术研究中心立项，2家企业创成江苏省博士后创新实践基地。南京先进生物材料与工程装备研究院有限公司项目入选国家重点研发计划和南京市高水平新型研发机构培育名单；溧航仿生产业研究院有限公司创成江苏省“数动未来”融合创新中心。引导企业建立知识产权保护机制，支持骨干企业承担省级企业知识产权战略推进计划，培育一批知识产权密集型企业。帮助30余家企业申请知识产权质押融资贷款1亿元，申报专利项目企业14家，知识产权贯标备案企业9家。获评南京市优秀专利奖企业3家、南京市知识产权示范企业1家。全年获专利授权2143件，有效发明专利拥有量938件。

【中欧科创基地启用】 10月21日，开发区在汇智产业园科创大厦举行中欧科创基地启用仪式暨国际英才创业政策发布会。中欧科创基地位于汇智产业园区，基地孵化面积2100平方米，入驻企业16家，引进海外人才13人，注册中外合资企业2家。依托PUSH众创基地海外协同创新中心资源，开展科创孵化与科技成果转移转化，集聚海外创新创业资源，对接产业孵化项目。同日，海外(PUSH众创)基地揭牌。

【可兰素公司科技成果转化项目通过验收】 10月，江苏可兰素环保科技有限公司“新型车用脱硝还原剂的技术改进研发及产业化”项目通过省、市专家验收。该公司依托南京市科技成果转化项目支持，目标产品为防结垢效果一系列机动车用脱硝还原剂。主要用于装载SCR系统，满足国V及以上排放标准汽车、卡车、客车、公交车等车辆需求，有效解决低温环境下结晶问题。上半年完成生产线升级改造，新增低温生产线2条、防结垢车用尿素生产线3条，新一代低温、防结垢车用尿素溶液实现产业化生产，年产量20万吨。至年底，申请专利7项，其中发明专利5项。新增新产品3个、新工艺2项，编制企业技术标准3项、团体标准1项、行业标准1项。12月13日，江苏可兰素环保科技有限公司入选江苏省博士后创新实践基地名单。（张明华）

·南京临空经济示范区溧水片区·

【概况】 南京临空经济示范区溧水片区位于开发区核心区，东至243省道(扬句线)、西至溧水河、南至一干河、北至二干河，面积24.78平方千米(包括机场大通关基地、沂湖临空制造区、三山湖临空商务区以及空港会展小镇)。西侧靠近机场区域为空港综合保税区及预留区，占地面积2.72平方千米，主要打造江苏自贸区(南京片区)联动创新区、南京机场跨境电商产业园、溧水直播电商产业园；东侧主要打造先进航空制造、临空现代服务、空港国际博览中心，重点发展临空先导产业、航空核心产业、临空未来产业3大类9大临空产业。2021年，签约德乐临空产业园、航空产业园等临空关联产业项目16个，项目涵盖临空服务业、高端装备制造、大健康、储备航空工业宏光空降空投研发产业园、航空发动机检测维修中心、南京临空数字经济等10个方面。空港博览中心举办智慧出行大会、第三十四届世界电动车大会等重大会展活动20场。空港保税物流中心(B型)注册企业16家，外贸及港澳台贸易总额40.1亿元。全市首家“仓”外跨境保税商品展示中心溧水空港跨境保税商品展示中心开业运营。推进重大功能载体建设，江苏省康复医院、南京市颐养中心、空港会议中心、南外仙林分校溧水校区4个重大项目加速实施；京东、蓝联盟、中铁十一局、汇智产业园人才公寓4个重点项目建设有序推进。全年实施A、B类城建计划项目87项，完成投资96亿元。全谱系空降空投装备供应商宏光空降装备有限公司投资建设航空工业宏光溧水园区项目，一期投资16亿元，建筑面积10万平方米，建设空降空投研发仿真中心、数字化实验鉴定中心、集成交付中心，满足空降空投及民机安全装备研发、试剂及教学、批产配套等需求。

【重大临空经济产业项目集中签约】 3月18日，溧水区举行临空经济产业集中签约仪式，中建五局华东总部等一批重大临空产业项目集中签约，总投资180.5亿元。中建五局华东总部项目投资30亿元，整合华东区域资源，引进设计院以及上下游关联合作方形成建筑产业链，打造区域总部经济及相关配套；德国温斯托德建设中国总部公司，负责中国及印度高温处理炉制造和销售，后期打造亚太区域总部；江西济民可信集团小分子靶向肿瘤药物研发总部及制造项目投资20亿元，新建研发总部、生产基地，从事治疗皮肤癌、血液肿瘤、泌尿系统肿瘤等新药研发和生产。南京禄口国际机场投资有限公司投资5亿元，在南京临空经济示范区溧水片区建设南京禄口国际机场国际快件中心，建成后业务整体搬迁至南京禄口国际机场大通关基地。

3月18日，开发区临空产业项目集中签约仪式举行　　张进　摄

【南京空港保税物流中心（B型）】　2021年，南京空港保税物流中心（B型）创新跨境电商新模式与海关总署优化跨境电商B2B（企业对企业）出口监管，增列“9710”和“9810”海关监管代码（即“跨境电商B2B直接出口”和“跨境电商出口海外仓”两种模式）。4月，苏豪纺织集团旗下外贸子公司苏豪泓瑞进出口公司落户南京空港保税物流中心（B型），开展“9710”等监管模式跨境电商货物贸易，与阿里巴巴国际站跨境供应链共同打造跨境电商综合服务平台，国内企业可通过平台将产品直接发到国外企业手中。5月31日，全市首家“仓”外跨境保税商品展示中心江苏溧水跨境保税商品展示中心开业，建成全省首家“直播经济+跨境保税”相结合功能平台；引进京东南京运营总部基地、国美电商江苏区域总部、宝能华东智慧供应链临空产业园物流企业3家，新增菜鸟、苏宁、宁波国际等供应链物流企业10家。9月15日，苏豪泓瑞进出口公司首单跨境电商B2B直接出口货物在南京海关通关，搭乘中欧班列“江苏号”南京—荷兰蒂尔堡专列前往欧洲。全年完成外贸及港澳台贸易总额3亿元，跨境进出口单量突破100万件，直播电商网站成交总额（GMV）700万元。

【南京空港国际博览中心】　2021年，南京空港国际博览中心举办各类展会20场。其中，专业类展会（新能源汽车、汽车零部件、新材料等）7场，体育赛事活动4场，专业会议5场，其他活动4场。会展总面积104万平方米，增长58%。6月25—28日，第三十四届世界电动车大会暨会展在南京空港国际博览中心举行，全球300余家企业参展，涵盖汽车和零部件、锂电池、电机等，会展面积4.5万平方米，到会嘉宾和观众7.8万人次。举办专业学术论坛60场次，通过“学术交流+产业论坛+展览展示”三位一体模式，与开发区园区企业对接建立生产技术、产品销售合作服务平台。

（张明华）

【溧水直播电商产业基地】　2021年，溧水直播电商产业基地依托南京空港大通关基地、南京空港保税物流中心（B型）、南京机场跨境电商产业园等功能性平台，开创“跨境电商进出口+海内外直播”新业态，构建“一站式买全球”“一站式播全球”“一站式卖全球”直播电商产业格局。与法国、澳大利亚、韩国、日本、意大利5个国家多个知名品牌达成战略合作，利用互联网风口红利带动产业转型升级，助推溧水产品走出去、外国优质商品引进来，促进服务贸易与货物贸易融合发展。基地直播招引入驻企业12家。其中，供应链企业2家、MCN企业3家、服务业企业7家，服务品牌客户15户。

（张明华　刘晨）

街镇工业园区

【概况】　2021年，溧水区有街镇工业园区7个，园区内各类产业园、基地35个，增加5个。街镇工业园区实现工业产值330.51亿元，增长11.5%；工业固定资产投资增长15.8%，提高6%；规模以上工业企业完成产值占总产值的88%，提高3%。

（张明华）

【永阳街道工业园】 永阳街道工业园位于溧水区琴音大道以东，长深高速以西。2021年，园区面积8.86平方千米，驻园工业企业352家。园区实现工业产值83.9亿元，增长28.7%；工业固定资产投资13.4亿元，增长10.2%；工业开票销售收入64亿元，增长5.9%。完成省重大建设项目1个、市重大建设项目12个、区重点建设项目49个，总投资512.4亿元。加大产业链招商力度，围绕园区高端数控机床产业链和生物医药、医疗器械产业链，签约亿元以上项目48个，投资总额201.8亿元，实际利用外资及港澳台资3046万美元。至年底，新增规模以上工业企业26家，累计102家，新增市级瞪羚企业2家。 （司徒成焕）

【东屏街道工业园】 东屏街道工业园位于东屏集镇西南部，毗邻宁杭高铁溧水站。2021年，园区面积4平方千米，驻园企业150家，其中集聚新材料重点企业66家。完成工业产值56.53亿元，其中新材料产业占总产值的71%。实施园区工业重点产业建设项目24个，总投资59.92亿元，其中南京云海新型超高强度镁合金项目、车创智能网联汽车零部件产业园项目列为市重大项目。至年底，开工项目22个，开工率91.7%。围绕工业转型、产业链、供应链开展招商引资活动，签约亿元以上项目33个（其中制造业22个），总投资65.97亿元。全年新增规模以上工业企业10家、高新技术企业15家，申报省级“专精特新”企业3家，培育税收超千万元企业5家。完成外贸及港澳台贸易总额8亿美元。 （黄浩）

【洪蓝街道工业园】 洪蓝街道工业园位于洪蓝集镇西北部、宁宣高速溧水天生桥大道出口处。2021年，园区建成面积4.3平方千米（含双尖产业园发展保护区），驻园企业230家。园区围绕工业产业转型升级，开展资源整合，摸排闲置低效土地和厂房等资源9.3万平方米，采取建设转让、二次开发、租赁使用等方式，安置过渡、新引进与拆迁企业3家，企业转型升级新认定市级瞪羚企业6家，“小升规”通过验收企业15家、省级“专精特新”通过2家，技改项目15个，完成投资10.81亿元。创成市级信用示范企业1家，验收通过清洁生产企业1家、工业产品绿色设计示范企业1家。推进工业招商引资，签约亿元工业项目18个，总投资71.56亿元。全年完成工业产值59.85亿元，增长24.3%；重点工业项目建设22个，总投资50.41亿元。至年底，新增股交挂牌企业12家、省级工程技术研究中心1家、省高新技术企业24家；实际利用外资及港澳台资763万美元，增长143.98%。 （周星星）

11月1日，南京云海轻金属精密制造有限公司“年产3万吨镁铝合金精密制造”项目开工仪式在东屏街道举行

《今日溧水》报 供图

【石湫街道工业园】 石湫街道工业园位于石湫集镇西南部，距南京禄口国际机场8000米。2021年，园区总面积2.02平方千米（含明觉、桑园蒲2个产业园），驻园企业210家，增加50家。园区优化产业结构，主导产业以装备制造、冶金机械、农牧机械、刀模具等为发展方向，实施高新技术企业引育计划，申报高新技术企业29家（含4家复审企业），培育规模以上工业企业21家。其中，新增规模以上工业企业11家，达标12家；新增瞪羚企业5家，累计22家；科技型中小微企业入库76家，兑现创新券企业38家。全年产值24.8亿元，增长24%；工业固定资产投资5.6亿元，增长16%；开票销售收入超亿元工业企业4家，纳税100万元以上工业企业37家，增加7家。收储低效工业用地3宗，面积4.4公顷，实施工业用地再开发，盘活园区工业闲置土地7.93公顷。

（夏志诚）

【白马镇工业园】 白马镇工业园位于白马镇集镇长深高速白马出口处西南部。2021年，园区总面积2.1平方千米，驻园工业企业64家。园区推进工业转型升级，主导产业以机械加工、新材料、食品加工和生物农业为发展方向，招引签约亿元以上项目29个，总投资133.16亿元。其中，工业项目15个、生物农业产业项目14个，年内开工3个。园区有规模以上企业44家、高新技术企业23家、“专精特新”企业12家。新增省级农业民营科技企业7家。全年取得科技型中小微企业评价入库编号企业有34家。完成规模以上工业产值31.87亿元，增长27.2%；清退、关停低效企业3家，处置闲置土地12.7公顷。

（端舒娅）

【和凤镇工业园】 和凤镇工业园位于和凤镇和昌路以南、宁宣高速以西、123省道以北。2021年，园区面积2.22平方千米，有驻园工业企业72家。园区以发展驻和凤的台湾机电产业为重点，锚定台湾智能制造产业方向，加大总部经济招引力度，先后到上海、苏州昆山等地举办大型招商推介会2场，开展招商活动11场，签约亿元以上项目26个。其中，制造业项目21个，注册项目18个。实施工业重点项目17个，总投资29.9亿元。其中新建项目9个、技改项目8个。年内开工项目12个，开工率100%。新增区级以上高新技术企业6家，其中南京高琦电机有限公司被评为省级高新技术企业。全年工业产值18.5亿元，增长31.4%，实际利用外资及港澳台资2051万美元，外贸及港澳台贸易总额5.3亿元。至年底，有独立核算工业企业62家，集聚台湾机电及配套企业32家。有规模以上工业企业30家，高新技术企业17家，市级以上“专精特新”企业12家，瞪羚企业2家。

（夏雨欣）

【晶桥镇工业园】 晶桥镇工业园位于集镇东南部。2021年，园区面积4.04平方千米，有驻园工业企业50家，其中规模以上工业企业9家。晶桥镇推行工业转型新政，原观山工业园化工企业有序退出清零，处置低效、污染闲置企业3家（南京九龙电子有限公司、南京九鼎机械有限公司、南京泰瑞新材料科技有限公司），清洁维修厂房0.14平方千米，解决后续优质企业进园区用地及厂房难题。园区以健康制造业为突破口，构建智慧医疗创新制造产业园，招商引进医疗器械项目8个，注册重大项目9个，签约亿元以上工业项目10个，总投资81.4亿元。南京智慧康养创新产业园等一批先进制造业项目开工建设。全年完成工业产值55.06亿元，增加值26.16亿元，增长11.4%；新增规模以上工业企业2家。

（王雪琴）

责任编辑　李淑萍　尹伟

国土空间规划

【概况】 2021年，溧水区推进国土空间总体规划编制，按照市国土空间规划事权划分与现状传导，探索以溧水区国土空间规划为引领的空间规划思路，结合溧水发展实际，专题研究溧水创新体系和空间布局、生态地区保护、工业用地转型、城市特色风貌等。通过优化用地结构和比例，统筹存量和增量，形成集约高效、绿色低碳、安全智能的城乡融合发展路径，实现全区国土空间开发利用保护向内涵提升模式转型。至年底，国土空间规划初步谋划集中城镇建设用地148平方千米。完成《溧水区2021-01号、02号土地征收成片开发方案》《溧水区国土空间规划近期实施方案》《南京市溧水区洪蓝街道仓口村保护与发展规划》《南京市溧水区洪蓝街道蒲塘社区蒲塘传统村落保护发展规划》《溧水区石湫街道明觉、光明、东泉社区村庄规划（2020—2035年）》《溧水区永阳街道秋湖、东山、高塘、东庐、中山、十里牌村庄规划（2020—2035年）》《溧水区东屏街道长乐、丽山、白鹿村庄规划（2020—2035年）》《溧水区洪蓝街道无想寺、傅家边、蒲塘村庄规划（2020—2035年）》《溧水区晶桥镇仙坛村、部村村庄规划（2020—2035年）》9个规划项目编制。

【溧水区2021-01号、02号土地征收成片开发方案】 7月23日，《溧水区2021-01号土地征收成片开发方案》编制完成并获省自然资源厅批准。该方案由市规划设计研究院有限责任公司、省兰德土地工程技术有限公司组织编制。溧水规划资源分局联合各部门、各街镇（开发区）与市规划设计研究院有限责任公司和省兰德土地工程技术有限公司，成立成片开发联合编制小组，根据新土地管理法实施、土地征收制度改革要求，研究土地成片开发制度，科学、合理、高效推进成片开发方案编制。以减少征地范围、保障被征地农民权益为出发点，结合区域重点项目需求，协调各街镇（开发区）诉求，制订成片开发方案。全区第一批次土地征收成片开发片区7个，总面积606.66公顷。其中，三山湖东商务核心片区（CP320117-2021-01-01号）土地93.38公顷，东至蔚庄路，南至高家边路，西至乌山路和华桥路，北至新淮大道；石湫新城南部片区（CP320117-2021-01-02号）土地152.92公顷，东至三干河路，南至石涛路，西至宁高新通道，北至华山路；柘塘新城中部片区（CP320117-2021-01-03号）土地190.08公顷，东至规划中的里岗路，南至金鸡泉路，西至稽塘路—璜溪路—东璜路，北至大山路和润淮大道；三山湖西南片区（CP320117-2021-01-04号）土地13.75公顷，东至三山湖路，南至徐母塘路，西至蟾山路，北至润淮大道；科创大道群力南片区（CP320117-2021-01-05号）土地34.26公顷，东至蔚庄路，南至科创大道，西至幸凤路，北至梁山路；城南国际教育基地片区（CP320117-2021-01-06号）土地23.47公顷，东至观峰路，南至无想山大道，西至规划西一号路，北至石虎路；洪蓝工业园片区（CP320117-2021-01-07号）土地98.80公顷，东至凤凰井路，南至洪辉西路，西至经一路和华塘路，北至七里甸路和纬一路。

12月31日，《溧水区2021-02号土地征收成片开发方案》编制完成并获省自然资源厅批准。该方案由市规划设计研究院有限责任公司组织编制。以减少征地范围、引导城区"建一片成一片"为出发点，结合区域重点项目需求，划定第二批次成片开发方案。全区第二批次土地征收成片开发片区11个，总面积2004.44公顷。其中，临空产业北片区（CP320117-2021-02-01）土地312.54公顷，东至243省道，南至204省道，西至规划团荔路与城镇开发边界，北至新淮大道；大通关保税物流片区（CP320117-2021-02-02）土地178.26公顷，东至规划14号路，南至一干河支河，西至溧水河支河，北至宁宣高速；新能源大道产业片区（CP320117-2021-02-03）土地593.82公顷，东至规划鲁塘路，南至规划中的一干河东路，西至沂湖路，北至宁宣高速；柘塘新城产业中片区（CP320117-2021-02-04）土地110.35公顷，东至福田路，南至宁宣高速，西至243省道，北至徐母塘路、204省道和金鸡泉路；三山湖西产业片区（CP320117-2021-02-05）土地30.73公顷，东至福田路，南至幸福路，西至福溪路，北至新淮大道；产业新城居住配套片区（CP320117-2021-02-06）土地131.87公顷，东至规划中的幸凤路，南至骆家边路，西至规划中的骆家边南路，北至梁山路；永阳工业园北片区（CP320117-2021-02-07）土地55.68公顷，东至宁杭高速，南至机场路，西至琴音大道，北至团山路；永阳工业园南片区（CP320117-2021-02-08）土地45.39公顷，东至晨光大道，南至龙山路，西至水保路，北至文昌东路；城南文体综合服务片区（CP320117-2021-02-09）土地219.21公顷，东至石燕路，南至规划中的龙马南路，西至随园路，北至幸庄路；高铁站前启动片区（CP320117-2021-02-10）土地98.26公顷，东至宁杭高铁，南至规划中的纬十路，西至规划中的智谷路和溧白路，北至交通路；柘塘新城产业北片区（CP320117-2021-02-11）土地228.33公顷，东至福田路，南至徐母塘路，西至243省道，北至规划中的工业园路。

【溧水区国土空间规划近期实施方案】 5月31日，《溧水区国土空间规划近期实施方案》编制完成并获省自然资源厅批准。该方案由省兰德土地工程技术有限公司组织编制。近期实施方案落实溧水区未来发展战略，推动全区重大民生工程、重大基础设施项目及重大产业项目落地建设，解决用地需求，提供"十四五"经济社会快速发展用地保障，打造溧水生态优美、健康活力美丽新都市，期限自1月1日起至区级国土空间总体规划批准时日止。优化布局存量空间规模，落实新增建设用地指标373.27公顷、宁宣高速补充建设用地3.20公顷，统筹安排土地利用总体规划节余指标36.37公顷，安排新增建设用地412.83公顷。根据全区未来板块发展战略及项目优先级、重要度和紧迫性，分解指标到各街镇（开发区）。新增建设用地指标主要分布在空港片区、三山湖片区、团山片区、城中片区、高铁片区、城南片区。在"一心两轴六片区"空间发展格局基础上，方案新增建设用地指标布局在"六片区"基础上增加其他片区（石湫街道、白马镇、和凤镇和晶桥镇），保障区域内均衡协调发展，满足"六片区"以外板块用地需求。

表30 《溧水区国土空间规划近期实施方案》新增建设用地安排情况一览表

片　区	街　镇	面积（公顷）	占比（%）
空港片区	柘塘街道	70.37	17.05
三山湖片区	柘塘街道	59.73	14.47
团山片区	柘塘街道	45.16	10.94
	永阳街道	16.96	4.11
城中片区	永阳街道	33.87	8.20
	洪蓝街道	22.18	5.37

续表

片　区	街　镇	面积(公顷)	占比(%)
城南片区	永阳街道	11.51	2.79
	洪蓝街道	6.06	1.47
高铁片区	东屏街道	35.78	8.67
其他片区	石湫街道	46.06	11.16
	白马镇	53.11	12.86
	和凤镇	6.79	1.64
	晶桥镇	5.25	1.27
合　计	—	412.83	100

【南京市溧水区洪蓝街道仓口村保护与发展规划】　3月6日,《南京市溧水区洪蓝街道仓口村保护与发展规划》编制完成并通过市政府批复。该规划由东南大学城市规划设计研究院有限公司组织编制。仓口村位于洪蓝街道西南部,石臼湖以北,宁宣高速西侧,341省道从村北穿过,距离洪蓝集镇约5千米,距南京市区60千米。村域面积2.58平方千米,村中南北向主要道路与村镇间道路连成一体,村南三汊河与长江相连。全村有建(构)筑遗产49处,分祠堂、庙宇、传统民居、历史环境要素(含汉墓、梅梁渡遗址等)4大类。其中一级保护类遗产3处,包括市级文保单位芮氏宗祠,区级文保单位邱氏宗祠和樊氏宗祠;二级保护类遗产10处,包括一般不可移动文物陈氏老宅(三畏堂)和梅梁渡遗址2处,南京市第二批历史建筑8处;三级保护类遗产36处,包括传统建筑31处、环境要素遗产5处。核心保护范围:历史建筑、传统风貌建筑相对集中,历史格局和风貌保存相对完好,反映村落特色的特点区域被划定为传统村落核心保护区,进行整体保护。核心保护范围西至仓口路、南至沿河道路、北至邱氏祠堂、东至张氏宗祠,包含各类历史遗产建筑,用地5.44公顷。建设控制地带:构成历史风貌、村庄周边山水林田湖等自然景观纳入控制地带。重点提出新建、改建建筑及构筑物在高度、体量、外立面形式、色彩等方面控制要求,统一管理控制水塘以及水塘周边空间,限制相关建设。功能定位:以生态旅游为主的特色古村落,重点发展以古村观光、农渔体验为主的乡村休闲旅游、江苏传统村落休闲旅游示范点、南京近郊特色的鱼米之乡、溧水中部漕运文化展示地。人口结构与容量:根据《溧水村庄布点规划(2013—2030年)》新社区布点与建设指引要求,结合仓口村功能定位,确定仓口为保留型一级新社区。规划用地14.63公顷,规划人口1500人,疏散部分保护区内村民,规划新建20户农宅。村庄发展与建设:村庄空间布局形成"一轴、一环、四区、三节点"结构,"一轴"即村庄发展轴。"一环"即村庄游览环线;"四区"指由仓口路、环村路和三汊河、林塘、芜塘等楔形水面共同分割成的4个片区,分别为传统风貌保护片区、渔家乐片区、农家乐片区和居住生活片区;"三节点"指规划村庄3个公共服务节点。建筑整治:为实现仓口古村落传统风貌协调统一,古村落其他建筑必须与传统建筑风貌相协调,整治不协调者。规划仓口古村落建筑保护和整治模式分为5类,即指定保护——文物建筑、登录保护——一般不可移动文物及历史建筑、规划控制——传统建筑、保留整治类建筑和拆除类建筑。道路交通规划:村中主要道路为绕村环路,环路红线宽度6米。南北向次要道路为村中央仓口路,红线宽度5米;东西向次要道路2条,红线宽度3.5米;传统街巷保持原有街巷尺度。核心保护区内部鼓励自行车和步行出行方式。基础设施改善:改造提升村庄给水、排水、电力、路灯、通信、燃气、环卫工程和管线综合、防灾设施等,改善村庄环境。

【南京市溧水区洪蓝街道蒲塘社区蒲塘传统村落保护与发展规划】　6月5日,《南京市溧水区洪蓝街道蒲塘社区蒲塘传统村落保护与发展规划》编制完成并通过市政府批复。该规划由东南大学城市规划设计研究院有限公司组织编制。蒲塘社区总面积9.4平方千米，其中村庄建设面积75.2公顷。蒲塘传统村落位于社区中部偏东，三汊河以北，123省道与341省道交会处。村域面积116.68公顷，东至南京市应用技术学校（溧水校区），南至三汊河河道中央，西至下仓头村，北至工业用地外围。村域内有物质文化遗产10处，包括蒲塘桥、祠山庙、蒲塘老街、万年台以及蒲塘村落传统民居等。周边农田广袤、河流环抱，村庄东部和南部为田地，地势平坦，视野开阔。三汊河绕村而行，支流流入村庄形成圩塘—稻田乡村风景。保护区划：核心保护范围北至蒲塘老街北侧入口，西至123省道红线，南至蒲塘村域边界，东至村南水塘东侧岸线，包括蒲塘老街两侧传统建筑相对集中片区、蒲塘桥部分保护范围以及蒲塘村落和蒲塘桥之间河塘水系，总面积6.74公顷。保护重点：保护传统村落整体格局与历史风貌，包括山水格局、村庄格局、河塘水系、院落格局、街巷格局等；保护村落内全国重点文保单位1处、洪蓝街道特色历史遗存2处、历史风貌建筑1处和传统民居6处。功能定位：以商贸服务为特色古村落，重点发展以名胜观光、传统文化体验、旅游服务为主的乡村休闲旅游；江苏明代古桥名胜展示地；南京近郊以草莓种植为特色的体验旅游示范村；溧水水上旅游发展带重要节点；洪蓝传统特色风貌展示区。村庄发展与建设：村庄空间布局形成“一轴、三点、四片区”结构，“一轴”即蒲塘老街—蒲塘古桥游览轴，“三点”指蒲塘农贸服务节点、蒲塘老街历史文化节点、蒲塘古桥名胜节点，“四片区”分别为蒲塘老街片区、传统居住片区、蒲塘旅游服务片区和蒲塘古桥名胜风景片区。建筑整治与改善：实现蒲塘传统村落传统风貌协调统一，传统村落其他建筑必须与传统建筑风貌相协调；蒲塘传统村落建筑保护和整治模式分为5类，即指定保护——文物建筑、登录保护——历史遗存、规划控制——传统建筑、保留整治类建筑和拆除类建筑。道路交通规划：规划保留现状341省道、123省道和305县道。规划远期123省道降为县道，改道规划204省道通过。基础设施改善：改造提升村庄给水、排水、电力、路灯、通信、燃气、环卫工程和管线综合、防灾设施等，改善村庄环境。

【溧水区石湫街道明觉、光明、东泉村庄规划（2020—2035年）】 2月2日，《溧水区石湫街道明觉、光明、东泉村庄规划（2020—2035年）》编制完成并通过市政府批复。该规划由中规院（北京）规划设计有限公司组织编制。石湫街道明觉、光明、东泉社区位于溧水区西部，石湫街道南部，距溧水城区13千米、石湫集镇3千米。依托宁高新通道和S9轨道交通，便捷通达南京主城。是宁马一体化节点地区之一、石湫南部区域产业和服务功能承载地。西临安徽省马鞍山市博望区，产业协作和生活配套联系紧密。目标定位：南京近郊以音乐文艺为特色的山水田园休闲度假胜地。其中，明觉社区为石湫南部城镇型新社区，光明社区为有机粮仓、休闲田园，东泉社区为音乐康养、水美渔乡。功能结构为“一轴、四区、多点”。“一轴”为环山河森林库群生态休闲发展轴，包括环山河沿线及其串联的水库周边地区，依托森林库群等生态资源，发展观光体验、运动休闲、康养度假等功能，建设环山河景观绿道。“四区”分别是文旅发展核心区，包括235国道以东、环山河以北和以西部分，发展音乐艺术、文化创意、亲子研学、森林度假等功能；农文旅融合发展区，包括石同公路以东和环山河路东段以西周边地区，依托玫瑰、蜂蜜、林果等特色农产品发展农业休闲、观光体验、乡土文化展示等功能；特色农业发展区，农文旅融合发展区外围特色农业发展区2个，发展有机粮食种植加工、畜禽渔业养殖及农业观光与农事体验等功能；智能制造集中区，为明觉城镇社区，发展工业制造、综合服务功能，打造成为溧水区西南部特色制造示范区。“多点”即多个镇村与文旅服务节点，包括明觉、光明、东泉3个镇村服务节点和环山河、焦赟石等5个文旅服务节点。

【溧水区永阳街道秋湖、东山、高塘、东庐、中山、十里牌村庄规划（2020—2035年）】 2月2日，《溧水区永阳街道秋湖、东山、高塘、东庐、中山、十里牌村庄规划（2020—2035年）》编制完成并通过市政府批复。该规划由南京市城市与交通规划设计研究院股份有限公司组织编制。永阳街道北邻东屏街道，西部为溧水主城区，规划六村（社区）同处永阳街道中部和东部，产业和交通联系紧密。规划区域近邻长深高速、宁杭城际铁路，南环路、246省道过境。位于溧水一级全域旅游环线上，西接无想山、东临东庐山，生态环境优越，特色资源丰富。总体定位：发挥溧水美丽乡村建设优势和规模农业产业优势，以农业生产现代化与生态化为基础，以“农业+”理念为支撑，依托特色自然山水和秦淮人文资源，将永阳街道乡村片区整体打造为长三角重要养生休闲目的地、溧水都市田园发展示范区、以“秦淮源头、东庐叠巘，秋湖田园、康养胜境”为特色的田园乡村。人口规模：未来规划区域村庄人口主要包括从事农业等第一产业人口和从事乡村旅游等第三产业人口以及两者带眷人口，考虑搬迁撤并类村庄有部分留乡人口，结合村庄人口自然增长率、城镇化、镇村布局规划等要求，合理确定东山、高塘、秋湖社区2035年规划人口4640人，东庐、中山、十里牌无保留自然村。国土空间开发保护目标：按照数量、质量、生态、空间四位一体保护原则，实施最严格耕地和基本农田保护，规划期内落实永久基本农田保护不少于2057.18公顷。人居环境整治目标：按照“以人定地”原则，通过引导集聚、合理规划，提高农村居民点用地利用水平。根据《江苏省土地管理条例》规定，溧水区属于人均耕地在1亩以下地区，每户宅基地不超过135平方米。依据《溧水区农村村民建房管理办法(试行)》，农村宅基地以户为单位安排，大户(5人及以上)用地200平方米，中户(3至4人)用地160平方米，小户(1至2人)用地120平方米。考虑到有新增宅基地需求多数为中户、小户家庭，至2035年，新增宅基地户均用地标准不超过135平方米。

【溧水区东屏街道长乐、丽山、白鹿村庄规划(2020—2035年)】 2月2日，《溧水区东屏街道长乐、丽山、白鹿村庄规划(2020—2035年)》编制完成并通过市政府批复。该规划由省城镇与乡村规划设计院组织编制。以东屏街道长乐、丽山、白鹿3个连片村(社区)村域为范围，总面积26.63平方千米。3个连片村(社区)位于东屏街道镇区东北部，紧临镇区，毗邻东屏湖、卧龙湖。目标定位：以村庄实际为出发点，秉承可持续发展原则，通过关键要素整合，打造生态与人文和谐、有机现代农业与乡村生态旅游业联动发展的近郊休闲旅游示范区。人口规模：规划范围现状户籍人口8924人、常住人口8255人。根据户籍人口变化趋势和村民留乡意愿，结合拆迁村庄人口估算，预测规划期末户籍人口8000人。考虑产业发展提供就业岗位，规划范围内农业种植空间参照种植园区经验，按照3.33公顷/户计算，支撑人口3000人；旅游服务空间可提供就业岗位1200个，支撑人口4000人；考虑到未来随着旅游产业发展将吸引一定客源，预测规划期末常住人口8200人。

【溧水区洪蓝街道无想寺、傅家边、蒲塘村庄规划(2020—2035年)】 2月2日，《溧水区洪蓝街道无想寺、傅家边、蒲塘村庄规划(2020—2035年)》编制完成并通过市政府批复。该规划由市城市与交通规划设计研究院股份有限公司组织编制。规划范围距溧水主城区直线距离13千米，位于溧水区中部，无想山南片区，东临永阳街道，南接晶桥镇，西、北侧有宁宣高速、123省道通向南京主城、溧水城区和高淳区；305县道和105县道西接123省道至南京主城、溧水城区和高淳区，南接省道341至晶桥镇和安徽省马鞍山市博望区。目标定位：围绕溧水创建“都市田园”目标，以傅家边科技园和无想山两大在地资源为导向，围绕保护田园资源和生态环境、提高农业综合生产能力与品质、促进农民创富增收三大使命，打造集农业生态、生产、观光、艺术、休闲和农事活动体验等功能于一体的无想田园乡居片区，长三角地区有影响力、年轻时尚、科技化的现代专业农业片区，原生态片区，科技农业+田园社区+创意文化旅游的乡村旅游目的地。村庄发展目标：落实上级规划要求，遵循城镇化和乡村发展客观规律，按照镇村布局规划村庄分类，合理预测村庄人口规模。至2035年，无想寺、傅家边、蒲塘社区总人口1.56万人，其中开发边界内9800人、边界外5800人。国土空间开发保护目标：按照数量、质量、生态、空间四位一体保护原则，实施最严格耕地和基本农田保护，规划期内落实永久基本农田保护不少于891.91公顷。至2035年，社区内保有耕地不少于946.49公顷。人居环境整治目标：按照“以人定地”原则，通过引导集聚、合理规划，提高农村居民点用地利用水平。至2035年，新增宅基地户均用地标准不超过160平方米。

【溧水区晶桥镇仙坛、郜村村庄规划(2020—2035年)】 2月2日，《溧水区晶桥镇仙坛、郜村村庄规划(2020—2035年)》编制完成并通过市政府批复。该规划由省城镇与乡村规划设计院组织编制。郜村、仙坛村位于溧水南部、晶桥镇西南部，距离城区34千米、南京禄口国际机场51千米。北与和凤镇相接，南与高淳区东坝街道相连。规划范围为仙坛村、郎村，规划面积20.20平方千米、自然村14个，户籍人口1960户5561人，常住人口3581人。仙坛村包含魏家、张千户、仙坛、祝家、吕村、七里埂、旋峰山7个自然村，现状户籍人口757户2254人，常住人口2123人；郎村包含上街、上堡、下堡、下街、徒家、荷塘、南边山7个自然村，现状户籍人口1203户3307人，常住人口1458人。特色定位：山居享健康，快意慢生活。是溧水集体经营性建设用地入市试点村，以科技运动、健康休闲为特色的乡村振兴示范点，宁溧高连接通道旅游片区新目的地。根据户籍人口变化趋势（南京市平均4.1‰）和村民留乡意愿（10%），预测规划期末户籍人口4200人。考虑产业发展提供就业岗位，规划范围内农业种植空间参照种植园区经验，按照3.33公顷/户计算，支撑人口600人；旅游服务空间可提供就业岗位100个，支撑人口400人；预测常住人口3000人。（吕才修）

【南京市溧水区全域综合交通规划研究（2020—2035年）】 5月21日，《南京市溧水区全域综合交通规划研究（2020—2035年）》通过专家评审。发展目标：到2035年，围绕城市总体发展要求，立足全球坐标、中国象限、区域格局，实现公铁水空发展，建成“开放包容、高效便捷、一体多元、健康绿色”的现代综合交通运输体系。主要内容：构建多层次轨道网，打造四通八达高铁网，提升区域枢纽地位，形成“一横两纵”（扬镇宁马铁路—南沿江铁路，宁杭客专、宁宣铁路）高速铁路网；建设快速直达市域轨道网，支撑宁溧同城一体发展，实现南京枢纽快线（18号线）延伸至溧水，提速S7号线；完善公共交通系统，提升城市出行高品质，建设“十字交叉”中低运量轨道交通网。打造高快一体化干线公路网，改扩建宁宣高速、长深高速，完善“两纵两横”（宁宣高速、长深高速，沪武高速、高芜高速）高速公路网；构建互联互通干线，形成“五纵五横”（243省道、机场外环线、204省道、246省道、东部干线，340省道、243省道、中部干线、341省道、南部干线）国省干线公路网、“四纵两横”（243省道、204省道、246省道、东部干线，340省道、中部干线）快速干线网。布局高品质农村公路网，建设内联外通发展环境，形成“六纵六横七联”农村公路骨架网；建设溧水农村公路旅游网，探索绿色交通新模式，形成“两环两轴四片多联”旅游公路网络；优化布局绿道脉络，提升健康生活品质，以溧水资源禀赋为依托，结合“四大主题”旅游片区（商务休闲片区、生态文化片区、创意影视片区、户外休闲片区），打造“四种形式”（滨水游憩、山地森林、人文景观、郊野田园）绿道游线。构建功能协调水运网，释放低等级航道旅游功能。发展特色支线航空，将溧水通用机场建设为A级通用机场。建设功能齐备的客货运枢纽，以铁路枢纽为核心、区域客运站为骨架、街道客运站为支撑，构建“两上一副多点”（溧水站、溧水西站，溧水客运站，各街镇客运站）综合客运枢纽和“两园六中心多站点”（禄口空港物流园区、东屏物流园区，区农副产品物流中心、石湫物流中心、洪蓝物流中心、白马物流中心、晶桥物流中心、和凤物流中心，各街镇配送站）三级物流体系。推动交通基础设施可持续发展、“智慧交通”基础设施建设，加快绿色交通设施构建，强化交通基础设施安全防护。

【南京市溧水区“十四五”综合交通运输体系发展规划】 12月27日，《南京市溧水区“十四五”综合交通运输体系发展规划》编制完成并通过专家评审。发展目标：围绕“基础设施网络便捷化、公众出行服务优质化、现代物流服务高效化、交通运输治理现代化”四大目标，至2025年，基本建成“区域一体、高效安全、健康品质、智慧绿色”的现代化综合交通运输体系，实现半小时串联南京禄口国际机场、1小时通达南京主城、2小时联通长三角重要城市、3小时抵达全国主要城市。基本原则和发展目标：坚持高位发展、融合发展、共享发展、质量发展4个基本原则，围绕四大目标，达到“基本实现交通运输现代化”目标。打造高质量综合立体交通网络、便捷舒适出行服务体系，建设经济高效现代物流系统，推进智慧绿色平安交通建设。保障措施：包括加强组织领导、加大政策支持、加强要素保障、强化监督评估4个方面内容。建设内容及效果：基础设施网络便捷化，完善对外综合运输通道，提升交通基础设施整体效能；“高快一体化”公路网显现；多层次轨道网成型，轨道总里程突破60千米，预留“多网融合”发展条件；明确航道网功能，提升秦淮河货运功能，完善支线航道旅游功能。提升轨道交通出行比例，城市公共交通出行分担率18%；率先完成城乡公交一体化试点，推动区到街镇公交通达实现全覆盖；调整运输结构，创建省级城乡物流示范（达标）区，社会物流总费用与GDP比率下降至全省平均水平。推进“智慧交通”发展，建设全国有影响力的L3级智能网联汽车无人驾驶测试基地，建成无人驾驶示范线1条；迈进交通运输碳达峰，新增清洁能源和新能源公交车、出租车、城市配送车辆占80%；加强交通运输安全生产，道路交通事故和死亡人数下降20%。经过梳理筛选，计划安排项目22个、总投资约208亿元，其中区政府投资61亿元。

（袁建平）

融合发展机制

【概况】 2021年，溧水区围绕“率先突破、走在前列”的目标定位，制订年度工作要点。建立集体经营性建设用地入市制度体系，晶桥镇太阳庄等2宗地块成功交易，初步建立城乡统一建设用地市场。鼓励引导以成果转化为导向的科技创新。成立江苏省技术产权交易市场现代农业行业分中心，与5家高校院所建立联系，引进6家科技服务机构和1家专业技术转移机构。与江南大学共建未来食品技术创新中心，获批首个省级技术创新中心。建设国家农村产业融合发展示范园、省级现代农业产业示范园等产业协同发展先行区，推进一、二、三产深度融合发展。洪蓝街道山凹村等4个村获评省级特色田园乡村。获批首个江苏省碳达峰目标下绿色城乡建设试点区。在全省率先探索地表水水权机制改革，与南京农业大学白马教学科研基地完成首笔水权交易。完成农民合作社整区提升试点工作。发展特色民宿、休闲农业、电子商务等乡村产业，傅家边社区山凹自然村新型民宿开创区域农民创业增收新模式。实施乡村振兴战略，注重“三农”发展，推进农村综合改革，构建乡村产业体系，促进一、二、三产业融合发展。农村居民人均可支配收入32032.3元，增加2954.3元，增长10.2%。实施城乡居民走共同富裕道路，开展精准防贫，保障救助3253人，发放保险金167.2万元。连续两年位列全省乡村振兴战略实绩考核第一等次，农村居民人均可支配收入增幅位列全省前列。

（徒成兔　时秀菲）

【集体建设用地入市通道打通】 2021年，溧水区建立涵盖入市程序、收益分配、使用权抵押贷款等一系列“同地同权、流转顺畅、收益共享”的入市制度，梳理一、二、三产融合发展入市培育库项目91个。以“五统一”（统一交易平台、统一基准地价、统一交易规则、统一登记管理、统一供后监管）规范构建城乡统一建设用地市场，形成就地入市和异地调整入市2类典型案例，其中洪蓝街道傅家边组培中心地块成为全市首宗通过江苏土地市场网上市集体土地。晶桥镇太阳庄地块成为南京市首宗异地调整入市案例，集体经营性建设用地入市初步探索出可复制、可推广的“溧水方案”。

【科技成果入乡转化质效提升】 2021年，溧水区出台《促进科技成果转移转化的若干措施》《赋予科研人员职务科技成果所有权或长期使用权试点实施办法》《科技成果入乡转化改革事项清单》，营造科技成果转化创新生态。搭建科技成果交易平台，挂牌运行江苏省技术产权交易市场现代农业分中心，引进6家科技服务机构和1家专业技术转移机构，促进供需两端精准对接，挖掘企业需求100余条，发布专利成果80余条，完成技术合同交易额超2500万元。成立亚夫科技服务总站、亚夫工作室、乡村振兴学院三大平台，从人才、技术等多方面服务农业农村发展，打通科技成果转化“最后一公里”。

【多元产业深度融合协同发展】 2021年，溧水区建设城乡产业协同发展先行区，推动开发区争创国家级开发区，发展“保税+”“跨境+”“直播+”等临空新业态，建成南京禄口国际机场跨境电商产业园、跨境保税商品展示中心等一批载体。推动南京国家农高区建设国家农村产业融合发展示范园，聚力打造产业链、创新链、人才链、金融链“四链融合”系统工程，与中粮集团有限公司、华润集团有限公司合作设立首期规模20亿元产业基金，以绿色智慧农业为核心的“1+3+1”（以生物农业为主导产业，以农产品特色加工、农业智能装备制造、农业科技服务业为协同发展产业，以未来食品产业为突破口的全产业链体系）主导产业体系初步成型。

【生态价值实现路径拓展】 2021年，溧水区成为全省首个探索地表水水权机制改革试点区，制订农业用水水权交易实施细则，完成白马镇水资源使用权分配和确权，与南京农业大学白马教学科研基地完成首笔交易，发挥水资源生态价值。紧扣"碳达峰、碳中和"目标要求，推进整区屋顶分布式光伏开发试点。获批全省首个"江苏省碳达峰目标下绿色城乡建设试点区"，山凹村游客中心"零碳小屋"成为全省首个"双碳"理念示范项目。

【城乡居民共同富裕取得实效】 2021年，溧水区发展特色民宿、休闲农业、电子商务等乡村产业，山凹村新型民宿开创区域农民创业增收新模式。完成农民合作社整区提升试点工作，在全市率先完成全域村（社区）分账，工农兵社区股改首创"531"工作法入选全国农村改革实践案例。加强村集体领办合作社制度保障，鼓励发展股权分红型、资产租赁型、综合社经营型、项目带动型等村集体增收模式，催生出一批富民强村典型。

延伸阅读 "531"工作法：五核对、三公示、一签字。"五核对"：核对1982年第一轮土地承包人员与1982年派出所登记户籍在册的人员信息，确定名单；核对1996年二轮土地承包人员和1996年派出所登记户籍在册的人员信息；核对1996年12月31日—2017年6月30日的户籍在册人员信息；请48个村（居）民代表及了解地方实际情况的村（居）民一同对前三类人员信息再核实；将核对人员信息张榜公示，如有漏登、错登、重登的情况，由本人提供相关资料核对。"三公示"：将所有核对人员信息分自然村张榜公示7天，查漏补缺；在人员信息公示准确基础上按户进行签字确认后再公示；最后以户为单位将股权确定情况第三次公示。"一确认"：通过逐户上门签字确认，确保所有居民知道股份制改革并亲自确认本户信息。

（徒成兔）

【农村集体经济改革】 2021年，溧水区建立村级集体经济考核体系，动员全区77家区直机关企事业单位与111个村（社区）结对共建，因地制宜开展村企联合发展党组织建设试点，制订《南京市溧水区大力支持发展村集体经济实施意见（试行）》及配套文件，鼓励村（社区）干部发展壮大村集体经济。盘活农村土地资源，制订《南京市溧水区农村集体经营性建设用地入市管理办法（试行）》等系列文件，洪蓝街道傅家边农业园地块、晶桥镇太阳庄地块成功挂牌出让。推进农村宅基地制度改革，完成全区农村宅基地房地一体农村不动产登记发证工作，在全省第一批接受省市联合检查验收。

【农村产权制度改革】 2021年，溧水区推进农村产权制度改革，规范区、街镇两级农村产权交易市场交易行为，落实农村集体产权交易"应进必进"制度，扩大交易规模，扩展交易品种，全域实施线上农村产权交易。全年交易393笔，金额1.45亿元，流转面积3333.2公顷，其他交易面积5.95万平方米，成交额增长8.3%，居全市前列。探索性开展土地承包经营权抵押贷款，发放贷款20笔，土地经营权抵押面积683.2公顷，贷款总额2063万元，涉及农户1031户；解押6笔，还贷605万元，未解押14笔1458万元。完善区、街镇农村产权流转交易机构、人员、经费、场所等保障机制，相关部门按照职责分工，加强协调配合，形成工作合力，推进农村产权流转交易市场高质量发展。

【城乡基本公共服务均等化】 2021年，溧水区作为南京市公共基础设施城乡一体化管护体制改革试点，制订《溧水区深化农村公共基础设施城乡一体化管护体制改革工作方案》，编制区级管护责任清单。建成街镇中心小学和村小互动系统16所，实现农村义务教育学校网络教学环境、街镇村小规模学校"同步课堂"全覆盖，推动全区教育优质均衡发展。优化区域医共体内部运行机制，完善考核奖惩，促进优质医疗资源有效下沉，永阳街道社区卫生服务中心转设二级医院，晶桥中心卫生院成功创建省社区医院。打造新社区综合文化服务中心2个，推动基层综合文化服务中心全覆盖。举办溧水第四届秦淮源头灯会、"情暖新春"惠民演出等系列文化活动1000余场，打造农村"十里文化圈"。

【脱贫攻坚成果巩固拓展】 2021年，溧水区出台《溧水区农村精准防贫工作实施方案（试行）》，与保险公司合作，实施"防贫保"，发放金额167.2万元，保障救助3253人。保持医疗、教育、住房等帮扶政策总体稳定，全额减免低收入农户家庭学生学费（保育教育费），给予生活补助。推进巩固拓展脱贫攻坚成果同乡村振兴有效衔接，启动"十四五"时期衔接推进乡村振兴项目。至年底，完成省级黄茅老区建设项目1个，启动市级重点片区关键工程建设项目2个、乡村振兴重点街镇建设项目1个、重点村（社区）建设项目9个、区级经济欠发达村建设项目15个。

（胡楠）

【三产融合发展】 2021年，溧水区推进农业与旅游、科技、教育、文化、健康、养老等产业深度融合，拓展延伸各主导产业康养、教育、旅游等方面功能，建设休闲农园、农家乐、乡村民宿、休闲渔业基地和农耕实践基地、康养基地。龙吟湾山庄、南京玫瑰园获评省级农耕实践基地，山凹村、秦淮梅园、李巷N4号院获评省级康美基地，傅家边精品草莓生活馆、国色天香牡丹园获评省级创意主题农园。"品茗茶守初心红色茶旅二日游"被中国农业国际合作促进会茶产业委员会、中国茶产业联盟评定为百条红色茶乡旅游线路。举办草莓文化节、农民丰收节、富财圩螃蟹节、玫瑰节、杨梅节、蓝莓节等节庆活动，接待游客超520万人次。强化农村三产融合用地要素保障，台宁生态农业发展（南京）有限公司等9家农业经营主体申报3.6公顷建设用地指标进入南京市一、二、三产融合发展用地项目库。

（吕孝伟）

水　务

【概况】 2021年，溧水区实施新桥河治理、天生桥河防洪能力提升、湫湖灌区节水配套项目等重点水务工程建设。推进省级维修项目、水利风景区生态补偿项目及移民后期扶持基金项目。石湫街道汤庄大塘等3个重点塘坝综合整治、晶桥镇笪村排涝站新建完成主体工程。完成《溧水区水土保持规划》编制，复核、整改119处疑似违法图斑现场。全年审批61个生产建设项目水土保持方案。实施石湫街道西庄片区、开发区机场路撇洪沟等15项河道水环境以及3项排口整治工程。创新试点小型水库"住家保姆"式河湖管护模式。新建、改造18千米供水管网，建设分龙岗片区污水管网10千米。立案查处水事违法行为6起，发出责令限期整改通知书56份。第二十九届世界水日、第三十四届中国水周，区水务部门联合南京水务学会、省水文水资源勘测局南京分局等单位在幸庄公园举办"节水中国，你我同行"宣传活动，举行溧水区国家级节水型社会达标区建设启动仪式。创建省市级节水载体17个、省规范化小水库9座，天生桥套闸除险加固工程获中国水利工程优质（大禹）奖，三丫圩、凌庄圩、章西圩排涝站工程获江苏省水利工程文明工地奖项。河（湖）长制改革案例获溧水区2021年度十佳改革创新典型案例，入选水利部全面推行河（湖）长制典型案例。区水务局河（湖）长制管理中心获评中华全国总工会"工人先锋号"。

【水利工程建设与管理】 2021年，溧水区强化重点水利工程建设，实施重点水利工程建设项目2个，分别为新桥河（含云鹤支河下段）治理工程、天生桥河（陈家桥—新洪蓝桥）防洪能力提升工程，总投资1.28亿元。加强水利工程运行管理，常态化监测区域内石臼湖、79座中小型水库、7条骨干河道水体，强化涉水工程监督。编制73座小型水库管理和保护规划，方便水库、中山水库通过省一级水管单位复核验收，8座小型水库通过省规范化小水库创建验收，7座小型水库通过省规范化小水库复核验收。至年底，创建国家级水利风景区1个、省级水利风景区6个、省一级水利工程管理单位7个、省规范化小水库62座，省规范化小水库创建率85%。

【水利风景区生态补偿】 2021年，溧水区实施水利风景区生态补偿建设工程。天生桥河国家级水利风景区水塘清淤整形及驳岸打造1380平方米，拆建沥青道路604平方米，加铺沥青混凝土路面278平方米，拆建停车位12个，地面芝麻灰烧面花岗岩铺装57.5平方米，绿化提升2654.5平方米。方便水库水利风景区大坝背水侧场地清杂种植麦冬9690平方米，现状修复浆砌石挡墙470米，种植灌木面积531平方米。中山水库水利风景区硬质铺装增加571.9平方米，景观绿化增加1851平方米。卧龙水库水利风景区新建挡墙204米，挡墙两侧种植灌木243平方米，新建自嵌式挡墙55米，沿荷塘岸边新建透水混凝土道路173米，种植灌木307平方米，新建排水沟81米，拆建停车位10个。老鸦坝水库水利风景区整治荷塘2座，新建自嵌式挡墙长605米、高1.35米，草皮护坡（播撒草籽）面积2800平方米。无想寺水库水利风景区新建C25砼挡墙178.21米，配套建设亲水平台1处，大坝背水坡两侧新建踏步2处，新建仿石栏杆45米，绿化（乔灌木、草皮）面积1189平方米。环山河水库水利风景区新建透水混凝土道路287米，拆除破损排水渠，改建DN600排水管涵22米，景观绿化提升3420平方米，种植水生植物291平方米。市、区投入水利风景区生态补偿资金760万元。

【新桥河（含云鹤支河下段）治理工程】 4月16日工程开工建设，按20年一遇防洪标准设计，堤防级别4级。主要建设内容包括堤防加固22.52千米，堤身防渗3.97千米，堤后填塘固基0.91万平方米，堤顶防汛道路建设21.92千米，新建排涝泵站1座，拆建涵洞3座。总投资6997万元，其中中央资金1200万元、省级资金1932万元、市级资金1879万元、区级资金1986万元。

【天生桥河（陈家桥—新洪蓝桥）防洪能力提升工程】 9月22日工程开工建设，概算总投资5818.11万元，总工期270天。主体工程包括天生桥河陈家桥至新洪蓝桥段新建堤顶沥青防汛道路，总长7.34千米。集镇堤防滑坡段堤身采用灌注桩、水泥黏土充填灌浆加固处理，总长775米。拆建任家园、石龟圩排涝站，改造集镇河东排涝站、沙板灌排站及仓口涵，实施陈家桥节点环境提升等。至年底，总体形象进度60%。

【农田水利建设】 2021年，溧水区推进民生水利工程建设，强化农村水利工程长效管护，加强水土保持监督管理。完成湫湖灌区续建配套与节水改造项目年度建设任务，更新改造晶桥镇芮家排涝站、和凤镇骆西抗排站、白马镇东干渠农村翻水线，综合整治白马镇老龙山大塘、草屋里大塘2座重点塘坝，整治农田水利土方53万立方米。石湫街道六甲村、柘塘街道福田新村、东屏街道后宅里村、晶桥镇曹庄村成功创建市级水美乡村。

【湫湖灌区续建配套与节水改造工程】 5月10日，湫湖灌区续建配套与节水改造工程开工，12月31日完成年度建设任务，完成投资3763万元。工程位于白马镇，改造泵站3座，清淤整治塘坝6座，加固官塘隧洞1.46千米，清淤整治渠道3条5.42千米、排水沟4条7.59千米，新建、拆建渠系建筑物47座，用水测量、管理设施及灌区信息化等。总投资9423.74万元，其中中央资金4116万元、省级资金2653万元、市级资金770万元、区级配套资金1884.74万元。

【白马镇东干渠翻水线更新改造工程】 4月20日，白马镇东干渠翻水线更新改造工程完工。该工程于2020年9月2日开工建设，位于白马镇，护砌渠道1510米，整治塘坝2座，改造机耕桥2座，新建跨渠桥3座，改造直径800放水涵2座、直径600放水涵1座。配套直径600过路涵1座、直径400过路涵3座。拆建滚水坝、溢洪道各1座。总投资505.15万元，其中市级资金341万元、镇配套资金164.15万元。

【天生桥套闸获2019—2020年度中国水利工程优质（大禹）奖】 12月27日，天生桥套闸被中国水利工程协会评为2019—2020年度中国水利工程优质（大禹）奖。天生桥套闸建于1972年，是连接石臼湖水系与秦淮河水系的控制性水工建筑物，具有防洪、蓄水、引水、通航、分洪等功能。2017年11月，实施除险加固工程，主要内容包括新建套闸、节制闸，局部拆除老闸，原址岸坡整治，移建管理所，赔建天生桥闸水文站等，核定概算投资1.02亿元。采用套闸与节制闸结合的布置型式，按50年一遇防洪标准设计，2019年12月通过市水务局竣工验收。施工质量经质监机构核定为优良等级，获得发明、实用新型、外观设计专利9项，江苏省水利科技进步二等奖1项、水利行业工法1项、水利行业优秀QC成果1项，全国水利行业BIM应用大赛优秀奖1项。先后获评江苏省优秀勘察设计、江苏省工程建设新技术应用示范工程、2018年江苏省水利文明工地、2020年江苏省水利优质工程、江苏省优质工程“扬子杯”。

（李兰平）

公用事业

【城市建设项目】 2021年，南京市城市建设计划涉及溧水区项目11个，其中续建宁宣高速公路工程、204省道溧水段一期工程、秦淮河（溧水石臼湖—江宁彭福段）航道整治工程、柘塘污水厂1.5万立方米/日扩建工程、秦淮大道综合管廊项目5个，新建主城区垃圾中转站、城镇（农村）公厕新改建、老旧小区改造、美丽宜居小镇试点及新市镇建设、大西门道路综合整治提升项目6个，计划投资14.4亿元。至年底，开工项目11个，开工率100%；完成投资15.5亿元，投资完成率107.6%。全区城市建设项目6大类（交通基础设施、公共基础设施、功能区、生态环境、安居保障工程、其他重点建设）471个，其中新建项目301个、续建项目170个。至年底，开工项目471个，竣工项目168个，完成投资281亿元。

（孙燃）

【供水项目建设改造】 2021年，溧水区实施供水建设改造项目531个，其中建设城区B1试验区分区计量22处、压力监控点8个，鑫悦府、中交锦合、钟灵都会里、天生御景等小区二次供水“智慧泵站”7座。建设花园、机场路、天人家园等18个老旧小区及市政供水管网70千米；完成大西门沿街商户、东郊小区、珍珠路庙头中心村、西坛新村等18个区域供水设施改造，园村、安居苑、大金山、庆丰等45个小区外墙立管防冻保温改造，嘉德园、珍珠佳苑小区泵站改造，阳光家园、秦淮花苑、秦淮缘、广成、琴韵华庭等10个小区420个DN50单元阀门改造，嘉德园、珍珠佳苑泵站二次供水设备改造。实施分龙岗片区、大西门、革新西巷、东郊等老旧小区贫水改造，更新DN100以上120处、DN100以下320处，改管3000余米。

10月27日，区自来水公司职工开展老旧小区外墙立管保温改造

章丽　摄

【“968008”水务热线上线】 9月28日，溧水区24小时水务热线“968008”上线，该热线涵盖查询水费、报漏报修、供水水质、停水信息查询、供排水业务咨询、投诉与建议、接管业务等，7×24小时服务，增加语音导航，全渠道对接营业收费系统、网上营业厅、故障报修、停水公告查询、水量水费查询等自助语音服务。至年底，接听水务查询4648件，其中人工服务2742件、智能语音自助服务1906件。

（章丽）

【取供水管理】 2021年，溧水区供水总量4705.22万立方米，其中水库水3399.60万立方米、长江水1305.62万立方米。售水总量3917.44万立方米，最高日供水量15.72万立方米，供水水质综合合格率100%。加强取水许可与管理，每季度开展取水户监督检查，逐一排查、梳理取水户取水及计量设施，征收水资源费876.46万元。新办取水许可证2件，注销3件，变更2件，至年底，全区取水户13家，取水许可证14件，其中地下水取水户2家、取水许可证2件。委托第三方谱尼测试集团江苏有限公司每月水质检测出厂水、管网水、管网末梢水、二次供水，水质报告在政府官网公示。全年水质检测50次，其中出厂水14次、管网水12次、管网末梢水12次、二次供水12次。水质均符合要求，确保市民用水安全。改造杨家园活塞环厂宿舍、教委宿舍等老旧小区供水管网90千米，新建、改造三亚路、青年路、分龙岗路等供水管网31千米。

（李兰平　孙燃）

【污水处理设施建设管理】 2021年，溧水区实施秦源污水处理厂5万吨/日、柘塘污水处理厂1.5万吨/日扩建工程。6月，柘塘污水处理厂扩建项目进水调试运行。10月，秦源污水处理厂四期扩建工程进水调试运行。全区建设雨污分流片区24个。区城建、规划等部门联合验收49个新建小区市政管网1.60万米。加强污水处理设施运行监督管理，每月考核8座污水处理厂日常运行。每季度抽样检查与考核各街镇（开发区）污水设施养护管理情况，抽样范围包括污水主支管网、污水提升泵站、小区污水节点井、小散乱排水户等，及时通报考核结果。

【城区雨污分流建设项目】 2021年，溧水城区雨污分流建设涉及宏泰雅苑、阳光佳苑等24个片区，其中区水务集团11个、产业集团4个、永阳街道7个、企事业单位自建2个。总投资2.21亿元。至年底，完成10个片区建设项目，完成投资约9000万元。

【生活污水处理】 2021年，溧水区开展污水收集处理提质增效“333”（三消除、三整治、三提升）行动，提升和优化城镇污水处理效能，推动城镇雨污分流、农村污水处理设施全覆盖。逐一排查全区河（湖）长制河道排口，建立“一口一案”电子档案，采样监测重点排口并完成溯源，落实专人养护，定期巡查。结合日常管网巡查养护，完成全区109.17千米污水管网排查。加强小型、分散、未办证、未安装使用隔油池排水户监管，开展酒店、餐饮综合体、洗车店等重点排水户检查，加大违法排水行为处罚，整治直排、偷排、超标准排放等违法行为。检查排水户3480户次，发送整改通知书180份。按“双随机、一公开”要求，抽查各街镇（开发区）20%办证排水户903户，复查整改排水户180户。按照“源、厂、网、河”一体化机制，由秦源污水处理厂常态化管理养护主城区污水管网，强化源头污染管控。

（李兰平）

【供电服务】 2021年，溧水区社会用电量30.28亿千瓦时，售电量29.36亿千瓦时，分别增长15.34%、15.58%；电网最高用电负荷61万千瓦，增长10.25%。区域内有35千伏及以上变电站29座，至12月31日，实现连续安全生产5480天。聚焦低碳发展，建成东屏、和风纯电动营运线路2条，实现新建住宅停车位充电设施配建率20%，促成艾欧史密斯（中国）环境电器有限公司、西门子数控（南京）有限公司等大型企业参与屋顶光伏建设。区供电部门与开发区签订《能源互联网智慧园区战略合作框架协议》，建设综合能源智慧应用能源互联网先行区。服务重大项目，会同开发区与江苏本川智能电路科技股份有限公司签订全市首个园区三方供电服务协议，完成南京云海特种金属股份有限公司等7个省市重点项目送电。提升服务品质，上线24小时营商服务热线，推广“网上国网”智能服务应用，线上办电率超过95%，完成中高考、中德国际交流论坛等重大保电活动。作为全国唯一一家试点单位，开展包括扩业项目、抄核收、计量、网上国网等业务类型375个产品测试，1月12日，完成能源互联网营销服务系统（“营销2.0”）业务切换上线，全天收费279笔，开具电子发票129张，受理业务26笔。新系统具有“客户聚合、互动智能、业务融通、数据共享、架构柔性、迭代敏捷”特点，支撑服务水平提升。

8月7日，区供电公司历时9天完成南京应急隔离“宁归来”首站公寓外线送电工程　　区供电公司　供图

【电网建设】 2021年，溧水区推进白鹤滩—江苏±800千伏直流输电工程属地段建设，全省率先实现全线贯通。完成110千伏柘塘输变电工程和35千伏明觉变小型化改造，110千伏东屏变标准化开工。推进配网标准化改造，明觉同心新农村配网工程获评国网公司配电网优质工程。全区配农网建设项目442个，投入资金1.85亿元。用户平均停电时间2.13小时/户，提升供电可靠性。

【供电改革创新】 2021年，溧水区完善以岗位聘任制为核心的选人用人机制，实现一般管理技术岗位人员全体聘任。推进"数智"班组试点建设，典型案例《"五位一体"打造"技能提升型"班组》获评全国电力班组创新创效一等奖。"劳模+专家"双领航模式创成毕勇劳模创新工作室、陈洪技师创新工作室，"110千伏及以下变电站内蓄电池组在线监测维护装置的研制"获评全国QC小组成果发表交流活动专业级成果，"降低低压台区月故障报修数量"获评2021年度江苏省优秀质量管理小组活动一级技术成果，"基于营配调贯通的县级电网图形管理模式的构建"获评第二十八届南京市企业管理现代化创新成果三等奖。

（陆炫宇）

【市精细化建设管理项目】 2021年，南京市精细化建设管理涉及溧水区项目28个。其中，城区口袋公园、秦淮大道综合管廊、区智慧控违平台等工程建设类项目22个，管理类项目6个。计划投资42亿元。区精细化推进办召开工作例会26次，协商解决议题332个，印发专题会议纪要25期，编制精细化工作简报28期。至年底，22个工程建设类项目全部开工，开工率100%，竹溪园公园节点提升、秦淮源公园节点提升、"厕所革命"等20个项目竣工，完成投资44亿元，投资完成率105%；6个管理类项目有序推进中。

【管线与照明设施】 2021年，溧水城区有路灯1.04万盏，电缆总长度254.05千米。新增路灯325盏、电缆2.8千米。其中，中大街新增路灯234盏、电缆1.8千米；秀园中路新增路灯29盏、电缆0.5千米；致远路新增路灯62盏、电缆0.5千米。启动"智慧路灯"平台建设并投入试运行，实现路灯管理统一指挥调度、协同高效处理、科学优化提升，投资316.65万元。新建电力管道9.7千米、通信管道239.5千米、燃气管道34.17千米、排水管道28.2千米。

【市政道路建设】 2021年，溧水区落实十大主要任务百项重点工作和为民办实事要求，开工建设市政道路9条，其中断头路3条。至年底，珍珠南路环境综合整治、石虎路东延、南堡南路工程竣工；断头路崇文路与3条琉璃路主体建成，进入附属设施施工阶段。

表31 2021年溧水区新建、续建、改造市政道路项目情况一览表

分类	项目名称	工程规模	投资(万元)	开工时间	竣工时间
新建、续建、改造道路	珍珠南路环境综合整治	珍珠南路(弯子口—天生桥大道)1400米道路景观提升，珍珠路(弯子口—永寿路)1500米道路景观提升	25000	2020.4	2021.12
	淮源街改造	青年路—秀园路，长1000米。人行道、排水设施改造，路面维修，景观提升等	1500	2021.6	施工中
	淮源街北延	交通路—珍珠北路，长500米，宽24米	1500	2020.7	施工中
	石虎路东延	琉璃路—246省道，长700米，宽46米	5500	2019.10	2021.11
	龙山路东延	246省道—晨光路，长1800米，宽56米	18000	2021.4	施工中
	青年北路	仪凤北路—薛李东路，长600米，宽18米	2000	2021.6	施工中
	仪凤南路改造提升	仪凤南路(天生桥大道—体育公园路)，长540米	3240	2021.11	施工中

续表

分类	项目名称	工程规模	投资(万元)	开工时间	竣工时间
新建、续建、改造道路	大西门道路综合改造	道路、桥梁、排水、亮化、景观等综合改造	5000	2021.10	施工中
	中山水苑配套市政道路	农场路(交通路—段林河),长450米,宽28米;致远路(交通路—段林河),长300米,宽28米	7000	2021.1	施工中
新建、续建断头路	南堡南路	南堡社区南生活路(珍珠南路—随园路),长350米,宽18米	1000	2020.5	2021.5
	崇文路	石燕路—琉璃路,长300米	1500	2021.7	施工中
	琉璃路	秀园路—天生桥大道,长600米	3000	2020.6	施工中
	琉璃路	青年东路—中山东路,长600米	3000	2021.7	施工中
	琉璃路	分龙岗东路—青年东路,长300米	1000	2021.4	施工中

【道路维护管养】 2021年,溧水区加强道路日常养护管理,路面修补204省道宁高线、341省道老宜溧线、246省道宁郎线、340省道虞宁线6472平方米,灌缝3.36万米;204省道改造渠化道口2个,维修县道2.99万平方米,灌缝3.1万米,摊铺出新1.4万平方米,增设标线1.48万平方米;维修乡村道8739平方米,灌缝1.8万米,摊铺出新1.6万平方米,增设标线2270平方米。农村公路护栏增设维修3149米,出新桥梁护栏2470平方米,砌筑边沟6435米。加强绿化管养,修剪乔灌木10.8万株,树木喷药、挂袋治虫0.8万株;铺设草坪1.2万平方米、草皮3.9万平方米,撒播草籽2.8万平方米、草花5.9万平方米,人工种植草花6059平方米,客土喷播2.3万平方米。改造农村公路桥梁护栏10座、桥梁2座,安装路名标志4块。埋设农村公路百米桩451块,增设桥梁公示牌177块,补设桥梁限载限速标志30套。新增景观点枫石线3个、孔枫线1个,建设县道景观小品57座。 (袁建平)

【厕所革命】 2021年,溧水区坚持布局合理、管理规范、运行高效、监督有力、卫生无害、方便群众"厕所革命"基本原则,做到"一村一品",水电设备正常使用,粪污按规定处理排放。全区新改建城区公共卫生间3座、农村158座,其中开发区8座、永阳街道6座、东屏街道21座、洪蓝街道27座、石湫街道9座、白马镇26座、和凤镇35座、晶桥镇26座。建设城区公共卫生间导视系统,安装一次导向牌170块、二次导向牌45块,总投资4200万元。集镇公共卫生间在500米处设置导向牌,建设"美溧驿"便民服务驿站,配备开水、爱心雨伞、电筒、急救药箱和残疾人轮椅等便民设施。 (赵丽)

【燃气管理】 2021年,溧水区加强燃气行业管理,合理调整燃气供应结构,促进燃气企业有序竞争,规范燃气市场行为。推进老旧小区天然气改造,召开专项推进会10次。南京洁宁燃气有限公司、南京滨海燃气有限公司加大人力、物力、财力投入,增加施工队伍,加强施工现场管理,敷设管道34.17千米。至年底,完成天胜花苑、宏泰四期、中心花园、方正佳苑、弯子口水利大厦、金山公寓等17个老旧小区瓶装液化气转换管道天然气,总投资500万元。开展燃气安全生产专项排查整治行动,消除安全隐患,落实安全管理措施,确保燃气安全生产。至年底,有液化气公司5家,瓶装液化气用户1.2万户;天然气公司3家,用户9.67万户。

【公园绿地景观建设】 2021年,溧水区实施竹溪园、幸庄、秦淮源、状元坊4个公园节点景观提升和包家二期、区实验小学崇文路校区2个口袋公园建设,激活城市闲置绿地,打造具有溧水特色的主体公园。竹溪园以党建为主题,传承红色基因,献礼百年华诞;幸庄公园以中草药为主题,宣传健康理念;秦淮源公园以水文化为主题,打造景观亮点;状元坊公园以文化为主题,彰显溧水人文底蕴。区实验小学崇文路校区口袋公园延伸校园文化,通过植物造景,打造城市客厅;包家口袋公园二期延续一期设计,串连场地,打造可游、可赏、可憩息的口袋公园。6个公园建设面积4万平方米，栽植乔灌木956株、中草药580平方米，种植草花、地被植物1.23万平方米，铺设草坪1.93万平方米。总投资1426万元。

【绿化养护精细化管控】 2021年，溧水区加强绿化养护精细化管控，补植城区老旧绿化及重要节点处缺损绿篱、灌木、行道树、草坪、地被植物及藤本月季，补植红叶石楠、海桐等灌木绿篱13万余株，吉祥草、麦冬等地被植物约1200平方米，草坪800平方米，设置护栏600余米。区园林管理所利用春季有利时机，在秀园路、交通西路、双塘景苑围墙等处开展垂直绿化，栽植藤本月季、凌霄、爬山虎等垂直绿化植物1.4万余株，长3000余米。适应城市花卉布置要求，更新珍珠南路、致远路、通济街、南门口转盘等道路、广场节点花境、花坛12处，日常更换城区道路广场花境、花箱、花坛草花5次，更换花卉420余万盆。全区新增园林绿地面积125.64万平方米，建成绿道20千米，完成道路垂直绿化3000余米。至年底，城区园林绿地面积1650.14万平方米，绿地率40.35%，公园绿地服务半径覆盖率92%，绿化覆盖率41.01%，人均公园绿地面积22平方米。 （孙燃）

交　通

·综　述·

【概况】 2021年，溧水区综合公路线网里程1478.02千米。其中，宁宣、长深、沪武、高芜、溧高5条高速公路107.26千米；246省道、204(123)省道、340省道、341省道和235国道5条干线公路162.23千米；县道、乡道、村道二级公路301.09千米，三级公路303.72千米，四级公路603.72千米。公路密度138.3千米/百平方千米，高速公路密度为全国最高地区之一，农村社区双车道四级公路覆盖率100%。完成《南京市溧水区全域综合交通规划研究》《南京市溧水区"十四五"综合交通运输体系发展规划》，轨道网研究，扬镇宁马城际铁路、宁宣铁路前期和低运量有轨公共交通项目方案研究。宁宣高速南延工程溧水段完成全线水泥稳定土基层工程，进入附属工程施工阶段。204省道一期改扩建工程洪蓝段进入路面施工，开发区段完成征地拆迁。提档升级农村公路60.66千米，秦淮河四级航道竣工交付。新增公交线路2条(孔镇—后许、29路)，优化公交线路23条。成功创建江苏省城乡公交一体化建设试点区、江苏省农村物流达标区。投放共享电动助力车3000辆，新建电动汽车充电桩327组，公交候车亭70座、候车牌280块。

【区域公路网】 2021年，溧水区县道总里程376.13千米，增加0.22千米。其中，一级公路65.05千米，二级公路124.51千米，三级公路186.57千米。街镇道路总里程618.76千米，增加1.01千米。其中，一级公路23.93千米，二级公路55.64千米，三级公路78.37千米，四级公路460.82千米。村道总里程213.64千米，增加1.41千米。其中，一级公路2.11千米，二级公路29.84千米，三级公路38.79千米，四级公路142.90千米。

【城乡公交一体化】 2021年，溧水区制订《溧水区公交企业成本规制财政补贴实施方案(试行)》《2021年溧水区公交线网优化实施方案》，科学规划城乡公交站场和线网布局。通过江苏省第一批城乡公交一体化建设试点示范评估验收，创成江苏省城乡公交一体化建设试点示范区。至年底，有城区公交线路23条、城镇公交线路7条、镇村公交线路52条、旅游公交线路3条、毗邻公交线路1条。全区有公交场站61座，构建"城、镇、村"三级公交枢纽体系，镇村公交通达率100%。

【溧水区获"四好农村路"全国示范区】 11月18日，溧水区被交通运输部、农业农村部、财政部、国家乡村振兴局联合命名为"四好农村路"全国示范区。2020年，区交运部门围绕创建国家级"四好农村路"示范区，投资53亿元，通过"六个统一"(统一规划设计、统一道路标准、统一建设模式、统一质量监督、统一推进机制、统一审计考核)，高质量提档升级700余千米"健康绿道"，实现村(社区)7米以上沥青路覆盖率100%、产旅节点覆盖率100%、县乡道安全生命防护工程设置率100%、林荫大道建设率100%。打造郭云线红色大道、无想景观大道、溧白生态大道、秋湖竹海大道等86千米“四好农村路”。探索“交通+生态旅游”“交通+特色产业”“交通+电商快递”发展模式，建设“智慧交通”系统，构建一体化运营体系，实现村（社区）公交通达率100%、公交站台标准化率100%。构建区统一执法、街镇协助执法联动管理机制，实现道路管理精细化、路政管理全覆盖。“大群管”网格创新应用，完善区、街镇、村（社区）三级路长责任体系，在全省率先试点“护路员”制度。按照15千米配备专职护路员1人，实行一村一网络、一路一专管，建立定路段、定路产、定路权、定职责、定考核“五定”护路责任制。全区高标准建成“四好农村路”1206千米，串联美丽乡村景点259个，公路妆点多姿多彩，一段一主题、一域一特色、一处一风景。“四好农村路”高质量建设，改变和提升市民幸福指数，实现农村公路由“通上车”向“富一方”、从“交通线”向“风景线”的质变。

【郭云线入选全国美丽乡村路】 10月12日，郭云线（枫石、孔枫段）入选第二届“全国美丽乡村路”。郭云线位于溧水区宁镇山脉之南，为长江一级阶地及丘陵，全线地形南高北低，全长17.57千米，东起305县道白明线，一路向西，途经红色李巷、246省道、秦淮梅园、陈郭村，终点至204省道。郭云线按三级公路建设标准设计，路基宽10米，路面宽7米。2015年12月开工建设，2017年11月竣工。该线路围绕沿线自然风景、人文地貌，创建农旅融合示范线路，使李巷、苏南反顽战役遗址群等红色旅游景点与采摘园、农家乐、民宿等特色项目“一线串珠”，打造一条兼具生态、观光、旅游、文化、城镇发展诸多功能的经济带。结合123省道，织起一张环绕东屏湖，集观光旅游、交通运输、健身休闲于一体的现代化路网，带动沿线市民农业增收和乡村振兴，让农产品走出去、游客走进来，以美丽农村公路筑起群众“小康路”“富民路”。

（袁建平）

·交通运输·

【概况】 2021年，溧水区综合公路总里程1478.02千米，高速铁路总里程29.04千米，轨道交通总里程45.7千米，航道总里程90.68千米。全区有公路客运总站1座、高铁客运站1座、轨道交通客运站10座、水路货运码头2座。有城市公交车487辆、出租车121辆、普通货物运输车4149辆、危险品运输车79辆、航运船舶16艘。全年客运量2367.59万人次，货物运输量3747.35万吨。

【公路】 2021年，溧水区综合公路线网总里程1478.02千米，增加2.64千米。其中，高速公路107.26千米，一级公路162.23千米，二级公路301.09千米；三级公路303.72千米，增加0.22千米；四级公路603.72千米，增加2.42千米；公路密度138.3千米/百平方千米，高速公路密度为全国最高区份之一。全区基本形成“两纵三横”（长深高速、宁宣高速，沪武高速、高芜高速、溧高高速）高速路网、“三纵两横”（204省道、243省道、246省道，340省道、341省道）一级公路主骨架。全年完成客运量1692.39万人次。其中，城市公交车487辆，客运量1601.89万人次；南京润溧汽车客运有限公司客运班线车49辆，客运量10.2万人次；南京溧晨汽车客运有限公司客运班线车18辆，客运量29.3万人次；出租车119辆，客运量51万人次。完成公路货物运输量3643.2万吨，上升6%；货物周转量52.3亿吨千米，增长5%。

【铁路】 2021年，溧水区境内宁杭（南京南站—杭州东站）高速铁路总里程29.04千米，设溧水站1座。轨道交通45.7千米，其中S9线（翔宇路南—高淳）溧水段全长17.9千米，设轻轨站2座；轨道交通S7线溧水段无缝对接南京禄口国际机场站，终于溧水无想山站，全长27.8千米，设轻轨站8座（其中地下站4座）。全年高铁客运量146.2万人次，地铁客运量511万人次。

【航道】 2021年，溧水区有秦淮河、新桥河、二干河、三干河、中山河、石臼湖湖区段航道6条，总里程108.87千米。其中，四级航道洪昌河口—17、18号标11.77千米，六级航道乌刹桥—下旺渡大桥、毛家村—三汊河大桥、三汊河大桥—洪昌河口13.5千米，七级航道下旺渡大桥—江宁区彭福村、彭福村—沙河口、沙河口—下思桥、新天生桥河闸—毛家村10.58千米，等外级航道下思桥—天生桥闸、天生桥闸—红旗桥、沙河口—宁宣高速桥、宁宣高速桥—小西门桥、石臼湖—姚家水库、严郎渡—石坝、倒桥—施家庄闸桥、中山河口—中山河节制闸、洪昌河口—长流嘴54.83千米，秦淮河四级航道（江宁区彭福村—毛家村）全长18.19千米。全区有水运码头2座。开发区水运货物仓储物流基地货运码头主营杂货，全年停靠船舶108艘次4.39万总吨位，年吞吐量3.55万吨。溧水胭脂河码头（原洪蓝黄砂货运码头）竣工，设500吨级泊位10个、工作船泊位1个，泊位长664米，设计年吞吐量384万吨，主营建材散货。1月，南京秦源热电有限公司电煤专用码头拆除。全年完成水路货物运输量104.15万吨，下降8.25%；货物周转量6.55亿吨千米，下降4.38%。

【运力结构】 2021年，全区新增各类货物运输车辆1163辆，累计营业性载货运输车辆4184辆，总吨位53.72万吨。其中，普通货物运输车辆2950辆，总吨位34.96万吨，占65.07%；危险品运输车辆34辆，总吨位0.83万吨，占1.55%；集装箱运输车辆62辆，总吨位1.03万吨，占1.92%；大件运输车辆108辆，总吨位1.53万吨，占2.85%；冷藏保鲜运输车辆135辆，总吨位0.62万吨，占1.15%；罐式运输车辆895辆，总吨位14.75万吨，占27.46%。有货物运输营业户1874家，其中普通货物运输1700家、危险品货物运输4家、集装箱货物运输8家、大件货物运输24家、冷藏保鲜货物运输58家、罐式货物运输80家。全年在册航运船舶16艘，船舶载重吨位3.03万吨。（袁建平）

·交通工程·

【概况】 2021年，溧水区按照“提高站位，拉升标杆，创建特色”要求，高质量完成省市区重点交通基础设施建设。完成204省道溧水段一期改扩建工程滨淮大道至交通西路段施工图设计变更审批、施工许可批复及用地、供地手续办理。340省道至滨淮大道段（开发区5.5千米）主路、两侧辅道、人行道和非机动车道、绿化带竣工。秦淮河航道整治溧水段竣工交付，溧水胭脂河码头（原洪蓝黄砂货运码头）竣工。宁宣高速进入主线水稳摊铺、附属工程施工阶段。204省道洪蓝段开始路面施工，隧道段完成高压旋喷桩施工。提档升级农村公路60.66千米，新建、更新公交候车亭70座、候车牌280块。完成以轨道站点换乘枢纽、停保养场、公交首末站、农村客运站、村（社区）回车场为主次格局的站场配套体系建设，在建公交首末站1座、公交停保场1座。高平大街公交首末站完成建设总进度的80%，城西公交停保场完成土方外运1万立方米。溧水公交建成智能化指挥调度中心1个、智慧公交场站15座、智慧公交电子站牌18块、智慧公交车487辆。

【204省道溧水段一期项目】 2021年，溧水区推进204省道溧水段一期新改建项目建设，2月获省交通运输厅关于滨淮大道至交通西路段施工图设计变更审批行政许可决定书，3月获省政府用地批复，5月获市交通运输局准予施工许可决定书，7月完成批后实施工作，12月完成供地手续办理，获建设用地规划许可证、建设用地批准书。项目起于乌刹桥与江宁段交界处，沿老路布线，依次穿越柘塘、乌山集镇，上跨常合高速后，在群力大道沿规划线下穿机场路，利用栖凤北路拓宽至宁宣高速后改线，在老路东侧布线，穿越宁宣高速和无想山之间，向南在蒲塘集镇东侧布线，与新341省道平交后穿过蒲塘河，在孔镇北侧与前胡村之间布线，穿过三叶园林，在沈家山与大刘家之间穿越，上跨溧高高速预留桥位后向南，终点位于溧水与高淳交界漆桥河。洪蓝段进入路面施工，开发区段完成征地拆迁、杆管线迁移和辅道、桥涵、小构施工，隧道段完成高压旋喷桩施工，进入围护结构施工。

【农村公路提档升级】 2021年，溧水区按照贫困社区优先“提速”、革命老区优先“提档”、经济节点优先“提标”、旅游景点优先“提品”要求，加快全区农村公路提档升级。续建农村公路提档升级溧铜线、红色大道、鹅东线、芝石线等项目18个，全长40.91千米，总投资3.07亿元；新建农村公路提档升级项目8个，全长19.75千米。其中，南外环西延、洪和线一期、南外环东延、陈油线、宁罗线、朱老线、东山线7条为断头路，天青线南延为石臼湖周边保护项目，总投资1.67亿元。

表32　2021年溧水区农村公路提档升级情况一览表

项目名称	行政等级	技术等级	里程(千米)	路面宽(米)	路面类型	总投资(万元)
沙岗线	乡道	四级公路	2.50	7	沥青混凝土	1349.45
云沙线	乡道	四级公路	2.36	7	沥青混凝土	1357.00
晶浮线	乡道	四级公路	0.68	6	沥青混凝土	364.00
郃墙线	乡道	四级公路	1.34	7	沥青混凝土	690.00
周石线	乡道	四级公路	0.80	7	沥青混凝土	421.13
芝石线	乡道	四级公路	1.15	7	沥青混凝土	711.21
生活垃圾处置配套路	乡道	三级公路	1.68	8	沥青混凝土	4849.78
石场线	乡道	四级公路	1.35	7	沥青混凝土	809.54
赵向线	乡道	四级公路	1.70	7	沥青混凝土	1148.88
合林庄线	乡道	四级公路	1.40	7	沥青混凝土	1230.07
花溪线	乡道	四级公路	0.60	7	沥青混凝土	267.63
溧铜线	乡道	四级公路	7.67	7	沥青混凝土	4233.76
红色大道	乡道	四级公路	6.54	8	沥青混凝土	5833.04
周家山连接线	乡道	四级公路	2.31	7	沥青混凝土	2926.00
宝曹线	乡道	四级公路	2.30	7	沥青混凝土	1259.73
芦北线	乡道	四级公路	1.82	7	沥青混凝土	1008.00
溧石线开发区段	县道	三级公路	0.78	7	沥青混凝土	500.00
鹅东线	乡道	四级公路	3.94	7	沥青混凝土	1725.00
续建项目	合计	—	40.91	—	—	30684.22
南外环路东延	乡道	三级公路	2.50	8	沥青混凝土	1930.00
洪和线一期	乡道	三级公路	5.50	8	沥青混凝土	4161.00
天青线南延	乡道	三级公路	2.91	7	沥青混凝土	3155.00
南外环路西延	乡道	三级公路	2.10	8	沥青混凝土	2197.00
宁罗线	乡道	四级公路	3.10	8	沥青混凝土	2325.00
朱老线	乡道	四级公路	0.90	6	沥青混凝土	980.00
陈油线	乡道	四级公路	1.34	7	沥青混凝土	1050.00
东山线	乡道	四级公路	1.40	7	沥青混凝土	890.00
新建项目	合计	—	19.75	—	—	16688.00

【公交首末站、停保场项目】 2021年，高平大街公交首末站项目综合楼、配电房、门卫室、垃圾中转站主体工程竣工，完成幕墙、室外、绿化工程施工和室内装饰装修70%，总进度完成80%，完成投资3000万元。该项目位于高平大街与246省道交叉口西南角，占地1.53万平方米，总投资8162.16万元。城西公交停保场项目完成土方外运1万立方米，打通环形道路，完成道路硬化70%、围挡封闭施工90%，完成投资770万元。该项目位于永阳街道栖凤北路以西，宁宣高速以东，占地9.95万平方米，建筑面积5.28万平方米，总投资4.52亿元。

【秦淮河四级航道整治工程竣工】 12月，该工程竣工交付。秦淮河(溧水石臼湖—江宁彭福段)航道整治工程起于溧水天生桥河入石臼湖口，经洪蓝街道、石湫街道和江宁区禄口街道，终于江宁区彭福村。工程于2017年2月开工建设，按四级航道标准设计、建设，整治航道21.07千米（其中溧水段18.19千米），设计最大船舶等级500吨级，航道底宽不小于40米，最小水深2.5米，新建船闸、服务区、锚地各1座，溧水境内新改建桥梁14座，总投资约30.98亿元。

【道路维修工程】 2021年，全区农村公路维修工程涉及县道和新线、郭云线、郭沈线等20条道路，长375千米，乡村道洞东路、石涛路、老社线等299条道路，长660千米。其中，一级公路91千米，二级公路210千米，三级公路304千米，四级公路430千米。包括路基、路面、桥梁、涵洞维修，绿化及沿线设施维护等，总投资1865万元。县道大中修工程涉及洞东线（蒲杜线至无想山水库）、李曹线（主线和两条支线）道路2条，全长6.52千米。涉及边沟硬质化12千米，12个204省道道口、12座农桥护栏改造，整治县道陆域环境4处，总投资6468.7万元。

【“智慧交通”三期工程】 2021年，溧水区统筹规划，启动“智慧交运”三期工程建设。建设VHF（甚高频通信系统）及AIS（船舶自动识别系统）基站2处，智慧水运VHF及AIS系统覆盖全区水域，实现溧水区VHF和AIS数据与南京其他水域信号连通共享，填补区域内船舶定位和远程监管能力空白，总投资104.98万元。实施全区农村公路基础数据采集和电子地图制作项目，该项目融合与连通性处理采集制作农村公路数据及既有国道、省道、城市道路数据，提供农村公路生命周期管理、资产管理、安全风险评估、国土资源空间利用规划、数字乡村建设以及公众出行导航服务最基础数据支撑。总投资97.36万元。

【交通工程质量监管】 2021年，溧水区加强交通工程质量监管，办理质量监督申请21份，完成18家施工、监理单位工地试验室备案。监管在建农村公路42条84.66千米，其中续建农村公路24条46.45千米、新建农村公路18条38.21千米。通过抽查、综合检查，实现监管项目全覆盖，开展质量综合检查4次、抽查点（组）2.9万个，下发质量意见通知书126份，形成质量监督专报4份。完成交工验收检测、评定农村公路21条，竣工检测、鉴定农村公路45条，工程质量合格率100%。

（袁建平）

·交通管理·

【概况】 2021年，溧水区加强交通管理体系构建，建立统一协调、运行顺畅、职责明晰的行政执法机制。检查各类车辆3000余辆次、企业400余家次，查处违法超限超载车辆634辆。实施水上巡航3665千米，维护航标662座次。淘汰国三及以下排放标准营运柴油货车107辆。其中，退出营运70辆，报废36辆，转省外1辆。提升交通沿线综合环境，修剪乔灌木10.8万株，县道修补路面1.5万平方米，灌缝3.1万米。行政处罚抛洒滴漏案件446件，办结446件，办理“12345”、“96196”、社会治理大联动等各类工单2000余件，办理建议提案38件、114网络舆情20件、省交通运输厅转发舆情2件、区长信箱8件，办结率100%。

【运政（路政）管理】 2021年，全区办理道路运输行政许可证490件、网络货运许可证1件，换发176件、补发24件、注销1022件。道路运输从业人员6102人，其中客运1320人、巡游出租147人、货运4635人。注销过期及年满60周岁从业人员资格证370件，新办从业人员资格证22件、换证491件、补办18件。网络继续教育签章1287件。查处各类违章210件，处罚款61.73万元，其中非法营运11件、大客车35件、出租车4件、网约车9件、驾培6件、抛洒滴漏63件、危险品运输19件、“一超四罚”（违法超限运输车辆，驾驶员、承运人、货运企业、装载企业）10件、涉及安全生产6件、其他47件。检查散装建材工程运输车1700余辆次，处罚抛洒滴漏散装运输车63辆次；查处违法超限超载车634辆次，处罚634辆次，警示约谈高频超限超载运输企业31家次。落实“一超四罚”制度，停业整顿货物运输企业10家、通报10家。办结“12345”“96196”等平台诉求和投诉举报工单537件，办结率100%。路政巡查总里程7.75万千米，查处路损案件9件、抛洒滴漏案件446件，办理许可案件8件，挽回路产损失89.13万元；清理路面堆积物、路障85处，体积535立方米；制止公路摆摊设点67处、非公路标志95处。

5月10日，区交运局开展2021年度路政宣传月活动　区交运局　供图

【海事管理】 2021年，溧水区加强水上运输管理，巡航185小时3665千米，上航360人次，发布航行通告3份、预警信息15条。严格船舶进出港报告制度，报告108艘次，核查进出港报告31艘次，检查船舶76艘次，船旗国监督检查48艘次，落实整改2项，实施处罚2件、行政备案3件。防污染检查45艘次，船用油品抽样9批次18艘次。维护航标662座次、出水打漆14座次，更新、更换航标11座。扫床2次，总里程88.86千米，清除各类碍航物0.3吨；测量航道典型断面15处。办结航政处罚1件，协助市交通运输综合行政执法监督局完成航评行政确认6件，航道年通航率100%。严格行业管理与货物源头单位监督管理，核查水路运输企业4家次、水路辅助企业2家次、港口企业1家次，核查事项21项，核查率100%。"双随机、一公开"执法检查辖区水运企业5家。开展码头企业治超检查21次，实施安全监督检查企业16家次，落实企业整改12项。完成辖区内秦淮河航道"宁溧水15号"—"宁溧水24号"10座浮标智能物联网建设，在全市率先实现航标管理"智能物联"，提升航标管理效率和航标利用率，实现航标终端运行状态实时监控、航标管理"24小时待机"，保障过往船舶航行安全。

【交通运输安全管理】 2021年，溧水区以风险防范隐患治理为导向，开展专项检查和集中攻坚，核查7座及以上客车279辆，签署承诺书215份，将符合要求的124辆客车录入系统"白名单"。清退实际经营地与营业执照不符危险品运输企业2家，责令相关企业清退营运挂靠货运车辆4辆，强制报废不符合安全标准挂靠大客车2辆、货运车辆2辆。区交运部门联合公安、交警等部门开展"两客一危"（从事旅游的包车、三类以上班线客车和运输危险化学品、烟花爆竹、民用爆炸物品的道路专用车辆）运输车辆联合检查专项行动，在高速口等重点路段检查"两客一危"车辆300余辆，查处违章53起，罚款29.9万元。督促溧水汽车客运站加强源头管理，落实"三不进站、六不出站"（无关人员不进站、无关车辆不进站、易燃易爆和易腐蚀等危险品不进站，超载客车不出站、客车证件不齐不出站、乘客和驾驶员不系安全带不出站、驾驶员资质不符合要求不出站、安全例行检查不合格不出站、出站登记表未经审核签字不出站）制度，强化"安全带——生命带"专项检查、大客车行李舱载货安全检查，检查客运车辆926辆次，发现安全带缺损或损坏4件，责令企业及时更换到位。

【交通行政审批】 2021年，溧水区自查、核对入库办事指南事项清单234项、不见面审批事项清单102项，完善行政许可权力事项105项。办结道路普通货物运输经营许可证490件（含转籍转入）、换发176件、补发24件，注销道路普通货物运输经营许可证1022件（含公示注销），年审道路普通货物运输许可证1783件，办理网络货运许可证1件。新增道路普通货运车辆1170辆（含过户），换发道路运输证347件，注销普通货运道路运输证1264件（含公示注销），转籍转出普通货车道路运输证96件，审验道路普通货物运输车辆4344辆，异地审验2辆。审验客运运输许可证2件，新增道路客运车辆运输证10件，换发道路客运车辆运输证15件、变更21件、注销11件，审验客运车辆60辆、客运场站1座。审验公交客运许可证1件、公交车辆484辆，新增公交车辆运输证11件，换发公交车辆运输证65件、注销1件。审验出租客运许可证3件、出租车116辆，新增出租车辆运输证20件，换发出租车辆运输证1件、注销40件。备案汽车维修企业122家，其中一类汽车维修企业3家、二类汽车维修企业16家、三类汽车维修企业103家。备案变更3家。备案收费项目和收费标准机动车维修经营企业37家。从业资格证窗口完成网络继续教育签章1287人次。受理从业资格证报名29人、转籍8人、补办18人；从业资格证到期换证491件，注销过期从业资格证370件。

【交通运输行政执法】 2021年，溧水区落实行政执法"三项制度"（公示制度、全过程记录制度、法制审核制度），严格执法行为，通过政府行政执法平台，依法公示执法主体、执法行为、执法规范、执法依据、重大执法决定法制审核目录清单等10项内容，通过信用平台向社会公示行政处罚687条、行政许可493条，接受社会监督。区交运部门开展"双随机"检查12次，检查道路客运经营企业2家次、公共汽车经营企业1家次、巡游车客运经营企业2家次、港口经营企业1家次、道路运输经营企业2家次、旅客运输场站1家次、水路普通货物运输经营企业3家次，实现"双随机、一公开"监管全覆盖、常态化。加强道路运输执法检查，开展"天网一号"专项行动，查处各类违法案件205件，罚款60.13万元。其中，查处各类非法营运案件92件，罚款46.27万元。春运期间，出动执法人员671人次、执法车辆238辆次，检查公交车98辆次、出租车427辆次、网约车251辆次、危险品运输车96辆次、过境大客车73辆次，查处各类车辆违章45起。

【货车超限超载治理】 2021年，溧水区组织交运、城管、交警等部门专项整治货物运输车辆违法超限超载，通过不停车称重检测系统确认超限超载违法行为355件，立案355件，处罚221件，打击超限超载违法行为。9月15日至12月30日，开展货车超限超载治理"百日行动"，专项治理查处违法超限超载货车224辆，超限吨位6608吨，卸驳载6115.5吨，交通违法记分1083分，罚款22.8万元，其中非法改装车29辆、"百吨王"21辆、黑渣土车17辆。利用治超办平台，加强重点货运源头监管，全区13家重点货运源头企业视频数据全部接入监管平台，地磅数据接入10家。日常巡查重点货运源头企业13家311家次，警示约谈高频超限超载运输企业31家次。港口码头、重点货运单位100%安装称重和视频监控设施，违法超限车辆100%实施"一超四罚"，立案处理企业10家。查处超限超载车辆634辆，超限吨位1.94万吨，卸驳载2.36万吨，公安记分3231分、罚款73.07万元，其中查处"百吨王"38辆、非法改装车95辆。

（袁建平）

城市公共交通

【概况】 2021年，溧水区新增公交线路2条，优化调整公交线路23条。有城区公交线路23条、城镇公交线路7条、镇村公交线路53条、旅游公交线路3条，毗邻公交线路1条。开通S9石湫站—二师院南区间线、一品骊城—状元坊小学定制公交，缓解上下班高峰、学校周边道路交通拥堵。公交运营总里程2172.26万千米，营业收入1189.47万元，运营总班次108.16万班次，总客运量1601.89万人次。其中，城区客运量983.23万人次、城镇客运量509.98万人次、镇村客运量108.68万人次，日均客运量4.39万人次。出租车运营总里程500.98万千米，营业收入764.84万元，总客运量51万人次，日均客运量1397人次。优化公共自行车站点布局，调整公共自行车点位2个。全区投放公共自行车1847辆，服务站点142个，骑行42.12万辆次；新增投放共享助力车3000辆。

【公交线路优化】 2021年，溧水区根据区域内地铁、学校、医院、商场、小区等城市建设发展步伐，调整公交线网结构，完善公交线路对接管理，方便市民出行，形成层次清晰、运力配置科学的城乡公交线网，满足市民、上班族以及学生出行需求，配套地铁S7线、S9线等公交出行，新增公交线路2条，优化公交线路23条，统一执行公交票价2元。

表33　2021年溧水区公交线路优化情况一览表

日　期	线路名称	起讫站点	延伸、变更、调整
1月26日	27路	团山站—金龙汽车厂	新增创业路、开发区规划馆、福游路、幸福公寓站点
2月26日	石湫—后村	石湫公交首末站—后村	新增毛家圩站点
3月22日	晶桥—马村	晶桥客运站—马村	新增葛家、大曹站点，石山下岔路口更名为东沟
3月26日	11路	中医院—渔歌	延伸至渔歌，新增沙板桥、冯村、薛家、汤村、下仓头、渔歌站点
4月19日	蒲塘—周庄	洪蓝公交首末站—周庄	始发站调整至洪蓝公交首末站，新增蒲塘桥北路、渔歌站点
4月19日	蒲塘—陈卞村（循环线）	洪蓝公交首末站—洪蓝公交首末站	始发站调整至洪蓝公交首末站，新增蒲塘桥北路、渔歌站点
5月1日	101路	无想山景区—创维乐活城	新增无想山景区、高岩路口、幸庄湿地公园、城隍庙、城隍庙东、中山首府北、学府雅苑站点，停用人民医院南、省溧中东、时代景园北、新龙路小学站点
5月22日	20路	汽车客运站—石湫公交首末站	新增影城新苑站点，停用石湫街道办事处站点
5月22日	游3路	S7溧水站—桑元蒲村委会	新增影城新苑、S9石湫站南、石山公园、二师院东站点
5月26日	杭村—云鹤山（循环线）	杭村客运站—云鹤山	新增杨北村站点
6月1日	201路	翔宇路北—城南站	新增月鹭湖公园东站点
6月28日	1路	宁杭高铁溧水站—城南站	新增屏溪佳苑北站点，停用王武村站点
6月28日	102路	宁杭高铁溧水站—洪蓝	新增屏溪佳苑北站点，停用王武村站点
7月1日	28路	省溧中西—1号航站楼	延伸至禄口机场，上行新增1号航站楼、2号航站楼、汇安南路·第一食堂、翔鹰四路·空港新城站点，下行新增翔鹰四路·空港新城、翔燕路西·货运中心、1号航站楼站点
7月26日	2路	城东公交首末站—胜水路	新增创维乐活城南站点，停用岔路口、汽车4S园站点
7月26日	11路	永阳园区—洪蓝公交首末站	文昌路东延—永阳工业园区，新增段林公园、文昌路、文昌路东、永阳园区停车场站点，洪蓝段线路天生桥大道—毓秀路—金牛北路调整为天生桥大道—凤凰井路—金牛北路，新增凤凰小镇、凤凰名苑、上竹山、七里甸路北、七里甸路南、华塘蓝庭苑、华塘佳苑站点，停用公安分局、城南站、胡家庄、公路站、七里甸、林场、庙塘铺、洪蓝派出所、金牛护理院站点
7月26日	12路	汽车客运站—柘塘	淮源大道—群力大道调整为淮源大道、中兴西路、群力大道、团山路、双塘路、机场路、群力大道，新增创维乐活城、中兴西路、创维厂、开发区管委会、喜之郎东、双塘路北站点，停用田冲、庙头、一品骊城东、天人佳园、商业幼儿园站点
9月10日	5路 20路	中医院—九塘村 汽车客运站—石湫公交首末站	栖凤北路—沙河路调整为栖凤北路、一干河南岸、保通路—沙河路，停用螺丝滩站点
10月1日	5路 20路	中医院—九塘村 汽车客运站—石湫公交首末站	新增永寿坊站点
11月7日	25路	汽车客运站—共和小学	新增上坊站点
11月19日	6路	城南站—秋湖嘉苑	新增琉璃花园、秀园桥、万科城、高平大街公交首末站站点，停用天生桥大道东站点

续表

日　期	线路名称	起讫站点	延伸、变更、调整
11月26日	27路	团山站—金龙场	新增秦淮社区、徐母塘路·华桥路站点，停用方家边、新城佳苑站点
12月17日	溧水—高塘	中医院—高塘	新增中医院、爱涛天逸园南、文昌小学、三高中南、龙山桥、工业新村、一初中站点，停用交通客运公司、通济街站点
12月26日	空港新城公交首末站—关家	空港新城公交首末站—关家	柘塘—乌山、S7柘塘站—关家合并
12月26日	空港新城公交首末站—小陶	空港新城公交首末站—小陶	柘塘—乌山、S7柘塘站—小陶合并

【氢能源公交示范线运行】 2021年，南京市首条氢能源公交示范线在溧水区运行，是继纯电动公交车、纯电动出租车、公共自行车、共享助力车之后又一项重要举措。首批11辆氢能源公交车投入公交线路12路运营，标志着溧水新能源公交建设步入新发展阶段。氢能源公交车具有无污染、低噪声、高效率、长续航等优势。总投资2728万元。

5月1日，南京市首条氢能源公交示范线路在开发区开通运营

《今日溧水》报　供图

【新公交线路开通】 1月31日，孔镇—后许镇村公交开通，起于孔镇，终于后许，沿途停靠孔镇、孔镇新街、孔镇卫生院、南杨、东刘村、中杨社区、后李、后许。孔镇发车时间：7:30—16:00，后许发车时间：7:50—16:20。7月1日，溧水公交28路延伸至机场，为全市首条“入驻”机场城市公交线路，实现机场与公交客运零距离换乘，为往来机场旅客、周边市民、机场员工便捷出行提供新选择。单程全线约27千米，运行约需55分钟，初期采取定时发车方式，往返班次40个。12月26日，29路城区公交开通，起于柘塘，终于空港新城公交首末站，沿途停靠柘塘、S7柘塘站、徐母塘路·牌头路、徐母塘路·璜溪路、沂湖路·润淮大道、沂湖路·幸福路、大范路、福溪路、福田雅居、开发区养老中心、秦淮人家、空港新城公交

7月1日，溧水公交28路往返南京禄口国际机场公交班线开通

区交运局　供

首末站，首末班时间：6：00—18：00。统一执行公交票价2元。

11月，溧水区试点投放3000辆电动共享助力车　《今日溧水》报　供图

【共享助力车投放】　2021年，溧水区择优选取杭州青奇科技有限公司、莱鼎电子材料科技有限公司2家共享助力车企业试点投放运营共享助力车，在石湫大学城、海乐城、万达广场、商业区、学校、公园、小区及人流量大的公共区域设置停车点位376个，投放共享助力车3000辆，满足居民短途出行需求。共享助力车没有专门充电桩，不设专门停靠点，租借不需要办卡，用手机微信扫一扫即可借车。车辆前方配有专门头盔，方便骑行人骑行佩戴，确保安全。时速不超过每小时20千米，符合新国标标准，起步价前15分钟2元，后每10分钟1元。（袁建平）

乡村建设

【概况】　2021年，溧水区推进生态宜居美丽乡村建设，开展农村人居环境整治五年行动，建立农村人居环境长效管护机制。创成省级特色田园乡村4个、市级美丽宜居乡村68个。

【美丽乡村建设】　2021年，溧水区落实美丽乡村建设“五美”（形态美、生产美、生活美、生态美、和谐美）要求，以旅游环线为主轴线，围绕无想山南、红色李巷、秦淮源头、石臼渔歌4大片区，实施土地综合整治、交通路网建设、现代农业发展、乡村旅游发展、农田水利建设、生态环境保护、公共服务提升、农民收入倍增等工程，建设市级美丽宜居示范乡村68个，其中示范村14个、宜居村54个。至年底，68个创建村通过市级验收。

表34　2021年溧水区创建南京市美丽乡村情况一览表

街　镇	美丽乡村示范村	美丽乡村宜居村
永阳街道	—	秋湖村韦家大村、南庄头
东屏街道	方边村见山、白鹿村许家边	爱廉村魏家庄，爱民村上里、李家边，定湖社区鹅塘头、丁家边，金湖社区袁村，丽山村南北丁，长乐社区后方、家边
洪蓝街道	姜家村姜家、塘埂	姜家村东冲、郭塘、后傅，蒲塘社区杨家庄、汤村，塘西村鼓楼庵，天生桥社区沈庄，傅家边社区盛村、马家
石湫街道	桑园蒲村大杨甸冲、横山村朱村	桑园蒲村井前，同心村汤家，向阳村石场、张家、龙坎，社东社区魏家，蟹塘社区闵水桥，三星村赵村、黄塔
白马镇	上洋社区上洋、石头寨村朱岗、白龙社区洪咀	曹家桥村曹岗、经巷，大树下村李家边，浮山村天冲、小桥头、何家，上洋社区段家山、官塘
和凤镇	吴村桥村陈郭村、乌飞塘社区沙岗、中杨村张家	双牌石社区黄家、刘家，毛公铺社区史家，孙家巷村黄家、南墅，孔镇社区吕家，沙塘庵社区土山铺，沈家山村沈家
晶桥镇	云鹤山村汤村、邰村村下街	陶村社区西宋，新桥社区环步岗、邵村，水晶村周庄、枣树巷，笪村村朱村，枫香岭社区东流村、尤村，芮家社区马村

（诸建华　时秀菲）

【省级特色田园乡村创建】 2021年，溧水区邀请省城市规划设计院规划设计特色田园乡村示范区建设，提供技术指导和现场服务。启动特色田园乡村示范区建设，按照"串点成线、连线成片、拓片成面"要求，打造特色产业、特色生态、特色文化，提升绿化美化水平。洪蓝街道山凹村、晶桥镇曹庄村、和凤镇诸家村、东屏街道凉蓬村4个村通过省级验收，被命名为省级特色田园乡村。全区有10个省级特色田园乡村，处于全省第一方阵。洪蓝街道山凹村接待市职工疗休养客群40批次2490人次、游客2.5万人次。

和凤镇诸家村　　《今日溧水》报　供图

【传统村落保护】 7月16日，省住建厅联合省财政厅、自然资源厅、农业农村厅、文旅厅等部门发布第四批传统村落保护名录，晶桥镇水晶村水晶、山下徐2个自然村榜上有名。水晶自然村历史悠久，村庄形成于宋朝，依水而生，因码头而兴，下游直通石臼湖。2000年始，通过土地流转发展螃蟹养殖，从起步时8公顷增加到666.67公顷，建成区域内规模最大螃蟹养殖基地。销售额8600余万元，亩产值近万元，辐射带动周边养殖户1000余人。2019年，"富财圩螃蟹"成功申请国家地理标志商标，热销省内、上海、安徽等地。村落有传统建筑遗存老豆腐坊（水晶老街）、原镇江第一小学（水晶老街）、老油坊、老窑厂、老磨盘和参天古树。山下徐自然村毗邻水晶自然村，保留民国初期建筑遗存1处，距今100多年，建筑面积90平方米，整体建筑为砖木结构，青砖黛瓦，木结构作为承重基础，为单进院落。原主人姓徐，于清末时期中秀才，村民称他为"徐秀才"。12月31日，晶桥镇枫香岭社区里佳山自然村入选省住建厅等部门第五批传统村落保护名录。该传统村落形成于元代以前，有传统建筑遗存赵氏宗祠（新四军第六师第十六旅军工部）、王氏宗祠（新四军第六师第十六旅被服厂）、蓝渠沟（里佳山传统水系系统）、里佳山烈士墓（纪念碑）。1943年反顽战争时期，是新四军十六旅旅部居住点，钟国楚、江渭清等老一辈革命家在此居住。村落有着深厚文化底蕴，中国国画家赵松泉在此出生，有生之年带领儿孙回归故里建成"归农居"定居。区文旅部门坚持"有效保护、合理利用、适度开发、科学管理"，在保护传统村落同时，合理利用传统文化资源，挖掘历史、文化、艺术、美食等价值，将里佳山红色教育基地融入全区精品红色研学路线，打造红色体验乡村文化旅游空间，水晶村依托"水晶山窑"文化，建设稻草乐园、老街、老码头等业态，打造田园生态休闲旅游空间。（孙燃　王雪琴）

洪蓝街道山凹村　　《今日溧水》报　供图

【农村人居环境整治】 2021年，溧水区开展农村人居环境整治，围绕"四清一治一改"要求，聚焦生活垃圾治理、生活污水治理、"厕所革命"、村容村貌提升等重点任务，推进村庄清洁工作，改善农村人居环境。组织各相关部门每季度督查各街镇（开发区）工作，在全区通报及红黑榜公示。宣传发动村庄清洁行动6400余场次，动员村民参与村庄清洁行动10.4万人次，清理农村陈年生活垃圾、建筑垃圾、白色垃圾、河岸垃圾等3万吨，清理村内河塘沟渠、排水沟1.04万处，张贴宣传标语1.53万条。改造部分污水处理设施，提升农村污水处理设施运行效能。新建公厕158座，全区农村无害化卫生户厕普及率99.99%。（严可嘉）

【村庄生活污水治理】 2021年，溧水区结合农村人居环境整治要求，跨年度实施122个农村生活污水处理设施提标改造工程，其中洪蓝街道25个、石湫街道18个、东屏街道14个、白马镇22个、晶桥镇25个、和凤镇18个。至年底，总体形象进度70%。农村污水处理设施交由区水务集团运维，实现区、街镇、村（社区）生活污水处理一体化运营。（李兰平）

【农村基础设施管护】 2021年，溧水区成立全区农村公共基础设施管护体制改革工作领导小组，编制农村公共基础设施19类105项管护清单，制订农村公共基础设施一体化管护实施方案，建立考核办法和管护机制，在洪蓝街道开展农村公共基础设施城乡一体化管护体制改革试点。全区农村基础设施管护工作在省对市、区考核中列第一等次。（徒成兔）

【乡风文明】 2021年，溧水区推进新时代文明实践中心、所、站建设，开展志愿服务活动500余场，直接服务群众50万余人。深化文明村镇、文明家庭建设，区级以上文明村（社区）占88%、文明街镇100%，傅家边社区、戴家社区、石头寨村先后获评全国文明村（社区）。全区各村（社区）均成立红白理事会，开展"完善村规民约、树立文明新风"专题协商议事会，由村（社区）修订完善村规民约，上墙公开。"听党话、感党恩、跟党走"宣讲活动在全区范围内铺开，受众超5000人次。

【乡村治理】 2021年，溧水区落实村（社区）"两委"班子成员资格区级联审机制，完成村（社区）"两委"换届选举工作，规范健全村民自治章程和村规民约为基础的各项民主管理制度。制订《规范基层治理建设更高水平平安村（社区）的工作方案》，利用大数据信息化系统全方位串联，实现群众诉求解决和矛盾纠纷化解"只需跑一地"，全区涉农村（社区）网格覆盖率100%。建立网格和警务联席会议制度，实现警格、网格"双网联动融合"。石湫街道上方村、白马镇石头寨村被评为全国乡村治理示范村。（郁严昕）

表35 2021年溧水区各街镇（开发区）农村组织情况一览表

镇（街、开发区）	村委会（个）	涉农居委会（个）	村民小组（个）	乡村户（户）	乡村人口		
					合计（人）	男（人）	女（人）
合计	37	46	2153	109326	328238	172132	156106
开发区	—	8	343	14356	43685	22755	20930
永阳	3	5	74	12746	33143	16937	16206
白马	4	5	227	12860	36060	17787	18273
东屏	5	5	305	12867	34902	18028	16874
洪蓝	4	7	294	14981	44346	22706	21640
石湫	8	6	195	13841	47370	27307	20063
和凤	6	5	411	15585	50910	26982	23928
晶桥	7	5	304	12090	37822	19630	18192

（区统计局）

老城更新改造

【概况】 2021年，溧水区注重老旧小区、危旧房、老厂房(区)、老旧街区、口袋公园等更新改造，修复老城中老旧地段、被遗忘角落面貌。根据溧水区城市总体规划和土地利用总体规划，结合南京市《开展居住类地段城市更新的指导意见》要求、区级层面居住类地段等城市更新指导意见，制订《溧水区建设管理精细化，城市品质再提升三年行动计划(2021—2023年)》，涉及老城更新改造10个方面38个项目。系统性谋划城市品质提升，建立"城市体检发现问题，城市更新诊疗问题"常态化机制和城市更新项目库，推进城市更新改造。实施寺桥片区、通济街更新改造，飞燕文化产业街区、口袋公园等城市更新改造项目7个。在秦淮源公园、南门广场等地增加坐凳、座椅7套，在宝塔广场、大东门步行街安装景观照明灯71套，加装致远路(天生桥大道—秀园路)步道灯26套。

(孙燃)

【棚户区(城中村、危旧房)改造】 2021年，溧水区加快实施棚户区(城中村、危旧房)改造，成立棚户区(城中村、危旧房)改造项目组8个，其中征收项目组5个、结转攻坚项目组2个、分房组1个。实施征收拆迁项目29个，涉及征收拆迁市民(企业)1557户(家)，建筑面积33.33万平方米，概算资金28.71亿余元。其中，住宅1512户，面积21.32万平方米；企业45家，面积12.01万平方米。至年底，完成征收1329户(家)，其中住宅1296户，完成率85.71%；企业33家，完成率73.33%。 (严海燕)

【宝塔休闲文化中心街区项目】 1月4日，该项目通过竣工验收。宝塔休闲文化中心街区项目由南京溧水产业投资控股集团有限公司开发建设，2018年7月开工。项目原址为溧水县钢铁厂，房屋建造年代久远，可追溯至20世纪50年代，更新改造为宝塔休闲文化中心街区，打造情景化、沉浸式、新旧共融的文旅滨水休闲街区，提供市民文化娱乐、休闲观赏、餐饮购物步行空间。总建筑面积6.94万平方米，总投资3.10亿元，配套建设机电安装、公共装饰、智能化设备、市政工程等相关设备设施。 (孙燃)

【通济街旧城街区更新改造】 12月3日，通济街旧城街区更新改造竣工。通济街商业街区是溧水1400多年历史发展的遗存代表，传承着溧水社会发展和城市变迁的历史文化，给溧水人留下诸多历史记忆和文化传承，作为溧水老城区地标，通济街代表着溧水深厚的文化底蕴。实施老城更新改造，保护历史传承，再现老街历史风貌、街巷肌理和烟火气息，打造溧水特色文化高地，提供符合现代城市功能的文化商业复合型公共空间。一期改造工程于2020年6月18日开工建设，改造和景观提升通济街整体仿古外立面并进行商业开发，更新街区建筑青砖黛瓦、飞檐斗拱、楼台亭阁等仿古景观3.01万平方米，改造南沿河仿古建筑7.97万平方米，建设阅星亭、三眼井、会景门、驿站、茶亭等标志性建筑，水码头、水环境治理，管线、地下管网、消防设施整修，绿化亮化等市民服务配套设施。总投资2亿元。

【寺桥片区改造】 10月18日，寺桥片区一期首开区改造工程开工。寺桥片区位于溧水城区南门河畔、永阳街道状元坊社区，坐落于秦淮源之滨，承载着溧水老城厢历史记忆，记载着溧水城市发展历程，周边有永安门、万寿桥、纪念碑广场、瓮城博物馆、祠山庙、大西门、状元坊、永寿塔等历史资源点。改造内容包括首开区餐厅、永安门广场、道路桥梁、老宅、游客中心、永安门城墙及城楼、寺桥巷及人行主街、停车绿化、景观提升等，在保留传统老城空间格局和建筑肌理的同时，挖掘原生文化内涵，留住"乡愁"，打造集遗址公园、休闲餐厅、特色街巷于一体，融入文化艺术元素的历史街区。总投资4938万元。 (孙燃　刘晨)

【飞燕文化产业街区项目】 5月，飞燕文化产业街区项目一期示范区3号楼及孵化器、4号楼及众创空间更新改造竣工。街区作为溧水工业历史的"五朵金花"之一，代表溧水人民自强不息、艰苦创业的成果，见证溧水的兴盛和繁荣，肩负老一辈溧水人曾经的荣誉与回忆。该项目整体定位为"博物馆公园式"文化产业办公基地，产业聚焦以"数字创意产业"为核心，围绕"文化+数字"特色，涵盖工业等数字设计服务、动漫游戏等数字内容服务、文旅广告会展等数字融合服务三大细分产业。结合溧水高端制造、新材料、新能源等主导产业，意向性集聚部分服务于科技行业的现代服务业企业，推动溧水区“双轮驱动”产业发展战略。更新改造遵循“修旧如旧、功能提升、弥补短板”原则，围绕缅怀历史、文化传承之举，通过功能升级、立面改造、地下管网改造等激活老旧厂房新生活力，坚持“老味道+新形象”“记忆+活力”主线，通过“留、拆、修、整、疏”等治理措施，寻回历史记忆，再造人文活力，打造创意、友善、和谐的城市公共空间，展示溧水对外开放新形象。项目总用地8.4万平方米，总建筑面积13.5万平方米，总投资5亿元。一期示范区项目2019年开工，2020年1月，1号文创办公楼、2号工业记忆馆开园亮相。（孙燕）

城乡管理

【概况】 2021年，溧水区树立以人民为中心的执法理念，提升城市管理服务水平和能力。全区垃圾分类覆盖率100%，示范小区居民垃圾分类参与率、城乡垃圾分类集中处理率90%；环卫保洁机械化清扫率99%。新改建公共卫生间161座，整治背街小巷10条，新增停车泊位5832个，施画非机动车泊位7.03万平方米。开发“智慧控违”系统，拆除违法建设面积14.89万平方米。处罚全区首件绿化类重大案件，罚款311万元。立案查处在建项目规划类执法案件29件，办结27件，罚款399.22万元。其中，未经验线建设案件23件，罚款61.5万元；未取得建设工程规划许可证案件2件，罚款154.58万元；未办理建设工程规划许可证案件2件，罚款183.14万元。受理“12345”政务热线工单2464件、“12319”民意城管热线工单718件，办结率100%。在“学习强国”学习平台、《新华日报》、《南京日报》等中央、省市区主流媒体投发稿件1300余篇。新冠肺炎疫情期间，“溧水城管消杀队入户防疫消杀”在中央电视台《东方时空》《第一时间》《24小时》《新闻直播间》《财经天下》等节目中播出，城管无人机“小姐姐”喊话为隔离群众加油鼓劲，被中央电视台和省、市媒体平台推广播发。区城管局获江苏省优秀“戎耀之家”称号，获评南京市精细化建设管理暨新都市建设行动先进集体、城市治理标准化工作先进集体、环境卫生管理先进单位。溧水区在南京市城市治理长效考核中排名第三，区城管局连续2年获区级机关单位对标找差创新实干服务高质量发展绩效考核第一等次。

【背街小巷整治】 2021年，溧水区以背街小巷环境“脏乱差”为整治重点，按照“一街一策”要求，通过精细设计、精准施策，改善背街小巷硬件设施和环境面貌。整治背街小巷10条，其中永阳街道3条，各街镇（开发区）7条，涉及立面出新整治、强弱电下地等，注重街巷管理标准化、特色化、常态化，提升街巷环境整体水平。总投资5000万元。永阳街道韩湖南路与洪蓝街道平安西路被评为精品背街小巷。

表36 2021年溧水区背街小巷整治情况一览表

街镇(开发区)	街巷名称	起止	长度(米)	等级
永阳街道	韩湖南路	韩湖东路—东庐大会堂	730	精品
	杨家园巷	中山东路—秀园路	650	达标
	新龙路	秀园路—天生桥大道	400	达标
柘塘街道	珠淮路	星河路—秦淮大道	700	达标
东屏街道	府前路	金湖路—金港路	400	达标
洪蓝街道	平安西路	东至金牛北路—西至洪蓝老桥	341	精品
石湫街道	东横街	正大街—明觉生态园	200	达标
白马镇	广场路	白马中心小学—回峰南路	100	达标
和凤镇	凤凰路	123省道与凤凰路交叉口—双走路与凤凰路交叉口	1200	达标
晶桥镇	纬二路	经二路—振兴路	400	达标

【停车管理】 2021年，溧水区更新改造城区停车场28个，新增“智慧停车”泊位2565个；新建、改建、扩建农村停车场20个，增加停车泊位3267个。区城市管理部门配合区城建集团智慧停车公司推进智慧停车系统建设，完成“智慧停车”联网接入。全区施画非机动车泊位7.03万平方米；配合区交运、交管部门开展巡游出租车和网约出租车融合发展改革试点，设置一体化泊位55个。整合资源，推进停车资源共享，接入机关事业单位17个、国企单位3个，共享泊位746个；意向签约共享小区40个。市民通过扫码或微信搜索，关注“溧水停车”公众号，可一键搜索附近共享停车场，实时掌握共享车场内部泊位信息，为车主准确导航到目的地。针对如厕停车难，摸底主城区公共卫生间周边停车环境，设置符合条件路段如厕专用“15分钟免费”限时泊位，40座公共卫生间设置专用如厕泊位102个。

5月11日，区城管局临时如厕停车泊位开放
区城管局 供图

【垃圾分类处理】 2021年，溧水区规范垃圾分类收运体系，喷涂垃圾分类标识车辆76辆；配置有害垃圾车12辆、可回收物车18辆、餐厨垃圾（厨余垃圾）车34辆、大件垃圾车12辆。开通垃圾分类收运专线76条，其中有害垃圾收运专线12条、可回收物收运专线18条、餐厨（厨余）垃圾收运专线34条。收运单位215家、餐饮企业427家、小区204个。建设区级垃圾分类信息化监管平台，同步对接市级信息平台。建成开发区、和凤有机（厨余）垃圾资源化处理站各1座，日处理规模分别为16吨、6吨。全区餐厨废弃物和有机（厨余）垃圾日处理能力103吨，大件（可回收物、有害垃圾）日处理能力10吨，其他垃圾日处理能力500吨，垃圾处理形成闭环。处理垃圾渗滤液3.94万吨，通过二次转运站集中外运生活垃圾至江南焚烧厂处理1.05万吨、高淳焚烧厂处理1.26万吨、天山水泥厂处理1.19万吨，生活垃圾无害化处理率100%。以社区为最小单元格，以“微风行动”为志愿服务切入点，开展“微改造、微宣传、微奖励”类志愿服务活动。成立饿了么、美团垃圾分类志愿者服务分队2支，佩戴溧水区垃圾分类志愿者胸章，为全区市民加送“垃圾分类套餐”，将垃圾分类志愿者服务带进千家万户。推广可降解袋使用，采取入户发放+积分兑换+居民购买相结合，组织社区、物业和志愿者上门宣传，发放可降解袋近20万卷。开展跟着垃圾“趣”旅行活动12期，邀请市民实地观摩垃圾分类投放、分类清运、可回收物分拣打包、餐厨（厨余）垃圾资源化处理、其他垃圾焚烧处理等流程，近距离接触垃圾闭环处置全过程，参与市民3000余人。发挥全国农村垃圾分类和资源化利用示范区作用，示范小区居民垃圾分类参与率90%；开展定时定点垃圾分类投放，城区413个收集点配备引导员424人，宣传指导垃圾分类。开展垃圾分类宣传进小区、进校园、进机关、进企业、进工厂活动，按照《江苏省生活垃圾分类小区创建标准》要求，创建省级达标小区13个。加强餐厨废弃物处置管理执法，严查各类餐厨废弃物违法违规处置，下发“责令改正通知书”470余份，立案354件，罚款6.57万元，处罚单位340余家、个人63人，打击餐厨废弃物违规处置行为。

【环卫保洁】 2021年，溧水区提升环卫作业质量标准，推进机械化清扫保洁，覆盖道路61条，面积426.87万平方米，机械化清扫率99%。新增南外环、南门河、琴音大道（246省道）等地道路、公园广场和河道保洁，保洁面积增加到499.43万平方米。优化人机组合作业模式，重点清边、到沿；落实扬尘管控要求，将西坛路、毓秀路、秀园西路等道路提升至窗口地区保洁标准，保洁时间由6:00—17:30延长至6:00—22:00。加大城区重点道路保洁和雾炮频次，轮检重点区域、施工工地周边1000米范围内道路积尘量，实现主次干道积泥、杂物量低于3克/平方米，重点管控区域内道路低于1克/平方米目标。定期擦洗城区道路花箱、护栏，降低灰尘二次污染。升级改造老旧环卫设施，改建城区中转站4座，提升环卫保障水平。文明典范城市创建期间，出动冲洗车辆8684车次，冲洗道路街巷4457条、垃圾容器周边5203处；清理卫生死角34处、绿化带5089处；更换垃圾容器标贴2359张，画线整改426处，设置烟头专用收集器240个。溧水环卫股

9月，溧水区生活垃圾处置配套道路全面通车
《今日溧水》报　供图

份有限公司承接东屏集镇约50.18万平方米绿化管养、116.94万平方米道路保洁和白马镇73.9万平方米道路保洁。加大环卫设备投入，购置环卫车39辆，其中机扫车1辆、洒水车7辆、深度保洁车5辆、拉臂车7辆、小型垃圾车2辆、小型冲洗车12辆、快速捡拾车5辆。总投资1500余万元。

【违法建设管控】 2021年，溧水区开发“智慧控违”系统，构建“人防+机防”违法建设综合管控模式，以无人机航拍和网格员上报违法建设信息为基础，全方位掌握违法建设上报时间、面积、坐标位置、上报人、处置状态等信息，实现违法建设快速发现、巡查自动派单、考核排名分析、日报拆除进度。区督查组巡查各街镇（开发区）、村（社区）1400余次、自然村2000余次，发现涉嫌违法建设183处。按照市违法建设专项治理要求，加强违法建设管控，保持新增违法建设零容忍。至年底，各街镇（开发区）拆除违法建设14.89万平方米。其中，拆除存量违法建设134处，面积7.79万平方米，占52.31%；拆除新增违法建设1517处，面积7.10万平方米。

【渣土运输管理】 2021年，溧水区建成“智慧渣土”管理平台系统，完成全区27家渣土企业（含“五小”）渣土车设备安装，全程监管渣土企业诚信，渣土车从渣土企业到工地、到消纳场是否按线路行驶、是否超速超载、是否偷倒乱倒等运营情况。聚焦出土工地源头，加强施工现场监督管理，严格车辆冲洗出场，聚焦渣土运输全过程，结合卡点布防和巡查监管，严查渣土车辆提前运输、无证运输、抛洒滴漏等违规行为。区城市管理部门联合交警、交运等部门开展渣土联合整治“春雷行动”30余次，办理渣土类案件475件，查扣违规渣土运输车辆436辆，其中“黑车”78辆，罚款218.24万元。设置区纪委监委系统监督端口，实时监管全区渣土管理，涉及渣土管控工单满意率99%。

【市容市貌整治】 2021年，溧水区组建“城市110”队伍，第一时间处理社会治理大联动指挥中心派发清单，发挥城管网格员和环卫保洁员作用，发现广告店招缺字破损、路灯损坏、市政路面破损等及时联系责任单位或上传至“随手拍”系统。落实市容管理“721”（70%的问题用服务手段解决、20%的问题用管理手段解决、10%的问题用执法手段解决）工作法，清理违规户外广告，整治店招标牌，取缔占道经营，开展小广告集中整治。严格定人、定岗、定责，出新维护非机动车泊位3万平方米；规范倚门出摊8322处，清理乱堆放3266处、乱张贴4415处，拆除破损、违规户外广告272处，更新公益广告宣传板报380余块、灯柱公益广告180余块；规范非机动车停放2.9万处次，背街小巷违停车辆贴单1098起，整治非机动车飞线充电2236起，收集、清运老旧小区、城乡接合部、储备地块等乱堆放、存量生活垃圾1.1万吨。处理疑难工单72件，现场纠正处置问题4760个。　（赵丽）

【城乡环境综合整治】 2021年，溧水区开展“文明健康始于心”科普活动、“低碳环保践于行”群众实践活动、“绿色家园齐守护”共建和“双百双促一提升”等爱国卫生月系列活动，提高城乡环境卫生质量。集中开展病媒生物消杀，消杀面积8600平方米，白马镇、石湫街道、和凤镇通过病媒生物防治市级评估验收，全区病媒生物防治覆盖率100%。开展农村人居环境整治提升行动，推进农村“厕所革命”，抽查全区8个街镇、48个村（社区）、96个自然村公共厕所，入户检察1800余户。结合各类宣传日开展“厕所革命”宣传活动，发放“厕所革命”宣传海报、折页、手册等5000余份。新冠肺炎疫情期间，发出“爱国卫生人人受益，疫情防控人人有责”倡议书4400余份，在电子屏上滚动播放，同时在区卫健委公众号进行宣传。以“四不两直”（不发通知、不打招呼、不听汇报、不用陪同和接待，直奔基层、直插现场）方式开展人居督查3次，杜绝农户旱厕回潮。　（蔡先伟）

生态环境

Ecological Environment

综　述

【概况】　2021年，溧水区围绕生态环境质量改善目标，开展治污攻坚。制订《南京市溧水区打赢蓝天保卫战2021年度实施方案》《南京市溧水区土壤污染防治行动计划2021年度实施方案》《南京市溧水区水污染防治行动计划2021年度实施方案》，落实“断面长”“点位长”“河（湖）长”等制度。发布《南京市溧水区“十四五”生态环境保护规划（2021—2025年）》，完成《南京市溧水区“十四五”水生态环境保护规划》初稿编制。印发《溧水区开发区、各镇街空气质量考核补偿办法（暂行）》《溧水区开发区、各镇街水环境重点断面质量考核补偿办法（暂行）》，完善全区大气“点位长”制和水质“断面长”制考核评价和补偿体系。开展“两山”（绿水青山就是金山银山）理论实践创新基地建设，完成创建申报。编制《2021年“探索生态产品价值实现机制”实施方案》，推进生态产品价值转换机制。加强国家生态红线区域、省级生态空间监督管理，落实生态补偿制度，完成市2020年度生态保护补偿考核工作，考核成绩排名全市第二，获市级奖励资金300万元。拨付年度生态红线区域生态补偿资金5410万元，用于18家畜禽养殖污染及农业面源污染项目、溧水区新水厂（30万立方米/日水处理及管线工程）2个取水泵站迁移和重要水体生态修复等。实施溧水秦源污水处理厂——程家河生态安全缓冲区建设项目，整治废弃程家河河道，建设人工湿地，污水处理厂尾水通过缓冲区实现生态净化，氮磷等污染物降解削减后排入一干河，项目通过市生态环境局专家评审。完成省级生态文明建设示范区复核，石湫街道横山村、和凤镇沈家山村2个村被省生态环境厅命名为第四批江苏省生态文明建设示范村。洪蓝中心幼儿园被省生态环境厅评为绿色学校，区水务集团成功创建市级生态文明教育基地。强化环境监管，出动执法人员4206人次，处理环境信访1428件，检查工业企业960家次。环境违法行为立案查处145起，下达处罚决定138件，罚款943.1万元。

（夏培华）

表37　2021溧水区生态环境保护情况一览表

指　　标	单位	数据
一、环境质量状况		
1.大气可吸入颗粒物	微克/立方米	54
细颗粒物	微克/立方米	31
2.二氧化硫年日均值	微克/立方米	7

续表

指　　标	单位	数据
3.二氧化氮年日均值	微克/立方米	24
4.自然降尘月均值	吨/平方公里·月	3.71
5.酸雨频率	%	12.1
6.空气优良天数占全年比	%	81.1
7.饮用水源水质达标率	%	100
8.内河地表水总体水质	类	Ⅲ
其中:石臼湖	类	Ⅲ
东屏湖	类	Ⅱ
天生桥	类	Ⅲ
9.区域环境噪声平均等效声级	分贝	52.7
10.交通干线噪声加权平均等效声级	分贝	64.6
二、污染控制		
1.噪声达标区覆盖率	%	100
2.工业固体废物综合利用率	%	100

（区统计局）

【环境保护核查】 2021年,区生态环境部门审批建设项目环境评估文件83个、环境评估登记备案177个,办理南京市“多规合一”平台协同意见22个,审核容缺受理项目51个。完成开发区、南京国家农高区环境影响评价区域评估2个,永阳街道工业园区规划环评审查1个。办结排污许可证166件(其中变更138件、首次申请7件、重新申请11件、延续9件、补充申报1件),核发国家级排污许可证60件、变更21件、延续3件,注销排污许可证12件;排污登记管理企业技术复核447家;2020年度排污许可证执行报告提交率审核164家、内容规范性审核58家、质量审核58家。办理辐射安全许可证变更2件,首次申领4件,注销1件。挂牌土地出让预审5个。录入公共信用平台信息234条,入库率100%,录入新设主体证照信息96条,认领新设主体1.17万条。

【环境专项执法】 2021年,区生态环境部门排查全区小型科技园区,完成石湫街道塘窦村小型工业集聚区内5家小企业整治,督促洪蓝、和凤工业集中区15家企业整改环境问题。开展大气污染因子协同管控专项执法行动,出动检查人员4704人次,检查企业及工地2199家次,发现问题451家次,立案查处124家次。开展涉挥发酚及涉氰化物企业专项检查,打击废水偷排直排环境违法行为,出动执法人员670人次,检查企业335家次,发现涉水环境问题31个,立案查处9个,完成整改31个。（夏培华）

环境质量

【概况】 2021年,溧水区空气优良天数比率81.1%,$PM_{2.5}$浓度30.6微克/立方米。2个区级集中式饮用水水源地长期稳定达标,完成劣Ⅴ类水体销号。全年获监测数据137.85万个(含自动监测数据134.76万个、第三方监测数据1.06万个、其他监测数据2.03万个)。开展企业监督监测73家次,环境信访仲裁监测83家次,出具监测报告156份。发送空气质量短信365条、水体质量信息272条,形成监测专报等各类报告133份。

【空气质量】 2021年,溧水区生态环境质量持续改善,永阳国控点环境空气优良率79.7%,下降0.6%,$PM_{2.5}$(可吸入颗粒)浓度均值32.5微克/立方米,下降6.3%;PM_{10}浓度均值58微克/立方米,下降1.7%；SO_2浓度均值7微克/立方米，同比持平；NO_2浓度均值30微克/立方米，同比持平；CO浓度均值(95%浓度)1微克/立方米，下降9.1%；O_3浓度均值(90%浓度)179微克/立方米，上升5.3%。全年声功能区达标率100%，区域环境噪声52.7分贝。

表38　2021年度溧水区空气质量情况一览表

板块	PM2.5(ug/m³)		PM10(ug/m³)		NO_2(ug/m³)		O_3-8h(ug/m³)			优良天数比率		
	全年均值	同比变化	全年均值	同比变化	全年均值	同比变化	全年均值	同比变化	第90百分位浓度	全年优良天数(天)	全年优良率(%)	同比变化
永阳街道	30.6	-7.3	54	-6.9	24	-4	109	0	180	296	81.1	-1.1
开发区	30.7	-4.1	53	-1.9	29	-23.7	103	5.1	168	304	83.3	0.6
东　屏	32.4	-5.8	52	-5.5	24	-25	107	4.9	174	295	80.8	-2.8
洪　蓝	32.4	-6.1	54	-8.5	25	-28.6	98	3.2	158	314	86	2.5
白　马	33.5	-10.4	54	-6.9	25	-26.5	109	13.5	178	294	80.5	-1.6
石　湫	31.3	-6.8	55	-8.3	27	-32.5	103	-1	166	310	84.9	1.4
晶　桥	34.2	-11.2	56	-6.7	24	-22.6	102	1	169	298	81.6	3.5
和　凤	31.3	-8.5	52	-3.7	22	-26.7	107	4.9	170	302	82.7	-1.1
溧水永阳(国控点)	32.5	-6.3	58	-1.7	30	0	110	0	179	291	79.7	-0.6
党校新校区(省控点)	28.1	-14.6	50	-7.4	18	-10	108	-0.9	180	309	84.7	1.4
国省控合计	30.6	-5.6	54	-5.3	24	9.1	109	0	180	296	81.1	-2
龙山社区	28.2	-11.3	60	0	26	4	107	-1.8	176	309	84.7	1.5
高塘社区	38	0	65	0	48	0	66	0	84	13	100	0
双渡桥	35.2	0	68	0	51	0	62	0	86	14	100	0

【水环境质量】　2021年，溧水区集中式饮用水水源地水质达标率100%，地表水环境质量考核国考、省考、市考断面达标率均100%。其中，国考断面石臼湖省界湖心水质累计均值Ⅲ类，达到国考Ⅳ类水质考核目标。乌刹桥、群英桥、开泰桥、中山水库(中山湖)、方便水库(东屏湖)5个省考断面水质累计均值达标率100%，优Ⅲ比例100%。12个市考断面水质累计均值达标率100%，优Ⅲ比例83%，其中石岗桥、王家渡为Ⅳ类水质。各街镇(开发区)13条河道纳入监测考核，均值Ⅲ类水质6条，分别为白马周家河、洪蓝天生桥河、和凤新河、和凤黄家河、晶桥新桥河、晶桥云鹤支河，占46%；Ⅳ类水质3条，分别为柘塘新河、二干河、三干河，占21%；Ⅴ类水质1条，为经济河，占8%；劣Ⅴ类水质3条，分别为开发区机场撇洪沟、锦绣家园内河、花溪圩撇洪沟，占23%。5条城区主要河道均值Ⅲ类水质2条，分别为金毕河、陈沛河，占40%；Ⅳ类水质2条，分别为护城河、中山河，占40%；Ⅴ类水质1条，为南门河，占20%。区生态环境部门利用自动监测与手动监测相结合，实时关注各重点断面水质变化，每月底至次月初，开展多轮次预警监测，上报水质自动监测旬报28期、预警信息272条。发现问题及时会同水务、各街镇(开发区)等部门单位溯源分析，编制溯源分析报告7期，确保水质平稳达标。强化全区6个国省考断面、12个市考断面和河长制断面、62个重点河道、16个功能区断面以及6个国省考关联泵站、14个环石臼湖农田退水排口池前水监测，印发各类通报、专报28期。

表39　2021年溧水区国、省、市考断面水质情况一览表

断面名称	河流(湖库)	属　性	水质目标	水质
省界湖心	石臼湖	国考/市考	Ⅳ	Ⅲ
乌刹桥	溧水河	省考/市考	Ⅲ	Ⅲ
群英桥	新桥河	省考/市考	Ⅲ	Ⅲ
开泰桥	二干河	省考/市考	Ⅲ	Ⅱ
中山水库	中山水库	省考/市考	Ⅲ	Ⅱ
方便水库	方便水库	省考/市考	Ⅲ	Ⅱ
王家渡	溧水河	市考	Ⅳ	Ⅳ
洪兰河口	天生桥河	市考	Ⅳ	Ⅲ
农坎河	农坎河	市考	Ⅴ	Ⅲ
石岗桥	三干河	市考	Ⅳ	Ⅳ
溧水湖心	石臼湖	市考	Ⅳ	Ⅲ
滚水坝	和凤新河	市考	Ⅲ	Ⅲ

【土壤环境质量】 2021年，溧水区受污染耕地安全利用率100%，建设用地安全利用率100%。区生态环境部门分别在东屏街道白鹿岗自然村基本农田、菜地、园地、饮用水水源地周边、污水处理设施周边和永阳街道新老屋自然村基本农田、菜地、园地、居民区周边、污水处理设施周边各布设1个土壤监测点位，结果显示10个土壤测点监测因子均达标。经单因子评价法测定，所有测点土壤环境均处于无污染状态。

（夏培华）

水资源保护

【概况】 2021年，溧水区执行最严格水资源管理制度，加强水资源保护。强化城市用水管理，自备水源取水户取用水计划4138.96万立方米，其中地下水4.7万立方米。加强取水许可与管理，每季度开展取水户监督检查，逐一排查、梳理取水户取水及计量设施，征收水资源费876.46万元。加强供水行业监管，监督年用水量1万立方米以上163家非居民用水户、14家自备水源取水户用水、取水，不定期检查10家区级重点监控用水单位，制发超计划风险用水户预警通知书54份。委托第三方开展145家非居民计划用水户节水核查，完成2家企业用水审计、8家水平衡测试。区生态环境部门完善水环境监测预警网络建设，新建王家渡、农坎河2座市考断面水质自动站，实现全区重点断面水质自动监控全覆盖。每月监测各街镇(开发区)14条重要河道以及13条入中山水库(中山湖)、方便水库(东屏湖)支流62个断面，分

11月10日，南京农业大学与白马镇政府签订溧水区首例水权交易协议。将白马镇灌区内龙王庙水库的农业用水量，交易给南京农业大学白马教学科研基地，保障其实验农田基地的用水需求　　区水务局　供图

析研判水质变化趋势，结果上报区政府，抄送各街镇（开发区）。全年预警监测省市考断面、区级河长制水体、农村污水处理设施、国省考关联泵站、农田退水排口等200余次，获数据1.97万个。常态化开展集中式饮用水水源地巡查管控，排查整治中山水库（中山湖）、方便水库（东屏湖）饮用水水源地保护区内环境问题，确保饮用水水源地环境安全。对12家企业实施强制性清洁生产审核，11家中期评估报告通过专家审查，1家延期至2022年开展。开展涉水企业事故排放和应急处置设施专项督查，现场核查8家涉水企业。开展工业企业废水接入城镇生活污水处理厂情况排查、评估与整治，排查评估工业园区涉水重点企业59家。其中，洪蓝街道检测排查雨水管网21千米，发放整改通知书28份。和凤镇运用CCTV检测、清淤工业园区13千米雨污水主管网，排查园区所有企业雨污水排口，完成部分问题企业管网整改。白马镇部分路段完成雨污分流和升级改造，园区内涉水企业管网全部接入市政管网。石湫街道整治维修老旧管网和雨污混接管网，园区标准厂房内部由街道统一建设雨污分流管网并接入市政管网，非标准厂房内部管网雨污分流完成80%，5家涉水企业整改完成。

（李兰平　夏培华）

7月12日，溧水区水务局河长制管理中心参加全国水利系统第31届工会主席联席会议暨“助推绿色发展，建设美丽长江”全国引领性劳动和技能竞赛总结大会，并作为获奖代表发言　　区水务局　供图

【河长制】　2021年，溧水区280个河长制水体落实河湖长346人，其中区级河湖长22人、镇级河湖长128人、村级河湖长196人。全年区级河湖长巡河115次，镇级河湖长巡河2665次，村级河湖长巡河2.02万次，巡河完成率100%。区级河湖长制发河长交办单22份，镇村河长通过“河长”App上报并督促解决问题1424个。发布溧水区总河长令，规划5年内打造100条“自然康健、宜居优居、民水和谐”幸福河湖。完成区管7座水库、11条河道“一河（湖）一策”行动方案修编。开展河湖“四乱”（乱占、乱采、乱堆、乱建）问题排查，完成6项市级整改任务。举办河湖长制专题能力提升培训班，受训60人次。在“溧水河长”公众号设置“群众举报”“治水建议”等反馈专栏，推动全民参与共治共享。

【饮用水水源地保护】　2021年，区水务部门编制《中山水库、方便水库2020年度饮用水水源地长效管护评估报告》《南京市溧水区应急水源技术评估报告》，完善供水安全保障体系，提高供水安全保障能力和水平。委托河海大学开展农田复垦区、入库河道和调水沿线等区域调查研究，分析中山水库流域水环境，制订中山水库流域入库河道整治、调水沿线更新改造、底泥清淤处置等实施方案。建立水源地水质定期监测、定期巡查、定期应急演练等制度。在饮用水水源地一级保护区内，严禁一切形式开发建设活动。在饮用水水源地二级保护区和准保护区内，定期现场检查，杜绝环境问题新增现象。安装饮用水水源地巡更系统，实行每周巡查和周报，从机制上保证巡查制度落实。2处水源地水质稳定达到Ⅱ类水标准，日供水能力10.5万立方米，供水保障人口约30万人。

【非常规水源利用】　2021年，溧水区将非常规水源纳入水资源统一配置，建设雨水、污水、中水回用设施。鼓励市政、绿化养护优先使用再生水，增加再生水取水点数量，用于绿化浇灌、道路冲洗及河道补水等。南京溧水秦源污水处理厂投资建设再生水处理设施，与大唐溧水燃机热电联产项目签订中水回用协议，年提供水质合格再生水120万立方米。建设溧水秦源污水处理厂程家圩水系生态净化和补水工程，利用处理后尾水实施生态补水。全年25个雨水综合利用项目备案并投入使用。全区万元国内生产总值用水量33.3立方米，万元工业增加值用水量4.84立方米。

【水环境整治】 2021年，溧水区推进河道水环境综合整治，巩固销劣成果，全面提升水质，确保省、市考断面稳定达标。制订乌刹桥、群英桥断面专项保障方案，实行挂图作战。实施石湫街道西庄片区、开发区沂湖等15项河道水环境整治项目。至年底，西庄片区工程、沂湖水环境提升工程、三干河（西横山水库至243省道）水环境提升综合整治工程、一干河上游段水环境综合整治工程、恒大小区内河水环境整治工程5个项目完工。疏浚整治农村河道11条，建设清溪河、群力新河、沂湖河3条农村生态河道并通过省级初审。开展20余条小流域综合治理，治理水土流失面积142.27平方千米，治理率92%。扩建溧水秦源污水处理厂（四期）和柘塘污水处理厂并试水运行。完成分龙岗路及青年东路污水主管、分龙岗片区门面房、琴音新村等片区雨污分流工程10千米。常态化巡查城区河道水环境，发现问题及时整改反馈，形成闭环管理。开展城区河道常态化清淤，清理淤泥5.24万立方米。开展河道排口调查，1153个排口建立电子档案。

11月3日，区水务局组织清理城区河道水生植物　　区水务局　供图

【水行政执法】 2021年，溧水区推进水行政执法、涉水项目监管，落实“谁监管、谁普法”“谁执法，谁普法”，深化“放管服”改革举措。开展普法宣传活动和街镇综合执法业务培训。立案查处水事违法行为案件6起。汛期排查并清理3个设障点，整治并销号5个河湖“四乱”问题。制订“一单两库”（行政权力清单，执法人员库、执法对象库）抽查制度，根据省、市行政权力清单调整进行动态维护。实行“互联网+监管”信息平台报送，及时上传监管事项清单及监管行为数据。

【国家级县域节水型社会达标建设】 2021年，溧水区启动国家级县域节水型社会达标建设，严格水资源管理制度，落实用水总量和强度双控措施，健全节约用水监管体系，将节水型社会建设推向制度化、规范化轨道。推进绿色生态与经济社会协调发展，以水定城、以水定地、以水定人、以水定产，构建绿色低碳现代产业体系。农业节水突出增效，依托南京国家农高区、傅家边农业园等，发展现代设施农业，建设优质粮油、特色蔬菜、经济林果、优质畜禽、特种水产等特色农产品生产基地。全区高效节水灌溉面积1.16万公顷，农业灌溉水利用系数提高到0.68。工业节水突出减排，实施重点工业行业、重点企业节水技改，鼓励电力、纺织、印染、化工、食品等高耗水企业建设废水深度处理回用工程，带动行业节水水平大幅度提高。推进节水型工业园区建设，鼓励园区内企业推广使用厂际串联用水、水网络集成和中水回用等新型高效节水技术。生活节水突出降损，强化老旧供水管网维护改造，全区公共供水管网漏损率降至9.95%。推广公共场所、居民家庭使用生活节水器具，节水型器具普及率100%。推广再生水回用建设，鼓励绿化、市容环卫、河道补水、工业企业等使用再生水。全区再生水利用总量421.67万立方米，再生水回用率22.34%。开

10月26日，江苏省水利厅组织召开溧水区国家级县域节水型社会达标建设验收会　　区水务局　供图

展专项治理，严控用水总量与改善河湖环境有机结合，建成河湖清水通道28千米，实现从石臼湖向城区河道常态化补水，有效改善城区水质。推进省市级节水载体创建，创建7个节水型社区、4个节水型学校、1个节水型高校、3个节水型工业企业、3个节水型农业灌区、2个节水技改工作。创建李巷、上庄、公塘头等9个水美乡村。10月26日，溧水区国家级县域节水型社会达标建设通过省级验收。（李兰平）

土地资源保护

【概况】 2021年，溧水区落实自然资源部《关于开展2021年违法违规占用耕地重点问题整治的通知》《关于严格耕地用途管制有关问题的通知》《土地卫片执法图斑合法性判定规则》，签订区镇耕地保护目标责任书，完成"十三五"期间耕地保护责任目标履行情况自查报告，举证上报耕地卫片监督涉及的138个疑似图斑。获25.79公顷耕地质量提升片区建设项目市级批复、143.72公顷城乡建设用地增减挂钩、36公顷工矿废弃地复垦利用省规划资源厅批复、81.33公顷土地综合整治建新区实施方案市政府批复。实施国家高标准农田建设和市级耕地质量提升项目，完成省市耕地质量提升示范区建设206.68公顷。完成2020年度矿产资源开发利用统计直报管理分析系统填报。（杨文健　程雅梅）

【耕地保护】 2021年，溧水区结合日常巡查和卫片问题图斑核查，加强永久基本农田特殊保护。市区、区镇逐级签订耕地保护责任状，落实耕地保护责任。耕地保护补贴面积2.66万公顷，发放补贴1.2亿元，惠及农户8.05万户。至年底，全区基本农田保护区面积3.37万公顷。实施土地整治项目5个，为耕地占补平衡补充耕地项目，总规模12.1公顷，新增耕地10.94公顷。（杨文健）

【省级耕地质量提升示范区建设】 2021年，溧水区以高标准农田工程建成区为重点，在全区建立相对集中连片耕地质量提升示范区4个，每个示范区面积16.67公顷，示范总面积66.68公顷。推广应用商品有机肥1000吨、45%配方肥40吨、稻麦缓控释配方肥30吨。

【市级耕地质量提升综合示范区建设】 2021年，溧水区以南京石臼湖生态农业发展有限公司为基地，建立耕地质量提升综合示范区，总面积140公顷，推广应用综合培肥改土技术，提高地力等级。增施有机肥3010吨、45%配方肥162吨、缓控释配方肥40吨，秸秆机械化还田226.67公顷。项目区耕地地力整体提高0.5个等级以上，粮食生产能力增加750～1500公斤/公顷（折标准粮食）以上，示范带动全区耕地质量提升。（程雅梅）

【矿山环境治理】 2021年，溧水区根据《江苏省自然资源厅关于做好2021年度矿业权人勘查开

采信息公示工作的通知》要求，梳理底数并完成全区矿业权人勘查开采信息公示，登记率100%。配合市规划资源局完成2家矿山企业2020年度储量审查，及时更新江苏省矿产资源储量动态监督管理系统。配合省矿业协会和市土地矿产市场管理中心实地调研设置溧水区芳山矿区开采区。根据自然资源部办公厅《关于开展全国历史遗留矿山核查工作的通知》，开展全区历史遗留矿山核查。落实《自然资源部关于推进矿产资源管理改革若干事项的意见(试行)》等文件精神，开展溧水天山水泥有限公司矿业权出让收益前期准备工作。

(杨文健)

东庐山的猴子在观音寺玩耍　　杨孝林　摄

生物资源保护

【野生动物保护】 2021年，溧水区农业农村部门完成候鸟越冬季疫源疫病监测，未发现病死异常鸟类。全年监测到鸟类14目40科107种。开展野猪野外种群监测，救助野生动物30余起，涉及雕鸮、夜鹭、貉等。开展野生动物保护科普宣传活动2场次，发送宣传短信5万条，发放宣传手册1500份，悬挂宣传横幅20条。联合区市场监管、城管部门开展野生动物专项执法行动2次。

【石臼湖天鹅保护】 2021年，溧水区推进石臼湖省级湿地公园建设，落实长江禁捕政策、修复湿地，优化提升天鹅栖息地环境。沿石臼湖堤岸设置数字监控24台、人工巡查路线3条，实行日报告制度，构筑点线面结合、运转有序监测体系。开展冬季天鹅监测，越冬天鹅监测自2021年11月2日至2022年3月6日。天鹅数量最多时600余只。农业综合执法队伍与属地政府齐抓共管，常态化执法巡查，密切监测并防止乱捕滥猎和损毁天鹅栖息地等违法行为。

(窦浩)

【石臼湖十年禁渔】 2021年，溧水区落实石臼湖同步于长江“十年禁渔”制度，巩固退捕工作成果。实施《关于进一步加强溧水石臼湖水域禁捕退捕长效管控措施》，由溧水公安分局牵头，联合区农业农村、交通海事、水务水政、市场监督部门组建石臼湖禁渔联动执法中心，依法推进“五个专项”行动(“春季护鱼”打击非法捕捞专项整治行动、“春季护鱼”非法垂钓专项整治行动、“春季护鱼”打击非法捕捞渔获物交易专项行动、“春季护鱼”跨界联合执法行动、“春季护鱼”禁捕禁钓界牌规范设置专项行动)，设立禁捕通告、岸线长等告示牌44块，劝阻禁捕水域垂钓人员300余人。农业综合行政执法大队出动执法人员1520人次，执法车辆338车次，执法艇128艇次，岸上、水上巡查相结合开展石臼湖禁捕水域巡查、检查。办理渔业类行政案件6起，罚款并上缴国库5000元，没收渔获物29.66公斤，办理涉渔刑事案件5起。沿湖街镇组建24人护渔队伍分片包干，重点区域和节假日设置固定值班值守点位。因时制宜开展“清废清旧”专项工作，清理废旧网具3000余米，竹竿300余根，收缴清理56件非法渔具(地笼网)。印发宣传类材料1500份，悬挂宣传横幅100余条，巡查车大喇叭入村进社播放80车次，宣传“十年禁渔”为全局计、为子孙谋重大战略意义，解读相关政策，通过正反故事和例子在渔民群众中树立“人人参与，人人护渔”社会氛围。与高淳、当涂、博望建立石臼湖三区一县共管共建制度，开展2次联

石臼湖　　周以媛　摄

合执法行动，出动执法车、艇15次，执法人员50人次，重点打击有组织、团伙化和“三无”渔船等违法捕捞行为。

【石臼湖增殖放流】　3月18—19日，区农业农村部门在溧水区石臼湖水域开展增殖放流活动，放流鱼苗62.8万尾。其中，规格5～25尾/公斤鲢鱼30万尾、鳙鱼30.3万尾、草鱼2.5万尾，投资50万元。起到恢复石臼湖流域天然水域水生生物资源种群、改善种群结构以及保护渔业水域生态安全作用。（徐慨）

节能减排

【概况】　2021年，溧水区推进工业绿色发展，优化能源消费结构，培育低耗高效产业，推行绿色制造体系建设。全区节能环保产业规模以上企业68家，产值128.52亿元，增长37%。南京飞燕活塞环股份有限公司入选国家级绿色工厂，南京高崎电机有限公司、艾欧史密斯（中国）环境电器有限公司、南京骏诺电脑开水器制造有限公司、南京创维家用电器有限公司、南京创维平面显示科技有限公司5家企业7项产品入选国家级绿色设计产品，南京斯迪兰德机械科技有限公司、创维电器股份有限公司2家企业入选省级绿色工厂，江苏冠军科技集团股份有限公司入选工信部工业产品绿色设计示范企业。通过自愿性清洁生产审核企业10家，完成清洁生产无/低费方案86项、中/高费方案14项，投入资金549.02万元，增收节支128.35万元。主要污染物COD、NH_3-N年减排量分别为265.4吨、65.1吨，完成省市下达减排任务。

（夏培华　杨叙　张明华）

【绿色建筑建设】　2021年，溧水区竣工备案绿色建筑公共建设82.01万平方米、住宅218.58万平方米。新建住宅项目全部执行绿色建筑二星标准，在建绿色建筑二星以上商品住宅85万平方米，天生华都B地块、天生华都C地块、秀园西苑二期、秀园西苑三期、秀园南苑、南堡翠城等绿色二星标准安置房90万平方米。空港新城文体中心幼儿园、生态未来城公共租赁住房、永阳生物科创园等项目按绿色建筑三星级标准设计，万达广场B地块10万平方米绿色三星建筑示范项目交付。至年底，全区新建建筑100%执行绿色建筑节能标准，民用建筑全部按65%节能率设计建设。（孙燃）

【省级以上园区限值限量管理】　2021年，溧水区完成《白马高新区限值限量管理实施方案》《溧水经济开发区污染物排放限值限量管理实施方案》编制，开展开发区、高新区污染物排放限值限量管理工作。园区监测监控能力建设实施方案通过专家审查，开发区空气自动监测站点开工建设，白马高新区空气自动监测站点建设完成招标，两园区污水依托溧水秦源污水处理厂处理，水质自动监测站建设进场施工。 （夏培华）

【南京飞燕活塞环股份有限公司入选国家级绿色工厂】 12月10日，工信部发布《2021年度绿色制造名单公示》，南京飞燕活塞环股份有限公司入选绿色工厂名单。该公司是溧水区国家高新技术企业，专业生产内燃机活塞环，产品配套国内发动机厂。2020年引进高效智能化设备，淘汰低效耗能装备，实施以水代油、新型节能电源等新工艺，降低能耗和有毒有害物质使用量，提高材料和能源利用率。2021年实施低能耗智能化装备国VI活塞环绿色关键工艺系统集成项目，开发新产品和前沿技术，满足发动机排放升级的同时，体现产品的节能和环保。新水消耗量3.92立方米/万元，中水回用率82.74%，废钢回收率42.8%，二氧化硫排放量7.48×10^{-4}千克/万元，烟尘排放量0.48千克/万元，COD（化学需氧量）排放量8.15千克/万元，工业废物处置率100%。12月，该项目通过国家级绿色制造项目验收。 （张明华 杨叙）

【江苏冠军科技集团股份有限公司入选工信部工业产品绿色设计示范企业】 11月12日，江苏冠军科技集团股份有限公司入选工信部工业产品绿色设计示范企业（第三批）名单。该公司拥有授权专利29件，其中国内发明专利17件，外观专利6件，国际发明专利6件。主导及参与《室内装饰装修用天然树脂木器涂料》《水性醇酸树脂涂料》等15项国家及行业标准制定。公司产品原材料采用特殊材料，具有吸附分解甲醛等有毒有害气体、呼吸调湿、抗菌抑菌、吸附异味等作用，绿色产品产量占总产量的60%。

【7项产品入选国家级绿色设计产品】 12月10日，艾欧史密斯（中国）环境电器有限公司商用云金刚反渗透净水机，DR1600HF2家用橱下冷热即饮反渗透净水机，创维电器股份有限公司F1046RD全自动滚筒洗衣机，BCD-505WTGPSi无霜冷藏冷冻箱，南京创维平面显示科技有限公司55G51液晶电视机，南京骏诺电脑开水器制造有限公司JNOECOYS400-02电脑开水器，南京高崎电机有限公司MAE1系列三相交流异步电动机7项产品入选国家绿色设计产品名单。DR1600HF2家用橱下冷热即饮反渗透净水机申请专利4件，其中发明专利1件；BCD-505WTGPSi无霜冷藏冷冻箱申请专利16件，其中发明专利5件；MAE1系列三相交流异步电动机申请专利25件，其中发明专利6件。 （杨叙）

污 染 防 治

【概况】 2021年，溧水区贯彻南京市打好污染防治攻坚战暨河长制工作大会精神，加强生态环境保护和生态文明建设。全区34项重点任务，完成33项，1项调整为2022年建设项目，取得阶段性成效。完成市电视台曝光10期15个点位整改。整改销号市攻坚办交办的举报线索1件。区电视台制作2期节目，曝光和正面宣传5期6个点位，制作污染防治攻坚专题片1期。区攻坚办上报工作动态21期、信息67条，攻坚专题片获省攻坚办评比二等奖。市污染防治监管平台交办溧水区工单1655件，办结1588件，办结率95.95%。交办区生态环境局1316件，办结1249件，办结率94.9%。行政处罚立案38件，办结23件，结案率60.5%。

【污染防治攻坚战专项行动】 2021年，溧水区实施大气、水、土壤污染防治攻坚战专项行动，提升生态环境质量。出台年度大气污染防治工作计划，制订《国控点环境空气质量提升方案》《镇街标准站点环境空气质量提升实施方案》《溧水区永阳国控点空气质量冲刺方案》，统筹推进全区大气污染防治工作。完成市级下达VOCs企业有组织排放整治50家、VOCs企业无组织排放整治75家、VOCs企业“一企一策”120家，VOCs源头替代项目12个。128家212套一次性活性炭设施纳入“码上换”平台管理，工业锅炉废气达标排放整治回头看119家，整治重点餐饮企业110家。建设污染物深度减排项目1个、黑烟抓拍系统4个。排查机动车尾气2750辆、非道路机械1857辆、停放地车辆1535辆，淘汰国三及以下营运柴油货车402辆。治理工地扬尘项目26个，工地文明施工达标率100%。印发《溧水区2021年水污染防治工作计划》，实施重点水污染防治项目6个、水污染减排重点项目5个，排查评估工业园区涉水重点企业59家，审核强制性清洁生产企业11家。工农兵线、珍珠路、无想水镇（城隍庙文化街区）污水管网建设工程完工。开展入河（湖）排口137个排口溯源，采样监测及溯源76个。每月会同省南京环境监测中心联合监测石臼湖，修复沿湖或河道入湖口水生态面积3.34公顷。生态化改造养殖池塘266.67公顷。整改全省土壤污染防治延伸审计问题2个，立案查处43宗地块，10宗地块审计结案。完成15个地块土壤污染状况补充调查报告审查。八幸地块风险评估报告通过市生态环境局预审，观山工业园区完成8宗地块土壤污染状况调查报告。自评估受污染耕地安全利用效果，受污染耕地安全利用率100%。评审全区34个建设用地土壤污染状况调查报告，确保按规范流程进入全国污染地块土壤环境管理系统。区生态环境部门和规划资源部门联合督查8个污染地块，开展关闭退出化工企业专项整治行动，调查全区2017—2020年29家关闭退出化工企业现状。其中，5家企业转经营贸易，5家企业地块重新建设，12家企业地块完成土壤调查。落实区人大常委会关于贯彻实施《中华人民共和国固体废物污染环境防治法》的审议意见，开展固体废物污染防治法律法规宣传，推进绿色生活方式。推进农业“绿岛”、工业“绿岛”试点项目建设，提升固体废物处置利用能力。运用江苏省危险废物全生命周期监控系统，强化危险废物污染监管。

【工业污染源治理】 2021年，区生态环境部门开展企业帮扶，联合生态环境部华南研究所开展2020年完成整治的130家VOCs企业回头看行动，评估整改成效。现场核查105家VOCs企业，指导其中61家企业开展整改。排查印刷企业40家、汽修行业企业40家，推动水性涂料替代，完成10家企业清洁原料替代。

【土壤污染防治】 2021年，区生态环境部门加强企业督促指导，推进江苏省危险废物全生命周期监控系统使用，分4期举办产生危险废物企业安全生产宣讲暨危险废物全生命周期系统培训，450人参训。涉及危险废物企业基础信息申报率100%，产生危险废物和贮存信息申报率100%，重点视频接入率100%。现场监督检查辖区内产生危险废物企业550家次，发现环境和安全隐患问题282个，录入市“181”信息化平台并完成整改。复查79个环境和安全隐患问题并完成整改，实现隐患闭环。立案查处15家，处罚金209.46万元，司法移送2家。督促南京尚易环保科技有限公司依法转移露天存放的高浓度废水约600吨，督促南京云海特种金属股份有限公司办理跨省转移许可，依法转移库存熔渣1700吨。开展农村污染治理，完成农业农村污染治理攻坚战实施成效市级考核评估，农村环境综合整治、农村生活污水垃圾治理、养殖业污染防治、种植业污染防控等评估指标均达到考核要求。编制完成《溧水区畜禽养殖污染防治规划（2021—2025年）》并通过专家评审。落实重金属污染防控要求，排查涉镉等重金属排放企业5家，其中南京都能电源有限公司、南京台兴汽车零部件有限公司电镀工序长期停产，南京飞燕活塞环股份有限公司、南京夏华电源厂、南京海能电光源有限公司3家企业落实环保措施正常生产。

【大气污染治理】 2021年，区生态环境部门成立2个扬尘巡查专班，集中办公实体化运作，开展全天候、全区域巡查、督查，检查工地2404家次，发现问题644家（责令立行立改390家、停工整改254家），印发通报32期，通报各类扬尘问题410个。区城建局“黑榜”公示问题严重工地2家，行政处罚8家。联合溧水交警大队委托第三方检测公司开展机动车尾气检测，在246省道、栖凤南路46次抽检柴油车1340辆，查处扣留32辆冒黑烟车辆行车证。冬春季管控、公祭日保障期间，联合溧水交警大队上路抽查尾气排放，检查车辆600余辆。溧水公安分局查处高排放车辆3775辆。制订《溧水区2021年秸秆禁烧与综合利用工作方案》，与各街镇（开发区）签订秸秆禁烧与综合利用目标责任状，夏、秋两季印发《农作物秸秆禁烧与综合利用问答》20余万份，区电视台在重点时段滚动播放秸秆禁烧与综合利用宣传标语。建立秸秆禁烧工作区、街镇（开发区）、村（社区）、组四级网络，各街镇（开发区）安排专职人员巡查布控，区蓝天卫视监控平台掌控全区禁烧动向，全年未发现卫星遥感监测火点。联合区市场监管、城管、水务、消防等部门审查餐饮业16次，涉及企业60家，否决不符合选址要求的餐饮企业42家，责令整改5家。

开展餐饮企业规范整治110家，油烟净化设备高效换新20家，新安装餐饮油烟在线监控设施250家。开展重点区域联合执法检查10次，检查餐饮企业75家，督促整改20家。配合市场监管部门开展小餐饮检查8次，检查小餐饮40家，督促安装油烟净化器10家。（夏培华）

【交通污染防治】 2021年，溧水区严格扬尘管控要求，开展204省道工程、农村公路提档升级洪和线一期等17个项目22条公路施工工地环保大检查11次，日常巡查85次。204省道一期改扩建工程、农村公路提档升级工程开工建设，投入安全生产、扬尘管控专项资金1860余万元。按照机械设备管理制度要求，加强施工机械管理，所有设备必须到环保部门申请办理环保标识牌，按照环保要求，核验进场设备合格证、检测报告、操作证，渣土运输车必须加装防扬尘设施，不符合要求设备清退出场，204省道项目验收进场设备133套、农村公路提档升级工程45套。204省道工程完成"智慧工地"建设，接入市级"智慧工地"平台。推进船舶污染治理，确认船舶生活垃圾移交码头85艘次200千克，防污染检查船舶45艘次。监督开发区水运货物仓储物流基地货运码头完成环保达标建设，溧水胭脂河码头防污染设施与工程同步建设完成并通过工程竣工验收。至年底，检查散装建材工程运输车辆3100余辆次、散货源头企业及混凝土有限公司300家次，发放告知函700余份。淘汰国三及以下柴油客货车107辆。其中退出营运市场70辆、报废36辆、转省外1辆。（袁建平）

【环保督察反馈问题整改】 2021年，溧水区多轮次开展中央环保督察、省环保督察反馈问题和50件信访件回头看，确保整改到位不反弹。反馈50件信访件，完成整改销号48件。南京禄口国际机场噪音扰民信访件涉及2个村庄（陈家边、大陶）、1个小区（伯爵山庄），住户安装隔声门窗整改完成项目开标，样板间达到降噪效果。完成柘塘中心小学、区柘塘初级中学、南京视觉艺术学院3所学校隔声门窗整改。（夏培华）

【排水达标区创建】 2021年，溧水区制订《溧水城区"小散乱"专项整治方案》《关于开展2021年达标区创建小区污水管网检测修复任务的通知》，开展"小散乱"（农贸市场、小餐饮、夜排档、理发店、洗浴、洗车场、洗衣店、小诊所等）、公共建筑、单位庭院、小区排水专项整治。区内摸排"小散乱"196家，办理排水许可证150户。学府雅苑、水岸康城等29个小区污水管网完成清疏工作，安装防坠装置313套。区市民之家、区气象局、区委党校、区城建集团等单位庭院完成排水整治。全区划定18个排水达标区34.7平方千米，至年底，完成8个达标区创建并通过市级验收。（李兰平）

【化肥减量行动】 2021年，溧水区80个粮油种植新型农业经营主体实施化肥减量增效行动，87个稻果菜茶生产新型农业经营主体实施有机肥部分替代化肥行动。有机肥应用总面积4253.33公顷，商品有机肥物化补贴6380吨。水稻、小麦中后期生产管理期间，结合病虫害防治推行追施叶面肥技术模式，叶面肥应用总面积3333.33公顷。在图、表、卡、单、肥"五个一"基础上，建设应用测土配方施肥新"五个一"（为大户提供一张土壤养分测试表、一张施肥推荐卡、一份施肥等农事记录档案、一份肥料质量检测报、一张遥感产量跟踪测产图）运行软件，推动测土配方施肥向信息化、智能化发展。（程雅梅）

【农药监管】 2021年，溧水区加强农药的销售使用环节监督与管理，全区持有农药经营许可证销售网点123个，其中经营一般农药销售点109个、定点经营限制农药销售点14个。区农业农村部门制订《溧水区农业、畜禽屠宰行业危险化学品使用安全专项治理行动工作方案》，与各街镇（开发区）农业服务中心签订农药打假和监管责任状，农药市场监管重心下移，经营网点检查全覆盖，确保源头质量安全监管到位。按照"双随机、一公开"要求，加大农资经营店及主要粮食、果、菜、茶种植大户和合作社农药使用的监督检查，检查农资经营店270家次，抽查农药使用主体125家次，检查各类农药品种121个，制发责令整改通知书15份。发放店主《农药使用者应履行的法律义务》《禁限用农药名录》等宣传资料900余份。培训农户农药使用5场次，参训465人次。（林婷婷）

综述

【概况】 2021年,溧水区实施创新驱动发展战略,集聚国内外高端创新要素资源,推动科技与经济紧密结合,提升区域创新发展能级。创新主体规模持续壮大,高新技术企业、入库科技型中小企业数量分别增长15.5%、125%。企业创新能力大幅提升,全区拥有市级以上工程技术研究中心121家,新增市级备案新型研发机构4家,高新技术产业产值占规模以上工业总产值比重51.2%。获批省重点研发计划项目5个、省级成果转化项目1个;立项南京市品种选育、品种引进与示范推广现代农业科技项目4个;获批南京市生命健康科技专项计划项目1个。创新创业人才加速集聚,申报国家级"引智"项目4个、省级"外国专家工作室"项目3个、市级"外国专家"项目2个、"引智"项目5个,创新服务能力显著提升。溧水区获市政府办公厅"真抓实干成效明显——高新技术企业净增数及增幅排名前列的区"表彰。

【参加市科技创新活动】 6月21—25日,2021南京市科技创新活动在市国际博览中心举行。期间,溧水区举办科技创新活动12场,其中第三十四届世界电动车大会暨展览会、全球智慧出行大会暨展览会、第二届国际未来食品产业化论坛入选市重点活动。展示重大科技成果展品72个。其中,黑科技35个,八大产业链、创新产品和应用场景37个。浙溧智能研究院下肢步行康复外骨骼、溧航仿生研究院壁虎机器人2个展品入选开幕式现场展,同溧晶体研究院超大口径透明装甲等4个产品入选黑科技TOP 30。12个线下展点举办全民感知创新深度融合的线下主题展览,设立"才聚秦淮源""新研新时代""融创大未来"3个展示板块,展示溧水区最新科技成果11个,5万人次参与。创新周期间促成重大签约项目23个,总投资50亿元。创新项目中,南京福喆未来食品研究院项目定位于引领和打造未来健康食品智能制造领域前沿创新技术,依托江南大学食品学科、食品科学与技术国家重点实验室,集聚高端人才(通过省市及以上相关部门认证)等核心人才团队,以引领未来食品产业发展潜力共性关键技术、食品绿色智慧加工产业技术等技术成果为核心技术,在未来健康食品智能制造领域深化研发产业应用,为未来健康食品产业发展提供关键共性技术研发支持。本川智能总部项目致力于印刷线路开发、设计、生产和销售,扩建4万平方米厂房及配套设施,形成年增产48万平方米多层电子线路板自动化生产线。

【高性能多维力传感器及其阵列关键技术与应用获省科学技术二等奖】 12月,省政府公布2021年江苏省科学技术奖公示名单,高性能多维力传感器及其阵列关键技术与应用项目获省科学技术二等奖。该项目由南京神源生智能科技有限公司、南京航空航天大学、上海新松机器人有限公司、南京溧航仿生产业研究院有限公司团队承担。发明多维力传感器8个系列40余种，获知识产权56项。其中，发明专利授权27项(含美国专利2项，日本、韩国各1项，欧洲4项)，吸引英国、德国、日本、美国、乌克兰等学者开展合作研究。项目投产后广泛应用于航空航天等领域，新增销售额近1亿元，实现关键部件自主可控和全面国产化。

（王颖　傅中杰）

10月，省科技厅发布“百城百园”项目入围名单，南京金万辰生物科技有限公司“金针菇液体菌种的定向培育及成果推广项目”入围，获中央引导资金150万元　　《今日溧水》报　供图

科技创新

【概况】 2021年，溧水区实施科技型企业扩容提质计划，培育创新型企业，强化企业创新主体地位，打造具有核心技术和综合竞争力的高水平创新型企业集群。新增市级以上工程技术研究中心20家、省级星创天地备案1家、省农业科技型企业2家。净增高新技术企业数量列全市第五。开展招商推介活动，促成项目签约40余个。

【创新型企业培育】 2021年，溧水区制订《溧水区促进高新技术企业高质量发展扶持措施(试行)》，推动全区高新技术企业培育和发展。通过高新技术企业认定108家，引进市外高新技术企业73家，实现净增高新技术企业62家。建立科技型中小微企业挖掘、培养、扶持机制，促进科技型中小企业持续涌现，入库科技型中小企业769家，增长2.25倍，大中小企业融通发展格局逐渐形成。

【科技招商】 2021年，溧水区聚焦产业发展方向，紧盯领域内重点科创企业，开展各类创新推介活动。开展各类招商对接20余次，引进高新技术企业73家、科技型中小企业16家、新型研发机构2家，通过市级备案4家，落地高层次创新创业人才企业40家。6月，举办科技创新活动12场，签约项目23个，总投资50亿元。8月，举办“智汇溧水，创享未来”科技型企业线上招商推介会，实现云签约项目25个。

【企业自主研发】 2021年，溧水区实施企业研发能力提升计划，鼓励规模以上工业企业、高新技术企业和科技型中小企业建立各类研发机构，促进人才、技术等创新要素向企业集聚。5月，认定市级工程技术研究中心17家。10月，认定省级工程技术研究中心3家。至年底，全区市级以上工程技术研究中心121家。高新技术产业投资增长14.9%，高新技术产业产值占规模以上工业总产值的51.2%，立项省重点研发计划等省级各类科技项目6个。

【科创载体建设】 2021年，溧水区实施科技企业孵化载体建设行动计划，构建“众创空间—孵化器—加速器—科技园区”全链条孵化体系。区科技部门与江南大学共建健康食品智能制造技术创新中心项目获批省级技术创新中心，获“省重大科研设施预研筹建项目”1500万元立项支持。南京溧水空港智慧创业园、南京幸庄科技产业园分获2020年度江苏省科技企业孵化器绩效优(A类)、良(B类)评价。小虎科技入选省级备案众创空间,维石科技、博士科技、南京翱翔信息物理融合创新研究院入选市级备案众创空间,博士未来食品孵化器获批市级科技企业孵化器。六六众创空间入选省科技厅拟推荐上报国家备案众创空间名单。至年底,全区有市级以上孵化器4家,其中国家级2家;市级以上众创空间10家,其中省级4家。

【农业创新平台建设】 2021年,溧水区完善农业科技创新体系,打造现代农业产业创新高地。新增省级星创天地1家(溧水设施草莓星创天地)。建立农业企业培育库,新增省级农业科技型企业2家,省级农业科技型企业增至24家。创建省级长三角种业产业技术创新联盟,江苏省未来食品产业技术创新战略联盟、江苏省智慧农业产业技术创新战略联盟入选第七批省级农业产业技术创新战略联盟。至年底,全区有国家级星创天地3家、省级星创天地3家、农业产业技术战略联盟4家。入选江苏省首批"揭榜挂帅"榜单项目3个,获省级支持资金900万元;立项市现代农业科技项目4个,获市级支持资金80万元。

(王颖　傅中杰)

产学研合作

【概况】 2021年,溧水区推进产学研深度融合,建立与高校院所科技成果定期对接机制,实施产学研合作项目,支持企业加快科技创新和技术改造,推动科研机构、科研技术、科研人才等创新要素向企业集聚,打造产学研深度融合的技术创新体系和特色产业集群。实施产学研合作项目133个,技术合同交易额14.02亿元,增长20.8%。

【新型研发机构建设】 2021年,溧水区围绕智能制造、大健康、新能源汽车、现代农业等产业领域,拓展与国内外大院大所、一流企业合作,加快新型研发机构建设。引进南京福喆来食品研究院新型新发机构1家,南京浙溧智能制造研究院、南京莱特威特轻量化技术研究院、南京福喆未来食品研究院、江苏清联光电技术研究院4家单位通过市级新型研发机构备案,先进材料与装备研究院入选"南京市高水平新型研发机构培育名单"。溧航仿生研究院等2家新型研发机构获省级专项奖补,神农智慧农业研究院等3家新型研发机构获国家重点研发项目1个、省重点研发项目4个,建成省级科创平台2个。至年底,全区新型研发机构及孵化引进企业实现营收29.78亿元,新增研发投入6839.13万元,新增孵化及引进企业15家,专利申请539项,在岗科研人员378人。

【科技成果转化】 2021年,溧水区以政府为引导、市场为主导,建设符合科技创新规律、技术转移规律和产业发展规律技术转移体系。制订《白马高新技术产业开发区促进科技成果转移转化的若干措施》,涵盖16条措施、24条改革事项清单,重点在产学研合作机制、科研成果产权制度等领域开展先行探索。举办技术经纪人培训班,培育农业领域技术经纪人200余人。引进6家科技服务机构和1家专业技术转移机构,为农业科技型企业构筑技术产权交易中心和技术交易网上平台。实施产学研合作项目133个,设施草莓EHS生产栽培技术研发、

10月21日,2021中国(南京)文化和科技融合成果展览交易会在南京国际展览中心开幕,溧水区最新科技成果亮相　　《今日溧水》报　供图

新型无Re镍基高温合金研发、双相不锈钢等离子弧焊焊接关键技术研发3个项目获江苏省产学研合作立项。

【科技人才】 2021年，溧水区实施“紫金山英才计划”和人才强区战略，科学绘制主导产业人才地图。入选紫金山英才高峰计划1人、市级高层次创业人才4人、区级高层次创业人才40人、“国家高端外国专家引进计划”2人、市级“外国人才项目”1人。入选“引智”项目3个，其中省级1个、市级2个。入选省“双创计划”4人、省“科技副总”9人，培育创新型企业家7人。12月，省级“外国专家工作室”挂牌。落实人才安居政策，构建安居、就学、就医等“一站式”服务。发放紫金山英才卡400余张，解决51名人才子女就学问题。

（王颖　傅中杰）

创新创业服务

【概况】 2021年，溧水区强化科技服务，完善创新服务体系，提升各项科创支持政策精准性，发放科技贷款12亿元。百联新消费产业基金、首正数字产业基金落户，实体化运作无想投资人中心。开展农业科技专题培训15场，推广农业新品种9个，社会化农业科技服务体系日趋完善。

【科技政策落实】 2021年，溧水区推进科技体制机制改革，完善科技、产业、金融、财税等政策衔接，建立政策制订、评估、优化机制，形成高质量创新政策体系。印发《溧水区“十四五”科技创新规划》《溧水区创新驱动、产业转型示范三年行动计划（2022—2024年）》《白马高新技术产业开发区促进科技成果转移转化的若干措施》《溧水区促进高新技术企业高质量发展扶持措施（试行）》等科技创新专项规划或行动计划，以“十四五”科技创新规划为统领、专项规划或计划为支撑，形成区域科技创新规划体系。开展政策宣传活动29场，服务企业500余家，通过惠企政策平台发布科技创新政策4条，通过发布紫金山英才卡、兑现区创新券、奖励新型研发机构创新、扶持高新技术企业高质量发展、创新奖励、技术合同区内技术输出方企业奖励6个事项，兑付各类奖补资金1.03亿元。

【科技金融】 2021年，溧水区围绕创新链完善资金链，建立科技资源与金融资源对接机制，形成科技金融体系，覆盖产业科技创新全过程。发放“苏科贷”“宁科贷”“溧科贷”等科技贷款12亿元。强化“南京金服平台”政策对接、融资服务和信用支撑功能，建设“平台+银行+创投+各类服务机构”一站式服务体系。4—8月，组织区内科创企业、新型研发机构和创新型领军企业开展“南京金服平台”注册，注册企业超400家。发挥母基金引导作用，百联新消费产业基金、首正数字产业基金落户溧水。完成盛景嘉成（产业互联网子基金）、邦盛智能制造子基金、紫金新动能1号子基金（南京市混改模板基金）3只科创子基金的投资决策工作。组织多家企业参加省、市融资发布会，解决科技型中小企业融资难、融资贵问题。实体化运营无想投资人中心，聚焦智能制造、大健康、临空经济三大产业，提供“募、投、管、退”全过程资源整合与产业对接平台，为产业科技创新企业构建股权、债权等多元金融服务体系。

【溧水科技创新服务云平台】 8月，溧水科技创新服务云平台上线运行，该平台涵盖科技政策、科创载体、科技企业库、高企培育管理、“科创企业森林一掌通”等子系统，为企业提供高新技术企业申报摸底评价、一站式国省网智能申报等服务，有效解决数据资源不联不通、政企互动渠道单一、企业申报繁琐低效等问题。至年底，区科技局面向各板块、科技型企业、中介机构开展应用操作培训10余场，平台注册企业超300家，注册中介服务机构近30家，为企业提供高企申报等服务超200余次。

【科技惠农】 2021年，溧水区实施科技惠农服务工程，构建网络化、社会化农业科技服务体系，为乡村振兴和农业农村现代化提供科技支撑。开展水产养殖、蓝莓品牌提升、新型农业技术培训等农业科技专题培训15场，参加培训800余人。筛选瑞甘、苏椒、斯蒂芬冬青、奥斯特冬青、乔木（狭叶冬青）、冬红、美玉27号糯玉米、新快白1号、新海青1号9个作物新品种，推广4.22公顷。华成蔬菜专业合作社在2021年江苏农村科技服务超市考评中被评为优秀。

（王颖　傅中杰）

科技普及

【概况】 2021年，溧水区以服务高质量发展为主线，深化科协系统改革，推动科协事业创新发展。举办南京科协大讲堂2场、市级社区科普大学教学活动23场、溧水科协大讲堂60场。溧水区全国科普日首次开展“云上”科普讲座。新增企业科协组织2家，至年底，企业科协组织65家。围绕“众心向党、自立自强”主题，在融媒体平台开设“全国科技工作者日”节日宣传，推选17名杰出科技工作者代表，制作专题片展现科技工作者风采。推荐优秀科技型企业参加省市科协青年科技奖、青年科技人才托举工程，溧水区5个创新创业类项目参加南京市创业创新大赛，4个项目获奖。12月，区科协连续第五年被省科协评为“县级科协创新发展能力提升计划”先进单位。

9月13日，区科协组织白马中心小学学生课堂观看“云上科普”直播讲座

区科协　供图

5月25日，区第三十三届科普宣传周活动在万达广场举办

区科技局　供图

【全民科学素质提升】 2021年，溧水区围绕科普惠民理念，服务全民科学素质提升。6月，与区气象局签订科普共建协议，统筹科普场馆资源，发挥防灾减灾科普教育体验馆科普教育功能，将溧水区防灾减灾科普教育体验馆纳入南京市“1+N”科普场馆体系建设，提升溧水区气象科普内涵。开展市区科协大讲堂62场、科普电影进社区80场、制作电视《科普园地》节目108期、报纸《科普之窗》30期。组织实施农民科普专项行动，动员公众参加全国农民科学素质网络知识竞赛，年度参赛1622人，累计参赛1.02万人次。组织实施领导干部和公务员科普专项行动，围绕区域支柱产业技术知识，开展“科协大讲堂”机关干部专场活动2场。开展科技志愿服务到社区活动，组织老年人智能手机操作和防诈骗培训，组建参赛队伍参与南京市首届老年人智能手机操作大赛，溧水区获二等奖。

【创新驱动助力工程】 2021年，溧水区在企业科协和科协会员企业实施创新驱动助力工程，开展“讲理想、比贡献”活动24项、“金桥工程”8项、“百名专家进百村”活动10项，组织企业线上收看“科创中国”技术路演9场次。加强学会协会治理，引入中国农村专业技术协会专家、省农学会专家与华成蔬菜协会、玫瑰园科普基地、杨梅协会等科普基地开展技术交流，实施“双百工程”10项。区农学会会员助力解决生产技术难题，区医学会开展健康科普进社区科普讲座、科普咨询等活动20场次，服务群众1万余人次。

5月8日，区教育局、科协在晶桥镇云鹤小学举办第二届校园科技节活动
区科协　供图

【科普宣传】 5月，区教育局、科协在南京市首家校科协组织晶桥镇云鹤小学举办第二届校园科技节活动，主题为“科技筑梦，健康成长”。南京青少年科技教育协会、南京科技馆、大金山庄国防园、梦华苑等单位与学校签约共建科技教育实践基地。9月，区科协牵头开展2021年溧水全国科普日活动，开启“防灾与救助”云上科普直播。新浪、哔哩哔哩、一直播、苏科家园、斗鱼、虎牙等10大平台同时播出，线上超46万人次收看。此项活动列入中国科协网上会史陈列馆实践活动板块。12月，洪蓝街道西旺社区新时代文明实践站社区特色科普画廊启用，营造基层科学文化氛围，实现全民参与共享。

【科技志愿服务平台建设】 2021年，溧水区推进科技科普平台建设，推广应用科技志愿服务平台。开设《科普园地》电视栏目，播出科普短视频200条。街镇、社区、机关事业单位等公共场所安装全媒体科普阅览屏92台，全天候滚动播放科技动态和健康知识等内容，实现触屏式点击互动。以“科普中国”App为平台，向社会公众提供科普信息内容和相关资讯。至年底，全区注册“科普中国”科普员1900人。开展新冠肺炎疫情防控科普，推送疫情防控视频67个，订制分发“德尔塔”病毒等疫情防控科普挂图、手册超2万份。建立溧水区科技工作者微信社区，畅通科技工作者联系渠道。组建近50人的科普专家库，成员涉及医疗卫生、防灾应急、科技创新多个领域。组建街镇(开发区)、村(社区)科技志愿服务队伍8支，注册科技志愿者超800人，开展科技志愿服务活动40场次。

（王红）

责任编辑　李淑萍

教育

Education

综述

【概况】 2021年，溧水区深化教育领域综合改革，实施素质教育，提升教育内涵，推进教育均衡优质和谐发展。加大教育民生项目实施，完成校舍安全建设项目97个，总投资37.1亿元。区工交幼儿园新园、商业幼儿园永昌分园和南京晓庄学院附属溧水幼儿园建成投入使用；石湫街道明觉小学、区白马镇中心幼儿园异地新建项目竣工；省溧中附属初级中学、区第一初级中学改扩建项目施工中；永阳街道文昌小学改扩建、锦和家园幼儿园新建完成招标；开发区小学、区实验小学中山东路校区建成地库上下学系统。实施名校名园战略，制订《溧水区实施“名校引进”战略行动方案》，确定“名校引进”工作进度和“名校引进”目标学校。深化与海门教育合作，搭建合作平台，推进溧水区新教育实验普及、教师和管理人员培训。省溧中与南京大学物理学院共建物理学科特长生基地，省溧中“海安班”、区第二高级中学“海门实验班”落地。引进南京晓庄学院到溧水区合作办学。推进义务教育优质均衡发展，游府西街小学红光路校区（原开发区小学）挂牌，全区义务段教育集团化办学覆盖率26%。抓实教育教学管理，开展青少年“四史”学习教育，利用传统节日，推动社会主义核心价值观、中华传统文化教育。提升教育教学质量，强化教研指导，全区中考、高考取得突破，区教育局获市普通高中教育发展性评估区级教学管理一等奖。落实“五项管理”改革，推进“双减”落地落实，下发《关于落实“一校一案”全面推进课后服务工作的通知》，指导义务教育学校按照“5+2”模式落实课后服务。召开第五十八届中小学生运动会，举办“区长杯”校园足球联赛。完成12～17岁人群新冠疫苗接种，开展3～11岁人群新冠疫苗接种。加强系统作风建设，提升教师队伍整体素质，完成专任教师（含溧水中专校）全员培训5313人，区级培训项目10个6251人、市级以上培训项目67个1145人。招录新教师252人，开办小学教师教学能力提

9月10日第37个教师节，溧水区教育大会在区委党校会议中心召开

《今日溧水》报　供图

升班。提升教师综合素质，177名教师被评为区教坛新秀，18名教师被推荐参加市德育优秀青年教师评选，3名教师被推荐参加省第十六届特级教师评选。至年底，全区有基础教育学校（园）128所（个），在校（园）学生64114人，在职教职工6065人。

【教育经费投入】 2021年，全区一般公共预算教育支出增长4.79%，在校学生人数平均一般公共预算教育支出除普通高中段外，其他学段均高于上年。其中，幼儿园增长1.33%，小学增长0.14%，初中增长0.86%，普通高中增长 3.74%，中职增长0.51%。全年征收教育费附加1.85亿元，全部用于学校发展。

【校园基础设施建设】 2021年，溧水区推进教育重点项目建设，改善办学条件，完成校舍安全工程项目97个，竣工面积58.11万平方米，总投资37.1亿元。完成晶桥镇云鹤小学综合楼、区和凤初级中学综合楼、石湫街道明觉小学异地新建、新龙路幼儿园、双塘路幼儿园、区工交幼儿园新园、区东庐初级中学改扩建一二期等8个项目，竣工面积9.53万平方米，完成投资3.53亿元。白马中心幼儿园基本完工，省溧中附属初级中学改扩建工程9月竣工，区第一初级中学改扩建完成主体施工，区第三实验小学优化改造开工并完成西段基础工程，石燕路幼儿园开工建设。项目建设学校与建设平台、街镇（开发区）对接，从项目立项、规划设计、施工招标、合同签订、施工过程、工程验收等全过程参与协调与管理。完成校舍维修及校园提升改造，新建、维修改造运动场9片，新建石湫街道明觉小学塑胶运动场1片；维修改造区实验小学崇文路校区、洪蓝初级中学、和凤初级中学，东屏街道群力小学、永阳街道沙河小学、柘塘中心小学、和凤中心小学、和凤镇孔镇小学运动场8片，总投资1170余万元。完成区第三高级中学、实验小学崇文路校区、和凤初级中学、孔镇中学、特殊教育学校和白马镇共和小学6所学校厕所提升工程，面积2870平方米，投资472万元。完成大、小型维修面积15.78万平方米，总投资5178万元。区状元坊小学、区实验小学中山东路校区、溧水中专校、东屏中心小学4所学校创建成南京市节水型学校，区状元坊小学创建成市园林式校园。

【教育信息化建设】 2021年，溧水区提升学校教育装备水平，实施中小学教师信息技术应用能力2.0工程，推动教育高质量发展。升级全区中小学、幼儿园教学多媒体、中小学智慧阅卷系统、初中听力测评系统以及初中标准理化生实验室，总投资736万元。推进普通教室照明“增亮”、空调进教室、校园净水、学生课桌椅达标行动，实现中小学普通教室健康照明、中小学和幼儿园普通教室空调、直饮水全覆盖，总投资491万元。推进“智慧放学”建设，以开发区小学为试点，在全市率先建成地下停车场智慧上放学系统。因校制宜打造特色装备亮点，建设区第二高级中学生物组培智慧创新实验室、晶桥镇云鹤小学乡村科技体验馆、区实验小学蚕艺工作坊、区实验幼儿园艺术创意生活作坊等项目，支撑学校打造办学特色，促进学校教育多元发展。至年底，中小学教育技术装备支出9286万元，生均经费1880元。

【师资队伍建设】 2021年，全区有在职教职工6264人（在编3981人）。其中，幼儿园在职教职工1882人（在编237人），小学在职教职工2167人（在编1561人），初中在职教职工1245人（在编1232人），高中在职教职工709人（在编707人），溧水中专校在职教职工199人（在编189人），区特殊教育学校在职教职工62人（在编55人）。全区有名特优教师1163人，其中省特级教师12人、市学科带头人83人、市优秀青年教师127人、区学科带头人563人、区优秀青年教师378人。有区级名师工作室38个、市级名师工作室3个。区教育系统加强教师队伍建设，推进校长教师交流轮岗，探索“区管校用”管理体制改革，创新教师补充方式方法。全年符合交流条件的教师610人，交流、轮岗校长、教师98人，交流教师占16.07%。其中，交流骨干教师30人，占交流教师总数的30.61%。招聘新教师252人，引进高层次人才15人，通用类招聘会计3人。开展校园招聘，提升招录师资质量，组织校园招聘3次。走进高校，到南京大学、东南大学、南京师范大学、安徽师范大学等校招录教师66人，其中研究生22人、本科生44人。高层次教师引进从数量向质量转变，提升名师品质，引进高层次教师4人，其中市学科带头人2人、市优秀青年教师2人。柔性引进人才11人，其中省溧中引进海安中学

12月10日，区教师发展中心在区东屏街道中心幼儿园举行南京市“百校千师携手共进计划”溧水·秦淮2021年现场会　　区教师发展中心　供图

骨干教师3人、区第二高级中学引进海门实验中学骨干教师6人、聘请南京外国语学校省特级高中语文教师谢嗣极定期指导高中语文教学、聘请南京晓庄学院博士田腾任南京晓庄学院溧水附属幼儿园园长。加大人才培养力度，建立特级教师后备人才库，实施精准培训，区教师发展中心依托高校开办21名特级后备教师培训班。全区17名特级教师后备人才申报省第十六批特级教师评选，经专家组评审，省溧中教师吴久宏、区石湫中学教师陶家友被评为江苏省第十六批特级教师。开展专业技术人才交流，代玉雨等6名教师到陕西省商南县、孙海峰等4名教师到新疆维吾尔自治区伊宁市支教。（杭蓉珍）

【教师培训】 7月1日—11月30日，溧水区开展中小学、幼儿园教师全员网络培训，推送31节课例参与南京市中小学教师网络培训课程资源评选，17节获奖，获奖课例成为全员网络培训资源，全员网络培训合格率99.37%。7月15日，小学语文培育站开班，参训学员43人，时限1年，聘请省特级教师、区实验小学副校长王祥连为导师。至年底，举办专家主题讲座21场，通过全新教育理念，为学员用好统编教材指明方向。做好学习消化追踪，让理论落实于实践、实施于课堂，到区实验小学、区第三实验小学、洪蓝中心小学、和凤中心小学开展课例研修17节，近半学员完成磨课研课任务。10月16日，区第三期小学教师能力提升培训开班，设语文、数学、英语3门学科17个班，参训学员243人，配备导师78人。分5次集中培训、1次课堂实践，每周1个主题，聚焦课标、教材及教法研究、教学重难点把握与突破、课堂教学管理与优化、学科教学中存在问题诊断及解决策略、课例研讨等。10月23日，开展职初教师专业基本素养培训与考核，涉及2016年秋季入职、教龄满5年的义务教育段所有学科教师57人，聘请专家9人，各学科专家梳理、明晰培训方向，手把手指导教学，听课、放样上课，提升职初教师教育教学基本知识与能力。全区职初教师基本素养书面考核合格率100%，在市级专业素养展评中获特等奖1人、一等奖4人、二等奖5人。小学英语优秀青年教师培训班由区教育局与南京晓庄学院合作创办，旨在为全区小学英语教师队伍培养高素质人才，2019年7月开训，期限2年，至2021年6月，培养学员45人。学员专业素养及教学教研能力得到提升，开设市级公开课5节，获优质课一等奖、二等奖各1人；区级赛课获一等奖5人，二、三等奖5人；论文获市级二等奖5篇、区级一等奖13篇，其中在省级刊物发表5篇。省、市级课题研究立项各5项。2021年10月，第五期乡村班主任培训班结业，该班2020年10月27日由区教师进修学校与秦淮区教师发展中心合作开训，时限1年，参训学员44人。在此期间，开展互动式专题讲座、主题式沙龙研讨、案例式微型论坛、引领式读书指导、活动式创意设计、体验式学校考察等，组织研训活动20次。

【教师人才研修】 7月11日，溧水区第一期教育卓越人才班、特级教师后备人才高级研修班开班仪式在区教师发展中心举行，2个班由区教师发展中心与江苏师范大学教师教育学院合作开办。旨在培养具有南京市学科带头人水平的优秀教师和具备江苏省特级教师评审条件的后备人才，建设本土化名师队伍。江苏师范大学教师教育学院教授魏本亚团队、教育卓越人才班50名学员、特级教师后备人才高级研修班21名学员参加。（王魏兰）

【校园安全管理】 2021年，溧水区开展校园智慧安防建设，推进视频监控、一键报警、危化品室、微型消防站、防冲撞柱、电子围栏等技防措施落实。建设全区校园视频监控中心，实现校园内部监控

全覆盖、外部与公安联网、系统内互联互通。提档升级校车智能化系统，保障校车安全行驶，新增专用中小学校车6辆。检测老旧校舍消防电气线路，规范消防设施管理，开展学校实验室及危化品安全专项管理。加强安全教育，在区第一初级中学、第三实验小学分别建设交通安全标准化教育基地，建成全国第一家“江苏省交通体验馆”。常态化做好消防、警情、自然灾害等应急演练，开展各种应急演练290次。提升饮食安全及卫生管理水平，推进明厨亮灶建设，中小学“明厨亮灶”实现全覆盖。至年底，全区中小学、幼儿园（新建学校、幼儿园除外）均创建成省市平安校园，其中省平安校园35所。

【地下上放学系统试点】 2021年，溧水区在开发区小学试点建设“地下上放学系统”，缓解校门口上学放学交通压力。系统占地1.90万平方米，拥有车位400个，车库中安装健康照明，便于迟接学生在等待区做作业和阅读，投资70万元。3月，一年级学生试行地下放学，通过演练、磨合、改进，进而推广到全校，根据家长不同接送方式，制订不同放学路线，做到人车分流。5月，全校2000余名学生实行地下车库放学。“学习强国”平台、“江苏城市”、“南京零距离”节目报道溧水地下上放学系统做法。

【教育教学管理】 2021年，溧水区围绕教育高质量发展，推进中小学改革创新，聘请初中教研副校长、高中兼职教研员组建学科中心组和工作室，增强教研队伍力量；开展区教坛新秀、学科带头人评选，壮大骨干教师和名特优教师队伍。全区义务教育学段整体加入上海市教研室优秀成果“提升中小学作业设计质量的实践研究”实验区；提出“集体备、限时讲、合作学、精准练”课堂教学范式要求，开展分学段“同课异构”、区校联动等活动。加强教学管理，各学段均以随机视导、专题视导、预约视导、个别视导方式开展教学视导，小学段做到年度视导全覆盖，初中段每周视导学校1所，高中段重点视导高三年级教育教学。推进学校内涵建设，省溧中、金陵中学溧水分校立项市基础教育前瞻性教学改革实验项目。区东庐初级中学、金陵中学溧水分校立项市第三批现代化初中培育校、推进素质教育示范初中；区第三实验小学、晶桥中心小学立项市品格提升工程项目校。区第一初级中学、云鹤初级中学通过市现代化初中、新优质初中结项验收；区第一初级中学、金陵中学溧水分校、区和凤初级中学的挂钩结对帮扶项目、精准教学项目、学科发展中心项目结项，27位教师在市基础教育精品课评比中获一、二、三等奖。全区中考成绩位于全市前列，获南京市初中发展性评估教育质量奖、教育公平奖、教育均衡奖；高考获区域管理一等奖，省溧中、区第二高级中学在市高中发展性评估中获质量突出奖等奖项7个，区第三高级中学获质量优秀奖等奖项5个。13个教研组被评为市先进教研组，227名青年教师被评为区教坛新秀，37名教师参加市第十届学科带头人评选。

【“双减”落实】 2021年，溧水区下发《关于进一步减轻义务教育阶段学生作业负担和校外培训负担实施方案的通知》《关于全面深入做好全区中小学课后服务工作实施意见的通知》，加强“双减”工作的组织领导和统筹保障。区教育部门对接区人社、财政部门，设立“双减”专项经费，制订课后服务费用发放办法。定期召开由工作专班和中小学校长参加的“双减”工作推进会、座谈会、研讨会，做好校内减负工作，围绕规范学校办学行为、提高课堂教学质量、加强作业管理、提升课后服务水平开展工作，建设“双减”示范学校，确保中心工作落地见效。至年底，全区小学在校生29486人，参加课后服务29262人，参与率99.34%；初中在校生11835人，参加课后服务11832人，参与率99.97%。

（杭蓉珍）

学前教育

【概况】 2021年，溧水区有幼儿园51所、幼儿班30个。其中，公办幼儿园（班）66所（个），民办惠民幼儿园14所，民办幼儿园1所；省优质幼儿园31所，市优质幼儿园18所。占地30.61万平方米，其中新增面积2.23万平方米。区商业幼儿园永昌分园、南京晓庄学院附属溧水幼儿园秋学期开园，区工交幼儿园整体搬迁至毓秀路新园区。区时代景园幼儿园、洪蓝街道中心幼儿园通过省优质幼儿园验收，区南堡幼儿园等4所幼儿园通过市优质幼儿园验收。全区在园幼儿16204人，3～6岁儿童入园率100%。其中，公办幼儿园就读幼儿11799人，占全区在园幼儿总数的72.8%；公办和民办惠民幼儿园就读幼儿16035人，占99.0%；省市优质幼儿园就读幼儿15676人，占96.7%。在职教职工1882人，其中专任教师1004人。区教育系统以江苏省基础教育内涵建设项目“聚焦整体质量提升的区域课程游戏化建设”为抓手，推进幼儿园课程建设；开展幼儿园与小学科学衔接，区学管中心申报的“区域推进幼儿园与小学双向衔接的行动研究”立项省“十四五”规划重点课题。坚持儿童为本，强化双向衔接，关注家、园、校协同合作，科学做好入学准备和入学适应，促进儿童健康和谐发展。举办全区幼儿园大班韵律操展示评比活动，区实验幼儿园等5支代表队获金奖，开发区中心幼儿园等7支代表队获银奖。

表40　2021—2022学年溧水区幼儿园基本情况一览表

幼儿园名称	班级（个）	在园幼儿（人）	教职工（人）	占地（平方米）	校舍建筑面积（平方米）
区实验幼儿园	18	763	83	7850	5795
区工交幼儿园	15	523	64	11334	9500
区机关幼儿园	12	449	48	2750	2688
区状元坊幼儿园	12	492	56	6080	7549
区商业幼儿园	15	616	65	7500	4500
开发区中心幼儿园	9	395	36	4700	2700
开发区沙河幼儿班	2	35	4	500	270
开发区新城佳苑幼儿园	3	111	12	7214	5239
开发区怡景佳园幼儿园	4	118	17	7600	4094
区柘塘幼儿园	6	194	25	5333	1920
区乌山幼儿园	10	340	37	7792	5741
区永阳街道中心幼儿园	6	301	36	3333	2526
区永阳街道东庐幼儿园	8	307	3	4312	3527
区永阳街道新区幼儿园	6	203	31	2614	1794
区永阳街道十里幼儿班	2	42	7	1186	554
区永阳街道东山幼儿班	2	50	8	2379	1202
区永阳街道高塘幼儿班	2	42	8	2868	1200
区永阳幼儿园	18	701	72	5200	4232
区东屏街道中心幼儿园	11	368	44	6668	4499
区东屏街道凉蓬幼儿班	1	39	4	805	253
区群力幼儿园	4	141	17	4600	2100
区洪蓝街道中心幼儿园	12	327	52	6475	3953
区洪蓝街道渔歌幼儿园	6	172	26	2460	1111
区洪蓝街道姜家幼儿班	1	18	2	380	180
区洪蓝街道仓口幼儿班	1	20	2	917	260
区洪蓝街道青锋幼儿班	2	59	5	1396	420
区渔歌福娃幼儿园	3	77	16	2236	1436
区洪蓝幼儿园	7	209	35	5808	4860

续表

幼儿园名称	班级(个)	在园幼儿(人)	教职工(人)	占地(平方米)	校舍建筑面积(平方米)
区石湫街道中心幼儿园	12	481	50	7723	4544
区石湫街道明觉幼儿园	7	226	29	6670	2314
区石湫街道西庄幼儿班	1	9	3	800	242
区石湫街道同心幼儿班	1	18	3	310	180
区石湫街道东泉幼儿班	1	19	3	882	285
区石湫街道向阳幼儿班	1	15	3	780	247
区石湫街道武墙幼儿班	1	40	3	588	388
区石湫街道汤庄幼儿班	1	14	3	494.7	192.7
区石湫街道桑园幼儿班	3	71	9	2001	1163.2
区石湫街道横山幼儿班	1	20	3	420	228.2
区石湫街道九塘幼儿班	2	53	8	1520	494.8
区白马镇中心幼儿园	9	259	39	2868	2595
区白马镇朱家边幼儿园	3	73	17	6410	2690
区白马镇曹家桥幼儿班	2	39	9	2202	994.3
区白马镇大树下幼儿班	1	10	2	550	201
区白马镇浮山幼儿班	1	13	2	850	145
区白马幼儿园	5	151	20	3868	3356
区和凤第一中心幼儿园	12	431	43	6700	3762
区和凤镇中心幼儿园	6	163	23	4735	3262
区和凤镇乌飞塘幼儿班	1	17	2	636	319
区和凤镇吴村桥幼儿班	1	18	2	680	350
区和凤镇沙塘庵幼儿班	1	28	4	1168	292
区和凤镇大沟圩幼儿班	1	22	3	951	389
区和凤镇沈家山幼儿班	1	32	3	1183	797
区和凤镇孙家巷幼儿班	1	27	2	1132	800
区和凤镇张家幼儿班	1	46	3	2500	500
区和凤镇骆山幼儿班	1	24	3	598	380
区和凤镇幼儿园	4	121	17	4742	2560
区晶桥镇中心幼儿园	6	151	25	7984.3	2954.2
区晶桥镇云鹤幼儿园	7	189	32	7920	2533.5
区晶桥镇邰村幼儿班	2	32	5	3166	1300
区晶桥镇水晶幼儿班	2	44	5	1500	650
区交通幼儿园	9	377	38	6615	3961
区大地双语幼儿园	14	474	64	5500	4650
区小太阳艺术幼儿园	10	393	44	2800	2900
区塞纳名邸幼儿园	10	434	40	4700	2834
区小梅花幼儿园	11	471	47	3125	2040

续表

幼儿园名称	班级(个)	在园幼儿(人)	教职工(人)	占地(平方米)	校舍建筑面积(平方米)
区爱涛幼儿园	6	250	13	3220	1900
区小龙人幼儿园	6	251	26	2960	1470
区琴韵华庭幼儿园	9	346	33	3318	1964
区阳光家苑幼儿园	6	246	24	2995	1814
溧水凯斯幼儿园	8	160	38	5876	4900
区时代景园幼儿园	6	258	24	3108	1706
市太平巷幼儿园溧水分园	9	333	44	4882.79	3543.7
区恒大金碧幼儿园	6	214	26	3835	1909
区创维幼儿园	11	430	41	8030	5643
区屏溪佳苑幼儿园	3	61	13	2800	1985
区金碧天下幼儿园	4	157	19	2587	1908.8
区万科幼儿园	17	665	68	5231	4474
区南堡幼儿园	9	357	34	5694	4673
南京晓庄学院附属溧水幼儿园	4	125	19	6316	4998
区商业幼儿园永昌分园	5	160	21	15466	7244
区金东城世家幼儿园	3	74	13	2615	3231

【优质幼儿园创建】 2021年,溧水区推进省、市优质幼儿园创建,扩大全区幼儿园优质资源覆盖面,促进学前教育高质量发展。区时代景园幼儿园、洪蓝街道中心幼儿园通过省优质幼儿园验收,区南堡幼儿园、琴韵华庭幼儿园和开发区新城佳苑幼儿园、怡景佳园幼儿园4所幼儿园通过市优质幼儿园验收。区永阳街道新区幼儿园、小太阳艺术幼儿园、永阳幼儿园、大地幼儿园4所幼儿园通过省优质幼儿园复审。

9月,区工交幼儿园毓秀路分园开园　　《今日溧水》报　供图

【幼儿园新园启用】 2021年,溧水区加大幼儿园建设力度,提升办园规模,满足幼儿教育需求。9月,区工交幼儿园整体搬迁至秀园路222号,新园占地1.13万平方米,建筑面积9500平方米,是一所五轨制现代化幼儿园,开设教学班15个,入园幼儿523人,在职教职工64人,专任教师32人。同月,南京晓庄学院附属溧水幼儿园开园,该园由南京晓庄学院与区教育局合作办学,位于区体育公园路88号,占地6315.77平方米,建筑面积4998平方米,绿化面积2500平方米。按四轨12个班规模设计,可容纳420个学位。开设小班4个,入园幼儿125人,在职教职工19人,其中在编教师6人。9月13日,区商业幼儿园永昌分园开园,新园坐落于永阳街道永昌东路8号,占地1.55万平方米,建筑面积7244平方米,按五轨15个班规模设计,开设小班5个,入园幼儿160人,在职教职工21人,其中专任教师5人,专任教师本科率100%。

【儿童绘本剧展演】 2021年，溧水区开展儿童绘本剧展演活动，区教办园和各街镇（开发区）中心幼儿园选拔13个儿童绘本剧参加展演。评出区级特等奖作品2个、一等奖作品4个、二等奖作品7个。推荐2个绘本剧参加市儿童绘本剧展演，区实验幼儿园《没有牙齿的大老虎》获一等奖、商业幼儿园《我的爸爸是军人》获二等奖。

【幼儿教师教学基本功比赛】 2021年，溧水区开展幼儿教师教学基本功比赛，经园级初赛、片级复赛，晋级区决赛教师50人。决赛分理论考试、教学活动设计、班级环境规划、儿童游戏观察与反思、钢笔字书写、主题绘画、绘本故事讲述、歌曲弹唱、儿童舞即兴创编9个项目，决出一等奖8人、二等奖12人、三等奖30人。推荐5名教师参加市级比赛，区永阳街道中心幼儿园胡媛媛、状元坊幼儿园陶恩远获一等奖，区工交幼儿园秦琼、商业幼儿园刘昀、实验幼儿园徐文轩获二等奖。（杭蓉珍）

义务教育

【概况】 2021年，溧水区有完全小学27所，办学点1个；教学班756个，在校小学生29486人；教职工2167人，其中在编专任教师1561人。招收一年级新生5327人，毕业学生4223人。适龄儿童入学率100%、巩固率100%；外来务工人员随迁子女100%安排到公办小学就读。占地75.78万平方米，其中新增0.61万平方米。普通中学15所，教学班280个，在校初中生11835人；教职工1245人，其中在编教师1232人。占地64.05万平方米，其中新增0.54万平方米。全区义务教育段学校注重办学质量提升，石湫中心小学被评为省书法特色学校，区特殊教育学校获“江苏省健康促进学校”“江苏省教育科研先进集体”“江苏省中小学生劳动教育与综合实践优秀基地”称号。区青少年校外活动中心被省教育学会评为江苏省校外教育先进集体。区第三实验小学、晶桥镇云鹤小学分别被授予“南京市智慧校园”“南京市小学特色文化示范学校”称号，区实验小学道德与法治教研组、第三实验小学美术教研组、特殊教育学校职教教研组被授予第十届“南京市普通中小学先进教研组”称号。白马中心小学获评市校园足球工作先进单位、市特殊教育发展有功单位。区特殊教育学校获市中小学劳动教育和综合实践优秀课程一等奖、市中小学德育工作创新二等奖、市教师培训优秀项目评选一等奖。永阳街道文昌小学、区特殊教育学校、和凤中心小学获评南京市文明校园。区状元坊小学作业管理《“双减”催生作业新样态》在《江苏教育报》发表、剪纸展在南京电视台教科频道“魅力校园”栏目播出，被评为南京市园林式校园。开发区小学学生刘紫莹获省中小学诗歌竞赛特等奖，被授予“诗歌之星”称号。游府西街小学溧水分校学生谢秋程获南京市中小学微功率测向比赛一等奖。溧水区获南京市初中发展性评估教育质量奖、教育公平奖、教育均衡奖，区教育局获南京市初中教育发展性评估教育质量奖第三名。金陵中学溧水分校立项市基础教育前瞻性教学改革实验项目，省溧中附属初级中学、区东庐初级中学、金陵中学溧水分校立项市第三批现代化初中培育校，金陵中学溧水分校“双减”课后服务项目、区石湫中学多样化发展特色项目、区云鹤初级中学挂钩结对帮扶项目立项，区第一初级中学、云鹤初级中学通过南京市现代化初中、新优质初中结项验收，金陵中学溧水分校被评为南京市思政育人特色学校。

4月28日，“动物小说大王”沈石溪到区状元坊小学作专题讲座
《今日溧水》报 供图

表41 2021—2022学年溧水区小学基本情况一览表

学校名称	班级(个)	在校生(人)	教职工(人)	占地(平方米)	校舍建筑面积(平方米)
区实验小学	161	7025	427	118999	97221
区状元坊小学	53	2179	144	38046	30491
区第三实验小学	65	2867	175	55361	31593
开发区小学	53	2291	146	37766	25718
开发区乌山小学	11	441	29	16300	4090
柘塘中心小学	13	404	50	21794	7700
永阳街道文昌小学	38	1626	108	28723	10681
永阳街道沙河小学	6	112	13	11000	2078
永阳街道东庐小学	22	694	42	22431	5389
永阳街道石家山小学	5	49	10	10300	2485
东屏中心小学	21	864	61	23868	17457
东屏街道群力小学	12	418	32	17700	6640
洪蓝中心小学	31	1146	101	21600	9579
洪蓝街道渔歌小学	16	505	50	14666	6403
石湫中心小学	27	978	93	37901	25662
石湫街道明觉小学	29	1092	89	33155	30986
石湫街道桑园小学	8	237	17	7750	2728
石湫街道亭山小学	4	53	7	5051	1472
白马中心小学	29	1064	98	35790	9865
白马镇共和小学	8	180	22	21065	4182
和凤中心小学	29	1097	102	33600	15442
和凤镇孔镇小学	14	467	40	18675	5370
和凤镇沙塘庵小学	11	317	28	19343	3877
晶桥中心小学	14	407	56	21267	5571
晶桥镇云鹤小学	15	500	51	13400	5921
晶桥镇邰村小学	6	96	15	6000	1853
晶桥镇水晶小学	3	43	6	7048	2239
游府西街小学溧水分校	52	2334	155	59249	34727

表42 2021—2022学年溧水区中学基本情况一览表

学校名称	班级(个)	在校生(人)	教职工(人)	占地(平方米)	校舍建筑面积(平方米)
区第一初级中学	48	2261	178	55950	23965
省溧中附属初级中学	58	2796	228	77831	27185
金陵中学溧水分校	33	1523	115	59248	38628
区柘塘初级中学	9	303	55	54800	10352
区东庐初级中学	14	508	87	68604	9287

续表

学校名称	班级(个)	在校生(人)	教职工(人)	占地(平方米)	校舍建筑面积(平方米)
区东屏中学	10	345	50	24479	6755
区群力初级中学	6	219	40	26296	7070
区洪蓝初级中学	17	687	97	31011	10473
区石湫中学	17	642	65	51870	11386
区明觉初级中学	16	631	65	22333	7214
区白马中学	16	593	80	50136	12790
区和凤初级中学	12	540	52	37497	9258
区孔镇中学	9	273	49	27023	7683
区晶桥初级中学	6	194	36	26217	4895
区云鹤初级中学	9	320	48	27240	6280

【汉语文化活动】 5月6—12日，溧水区举办"初中生汉语活动周"，旨在弘扬祖国传统文化，彰显汉语魅力，促进初中学生在汉语学习中体会中华文化的博大精深，加深对中华优秀传统文化的热爱之情，促进汉语积累，提高语言文字应用能力和文化素养。内容包括经典诵读、读书演讲、戏剧表演、汉语之星等，全区7000余名初中学生参加活动。学生徐晨卉、王泽、戴晓冉等获经典诵读、读书演讲、汉语之星一、二等奖，省溧中附属初级中学、区群力初级中学等获汉语之星团体奖；李彬彬、傅友禄、邱霞等获优秀指导教师奖。5月，区教育系统开展"汉字文化节"系列活动，以汉字为元素进行汉字活动创意和想象，传播汉字文化知识。6月8日，全区14所小学16个节目参加区第四届小学生"汉字文化节"展评活动。区状元坊小学《"状"元之争》、开发区小学《牛年话牛》获特等奖，永阳街道文昌小学《"国"字在我心中》等6个节目获一等奖，永阳街道东庐小学《属我最牛》等8个节目获二等奖；宋丹丹、刘季华等16名教师获优秀指导教师奖。9月，推荐4个节目参加市展评活动，获特等奖1个、一等奖1个、二等奖2个，4名教师被评为优秀指导教师。

【中小学生交通安全教育示范基地落成】 7月14日，全省首家"中小学生交通安全教育示范基地"在区第三实验小学落成。该基地设有室内教学、VR实景体验、模拟游戏和户外道路模拟等区域。通过区内中小学生道路交通行为和事故原因分析，总结出全区少年儿童亟需了解的10大交通安全知识点，通过动漫、互动影片、车辆模型等学生喜闻乐见的方式呈现。所有教学内容紧扣实际，VR影片在溧水主要路口实景拍摄而成。该基地由公安部道路交通安全研究中心指导，区公安、教育部门联合建设，省邮政公司参与建设，面向中小学生开展交通事故预防宣传教育。基地占地800平方米，总投资20万元。

【石湫中心小学通过省书法特色学校评估验收】 11月12日，石湫中心小学通过省书法特色学校

7月14日，全省中小学交通安全教育基地建设工作会议在溧水区召开

《今日溧水》报　供图

评估验收。该校注重师生书法教育，打造书法特色教学，制订专门校本教材，设立专用书法教室，定期举行师生书法艺术观摩、书法比赛、书法展览等活动，培养师生书法学习情趣。专家们参观学校书法文化建设，观摩师生书法（写字）作品展览，高度评价“书法特色学校”创建工作。一致通过石湫中心小学金陵书法艺术学校、江苏省书法特色学校的评估验收，被省教育学会书法专业委员会授予“中国书法（写字）特色学校”称号。

【中小学微功率测向比赛】 11月28日，2021南京市中小学微功率测向比赛在南京十三中举行，游府西街小学溧水分校4名学生参赛。运动员基于平时的刻苦训练，聆听、分析、奔跑、判断、追踪、锁定，依靠测向机的反应搜索目标。队员谢秋程获一等奖，钱雨彤获二等奖，刘迅、田一心获三等奖。

9月15日，省溧中举行“弘扬县中精神，争做时代英雄”2021—2022学年开学典礼暨表彰大会

《今日溧水》报　供图

【“市园林式校园”创建】 12月24日，区状元坊小学创成市园林式校园。该校结合学校“卓雅”教育理念和“状元坊”地域文化内涵，建构校园主题广场、特色园林、文化长廊、景观道路等，形成“一场、两轴、三区、四园”校园景观框架，从全体师生中征集楼名、路名、园名、楹联等。体现自然生态美、景观内涵美和文化特色美，通过市专家组验收。

（杭蓉珍）

高中教育

【概况】 2021年，溧水区有普通高中3所，班级126个，在校学生6416人，在职教职工709人，其中在编教师707人。占地30.99万平方米，其中新增5.07万平方米。教育教学质量稳中求进，区教育局被市教育局评为南京市高中教育发展性评估管理一等奖，省溧中、区第二高级中学获南京市高中发展性评估质量突出奖等奖项7个，区第三高级中学获质量奖、优秀奖等奖项5个。省溧中“县域普通高中创新拔尖后备人才的培养机制与实践研究”立项南京市基础教育前瞻性教学改革实验项目，省溧中、区云鹤初级中学挂钩结对帮扶项目立项，省溧中田径队获南京市青少年阳光体育节校园田径联赛高中组一等奖。区第二高级中学高一学生刘羽获省诗歌竞赛一等奖。

表43　2021—2022学年溧水区高中基本情况一览表

学校名称	班级（个）	在校生（人）	教职工（人）	占地（平方米）	校舍建筑面积（平方米）
省溧中	51	2503	279	149325	98809
区第二高级中学	39	2029	231	96394	53431
区第三高级中学	36	1884	199	64149	24989

【“样板班”创建】 2021年，溧水区加强高中学生教育和管理，在区第二高级中学各年级段遴选部分班级开展“样板班”创建。“样板班”从班主任到岗、激情读书、专注诵读、班级整洁4个方面选拔，采取年级互查方式，量化考核“样板班”建设，做到激情能参照、专注能榜样、整洁能示范、成绩能领

跑。通过“样板班”的创建，提升教师和学生的荣誉感、紧迫感和责任感，营造赶学比拼教育与学习氛围，至年底，创建“样板班”12个。

【高中高校共建】 2021年，溧水区融入高校资源，构建合作渠道，为高校输送人才。4月20日，区第二高级中学与江苏第二师范学院共建教育实践基地，并举行签约授牌仪式。双方就拓宽合作渠道、创新合作形式、深化合作效果进行研讨交流。区第二高级中学是江苏第二师范学院石湫校区启用后的第一个高中实践教学基地。基地将改善江苏第二师范学院专业实践教学条件，为区第二高级中学与高校协同育人打下基础。7月2日，省溧中与南京大学物理学院在南京大学仙林校区举行共建“物理特长生培养基地”签约仪式。“物理特长生”的合作共建旨在破除读死书、死读书问题，促进人才全面发展，促使天赋人才的成长。物理学院发挥自身师资、实验研究等优势，与省溧中共同构建物理特长生特色培养模式。11月24日，省溧中与中国矿业大学在省溧中签订中国矿业大学优质生源基地建设协议书，举行“卓越生源基地”授牌仪式，旨在加强两校联系，以优质高校资源助力省溧中发展，期待更高层次、更高水平合作，为中国矿业大学培养优异学生。

【高中青年语文教师研训班开班】 2021年，溧水区加大高中青年教师培养力度，提升青年教师教育教学能力，培养区域教师人才。9月16日，高中青年语文教师专业研训班开班。旨在帮助青年教师制订专业发展规划、建立发展档案、搭建专业发展平台，定期开展青年教师专业发展评估，形成区域学科青年教师系统性培养模式。通过邀请专家讲座、开设公开课、开展沙龙研讨等形式，让教师观摩名师课例、研习2021新课标和高考评价体系，研究语文专业重点期刊写作规范，助力教师专业成长。全年开展活动10次，每次研习活动时长3小时，全区三所高中参训青年教师19人。（杭蓉珍）

特殊教育

【概况】 2021年，溧水区有特殊教育学校1所、特殊教育指导中心1家，融合教育资源中心26所（其中幼儿园9所、小学8所、中学8所、高中1所）。区特殊教育学校有在职教职工62人，其中在编教师55人（含兼职巡回指导教师38人）。就读学生173人，教学班15个，是全区唯一一所招收听障、智障儿童，集学前教育、义务教育和中等职业教育于一体的15年制特殊教育学校；普通学校随班就读学生207人。通过特殊教育学校就读、随班就读、送教上门等方式，保障区域内适龄残疾儿童、少年受教育权利。以学生实践基地为平台，加强劳动能力和职业技能培养，提升特殊教育发展内涵，被评为江苏省中小学生劳动教育与综合实践优秀基地，是溧水区残疾人农疗基地、中小学校劳动教育基地、溧水中专校挂牌办学点。

【融合教育】 2021年，溧水区落实《江苏省第二期特殊教育提升计划》、省教育厅《关于加强普通学校融合教育资源中心建设的指导意见》，制订《溧水区关于开展普通学校融合教育资源中心建设的实施意见》《溧水区融合教育工作七项制度》，以建设国家特殊教育改革实验区为契机，统筹规划、深化改革，建立“布局合理、上下延伸、全类接纳、形式多样”的现代特殊教育办学体系，形成“普特融合、双业一体、双业创优”南京特色。3月，依托市特殊教育管理服务云平台完成全区有残疾证或医学证明学生、随班就读学生、送教上门学生信息数据的采集、上报、审核。3月18日，在区特殊教育学校开展“让每个孩子都接受适切的教育”融合教育主题教研活动，4名巡回教师创设融合课堂氛围，关注特殊学生课堂学习需求，提供资源教师融合教育不同视角。4月起，组织8名兼职巡回教师分组定期到区白马中学、洪蓝中心小学等资源中心点开展资源教室应用、个别化教育评估、学科教学调整等常态化指导与融合教育研究活动。派出300人次资源教师参与融合教育专项培训，提升融合教育教师特殊教育专业素养、资源教师与巡回指导教师融合教育服务能力。11月10日，“十四五”课题“融合教育背景下随班就读课堂有效性的实践研究”开题，旨在促进区内随班就读内涵发展，提升随班就读教育教学质量。与区特殊教育学校、洪蓝中心小学、白马中心小学、东屏中心小学、石湫中心小学、柘塘中心小学负责人和骨干教师成立共同参与的课题研究小组，根据普通学校与特殊教育学校孩子特点，通过形式多样、开放式、融合性强的交流方式开展融合活动，破解区域融合教育发展中“随班就读”现实困局，探索有实效的随读课堂教学，让每一位特需学生得到适应性成长。携手区特殊教育学校开展“普特融合共建”活动，每月展示融合教育教研1次，教师们在活动中提高融合教育的深度理解，提升融合教育教学能力，促进融合教育发展。12月，实施全区资源教师持证上岗工程，提升管理者和教师融合教育理念，一期参加省级特殊教育专业能力培训资源教师50人。发挥区特殊教育学校专业优势，提供普通学校专业支持和专业服务，至年底，区特殊教育学校有市级骨干教师7人、区级骨干教师14人，名特优教师占44%。巡回教师1人被评为市最美融合教师、1人获市融合教育优质课比赛一等奖，37名教师40篇融合教育论文在省市区获奖。

【南京市溧水区特殊教育学校】 该校创办于1986年10月，原名“溧水县聋哑学校”。1997年12月，从柘塘镇搬迁至县城，在招收听障儿童入学的同时，增招智障儿童，更名为“溧水县特殊教育学校”。2021年，在籍学生173人，在编教职工55人，其中市区级骨干教师21人，是全区唯一一所招收听障、智障儿童，集学前教育、义务教育和中等职业教育于一体的15年制特殊教育学校。2017年2月，新建校区与基地启用，新校区占地6.67万平方米，建筑面积2.32万平方米。按照省特殊教育学校建设标准，配齐各类专业功能室和现代化教育教学设备，满足学前段到中职段15年学生教育培训需要，同时满足接待800名中小学生社会实践（含食宿）需要。

围绕“为残疾学生终身发展服务”的办学理念，区域内残疾学生入学零拒绝，通过就读、随班融合、送教上门等方式，适龄残疾儿童、少年受教育率100%。按照特殊教育课程计划开齐开足各类基础课程，结合实际开设校本课程。根据不同学生特点，利用周二、三、四下午活动课开设语言训练、康复训练、个别矫正、心理辅导等个训活动课程。中专部依托“基地”，开设现代农艺技术专业，教师自编教材，侧重实践教学，注重培养学生实践技能，提高残障学生受教育的层次和质量。解决残疾人的就业难题，结合农村残疾学生熟悉种植和养殖等生活特点和区域内农业发达、土地资源丰富的实际，2001年8月，规划并筹建溧水县残疾人教育、培训、就业基地，2016年建设新基地，规划面积71.67公顷，一期占地33.33公顷，建成牡丹园、竹园、桃园、月季园、茶园、水产养殖区、果鸡生态放养区、蔬菜栽培区，建设玻璃温室2560平方米、连幢大棚5000余平方米。

利用“基地”资源，探索实践“教育—培训—就业—康复”一体化办学模式，引进南京农业大学7名农学、花卉、畜牧、水产、蔬菜、果树等专业的研究生充实教师队伍，填补南京市特殊教育领域农业职业教育空白，成为全国同类（级）学校中率先实施智障和听障学生15年教育的特殊教育学校。以“基地”为平台，将残障学生传统的课堂教育教学延伸至课外培训实践，构建校本化课程体系，创新探索教育改革。2017年4月，申报“提升残障学生生活质量的教育、培训、就业、康复一体化办学模式”项目被省教育厅确认为基础教育前瞻性教学改革实验一类项目。联合句容、海门、吴江和阜宁四地特殊教育学校成立联盟研究校，共同开展特殊教育研究，2020年6月该项目结项。先后安排20名毕业学生在基地独立性就业，除保险、福利外，年收入最高6万元/人、最低4万元/人。3月，基地被区残联定为“溧水区残疾人农疗基地”，成立溧水区双力

10月26日，南京市初中劳技教学研讨活动在区特殊教育学校举办
区特殊教育学校　供图

残疾之家。8月，总结提炼“以‘就业’为导向的农村特殊教育学校教育、培训、康复一体化课程建构与实施”教学成果，申报江苏省基础教育教学成果奖。

学校在做好残疾学生教育、培训、就业的同时，整合“基地”资源，拓展成为“溧水区中小学校劳动教育基地”“南京市中小学生社会实践基地”。以“实践育人”为原则，以“自主创新”为目标，依托真山真水，利用丰富资源，自主开发劳动教育实践课程，设置短期、中期、长期3类实践活动方案，实践项目内容新颖、形式多样、丰富多彩，有40多个小项目供不同地区、不同年龄段的中小学生自由组合、自主选择，依据学生特点和基地实际，开发“走进残疾人”“现代种植技术”等特色课程，为学生进行励志教育、学习现代农业知识提供资源与环境。2017年起，市区教育局先后投入300余万元，打造室内、室外2个安全教育体验区域，室内场馆约200平方米，含交通、地震、防溺水、消防、居家安全、应急避险等多个板块；室外主要是交通与户外拓展体验。安全体验馆一期建成，区教育局将中小学生、幼儿园安全教育纳入社会实践管理，安排学生到“基地”实践，固定年级、固定时间、固定内容，每年安排2万余人次中小学生进行安全教育和体验。

基地种植以牡丹最具特色，牡丹园占地13.33公顷，有九大色系100余个品种牡丹和30余个品种芍药5万余株。每年举办牡丹节，供市民观赏、休闲及学习现代农业生产技术，成为南京市休闲农业胜景，接待观光休闲市民15万余人次。2012年，“基地”被市教育局确认为南京市残疾学生教育培训基地、南京市中小学生社会实践基地、南京市现代农业职业技术培训基地。2014年，被中国残联确认为首批国家级残疾人职业培训基地。2001年，溧水县获“全国特殊教育先进县”称号，该校先后被评为全国特殊教育先进单位、江苏省文明单位、江苏省残疾人培训示范基地、江苏省残疾青少年教育就业示范基地、南京市特殊教育发展有功单位。（后开照）

中等职业技术教育

【概况】 2021年，溧水中专校融职业中专、综合高中、“3+3”中高职衔接、成人教育及社会培训等多种办学层次于一体，占地12.82万平方米。有全日制学生1692人，增加80人；招收新生504人，减少114人；毕业学生367人，减少221人。教职工199人，其中专任教师178人。有“双师型”教师67人，占33.67%；本科以上学历186人，占93.47%；高级职称94人，占47.24%；骨干教师37人，占18.59%。参加市级以上教师培训135人次，其中省级以上培训26人次。转段升入合作高校常州工程职业技术学院建筑工程施工专业10人、扬州工业职业技术学院机电技术应用专业12人。探索“1+1+1”（基本理论学习和基础技能训练、专业技能训练和职业能力培养、定岗实习）人才培养模式改革，2019届创维电器、金龙客车等订单冠名班级实施“跟岗顶岗实习就业”一体化运作。2021届学生文化基础课程合格率由90.91%提升到96.47%，专业理论课合格率由85.41%提升到97.49%，专业技能课合格率由93.45%提升到97.77%，文化基础课和部分专业课学考超过市均分。370名学生取得对应专业职业技能等级证书，通过率98.9%；2021届学生“ATA”（计算机类考试代理机构）考证参考率100%，通过率90.2%。扩建钳工实训室工位72个，新建数字化职业体验馆1座；新建工业机器

12月19日，溧水中专校承办的2021年溧水区全民终身学习活动周举行开幕式
溧水中专校　供图

人实训基地250平方米，投资240万元。新添图书3800册，图书管理系统有机接轨南京市中小学图书管理系统，有纸质图书12.04万册，生均72.6册；电子图书存储量20GB。教学仪器设备总值4323.4万元；实训实习工位3246个，生均1.96个。农学、机械教研组分别获省、市教学大赛三等奖，省技能大赛获1银6铜；市班主任基本功大赛获二等奖1项；学生创新创业大赛获省二等奖1项，市一等奖、二等奖各1项。获省文明风采活动评比最佳作品1件，2021年南京市文明风采活动优秀组织奖、禁毒竞赛优秀组织奖。获中学生健康教育社团活动方案评选一等奖1项、溧水区校园男子篮球联赛第二名、校园男子足球联赛第四名、第五十八届中小学生田径运动会总分第四名、校园女子排球联赛第四名。获溧水区全民阅读工程"十佳书香校园"、高中生诗词大会优秀组织奖、语言文字先进集体。教师张建林获全国第三届"中华教师好声音"大赛二等奖、郑千平获"我心向党"江苏省中华经典诵读大赛一等奖和"溧水好声音"亚军、徐春晴获南京市中小学教师经典诵写讲技能大赛一等奖。溧水中专校作品"'面面生花，辛劳塑美'——面塑育人工作室"获2021年南京市职业学校互联网+创新创业决赛一等奖，并被选送参加江苏省职业学校互联网+创新创业大赛。

【校企合作】 6月2日，溧水中专校与西门子数控(南京)有限公司达成合作框架。7月，以机电技术应用专业为试点启动"西门子"班招生，招收新生30人。建立西门子宣传平台，吸引"3+3"(中等职业教育学习3年，高等职业教育学习3年)中高职项目学生完成大专阶段学习后到西门子数控(南京)有限公司就业；开设"名企实习就业"双选会，提供毕业学生专业对口、优质就业岗位。10月29日，与溧水宾馆有限公司举行校企合作办学签约暨授牌仪式。

【非遗文化传承战略合作】 10月9日，溧水中专校与区民间文艺家协会战略合作协议签字仪式在溧水中专校"非遗文化体验与创新基地"举行，与民间文艺家携手共建，推动非物质文化进校园。将溧水非物质遗产文化通过学校社团活动，在学生间推广，让学生在学习和动手中享受非物质文化遗产的乐趣。继承和弘扬中华民族优秀传统文化，丰富学生业余生活，满足学生精神追求，营造全社会共同参与保护传承中华优秀传统文化的浓厚氛围。至年底，建有一叶沉香茶艺社团、裁云为梦剪纸社团、面面生花面塑社团、巧手虎头鞋社团、葫芦娃葫芦画社团、天生抬鼓社团6个非遗类社团。

(詹喜发)

高等教育

【南京视觉艺术职业学院】 2021年，南京视觉艺术职业学院坚持"精艺创新、追求卓越"的办学宗旨和创办"特色化、品牌化、国际化"艺术大学的办学目标，优化教育教学环境，加大人力资源配置。引进各类人才41人，其中专任教师21人、专职辅导员4人、行政管理岗位16人。增加副高级以上职称教师7人、中级职称教师5人、"青蓝工程"培养对象2人。推进教师继续教育、提高专业技能及专业素养，安排教师参加各类业务培训84人次。鼓励和支持教师参加各类能力竞赛，促进教师教学能力提升，4名教师参加省高校微课教学比赛，1人获三等奖，4名教师参加省职业院校教学大赛，1人获三等奖，获第二十五届全国教师教育教学信息化交流活动典型作品1项、省第五届"启航杯"高职院校新教师教学竞赛优秀奖1项，师生在各级各类比赛中获奖130余项。

新增省级以上高校哲学社会科学研究基金项目和自然科学研究项目21个、大学生创新创业训练项目23个、教学实践类项目7个。教师在国内外出版或发表著作、论文、作品54篇。在校学生3479人、教职员工262人，设有传媒系、设计系、人文艺术系和国际学院4个教学单位，设置顺应社会发展需求的影视传媒类、艺术设计类、音乐舞蹈类、服务管理类等25个专业方向。开设传媒、设计、人文、竞技、实践等各类型学生社团19个，开展文体活动、技能竞演、社会实践、青年志愿者服务、比赛等活动50余场次。

举办线上线下"校园双选会"等各类招聘活动6场次，在15个省(市)录取新生1393人，学生年终就业率98.59%，保持全省同类院校前列。2020届毕业生用人单位满意度92.40%，职务晋升人数比为55.3%。48名2021届毕业生赴韩国留学。

加强基础设施建设，新建风雨操场竣工并通过验收，雨污分流工程、泵房及消防系统改造工程、标准化考场建设工程、校舍出新改造工程等项目按期完成。

（丁剑峰）

4月15日，南京视觉艺术职业学院与江苏众硕智绘科技有限公司开展校企合作签约

南京视觉艺术职业学院　供图

【陆军工程大学溧水营区】 3月5日，陆军工程大学溧水营区教练勤务营国防工程连组织官兵到柘塘街道前进社区参加"学雷锋"活动。4月15日，与前进社区一同采用徒步机动方式到大金山国防园，开展"徒步大金山，重走长征路"党史学习教育活动。2月11日除夕、8月1日建军节，区委、区政府领导到溧水营区慰问教练勤务营官兵。

（夏刘兵）

【南京工业大学浦江学院溧水校区】 2021年，南京工业大学浦江学院溧水校区秉承"六维素质"人才培养理念，围绕立德树人的根本任务，以建设现代化高质量高等院校为发展方向，坚持质量立校、人才强校、特色兴校。加强科研制度化建设，制订《南京工业大学浦江学院横向课题管理办法》《南京工业大学浦江学院教师科研工作量计算管理办法》等，以健全制度推动科研管理常态化、长效化和规范化，申报发明专利2项，出版代表性著作2部，发表论文128篇。聚焦人才培养模式，各专业人才培养计划中嵌入"实用工商管理"特色模块，在7个学院开办管理学基础、商务谈判、商务技能等课程以及企业家精神讲座，提升学生沟通谈判和商务礼仪等综合素养。规范招生环节，在同类23所院校中排名靠前，文科组排第10位，理科化学组排第2位，理科不限组排第9位，招生3232人，在校生首次达到10532人。强化人力资源配置，引进高质量人才41人，其中专任教师27人、专职辅导员8人、行政管理岗位6人。至年底，有专任教师与外聘教师583人，生师比18:1，专任教师中副高级及以上职称教师占42%，研究生学历教师占74.9%，研究生学位教师占88%。根据《江苏省教育厅关于开展2021年高校"青蓝工程"培养对象选拔工作的通知》，推荐青蓝工程培养对象8人。组织教师资格培训60人，其中26名教师完成春季学期培训考试，取得高校教师资格证书。规范职称评定，完成初、中、高级职称评审及公示，其中26名教师通过中级职称、6名教师通过副高级职称任职资格评审。

推进法兰克福应用科技大学汽车工程专业、维尔兹堡施韦因富特应用科技大学人工智能专业、泰国先皇科技学院拉卡邦分校研究生招生合作事宜，拓宽学生留学深造通道，培养具有国际视野和跨文化交际能力的优秀人才。开展庆祝中国共产党成立100周年"永远跟党走"主题教育活动，引导学生把爱党爱国热情转化为实际行动；举办"百年正青春，奋斗正当时"主题教育升国旗仪式，深化爱国主义教育和理想信念教育。根据教育部《关于开展劳动教育的实施意见》，设置劳动教育公共必修课程，"劳动理论教育+劳动实践教育"相结合，构建全面培养教育体系。建立健全学生心理健康动态监测信息化系统，完善横向到边、纵向到底的学校—学院—班级—寝室—个人五级网络工作体系，加强学生心理危机预防与干预。组织学生参加"三下乡"暑期社会实践、"挑战杯"大学生竞赛等活动，机电学院"星火传递"实践团队获江苏省"社会实践优秀团队"称号，外国语学院学生张乐天获江苏省"社会实践先进个人”称号。注重“以美育人、以文化人”校园文化建设，举办第二届大合唱比赛、校园十佳歌手大赛、“艺宿超新星”首届新生线上才艺大赛，让文化艺术教育渗透日常学习生活。增强学生就业创业能力，开设创新创业通识课，举行人工智能、围棋与人生、围棋的源流及演变、癌症与抗癌、结构化思维、南京城6场双创素质教育讲座，设立双创先锋培训班，配备名企导师。整合石湫科创园、正大集团等社会资源，推进实践教学、创业实训、项目培训、项目孵化、成果转化等环节，提供创业辅导、资源整合、政策服务等支持，为创业学生搭建成长平台。组织学生参加各类创新创业项目申报和比赛，在实践中提高学生创新创业能力，2021江苏省大学生创新训练计划项目遴选出省级项目20个、校级项目63个；江苏省第七届“互联网+”大学生创新创业大赛获三等奖1项，全国大学生、江苏省大学生计算机设计大赛获国家级三等奖2项、优胜奖2项，省级一等奖1项、三等奖4项、优秀奖1项；“正大杯”江苏省大学生双创实战营销大赛获一等奖1项、二等奖2项、三等奖3项。举办毕业生就业招聘会5场，邀请348家用人单位参会，提供工作职位2万余个，其中不乏知名企业和世界500强企业。毕业生年终就业率93.07%，超过省教育厅就业率目标要求，其中机电学院、土木与建筑工程学院、工商税务管理学院、商学院、外国语学院就业率超过93%。

加强校舍建设，完善校园环境基础设施，与区政府、石湫街道沟通协调，完成二期15万余平方米建设项目相关手续办理。升级图书馆配套资源，投入专项资金保障文献资源、服务资源、空间资源和人力资源需要，采购图书3万余册，满足师生阅读需求。完成74个公共教室配套建设、江宁校区7个学院32个部门搬迁入驻。

（夏志诚）

【江苏第二师范学院溧水校区】 2021年，江苏第二师范学院溧水校区开展“我为群众办实事”实践活动，围绕师生“急难愁盼”问题，制订校级实事清单14项、二级单位实事清单97项。强化育人功能，举办“信仰公开课”100余场次，获评省高校学生管理创新一等奖。加大省级示范马克思主义学院建设，组建课程思政教研中心，推进思政教育与专业课程、通识课程深度融合，获评省级课程思政示范专业1个、示范课程1门。完善一流专业建设机制，首获国家级一流本科专业建设点2个，新增省级一流本科专业建设点5个。推进师范类专业认证，2个专业通过认证专家现场考查，6个专业通过学士学位授权审核，申报新设本科专业5个。加大3个省级重点学科、4个校级重点学科建设，新申报省级重点学科4个，形成合理学科建设梯队。科研先导，催生高质量研究成果，获省高校哲学社会科学研究成果一等奖1项、二等奖1项、三等奖4项，省高校科学技术研究成果三等奖2项。新增研究生联合培养专业4个。

补齐就业短板，多措并举保就业、稳就业、促就业，毕业生毕业去向落实率95.78%，总协议率81.37%，超过全省平均水平；师范生考编率46.51%。修订创新创业学院章程，创业园新增入园孵化项目3个。围绕2020年教育部本科教学工作合格评估专家现场考查反馈意见，制订全方位、全过程整改方案，从师资队伍建设等6个方面入手，制订整改措施74条，新建教学管理制度5项，修订完善制度5项，提升教学规范化水平。贯彻OBE理念，修订2021版人才培养方案，重构“专业、通识、师范”三大平台课程体系，将行业标准、国家认证标准引入课堂、融入教学。关注课堂教学，实施“课程首席教师”制度，开展“教学十佳”评选，打造“金课”，14门课获评省级一流本科课程，2门课入选省助力乡村振兴在线开放课程。获批省级新文科研究改革实践重点培育项目1个，立项省级教改课题5个。获评全国优秀教材一等奖1项、二等奖3项，省教学成果特等奖2项、二等奖1项。获批省级重点教材1部，立项省本科优秀培育教材2部。学生410人次获国家级和省级学科竞赛奖项。

加大高层次人才引进，博士、正高教师增长50.0%，人才科研启动经费和住房补贴金额增长35.9%。注重实践取向，组建以基础教育一线名师为主持人的“名师工作室”，“双师双能型”教师增长21.0%，培养期内省部级高层次人才增长34.0%。推进治理体系现代化步伐，实施教师分型，制订新一轮“岗位设置管理办法”，修订“绩效工资实施办法”，形成岗位聘用、职称评审和绩效工资三位一体教师管理与激励评价体系，激发担当精神，释放创新活力，提升治理体系和治理能力现代化水平。发挥教育现代化研究院优势，开展决策咨询研究，《深入开展学陶师陶，推动我省教师队伍建设高质量发展》获省领导批示，《优化义务教育资源供给与配置的对策建议》被民革中央采用。获批江苏省基础教育大数据应用工程研究中心，服务江苏教育强省重点战略支撑。发挥省教师培训中心和省教育行政干部培训中心影响力，推进国培计划中小学名校长领航工程江苏基地项目、江苏省卓越校长和教师创新培育计划等项目，开展线下教师培训2486人次、线上培训187万人次，提升江苏基础教育教师队伍水平。

6月21日，江苏第二师范学院举办2021年本科生毕业典礼

《今日溧水》报　供图

注重实践培养，开展心理健康区域合作，探索高校、政府、中小学协同共建“教师专业发展实验基地”，与建邺区、玄武区、江宁区签署校地协同人才培养合作协议，新增实践基地21个。统筹优质教育资源，搭建产学研合作平台，新增教育部产学合作协同育人项目12个、横向合作研究项目24个，申报建立“完美世界数字文化创意产业学院”，获批省科技副总项目8个，科技合同经费增长100%。加强国际交流合作，开设线上语言文化课程，学前教育专业获批省高校国际化人才培养品牌专业。打造品牌项目、推进美育文化创新，获第六届全国大学生艺术展演一等奖1项、二等奖3项。获批省教育厅、财政厅2021年度高雅艺术进校园拓展项目3个，经费增长60%。（夏至诚）

【南京城市职业学院】 2021年，南京城市职业学院贯彻教育部《深化新时代教育评价改革总体方案》，落实“先锋、攀登、精益”行动发展战略，统筹教育事业改革发展，坚持立德树人，推动教育高质量发展。开放教育招生3239人、三年高职招生2427人、五年高职招生440人、面向社会人员招生104人，年终就业率95.18%。至年底，设有康养工程学院、智能工程学院、数字文创学院、数字财商学院4大产业院系，开设专业34个，在校学生6828人。

构建一体化思政工作格局，立项课程思政示范建设项目6个，其中导游业务项目获市级立项。数字财商学院教师孙静静“极限的概念”课程获国家开放大学数学课程思政教学案例大赛三等奖。参与省部级创新创业竞赛项目381个，参赛学生1079人，增长24.5%。获第七届省“互联网+”大学生创新创业大赛二、三等奖各1项，第十七届“挑战杯”省大学生课外学术科技作品竞赛红色专项赛二等奖2项、三等奖1项，省“青年红色之旅赛道”三等奖1项。

建设高水平师资队伍，引进高层次人才10人，2名教师获批省“青蓝工程”优秀青年骨干教师培养对象，完成江苏省第六期“333”（培养30名左右研究成果具有国际先进、国内领先水平的国家级科学家、工程技术专家和理论家，300名左右具有省内领先水平的省级优秀人才，3000名左右成绩显著的市级优秀人才）人才选拔推荐。提升校企合作水平，各专业平均拥有校企合作企业5.66家，包含80个校外实习基地、101家产学合作企业，新建校外实训基地59个、产学合作单位85家。加强学科专业建设，申报江苏省现代职业教育体系贯通培养“3+3”（中等职业教育学习3年，

高等职业教育学习3年)项目7个、"3+2"(中等职业教育学习3年,高等职业教育学习2年)项目2个,立项"十四五"市级重点建设项目14个,试点专业"1+X证书"项目19个。立项省高校哲学社会科学研究一般项目10个、思政专题项目10个,省社会科学应用研究精品项目8个,国家体育总局决策咨询研究项目和中国医学科学院研究项目各1个。

6月,依据省、市政府下发《关于2021年同意南京市广播电视大学更名为南京开放大学的批复》,制订《南京开放大学综合改革方案》,以更名为契机,实现转型创新发展。提升社会服务能力,加快老年开放大学建设,推进老年人学用智能手机专项工作,获批省社会教育学习体验基地3个、长三角市民终身学习体验基地1个。与市机关事务管理局合作,开展党政管理人员培训1128人次;与中国邮政储蓄银行股份有限公司南京市分行、南京米好信息安全有限公司合作,培训高级社会工作师3064人次;与市教育局等5家单位共建南京家长成长学院,培训5952人次。开展全媒体记者班讲座、"放手与变化"公益讲座、1～6岁语言发展指导初级讲座、防诈骗公益讲座等35场次,参训学员3038人次。

加强信息化建设,提升师生信息技术素养和应用能力,推动互联网、云计算、大数据、5G、人工智能等现代技术在教育教学中的创新创造应用。确保校园安全稳定,加强网格化管理,开展"为群众办实事"活动,获市应急管理普法知识竞赛优秀组织奖。帮扶困难学生2630人次,发放河南受灾学生临时困难补助6.5万元;为246名建档立卡学生、11名残疾学生、4名孤儿学生、75名退役学生办理减免学费手续,金额224.11万元;获国家奖学金、院长特别奖学金、综合奖学金和专项奖学金学生近800人,金额175.45万元。 (狄勇)

社会教育

【概况】 2021年,溧水区社区教育服务溧水现代化建设,推进社区教育高质量发展。实施新时代实践教育服务活动,提升师生文明素质,开展校园文明实践点"一校一品"行动,区青少年活动中心艺术教育服务、晶桥镇云鹤小学科技教育服务、白马镇社区教育中心"少年初心堂"农村儿童关爱项目成为学习网红地,开展新时代实践教育服务活动230余场次。白马镇社区教育中心校长芮白林被评为省社区教育先进工作者、任生安被评为省社区教育优秀志愿者。

【社区教育品牌创建】 2021年,溧水区加强社区教育品牌创建,东屏街道"禾屏"兴业园项目、白马镇"梅"好学苑项目被评为南京市教育服务乡村振兴战略实施优秀项目;永阳街道社区教育中心"七巧板"项目被评为省社区教育品牌、市终身学习品牌。全区社区教育中心提供中小学生辅导和留守儿童、困难学生服务,由中小学教师志愿者参与各社区暑期中小学生托管服务。

【校外学科类培训机构压减】 2021年,溧水区贯彻省市关于校外培训机构专项治理要求,由教育、法院、司法、市场监管、公安等部门组成培训机构维稳工作专班,调解学员家长在法院起诉和"12345"投诉学科培训机构退费和租赁问题,专班各成员针对培训机构、学员家长及租赁方陈述情况作政策宣传和调解建议,化解矛盾;宣传国家、省市"双减"政策,促进学科类培训机构落实压减率。至年底,全区32个学科类培训机构全部转为非学科类培训或停办。 (杭蓉珍)

责任编辑 朱幸福

文　化

Culture

综　述

【概况】 2021年，溧水区聚力文化惠民，提升公共服务，增强文化文艺创作能力。全区开展广场文化演出、民俗文艺展演、送戏下乡等文化活动1000余场次，放映公益电影1600余场次。提高艺术创作能力，支持鼓励作家创作文学艺术精品，全年在市级以上文学刊物（纸媒）发表小说、诗歌、散文等作品600余篇，创作国画、油画美术作品120余幅。推进公共文化场馆服务，图书藏量增加7.12万册，接待读者43.03万人次。加强文化遗产保护，完成区级文保单位宗祠修缮2座；考古发掘西周晚期至春秋中期和宋代至明清时期墓葬60座，出土文物300余件。推进广播电视等新媒体融合发展，增强大众传播能量，新增广播电视新闻栏目34个、制作专题片和纪录片182个，对外宣传发稿145篇。全区第二轮志书修编正式出版16部，《溧水年鉴（2020）》获评第八届全国地方志优秀成果二等奖。履行以史鉴今，资政育人工作职能，编写《红色溧水日历》，运用媒体矩阵传播溧水红色文化。提升档案利用服务水平，调阅档案5604卷，提供凭证7020张。推进文化产业高质量发展，招商签约文化产业项目7个，投资总额88.8亿元。年底，胭脂河古遗址公园提升等2个项目获市级文化产业专项扶持资金150万元。全年实现文化产业增加值44.44亿元，增长26%。南京市文学之都促进会授予韩熙载读书台、胭脂河天生桥景区、中山书院、永寿坊文化街区以及无想水镇“世界文学之都地标”铭牌。

（黄晓萍　吴萍　刘华珍　叶宁　陈宗波）

表44　2021年溧水区文化事业基本情况一览表

指　标	单位	数据
一、群众文化事业		
1. 文化馆、站	个	9
文化馆	个	1
文化站	个	8
2. 图书馆	个	14
公共图书馆	个	2
其中24小时自助馆分馆	个	12
公共图书馆总藏量	千册	654.797
二、艺术事业		

续表

指　　标	单位	数据
文艺团体	个	31
三、文博事业		
博物馆	个	1
博物馆藏品数	件/套	2691
本辖区市区级以上文物保护单位	处	27
其中:全国重点文物保护单位	处	1
省级重点文物保护单位	处	5
市级重点文物保护单位	处	10
区级重点文物保护单位	处	11
四、非物质文化遗产保护		
1.本辖区内非物质文化遗产名录		
国家级项目	个	1
保护单位个数	个	1
省级项目	个	3
保护单位个数	个	1
市级项目	个	6
保护单位个数	个	1
区级项目	个	36
保护单位个数	个	36
2.本辖区内非物质文化遗产代表性传承人		
国家级代表性传承人	人	1
学徒人数	人	6
市级代表性传承人	人	4
学徒人数	人	8
区级代表性传承人	人	36
学徒人数	人	50

（区统计局）

【文化队伍建设】 2021年,溧水区文旅系统在编在岗79人,硕士研究生4人,本科生47人,大专文化14人,中专以下学历14人。副高级以上职称9人。专职文化管理在职职工54人(其中图书馆、儿童图书馆15人,区文化馆15人,8个街镇文化站24人)。文艺团体29个,社区综合文化服务中心111个151人。业余文化骨干900人,文化类社会组织178个3550人(包括民营文化文艺戏曲业余团队等)。全区高层次文化人才在库23人,包括文化艺术、经营管理、哲学、社会科学等多个界别。在南京市公共文化服务先进集体和先进个人评选中,永阳街道文化体育站、洪蓝街道文化体育站获评先进集体,11人获先进工作者,2人获优秀志愿者。

（吴萍）

公共文化

【概况】 2021年,溧水区推进现代公共文化服务体系与服务效能提升,围绕庆祝中国共产党成立

100周年和党史学习教育主题，策划区、街镇、村（社区）主题系列文化活动，开展“健康新溧水，唱响大戏台”送戏下乡等文化活动，营造文化氛围。4月30日，“幸福溧水”第二十一届群众文化艺术节在体育公园开幕。举办群众文化艺术演出30场。承办江苏省庆祝中国共产党成立100周年“百年百场”优秀群众文艺作品巡演（溧水专场）。组织“健康新溧水，唱响大戏台”2021年送戏下乡巡回演出22场。8家少儿图书室通过市级验收。洪蓝街道率先打造街镇公益电影院并投入使用。

（吴萍）

【文化体系建设】 2021年，溧水区从“办文化”向“引文化、建文化、管文化”转变，推动文化体系建设。通过政府购买服务方式，搭建文艺团队平台。同步推进服务大众与精品创作工作，开展“我们的节日”“文化进万家”等文化惠民活动，服务群众超5万人次。邀请市演艺集团舞台剧《上邻下舍》剧组到溧水演出。5月，“梅绽金陵，礼赞百年”第30届中国戏剧“梅花奖”竞演演员线下系列活动溧水专场在无想水镇、遇园举行。洪蓝街道引进市五星级文艺团队，南京溧庆黄梅戏剧团落户，剧团走遍省内外1000余个村落，全年演出600余场。区文化和财政部门联合制订《溧水区文艺团队扶持奖励办法》等文件，加强文艺团队建设，发挥全区文艺团队在提供公共文化产品和开展群众文化活动方面的积极作用。全区新建文艺团队15个，总计85个，其中戏曲业余剧团35个、歌舞团队25个、影视文化传媒20个、其他类型5个；民营企业开办音乐、美术、书法、绘画等艺术类培训中心和辅导班358个。

（黄晓萍　吴萍）

【公共文化服务】 2021年，溧水区坚持文化育民、文化惠民、文化为民，开展“校地融合”，与南京艺术学院首次合作举办2021新年音乐会、“永恒的咏唱”红色歌剧情境展演。打响“幸福溧水”群众文化艺术节品牌，全年组织广场文化演出、民俗文艺展演、送戏下乡等区、街镇、村（社区）三级文化活动1000余场次，做到月月有演出，周周有活动。围绕庆祝中国共产党成立100周年，开展江苏省庆祝中国共产党成立100周年“百年百场”优秀群众文艺作品巡演、“礼赞百年·幸福溧水”美术书法摄影展等活动。举办“我们的节日”、“4·23”读书节等各类主题阅读活动近100场次。聚焦地方文艺精品创作，舞蹈作品《石臼湖畔的记忆》、器乐作品《天空之境》以及书法摄影等14个作品，获“星辰奖”入围奖。

【星级文艺团队评定】 2021年，溧水区加强文艺团队管理，激发文艺团队活力，推动文艺团队健康发展，丰富群众文化生活。印发《溧水区文艺团队扶持奖励办法》，通过团队申报、组织评审、对外公示程序，评出年度星级文艺团队20个。其中，四星级文艺团队3个（南京溧庆黄梅戏剧团、南京市溧水区一枝花戏曲部、南京市溧水区锣鼓艺术协会），三星级文艺团队4个（南京市溧水区永阳街道文联音乐舞蹈协会、南京市溧水区老年人文体协会、南京市溧水区龙山歌舞表演团、南京市溧水区胭脂文化艺术团），二星级文艺团队6个（南京溧水大李巷文艺演出团、南京市溧水区秦淮源戏曲协会、南京和美文化传媒有限公司、南京市溧水区玉凤戏剧部、南京苏风锡剧表演有限公司、南京市溧水区茂盛黄梅戏剧团），一星级文艺团队7个（南京市溧水区夕阳红艺术团、南京岗头李马灯表演艺术队、溧水区梅之韵剧团演出队、南京宏茂影视文化传媒有限公司、溧水区根柏表演队、溧水区瑞瑞歌舞艺术队、南京市溧水区春暖戏剧馆）。

【2部戏剧获市公共文化金奖】 2021年，溧水区动员文艺界挖掘地方红色资源，创作文艺精品。组织南京溧庆黄梅戏剧团以抗日战争年代发生在溧水区白马镇石头寨李巷自然村村民参加抗日斗争故事为背景，创作锡剧《抗日交通员》、黄梅戏《永远的记忆》。10月25—28日，参加由市文旅局主办的首届南京市公共文化会演比赛，锡剧《抗日交通员》、黄梅戏《永远的记忆》获首届南京市公共文化“星辰奖”金奖。

（吴萍）

【全民阅读】 2021年，溧水区开展“城市里、书海间”系列活动1000余场，举办“名家名师大讲堂”沈石溪专题讲座、“奋斗百年路，永远跟党走”演讲比赛、全区首届朗读好声音大赛、溧水区第三届“美丽乡村阅读季”和第二届诗词大会等品牌活动。其中“诗画溧水，书香相伴”阅读行走获评江

4月24日，"辉煌百年，阅动我心"2021年书香溧水读书节举办
《今日溧水》报 供图

苏省公益阅读推广活动，"声入人心，红动溧水"获评江苏省十佳阅读推广活动、南京市公益阅读推广活动。推动农家书屋工作开展，组织参加"我的书屋我的梦"大赛，2人获中宣部优秀作品奖，13人获省级奖项。组建区全民阅读促进会，吸纳个人会员55名、单位会员22家。分类分级培育本地阅读推广人队伍103人，评选2020年度溧水区全民阅读系列先进典型71个(家)。通济街社区共享书房获评2021年南京市共享阅读空间，洪蓝街道西旺社区等3个农家书屋获评南京市四星级示范农家书屋、永阳街道东山社区等9个农家书屋获评南京市三星级示范农家书屋。优化"书香溧水"报纸专版和"书香溧水"微信公众号功能板块，向学习强国、书香江苏、书香南京等宣传平台报送信息近50篇。"书香溧水"微信公众号中朗读好声音大赛投票链接访问次数近80万人次。

（黄晓萍）

【溧水区第四届秦淮源头灯会】 1月1日，溧水区第四届秦淮源头灯会亮灯仪式在区宝塔公园举行，中央电视台《新闻联播》《新闻直播间》《共同关注》等栏目报道播出。亮灯仪式上，300架无人机组成"健康溧水"等字样形状，与地面花灯遥相呼应。灯会以"万家灯火·欢乐溧水""绚丽名城·悦动溧水""唐风古韵·梦回千年""根深叶茂·智造溧水"4个主题板块86组灯组成。布展范围覆盖"三园、两河、七线、三节点"，重点在宝塔公园、状元坊公园、城隍庙和南门河、护城河等区域展开。新增无想水镇、永寿坊两处特别亮灯区，推出望京广场花篮灯组、交通西路桥上锦鲤灯组2处赏灯打卡点。灯会期间，举办"秦淮源头过大年"系列文化活动，组织跳马灯、打社火、沙河舞狮、划龙船等一批地方传统文化节目展演。灯会持续至3月底。

（吴萍）

文化场馆

【概况】 2021年，溧水区有区级文化馆(国家二级馆)1个，街镇文化站8个，阅读驿站14家；村(社区)综合文化服务中心111家；公共图书馆(国家一级馆)2个，24小时自助图书馆12个。新增武警江苏省总队机动支队阅读驿站、武警南京支队溧水中队阅读驿站、和凤镇退役军人事务站阅读驿站。图书总藏量61.52万册，增加7.12万册。区级博物馆1个，藏品2691件(套)。

（吴萍）

【图书馆】 2021年，溧水区图书馆及分馆实体文献藏量43.97万册，其中，图书藏量40.75万册，书刊文献外借25.8万册次，接待读者31.03万人次。结合"4·23"世界读书日、图书馆服务宣传周、新时代文明实践活动、中华传统节假日等，开展线上线下读者活动257场次。庆祝中国共产党成立100周年，开展"学习习近平新时代中国特色社会主义思想概论"讲座、党史学习主题书展、"中国共产党党史上的第一——庆祝中国共产党成立100周年特展"等系列活动72场，其中线下活动51场、线上活动21场。7月，升级改造城市书房阅读空间，增加休闲区域和读者独立空间，增设读者座位22个。分别与武警江苏省总队机动支队、武警南京支队溧水中队、和凤镇退役军人事务站合作，新设立阅读驿站3个；结合端午节等传统节日，送文化活动进军营。7月27日—9月8日，受疫情影响，溧水区图书馆及12个24小时自助图书馆暂停开放，在此期间向读者开放各类图书、期刊、听书等电子资源。9月9日，区图书馆有序恢复开放服务。12月，降低读者办证门槛，开通微信免押金办理电子证，提高书刊借阅量。在全市2021"阅美"

系列活动中，获“光辉的历程，庆祝中国共产党成立100周年”主题读书有奖征文大赛二等奖1个、三等奖1个、优秀奖2个；获“寻找创意少儿阅读空间”主题摄影作品征集活动一等奖1个、二等奖1个、三等奖2个、优秀奖1个；馆员朱静获“赞歌献给党”朗诵竞赛三等奖。在“我心向党庆百年”南京市红领巾读书征文评奖活动（中学组）中，溧水区图书馆选送作品获一等奖3个、二等奖2个、三等奖1个。在2021年度江苏省公共图书馆业务技能竞赛中，馆员曹昌昌、祝云柳获个人三等奖；区图书馆获2021年度江苏省公共图书馆业务技能竞赛团体三等奖。

【24小时自助图书馆】 2021年，区图书馆更新城区体育公园、尚溧城24小时自助图书馆刷卡门禁设备，增设人脸测温、手机电子二维码识别等功能，读者通过刷图书馆读者证或微信电子证快速进入自助图书馆进行借还书办理程序。全区有24小时自助图书馆12个，其中城区4个、乡镇8个，全年外借图书2.83万余册，接待读者4.83万余人，更新图书2万余册。（曹昌昌）

【儿童图书馆】 2021年，溧水区儿童图书馆藏书22.61万册，接待读者12万人次，借阅图书16.1万册。与区委宣传部、文化馆、文联、妇联、新华书店、街镇幼儿园小学等文化团体，联合开展阅读、展览活动230场，推荐阅读书目150本，参与活动7000人，受益3.2万人。其中，组织“3～6岁幼儿早期阅读”“绘本润童心，阅读伴成长”、超轻黏土手工体验、指尖上的非遗亲子体验系列活动50场，吸引2400余名家长及幼儿参与；开展“共沐书香悦享好书”青少年经典导读活动（小学篇、中学篇）30场，吸引1800余名学生参与。关爱留守儿童，联合晶桥镇中心幼儿园、商业幼儿班、白马中心小学等，开展阅读活动30余场。庆祝中国共产党成立100周年，到农村社区开展“讲述红色故事·传承红色基因”系列讲座活动20场，1000人参与。12月，建成街镇少儿图书室（阅读空间）8家并通过市文旅局验收。参加全市2021“阅美”系列活动，获“光辉的历程，庆祝中国共产党成立100周年”主题读书有奖征文大赛三等奖1个、优秀奖1个；获“赞歌献给党，庆祝中国共产党成立100周年”主题诗歌馆员朗诵竞赛一等奖1个；获“寻找创意少儿阅读空间”主题摄影作品征集活动三等奖1个、优秀奖1个；获“红色基因薪火传”南京市少儿阅读服务案例成果二等奖1个。（杨中华）

【文化馆】 2021年，溧水区文化馆结合党史学习教育、庆祝中国共产党成立100周年以及传统节日，开展文化惠民、文化演出活动等110余场次。4月30日，在区体育公园举办“幸福溧水”第二十一届群众文化艺术节开幕式，启动2021区文艺演出及文化惠民活动。全年举办“幸福溧水”群众文化艺术节、“情暖新春”等品牌文艺演出46场、送戏下乡巡回演出22场、特色展出展览5场、文化进校园讲座1场、“溧艺学堂”公益培训37场，惠及群众10万人次。（付金蕾）

【博物馆】 2021年，溧水区博物馆免费向公众开放参观272天，接待服务22.13万人次，其中本地市民21万人次、游客1.13万人次。升级改造完成博物馆安全防范系统工程；启动馆藏文物预防性保护项目，12月通过省文物局验收；完成博物馆大楼屋顶漏水维修工程。5月18日，结合“国际博物馆日”，在天生桥景区广场开展“恢复与重塑”主题宣传活动，向市民游客赠送宣传品150份。7月1日—11月30日，在大金山国防园党史教育馆举办“礼赞百年——溧水地区新四军抗战史料陈列展”，接待参观市民、游客1.5万人次。12月，江宁区博物馆到区博物馆布展“金玉满堂——江宁区出土金、银、玉器展”，展出江宁地区出土的历代金、银、玉器85件套，呈现南京地区金、银、玉器发展历史。为视力残疾人提供信息无障碍服务，与市盲文志愿者合作，完成区博物馆盲文版宣传册页。（甘莉莉）

【中山书院开院】 6月28日，溧水区举行中山书院“中山藏文韵，钟灵毓状元”开院仪式，并为驻院傅小石艺术馆、民革江苏省中山书画院溧水分院揭牌。中山书院始建于嘉靖四年（1525年），是为纪念明朝兵部尚书、溧水人齐泰而建。2017年复建，书院大门外建表忠坊；大堂上有匾，是明代溧水知县王从善所题。书院建设用地面积1.6万平方米，设计使用年限为50年，抗震设防烈度为7度，以中式古典建筑和江南庭院为建筑风格，A区B区地上建筑面积6031平方米、地下建筑面积

4278平方米(停车位99个),另有C区木构亭榭454平方米。C区为仿古园林建筑,采用传统榫卯连接,各栋楼之间木结构连廊相互贯通。院内设有历史馆、溧水文学馆、国学讲堂、展览馆(微情阁)、傅小石艺术馆、书画楼、琴棋楼、民革南京市溧水中山书画院、中山兔毫馆9个文化场馆。 (杨志业)

11月5日,溧水首座沉浸式国学体验主题书院——无想书院揭牌,故宫博物院第六任院长、故宫学院院长单霁翔以《文化遗产中的中国智慧》作首场演讲 《今日溧水》报 供图

【无想书院揭牌】 11月5日,溧水首座沉浸式国学体验主题书院——无想书院在无想水镇揭牌,书院位于城隍庙徽恩阁东侧,为古典四合院式建筑。由新华报业传媒集团、区委区政府主办的第一季国学经典·无想书院系列开讲活动同时启动,为期一年,排设12节国学经典课程,邀请包括央视《百家讲坛》主讲人、著名文学家、历史学家、知名艺术家等在内的12位嘉宾讲演。故宫博物院第六任院长单霁翔为无想书院揭幕并以《文化遗产中的中国智慧》作首场演讲,线上线下观看人数超100万人。 (吴萍)

文学艺术

【概况】 2021年,溧水区结合中国共产党成立100周年庆祝活动,挖掘地方红色文化资源,创作一批红色文艺精品。完成红色锡剧《军民情深》三部曲编创工作,并入选"学习强国"南京学习平台,成为党史学习教育活动特色品牌。编创大型红色舞蹈《石臼湖畔的记忆》,编排红色情景朗诵剧《谁都说这是我的莫斯科》,开展"画说溧水·红色沃土"重走新四军战斗路美术写生活动,继续拍摄红色系列微纪录片《桑葚红》,创作儿童纪实小说《少年英烈张一郎》,参与创作南京市首部反映新四军题材的大型红色史诗剧《红色李巷》。加强《青春·秦淮源》期刊、溧水美术馆2个文艺阵地建设,继续与《青春》杂志社合作,高质量办好《青春·秦淮源》双月刊;发挥溧水美术馆功能,全年举办书法美术展5场。策划各类文艺活动,举办溧水区文艺界庆祝建党百年主题演出,组织书画作品展8场。文艺创作成果丰硕,区作家协会获省作家协会2021年度江苏省基层文学工作先进单位提名奖。诗歌创作蔚然成风,创成"中国诗歌之乡",开展楹联文化进校园工作,区文联被省楹联研究会授予"楹联文化推进工作先进单位"称号。区书法家协会会员董水荣的《当代书法维度》入选"第七届中国书法兰亭奖作品展"(理论研究方向)。参与全区文化建设,推进溧水中山书院建设,引进知名画家傅小石艺术作品。规范协会管理,指导区老年书画家协会、区硬笔书法家协会完成换届工作。实施文艺网格化建设,举办溧水区文艺网格员专题培训班,参训50余人。鼓励全区文艺家协会会员创作优秀作品,新增市级以上会员76人,其中国家级2人、省级16人、市级58人。

【文学作品创作】 2021年,区文联为全区作家提供创作平台,鼓励作家创作具有溧水元素的文学作品和地方文史读物。年初,区文联汇集溧水诗人创作的优秀诗歌,组织编纂《中山诗联丛书》8部。其中,综合专辑1部,个人专辑7部。12月,该丛书由中国文史出版社出版。5月,区文联编纂的《中山史话》由南京出版社出版。区作家协会骨干会员出版个人作品3部,潘惠明创作的《大明漕运第一河》由中国文史出版社出版;陈春生创作的散文集《凝望麦田》、地方文化读物《溧水民俗览胜》由团结出版社出版。

【民间艺术传播】 2021年2月，区民间文艺家协会会员李红燕创作的剪纸作品《母子情深》，入选市文艺网举办的“百牛迎春——辛丑年生肖‘牛’艺术作品线上展”，获优秀奖。3月6—7日，会员李赣宾、吴丽花、栾清明等参加民间艺术进社区活动，走进和凤镇梦华苑、田姐家，展示剪纸、刺绣布艺、葫芦画等民间工艺。9月20—30日，50名会员参加“跟着‘非遗’游溧水”活动，以精湛的技艺、生动传神的作品与游客零距离互动。9月23日，会员创作的剪纸、陶艺、香包、草雕等“非遗”作品参加在江苏白马农博中心举办的“923”全球农产品直播电商节。10月9日，“‘非遗’文化进校园”战略合作挂牌仪式在溧水中专校举行，民间艺术家在学校举办‘非遗’文化展览，开设剪纸、面塑、虎头鞋、葫芦画、抬鼓等传习课。增加剪纸、虎头鞋（香囊）、锡剧进江苏第二师范学院课堂内容。

【“翰墨薪传”工程】 2021年，区硬笔书法家协会组织实施“翰墨薪传”工程，推广硬笔书法艺术，传播传统文化。4月，组织全区中小学教师参加江苏省第三届“七彩语文杯”中小学教师正书书法比赛，2人获一等奖、3人二等奖。10月，组织全区中小学生参加江苏省第十五届“七彩语文杯”中小学生硬笔（软笔）书法大赛，200余人获一、二等奖。9月7日—12月30日，区书法家协会在中山书院举办“翰墨薪传·书法进校园”书法技能培训，义务培训状元坊小学老师，完成36场72课时的培训。

【系列品牌文艺赛事打造】 2021年，区文联规范文艺赛事制度，每项赛事评审均有公证人员现场监督公证，确保评审结果的公正性。“晶桥杯·诗意溧水”第六届诗词大赛征文于5月启动，7月10日截稿，收到稿件780余篇。9月5日，特邀省、市5名专家评审，评选出成人、中学、小学3个组别111个奖项。联合省级期刊《雨花》举办第一届“文乡溧水”文学大赛，大赛征文于5月启动，8月31日截稿，收到文学作品700余篇。11月2日，特邀《钟山》主编贾梦玮，《雨花》杂志主编朱辉、副主编育邦评审，选出获奖作品37篇。庆祝建党百年“江苏溧水农商银行杯”乡村振兴短视频（微电影）大赛，收到作品103部，11月21日，特邀省电影家协会常务副主席郭晓伟、省微电影协会主席李辉、国家一级艺术监督陈国富评审，评选出获奖作品26部。“给亲爱的党写封信”溧水区第二届青少年网络征文活动于7月启动，9月底截稿，收到作品400余篇。10月16日，特邀省作家协会外联部主任、省网络作家协会副主席吴正峻，《中国校园文学》编辑部主任李娜和区语言文字办公室副主任孙南评审，评出获奖作品68个。

【“我们的节日”系列活动】 2021年，区文联持续开展“我们的节日”系列活动。春节前夕，组织书法家到洪蓝街道青峰社区等地开展义务为民写春联活动约30场次，为民写春联4000余幅。按照疫情防控要求，组织部分书法家在区文联会员之家撰写春联5000余幅，配送到村（社区）。2月10日，“我们的节日·撰春联、写春联、送春联、挂春联”揭幕仪式在城区复建的会景门城楼举行。清明节期间，区诗词楹联家协会组织会员创作诗歌26首，缅怀为国捐躯的革命烈士。6月10日，在永阳街道城郊社区党群服务中心举办“品味端午，放歌百年”端午诗会，溧水区朗诵家朗诵溧水诗人创作的10余首诗歌作品，100余人参加。9月18日，在中山书院举行“吟诵百年赏明月，全‘溧’抗疫度中秋”中秋诗会。

2月10日，溧水区举行会景门挂春联揭幕仪式　《今日溧水》报　供图

【文艺家队伍建设】 2021年，区文联完善文艺人才的发现、培养、成才机制，鼓励全区文艺家协会会员积极创作优秀作品，以优秀作品获得申报市级以上会员资格。全年新增国家级会员2人，区摄影家协会会员段修兵获批成为中国摄影家协会会员，诗词楹联家协会石春国获批成为中国诗歌学会会员；新增省级会员16名，其中省作家协会7名、省书法家协会8名、省报告文学学会1名；新增市级会员58名，其中市作家协会13名、市美术家协会4名、市音乐家协会7名、市戏剧家协会9名、市民间文艺家协会20名、南京诗词学会5名。至年底，全区有国家级会员55名、省级会员137名、市级会员226名。

【大型红色舞蹈《石臼湖畔的记忆》】 3月，区文联将大型红色舞蹈原创作品创编纳入文艺精品创作重点项目，启动编创工作。聘请省舞蹈家协会专家指导，确保舞蹈作品的艺术性。6月中旬完成编创，定名为《石臼湖畔的记忆》。该原创作品用肢体语言，讲述抗战时期石臼湖畔船娘用生命掩护新四军的故事。6月29日，在溧水区文艺界庆祝建党百年主题演出活动上首演。10月，在首届南京市公共文化“星辰奖”舞台文艺作品评选活动中获入围奖。 （刘华珍）

【史诗剧《红色李巷》上演】 5月26日晚，由溧水区与南京市演艺集团共同打造的大型红色原创史诗剧《红色李巷》在南京文化艺术中心首演，该剧由区委宣传部牵头组织，曹禺剧本奖获得者、国家一级编剧刘鹏春担任编剧，于东江等4位国家一级演员参演，创新性采用“音乐+诗剧+画面”形式贯穿整场表演。诗剧讴歌新四军革命精神，由寻找父亲、永远十六岁、夫妻对话、记忆的证明、今生来世的情书、难忘老房东6个篇章构成，紧贴人物故事展开。以真实英烈事迹，通过舞台展现新四军战士汤万益、抗日小英雄张一郎、时任李巷党支部书记李孝廉等革命先烈的英勇奋斗精神。

（吴萍）

【红色锡剧《军民情深》三部曲】 5月，红色锡剧《军民情深》三部曲中最后一部《送别》完成创编。至此，区文联用3年时间创编完成红色锡剧《军民情深》三部曲。该剧由《粟裕赔盆》《石臼湖畔鱼水情》《送别》3个小戏组成，时长64分钟，均取材于抗战时期发生在溧水的真实故事。6月2日，3个小戏在红色李巷剧场汇报演出。6月6日，省委办公厅、市委办公厅到红色李巷开展“共学共建”活动，观看《粟裕赔盆》。7月2日，省委宣传部到溧水区开展党史学习教育现场教学活动，在遇园大戏台观看《粟裕赔盆》。2021年，红色锡剧《军民情深》三部曲在红色李巷、街镇、村（社区）等地演出20余场，成为全区党员干部学党史的教材。

【文艺界庆祝建党百年主题演出】 6月29日晚，区文联在区委党校会议中心举办“初心与使命”溧水区文艺界庆祝建党百年主题演出，同步开通网上直播。整场演出90分钟，现场500余名观众和线上逾10万名观众观演。区舞蹈家协会、音乐家协会、戏曲家协会、朗诵家协会、青年文艺家协会选送音乐、舞蹈、快板、小品、情景朗诵剧等节目13个，演出穿插播放由区文联制作的宣传短视频《文艺，凝聚向上力量》。 （刘华珍）

文化遗产保护

【概况】 2021年，溧水区落实《南京市不可移动文物保护管理办法》要求，完善文物保护单位安全防疫措施。推进区级以上文保单位建设，完成国家级文保单位蒲塘桥维修工程；修缮保护洪蓝街道仓口村邱氏、樊氏宗祠，并通过验收。追溯历史古城文化记忆，原址复建老城明代9米高会景门。考古发掘9个地块，出土文物300余件。在全市率先开展大面积区域评估工作，实现开发区6.67平方千米文勘区域评估成果共享。加强非物质文化遗产保护传承，促进文旅融合发展，组织龙灯、马灯、舞狮、划龙船等一批民俗项目参与“无想水镇花灯节”“二月二春龙节”“跟着非遗游溧水”“秦淮源头过大年”等各类活动50余场次，央视《新闻联播》《共同关注》栏目、央视频、学习强国等平台多次报道播出。

（吴萍）

【考古发掘】 2021年，溧水区文化部门协同南京市考古院专家发掘万达南1号地块、万达南2号地块、幸福佳苑东地块、妇女水库北地块、京东、卧龙溪岸一期、卧龙溪岸二期、南京外国语学校、溧水产业新城C04-01地块9个考古地，主要为古代墓葬群、砖室墓、土坑墓。出土物以陶罐和青瓷为主，少量为青铜饰品。其中京东地块发掘西周晚期至春秋中期墓葬39座，器物堆12处。新发掘宋代至明清竖穴土坑墓21座，出土文物300余件，有韩瓶、白瓷盏、兽角、铜镜、熙宁通宝、康熙通宝等。土墩墓器物类型有印纹硬陶罐、原始瓷碗、石镞、泥质灰陶盘及少量夹砂红陶鬲等。墓葬出土的印纹硬陶罐、原始瓷碗等器物，展现了江南地区高超的陶瓷器制作技术。出土文物由南京市考古院做进一步研究，对溧水历史文化发展研究具有参考价值。 （索森）

【文物保护】 2021年，溧水区有文物保护单位28个，其中国家级1个、省级5个、市级10个、区级12个；不可移动文物点257处。重塑老城文化记忆，在文化街区改造、永安门复建、祠堂修缮等古村落文化保护、中山书院文化业态植入、地名命名等工作中，呈现文化资源点，植入历史文化符号15处。按照"修旧如故"原则，启动区级文物保护单位洪蓝街道仓口村清末年间江南建筑邱氏、樊氏宗祠修缮工程2个，4月，工程通过竣工质量验收。

【二月二春龙节】 3月14日，区文化部门在和凤镇梦华苑举办农历"二月二春龙节"民俗活动。国家级非遗项目骆山大龙、区级非遗前进马灯参加表演。活动现场设置和凤镇特色展示区，展出和凤品牌大米等，吸引周边3万余名市民群众参与。

【省、市级非遗项目亮相溧水】 10月1日，溧水区举行无想水镇开园仪式。区文旅局组织一批省、市级非物质遗产项目参与无想水镇"国风乐享节"非遗体验与展示活动。参与此次非物质遗产项目有抖空竹、吹糖人、皮影戏、木偶戏、秦淮区花灯、瓷刻等20多个。吸引市民及游客5000余人观看和体验。 （吴萍）

史志 档案

·党 史·

【概况】 2021年，溧水区发挥以史鉴今、资政育人作用，开展地方党史研究，以党史"七进"为载体，转化党史成果，做好地方党史宣传，探索党史育人新途径。开展党史学习教育，参与全区庆祝建党100周年有关活动，编写《红色溧水日历》365期，运用媒体矩阵传播溧水红色文化，获评全区党史学习教育优秀创新项目。开展党史编研工作，编写简明党史读本《溧水记忆（1921—2021）》，承办《南京党史》2021年第6期。参与红色载体建设，牵头红色李巷场馆提档升级、指导新四军历史纪念设施和铜山战斗纪念广场建设。

【党史学习教育】 2021年，溧水区发挥自身优势，开展党史学习教育。推进党史"七进"工作，开展"送党课到村社"和溧水地方党史宣讲等活动。参与全区庆祝建党100周年有关活动。全年参与编写党史学习教育简报80期。1月1日起，每天制作1张《红色溧水日历》，通过交汇点新闻、区政府网站等平台推送，全年推送365期。4月起，联合区融媒体中心在《今日溧水》报、区广播电台推出《溧水党史故事》栏目，分别制作播出71期、40期，其中4期精选节目被"学习强国"平台采用。6月，组织全区"不忘初心、牢记使命"庆祝中国共产党成立100周年党史知识竞赛试卷编写、监考阅卷、评分校对等工作。12月，组织参加全市党史知识竞赛，溧水区"天生溧水·发展领航"代表队在全市51支队伍中获三等奖。同月，协办红色李巷首届文化艺术季"走进红色李巷，唱响铁军颂歌"活动。

【党史编研】 2021年，区委党史办组织编写简明党史读本《溧水记忆（1921—2021）》。该书分为新民主主义革命时期、社会主义革命和建设时期、改革开放和社会主义现代化建设时期、中国特色社会主义新时代4个部分，内容截止到2021年6月30日。全书文字26.8万字、图片174

张，以图文并茂的形式向党员干部普及溧水地方党史。9月，参与编写《中共南京历史纪实2020》，上报溧水专题文章。11月，承办《南京党史》2021年第6期，通过政校企组稿方式，报送刊登《关于建设“两区双核”溧水红色文化的初步构想》《苏南区行政公署的建立、功能和经验》《溧水区讲好红色故事的实践探索》等6篇涉及溧水的文稿。

【红色载体建设】 2021年，溧水区做好党史载体建设工作。指导建设新四军历史研究馆、苏南党政军领导机关驻地旧址、新四军发展时间轴雕塑等一系列新四军历史纪念设施。指导晶桥镇芝山村完成铜山战斗遗址的保护建设和铜山战斗纪念广场的建设。3月，区委党史办协同晶桥镇相关人员赴盐城新四军纪念馆、启东抗大九分校纪念馆参观学习，收集整理相关史料，完成展陈大纲初稿编写。6月，铜山战斗纪念广场建成并对外开放。提档升级红色李巷场馆，建设“四史”教育馆。1月选址规划党史教育馆，编写展陈大纲。3月完成大纲三稿修改交展陈公司设计。配合展陈公司寻找图片，4次审校展陈样稿，3次实地审核展馆上墙内容。6月16日，市委理论学习中心组到红色李巷开展党史专题学习。

【新四军无名烈士坟调查】 3月，区委党史办在前期调研白马镇上洋社区新四军无名烈士坟基础上，深入调查核实情况，出具鉴定意见。4月，与区民政局、退役军人事务局到东屏街道白鹿村调查，由于缺乏史料依据和知情人，故暂不认定。6月，与区民政局、退役军人事务局到和凤镇双牌石社区刘家村调查，在走访知情人与查找史料基础上，初步认定为新四军无名烈士坟，但因当年亲历者、见证者均已去世，故在村内公示调查情况，结合收集到的反馈出具相关认定意见。

（柳元元）

·地方志·

【概况】 2021年，溧水区按照省、市地方志办公室工作要求，完成《溧水年鉴（2021）》编辑出版。区志办加大镇志、部门志编纂业务指导力度，开展审阅、验收工作。3月，完成《2020年溧水区年度资料》整理工作，全区128家单位年度资料得到妥善保管，电子稿总量约1.6GB。全年出版志书、年鉴和地情书11本。向上级部门报送工作动态信息17篇，其中被“方志江苏”微信公众号录用10篇。溧水区志办获评2020年度全省方志文化宣传工作先进集体，获评南京市2021年地方志优秀成果10项。《溧水年鉴（2020）》获评第八届全国地方志优秀成果（年鉴类）县级综合年鉴二等奖、2021年江苏省年鉴质量评审二等奖。

【镇志、部门志编修】 2021年，溧水区坚持镇志、部门志编修“三审一验收”（初审、复审、终审，验收）制度，组织审阅《晶桥镇志》《中共溧水区委党校志》。开展《石湫镇志》《和凤镇志》《东屏镇志》出版前校核把关。3月，《溧水区政协志》完成内部编印；6月，《中共溧水区委党校志》以及南京市首部江苏省名镇志《洪蓝街道志》出版发行，配合市志办举办“志说南京·洪蓝”暨《江苏名镇名村志·洪蓝街道志》首发仪式；9月，《石湫镇志》《和凤镇志》出版发行；12月，《东屏镇志》签字付印。区志办数次深入《晶桥镇志》编辑部，协调解决编纂难题，反复审阅志稿，多次上门业务指导，并时常询查编纂进度。至年底，全区二轮志书编修正式出

2021年溧水区志办方志编纂出版成果　　章雨婷　摄

6月,《江苏省名镇志洪蓝街道志》举行首发仪式　　韦静　摄

版16部,内部编印4部;在编镇志、村志2部,完成初稿2部。

【地情资料管理利用】 2021年,区志办整理上架2019—2020年度馆藏资料、日常业务交流书籍等1271册,全部录入地情资料馆目录库管理。落实出版物资料库出入库登记制度,领用出库书籍1120本、新增入库登记6266本。常态化做好地情资料库利用服务,为《法制日报》、区产业集团等单位提供地情资料查阅服务,主要用于《红色溧水日历》编纂、李巷四史馆展陈撰写、溧水法治状况调查研究等。为溧水经济开发区等单位举办建党100周年庆祝活动提供丰富的溧水方志文化史料,发挥方志成果资政育人作用。

【方志文化"六进"活动】 2021年,溧水区开发利用方志资源,开展为民办实事活动,向基层单位、文史爱好者赠阅志鉴等地情书籍杂志1110册。配合市志办开展全市方志系统"跟着方志学党史"活动,4月20日,该活动启动仪式在溧水区横山村举行;5月,与市志办地情处结对共建,到三星村开展帮扶座谈。在石湫街道横山村、三星村开设"方志南京"图书角;启动"溧水地情图书角"建设工作,在石湫街道三星村设立首个"溧水地情图书角",至年底,全区完成地情图书角授牌4家。为溧水新华书店"溧水地情文献专柜"补充最新出版的《溧水年鉴(2020)》,实现市民与方志文化的零距离接触。12月,征订并赠阅2022年《江苏地方志》杂志80份,受赠单位覆盖城区中小学图书馆、各街镇新时代文明实践所、部分城乡社区阅览室及农家书屋等。

【《溧水区大事记》编纂】 2021年,溧水区坚持按月编印《2021年溧水区大事记》,全年印发12期,总计600条、4万字,并编印成册。开展2016—2018年度溧水区大事记补充完善工作,补录大事记500余条、1万余字。为江苏"记录小康工程"数据库平台提供1949—2010年度溧水区大事记4.68万余字、录入有效数据稿件380条。

【《溧水年鉴(2021)》出版】 1月,区志办举办年鉴撰稿业务知识培训,全区35名年鉴新上岗撰稿人参加。3月底,《溧水年鉴(2021)》组稿工作基本完成。持续采用滚动编校模式,加快编纂进度。10月,根据方志出版社专家审稿意见修改完善书稿。12月,完成7轮编校审稿后签字付印。该部年鉴全书512页,94.2万字,设27个类目、174个分目、44个副分目、1546个条目、78张表格、215张照片,记述2020年1月1日—12月31日溧水区域政治、经济、文化、社会和生态文明建设发展情况,以"抗击疫情""抗击汛情""'四新'行动"等为记载重点。

【《民国溧水资料备览》出版】 12月,区志办与区政协办公室联合整理编纂的《民国溧水资料备览》由中国文史出版社出版发行。全书31.3万字,分为一、二两编。第一编记录民国文献资料8篇,均可视为官方文献;第二编记录个人撰写的民国溧水回忆文章71篇,其中《登封县县长毛公德政碑》录自敦诗堂《水西毛氏宗谱》。溧水自清光绪八年(1882)至中华人民共和国成立前,没有再编修县志,该书填补了溧水民国期间没有历史文献的空白。

【《[康熙]溧水县志》点校本出版】 12月,区志办与区档案馆联合整理的《[康熙]溧水县志》点校本由凤凰出版社出版发行。《[康熙]溧水县志》是溧水区志办继《[乾隆]溧水县志》《[光绪]溧水县志》《[万历]溧水县志》《[顺治]溧水县志》之后，整理出版发行的第五部溧水现存古县志点校成果。全书20余万字，11卷，另加卷首，是一部纂辑门类比较齐全、收录内容比较详备的县志。主修者为时任县令刘登科，纂辑者是程之望。点校工作由溧水文史专家傅章伟承担，上海社会科学院历史研究所研究员承载审订。

（章雨婷）

·档　案·

【概况】 2021年，溧水区贯彻落实习近平总书记对档案工作的重要批示精神，加强档案信息化、档案资源体系、档案安全体系建设，提升档案利用服务和档案管理现代化水平。全年区档案馆依法接收37家立档单位到期档案进馆，接待到馆查档4411人次、民生共享平台查档775人次、调阅档案5604卷（件），提供凭证7202张。年末，馆藏档案237669卷、176297件，馆藏资料17100册，被省档案馆评为2021年度全省档案宣传工作先进单位。

【档案信息化建设】 2021年，区档案馆组织开展2.1万卷馆藏档案目录整理，完成3.8万条案卷级目录和36.7万条文件级目录的核对及补录，重新装订案卷7007卷。数字化加工馆藏扫描档案12.1万页，修复破损档案560页，确保档案实体与电子目录一一对应。完成51家新进馆单位10.7万条档案目录上传和10.7万个原文挂接；完成馆藏档案7096条案卷目录、11.8万条文件级目录上传，5.9万个原文、8722张电子照片上传挂接。强化为民办实事，在区市民之家搭建远程查档终端和查档延伸服务平台，设立婚姻登记中心查档窗口，为市民提供婚姻档案查询、现场出证、办理补证等一站式服务。让群众感受到民生档案远程利用服务“信息多跑路、群众少跑腿”的优越性。

【档案资源体系建设】 2021年，溧水区开展到期档案双套制接收进馆工作，接收37家单位72308件、2303卷文书档案，2.3TB电子数据进馆。接收区人民医院、中医院、瑞丽妇产医院及8个街镇卫生院出生医学证明档案2107卷（其中区人民医院582卷仅移交数字化副本），电子数据333.84GB；接收区扶贫办精准扶贫档案4256件、电子数据81GB进馆。征集《胡氏宗谱》《夏侯氏宗谱》、邱德仑字画42幅进馆。征集《阮氏之所著诗》《倪文贞诗集二卷》《樊文汇录》《孙可之文集十卷》《清词回家录》《长离阁诗》《陈孝金工作日记》《溧水县志》手稿进馆。完成区审计局档案工作规范化优秀单位创建和溧高投、区产业集团、天生桥闸等单位标准化档案管理创建。

【档案安全体系建设】 2021年，区档案馆严格落实安全责任，定期抽查档案实体，确保档案不遗失、不霉变、不虫蛀。每日巡查库房、机房，做好巡查记录，确保各项设备正常运行，温度、湿度在正常范围。备份数字化加工室5个摄像头录制视频，确保数字化加工室监控记录保留3个月。定期备份档案目录数据和全文数据，检查存储介质，至年底，备份数据6.45TB。

【档案年检】 11月，区档案馆开展档案执法检查，与区档案局联合印发《关于开展2021年度档案工作年检的通知》，随机抽查44家单位档案整理归档情况，将档案年检意见反馈至各单位。12月，更新行政审批8项行政权力及8项公共服务事项。

（陈宗波）

大众传播

【概况】 2021年，溧水区按照中共中央办公厅、国务院办公厅《关于加快推进媒体深度融合发展的意见》精神和省、市委舆论宣传工作方针，围绕“宣传上水平，发展上台阶，管理更科学，融创更精彩”工作总要求，以深入开展“学习提升年，机制创新年，形象塑造年”活动为抓手，推进媒体创新宣传。开设广播电台、电视新闻栏目34个，制作电视专题片162个，宣传片、纪录片和汇报片182个，《今日溧水》报发行101期，“学习强国”平台用稿170篇。参与制作的《追寻红色印迹》栏目获省广播电视局共享平台2021年度最佳栏目奖，摄制的公益作品《传承红色基因，唱响奋进之歌》获评江苏省广播电视公益广告优秀作品奖。挖掘本地红色资源制作MV作品《石臼渔歌》在央视IPTV平台播出。11月，区融媒体中心被市文明委评为2019—2021年度南京市文明单位。

【融媒宣传】 2021年，溧水区融媒体中心按照“紧扣中心、突出发展、关注民生、致力和谐”宣传工作思路，开设《今年过年怎么过》《全民防疫，人人有责》《就地过年，暖在身边》《两在两同，全“溧”抗疫》《聚焦改革，聚力创新，推动高质量发展》《乡村振兴在溧水》《奋斗百年路 启航新征程》《文明典范城市创建》《交通违法曝光台》《全民拍直播间》《“健康溧水+”特别报道》《寻访老手艺·记住那乡愁》《最美溧水人·每周之星》等电视专栏25个，广播电台节目以“关注民生，我为群众办实事”为内容开设专栏9个，与宜兴、海门等市县融媒体中心联合制作专题栏目《见证》和《艺海有涯》。加强新媒体宣传，借助新华社技术人才优势资源组建融媒工作室，提升原创生产能力。全年获市级以上新闻类奖项46项。

【对外宣传】 2021年，溧水区融媒体中心被中央媒体采用5篇，省、市级广播电视媒体采用65篇。5月15日，《人民日报》“奋斗百年路，启航新征程”栏目的溧水专稿被选为全省高质量发展典型报道，《南京溧水：七旬老党员3年坚持上党课300余场》在人民网刊发。《南京国家农高区：长三角合作推进种业发展》《江苏南京：老年人帮代办，便民服务零距离》《溧水第四届秦淮源头灯会亮灯仪式》《溧水区无想水镇开园》《寻路乡村中国》等多条新闻在央视《新闻联播》《新闻直播间》报道。

【新媒体】 2021年，溧水区融媒体中心综合运用图文、短视频、H5、抖音、直播等形式，推动新媒体平台表达方式、视觉效果不断创新。“最溧水”客户端注册用户14.7万，“微溧水”微信公众号订阅数10.5万，增加3.1万。《全国领跑！今天“溧马”震撼场面，你被刷屏了吗》《直击现场！咪豆音乐节震撼开幕》等4篇阅读量超10万；《多留意一眼，竟救下一条人命》，引发全国网友共鸣，抖音浏览量超2000万，点赞超75万。“溧水发布”微博关注人数43.8万，《溧水草海》《FUN假溧水不止咪豆》等话题多次登上微博热搜，总阅读超4.5亿，超7万网友参与讨论；《这颗银杏美了1800年》登上全国热搜，阅读量超4000万。“溧水发布”抖音号订阅数10.8万，抖音《南京溧水城管无人机小姐姐喊话陪隔离市民唠嗑》浏览量超830万、点赞超30万，并登上微博热搜，阅读量超2300万。依托“4K+5G”移动直播平台直播溧水第四届秦淮源头新年灯会、大型红色史诗剧《红色李巷》、制造业大会、科技型企业线上招商会，点击量超400万。《突出“人防+技防”守好清朗网络舆论空间》获评2021年江苏省县级融媒体中心“网络信息安全类”优秀案例，《给力！高科技赋能溧水疫情防控》获2021年度省优秀政务新媒体（民生服务类）传播范例，“微溧水”微信公众号和“溧水发布”头条号获评2021年度全市优秀政务新媒体账号。

【党史学习教育宣传】 2021年，溧水区融媒体中心发挥传播矩阵优势，电视新闻开设《红色溧水日

5月13日，“新规划、新起点、新征程”南京都市圈全媒体联盟首次新闻行动启动仪式在溧水区融媒体中心演播厅举行　　《今日溧水》报　供图

12月25日，由区委宣传部、全民阅读办、区教育局、文旅局、融媒体中心、城建集团主办，江苏省中华诗学研究会特别支持，区传媒集团等单位共同承办的2021溧水区第二届诗词大会决赛，在区融媒体中心一楼演播大厅举行

《今日溧水》报　供图

历》《溧水红色故事》《我为群众办实事》《清明祭英烈》《永远跟党走》5个栏目，播出党史学习教育相关新闻1000余篇。广播电台开设《奋斗百年路　启航新征程——学党史悟思想办实事开新局》《学党史清明祭英烈特别报道》《学党史办实事》《学党史听党话感党恩跟党走》《红色溧水日历》《溧水红色故事》《诵读红色家书》《讲述：中国共产党简史》《星辰大海百年征途》栏目9个，播发专题稿件1500余篇，其中《诵读红色家书》节目为全市独家。《今日溧水》报开辟《奋斗百年路　启航新征程》栏目和《学党史，悟思想》专题2个，设立《党员冬训党史学习》专栏，以及“红色日历”“历史事件”“红色英杰”“清明祭英烈”“我为群众办实事”“永远跟党走”“听党话、感党恩、跟党走”板块，刊发稿1200篇。新媒体开设《弘扬伟大建党精神热烈庆祝建党百年》《奋斗百年路　启航新征程》专题专栏2个，设立《党史学习》《脱贫攻坚》子栏目2个以及系列短视频，发布相关稿件1000余篇。《学习进行时》专栏，推送系列稿件450余篇，《永远跟党走》专栏，发布原创短视频作品80余个，全网浏览量超1000万。

【获奖节目】　2021年，溧水区融媒中心选送参加市级短消息、长消息新闻稿、专题节目、公益广告和栏目等稿件、视频20个，获市级一等奖3个，二等奖17个。电视新闻《让城市地标融入百姓生活》获2021年度南京市区级台优秀广播电视新闻奖广播评论一等奖，广播戏曲节目《红色锡剧〈石臼湖畔鱼水情〉》获2021年度南京市区级台优秀广播电视新闻奖广播戏曲节目一等奖，电视专题《“芮妈妈”温暖40个孩子》获2021年度南京市区级台优秀广播电视新闻奖电视新闻专题类一等奖。联合制作栏目《追寻红色印迹》获省广播电视局节目共享平台2021年度最佳栏目奖，公益广告《传承红色基因，唱响奋进之歌》获2021年江苏省广播电视公益广告优秀作品奖。12月，主持人祖小涵获江苏省第三届红色故事宣讲大赛志愿组“金牌讲解员”称号。

【《今日溧水》报】　2021年，溧水区改版《今日溧水》报版面，出版发行101期、1768版，采用稿件6970篇（新闻类）。编发“两会”特刊1期（72版）、春节贺语特刊2期（56版）、“七一”特刊2期（48版）、党代会特刊1期（64版）。全年《今日溧水》报征订2.49万份，覆盖全区区级机关、街镇和企事业单位及村（社区）。

【区传媒集团】　2021年，溧水区传媒集团实施内部改革，梳理岗位职责，健全规章制度，推进规范化经营。广告公司整合资源，利用视频号、抖音号开展“场景+带货”模式，为商家拓宽销售渠道。文化发展公司提供上门服务，主动与有关部门对接，承担制造业大会、首届农业科技节、2020年度“最美溧水人”颁奖仪式、南京国家农高区长三角种业发展大会，党史知识竞赛、第二届诗词大会等各类社会文化、经贸洽谈、大型会展活动50余场次，获评AAA级信用等级企业。影视产业公司拍摄制作《向人民汇报》《初心担使命，力行当先锋》《石臼渔歌》《“溧”刻行动》等宣传片、汇报片180余个，集团全年创收4400余万元。

【有线电视】　2021年，溧水广电网络有限公司加快转型升级，抓服务保用户，抓营销抢市场，抓创新谋发展，在年度江苏有线网格大赛中位列全市第一。创新建成IDC数据中心、应急广播二期视播一体化平台，以“可看可喊可管”治理新模式报评国家应急广播建设应用典型案例。全区有线电视用户10.23万户、高清电视用户3.8万户、宽带用户3.3万户，全年完成服务业收入6000万元。

表45　2021年溧水区有线电视情况一览表

单位：户

地　区	高清互动用户	宽带用户	有线电视总用户
永　阳	12031	6400	30775
开发区	5180	4367	15148
东　屏	3376	3626	8633
洪　蓝	3579	3556	10036
石　湫	3406	3946	8990
白　马	3398	3355	9025
和　凤	4217	4489	11383
晶　桥	2775	3042	8335
合　计	37962	32781	102325

（叶宁）

文化产业

【概况】　2021年，溧水区实现文化产业增加值44.44亿元，增长26%。化解资金难题，搭建文化企业投融资服务平台，帮助6家文化企业申请利率优惠的文化贷款2500万元。争取上级专项资金资助，胭脂河古遗址公园提升等2个项目获得市级文化产业专项扶持资金150万元。支持文艺团体以名师名家工作室、名师带徒等形式引进高层次文化艺术人才，鼓励文化企业以项目落地带动文化人才引进，以项目运营带动文化人才集聚。溧水区入选南京文化产业招商“热力TOP5”。飞燕文化产业街区获评南京市文化产业园区。2人入选南京市宣传文化系统第六批“五个一批”人才和第四批南京市青年文化人才，引进第27届中国戏剧“梅花奖”获得者何云在溧水设立“文化名家工作室”。（黄晓萍）

【文化产业项目建设】　2021年，溧水区推进文化产业项目建设，飞燕文化产业街区申报“国家文化产业发展项目库”；永寿坊文化街区于国庆前夕开街，以沉浸式业态打造24小时不打烊的文化消费新场景。和凤镇诸家村艺术共享康养集群项目，改造房屋16间，建成艺术家小院，签约文艺人才11人，村落美术馆完成艺术装置22件、艺术墙绘10幅。（黄晓萍　夏雨欣）

【永寿坊文化商业街区开街】　9月30日，溧水区永寿坊文化商业街区开街暨2021南京文学季启幕仪式举行。永寿坊东邻永寿塔，北依永昌桥，外绕秦淮河。由区产业集团全资开发建设，南京市文投集团下属子公司南京文创实业策划招商、运营管理。总体量超7万平方米，9栋单体建筑，涵盖特色美食、休憩释放、亲子时光、文化感悟4大场景，打造成融“文化+体验”“餐饮+娱乐”“教育+场景”“休闲+配套”于一体的文旅商业街。推出1个艺术空间、2个自营文化消费新场景、3个超级IP、全年N场沉浸式街区文化秀活动的“1+2+3+N”行动计划，聚焦全区年轻家庭客群需求，营造不打烊文化消费新场景，助力夜间经济集群。南京市文学之都促进会授予街区“世界文学之都地标”铭牌、“中国诗歌之乡”称号。（杨志业）

文化市场管理

【概况】 2021年，溧水区有网吧16家、KTV16家、游戏厅3家。区文旅系统围绕高质量发展，紧扣文旅市场综合整治加强文化市场管理，召开文化市场企业安全生产、规范经营、新冠肺炎疫情防控等专题会议6次，组织行业企业参加文化市场消防、法规等培训4次。组织多部门联合执法4次，督促文化市场主体整改安全隐患，全年未发生重大安全事故。整治文化市场秩序，打击文化旅游行业及新闻出版领域违法违规行为。开展双随机检查10批次，专项行动9次，出动执法人员1209人次，检查各类文化经营场所403家次，监管大型演出4场，取缔无证经营场所2家。办结一般程序行政处罚18件，处罚款60.25万元，没收各类非法出版物665本。4月，区文化市场综合执法大队获评2020年南京市“扫黄打非”工作先进集体。

【文化市场执法检查】 2021年，溧水区文化市场综合执法大队履行文化旅游市场监管职责，采取专项检查与日常巡查相结合、依法监管与普法宣教相结合的方式，开展文旅市场专项整治行动，检查巡查车站、高速公路服务区、星级宾馆、景区游客中心、校园周边出版物销售点等400余家次，整治查处无证销售出版物、不落实印刷“五项制度”、发行侵权盗版图书和非法出版物违规行为。开展互联网上网服务营业场所整治、游戏游艺场所设备清理、旅行社经营行为规范、境外电视节目传输整治等专项行动，监管咪豆音乐节、德云社演出等大型营业性演出4场。全年抽查新闻出版经营单位95家次，网上书店远程勘验1次；办理新闻出版类行政处罚案件10件，没收各类非法出版物665本；监管大型营业性演出4场，拆除“非法电台”2座。

【境外电视传播专项整治】 2021年，区文旅部门利用电视开机画面、电子大屏、横幅、致市民一封信等形式，开展境外电视传播秩序专项整治政策法规宣传活动。结合宣传教育活动，与区市场监管局、溧水公安分局等相关部门开展小家电批发和电器维修店非法销售境外电视网络接收软件（设备）联合检查，专项整治重点小区非法安装和使用境外卫星电视违法行为，检查区域内重点宾馆酒店违规接收和传输境外卫星电视节目行为，监督检查电视播出节目内容和机房接收设备型号、节目来源渠道以及设备运行维护保养、值班巡查记录等。收缴境外电视网络接收软件（设备）和电视卫星信号锅36台（套），发放宣传单200余份。12月，区文旅局被江苏省广播电视局表彰为2021年度全省境外卫星电视传播秩序专项整治工作成绩突出单位。

【街镇“智慧广电”工程通过省级验收】 2021年，溧水区按照省广播电视高质量创新发展要求，推动广播电视从单纯信息内容生产者、传播者向新型生活方式发起者、组织者、提供者转变。溧水广电网络双向网普及率100%，其中农村网络实现光纤到村全覆盖，平均带宽1000M。全区8个街镇高清、超高清机顶盒升级智能电视操作系统。打造溧水电视门户平台，提供具有公信力、影响力的宣传渠道，采用先进跨屏融合技术，规划“1+3+N”架构模型，建设街镇专属电视入口，以1个智慧广电跨屏融合平台，区、街镇、村（社区）3级应用模式，保障用户具有较好的使用体验。11月，街镇“智慧广电”工程通过省市级验收，建成永阳、石湫、洪蓝智慧广电街道3个，“一镇一品”品牌栏目上线。

（吴萍）

责任编辑　尹伟　吴萍

综　述

【概况】 2021年，溧水区坚持以人民为中心的发展思想，同步推进新冠肺炎疫情防控和卫生健康事业高质量发展。推进“健康江苏实践示范区”建设，实施国家紧密型县域医共体建设、全省国家基本药物制度综合改革和全省医共体医保支付方式改革试点，公立医院改革连续四年获省政府通报表扬。推进江苏省康复医院、区口腔病防治院、柘塘中心卫生院、石湫中心卫生院建设，启用区人民医院第三幢综合病房楼和区第三人民医院精神专科楼，全民健康信息平台通过国家医疗健康信息互联互通标准化成熟度五级乙等测评，获国家卫健委授牌。（顾翔）

【“健康溧水”建设】 2021年，溧水区实施“大健康”战略，从顶层设计出发，构建全域健康体系，促进健康与旅游、体育等融合发展，把“健康”融入高质量发展各个领域。围绕普及健康生活、优化健康服务、提升健康环境、完善健康保障，促进医防融合、体医融合、医养融合、教体融合，体医融合被确立为国家试点，区中医院被省体育局、省卫健委列为体医融合试点单位。深化“一平台三基地”（“互联网+健康LI”大数据应用平台，中医药创新发展基地、康复全产业链发展基地、大健康标准认证基地）建设，全年排定重点健康产业项目31个，完成年度投资51.37亿元。成功举办“健康中国”发展大会，溧水区成为“健康中国”发展大会永久会址。开展“省级健康促进区”建设，推进市级无烟机关全覆盖，争创国家卫生街镇2个、省级健康街道2个，建设健康村（社区）41个，建设市级健康企业11家。实施全民健康素养提升行动，城乡居民健康素养水平31.3%，重大慢性病过早死亡率下降至9.30%，形成15分钟健康圈。逐步形成全域康养、健康溧水促进乡村振兴、“互联网+”健康服务、中医药传承创新发展等8个健康中国示范样本。聘请清华大学编制发布全国区县层面首部健康规划纲要，聘请东南大学编制并发布全国首个“健康江苏实践示范区”建设评估报告，83.9%可统计指标提前达到国家2030年目标。

（蔡先伟）

【医疗卫生服务能力建设】 2021年，溧水区推进区域医共体建设国家试点，深化院府合作。区卫健系统落实与中大医院、省中西医结合医院、市口腔医院合作协议，与市妇幼保健院合作共建区中医院妇科、产科、新生儿科门诊及妇幼保健院。12月1日，南京市妇幼保健院溧水分院揭牌。5月，区精神病防治院被确认为二级甲等精神病专科医院。区人民医院启动三级甲等综合医院创建，拥有市级临床重点专科22个。区中医院启动三级甲等中医医院创建，拥有市级中医重点专科及临床重点专科17个。永阳社区卫生服务中心成功转设二级医院，晶桥中心卫生院创成省社区医院。开展“优质服务基层行”活动，6家基层医疗机构达到国家推荐标准，2家通过基本标准。街（镇）卫生院新创建市级特色科室3个、南京市推荐标准中

10月15日，溧水区前列腺癌筛查项目启动仪式暨前列腺癌一体化诊疗中心揭牌仪式、“医路相伴——专家进基层关爱项目（溧水站）”启动仪式举行　　区人民医院　供图

5月21日，溧水区国家标准化代谢性疾病管理中心（MMC）揭牌仪式举行　　区中医院　供图

医阁3个、南京市市级名中医基层工作站3个。和凤镇中杨村、东屏街道定湖社区、石湫街道蟹塘社区、柘塘街道崇贤社区、永阳街道仪凤社区5家卫生室通过南京市达标建设验收，晶桥镇杭村卫生室通过江苏省甲级村卫生室能力标准验收。优化区域医共体内部运行机制，促进优质医疗资源下沉，下派医务人员137人，接收基层人员进修22人次，培训705人次，下派17名业务骨干担任基层医疗机构院长、副院长和科主任。（顾翔）

【长三角健康峰会（溧水）暨第二届中医药博览会】 6月18—20日，第二届长三角健康峰会暨中医药博览会在江苏白马农博中心举行。由省卫健委、省中医药管理局指导，新华报业传媒集团联合区政府、省中医药发展研究中心等共同主办。“人民英雄”国家荣誉称号获得者张伯礼、第三届国医大师李佃贵、中科院院士陈洪渊、中国工程院院士顾晓松以及省中西医药专家、长三角妇幼专家、医药企业代表等200人参会。峰会以“共建共享，全民健康”为主题，设置全民健康、赤脚医生博物馆、乡村振兴公益、百位名中医义诊等展区。专家学者围绕“健康、科技、绿色、共享”开展交流研讨。会上，全国首个中药材标准化与质量评估创新联盟、中华志愿者协会全民健康志愿服务总队江苏志愿服务队成立。全球农产品直播电商节、健康文创产品战略合作签约。省内40余家中医院、中西医结合医院全景式呈现江苏省中医药发展成就。省百位名中医现场为观众把脉义诊。（刘晨）

医疗卫生改革

【概况】 2021年，溧水区实施公立医院综合改革、区域医共体建设和医共体内医保支付方式改革，

6月19日，第二届长三角健康峰会暨中医药博览会在溧水区开幕，会上成立国家中药材标准化与质量评估创新联盟　　《今日溧水》报　供图

区域医共体建设纳入国家试点，紧密型医共体医保支付方式改革纳入省级试点。区域内就诊率99.88%，基层就诊比例72.42%，第三方测评群众满意度93.56%。初步实现“体系整合优质高效、三医联动紧密有效、信息支撑落地见效”改革成果。

12月23日，南京市紧密型医共体工作推进会议在溧水召开

区卫健委　供图

【区域医共体建设】 2021年，溧水区深化医共体建设，整合成员单位要素资源，提升管理效能、降低运营成本，推行医共体各医疗机构后勤与财务统一管理。创新人事薪酬管理，突破原有薪酬分配模式，实施医共体绩效考核方案，增加医共体建设关键指标在考核中权重，结果与政府补助、人员待遇挂钩，牵引医共体成熟健康发展。制订医共体业务垂直管理方案，核心医院医务、护理、院感、药事等职能科室与成员单位业务垂直管理，实现工作统一布置、检查统一开展、培训统一组织、考核统一实施。核心医院与成员单位合作开展带教查房2150次，组织学术讲座121次、培训201次，培训基层医务人员7748人次。

【公立医院综合医改】 2021年，溧水区加强公立医院服务体系建设，兼顾区域医疗卫生需求和社会经济发展需要，科学布局、有效配置，全区各医疗机构从“单体”发展转变为医共体集团“联体”发展，区、街镇机构真正成为“一家人”。变革医疗卫生服务模式，开展“互联网+医疗服务”，建设糖尿病一体化管理平台，以强化需求为主导设计服务流程和服务项目，完成1.62万名患者糖尿病及并发症风险筛查，该管理平台获第三届全国基层卫生信息化应用创新大赛三等奖。建设医学影像诊断中心和超声医学质控一体化系统，基本实现医共体影像和超声统一诊断、统一管理。建成心电诊断、影像诊断、远程会诊、病理诊断、临床检验、消毒供应六大中心，改善农村患者就医体验。深化公立医院外部体制改革，推动医疗、医保、医药等联动改革，制订《溧水区医共体内部药品供应保障实施方案》，实施医共体药品统一目录、统一采购、统一配送、统一结算、统一药学服务，促进公立医院发挥公共卫生职能，建立相应督促、激励、约束机制。

（顾翔）

疫情防控

【概况】 2021年，溧水区坚持“外防输入，内防反弹”策略，科学、规范、有序开展新冠肺炎预防控制与医疗救治工作。加强监测预警，开展重点人群应检尽检，新冠病毒疫苗接种，中高风险区到（返）溧人员、入境人员、密接及次密接人员等重点人群管理，院感防控工作，强化培训与演练，提升疫情处置能力，提高全区核酸检测能力。组建流调队员144人、消杀队员80人，组织开展应急演练5次。落实应检尽检工作要求，明确19类39种重点人群、公共场所从业人员及环境监测、教育系统常态化核酸检测等应检尽检工作责任单位和属地责任，做到底数清、频次足、覆盖全。区疾控中心规范流调6例境外输入性新冠病毒感染者和12例本地确诊病例，出动流调人员268人次，排查核实密接747人、次密接1520人。规范处置可疑阳性货物9起、医务人员核酸检测可疑阳性1起、医疗机构外环境监测可疑阳性1起。检测入境人员、机组人员、交运服务人员等鼻、咽拭子标本、集中医学观察场所环境标本及区中医

来自南通的徐向伟是一名95后志愿者,2021年万科香樟苑小区疫情封闭管理期间,他与物业志愿者承担起为小区居家隔离人员运送物资工作,成为疫情期间特殊“快递员” 《今日溧水》报 供图

院新冠康复病人双机构检测比对样本等7.03万份;血清学检测185人份370项次;消杀疫源地2000平方米。采集冷链食品相关样本4669份(从业人员719份、重点食品2610份、重点环境1340份),检测结果均为阴性。采集公共场所相关样本1875份(从业人员1144份、重点环境731份),检测结果均为阴性。自7月21日至年底,全区开展6轮全员核酸检测,投入医务人员8000余人次(其中援溧1600人次),检测264.95万人次。全年完成重点人群核酸检测6.19万人次,结果均为阴性,其中检测进口货物和冷链食品相关从业人员2.79万人次、外卖和快递行业人员6718人次、国内旅客运输相关从业人员5114人次、A类景区及博物馆相关工作人员698人次、城市管理人员(含环卫人员等)1.04万人次、零售药店从业人员1252人次、农贸市场从业人员4119人次。加强医疗机构和集中隔离场所院感防控,严格执行多病共防、内外同防、医患同防和人、物、环境同防要求,开展医疗机构出入口、预检分诊、发热门诊、住院病区等重点区域管理。市卫健委确定区人民医院为定点救治医院,承担溧水、高淳等封闭小区、管控区、隔离酒店等隔离管控人员诊疗服务,收治应急、隔离住院人员165人,发热门诊患者7458人。确定区中医院为南京市新冠肺炎治愈患者定点康复医院、南京市新冠肺炎医疗救治第二顺位定点医院。加强社会面防控,指导重点行业、重点单位、重点人员疫情防控。区卫生监督所针对医疗机构、学校、社区、新型冠状病毒疫苗接种点等重点领域和关键环节,加大常态化疫情防控措施落实情况监督检查,督促相关单位落实疫情防控主体责任。开展新冠肺炎疫情督查1056户次,卫生监督员出动3018人次,下达卫生监督意见书312份,立案查处非法疫苗接种案1起。组建重大活动和会议保障专班,指导制订防控与应急预案,加强事前事中疫情防控指导保障,做到逢活动必提前到场,咪豆音乐节、区运动会、长三角健康峰会、首届中国国际(溧水)跨境电商发展大会、金治会溧水分会场系列活动、国家公祭日、“两会”等重大会议(活动)期间,督促落实查码、测温、戴口罩等防控措施,现场医疗保障40余次。加强集中隔离场所管控,强化“三区两通道”(清洁区、污染区、半污染区;医务人员通道、病人通道)改造、感染防控流程指导,制订工作指南供驻点人员学习,定期开展驻点医务人员及感染防控监督员手部卫生、个人用品穿脱等感染防控知识培训。开展集中隔离对象心理健康评估,及时心理干预出现心理、精神等问题的人员,开展集中隔离人员非新冠疾病患者诊疗服务。加强集中隔离场所防控指导和检查,做到隔离措施、健康观察、每日消毒、卫生防护和关爱服务到位。

(史敦平 赵琴 武婴)

【新冠病毒疫苗接种】 2021年,溧水区成立新冠病毒疫苗接种工作专班,坚持应接尽接、梯次推进、覆盖优先、突出重点、保障安全、知情同意和免费接种原则,统筹推进重点行业、重点岗位人群、60岁以上人群、12~17岁人群、3~11岁以及加强免疫人群等各阶段接种工作。全区设置新冠病毒疫苗接种点11个、接种台77张,日最高接种能力1.5万剂。至年底,完成首针接种43.67万人,接种率88.89%;第二剂接种41.67万人,完成率95.41%;加强免疫接种10.56万人,完成率

46.69%。其中,3～11岁人群接种首针3.98万人,接种率91.76%;12～17岁人群接种首针2.28万人,接种率106.58%;60岁以上老年人接种首针7.43万人,接种率72.47%。（史敦平）

【隔离场所征用】 2021年,区商务局负责新冠肺炎集中隔离场所临时征用、前期准备和服务保障相关工作。按照"应统尽统"原则,梳理摸排全区100余家宾馆酒店、人才房和校舍,对照集中隔离医学观察场所规范标准,按已征用、可直接征用、可改造后征用、不可征用等类型分类统计,做到一表清、心中明。7月20日南京暴发新冠肺炎疫情后,征用各类集中隔离场所37个、房间4552间,全程跟踪服务保障,第一时间协调解决各类问题,确保各隔离场所保障到位、运行顺畅。及时完成费用测算、协调审计、向上申报、资金兑付等后续工作。（刘晨）

【防疫物资保障】 2021年,溧水区做好各隔离酒店、备用酒店及全员核酸检测等抗击新冠肺炎疫情相关防疫物资保障工作,制订下发防疫物资方案,规范流程手续,完善台账管理,防疫物资仓库(区中医院物资库)储备各类防疫物资60余个品类50万件,主要防疫物资储备量保持满足15天以上最大使用量需求。采用实物储备为主、协议储备为辅、生产能力储备为补充的储备方式,按照防护装备和生活救助两大类别,做好应急物资储备工作,区应急物资库实物储备应急救灾和生活物资37种,委托江苏苏果超市有限公司代储生活类应急物资10种。（徒成兔）

【市场领域疫情防控】 2021年,溧水区市场监管系统针对突发新冠肺炎疫情,组建进口冷链食品安全、企业及交通、校外培训机构、综合及物资保障、督查5个工作专班,明确责任分工,完善工作体系。承担社会面管控工作,组成6个工作小组以及夜间疫情防控巡查组,严格做好进门"测温、验码、戴口罩"、禁售"四类药"等相关防疫措施,检查超市、食杂店、餐饮店等9000余家次,药品经营单位400余家次,张贴疫情防控措施提示标贴9500余份。牵头进口冷链食品监管,开展涉及进口冷链食品经营单位全覆盖检查,每周对冷链环节重点部位、重点场所进行核酸检测,检测样本8400个。每周组织接触进口冷链食品的从业人员全覆盖核酸检测,检测样本6730人次,指导46家经营主体在"江苏冷链"追溯系统注册,进口冷链食品在"江苏冷链"追溯系统首站赋码或扫码入库1648批次。（童羽欣）

【交通运输疫情防控】 2021年,溧水区常态化开展道路运输疫情防控,投入人员2.5万人次,转运车辆5000余辆次,检查车辆近100万辆次,查验人员150万人次。其中,高铁站投入人员5840人次,查验出站旅客69.1万人次、进站旅客5.2万人次;溧水汽车客运站投入值班人员4184人次,检测进出站旅客30余万人次。7月20日,南京突发新冠肺炎疫情,加强新冠肺炎疫情道路运输防控,组织执法人员开展疫情防控专项检查行动,督促道路运输企业落实疫情防控措施,检查冷藏运输企业46家次、维修企业94家次、驾培企业36家次。检查公交车125辆次、出租车485辆次、网约车151辆次、冷藏运输车134辆次,开展苏果超市等源头单位冷藏运输专项检查8次,阻断病毒通过交通工具传播路径。（袁建平）

【区中医院列为新冠肺炎治愈患者定点康复医院】 8月2日,区中医院被市新冠肺炎联防联控指挥部确定为新冠肺炎治愈患者定点康复医院,承担新冠肺炎患者治愈出院后隔离观察、复诊复检、健康监测和康复管理任务,促进患者全面康复。3日上午,启动紧急腾空方案,按照"三区两通道"标准和病人容量,改造配备8个隔离病房,可容纳患者408人。病区抢救室配备无创呼吸机、有创呼吸机、除颤仪、心电监护仪、可视喉镜、心电图机、抢救车、电动吸痰器、转运床等重症监护室设备设施。制订并落实《溧水区新冠患者定点康复医院感染防控工作指引》《溧水区新冠患者定点康复医院感染防控相关规章制度》《新冠患者定点康复医院感染防控工作方案》,规范各康复病区、重点科室人员感染防控流程,保障医务人员和患者安全。自8月3日起,先后接诊新冠康复患者237人(含扬州、马鞍山患者各1例)。患者中有12名10岁以下无自主生活能力儿童,医院启动对应工作机制,调查儿童基本信息,择亲安排就诊病房。安排护理专员24小时专职照顾1名无家属照料2岁儿童,确保每一例特殊患者得到医疗保障。

9月30日，最后13名新冠肺炎治愈患者康复出院，实现全院职工零感染、康复患者零死亡目标。

（顾翔　吴孟涛）

疾病预防与控制

【概况】 2021年，溧水区疾控中心核定编制50人，在岗职工35人。在编职工中管理七级1人，正高级职称6人，副高级职称8人，中级职称14人，硕士学历4人、本科学历23人，高级职称聘用12人。3月，区疾控中心通过迁址后检验检测机构资质认定，艾滋病筛查实验室、肠道病原实验室、PCR实验室3个二级生物安全实验室通过验收。挂牌“东南大学研究生实践基地”。

【检验检测能力建设和公共卫生监(检)测】 2021年，区疾控中心新增96孔提取仪1台、96孔扩增仪6台，新增诺如、水痘、手足口等病毒PCR检测项目。建成核酸检测管理系统，集信息采集、结果录入、报告生成、报告查询于一体，方便公众查询检测结果。参加国家、省、市级实验室质控考核，检测71份考核样品，结果合格。完成食品风险和食源性疾病监测工作，食品风险检测样品微生物33份121项次、理化检测36份85项次，检测结果均在正常范围。监测食源性疾病病例信息190人，标本53份，未检出阳性致病菌。采集突发公共卫生事件检测样品151份349项次。消毒质量监测托幼机构和医疗机构14家。省农村生活饮用水监测丰水期、枯水期各36份2376项次，市政供水监测8个采样点二季度、四季度44份1452项次，均合格。监测10所学校采光照明、课桌椅、教学环境等，开展49所中小学常见病防治、因病缺课监测，预警处置率100%。

【卫生应急与疫情报告】 2021年，区疾控中心接报传染病自动预警信息84条、预警病种8种，均及时处理。规范处置突发公共卫生事件及相关信息7起，开展传染病及突发公共卫生事件处置现场培训4次，与8家街镇医疗机构联合举办急性胃肠炎等卫生应急实战综合演练8次，组织洪涝灾害救灾防病桌面演练1次，模拟演练突发公共卫生事件应急处置，实现多部门参与、多场景行动、多受练人员参演，提升卫生应急队伍及个体卫生应急处置能力。落实疫情报告制度，网络报告传染病乙、丙类1290例（报告发病率262.55/10万），死亡3例（艾滋病2例、肺结核1例），死亡率0.61/10万，无甲类传染病报告，其中报告乙类传染病10种644例（报告发病率131.07/10万）、丙类传染病3种646例（报告发病率131.48/10万）。加强传染病管理与疫情报告工作培训及督导，全年未发生漏报、迟报病例，网报率、网报及时率100%，审核报卡1271张，无漏报、迟报、重卡。全区发病率乙类下降9.48%、丙类下降33.19%。现场处置12起疑似食源性疾病事件。其中，疑似细菌性食源性疾病事件2起，查出致病因子食源性疾病事件3起、排除6起，判定依据不足1起。

【急性传染病防控】 2021年，全区报告手足口病591例，无重症及死亡病例。监测流感样病例7200例，未发现不明原因肺炎病例。4月起，10家医疗机构腹泻病门诊接诊893人次，其中肠炎836例、消化不良7例及其他50例，霍乱弧菌02检索479人次，占总人口的1.01‰（479/473300）。开展外环境监测采样和病原学检测，采集、检测食品、水产品和水体样品各6份。专项监测病媒生物（四害）密度和登革热蚊媒，全年鼠密度0.05%、蚊密度0.33只/灯·夜、蝇密度2.96只/笼、蟑螂密度0.94只/张，布雷图指数2.92，平均布雷图指数未超过5，无输入性登革热病例。监测“发热伴血小板减少综合征”，捕获媒介生物蜱虫704只、宿主动物老鼠28只，鉴定鼠种分类、密度计算并解剖采集标本，完成媒介生物和宿主动物监测。9月，在白马镇、柘塘街道、和凤镇开展人群血清流行病学调查，采样180人，分10-、20-、30-、40-、50-、60-年龄组6个，每街镇每年龄组10人，样本送省疾控中心进行病原监测。采集“发热伴血小板减少综合征”确诊病例流调和生物样品，实施密切接触者医学观察、疫点消毒、健康教育活动等综合防控措施，有效控制疫情，无继发病例出现。

【结核病、艾滋病、麻风病防治】 2021年，全区结核病健康管理率、报告率、转诊率均为100%。筛查高危人群12.28万余人次，免费拍片疑似肺结核2895人，未发现肺结核患者。督导街镇（开发区）开展结核病防治32次，培训1次。肺结核患者系统管理率100%，治疗成功率90.55%。结核病专报系统中病案信息初次录入及时率、转入患者到位信息反馈率、病案转归信息完整率100%。筛查艾滋病毒（HIV）6.61万余人次，检测覆盖率13.46%，HIV感染者网报与流调率100%。感染者和病例完成CD4检测、结核病筛查和配偶检测。完成省提升村医麻风病防治能力项目，管理麻风病例48例，失访3例，死亡1例。其中，住院休养2例，麻风病例家庭医生签约率100%，健康体检41例，随访43例，帮助1例麻风康复者申请安装假肢，发放麻风护理包90份、溃疡护理包90份。慰问资助家庭困难麻风病例12例，发放慰问金1.06万元。

12月，溧水区国家心血管病高危人群早期筛查与综合干预项目工作现场
傅爱华　摄

【血地寄预防控制】　4月，区疾控中心组织专业队及5支民工队，调查永阳街道、柘塘街道、石湫街道、东屏街道、白马镇、晶桥镇等历史有螺环境、石臼湖沿湖滩块螺情，查螺面积357万平方米。开展晶桥镇芝山村400人、外来流动人口315人血吸虫病检查，均为阴性；监测永阳幼儿园、永阳街道新区幼儿园200名幼儿蛲虫病，结果均为阴性；完成省级肝吸虫监测点监测，一份两检1000人份粪便和25份猫、狗粪，未发现肝吸虫和其他寄生虫，检测中间宿主100份小鱼，未发现肝吸虫。开展碘盐、碘营养监测，碘盐覆盖率99.00%，盐合格率98.99%，合格碘盐食用率99.00%，儿童尿碘中位数227.85ug/L，孕妇尿碘中位数153.15ug/L，儿童尿碘大于100μg/L，水平适宜。

【计划免疫】　2021年，溧水区有预防接种门诊4类27个，其中一般预防接种门诊9个。配送接种门诊疫苗703次77.13万支，未发生温度异常，满足全区群众疫苗接种需求。全区出生3182人，免疫规划疫苗应种9.41万人次，实种9.40万人次，总报告接种率99.90%。加强预防接种相关人员培训和现场指导，全年督导48门诊次，发现问题及时反馈、整改，接种门诊无责任差错事故发生。

【慢病管理】　2021年，全区60岁及以上老年人健康管理率62.60%，65岁及以上老年人健康管理率75.14%。高血压、2型糖尿病患者健康管理5.2万人、1.66万人，抽查高血压患者、糖尿病患者规范管理率分别为75%、70%；血压、血糖控制率分别为50.84%、59.76%。户籍居民死亡信息登记报告2957例，粗死亡率1.55‰；户籍居民人均期望寿命83.11岁，上升0.35岁，其中男性80.96岁、女性85.48岁。全区纳入糖尿病精细化管理6579例，国家高血压慢性病综合防控示范区新增管理1000人。10月，启动南京市癌症防治核心知识知晓率调查项目，PPS法抽样调查永阳街道仪凤和中山东路社区、柘塘街道柘塘和乌山社区、石湫街道石湫社区和九塘村304人。国家心血管病高危人群早期筛查与综合干预项目筛查5096人，查出高危人群1758人，高危对象检出率34.5%；个性化干预高危人群，完成心电图、心脏超声、颈动脉超声检查、问卷调查1375人。国家慢性阻塞性肺疾病综合防控项目筛查3042人，查出高危人群460人，高危对象检出率15.1%。开展江苏省心脑血管疾病综合防控项目高危人群心电图及颈动脉超声检查，分别完成1061人。（赵琴）

基层卫生

【概况】　2021年，溧水区有8家街镇卫生院（社区卫生服务中心），均达到“国家优质服务基层行”基本标准。其中,6家达到推荐标准,1家通过二级医院评审,创成市级基层特色科室3个。建立区、街镇(开发区)、村(社区)三级公共卫生组织领导体系,由区委区政府主要领导担任组长、相关分管领导任副组长,区43个部门和街镇主要负责人为成员,全区社区居民委员会和村民委员会均设立村(居)下属公共卫生委员会,明确职责,构建公共卫生体系,增强协调组织能力和公共卫生服务能力。

（顾翔）

【国家基本公共卫生服务项目】 2021年,溧水区国家基本公共卫生服务项目居民知晓率94.01%,满意度96.59%,市级绩效评价第二。区卫健系统推进基本公共卫生服务项目均等化,落实经费保障,按常住人口人均补助标准100元(含疫情补助20元)纳入财政预算。调整服务项目补助资金支付标准,提高补助资金使用效益,《溧水区基本公共卫生服务项目补助资金支付标准》在全省基本公共卫生县级购买服务支付标准评选展示活动中被评为优秀方案。修订绩效考核方案,以高质量落实基本公共卫生服务为目标,加大服务真实性、服务效果考核权重,形成一、三季度督导和半年、全年绩效评价机制,依据评价结果给予资金补助。全区建立居民健康档案43.3万份,建档率91.72%。居民健康档案动态使用率68.77%,规范化电子健康档案覆盖率72.16%;居民健康档案审核开放率99.27%,新建档案审核开放率100%。严重精神障碍患者在册2154人,报告患病率4.49‰;在管2124人,管理率98.61%,规范管理2124人,规范管理率98.61%,精神分裂症规律服药率82.3%。完成年度基本公共卫生服务项目各项任务指标。（沈爱华　赵琴　梅德进）

【家庭医生签约服务】 2021年,溧水区探索创新家庭医生签约服务模式,白马中心卫生院实施"互联网+签约服务"模式,洪蓝街道卫生院以体医融合促进签约服务,晶桥中心卫生院基于首诊签约服务流程再造探索创新。经市级初评推荐、省级现场复核,白马中心卫生院获评江苏省家庭医生签约服务模式创新建设单位,晶桥中心卫生院陶村家庭医生工作室获评江苏省星级家庭医生工作室。推行"点单式"个性化签约,签订孕产妇个性化签约服务包1116个,0～6岁儿童个性化签约服务包167个。全区人群签约覆盖率31.71%,重点人群签约率74.79%,首诊签约8.77万人,重点人群基层首诊签约率15.26%,个性化签约覆盖率5.90%。签约15元基本服务包(含减免)居民挂号40.96万人次,节省一般诊疗费(个人承担部分)40.97万元;签约项目中肝肾功能检测居民1.15万人,节省34.44万元;0～6岁儿童签约项目中ABO血型或血细胞分析数量2076人,节省6.23万元。履约项目合计为居民节省家庭支出81.64万元。全年上转750人次。其中,签约居民259人次,占34.53%。下转479人次。其中,签约居民147人次,占30.69%。（顾翔　沈爱华）

【社会心理服务体系建设】 12月23日,溧水区社会心理服务体系试点建设通过省级现场验收。2019年,溧水区被确定为江苏省社会心理服务体系建设试点地区,区卫健委、区委政法委牵头多部门联合开展社会心理服务体系建设,形成"13458"工作推进机制,打造"区级有资源、街镇有平台、社区有服务"三级社会心理服务体系。高标准建设8个街镇心理咨询室,建成村(社区)心理咨询室(社会工作室)96个,建立高校心理健康教育与咨询中心4个,33所中小学建立心理辅导室,实现全覆盖。设立多个党政机关、规模企业、事业单位心理咨询室,构建全方位、广覆盖服务体系,打造15分钟心理服务圈。依托区第三人民医院建成建筑面积1000余平方米的社会心理健康服务(体验)中心,涵盖心理科普中心、心理咨询中心、心理数据中心、心理培训中心、应急干预中心5个分中心。2021年,区级社会心理健康服务云平台建成运行,涵盖预约咨询、心理自测、科普教育等十余项功能,实现心理服务24小时动态监测。注册用户2.15万人,上传各类科普、培训资料1300余篇,在线学习培训2200人次,在线心理测评2300人次,线下训练体验520人次。12位心理健康服务专家加入云平台咨询服务队伍,近200名用户通过线上预约专家到区第三人民医院面诊。新冠肺炎疫情期间开通心理热线,服务280人次,发放疫情相关心理手册5000余册。开展基层心理咨询室(社会工作室)服务人员摸底调查,分2期精准化培训基层骨干200人。区社会矛盾纠纷综合调处中心设置社会心理服务区,从心理层面调解矛盾纠纷,成功调解489件。全市社会心理服务体系建设现场推进会在溧水区召开。

（史敦平　梅德进）

12月1日，南京市妇幼保健院溧水分院举行揭牌仪式　区中医院　供图

妇幼保健

【概况】 2021年，溧水区拓展妇幼健康服务项目，开展妇幼保健、婚前保健、孕前优生健康检查、计生服务、妇幼重大公共卫生服务项目及基层妇幼卫生指导，提高妇女儿童健康水平，降低孕产妇死亡率、婴幼儿死亡率和出生缺陷率，实现妇幼健康服务工作能力提升。全区新生儿3066人，访视率98.2%，提升2.1%。孕产妇系统管理率92.88%，提升2.06%。孕前优生健康年度体检1016对计划怀孕夫妇，完成率101.6%。目标人群优生知识知晓率100%。婚前医学检查2550对，婚检达标率85%。城区春季和秋季新生入园体检3600余人，在园儿童健康体检1.6万人，体检率100%。

【妇女保健管理】 2021年，全区出生活产儿3066人，早孕建卡率92.20%，产前筛查率100%，艾滋病、梅毒、乙肝病毒检测率100%。产后访视3006人，访视率98.04%；孕产妇系统管理2816人，系统管理率92.88%。无孕产妇死亡。实施农村妇女免费增补叶酸项目，新增叶酸发放1131人。落实避孕节育措施自主知情选择，综合避孕率、知情选择率90%。规范开展避孕节育及避孕药随访服务，随访服务率100%。实施国家避孕药具不良反应监测项目，审核、上报避孕药具不良反应509例。城镇登记失业妇女、未就业妇女纳入免费“两癌”（乳腺癌、宫颈癌）检查范围，“两癌”检查完成1.75万人，HPV检测完成4168人。推进孕产妇家庭医生签约服务，孕产妇签约2055人。落实24项高危孕产妇管理制度，实现危急重症孕产妇“早发现、早报告、早管理、早救治”。

【儿童保健管理】 2021年，全区新生儿访视率98.2%，0～6岁儿童3.07万人，保健管理率99.2%。听力筛查3063人，筛查率99.9%。新生儿疾病筛查3063人，筛查率99.9%。婴儿死亡率2.28‰，5岁以下儿童死亡率3.26‰。完成16所幼儿园、11家托育机构卫生保健验收，印发16家幼儿园卫生保健合格证明。建设智慧化儿童预防接种门诊，新建母婴设施6家，4家公共场所母婴设施被评为市级优质运营管理单位。建设婴幼儿照护服务体系，新增、改扩建街镇指导站1家、社区亲子室8家、普惠托育机构4家。联合属地街镇、市场监管局、消防大队等相关部门开展执法检查，有效监管托育机构。

【南京市妇幼保健院溧水分院挂牌】 7月2日，南京市妇幼保健院与溧水区签约合作共建溧水区妇幼保健分院。区妇幼保健院调整人力配置，健全医院管理制度，落实医疗质量管理办法，完善信息化管理，更新手术室、抢救室、检验科医疗设备，实现盆底/产后康复、生殖健康、宫颈专科、乳腺专科、儿童早期发展、儿童视力筛查、儿童口腔、儿童康复等专科项目与南京市妇幼保健院对口衔接，畅通双向转诊绿色通道。11月30日，南京市妇幼保健院溧水分院挂牌。（万忠武　沈爱华）

职业健康

【概况】 2021年，溧水区开展健康企业、健康达人创建，提高企业职业健康劳动保护水平。配合省疾控中心开展重点职业病危害因素监测，重点监测区内29家粉尘危害企业，合强混凝土等17家监测结果不合格企业交由区卫监所督促整改。开展尘肺病病人随访工作，实访100人，了解现存病人健康状况。强化职业健康服务机构建设，全区设置职业健康体检机构2家，区中医院增设职业健康体检科目，开展化学类危害因素职业健康体检。以横幅、海报、展板、宣传折页、现场宣传等形式，开展《中华人民共和国职业病防治法》宣传活动，发放宣传折页400余份。

【职业病危害调查】 2021年，区卫健委完成开发区、白马镇、晶桥镇、石湫街道5人以上455家工业企业职业病危害摸底调查，督促826家企业申报职业病危害项目，申报率100%。与工业企业签订职业病防治责任告知书587份。

【市级健康企业创建】 2021年，溧水区开展健康企业创建活动。区卫健委指导企业对照评估标准，补短板、强弱项，增强企业员工劳动保护意识，建设企业健康文化，营造健康工作氛围，提高企业职业健康劳动保护水平。鼓励企业员工争做“职业健康达人”，增加职业健康知识储备，为企业职业健康保护提供知识支撑。南京飞燕活塞环股份有限公司等11家公司通过市级评估验收。区卫健委评选出溧水区“健康达人”63人。 （郑璐）

老龄健康

【概况】 2021年，溧水区建立完善老年健康服务体系，推进医养结合发展，提高老年人健康管理水平。开展老年人运用智能技术专项普及培训，培训老年人1876人次。开展全国示范性老年友好型社区创建活动，永阳街道秦淮路社区创成全国示范性老年友好型社区。推进老年友善医院建设，14家医疗卫生机构和护理院创成江苏省老年友善医疗机构。推动“安康关爱行动”落地生根，“安康关爱行动”获南京市突出贡献奖和江苏省先进单位表彰。溧水区连续3年实现老年意外伤害保险全覆盖。

【老年人规范健康管理服务】 2021年，溧水区将老年人健康管理服务纳入街镇千分制考核，发挥考核指挥棒作用，提高街镇政府与基层医疗机构分工协作积极性。基层医疗机构提供高质量检查服务，增加老年人幸福感，街镇发动居民，为老年人提供车辆接送服务，提高老年人参检意愿。全年60岁及以上老年人规范健康管理服务6.25万人，65岁及以上老年人规范健康管理服务5.26万人，城乡社区规范健康管理服务率75.14%。

【老年友善医疗机构创建】 2021年，溧水区开展老年友善医疗机构创建，以全部机构一次创成推荐标准为底线，以争创优秀为目标。利用医院自媒体，包括公众号、微信等，宣传老年友善医院建设护理工作亮点、优秀事迹、创新举措等，发挥示范引领作用。区卫健委把创建工作纳入医疗卫生单位年终千分制考核，多次组织创建学习、现场评审、整改。全区14家医疗卫生机构和护理院一次性通过推荐标准，创成江苏省老年友善医疗机构，其中区人民医院在省级复评中被评为优秀单位。

【安康关爱行动】 2021年，溧水区坚持民生导向，将“安康关爱行动”老年人意外伤害保险列入健康溧水“健康+保障”三年行动计划，全年参保率110%。中国人寿溧水支公司承接“安康关爱行动”老年人意外伤害保险服务，秉承“以老为本服务民生”发展宗旨，优化服务方式，开辟服务绿色通道，开通理赔便捷服务。至年底，老人意外保险赔付389.72万元，赔付1627人次，无一例投诉纠纷。 （沈爱华）

健康促进

【概况】 2021年，溧水区围绕加快“健康溧水”建设主线，推进省级健康促进区和“健康细胞”建设。推进健康城镇村建设，打造健康主题公园、健康广场、健康教育基地、健康步道及健康驿站等各类健康场所，营造健康支持环境。强化城乡环境综合整治，推进农村“厕所革命”，改善农村环境卫生面貌。多平台、多途径宣传倡导健康生活方式，设置宣传栏168块，更新1872次。印发慢性病、传染病、健康生活方式等健康知识宣传折页94.22万份。开展卫生日宣传与咨询活动230次，2.9万人次参与。举办健康教育讲座1124场，覆盖7.08万人次。《今日溧水》报“健康养生”专版设置“慢病防控直通车”“健康促进园地”专栏，定期宣传慢性病防控知识、健康素养，刊载文章44篇。健康素养网络学习10.99万人次，学习覆盖率23.22%。 （蔡先伟　赵琴）

【健康镇村创建】 2021年，溧水区通过"省健康促进区"建设评估。石湫街道、和凤镇创成国家卫生街（镇），实现国家卫生街镇全覆盖。开展健康细胞建设，柘塘街道、洪蓝街道通过省健康街道评估，占75%；建成市级健康社区24个，占92%；建成中山医院、爱尔眼科、梁氏骨科3个健康促进医院；建成健康机关3个、健康农贸市场3个、健康宾馆2个、健康商场1个。打造健康步道31条、健康主题公园4个、健康驿站15个。培育市级健康生活方式指导员614人，评选健康家庭100户、健康市民200人。

5月，区卫生监督所监督检查横店影视股份有限公司溧水分公司
芈雯 摄

【控烟禁烟】 2021年，溧水区结合"世界无烟日"宣传日，利用控烟禁烟宣传标语、海报、视频等形式，广泛宣传吸烟危害健康科学知识，倡导无烟生活理念。发挥各级领导干部示范引领作用，养成不吸烟、不敬烟、不劝烟良好社会风气，巩固无烟机关、无烟学校、无烟医院建设成果。加大公共场所控烟执法力度，推进大型公共场所和公共交通工具禁烟工作。8月，区政府办、文明办、爱卫办和区级机关工委联合督导全区63家单位"无烟机关单位创建全覆盖"长效管理，任命第二批无烟机关单位57家，实现全区无烟党政机关单位全覆盖。全区居民吸烟率20.6%。其中，男性43.4%，女性0.8%。戒烟率7.5%。（蔡先伟）

卫生监督

【概况】 2021年，溧水区实施综合行政执法改革，区卫生监督所移交41条行政处罚和6条行政强制事项到各街镇（开发区）综合行政执法主体，建立健全执法信息衔接和共享机制，配合履行公共场所卫生、职业卫生、打击非法行医等监督执法职能。开展"双随机、一公开"监督检查，全区国家级抽查117家，省级抽查78家，市级抽查90家。其中，公共场所109家，医疗机构25家，学校11所，传染病防治机构20家，妇幼健康机构9家，放射机构4家，供水机构14家，涉水产品企业3家，职业用人单位90家。检查结果在区政府网站公示。启动二次供水、游泳馆、医疗废物、放射在线监测项目，设置监测点25个。建立智慧卫监综合监管平台，在线监测异常警告8户次，联系、督促当事人52次。开展学校传染病防控专项督查，协同区教育局开展区东庐初级中学等5所学校传染病防控专项检查，督促建立新冠肺炎等传染病防控相关制度，落实晨午（晚）检、因病缺课追踪、通风消毒、健康教育、疫情报告和寒假假期疫情防控，做到责任明确、职责到人。

【医疗机构信用监管】 2021年，溧水区贯彻《南京市医疗卫生信用分类监管办法（试行）》，加强医疗机构信用体系建设。开展医疗机构依法执业自查，建立辖区内各级各类医疗机构依法执业自查管理系统，二级及以上医疗机构每3个月自查一次，一级（含未定级）医疗机构、门诊部、诊所每两个月自查1次。在区政府网站及市、区信用信息平台向公众公开监督检查、行政处罚、信用评价等相关信息。失信行为信息录入市、区两级统一公共信用信息归集和服务平台。全年行政处罚12家单位和个人，1家不良行为医疗机构记4分，失信信息录入信用信息平台。

【医疗卫生监督】 2021年，区卫生监督所调查摸底全区69所学校周边200米内医疗机构及医疗市场秩序，未发现校园周边医疗机构违法违规情况。监督检查辖区内涉及计划生育及母婴保健工作医疗机构，被督查13家医疗机构均持有医疗机构执

业许可证、母婴保健技术服务执业许可证，从业人员持有相关资质证书，妇产科、B超专业医师均签订严禁“两非”（非医学需要胎儿性别鉴定、非医学需要选择性别人工终止妊娠）承诺书。开展中医医院专项监督检查，覆盖三级中医医院1家，中医类诊所7家，检查发现部分中医诊所存在门诊病历、处方笺书写不规范，未配备药学专业人员，中药饮片缺少药品养护和入库记录、缺少生产企业资质证明、供销合同，成品检验报告单以及供货发票等问题，下达监督意见书责令整改并追踪督查。

【公共场所卫生监督】 2021年，区卫生监督所开展密闭公共场所专项监督检查，范围覆盖辖区内28户空间密闭性高、人群密集度大的公共场所和地下空间场所，其中影剧院4户、游艺厅6户、音乐厅8户、超市2户、宾馆2户、公共浴室6户。现场检查通风设施设置及卫生情况、周边有毒污染源管控、清洗消毒、卫生检测、通风卫生管理制度执行等情况，发现问题现场下达卫生监督意见书责令整改，督促整改落实到位。开展游泳场所放心游专项检查，辖区内6家游泳场所取得有效公共场所卫生许可证，2家筹建中。

【饮用水及涉水产品卫生监督】 2021年，区卫生监督所监督检查全区2家集中式供水单位、105家二次供水单位。随机抽检13家供水单位水质，其余实行末梢水现场快检。整改快检不合格供水单位6家，复检合格。

【职业卫生监督】 2021年，溧水区开展粉尘危害专项整治三年行动，实施销号“闭环式”管理。17家矿山、水泥制造等粉尘严重企业纳入整治范围，职业病危害因素申报率、职业健康检查率、职业病危害因素定期检测率100%。粉尘危害检测均在接触限值以内，未发现超标岗位。 （武曌）

医政药政管理

【概况】 2021年，溧水区成立医疗质量管理中心，强化监管医师不良行为，落实核心制度，规范诊疗行为，定期开展质控并通报督导。启动创建区人民医院、中医院三级甲等医院。区人民医院遴选泌尿外科、肾内科、重症医学科、心血管内科、骨科等科室争创省级重点专科建设单位；加快薄弱指标提升，三、四级手术占55%，其中四级手术占20%、四级手术项目550个、日间手术占手术总量的5%；提升多学科联合诊疗中心能力，多学科联合诊疗团队增加到12个；补齐风湿免疫、烧伤整形、核医学科、放疗科等薄弱空白；新增医用血管造影X射线系统、现代化肿瘤直线加速器等高精尖医疗设备。区中医院调整优化门诊及住院病区单元设置，提升国医堂、针灸推拿中心、治未病中心、中医康复中心、中药配制中心内涵，提升CCU、EICU、ICU等专科重症医学服务能力，强化胸痛中心、卒中中心、创伤中心建设。区第三人民医院启动三级专科医院创建，开设老年精神科，筹建神经内科、儿童自闭症专病门诊。完成洪蓝街道卫生院急救点建设并投入运行，实现区内急救站点全覆盖。

【医院感染管理】 2021年，区卫健委强化监测预警，多轮次督查指导医疗机构和集中隔离场所院感防控，覆盖率100%。建立问题清单，及时通报、及时销号处理。严格执行多病共防、内外同防、医患同防及人、物、环境同防要求，开展医疗机构出入口、预检分诊、发热门诊、住院病区等重点区域管理，抓好医疗废物、医疗废水等处置管理。完成二级以上医疗机构医废和院感监测信息化建设，规范处置达标率100%。区人民医院48小时内完成发热门诊改造，建成一座小型“应急医院”，占地500平方米，能同时容纳200多名患者就诊；72小时完成溧水区救护车消洗中心建设。

【护理质量】 2021年，区卫健委常规开展护理质控，护理质量实行医共体内同质化管理。“互联网+护理服务”410例，涵盖导管护理、造口护理、伤口护理、留置/更换导尿、导尿、耳穴贴压等项目。安排“安宁疗护”试点单位人民医院、晶桥中心卫生院、东屏街道卫生院和拟试点区中医院、永阳街道卫生服务中心、白马中心卫生院、洪蓝街道卫生院18人接受市级理论和实践培训。完成区人民医院、第三人民医院、妇幼保健院与和凤中心卫生院、柘塘中心卫生院消毒灭菌物品集中供应衔接工作，协同省、市卫监部门专项检查基层医疗机构消毒供应。 （顾翔）

【中医药传承创新发展】 2021年，区中医院开展“中医中药中国行”活动，组织专家义诊，举行区科协大讲堂及中医药健康巡讲10场次，受众2000余人次。推进多专业一体化诊疗模式，开展中医经典病房建设。基层医疗机构开展15项以上中医药适宜技术和中药饮片，村卫生室(社区卫生服务站)开展8项以上中医适宜技术，配备常用中成药。新冠肺炎疫情期间，提供扶正祛邪、化湿解毒中药预防方1.64万剂、防疫香囊1932个，向一线医务人员、隔离酒店等易感人群提供益气扶正祛邪中药茶饮248袋。 (吴孟涛)

【药事管理】 2021年，溧水区强化药品、医用耗材(试剂)采购使用监管，提升医用耗材尤其是高值医用耗材网上采购率。开展药品、高值医用耗材处方、医嘱点评以及基本药物综合评价，加强辅助性、营养性等高价药品、中药注射剂、肿瘤治疗药物等的临床应用监管。实施国家基本药物制度省级综合改革试点，医共体内实现药品统一管理，全区公立医疗机构形成以基本药物为主导的“1+X”用药模式，基本药物配备使用占比总体水平大幅提升，医共体内上下级医疗机构用药衔接顺畅。区人民医院基本药物产品数和销售金额占比分别为53.4%、45.78%；区中医院分别为56.51%、62.15%；区第三人民医院分别为60.0%、66.69%；区基层医疗机构总体占比分别为75.51%、74.43%，8家基层医疗机构均达到70%的工作目标，溧水区基本药物配备使用总体水平位居省、市前列。 (李友顺)

医疗机构

【概况】 2021年，溧水区有各级各类医疗卫生机构186家。其中，三级医院2家(区人民医院、区中医院)，二级医院3家(区第二人民医院、爱尔眼科、区妇幼保健院)，一级医院3家，乡镇卫生院(社区卫生服务中心)8家，护理院3家，护理站10家，社区卫生服务站27家、村(社区)卫生室71家，门诊部、诊所卫生室、医务室等56家，其他医疗机构1家，专业公共卫生机构2家。编制床位2574张，卫生技术人员3958人。其中，执业(助理)医师1550人，注册护士1637人。千人床位数5.24张，千人执业医生数3.15人。拥有市级重点专科39个，基层省级特色科室4个、市级特色科室18个。所有村卫生室和社区卫生站达省级标准，其中50%的村(社区)卫生室达省示范村卫生室标准。 (顾翔)

表46 2021年溧水区医疗机构工作情况

指标	诊疗人次数(万人次)	门、急诊	入院人数(万人)	每百诊的入院人数(人)	健康检查人次数(万人次)	病死率(%)
一、医院	147.35	147.35	5.9	4.01	8.44	0.05
其中：综合医院	102.28	102.28	3.95	3.86	4.67	0.06
中医医院	41.28	41.28	1.64	3.97	3.58	0.04
专科医院	3.5	3.5	0.24	6.74	—	—
二、基层医疗卫生机构	0.29	0.29	0.08	27.36	0.19	—
乡镇卫生院	147.86	147.74	0.7	0.65	9.48	—
门诊部(所)	107.18	107.14	0.7	0.65	9.48	—
三、专业公共卫生机构	1.93	1.93	—	—	1.26	—
妇幼保健机构	1.93	1.93	—	—	1.26	—

表47 2021年溧水区卫生人员情况一览表

单位：人

指标	合计	其中			
		医院(含专科医院)	基层医疗卫生机构	公共卫生机构	其他卫生机构
合计	4772	3094	1506	127	45
一、卫生技术人员	3958	2542	1286	95	35

续表

指　标	合计	其　中			
		医院(含专科医院)	基层医疗卫生机构	公共卫生机构	其他卫生机构
1.执业(助理)医师	1550	904	583	52	11
其中:执业医师	1354	891	400	52	11
2.注册护士	1637	1250	359	6	22
3.药师(士)	228	151	76	1	0
4.技师(士)	238	163	60	13	2
其中:检验师(士)	146	89	43	13	1
5.其他	287	74	208	5	0
其中:乡村医生	111	0	111	0	0
二、其他技术人员	175	125	41	9	0
三、管理人员	257	176	76	4	1
四、工勤人员	382	251	103	19	9

(区统计局)

【溧水区人民医院】 溧水区人民医院位于城南新区永阳街道崇文路86号,是江苏大学、皖南医学院、东南大学医学院和南京医科大学康达学院的教学医院,是国家级“爱婴医院”、东南大学附属中大医院溧水分院、三级综合医院。2021年启用综合病房大楼,医院占地8.26万平方米,建筑面积15.5万平方米。编制床位1000张,设有标准病区28个,百级、万级洁净手术室25间,重症监护室2个,核定床位26张,血液净化中心1个,高压氧舱1座;临床及医技科室39个,市级医学重点专科22个。拥有3.0T核磁共振、1.5T核磁共振、128排螺旋CT、256排多功能螺旋CT、心脑血管DSA、外周血管DASA、肿瘤直线加速器、胃肠机、全自动生化分析仪、高端四维彩超、4K超高清腹腔镜等大中型医疗设备。建成63个业务信息系统、53个运维管理系统,全院

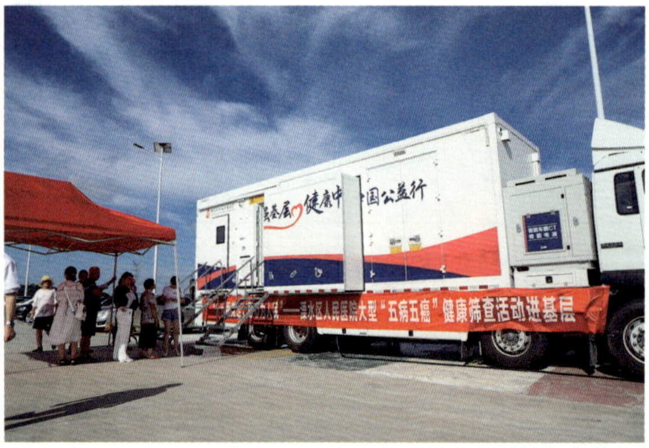

7月21日,区人民医院组织50余名专家和医护人员,到晶桥镇芝山村为老区群众开展“五病五癌”义诊活动
《今日溧水》报　供图

各类业务流程梳理、质量管理、信息化运维均实现精细化管理。实现医嘱、药品、手术、血透、输血、检验等主要医疗业务闭环管理。建设医共体临检中心、远程医疗会诊中心、影像诊断中心、心电诊断中心、病理中心、消毒供应中心、药品采购中心、糖尿病一体化管理中心、超声一体化质控中心九大中心,通过国家医疗健康信息互联互通标准化成熟度四级甲等授牌。全年门急诊99.1万人次,增长14.9%。各类健康体检4.67万人次。出院3.67万人次,手术2.12万例次,增加4818例次。分娩1750人次,肾脏透析5.39万人次,增加2353人次。医疗业务收入7.44亿元,增加1.27亿元。全院在职职工1517人,其中卫生技术人员1357人;高级职称283人,博士30人,硕士148人;江苏省第一批卫生拔尖人才1人,兼职教授4人,兼职副教授21人,市青年人才5人;博导4人,博士30人,硕导12人,江苏省“双创博士”2人,省“333工程”培养第三层次2人,省、市人才工程17人。全院运行新技术、新项目131项,立项新技术、新项目264项,1项获南京市医学新技术引进奖。骨科团队“经皮椎间孔镜下ULESS技术治疗老年退变性腰椎管狭窄症”,获南京市医学新技术奖二等奖;内分泌科获中国防盲技术指导组“基层糖网筛查示范”二等奖,被中国微循环学会认定为江苏省基层内分泌特殊科室协同孵化中心。合作申报市医学科技发展项目8个,主办国家级继续教育项目1个,省级继续教育项目5个。医务人员在各类医学期刊发表论文185篇。医院

心内科、泌尿外科、医学影像科、重症医学科等专科与中大医院融合建设，由中大医院派出科室副主任担任融合发展科室主任和学科带头人，开展包括冠状动脉介入、心律失常消融、起搏器植入、先天性心脏病封堵在内的心脏介入手术。心内科急诊PTCA（急性心肌梗死介入手术）103例，冠脉造影检查/支架植入术701例，增长16.5%。（章碧君）

【溧水区中医院】 溧水区中医院位于城区东部永阳街道文昌路201号。2021年医院占地8.4万平方米，建筑面积10万平方米，一期工程医院综合楼主体23层，高压氧舱建筑面积486平方米，配置20椅位方形氧舱。设有标准化病区17个，临床科室32个，医技科室9个；编制床位500张，开放床位500张；有市级中医重点专科2个（骨伤科、脾胃病科）、市级中医重点专科建设单位11个、市级医学重点专科建设单位4个。拥有设备1900余台。其中，中医设备13类21种350台（套），涵盖舌面脉信息采集体质辨识系统、中医紫外线光疗仪、（钬）激光、光子治疗仪、中低周波治疗仪及骨质疏松治疗仪等中医诊疗诊断类，以及中医针疗、灸疗、罐疗、磁疗、热疗等中医治疗设备；大型设备有256排CT、医用血管造影X射线系统、核磁共振成像系统、数字乳腺X射线影像系统、三维电生理导航及电子胃肠镜系统、体外膜肺氧合（ECMO）等。全院在职职工997人。其中，卫生技术人员870人；正高级职称37人，副高级职称89人，中级职称295人；硕士及以上研究生155人，本科542人；市名中医6人、市中医药青年人才5人，省农村优秀中医临床人才2人，全国基层名老中医专家1人。全年门急诊41.28万人次，出院1.64万人次，病床使用率78.05%。开展手术9579例次，增长24.2%，其中三、四级手术4035例次，增长29.3%。全年业务收入4.29亿元，增长3.15%。医院新建ECMO医护团队，提升急抢救能力。神经外科与EICU、骨科、胸外科等科室协作，开展脑膜瘤切除、动脉瘤栓塞、颅内压监测、颅骨钛网板置入、腰大池置管外引流治疗顽固性脑脊液漏等多项新技术新项目。全年立项市卫健委基金项目5项、省中管局基金项目1项；发表SCI论文13篇；立项省药学会基金项目2项、市药学会基金项目1项、院级课题21项；获实用新型专利2项。医院挂牌“扬州大学医学院附属医院”，被确认为中国糖网筛防

4月23日，扬州大学医学院附属溧水区中医院揭牌暨签约仪式举行　　《今日溧水》报　供图

工程杏林行动基层筛防示范单位。胸痛中心获省级胸痛联盟中心授牌，卒中中心获中国卒中联盟授牌。与江苏省中医药研究院博士张健签署合作协议，成立张健科研工作室。获批成立尹逸麟全国基层名老中医药专家传承工作室。（吴孟涛）

【溧水区第三人民医院】 溧水区第三人民医院位于永阳街道中大街35号。2021年占地2.8万平方米，在建建筑面积1.7万平方米。设精神科开放治疗病区3个，编制床位200张，实际开放120张。拥有无抽搐电休克治疗仪、音乐治疗仪、脑电图分析仪、经颅多普勒检测仪、经颅磁治疗仪、生物反馈仪、创伤后应激障碍综合训练仪等精神疾病和心理障碍相关诊疗设备。更新升级信息系统，新增PACS影像系统、院感管理系统、院内会诊系统等功能系统，完成国家医保信息业务编码标准贯标验收，电子病历应用水平通过三级评审。全院在职职工114人，招聘高层次卫技人才2人，备案制人员21人。全年门急诊2.41万人次，收治住院1505人次，实际开放总床位日4.37万日，精神科专家查房19次。实现医疗收入1796万元。区级社会心理健康服务指导中心建成运行，设置心理科普、心理咨询、心理数据、心理培训、应急干预5项功能。医院定期召开信访投诉（医患沟通）管理会议，“12345”工单按时办结率100%，门诊及住院患者满意率95%。国家基本药物采购金额占66.04%，国家基本药物销售金额占66.7%，被市医疗保障局评为“2020年度定点医药机构考核先进单位”。5月27日，区第三人民医院被市卫健委确认为二级甲等精神专科医院。（梅德进）

体育设施

【概况】 2021年，溧水区加快推进体育设施建设，更新改造区体育公园体育场，新建体育场东看台，增加看台座椅3694个，总计1.1万个；新铺塑胶跑道1.2万平方米，符合国家田协一类场地认证条件；建成看台内羽毛球场地8个，新建运动员休息室、淋浴间和一类公共卫生间；移位安装体育场地照明灯塔，新装电子显示大屏。村级体育公园建设列入全区民生实事计划，新建村级体育公园7个，更新健身路径57套。其中街镇更新32套，村(社区)更新、新建25套。（张毅）

表48　2021年溧水区体育事业情况一览表

	单位	数据
一、等级运动员	人	6
其中：运动健将	人	—
一级	人	—
二级	人	6
二、等级裁判员	人	—
其中：国家级	人	—
一级	人	—
二级	人	—
三、承办市级以上比赛项数	次	13
(一)承办国际比赛	次	—
(二)承办国家比赛	次	6
(三)承办江苏省比赛	次	3
(四)承办南京市比赛	次	4
四、参加体育人口数	人次	213502
五、向国家、省、市输送运动员人数	人	28
六、社会体育指导员	人	3503

续表

	单位	数据
（一）国家级	人	21
（二）一级	人	261
（三）二级	人	440
（四）三级	人	2781

（区统计局）

【村级体育公园建设】 2021年，溧水区村级体育公园建设全面推进。新建和凤镇沈家山村、永阳街道高塘村、洪蓝街道陈卞村和姜家村、白马镇大树下村、晶桥镇水晶村、石湫街道上方村7个村级体育公园，占地面积均约1000平方米，配置乒乓球桌、健身步道、健身路径等体育设施，提供锻炼场所，满足居民健身需求。

【体医融合建设】 2021年，溧水区落实省市体育局、卫健委《关于推动体医融合发展的实施意见》，探索建立运动促进健康新模式，提升人民健康水平。建成覆盖全区的体医融合数字化平台，构建成立区级体医融合运动促进健康中心1个（区中医院体医融合运动促进健康中心），建成街镇级体医融合运动促进健康站3个，在区全民健身中心、新时代广场建立体医融合运动促进健康点2个，其中区中医院体医融合运动促进健康中心是全省第一批5个省级运动促进健康中心之一。

（张毅）

洪蓝街道社区卫生服务中心体医融合运动促进健康站　区体育局　供图

群众体育

【概况】 2021年，溧水区贯彻国家“十四五”《全民健身计划》，结合全区实际，推动全民健身事业快速发展。举办第五届区运会以及全民健身展演、市乒乓球俱乐部联赛、区足球赛等线下体育活动200余场次。创新开展舞动云端广场舞大赛、篮球挑战赛、八段锦比赛等线上活动30场次。新建19片社会足球场地通过市、区验收，体育公园田径场提档升级，完成智慧体育一期建设。创建AAA级体育社团7家，新成立单项协会4家，有社会体育指导员3200人。

【群众体育比赛活动】 3月25日—4月15日，溧水区举办网上健身气功八段锦比赛，由区体育局、体育总会主办，区健身气功协会协办，全区100余名健身气功爱好者参赛，张梅珍、严桂花等获一等奖。4月1—30日，溧水区举办2021年广场舞线上挑战赛，由区体育局、体育总会主办，区广场舞协会协办，设竞赛监督委员会。以“颂歌献给党·幸福舞起来”为主题，线上视频录播形式参赛，30余支队伍500多名广场舞爱好者参加，佳佳舞蹈队、青禾舞蹈队、开发区柘塘舞蹈队、安雅舞蹈队、广场健身舞蹈队获优胜奖。4月6—23日，举办2021年篮球线上挑战赛，由区体育局、体育总会主办，区篮球运动协会协办，收到参赛视频200余份，余光远获最佳射手、梅雁南获最强王者和最佳人气奖。4月8—30日，举办2021年溧水区足球线上挑战赛，100余名足球爱好

溧水区第五届运动会(街镇部)象棋比赛现场　　《今日溧水》报　供图

者参赛，谢康获颠球达人奖、朱子俊获最快绕杆奖、王梓齐获最佳人气奖。5—6月，举办第六届青年篮球联赛，赛事由区级机关工委与团区委联合主办、区实验小学协办。全区34支队伍400余名球员参赛，开发区代表队获冠军。6月5—6日，区政府与南京市乒乓球运动协会主办“喜迎建党100周年·健康溧水杯”第17届南京市乒乓球俱乐部联赛，全市82支代表队300余人参赛。12月7—8日，由区体育局、体育总会主办的溧水区《国家体育锻炼标准》达标赛在区体育公园田径场举办，380余人参赛，合格率98%。12月4日，举办区级“足协杯”足球赛，全区13支足球代表队300余名球员参赛。

【溧水区第五届运动会】 5—11月，溧水区举办第五届运动会，由区体育局、机关工委、教育局、总工会联合主办。此届运动会分学生部、机关事业部、企业职工部、街镇部4个部，设羽毛球、乒乓球、三人制篮球等43项比赛，87支代表队3500余名运动员参赛。运动会赛期7个月，11月16日闭幕。区产业集团获企业职工部团体总分第一名，区教育局获机关事业部团体总分第一名，永阳街道获街镇部团体总分第一名，南京长安汽车有限公司、圣典律师事务所、区产业集团、水务集团、人社局、发改委、卫健委、融媒体中心、财政局、溧水公安分局、开发区、永阳街道、东屏街道、洪蓝街道14家单位获优秀组织奖，区城建集团、溧高投、教育局、纪委、审计局、党校、城管局、人民医院、晶桥镇、石湫街道、和凤镇、白马镇、农商行、南京正源集团有限公司14家单位获道德风尚奖。（张毅）

竞技体育

【概况】 2021年，溧水区贯彻国家体育强国建设纲要，围绕竞技体育，举办、主办、承办市级以上比赛10次（国家级比赛5次、江苏省比赛1次、南京市比赛4次）。组队参加省、市竞技体育比赛20项。市队区办南京溧水女子橄榄球队获2021年江苏省青少年橄榄球锦标赛甲组第三名。承办江苏省足球青训俱乐部联赛总决赛、第十四届全国运动会霹雳舞项目预决赛、全国击剑锦标赛暨十四届全运会预赛、南京溧水山地半程马拉松赛，主办2021溧水第二届“珊瑚国际”百公里人车接力邀请赛、第五届耀武拳王争霸赛等大型赛事。12月，南京市溧水区众康羽毛球俱乐部、南京星银乒乓球俱乐部获评第十四批省级青少年奥林匹克体育俱乐部，风尚轮滑运动俱乐部、辉煌青少年体育活动中心、童乐汇快乐体操俱乐部获评市级青少年体育俱乐部。

【南京溧水山地半程马拉松赛】 3月14日，南京溧水山地半程马拉松赛在溧水举行。赛事由区政府主办，区体育局、体育总会承办，江苏省体育竞赛管理中心、南京市体育竞赛和社会体育指导中心为指导单位。1.2万人报名参赛。男子组程乾育以1小时零7分的成绩获冠军；张立钢以1小时零9分21秒获亚军；曹天祥获得季军，成绩1小时10分52秒。女子组冠军吴冰，成绩1小时18分50秒；亚军姚玉舟，成绩1小时21分15秒；季军吴宣霞，成绩1小时21分56秒。

【全国击剑锦标赛暨十四届全运会预赛】 6月11—15日，全国击剑锦标赛暨十四届全运会预赛在南京空港国际展览中心举办，是中国击剑协会主办的单项体育赛事。全国25个代表队357名运动员参赛，国家击剑队运动员全员参加。福建代表队陈伟全、黄梦恺分别获得男子组花剑冠、亚

7月，溧水女子橄榄球队冒着酷暑训练　　杨孝林　摄

军，陕西代表队黄永希和上海代表队吴斌获得季军；江苏代表队石玥获女子组花剑冠军，福建代表队陈情缘获亚军，贵州代表队陈亚珠和广州代表队吴培林获季军。赛事借助《现代快报》全媒体渠道资源，整合线上门户网站、综合网站、微信、微博等宣传，中央电视台体育频道、CCTV-5+、央视频、微赞等电视及网络平台进行直播，户外大屏等线下渠道推广宣传，微赞平台直播观看量300万人次。

【2021无想山3V3健康篮球赛】　7月12日，2021无想山3V3健康篮球赛在洪蓝街道文化休闲广场举行，由区秦淮源篮球俱乐部主办，万华新型建材有限公司、涛宇广告传媒有限公司承办，比赛采用分组单循环办法进行。全区20余支球队100余名球员参加，吸引观众1000余人，洪蓝街道代表队获冠军。

【第十四届全国运动会霹雳舞赛】　9月24日，第十四届全国运动会霹雳舞项目在国家极限运动溧水训练基地开幕，赛事由国家体育总局主办，区政府承办，南京思迪飞灵体育文化有限公司运营。此次赛事包括男子霹雳舞和女子霹雳舞两个项目，分为资格赛与决赛，全国各地近100名运动员参赛。上海市代表队王文禄和山东省代表队吴泽锋分别取得男子组金牌、银牌，河南省代表队刘清漪和山东省代表队芮玢琪分别取得女子组金、银牌。

【江苏省足协青训俱乐部联赛总决赛】　10月2—5日，江苏省足协青训俱乐部联赛总决赛在溧水区大金山国防训练基地足球场举办。此次青训联赛由江苏省体育局指导，省体育总会、足球运动协会、区体育局主办，江苏有迈体育发展股份有限公司承办、大金山国防园协办。全省24支球队参赛，比赛分为U10（10岁以下）、U12（12岁以下）两个组别。南通市紫琅第一小学、南京市北京东路小学、南京南化实小习园体育艺术俱乐部分别获U10组冠军、亚军、季军。南通市第二初级中学、昆山市启航青少年足球发展中心、张家港市贝贝少儿足球俱乐部分别获U12组冠军、亚军、季军。

【区第三届羽毛球赛】　12月5日，由区体育总会、羽毛球运动学会主办的溧水区第三届"麦香新语"羽毛球赛在区体育场羽毛球馆举行。全区100名选手分成45个组参加，设男子双人、女子双人2个项目。赛制分第一阶段小组循环赛和第二阶段淘汰赛，决出男双和女双前8名。男双选手吴玉杰、徐致远，女双选手李希琼、徐欣琪分获两个项目冠军。

【中国国际田径（短跑）高峰论坛】　12月6日，首届中国国际田径（短跑）高峰论坛在国家极限运动溧水训练基地开幕，由北京体育大学和中国田径协会联合举办。以"更强更快·构建未来——短跑运动表现及科学化训练"为主题，围绕田径短跑项

10月2—5日，江苏省足协青训俱乐部联赛总决赛在溧水区举办
《今日溧水》报　供图

目和国内高水平短跑选手进行技术分析和学术研讨。国家体育总局局长苟仲文发表视频致辞，亚洲男子百米纪录保持者、田径运动员苏炳添作视频交流。各省市区、高校田径短跑教练员、运动员、科研人员和教师等100余人参加。

【第五届耀武拳王争霸赛】 12月10日，溧水区第五届耀武拳王争霸赛在悦居广场溧润运动中心举行，比赛由区文旅局承办，南京市星兆文化传媒有限公司、南京南客影视文化传媒有限公司协办。国内6个俱乐部的12名选手同台竞技。赛事设6场比赛，采用K1世界自由搏击竞赛规则，保证比赛公平公正。明小林获63公斤级冠军，朱豪克获70公斤级冠军，郭晋驰获80公斤级冠军。（张毅）

学校体育

【概况】 2021年，溧水区有中小学校48所，体育教师202人（中学82人，小学120人）。有学校田径场78片，其中400米标准7片、300米标准11片、200米标准30片，足球场112片，其中11人制7片、8人制25片、5人制80片，室外篮球场52片，室外排球场60片，学校体育馆14个。定期安排体育课，小学1～3年级每周4节，4～6年级每周3节，初中每周3节，高中每周2节。学生在校期间每天安排一次30分钟体育大课间、一次30分钟体育活动课。11月，开展中小学体质健康标准测试，学生体质达标优良率44.83%，合格率96.39%。（孙全龙）

【区少年业余体校】 溧水区少年业余体校创建于1975年7月，2013年迁入区体育公园，负责全区少年体育业余训练工作，承担省、市级少年体育竞赛任务，培养和输送体育后备人才，促进全区运动技术水平提高。2021年，溧水区少年业余体校参加市级篮球、足球、排球、游泳、田径、赛艇、啦啦操、轮滑、羽毛球、射击、空手道、跆拳道、拳击、武术套路比赛14个。组队参加江苏省县组田径比赛并成功保级。向江苏省运动队输送运动员2人，向市体育学校输送运动员24人。（张毅）

【溧水区第五十八届中小学生运动会】 4—12月，溧水区举办第五十八届中小学生运动会，组织中小学生校园篮球、排球、啦啦操、田径和足球竞赛。4月16—21日，在溧水区实验小学崇文路校区体育馆举行校园篮球联赛，23支中、小学男子篮球队近320人参加比赛。5月19—21日，在金陵中学溧水分校体育馆举行溧水区校园排球联赛，19支中、小学女子排球队近230人参加比赛。5月28日，在溧水区状元坊小学体育馆举行校园啦啦操联赛，28支中小学啦啦操队近730人参赛。10月28—29日，在南京市游府西街小学溧水分校体育场举办溧水区第58届中、小学生田径运动会，33支中、小学田径运动队近800人参赛。11月10—21日，分别在区第三小学、江苏省溧水高级中学附属初级中学和区第二高级中学足球场举办2021年“区长杯”校园足球联赛，57支队伍（小学男子甲组8支队伍、小学女子甲组8支队伍、小学男子乙组8支队伍、小学女子乙组8支队伍、初中男子组10支队伍、初中女子组7支队伍、高中男子组4支队伍、高中女子组4支队伍）近900人参赛。高中组第一名为区第二高级中学，第二名为江苏省溧水高级中学，第三名为区第三高级中学；初中组第一名为江苏省溧水高级中学附属初级中学，第二名为区第一初级中学，第三名为金陵中学溧水分校；小学组第一名为区实验小学，第二名为区第三小学，第三名为开发区小学。（孙全龙）

表49　2021年溧水区组队参加省、市少儿体育比赛情况一览表

时　间	赛事名称	比赛地点	成　绩
3月27—28日	南京市少年儿童跆拳道比赛	南京市体育运动学校	—
4月10—11日	南京市少年儿童篮球比赛	南京市体育训练中心	少年乙组女子团体第五名
4月10—11日	南京市少年儿童射击比赛	南京市重竞技运动学校	金牌1枚、银牌5枚、铜牌4枚
4月17—18日	南京市少年儿童乒乓球比赛	南京市全民健身中心	—
4月17—18日	南京市少年儿童赛艇比赛	南京市水上运动学校	—
4月17—18日	南京市少年儿童田径比赛	南京市体育运动学校	金牌12枚，儿童组团体总分第二名

续表

时　间	赛事名称	比赛地点	成　绩
4月22—25日	江苏省青少年田径锦标赛暨县组田径(第一赛区)比赛	盐城市建湖县	金牌4枚、铜牌2枚,团体总分109分
5月22—23日	南京市少年儿童轮滑比赛	南京市体育运动中心	—
4月24—25日	南京市少年儿童羽毛球比赛	南京市羽毛球运动学校	—
5月15—16日	南京市少年儿童武术套路比赛	南京市清凉山体育学校	银牌2枚、铜牌2枚
5月16日	南京市少年儿童排球比赛	南京市体育训练中心	—
5月22—23日	南京市儿童空手道比赛	南京市清凉山体育运动学校	—
5月28—29日	南京市少年儿童拳击比赛	南京市清凉山体育学校	银牌3枚、铜牌1枚
6月5—6日	南京市少年儿童啦啦操比赛	南京师范大学附属实验中学	少年乙组女子团体第二名
6月19—20日	南京市儿童游泳比赛	南京市体育运动学校	—

（张毅）

体育产业

【概况】 2021年,溧水区贯彻国家《全民健身计划(2021—2025年)》《健康中国行动(2019—2030年)》《"十四五"体育发展规划》,将体育产业发展列为全区高质量发展的重要着力点。体育产业结构优化升级,集聚效应增强。新增体育类市场主体88家,总计963家;新增规模以上企业3家(南京德力体育用品有限公司、南京宏日健康服务有限公司、南京递乐办公用品有限责任公司),两项增幅均居全市第一。体育制造类企业产出总规模达54.13亿元,体育服务类企业产出总规模超29亿元。万驰赛车场、天生桥景区、幸庄国际航空飞行营地、大金山庄国防园、卧龙湖小镇、溧润运动中心、海峰农庄、师虚武术馆等入选南京市体育消费新场景。体育彩票实现销售收入超亿元。（张毅）

【南京亚狮龙体育用品有限公司】 2021年,南京亚狮龙体育用品有限公司实现开票收入8611万元,获评省体育产业示范单位。该公司位于白马镇工业园,成立于2003年12月,是由香港大桐利集团公司全额出资建立的羽毛球生产基地,主要生产经营羽毛球及系列产品,建有毛片生产基地,月产毛片1亿片以上。亚狮龙牌羽毛球是全球著名品牌,产品销往日本、马来西亚、泰国、印尼、丹麦、英国、德国等10余个国家,销量居全球第一。

（张毅　端舒娅）

【南京万德体育产业集团有限公司】 2021年,南京万德体育产业集团有限公司实现开票收入2.3亿元。公司位于永阳街道天生桥大道680号。成立于2007年6月,是一家产学研实力雄厚、生产设备先进的现代化企业。公司在上海、深圳、香港等地设有多家子公司。拥有20多年生产制造经验及先进的生产设备和工艺,以集团化、品牌化、全球化运作方式,集体育、文旅、教育于一体,在全国率先建立"全人群智慧体育公园",带动全国智慧体育公园建设,首创"全民健身智慧路径"。该集团是全国首家通过新国标认证、首家获得小型游乐设施制造许可证、首批笼式多功能运动场认证企业,获PCT国际专利多项、国家专利400余项、软件著作权40余项、作品著作权5项。被国家体育总局评为"国家体育产业示范单位"获得国家体育用品标准化技术委员会"标准制定贡献奖"。产品远销英国、德国、法国、西班牙、葡萄牙、意大利、日本、韩国、新加坡等80多个国家和地区。

（张毅　司徒成焕）

【体育彩票】 2021年,溧水区体育彩票完成销售收入1.06亿元。其中乐透型彩票销量3724万元,即开彩票销量711万元,竞猜彩票销量5624万元。全年销售总量在全省66个区、县中排名第28位,在全市区县(6个)排名第三。全区体育彩票线下网点总数76个,从业人员150余人。（张毅）

就　业

Empolyment

综　述

【概况】　2021年，溧水区人社部门加强公共就业服务平台建设，开展职业技能培训，多渠道促进劳动者就业创业，确保民生实事项目落地见效。依托区人力资源市场，组织企业参加高校招聘会31场，提供岗位信息2万余条，城镇新增就业2.3万人，实现再就业1520人，援助困难人员就业2146人，新增大学生就业8816人。开展城乡劳动者就业技能培训1.74万人次，农村劳动力转移就业1903人，就业形势保持稳中向好态势。

【人力资源市场建设】　2021年，溧水区人社部门支持开发区和东屏街道联合打造市级人力资源产业园，形成以开发区为主产业园，东屏为分园的“一园两区”格局。建设人力资源北市场，引进南京鼎力人力资源有限公司、前程无忧有限公司等专业人力资源机构，在前程无忧云平台设立“溧水招聘专区”，合作开展网络“直播带岗”招聘活动，提供就业岗位2.38万个，为开沃新能源汽车集团股份有限公司、西门子数控（南京）有限公司等重点企业举办“直播带岗”招聘活动2场，吸引近10万人次参与。

【企业招工渠道拓宽】　2021年，溧水区人社部门搭建劳务协作平台、校地合作平台、中介服务平台，拓宽企业招工渠道。对接劳动力富余地区，在安徽阜阳、亳州、淮北，河南罗山、光山、固始等13个市县建立劳务基地。通过“走出去，请进来”等方式，与江苏大学、安徽工程大学、徐州工业职业技术学院等50所高校及技术院校建立合作关

11月30日，2021年南京市主导产业专场招聘会溧水区企业专场举行　　区人社局　供图

12月25日，南京溧水人力资源服务产业园东屏园区开园仪式举行　　区人社局　供图

系，设立“引才工作站”。

（王晓静）

重点群体就业

【概况】 2021年，溧水区人社部门利用各种平台做好重点人群就业服务。线上利用南京人才服务平台、区融媒体中心、“智慧溧水”App、114网等平台免费为企业发布招聘信息，举办网络招聘会；线下利用人社系统基层力量开展“送岗上门”，每周组织开展人力资源市场招聘会，组织公益性招聘会158场。

5月26日，区人社局与南航金城学院举行校地合作签约仪式

区人社局　供图

【困难群体就业】 8月，溧水区人社部门鼓励用人单位吸纳就业困难人员就业，落实用人单位岗位补贴及社保补贴政策。发放灵活就业人员社保补贴，鼓励就业困难人员多形式、多渠道灵活就业。结合新冠肺炎疫情防控需要，稳步实施防疫临时性公益性岗位的开发管理，做好就业困难人员就业安置工作，全区防疫临时性公益性岗位安置就业困难人员100人，参加村（社区）消杀值守工作。全年援助困难人员就业2146人。

（王晓静）

【高校毕业生就业】 2021年，溧水区组织线上线下高校毕业生招聘31场。开展433名离校未就业应届高校毕业生实名登记工作，登记率100%。有针对性地为未就业毕业生提供岗位推荐、职业指导等就业服务。实施“宁聚计划”，创新工作举措，优化工作安排，帮助大学生提升就业能力。面向区各机关、村（社区）、企业征集岗位856个。开展“万名大学生看溧水”活动，创新发布大学生“聚溧”政策、看溧水十条路线，南京大学、东南大学、南京师范大学等20余所高校4000余名大学生参与。

（王晓静　顾泽晧）

【退役军人就业安置】 2021年，溧水区退役军人事务部门推进退役军人就业安置工作，转业军官首次以“双选”方式安排到位，符合条件的转业士官以“积分选岗、阳光安置”方式安置到位。接收1名六级伤残退役士兵、1名复员干部。举办退役军人专场招聘会2场，40多家单位提供岗位500多个，推荐自主就业退役士兵实现稳定就业。多渠道挖掘就业招聘信息，利用微信、QQ群向退役军人推送招聘信息，各街镇（开发区）服务站点对点提供岗位推荐。举办2021年秋季退役士兵适应性培训、技能培训、个性化培训。

（王馨雨）

【残疾人教育就业】 2021年，溧水区发放56名残疾学生教育专项补贴6.4万元，发放25名新考入高中及以上残疾学生助学金6.8万元，发放14名高中及以上残疾学生奖励金1.9万元。建立区残疾人辅助性就业配置中心，合理配置资源，262名残疾人参与辅助性就业。新增残疾人就业111人，开展残疾人技能提升培训335人。

（赵丹）

创业带动就业

【概况】 2021年，溧水区优化创业环境，发挥创业带动就业的倍增效应，加大政策扶持力度，重点扶持大学生、征地农民、退捕渔民、退役军人创业。培育自主创业1175人，扶持农民自主创业724人，扶持大学生创业326人，创业带动就业3511人，完成目标任务的192.91%。青年大学生创业企业实体2703户，完成目标任务的102%。城镇登记失业率控制在1.78%，低于政府目标1.72个百分点，就业创业形势保持总体稳定。

【创业服务平台建设】 2021年，区人社部门依托各街镇（开发区）基层服务平台，为创业者提供免费创业指导、政策咨询、项目评估、跟踪管理等专业性服务，助推大众创业。重点打造市级傅家边大学生创业园，形成以草莓种植产业链为品牌的特色创业园，完善省级永阳大学生创业园和市级开发区大学生创业园。全年培育自主创业者1175人。承办第九届“赢在南京”青年大学生创业大赛新能源项目初赛，溧水区参赛选手冯顾城的项目“阳台蔬菜”获市级优秀奖。大学生刘帅创业项目“新型工业高效相变储能蓄热器”入选2021年江苏省优秀创业项目。

【富民创业担保贷款】 2021年，溧水区优化创业贷款经办流程，区人社局与经办银行沟通，提高经办银行能动性，全年扶持农民自主创业724人，发放富民创业担保贷款506笔6015万元。

（王晓静）

【妇女创业就业】 2021年，溧水区妇联组织实施妇女创业小额担保贷款服务工作，帮助183名创业妇女申请创业小贷2200万元，带动就业549人。开展“宁姐月嫂”技能培训，联合区人社局开展专场培训4场，160名学员通过考试获得证书。联合区商务局开展家政服务业调研，摸排家政服务企业、“宁姐月嫂”及社区工作者对于家政服务行业、月嫂培训的意见建议，做好企业与“宁姐月嫂”供需对接，促进学员上岗就业。开展“宁姐邀您享民宿”推介活动，以直播形式推介特色民宿，分享创业故事。

（杨静）

1月19日，南京市“美丽乡村”民宿职业技能公益大讲堂（溧水站）活动举行

区人社局 供图

就业服务

【就业补贴政策】 2021年，溧水区吸引高素质人才与产业工人，鼓励大学生到溧水实习（见习），加大与院校的合作力度，提供新增大学生就业创业补助，全年向34679人次发放灵活就业人员社保补贴7331.06万元；向用人单位发放岗位补贴、社保补贴等稳岗补贴67.51万元；发放住房租赁补贴、面试补贴等相关补贴655.26万元。

【职业技能提升】 2021年，溧水区人社部门推行职业技能等级评价制度，鼓励企业自主开展技能人才等级认定，全区完成职业鉴定取证（含职业技能等级认定）4626人。扩大职业技能培训覆盖面，坚持“进村办培训、上门送技能”服务宗旨，开展政策宣讲进园区、进企业、进高校、进社区“四进”活动，举办民宿职业技能培训3场。联合区商务局开展电商直播培训1场，选拔4人参加南京市民宿技能比赛决赛。开展城乡劳动者就业培训、创业培训等各类培训4.87万人次，新增高技能人才284人。

【就业援助】 2021年，溧水区人社部门针对就业困难群体，开展“就业帮扶，真情相助”主题就业援助月、“迎新春送温暖，稳岗留工”专项行动。组织西门子数控（南京）有限公司、南京金龙客车制造有限公司、恒驰环保设备（南京）有限公司等42家企业参加省、市、区三级联动，举办“我为群众办实事”南京党员专业志愿者服

务基层行溧水专场活动，面对面为群众开展就业招聘、插花茶艺等技能培训、就业创业政策咨询。（王晓静）

3月9日，区人社局与安徽省亳州市人社局举行劳务对接会

区人社局　供图

劳动权益保护

【概况】 2021年，溧水区书面审查用人单位1964家，举报投诉涉劳动权益案件按期执行率100%，调处简易案件619件，结案率100%；行政处罚1件，涉嫌拒不支付劳动报酬移送公安机关案件3件，涉及农民工84人、金额261.7万元。受理劳动人事争议案件924件，结案924件，结案率100%。

【规范劳务派遣单位用工管理】 2021年，溧水区落实《劳务派遣暂行规定》，新审批劳务派遣经营许可55家，劳务派遣经营许可证年度审验101家、延续9家、注销9家，变更规范劳务派遣经营行为20家。核验全区劳务派遣机构年度经营情况报告。

溧水区举办保障农民工工资支付工作业务培训会　区人社局　供图

【农民工工资支付保障】 2021年，溧水区聚焦拖欠农民工工资问题，开展根治欠薪冬季专项行动，全面摸排欠薪隐患，联合区城建、公安等部门强力处置欠薪案件，通过“12333”热线、我的南京App“阳光护薪”专栏、“12345”热线、国务院欠薪线索反映平台处置欠薪类举报投诉案件765件，涉及农民工4820人，金额6530万余元。其中，向公安机关移送拒不支付劳动报酬案件3件，涉及农民工84人，金额261.7万余元。办结国务院“互联网+督察”欠薪线索4件。

【劳动人事争议调处】 2021年，溧水区人社部门协调区委政法委、区法院、司法局、总工会等多方力量，在区社会矛盾纠纷调处化解中心设立以调解、仲裁、诉讼、劳动监察、法律援助为一体的劳动人事争议联合调处中心，采取“三级联动、四方参与、五元化解”工作模式，实现劳动人事争议纠纷“一站式、多元化”调处。（王晓静）

责任编辑　吴萍

收入与分配

Income and Distribution

收入消费

【概况】 2021年，溧水区居民人均可支配收入50865.2元，增长9%。其中，人均工资性收入33052元，增长11.25%，占可支配收入的比重为64.98%；人均经营性收入9479.2元，增长2.96%，占可支配收入的比重为18.64%。人均财产净收入4253元，增长7.43%，占可支配收入的比重8.36%；人均转移净收入4081元，增长8%，占可支配收入的比重为8%。 （张三福）

表50 2021年溧水区全体居民家庭总收入和总支出情况一览表

指标	单位	数据
一、总收入	元/人	58636.2
（一）工资性收入	元/人	33052
（二）经营性收入	元/人	14005.2
（三）财产性收入	元/人	4477
（四）转移性收入	元/人	7102
二、总支出	元/人	46726
其中：（一）消费支出	元/人	30668
1.食品烟酒	元/人	8332
2.衣着	元/人	2792
3.居住	元/人	5773
4.生活用品及服务	元/人	1828
5.交通通信	元/人	5395
6.教育文化娱乐	元/人	4563
7.医疗保健	元/人	1439
8.其他用品和服务	元/人	546
（二）生产经营费用支出	元/人	4526
（三）财产性支出	元/人	224
（四）转移性支出	元/人	3021
（五）部分商业保险支出	元/人	99

表51　2021年溧水区全体居民可支配收入情况一览表

指　　标	单位	数据
可支配收入	元/人	50865.2
其中:(一)工资性收入	元/人	33052
1.工资	元/人	32129
2.实物福利	元/人	289
3.其他	元/人	634
(二)经营净收入	元/人	9479.2
1.第一产业经营净收入	元/人	877
2.第二产业经营净收入	元/人	909.2
3.第三产业经营净收入	元/人	7693
(三)财产净收入	元/人	4253
其中:利息净收入	元/人	596
出租房屋财产性收入	元/人	573
(四)转移净收入	元/人	4081
其中:养老金或离退休金	元/人	3078
社会救济和补助	元/人	73
政策性生活补贴	元/人	31
报销医疗费	元/人	509
赡养收入	元/人	176

(区统计局)

【城镇居民收入消费】 2021年,溧水区城镇居民人均可支配收入64860元,增长8.6%;人均消费支出36724元,增长18.6%,其中食品支出占人均消费性支出的26.1%。平均每百户城镇居民耐用消费品拥有量:家用电脑79台,下降21%;家用小汽车65辆;城镇居民人均住房面积54平方米。

【农村居民收入消费】 2021年,溧水区农村居民人均可支配收入32032元,增长10.2%;人均生活消费支出22538元,增长22.4%,其中食品支出占人均生活消费支出的29.5%。平均每百户农村居民耐用消费品拥有量:家用电脑51台,下降7.3%;家用小汽车53辆,下降10.2%;农村居民人均住房面积62平方米。　(张三福)

社会保险

【概况】 2021年,溧水区围绕构建覆盖全民、城乡统筹、权责清晰、保障适度、可持续的多层次社会保障体系目标,抓好各项社保政策落实,兜牢民生底线,织密社会保障网。城乡居民养老保险待遇实现市级统筹,保障水平待遇不断提高。城乡居民基本养老保险缴费5万人,其中4133名困难人员享受政府全额代缴。城乡居民基本医疗保险缴费24万人,其中15475名困难人员无障碍纳入城乡居民医保范畴。启动第七轮企业退休人员免费健康体检,9672名企业退休人员享受免费体检服务。

【社保费征收】 2021年,溧水区完善全民参保登记动态管理,企业职工基本养老保险净增参保8860人,新增参保单位2040家,中断缴费人员续保3374人,职工五项社会保险费征收总额22.34万元。开展劳动用工与社会保险缴纳情况执法检查,重点检查用人单位不签订劳动合同、不参加社会保险、违法超时加班等突出违法问题。

【社保费减免】 2021年，溧水区落实社会保险降费减负相关政策，企业职工基本养老保险单位缴费比例维持降低后的16%不变，8—10月，阶段性降低医疗、失业保险费率。其中，职工基本医疗保险（含生育保险）用人单位缴费费率由9.8%下调至8.8%，工伤保险在原8类基准费率基础上下调20%。工程项目工伤保险费率在0.9‰的基础上下调20%。阶段性降低失业保险费率政策延长至2022年4月。为8020家用人单位减负2.75亿元。

【社保待遇提高】 2021年，溧水区企业退休人员基本养老金实现十七连调，城乡居民基础养老标准从每人470元/月调整到每人500元/月，每人每月增加30元。被征地人员基本生活保障待遇与市区同步调整，自1266元/人·月上调至1339元/人·月，为70周岁以上老年居民29832人发放一次性春节慰问金2566万元。

【社保服务提升】 2021年，溧水区推进"人社快办"行动，创新推出"包办、简办、快办"服务，整合86项关联业务、高频事项，制订"一件事"清单9个，设置综合窗口5个，提供近200项业务办理服务。通过压缩材料、优化流程，区市民之家人社窗口单项业务办理时限控制在10分钟以内，医疗零星报销时限由15个工作日压缩至10天以内。利用省人社一体化信息平台，推行社保业务网上办，免费为企业发放社保业务网办CA数字证书，实现企业办理社保业务"不跑腿、不见面"，全年为1538家参保企业制作发放CA数字证书。

【工伤保险"同舟计划"】 2021年，溧水区继续实施工伤保险"同舟计划"，落实工程项目"谁审批、谁负责"和"先参保、再开工"工作要求，全年办理工程项目农民工参保11.52万人次，其中交通水利项目636人次。保障农民工享受工伤保险待遇1197人次。推动符合条件的非全日制用工、超龄人员和实习生单独参加工伤保险。

【工伤认定】 2021年，溧水区受理工伤认定申请1843件。其中作出认定工伤决定1786件，不予认定工伤（或视同工伤）决定9件，终止工伤认定决定48件。开展劳动能力鉴定面诊8场次，办结劳动能力鉴定申请审批1093件。

表52 2021年溧水区社会保险参保情况一览表

单位：人

指标	参保人数
基本养老保险	143103
基本医疗保险	121382
城乡居民养老保险	50363
失业保险	123368
生育保险	121382
工伤保险	238723

（王晓静）

社会救助

【概况】 2021年，溧水区全面落实最低生活保障、特困人员供养、临时救助等各项社会救助政策，完善残疾人社会保障和服务体系。核对申请救助家庭经济状况，做好精减老职工保障、低收入家庭认定、危房改造对象认定等工作，发挥社会救助在精准扶贫中兜底保障作用。做好低保专项治理"回头看"，精准救助率100%。做好退捕渔民排查及救助工作，推进社会救助审批权限下放，开展低收入人口认定和动态监测工作。区救助站全年救助流浪乞讨人员187人次。

（陈静）

表53　2021年溧水区民政事业情况一览表

指　　标	单位	数据
抚恤、补助优抚对象总人数	人	—
一、定期抚恤人数	人	—
二、定期补助人数	人	—
三、伤残人员数	人	—
安置退役士兵、复员干部总人数	人	—
优待、优抚对象户数	户	—
全区最低生活保障家庭	户	3179
其中:城市	户	223
农村	户	2956
全区最低生活保障人数	人	4915
其中:城市	人	350
农村	人	4565
农村定期救济人数	人	39
困难局面医疗救助人次数	人次	116552
社会组织个数	个	573
其中:社会团体个数	个	207
民办非企业个数	个	365
基金会	个	1
生活无着人员救助人次数	人次	187
农村五保供养人员	人	1581
城市“三无”人员	人	31
孤儿	人	18

（区统计局）

【城乡低保】 7月,溧水区城乡居民最低生活保障标准提高至每人每月985元。城乡低保3179户4915人,占全区总人口的1.09%,全年救助5.96万人次,发放低保金4718.87万元。其中,城镇低保223户350人,发放低保金358.98万元,月人均补差865.73元,新增21户、29人,退出27户、40人;农村低保2956户、4565人,发放低保金4359.89万元,月人均补差805.9元,新增272户、466人,退出351户、557人。

【特困人员救助】 2021年,溧水区特困供养对象1612人,其中“三无”人员(无生活来源、无劳动能力、无法定抚养义务人或法定抚养义务人丧失劳动能力而无力抚养的公民)31人、集中“五保”人员(保吃、保穿、保医、保住、保葬)290人、分散“五保”人员1291人,发放特困保障金2560.83万元。特困对象供养标准与低保标准同步提高。其中,城市“三无”人员供养标准1970元/月,农村“五保”人员集中供养标准1478元/月、分散供养标准1281元/月。

【慈善救助】 2021年,溧水区募集慈善资金1132.34万元,其中“慈善一日捐”接收捐款500万元,副会长及理事单位捐款350万元。村(社区)慈善工作站募集善款284.8万元。抗击新冠肺炎疫情募集善款203万元。发放助学救助金116.79万元,助医323.09万元,助老25万元,助幼18.94万元,助残5万元,“两节”慰问347万元。（陈静）

【红十字救助】 7月21日,南京突发新冠肺炎疫情,溧水区红十字会第一时间成立疫情防控工作领导小组,完善红十字会新冠肺炎疫情防控捐赠工作程序和制度,并及时公示。高效周转捐赠物资,加强事中事后监管，严格按捐赠人意愿使用捐赠款物，做到进出明晰、合理合法、公开透明。至9月2日，接收社会各界捐赠款物214.59万元，其中接收捐款23.36万元，接收捐赠物资价值191.23万元。根据捐赠方意愿和区防控指挥部意见，捐赠资金及物资全部送达受捐赠方，第一时间发挥捐赠款物作用，做到"定向捐赠物资不落地、当天款物当天清"，资金拨付率100%，物资拨付率100%。全年募集博爱资金390.25万元，受益困难家庭653户，发放救助金93.10万余元。按照"4+X"（救护培训、"三献"、博爱超市、养老照护）模式，建设"博爱家园"9个，实现街镇层面全覆盖。新发展会员1700人，新增志愿服务基地1个，志愿服务总时长2500小时。举办养老照护培训30场，培训1000人次。

【"三献"工作】 2021年，溧水区红十字会落实《溧水区2021年无偿献血工作方案》，参与南京市红十字会无偿献血志愿者智慧管理平台资料库建设，组织动员1211名适龄市民加入无偿献血者队伍。完成无偿献血6104人次，献血量169万毫升，增长11%，临床用血自给率163%，在保障区内临床用血同时支援全市用血需求。开展造血干细胞捐献宣传活动，利用新媒体推广3位成功捐献者方英、卞红红、刘志杰先进事迹，动员18～40周岁、身体健康青壮年加入造血干细胞捐献志愿者队伍。造血干细胞捐献志愿者入库104人，再动员成功8人，再动员成功率86%。新增遗体器官捐献志愿者18人，累计99人，实现遗体捐献3人。4月16日，南京市红十字会捐献遗体器官志愿者之友协会溧水区分会成立，杨小飞任会长。

【救护培训】 2021年，溧水区红十字会按《江苏省红十字会应急预案编制指引》修订自然灾害、突发公共卫生事件2个应急预案，组织开展桌面推演。组建58人综合性救援队，配备35名志愿者，形成全区红十字应急救援网络。在地铁车站、学校社区、体育场馆、旅游景区（点）、办事大厅、单位机构、大型商场等公共场所，投放AED33台。开展千人导师培训项目"CPR+AED"救护师资培训2期，80名市民参加培训并取得师资证书。联合区教育局小班化、优标准开展2021年全区中小学教师应急救护技能复训，完成持证"CPR+AED"培训8635人，持证救护员培训844人，普及培训2100人。溧水区红十字生命安全体验馆接待参观、体验与学习3万余人次。（葛润苏）

【残疾人救助】 2021年，溧水区有持证残疾人17023人。其中，视力残疾2623人，听力残疾911人，言语残疾102人，肢体残疾8716人，智力残疾1759人，精神残疾1783人，多重残疾1129人，重度残疾8442人，占49.59%。全年办证695个，其中新办540个、换领155个。2011年残疾证期满换发678个。跨省通办残疾证12个，其中迁到区内7个、迁到外地2个、新办2个、补办1个。注销残疾证496个，其中死亡注销494个、自愿放弃2个。残疾证迁出5个（含跨省迁出2个）。为贫困残疾人家庭发放省公益助残物品396件，其中热水器13台、电视机104台、洗衣机80台、电风扇52台、电饭煲74个、微波炉73个。发放市公益项目轮椅111辆、电热水壶59只。"99公益日"筹款1.7万元。完成101户残疾人家庭无障碍改造。根据服务对象实际情况，按照"一户一方案"要求，安排专业人员入户评估，提出有针对性的无障碍改造方案，重点改造厨房、厕所、卧室、出入门和庭院等基础设施。

【残疾人康复治疗】 2021年，溧水区接受康复训练的残疾儿童有146名。为接受语训的4名贫困聋儿向省辅具中心申请助听器，为25名贫困肢体残疾儿童购置矫形器。推进残疾人家庭医生签约服务，开展8442名重度残疾人签约工作，签约率80%。为244名残疾人适配辅助器具300余件、13名贫困白内障患者实施免费复明手术、17名残疾人安装假肢、50名低视力残疾人免费检查、455名精神病患者提供免费服药服务。为512名残疾人提供精准康复服务，服务率100%，其中辅助器具适配59件，辅具适配率100%。

【残疾人之家建设】 2021年，溧水区投入370万元，建成"残疾人之家"25个，实现街镇全覆盖。建立区残疾人辅助性就业配置中心，合理配置资源，联合区特殊教育学校启动农村残障学生"康教融合"项目，形成康复与教育合力，促进残障学生健康成长。在开发区康怡社区、晶桥镇云鹤山村、和凤镇中扬村开展残疾人农疗基地建设，让残疾人在劳动中融入集体，促进康复。全区14家爱心企业加入助残队伍，262名残疾人参与辅助性就业，

2021年，区残联取得区融媒体中心和区盲人协会支持，采用先试点后推广方式，与残疾人之家合作，开设盲人影院，让盲人和健全人一样也能看电影　　区残联　供图

4月16日，南京市红十字会志友协会溧水区分会成立　　葛润苏　摄

家庭年平均增收4000元左右。完成实名制托养398人，其中日间照料284人、寄宿制8人。为106名符合条件的残疾人提供助餐、助购、助洁、生活陪伴、精神慰藉等服务。（赵丹）

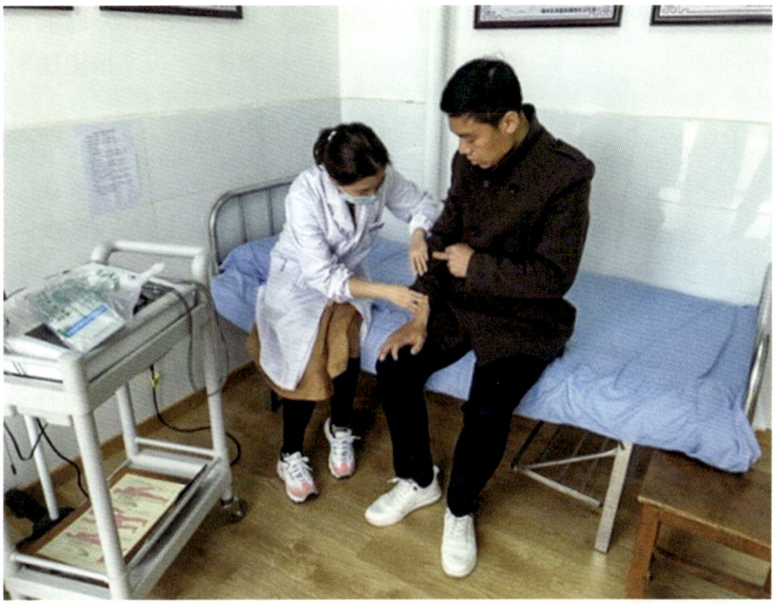

西旺社区残疾人之家康复室器材齐全，残疾人士在康复指导员指导下学习使用康复器材　　区残联　供图

社会福利

【概况】 2021年，溧水区秉承“以人为本、民生优先”理念，推进社会福利体系建设，做好儿童、老年人、残疾人等福利工作，有序发放各类福利金，推进社会福利事业健康发展。强化基础工作，建设完善高质量儿童福利服务体系，链接各方有效资源，打通困境儿童关爱保护“最后一公里”，让困境儿童不出社区就能享受关爱和保护。全区福利彩票销售4472万元。（陈静）

【儿童福利】 2021年，溧水区为417名困境儿童发放生活保障金597.91万元，其中孤儿18人，事实无人抚养儿童131人，重病重残儿童268人。开展困境儿童精准排查和保障，掌握困境儿童家庭监护、政策保障、社会关爱和自我发展情况，排查困境儿童1257人，一人一档开展“四色”管理（划分困境儿童处境红黄蓝绿4个从重到轻颜色等级，提供不同服务），实施精准保障，其中综合风险等级被评定为红色儿童153人、黄色171人、蓝色370人、绿色563人。8月，和凤镇省级示范项目儿童关爱之家完成场地建设，定期开展各类活动。利用现有区特殊教育学校、儿童福利院、妇幼保健机构等资源，统筹区域内机构服务类型和位置布局，就近满足残疾儿童康复需求。11月，区特殊教育学校和欣欣儿童康复发展中心通过市残联定点康复机构验收。（陈静　赵丹）

【老年人福利】 2021年，溧水区为1.4万余名80周岁以上老年人发放尊老金964.99万元。在籍且年满80周岁以上老年人发放标准为80～89周岁

老年人每人每月50元，90～99周岁老年人每人每月100元，100周岁及以上老年人每人每月300元。完成全区561户经济困难的高龄、失能、重度残疾老年人家庭居家适老化改造。

【残疾人两项补贴】 2021年，溧水区残疾人两项补贴发放9925人、8243.88万元。为低保和低保边缘家庭中重度残疾人开展以居家照顾为主的助残服务，实行动态管理，全区助残服务291人，发放服务补贴146.17万元。开展残疾人两项补贴跨省通办宣传，补贴发放不受户籍地限制，申请人可直接到区残疾人两项补贴窗口申请。完善残疾人两项补贴审核审批机制，严格落实残疾人两项补贴监管制度，加强动态管理，比对救助云平台和线上审批审核系统，有效避免两补资金多发、错发等问题。 （陈静）

医疗保障

【概况】 2021年，溧水区坚持以人民健康为中心，以改革攻坚、政策惠民为主线，坚持医保为民、医保惠民、医保便民，推动医疗保障事业高质量发展。强化医保政策宣传，发布政策解读和宣传信息183篇，发放、张贴宣传材料2万余份，组织政策宣讲等线下宣传13场，开展"学党史、办实事、永远跟党走"医保政策进万家文艺演出活动10场，融入基本医保、个人账户等医保政策，提高政策知晓度，增强群众获得感、幸福感和满意度。开展党史学习教育，着力推进"我为群众办实事"，6月，溧水医保分局获市医保局党组"2021年度基层先进党支部"称号。

【基本医疗保险】 2021年，溧水区参加基本医保41.9万人（包含职工和居民医保），其中参加城乡居民医保24.07万人。医疗救助政策覆盖全区1.18万人，全额资助1.5万余名低保人员、特困人员、低收入人口等困难群众参加基本医疗保险，确保应保尽保、一个不漏。提高保障待遇，落实医保待遇清单制度，推进门诊共济机制，实现职工医保个人账户扩围、家庭共济制度落地。居民医保、职工医保范围内住院报销比例分别为73.3%和89.04%。大病保险起付标准以上报销比例稳定在50%以上，低保、低保边缘等8类困难群众医疗救助报销比例为90%。

【医保基金监管】 2021年，溧水区健全医保基金监管体系，建立医疗保障基金监管工作联席会议制度，形成区级监管合力。按照协议管理，发挥医保社会监督员作用，实现276家两定（定点医疗机构、定点零售药店）机构现场检查全覆盖。开展定点康复护理机构专项检查、"违规收费"交叉检查、打击"三假"等专项行动，追回违规资金和处罚资金334.99万元。核验医保结算异常数据，审查医院病案1200余份，发现违规线索，及时按行刑衔接流程，移交司法机关处理。开展"宣传贯彻条例、加强基金监管"集中宣传月活动，印发医保宣传资料1.1万余份，制作沙画视频，利用体育公园、楼栋电梯等电子显示屏滚动播放。组织开展政策进社区、进医院等活动。

11月22日，溧水医保分局在企业推广医保电子凭证使用

溧水医保分局 供图

【医用耗材治理】 2021年，溧水区深化医用耗材治理改革，拓展采购宽度，组织公立医院参与国家、省、市医用耗材阳光采购15次，参与国家、省医用药品带量采购9次，涉及糖尿病、高血压、抗肿瘤等治疗领域，药品价格平均降幅超50%。完成集中采购金额约5775.8万元，节约医保资金约1.1亿元。借助医用耗材（药品）阳光采购平台与综合监管平台，定期监测和通报公立医

疗机构医用耗材(药品)带量采购、申请、发票确认、付款、结算等情况,确保集中采购成果落地执行。针对集中采购工作问题,会同区纪委监委约谈医疗机构5次,多次开展阳光采购政策培训,提升定点医疗机构工作人员业务水平,规范阳光采购行为。

【失能人员照护保险】 2021年,溧水区推广失能人员照护保险制度,全区签约评估机构4家、照护机构25家,开展失能评估2200人、公示2044人,享受失能保险待遇1463人,支付评估及照护基金35.8万元。摸排重点人员5602人,逐户上门宣传、服务,设立街镇服务窗口12个,满足参保群众需求。加大承办机构、服务机构监管力度,建立考核考评制度,督促承办机构做好服务落实和服务人员业务水平提升,鼓励公立医疗机构纳入评估、照护机构。

【"15分钟医保服务圈"省级示范点建设】 2021年,溧水区完成"15分钟医保服务圈"省级示范点建设,通过省级医保部门验收。印发《溧水区医保公共服务"15分钟医保服务圈"示范点创建工作方案的通知》,建立以分管区领导为组长,医保、财政、医保中心、永阳街道等职能部门负责人为成员的工作专班。溧水医保分局会同区医保中心,开展基层调研,明确8类28项医保经办服务事项下沉至街镇(开发区)、村(社区),提升医保服务便捷度。建立一中心、四站点、各村(社区)服务的"1+4+N"全覆盖式服务体系,开发"580"(我帮您)微信公众号,在"智慧溧水"App开设"我的医保"栏目,配置服务终端一体机6台,开展"适老、适残"等特定人群帮办代办服务,实现"就近办、网上办、便捷办"。

【省级医保支付方式改革评估】 2021年,溧水区推进紧密型医共体医保支付方式改革,会同东南大学公共卫生学院专家团队完成2020年度试点试运行效果评估报告,对照梳理医共体指标和不足,完善医共体专项考核体系。完成两大医共体(区人民医院、中医院)2020年度医保专项考核和年度指标考核,经市医保局、卫健委评定,考核均为优秀,全额拨付考核款项并给予奖励。加大核心医院优质资源下沉力度,实行基层医保结算倾斜政策,提升基层医疗服务水平。

【市级医疗救助零星报销不见面审批试点】 2021年,溧水区持续巩固市级医疗救助零星报销不见面审批试点成效,实现"免申即享、全程网办"医保服务新模式,助力优化医保经办服务和抗击新冠肺炎疫情工作,疫情期间保障救助不间断,主动服务103人次,拨付资金14.03万元。试点经验获省委深改办《改革参考》专刊录用,在全市推广。全年主动服务医疗救助对象1496人次,拨付零星报销救助金85.93万元。

【大病补充商业健康保险】 2021年,溧水区鼓励发展补充商业健康保险,宣传推广大病补充商业健康保险和"宁惠保",满足群众多元化医疗保障需求。为晶桥镇仙坛村40周岁以上、大病患者、困难群众等1200余人提供参保服务,鼓励各街镇(开发区)为全区困难群众兜底参保。大病补充商业健康保险参保19.2万人,参保率达全区基本医保参保人数的40%以上,赔付金额465万元,聘请第三方审计机构专项审计2020年度赔付情况,保障群众参保权益。推动产品提档升级,宣传引导参保"宁惠保二期",再次补偿医疗费用,健全多层次医疗保障体系。 (陈辉品)

住房保障

【概况】 2021年,溧水区探索住房保障常态化申请模式,新增住房保障家庭55户。实施住房保障动态化监管,清退年审不符合保障条件的家庭4户。启动栖凤佳苑二期公共租赁住房建设,90套公共租赁住房装修工程竣工。升级改造人才购房服务系统,提升人才购房服务水平。 (严海燕)

表54 2021年溧水区住房困难家庭和新就业人员、外来务工人员住房保障情况一览表

指标	单位	数据
一、历史累计保障户数	户	1050
1.租赁补贴户数	户	74

续表

指　　标	单位	数据
低保家庭	户	65
中低收入家庭	户	9
2.实物配租户数	户	338
低保家庭	户	184
中低收入家庭	户	154
3.经济适用住房户数	户	520
4.共有产权住房户数	户	118
二、当前实际保障户数	户	872
1.租赁补贴户数	户	6
低保家庭	户	2
中低收入家庭	户	4
2.实物配租户数	户	248
低保家庭(含三无、孤儿等)	户	101
中低收入家庭	户	147
3.经济适用住房户数	户	500
4.共有产权住房户数	户	118
三、今年以来保障户数	户	17
1.租赁补贴户数	户	2
2.实物配租户数	户	11
3.经济适用房户数	户	—
4.共有产权住房户数	户	4

（区统计局）

3月25日，区房产局召开住房保障分配会议　　区房产局　供图

【住房保障申请常态化受理】 2021年，永阳街道与开发区持续推进住房保障常态化申请模式，社区每月10—25日受理困难家庭申请，街道每两个月比对和审核信息，报送区房产局、民政局，区住房保障领导小组核准住房困难家庭保障房申请资格，形成多部门联动、多时段受理、闭环完整、流程合理、衔接顺畅的常态化申请模式。至年底，常态化受理永阳街道、开发区90余户住房困难家庭申请，新增55户通过资格审核。

【栖凤佳苑二期公共租赁住房项目】 5月，溧水区启动栖凤佳苑二期公共租赁住房项目建设。该项目位于交通西路以南，城西干道以东。2020年8月13日立项，地面7层、地下1层，建筑面积1.3万平方米，总投资1.06亿元。2月1日，总承包商南京苏舜建筑安装工程有限公司中标，至年底，外运土方6万立方米，完成地下车库、01幢、02幢、03幢等基础施工的80%。

【公共租赁住房装修工程】 2021年，溧水区筹集馨怡嘉园、燕溪苑、康乐佳苑等小区公共租赁住房90套，满足住房困难家庭租住需求，改善城镇中低收入家庭基本生活境况。4月，启动租赁房源工程装修，由南京宁玺建设有限公司承建，总投资420万元。8月，工程竣工，通过监理单位、建设单位验收。

【人才安居企业注册】 2021年，全区注册人才安居企业237家，其中开发区119家、永阳街道50家、东屏街道34家、洪蓝街道6家、石湫街道4家、白马镇15家、和凤镇7家、晶桥镇2家。新增注册人才安居企业18家，其中开发区5家、永阳街道4家、东屏街道5家、洪蓝街道1家、白马镇2家、和凤镇1家。

【人才安居补贴】 2021年，全区新增安居人才291人。租赁补贴新增241人，租赁补贴累计保障1378人，实际在保544人，其中C类人才5人、D类人才8人、E类人才46人、F类人才485人。新增购房补贴50人，累计保障162人，实际在保129人，其中C类人才7人、D类人才22人、E类人才29人、F类人才71人。发放货币补贴1268万元，其中租赁补贴524万元、购房补贴744万元。

【人才购买商品住房服务】 2021年，溧水区升级改造人才购房服务系统，开通专科及以上学历、高级及以上职业资格、初级及以上职称等人才线上申请通道，压缩审批时限至5个工作日，提升人才购房服务水平，投资25万元。全年新增人才购房服务136人，其中提供区级购房服务76人、开具市级人才购房证明60人。（严海燕）

【住房公积金管理】 2021年，南京住房公积金管理中心溧水分中心归集住房公积金10.8亿元，增长12.5%；提取住房公积金5.52亿元，增长18.5%；加大归集扩面力度，新增5人以上缴存单位172家，增长28.4%。新增缴存职工12113人，增长30.7%。落实公积金贷款政策，做到应贷尽贷，提高贷款审批质量，发放贷款3103户，金额15.6亿元，增长14.7%。做好逾期贷款催收，对3期以上逾期户重点逐个催收，贷款逾期率在可控范围内。开展企业营业执照和公积金"多证合一"一体化开户，在住建部"手机公积金"App实现异地转移等功能。5月，率先接入长三角"一网通办"平台，开通南京公积金异地购房提取线上业务，办理提取35.8万元。（陶世沛）

11月24日，区房产局走访南京金龙客车制造有限公司，宣传人才安居政策
区房产局　供图

责任编辑　吴萍

◎收入与分配

社会事务

Social Affairs

人口服务

【概况】 2021年，溧水区贯彻《中共中央国务院关于优化生育政策促进人口长期均衡发展的决定》及新修订《人口与计划生育法》。加强人口和计划生育信息化建设，督促各街镇(开发区)完善人口信息录入，提高人口监测数据准确性。强化出生人口性别比综合管理，全区出生政策符合率99.5%，孕前优生健康检查目标人群覆盖率100%，出生人口性别比107.3。新生儿出生缺陷发生率3.9‰，呈整体下降态势，年均妇幼保健和计划生育服务达标率96%，人口文化建设达标率98%，流动人口服务管理率98%，人口信息化建设达标率98%以上，计划生育机构队伍建设达标率98%，计划生育经费投入达标。(黄小平)

【计生特殊家庭关怀关爱项目】 2021年，溧水区推进计生特殊家庭(指独生子女发生伤残或死亡，未再生育或收养子女的家庭)关怀关爱项目建设，以亲情关怀、健康关怀、心灵关怀、成长关怀、邻里关怀为主要内容，实施“亲情牵手·关爱暖心”公益项目。通过项目创建示范作用，为特殊家庭搭建相互倾诉、相互交流平台，在生活上给予关怀帮助，在精神上给予安慰疏导，引导他们融入社区、参与社会活动，提升获得感和幸福感。建成白马镇、柘塘街道、石湫街道社东社区、永阳街道板桥社区4个市级计生协会“连心家园”项目点，洪蓝街道获省级“暖心家园示范点”称号。

【奖励扶助政策兑现】 2021年，溧水区落实家庭发展政策，兑现各项法定奖励优惠政策。区级财政预算安排计生工作经费1903万元。成立公共卫生领导小组，区委书记、区长任组长，村(社区)成立公共卫生委员会，将计划生育工作及婴幼儿托育服务纳入任务清单。发放农村部分计划生育家庭奖励扶助金1254.71万元，惠及1.3万人。独生子女伤残死亡特别扶助发放881人661.49万元。企业退休职工及城镇非从业人员一次性奖励结算1208人。其中，区级统筹1154人，发放415.44万元。调整更新“双岗”联系人，分别由1名街镇干部和1名村(社区)干部共同担任，与家庭医生建立帮扶网络，畅通计生特殊家庭就医绿色通道。(赵新霞)

婚姻 殡葬

【概况】 2021年，溧水区加大殡葬服务“一‘键’事”改革，推进社会事务工作向纵深发展，全区新增骨灰入堂率80%以上，美人山公墓销售墓穴123穴。加强江苏省婚俗改革试验区创建，推动婚姻登记工作提档升级。

【婚姻登记】 2021年，溧水区办理婚姻登记7238件。其中，结婚3171对(含补办结婚登记584对)，离婚申请1862对，撤回离婚申请10对，离婚登记1040对，补发结婚证1069对，补发离婚证86件，登记合格率100%。强化顶层设计，明确创建任务，制订《溧水区创建江苏省婚俗改革实验区的实施方案》，在婚姻登记处设立婚姻家庭辅导室，为离婚当事人提供心理辅导，离婚率下降45%。不定期邀请名师、专家、志愿者进社区、企业开展婚姻家庭健康辅导讲座和家庭活动，倡导现代文明幸福和谐婚姻家庭理念。健全由区领导、金婚夫妇和劳模等组成的结婚登记特邀颁证嘉宾库，将集体颁证活动常态化。利用“5·20”、七夕等“好日子”和“五一”、国庆等重要节日开展多元式集体婚礼，5月22日，举办“为爱减负·幸福加码”集体婚礼，28对新人集体婚事简办。结合全域旅游精品线，在街镇选取景点打造“户外颁证基地”，启动东屏街道丽山音乐农场户外颁证基地建设。筹建婚俗文化馆，挖掘本地婚俗文化，给新人提供一个集教育、打卡、体验于一体的婚俗文化基地。

5月22日，“恋在溧水，天生一对”首届天生桥脱单嘉年华大型交友活动在溧水天生桥景区开幕　　区产业集团　供图

【殡葬管理】 2021年，溧水区践行新发展理念、提升创新服务水平，推进殡葬综合改革向纵深发展。全市殡葬工作会议在溧水区召开，溧水区殡葬服务“一‘键’事”改革签批推广，中央电视台等各级媒体予以报道。9月2日，省民政厅在溧水召开“身后一件事”现场观摩会。高标准异地新建区殡仪馆，建筑面积近3万平方米。率先建成全省规模最大、配套设施最全、服务项目最多的街镇集中守灵设施。完成永阳街道骨灰堂二期建设，6个街镇建成生态葬区并投入使用。新建村(社区)集中守灵、办丧事场所20处。开展集体公祭或大型文艺宣传活动7场，移风易俗进社区等宣传活动66场，悬挂宣传横幅1100余条，各公墓或骨灰堂制作公告、警示牌、指示牌等90余块，宣传点摆放各类宣传展板190余块，发放“一‘键’事”改革以及文明祭扫宣传制品5.63万份。整治违法违规私建硬化大墓687座、散坟21693座。其中生态葬4152例，深埋碑石5000余块，恢复土地原有功能约10公顷，率先在全市实现全域公路沿线无散坟。推行节地生态安葬，全区死亡人口2928人，存入骨灰堂2426例，生态葬17例，骨灰入堂率在80%以上，其中洪蓝、晶桥、和凤3个街镇实现骨灰入堂率100%。节地生态葬兑现奖补资金326万元，其中选择不保留骨灰生态葬1394例。打造全新办事流程，按照一门受理、部门联动要求集成开展服务，受理殡葬业务3431件，平均用时2小时，最短用时47分钟。 (陈静)

儿童与老龄事务

【关心下一代工作】 2021年，溧水区关工委开展“颂建党百年，做时代新人”主题教育宣讲进校园、进课堂、进社区47场，受众近3万人次。推进育人阵地建设，下拨近30万元，以奖代补4个街镇校外教育辅导中心站、5个村(社区)校外教育辅导站及3个青少年教育基地，促进硬件设施更新改造。创新综治管理水平，7人被市关工委评为优秀“五老”网吧义务监督员，2人被评为网吧监督先进工作者。全区关工委组织募集帮困助学资金400多万元，538名贫困学生受到社会各界不同程度资助。区关工委被省关工委、省文明委表彰为全省关心下一代工作优秀集体。加强信息宣传工作，利用“溧水区关工委”微信公众号、金金网、《家教周报》《关心下一代周报》《中国火炬》等宣传平台，报道青少年思想道德、法治、科技等活动，“溧水区关工委”公众号发布文章614篇，其中政法、教育系统关工委用稿量占全区用稿量50%。组建信息宣传员队伍，发展成员150人。制订政策性文件，表彰奖励“三优”(优秀组织、优秀个人、优秀作品)，全

6月5日,2021年溧水区"护苗同行,'未'你而来"未成年人保护宣传月启动仪式在晶桥镇健康主题公园举行　　区民政局　供图

年表彰奖励优秀组织10个、优秀个人20个、优秀文章4篇,优秀视频1部。

【青少年主题教育活动】 2021年,溧水区关工委组织中小学生参与全市"百年礼赞·童心向党——2021年新春网络寄语",收到新春寄语近4万条。开展"童心永向党、筑梦新辉煌"老少同台演讲比赛。组织中小学生参与全市第十三届社区"四个一"(一篇科普读后感、一幅科幻绘画、一篇科技小论文、一件科技小发明)作品竞赛,431篇(件、幅)作品获奖。组织中小学生参与全市第七届电子小报竞赛,4篇作品获奖。组织参与全市网络文明夏令营,区校外教育辅导总站获评全市网络文明夏令营优秀营地。发挥心理咨询室平台作用,开展服务于青少年思想道德教育和法治教育心理咨询活动342场,参与青少年近千人次。发挥青少年教育实践基地平台作用,组织青少年到大金山国防园、红色李巷、涉农青少年社会实践教育基地体验,参与青少年近20万人次。(袁宗扣)

【未成年人保护阵地建设】 6月,溧水区制订《溧水区未成年人保护工作宣传月方案》并举行活动启动仪式,加大依法保护未成年人宣传力度,各街镇(开发区)开展宣传活动,参与约1000人次。区民政局询访全区困境儿童及留守儿童,协调街镇儿童督导员及村(社区)儿童主任解决有特殊情况、因新冠肺炎疫情导致需求无法满足的儿童问题。召开公安、检察、司法、街镇等联席会成员单位会议,协调解决家庭暴力和监护缺失等个案问题。8月,和凤镇省级示范项目儿童关爱之家完成场地建设,开展各类活动。

【养老服务管理】 2021年,溧水区养老备案总床位5070张,千名老年人拥有备案养老床位49.38张,千名老年人拥有机构备案床位35.28张。柘塘、永阳、石湫、洪蓝、晶桥、白马6个街镇依托社区居家养老服务中心和农村区域性养老服务中心完成养老综合体建设并运营,具备全托、日托、上门服务等功能,指导区域内各社区居家养老服务中心开展服务并重点巡访探视空巢、独居老年人。开发区康怡社区居家养老服务中心获评溧水首个5级居家养老服务中心。全区111个村(社区)配置居家养老服务中心135家,在全市率先实现3级及以上社区居家养老服务中心全覆盖。开展老年人免费学用智能手机培训,参训8761人次,帮助部分老年人跨越"数字鸿沟"。

【上门服务】 2021年,溧水区为967名政府购买养老扶助对象(指分散特困老年人、低保和低保边

7月13日,由区文旅局主办,区图书馆、儿童图书馆和柘塘街道沙河社区联合承办的"峥嵘岁月,英雄少年"讲座在沙河社区举办　　区文旅局　供图

缘家庭中的老年人、经济困难的半失能和失能老年人、失独老年人、百岁老年人等)提供每月36~48小时免费生活照料服务,为1.4万名80周岁及以上老年人提供每月2次、每次不少于1小时的免费生活照料服务。

【集中供养】 2021年,溧水区强化民生保障,守住民生底线,鼓励社会力量参与。各级民政部门按照政策实施分类保障,消除街镇敬老院安全隐患,提升特困供养机构管理和服务能力,促进医养融合。以东屏(长乐康养中心)和洪蓝敬老院(拟起名:永寿康养中心)为基础,将区内特困人员按照能力等级实施分类集中供养,12月,长乐康养中心建成,是全市第一家按照国家三级标准建设的区级特困集中供养中心。建设农村区域性养老服务中心,拓展延伸居家社区服务功能,提升养老综合服务能力,完成白马镇和石湫街道敬老院试点区域性养老,保障农村老年人养老需求。

【适老化改造】 2021年,溧水区评估和改造老年人及其家庭环境和设施,包括安装烟雾报警器、煤气报警器,加装扶手,地面防滑处理等,改善老年人居家环境,缓解老年人因生理机能退化导致的生活不适应。落实每户2000元适老化改造经费,按照"一户一案"要求,改造经济困难的高龄、失能、重度残疾老年人家庭200户。优先选择智能安全类适老产品,实行24小时实时推送报警信息到村(社区)相关人员和家属(服务员),确保报警信息及时得到处理,实现闭环服务,提升老年人幸福感、获得感、安全感。 (陈静)

基层自治组织建设

【概况】 2021年,溧水区民政系统坚持社区治理创新多点发力,全国社区治理和服务创新实验区建设取得成果。常态化实施"村(居)务公开"行动,实现足不出户"一键监督",建立"专业社工+志愿服务"联动机制,发挥社工机构与志愿组织服务叠加效应,试点先行,实现8个街镇社会工作服务站全覆盖。完成村(居)民委员会和村(居)务监督委员会换届选举。

【基层社区建设】 2021年,溧水区完成新一届村(居)民委员会和村(居)务监督委员会换届选举工作,选举产生村(居)民委员会成员569人,其中主任111人、副主任126人、委员332人。摸清社区工作者底数,全区社区工作者1124人,其中党员785人、本科及以上459人。招聘方式多元,含下派、区级统招、村(社区)自聘等形式。强化居民自治,推选产生村(居)民代表7596人,其中村(居)民小组长1622人。开展村(居)委会主任培训和监督委员会主任培训,加强社区工作人员履职能力建设。报送优秀社区工作者参与市级评选,永阳街道宝塔路社区社工陈莉莉获南京市"福彩杯——最美社区工作者"称号。提档升级10个社区综合服务设施用房,其中柘塘街道明珠桥社区和团山社区为省级提档升级项目。加强社区卫生阵地建设,区民政局与区卫健委联合制订并印发《溧水区村(居)民委员会依法设置公共卫生委员会实施方案》。推进村(社区)减负增效,联合多部门印发《关于溧水区改进和规范基层群众性自治组织出具证明工作的实施方案》,出台《溧水区不应由基层群众性自治组织出具证明事项清单》,推进村(社区)减负增效。

12月,区养老服务指导中心投入使用　　区民政局　供图

【社区服务创新】 2021年,溧水区常态化做好"村务公开"工作,按月上传公开内容,全区村务公开1.89万条,保障群众知情权。推广基层实践,印发2021年溧水

区社区治理“十佳项目”案例集和品牌案例集。做好社区治理创新案例提炼和报送工作，洪蓝街道塘西村入选2020年南京市城乡社区综合服务十佳案例。创新社区民主协商议事方式，形成柘塘街道荷花社区“小茶摊”、康怡社区“红石榴家园”、永阳街道秦淮路社区“秦淮人家”等一批社区民主协商议事案例。推进志愿服务规范化，开展志愿服务专题业务培训，志愿服务骨干参训近600人次。发动志愿者注册江苏志愿服务信息平台3626人。其中，有志愿服务时长记录2988人，占82.4%。

【社工队伍建设】 2021年，溧水区持证社工684人。其中，持助理社会工作师职业资格证书563人，持社会工作师职业资格证书121人。印发《关于做好2021年度社会工作者职业水平考试相关工作的通知》，动员全区570余人参加全国社会工作者职业水平考试，开展考前培训，提供免费考试用书等考前保障，45名考生通过考试。开展社会组织及社会工作者综合能力提升培训，加强管理部门、社会组织和社会工作者等多方参与和沟通。承办南京市2021年“社会工作宣传周”主题宣传活动启动仪式。申报省市2020年度社会工作优秀案例和项目评选，鼓励社工参加第四届南京市寻找“最美社会工作者”活动，洪蓝街道无想寺社区乡村协商议事项目“流动的茶馆”获2020年度南京市优秀社会工作案例一等奖，农村辍学青少年心理成长案例“多元联动、振兴振心”获2020年度江苏省和南京市优秀社会工作案例二等奖，南京市溧水区英博社会工作服务中心负责人王合涛获评第四届南京市“最美社会工作者”。

【溧水区获评全国社区治理和服务创新实验区】

9月6日，溧水区接受全国社区治理和服务创新实验区结项评估，民政部专家组检验实验区建设情况。12月3日，民政部印发《民政部关于确认全国社区治理和服务创新实验区结项评估结果的通知》，溧水区以“创新政府购买社区服务机制，加强和完善社区治理”为主题，完成各项实验任务，以“探索完善社区服务工作机制”特色通过验收，被认定为“全国社区治理和服务创新实验区”。依托实验区建设，坚持“一街一特，一居一品”工作思路，选取11个样板村（社区）先行先试，投入330万元项目资金，打造“社区创益基金”“‘荷’邻有约小喇叭”“线上农产品推介会”等服务基层特色品牌。

（陈静）

社会组织管理

【概况】 2021年，溧水区清理僵尸型社会组织180家，换届激活社会组织2家，新注册登记社会组织21家，全区有社会组织573家，其中民办非企业单位365家、社团207家、基金会1家。

【社会组织建设】 2021年，溧水区民政部门发布《2020年度溧水区社会组织等级评估结果公告》，全区有AAAA级社会组织1家、A至AAA级社会组织69家。5月，协助市民政局完成35家行业协会商会与行政机关脱钩改革工作“回头看”调研。鼓励社会组织参与市、区两级公益创投项目招投标，7家社会组织中标市级公益创投项目8个，金额98万元。投入100万元开发移风易俗、养老服务、乡村振兴等类型公益创投项目9个。约谈社会组织7家，现场检查10家行业协会商会收费和换届情况。

11月5日，南京市溧水区村（居）务监督委员会主任培训班在区委党校举办　　区民政局　供图

【社会组织年检】 4月，溧水区开展社会组织年检，审查社会组织执行法律法规和有关政策、党组织建设、业务活动、财务管理和经费收支、机构变动和人员聘用等情况，年检社会组织273家，年检率47.64%。（陈静）

信 访

【概况】 2021年，溧水区开展重复信访治理、城乡建设领域突出问题整治和重点信访矛盾“百日攻坚”专项行动，接待来访群众1927批5035人次。其中，集体访209批2838人次，上升26.67%和1.83%；重复访占59.26%。收到网络信访件863件，上升57.77%，其中交办29件、转办543件、自收31件、最多访一次85件。重复件260件，占30.13%。按期办结率100%。

【领导接访】 2021年，区信访部门坚持党政领导定期调度信访工作制度。区党政领导对重点信访事项批示提要求，召开专题会议会商会办，研究化解方案，参加接访下访201人次，接待来访群众44批57人次，批示交办22件，其中党政主要领导落实“百县千案”8件。解决安置房办证、农居民建房等一批群众“急难愁盼”事项。

【人民满意窗口创建】 2021年，区信访部门推进街镇、部门“人民满意窗口”建设，完善区社会治理综合服务中心运行机制和智慧信访系统，打响“信访超市”品牌。永阳、洪蓝、晶桥社会矛盾纠纷调处化解中心投入运营，全年接待区外部门到区社会矛盾纠纷调处化解中心参观考察10余批次。

【信访积案化解】 2021年，区信访部门成立工作专班，攻坚突出矛盾。收到并汇报国家信访局交办第一批重复信访治理件94件，汇报率100%；通过审核89件，结案率94.68%；督办件5件，全部办结。第二批重复信访治理件26件，上报8件，上报率30.77%。收到省信访局交办重复信访治理件73件，上报47件，上报率64.38%。其中，城乡建设领域信访突出问题56件，化解34件，化解率60.71%；通过阳光信访系统规范办理省市审核纯案4件。

【区社会矛盾纠纷调处化解中心运营】 2021年，溧水区社会矛盾纠纷调处化解中心运营，开设包括法院、司法、人社、房产、城建、规划资源等常驻部门在内的12个服务窗口，开展综合指挥、应急联动和风险研判等工作。接待群众来访1.12万批1.5万人次，其中访调服务区接待1331批3172人次。整合24个部门工作资源，梳理高频诉求问题90个，构建“一口受理、全科分流、联合接待”运转模式，形成接待、速办、联办、督办全过程闭环工作机制和“受办一体、智慧高效”的诉求接待综合体，提高信访事项一次性化解率，实现群众合理诉求“最多访一次”。（张芳）

民族宗教事务

【概况】 2021年，溧水区有布依族、苗族、回族、彝族等少数民族38个，户籍少数民族人口2767人，占全区总人口0.5%，散居在各街镇（开发区），少数民族人口分布以永阳街道、石湫街道、开发区居多。和凤镇孔镇民族村是南京市3个民族村之一。打造开发区喜之郎、洪蓝街道、白马镇、和凤镇孔镇民族村4家省级民族工作第二批“红石榴家园”。全区有佛教、伊斯兰教、基督教三大教派，批准登记的宗教活动场所35个（2个寺观教堂和33个固定处所），其中佛教场所12个、伊斯兰教场所1个、基督教场所22个。有区佛教协会、区三自（基督教三自爱国运动委员会）2个宗教团体。区民宗局获2021年全市民族宗教系统信息宣传工作二等奖。

【民族政策落实】 2021年，溧水区落实少数民族考生优先录取政策，为20名符合条件的少数民族中考考生出具民族成份审核证明。依据《中国公民民族成份登记管理办法》相关条款，为2名符合条件的公民出具《关于变更公民民族成份证明信》。接待咨询变更民族成份相关手续群众21人。

【“红石榴家园”活动】 2021年，溧水区民宗局铸牢中华民族共同体意识，组织开展“红石榴家园”特色活动57场次。响应新冠肺炎疫情防控期间就地过年号召，永阳街道“红石榴家园”举办“吾心

12月31日，区佛教协会第一次会员代表会议召开　　朱胡荣　摄

安处是吾乡，留在溧水过大年”迎新春活动。整合辖区内学校、培训机构等资源，“德育+托管”相结合，为各族流动人口子女提供暑期托管服务。白马镇探索“1+N”模式（“红石榴家园”阵地平台+一系列特色活动区域），举办“透过民族服饰看多彩世界”民族知识活动。开发区康怡社区“红石榴家园”和南京城市职业学院共同举办“七彩的夏日”公益暑托班，开设红色经典阅读、民族知识、安全知识、非遗文化讲座等活动。区儿童图书馆“红石榴家园”举办全民阅读活动，推介民族团结主题优秀书目。南京城市职业学院举办“民族团结一家亲，同心共筑中国梦”南城音乐节。全区各“红石榴家园”组织民族政策知识宣传活动17场次，发放有关民族团结进步内容宣传画、宣传折页、宣传扇等6000余份。会同区委民族宗教工作领导小组部分成员单位面向经商、务工等少数民族群众，不定期开展就业、入学、养老、医疗卫生、社会救助、法律援助、政策法规等方面咨询服务工作。

【宗教活动场所安全管理】 2021年，溧水区推进宗教活动场所安全工作专项整治三年行动，全年开展消防知识宣讲及应急演练各2场次，参与96人次。组织开展“安全生产宣传月”“全员说安全”“安全大讨论”等活动，组织各级民宗干部学习安全知识6场次，参与300余人次。开展基层宣讲3次，参与350余人次。制作安全宣传横幅67条，发动全区宗教界人士参加第三届全国应急管理普法知识竞赛活动，注册70余人，答题1万余人次。组织安全检查25次，场所自查4次，宗教团体抽查2次，部门督查重点场所19次，均立查立改。引进第三方专业机构对全区宗教活动场所进行消防安全评估、既有建筑安全鉴定及房屋面积测绘。鉴定全区宗教活动场所既有建筑89处，其中佛教场所61处、伊斯兰教场所2处、基督教场所26处。组织人员参加全省民族宗教系统学习新修订《江苏省宗教事务条例》暨依法行政培训班。

【宗教中国化活动】 2021年，溧水区推动宗教中国化，开展“四进+”（中华人民共和国国旗、宪法和法律法规、社会主义核心价值观、中华优秀传统文化）活动，结合“四史五观”（中国共产党史、新中国史、改革开放史、社会主义发展史，国家观、历史观、民族观、文化观、宗教观）教育、社会主义核心价值观教育，采取多种形式，组织民族宗教界人士和信教群众开展“五个认同”（认同伟大祖国，认同中华民族，认同中华文化，认同中国共产党，认同中国特色社会主义）教育活动。区三自组织场所负责人赴湖北恩施红色教育基地学习参观；联合高淳区基督教界在溧水区基督教中心堂举办庆祝建党100周年文艺会演、宗教中国化演讲交流等活动。组织民宗干部数次到村（社区）开展宗教知识及政策宣讲，增强广大居民及信教群众“崇尚科学、反对邪教”安全意识，坚持正信正行，做遵法、守法的合格公民；开展“12·4”宪法宣传活动，紧密结合党史学习教育和“八五”普法规划，以“一二三”工作法推动全区民宗领域宪法宣传教育全面开花。

（朱胡荣）

退役军人事务

【概况】 2021年，溧水区做好维护退役军人合法权益、落实优抚安置就业创业政策、提升军民共建拥军褒扬等工作，推进退役军人事务治理体系和治理能力现代化。学习宣传《退役军人保障法》

《军人地位和权益保障法》，在海乐城广场、通济街等重要场所悬挂横幅，发放辅导折页8000册，印发宣传手册1.4万余份、宣传物品1.5万件，发放《退役军人保障法》500册，邀请法律专家教授讲解《退役军人保障法》。开展党史学习教育系列活动，2—3月，组织102个村（社区）循环播放“时代楷模”主题作品1.12万次，观看市民1.76万人次。4月，协同区交运局开通拥军专线，开设拥军站台。5月，举办“学党史、心向党、永远跟党走”庆祝中国共产党成立100周年知识竞赛活动。开展“丹青绘军魂·永远跟党走”暨溧水区退役军人事务系统庆祝中国共产党成立100周年书画作品比赛。6月，举办“永远跟党走、奋进新征程”百场微党课巡回宣讲启动仪式。宣传英烈先进事迹，编写并发放《铭记丰功伟绩·传扬英烈精神》600册。9月，邀请8名转业士官到南京晓庄学院溧水附属幼儿园举行“国防教育进校园”活动，联合团区委组织退役士兵党史学习教育专场观影活动。

【优待抚恤】 2021年春节期间，区退役军人事务部门慰问重点优抚对象、1955—1956年入伍老兵、未享受烈士待遇的父母、配偶及子女、60周岁退伍老兵及老年烈士子女2682人，发放慰问金168.25万元。春节和“八一”建军节慰问“两参”（参战参试）人员。发放重点优抚对象中的“三属”（烈士遗属、因公牺牲军人遗属、病故军人遗属）、在乡老复员军人、在乡残疾军人、带病回乡退伍军人、参战参试退役军人慰问金51.1万元。烈士公祭日开展烈士遗属走访16人，慰问3.2万元。审核上报调残、退役换证、带病回乡工作。开展2021年度参试人员体检。调整优抚对象抚恤补助标准，为享受国家抚恤补助的优抚对象发放补助经费3240.39万元、生活补贴191.09万元；为老复员军人遗属发放补助经费322.33万元。为重点优抚对象理赔商业保险45.35万元。开展残疾等级评定专项核查，换发新版残疾证。

【英烈军属褒扬】 2021年，区退役军人事务部门为退役军人及其他优抚对象换发“光荣之家”牌，送达“四有”（有灵魂、有本事、有血性、有品德）优秀士兵（士官）、三等功喜报53户。清明期间，在溧水114网站首页开辟“守护·2021清明祭英烈”专栏。创新开展退役军人志愿服务队代祭扫活动，为烈士墓擦拭墓碑、敬献鲜花。推进烈士陵园内部改造工程，开辟木栈道，整治消防水池及周边环境，在焚烧池旁添设洗手池，改造无名烈士墓等。保障省市机关祭扫英烈主题党日活动4次、区级机关60余次。在红色李巷、宝塔公园、状元坊公园（图书馆）开辟爱国主义教育“视觉角”，宣传溧水籍英模人物先进事迹，开创新时代溧水区国防教育工作新局面。

【退役军人服务保障体系建设】 2021年，溧水区提档升级村（社区）退役军人服务站78家，在百度、高德地图上亮化标注区服务中心及8个街镇、111个村（社区）退役军人服务站地理位置。成立“戎耀溧水红色先锋”退役军人志愿服务队120支，获2021年度江苏省“百支优秀退役军人志愿服务队”称号。永阳街道、白马镇退役军人服务站获2021年度全省首批“百家红色精品退役军人服务站”称号。区城管局退役军人之家获评省级优秀“戎耀之家”，区水务集团、大金山国防园获评市级优秀“戎耀之家”。

【红色资源体系构建】 2021年，区退役军人事务部门挖掘和运用红色资源，整合和升级改造红色基地、红色旧居、革命遗址等红色文化资源点，打造苏南反顽战役纪念馆、中山烈士陵园、横山人民抗日斗争纪念馆等一批特色鲜明的红色教育实境基地。红色基地与党史学习教育融合，拓展多元化学习体验模式，与时俱进打造党史学习特色生态圈，为社会提供红色教育平台。退役军人荣誉室作为实境教育基地，接待省、市各单位参观学习469人次，中山烈士陵园接待参观2000余人次，回峰山苏南反顽战役阵亡将士纪念塔接待参观1500余人次。

（王馨雨）

责任编辑　吴萍

应急管理

Emergency Management

安全生产

【概况】 2021年，溧水区按照省、市决策部署，坚持安全生产专项治理、危化品使用与经营性交通运输同管理同推进同落实，采取严厉管控措施，防范化解重大安全风险，压降生产安全事故，全区安全生产形势稳定向好，营造经济社会高质量发展安全环境。全年未发生较大及以上生产安全事故，事故起数、死亡人数实现“双下降”。构建“人人有责，各负其责”的责任体系。年初，区委拟定《区委常委区政府领导班子2021年安全生产职责清单》《2021年开发区、各镇（街）和区安委会成员单位履行安全生产工作责任考核评价指标》等文件。上半年，市对区安全生产责任考核评估，溧水区位列全市第二。2月，区安全生产委员会办公室获市安委办授予的2021年度安全生产优秀组织奖；4月30日，区政府获评2020年度全市安全生产工作优秀单位。

【安全生产责任体系建设】 2021年，溧水区加强安全生产责任体系建设，推动安全责任落实。出台《区委常委、区政府领导班子2021年安全生产职责清单》《2021年开发区、各镇（街）和区安委会成员单位履行安全生产工作责任考核评价指标》等文件，将安全生产责任列入各级领导年度实绩考核内容。加大责任监管力度，区应急管理局制订《溧水区有关单位安全生产工作职责清单》，推动安全生产职责法定化、清单化，建立警示提示、约谈、督办、述职、履职报告5项制度，邀请区纪委监委“嵌入式”监督，推动部门监管责任落实落地。落实主体责任，强化监督检查，督促企业规范填报市应急管理“181”平台，标注风险源2760个，自查整改隐患2336个，开展巡查2.74万余次。

【安全生产标准化创建】 2021年，溧水区应急管理部门结合安全生产治理、应急能力建设等工作，开展工业企业安全生产标准化创建活动。结合新安全生产法宣传和贯彻落实省政府140号令，开展企业“双重”预防机制建设评估验收；落实《2021年溧水区非煤矿山、冶金等工贸行业安全生产监管工作要点》，开展三级安全生产标准化运行情况回头看，质量审计15家企业安全生产标准化运行，按照三级安全生产标准化标准逐项考核。至年底，全区取得安全生产标准化证书企业345家，通过“双重”预防机制建设标准化验收企业68家，安全生产标准化达标创建通过42家。指导江苏可兰素汽车环保科技有限公司创建二级标准化企业。

【督导巡查问题整改】 2021年，溧水区应急管理部门落实国务院安全生产督导组和省安全生产巡查组问题整改意见，做到存在问题一查到底、整改到位。区安委办牵头，完成国务院督导组反馈的“天山水泥”6个问题、省应急管理厅反馈的

“金焰锶业”9个问题整改。完成市安全生产巡查组巡查开发区、部分街镇工业园、工业企业后反馈的55个问题和市安全生产第五督导组反馈的50个问题整改。开展区级安全生产督导(巡查),发现问题隐患212个,全部整改到位。

6月16日,溧水区举办2021年“安全宣传咨询日”暨安全宣传进企业活动
区应急管理局　供图

【安全监管网格化社会治理】 2021年,溧水区构建监管网格化社会治理机制,开展网格巡查安全生产企业9.27万余家次,巡查率515.33%,四季度末网格排查发现隐患2.08万余个,隐患发现率101.87%;注册信用脸谱用户1.79万余家,完成率99.99%;安全体检1.79万余家,完成率99.99%;月度体检3.49万余家次,完成率194.43%。

【安全生产专项整治】 2021年,溧水区拟定下发《溧水区安全生产专项整治三年行动工作方案》《关于进一步深化安全生产三年专项整治工作的意见》等文件,明确区级层面18项、重点行业领域83项、各板块40项重点整治任务“三张清单”,常态化开展整治。开展全覆盖、拉网式大排查、大整治行动,检查企业580家次,发现一般隐患790个(整改712个)、重大隐患6个(整改6个)。落实工业企业风险报告制度,506家规模以上企业、1400家规模以下企业提前2个月完成首次报告,填报较大以上风险2008处,逐条逐项制订防控措施。开展危化品使用安全专项治理,摸排使用单位1573家、检查单位1166家次,发现隐患1422个,整改1420个,整改率99.86%。核发危化品经营许可证20家,注销危化品经营许可证31家。启动省级安全发展示范城市创建。制订工作方案,规范矿山企业运行安全生产二级标准化,创建智慧矿山。至年底,完成风险预警监测系统建设,提升矿山本质安全水平企业2家。4月7日,区应急管理局被省应急管理厅评为全省矿山监管监察工作先进集体。

【安全生产宣传】 2021年,溧水区应急管理部门结合实施新安全生产法,多样化、多形式开展安全生产宣传教育活动。结合安全生产教育进机关、进企业、进学校、进农村、进社区的“五进”活动和安全生产宣传月活动以及“百团进百万企业、千万员工”宣讲共建活动,举办新安全生产法和法律讲座2场,知识有奖问答、知识竞赛2场,学习报告会、文化文艺演出活动28场。在区级广播电台、电视台、《今日溧水》报等媒体开设安全生产专栏、专题节目栏4个,播发安全生产新闻稿50余篇,综合运用短视频、H5、抖音微信公众号、客户端、“溧水发布”等新媒体表达方式,宣传新安全生产法,抖音浏览量超10万,“溧水发布”微博阅读超20万,超5万网友参与讨论。结合区第一次全国自然灾害综合普查和“10·13”国际减灾日活动,开展防灾减灾知识集中宣传和文艺会演活动,到城市社区、农村、企业演出24场。至年底,进企业送新安全生产法书籍3000余册,制作展板100余块,悬挂横幅2000余条,放映公益电影150场次。　（卞跃瑶）

防灾减灾

【概况】 2021年,溧水区落实省、市防灾减灾工作部署,以最大程度减少灾害损失。区、街镇两

5月12日，是我国第十三个全国防灾减灾日，位于溧水市民之家7楼的溧水区防灾减灾科普教育体验馆开馆　《今日溧水》报　供图

级成立防灾减灾领导小组和工作专班，相关部门和单位制订防汛抗旱、地质灾害防治以及灾害救援等方案13个。以“4+1”模式打造“骨干力量、基本力量、突击力量、辅助力量”4支2993人区级应急救援队伍，构建应急救援力量体系。确保应对自然灾害一点报警、多点响应、就近调用、快速处置。最大限度减少火灾隐患和火灾危害，开展专项治理行动10次，检查单位2624家，接警出动606次，警力8435人次，出动消防车辆1262台次。实施大气污染应急管控，开展空气质量预警监测，处理报警1.32万个。做好防汛抗旱，年内未发生洪涝灾害。加强地震监测，投入地震测震设备维修、防震减灾知识宣传和防震抗灾演练经费40万元，年内未发生地震。强化气象综合防灾减灾服务，区气象部门及时发布决策性材料及气象灾害预警信号。按照省市统一部署，开展第一次全国自然灾害综合风险普查。结合“5·12”全国防灾减灾日、“10·13”国际减灾日等活动，区应急管理局联合各有关部门，走进居民小区和自然村开展防灾减灾知识集中宣传，提升群众防灾减灾意识和救援互救技能及应对能力。加强自然灾害防范，举办全区灾害信息员业务培训班，500余人参训。创建全国综合减灾示范社区1家，市级演练社区3家。强化抗震设防建设审批管理，检查区内《中国地震动参数区划图》等重点工程落实情况。10月，完成全区破坏性地震灾害重点危险源数据库更新并报备。加大地震监测力度，区地震办每季度检查、巡查全区地震监测台网设施，发现问题及时处理，确保地震监测数据传输及时。坚持每天24小时不间断地震应急值班值守，全年平均测震连续率99.93%，位列全市第二。全区未发生有感地震。创建市级防震减灾示范点2个（永阳街道仪凤社区、溧水中专校）。　（卞跃瑶　胡珩）

【自然灾害风险普查】 2021年，溧水区按照省、市部署，开展自然灾害综合风险普查，成立以区委常委、常务副区长为组长和13个主要部门负责人为成员的自然灾害综合风险普查领导小组，并组建普查办公室。依据省市普查实施方案，结合区域实际，制订《南京市溧水区第一次全国自然灾害综合普查实施方案（试行）》。上半年，普查办公室从普查任务、时间节点、技术流程、技术规范、质量要求和普查成果6个方面，开展普查宣传和业务培训。10月，完成自然灾害综合普查并汇总数据：承

溧水区防灾减灾科普教育体验馆开展科普亲子活动　区地震台　供图

灾体309条，减灾能力167条，其中家庭减灾能力1160条、历史减灾728条。落实"我为群众办实事"工作要求，区应急管理局制订《溧水区关于规范自然灾害灾情管理相关制度的通知》，购买自然灾害民生综合保险16.28万户，保险涉及人口44.98万人。至年底，自然灾害理赔171起、理赔金额21.3万元。（卞跃瑶）

【地震监测台网维护】 2021年，溧水区数字化测震系统仪器设备无故障运行率和观测设备运行连续率99.93%，宏观观测点上报连续率100%。1月27日，省、市地震局监测中心到溧水检查检修强震设备。2月7日，区地震办开展全区地震监测台站设备安全运行情况检查。4月26日，区地震办到强震台、东庐山数字化测震台、白马回峰山前兆台站检查。7月27日，区地震办完成东庐山测震台、白马回峰山前兆台及台网中心监测数据准确性考核。（胡珩）

【地质灾害防治】 2021年，溧水区排查确定地质灾害隐患点18处，其中滑坡点10处、崩塌点5处、地面塌陷点3处。编制《溧水区2021年地质灾害隐患点排查报告》，制订《溧水区2021年度地质灾害防治方案》，区规划资源部门召开地质灾害防治培训会，各街镇（开发区）、各隐患点单位等抢险突击队员110人参训。发放地质灾害明白卡18份和崩塌、滑坡、泥石流等地质灾害防灾避险明白卡46份。设立安全警示牌18块，落实所在地巡查监督负责人20人。建立地质灾害群测群防工作群，汛期24小时值守，全年未发生重大地质灾害。督促洪蓝街道、区农业农村局完成南京力源轨道交通装备有限公司西侧山体滑坡、林场水墨秦淮东南角雅竹园应急消险地质灾害治理项目2个。联合市地质灾害应急地质环境保护技术中心现场勘查天生桥崩塌和洪蓝街道陈卞村南山头自然村塌陷，出具情况说明和调查简报。根据《江苏省低山丘陵区、隐伏岩溶区1:5万地质灾害详细调查成果》，检查发现洪蓝街道谷塘山废弃采石宕口边坡、S7号线空港新城溧水站北侧600米道路两侧边坡存在崩塌地质灾害隐患，与市地质灾害应急地质环境保护技术中心现场踏勘调查，并出具简报。（杨文健）

【气象防灾减灾】 2021年，溧水区气象部门主动作为，发挥气象综合防灾减灾第一道防线作用，营造全区经济社会高质量发展安全环境。发布决策服务材料188期，其中周报52期、森林火险预警信号31次、春运气象服务41期、重要天气报告29期、重大社会活动19期、重大节日天气6期、重要考试天气10期。发布和升级各类气象灾害预警信号86次。气象灾害预警信息传播工作纳入各街镇（开发区）千分制考核内容。强化气象灾害减灾合作，与区农业农村局、科协、红十字会等部门签订防灾减灾联动合作协议；与区委政法委、区应急管理局联合举办气象灾害防御知识培训班，参训网格员和灾情信息员260人次。推动区公安、水务、卫健等部门对接突发事件预警信息平台，发布预警提醒短信10条，与区应急管理局启动金陵气象灾害靶向预警防控系统3次，与溧水移动分公司签订天气短信发布合作协议。与区生态环境、农业农村、水务部门合作建成烟炉增雨作业点2个。开展气象科普进社区2次、进农村1次、进校园2次，组织广场科普活动5次。区气象局获评

3月23日，气象科普宣传进区实验幼儿园万科分园　　区气象局　供图

2019—2021年度南京市文明单位、江苏省文明单位。

【气象现代化建设】 2021年，溧水区气象部门强化气象现代化建设。按要求进行观测设备梳理排查、标校、防雷安全检测，确保国家站、区域气象站、土壤水分站、大气成分站正常运行，升级建成3套负(氧)离子站。实施智慧气象综合业务平台二期建设。开展溧水区气象灾害风险普查，完成核查、校对、修改并录入1469条气象致灾气象因子数据，收集整理1949—2020年溧水地区94条历史灾情记录。通过农业科技服务平台("农技耘"App)发布各类农业气象服务材料26期。及时向农业保险公司和种植养殖大户提供农业气象灾害预警信息，开具农业气象灾害保险理赔证明32份。加快人才建设，新增聘任工程师3人，助理工程师2人。完成中国气象局软科学项目1个。9月，参加全市气象行业天气预报职业技能竞赛，获团体第五名(区局第三名)，1人获历史个例天气预报单项第二名。

【防雷安全管理】 2021年，溧水区气象部门加强防雷安全管理，压紧防雷安全责任。落实防雷安全和气球施放等领域协同监管，防雷安全监管纳入应急管理安全监管内容。开展防雷安全执法检查，检查企业63家。其中，4家企业存在10项防雷安全隐患，下发限期整改通知书，纳入重点监管，跟踪监督。根据省、市气象局《关于开展雷电防护装置检测资质和升放气球资质挂靠行为专项整顿的通知》，现场检查辖区内1家气球施放主体单位。

(经小美)

【防汛抗旱】 2021年汛期，溧水区城乡洪涝灾害影响程度不大，旱情范围较小。年降水量1426.5毫米，较常年偏多2.4成，年雨日(降水量≥0.1毫米)132天，年暴雨日5天，最大日降水量91.0毫米(7月28日)。6月13日入梅，7月11日出梅，梅雨期长(29天)，梅雨量较大(319.7毫米)，较常年偏多2.5成。受2个台风影响，第6号台风"烟花"停留时间长，过程雨量大，影响范围广。7月下旬因台风影响出现较强风雨天气，各骨干河道超警戒水位。其中，石臼湖陈家桥7月29日最高水位10.61米，秦淮河流域一干河(沙河口)最高水位10.83米(7月28日)，二干河(开太桥)11.41米(7月28日)。卧龙水库最高水位18.50米(8月25日)，中山水库26.05米(8月25日)，方便水库26.29米(8月25日)，老鸦坝水库34.96米(7月28日)，姚家水库20.64米(8月25日)，赭山头水库25.70米(7月28日)。7月24—28日，全区各地累计雨量均超过150毫米，最大雨量225.4毫米(和凤)。全年列入南京市消险工程计划3批18个，总投资约1.2亿元。至年底，2020年汛后增列消险及2021年上半年消险工程完工，2021年下半年消险工程完成50%。全区储备块石4.1万吨、木材620.3立方米、"三袋"33.5万只。各街镇(开发区)落实防汛抢险队伍144支，人员4054人。汛期，相继启动石臼湖流域防汛Ⅳ级应急响应(7月28—31日)、秦淮河流域防汛Ⅳ级应急响应(7月28—29日)，防台风Ⅲ级响应(7月24日)、防台风Ⅱ级响应(7月25—29日)，发传真电报10个。全区清淤疏通排水检查井2400个、市政道路主管网72条。台风期间，区防汛抗旱指挥部依托区智慧城市运营指挥中心可视化系统实现应急指挥调度，依托物联感知设备实时掌握雨情，实现部门联动、协同配合，提高防汛能力。区智慧城市运营指挥中心梳理全区60个易积水监控点位，借助AI视频智能分析技术，自动识别积水情况，推送告警消息至相关部门紧急处置。向全区253个建筑工地发布停工通知，通航水域(秦淮河、新桥河、石臼湖)实施临时交通管控封航，临时关停A级景区5家，排查加固农业大棚面积2000公顷，修剪210余处影响供电安全树木。冲锋舟、水泵、照明灯等物资前置，排查各类房屋2万余栋，面积380万平方米。其中，农村房屋2.02万户，面积285万平方米；城市房屋500栋，面积95万平方米。治理隐患4处，劝离人员18人；劝离区林场、晶桥镇、洪蓝街道、石湫街道等地因地质灾害风险人员28人。区水务、城建、城管等部门防汛队伍25支1100余人、应急抢险车辆57辆、移动泵车3辆、移动水泵67台套处于待命状态，严格执行24小时值班和领导带班制度，全天候、全时段值守，确保各项调度指令及时上传下达，发生险情及时处置。11月26日，农村基层防汛预报预警体系建设项目通过竣工验收。

(李兰平　王艳)

消防管理

11月2日，区消防大队联合多部门开展“三合一”场所整治　消防大队　供图

【概况】　2021年，溧水区消防大队有执勤中队1个，政府专职队6个，消防水罐车9辆，抢险救援车32米云梯1辆，举高喷射消防车1辆，在职消防救援人员94人。全区有消防安全重点单位205个、三级重点单位91个。贯彻落实省、市、区关于确保生命通道畅通重要指示及上级消防工作要求，围绕“最大限度地减少火灾隐患和火灾危害”目标，开展人员密集型场所、易燃易爆、“三合一”场所(住宿与生产、仓储、经营一种以上使用功能违章混合设置在同一空间内的建筑)、高层建筑、“厂中厂”、地下空间、古建筑、餐饮、歌舞娱乐场所等专项治理行动，提高救援能力。开展专项治理行动10次，检查单位2624家，发现整改隐患4358处，接警606次，出动警力8435人次，出动消防车辆1262台次，从火灾现场救出被困群众2人，疏散被困人员34人，抢救保护国家和人民群众财产价值647万元，全区未发生有影响的火灾事故，消防安全形势保持稳定。

【消防安全专项整治】　2021年，溧水区开展打通“生命通道”集中整治专项行动。包括高层建筑走廊乱堆乱放，电动车上楼存放及“三合一”、“厂中厂”整治。区政府召开消防工作会议，与各街镇(开发区)、各部门及消防重点单位签订消防工作责任状，明确消防工作职责，督促各级、各有关部门落实消防责任。成立打通生命通道专班，全区张贴消防安全告知书和电动自行车火灾告知书4236张，发放各类电动自行车火灾宣传折页和高层民用建筑管理规定宣传折页2253份。检查住宅小区248次，排查隐患673个，督促整改621个。全年住宅小区、社会单位维护及新增消防车道划线835处，设置警示标识标牌786块，新建停车场8个，新增停车泊位800个，撤销设置不合格城市公共道路停车位152个、不合格禁停标线16处2500平方米。处罚各类占用消防车通道违法行为283起(含消防、城管、交警部门)，罚款8.2万元，清拖车辆18辆，拆除违章建筑10处。结合文明城市创建，开展电动自行车消防安全专项整治，清理违规停放电动车1012处，劝导、制止和拆除“飞线充电”2381根，督促指导住宅小区、社会单位安装电动自行车集中充电桩3628组。联合溧水公安分局、区市场监管局、城管局等部门检查电动车生产、销售、维修点24次。与各街镇(开发区)整改沿街“三合一”场所527家，“厂中厂”76家，高层建筑837栋。消防专项行动检查单位2624家，发现火灾隐患4358处，发出责令改正通知书2352份，有效整改到位4323处，办理行政处罚案件103件，临时查封7起；责令“三停”(停止施工、停止营业、停产)10家，罚款134.75万元，拘留5人，2家市政府挂牌督办的重大火灾隐患单位整改到位销案。

【消防设施建设】　2021年，溧水区加强消防设施建设，推进“十四五”规范消防站建设。区委、区政府多次召开区委常委会和政府常务会，听取消防工作汇报，研究消防队站和消防基础设施建设及重大火灾隐患整改等消防安全问题。推进各街镇(开发区)消防安全委员会实体化运作8个，制订消防工作职责和考核办法。强化公共消防设施建设，新建、完善执勤消防站3个，和凤镇、晶桥镇、东屏街道拨付专款招录政府专职消防员并购买、更新消防装备。落实消防技防物防措施，至年底，新安装市政公共消火栓143个、简易喷淋装置60套、独立式感烟火灾探测报警器600台、电气火灾监控系统60套。

【消防委托执法】 2021年，溧水区加强属地消防监督管理，完善基层消防安全防控体系，预防火灾和减少火灾危害。依据省委、省政府《关于深化消防执法改革的实施意见》和市消防救援支队关于加强和改进消防安全工作部署要求，区政府印发《溧水区委托基层消防监督执法工作方案》，选定溧水主城区永阳街道作为溧水区委托消防监督执法试点街道，消防委托执法人员由街镇选定、经区司法局备案，由区消防大队进行业务指导和相关业务培训。至年底，各街镇(开发区)委托执法人员20人通过区消防大队业务培训，具备消防委托监督执法能力。

【高层建筑火灾隐患治理】 2021年，溧水区加大高层建筑火灾隐患治理力度，8月1日起，实施应急管理部颁布的第5号令《高层民用建筑消防安全管理规定》，开展高层建筑火灾隐患整改，做到高层建筑“五到位一畅通”(消防车通道标识标牌设置到位、可移动障碍物清理到位、不符合规范要求划设停车泊位整改到位、违停车辆等违法行为查处到位、楼层消防供水设施完整有效到位，安全出口畅通)。排查高层建筑住宅小区84个837幢，高层公共建筑52幢；检查日常监管相关小区物业公司和单位214家，整改具有火灾隐患的高层住宅小区49个495幢，公共高层9幢。

【消防宣传教育】 2021年，溧水区举办消防安全科普知识培训，开展消防灭火演练，提高全民消防安全素质。区消防大队深入街道、学校、酒店进行消防知识培训，与区教育局联合在全区高校、中小学及幼儿园开展新学期“开学第一课”、消防安全进军训、消防安全知识作业制作等活动。3月10日，在区第三实验小学开展消防安全教育宣传活动，参与师生860余人次；11月10日，在永阳街道海乐城商场开展“119”消防宣传日活动，结合“落实消防责任，防范安全风险”主题宣传消防知识，区政府有关领导、重点消防安全单位责任人及社会志愿者350余人参加活动。消防监督员深入学校、农村、建筑工地开展消防灭火演练活动。开展消防宣传教育授课135次、灭火演练86次，发放消防宣传手册3000余份、消防宣传资料1万余份、小学生消防安全教育手册5000余份、直接受教育6.5万人次。 (陶熠　徐衍俊)

应急救援

【概况】 2021年，溧水区加强应急救援队伍建设，提高救援能力。区级机关相关部门制订印发安全生产事故、突发事件、自然灾害、粮食供应、大面积停电、公路交通、突发地质灾害等应急预案8个。推动街镇(开发区)和村(社区)修编应急预案，4个街镇完成预案修订；111个村(社区)完成预案编制上报工作，企业、学校、医疗卫生等社会群体编制预案213个。全区组建区级各类应急救援队伍32支。统筹落实应急救援车辆及大型机械等284台辆，随时待命。至年底，开展应急救援各类演练活动415次。 (卞跃瑶)

【环境应急】 2021年，溧水生态环境部门守牢环境安全底线，开展较大风险隐患企业环境应急重点工作提升行动，完成10家较大环境风险隐患企业环境应急队伍梳理、环境安全隐患排查整治、环境应急物资清检。企业应急预案备案119家，处置开发区某汽车拆解公司火灾消防事故环境应急事件1起。承办溧水区突发环境事件应急演练。选派1人参加省生态环境厅环境应急大比武，获团体个人第三。配合市生态环境局在溧水天山水泥有限公司开展南京市2021年度辐射事故应急演习。新冠肺炎疫情防控期间，会同区卫健部门成立消杀处置组和医疗废弃物清运专班，消杀处置全区医疗机构和隔离酒店医疗废弃物。建立溧水天山水泥公司临时医疗废弃物焚烧处置点，焚烧处置隔离酒店医疗废弃物44.7吨，转移医疗废弃物65吨。全年未发生等级以上突发环境事故。

【大气污染应急管控】 2021年，溧水生态环境部门开展夏季臭氧管控、秋冬季大气污染管控，制订

《国家公祭日期间环境质量保障方案》等大气污染应急管控文件39个。开展各类大气质量应急管控39次177天，出动检查人员1.06万人次，检查企业2657家次、工地3295家次、餐饮600余家次。大气国控点周边加密布设空气微型站24个，联合区水务集团、气象局、城管局和各街镇（开发区）以及第三方团队，成立大气预警专班、洒水雾炮保洁专班以及大气VOCs、颗粒物、道路积尘走航专班，每日走航巡查，发现问题285个，第一时间推送责任人，开展整改问题回头看，形成问题整改闭环机制，整改率100%，有效整改率95%。通过大气热点网格微型站，实施各街镇（开发区）空气质量预警监测，处理报警1.32万个。

（夏培华）

5月7日，区红十字会在省溧中附属初级中学开展防空防灾青少年科普活动　　葛润苏　摄

【应急救援能力体系建设】 2021年，溧水区强化应急救援能力体系建设，出台《溧水区应急救援力量体系建设指导意见》，按照“不求所有、但求所用”原则，整合人力资源，以“4+1”模式构建应急救援队伍体系，打造“骨干力量、基本力量、突击力量、辅助力量”4支救援队伍和1支有专业技术、科学研判、起决策作用的专家队伍，统一调配2993人。以“2+10+10+2+8”模式，组建区级应急救援队伍32支，其中综合应急救援2支、行业应急救援10支、应急保障10支、街镇（开发区）应急救援以及社会团体和志愿者救援10支。落实应急救援物资装备，保障救援。建立装载、起吊、运输、特种车辆4大类28种284台大型装备机械台账，做到大型机械装备明确规格、数量和型号，以及地址坐标和门牌号，按照“一点报警、多点响应、就近调用”原则，录入应急指挥平台，确保应对各类突发事件第一时间到现场快速救援。

【应急救援综合演练】 2021年，溧水区开展多样化防灾减灾应急救援演练，提升应对能力和救援实战水平。区应急管理局制订下发《溧水区2021年度安全生产应急演练计划》《关于加强应急演练和评估工作的通知》，围绕安全生产、消防、抗震救灾以及疫情防控等重点，动员组织应急演练活动。至年底，全区开展应急救援演练活动415次（事故灾难类311次、自然灾害类36次、公共卫生类45次、社会安全类23次）。其中，与市应急管理局合作演练3次，区级层次演练28次，街镇层次演练22次，专项组织生产经营单位演练362次。　　（卞跃瑶）

责任编辑　尹伟

永阳街道

【概况】 永阳街道是溧水区委、区政府所在地，是全区政治、经济、文化、商业、交通、信息中心。宁宣、沪武、长深3条高速公路以及243省道、246省道、340省道、341省道、123省道5条高等级公路纵横境内。2021年，辖域面积130平方千米，辖9个涉农社区、19个城市社区，总户数44905户，户籍人口113554人。其中，城镇人口91608人，乡村人口21946人。地区生产总值276.95亿元，增长8.5%；一般公共财政预算收入24.22亿元，增长3.9%；全社会固定资产投资126.88亿元，增长11.1%；社会消费品零售总额193.45亿元，增长13.6%；城镇居民人均可支配收入59924元，农村居民人均可支配收入32330元，增长10.4%；外贸及港澳台贸易额10.6亿元。6月，街道党工委被中共南京市委评为南京市先进基层党组织；11月，街道办事处被省第七次全国人口普查领导小组办公室、省统计局评为江苏省第七次全国人口普查工作成绩显著集体；12月，获评2021年度全市公共节能先进单位、溧水区2021年度机关作风建设先进单位。

9月，永阳街道工农兵社区《南京市"531"工作法巧界定创新思路促股改》案例入选农业农村部《2021年农村改革试验区改革实践案例集》。图为工农兵社区党群服务中心
《今日溧水》报 供图

【乡村振兴】 2021年，永阳街道落实乡村振兴战略，推进农村集体经济健康发展，涉农社区集体经营性收入4072万元，增长21.3%。其中，东山村集体经济收入563万元，增长86%，为全区第一。乡村振兴区级排名前十位的单位永阳街道占7个。11月，工农兵社区"531"工作法入选2021年度全国农村改革试验区改革实践案例，12月，东山村成功入选江苏省2021年度"共同富裕，百村实践"新型农村集体经济发展典型案例。推进秦淮源头特色田园乡村建设，投入5000余万元，实施南庄头、刘家边片区重点产业建设。依托凉篷下数千亩山栀花种植优势，投入

9000万元，实施242公顷片区综合整治，建成特色民宿20间、酒店客房66间、度假院落9栋，凉篷下花海寒舍文旅发展有限公司投入运营。动员参与城市和农村村庄清洁卫生大扫除行动3.75万人次，清理污水塘淤泥2.7万立方米；新建停车场、文化活动场所3处，新增绿化、美化面积107.29万平方米，新建公厕6座。开展"美丽庭院"创建活动，按照"五美"要求打造市级示范户30户、区级示范户80户。关停废品收购站27家，整治家禽散养183户。建成美丽乡村示范村3个、宜居村6个，美丽乡村覆盖率占规划布点村100%。

【农业】 2021年，永阳街道农业增加值5.99亿元。耕地1184.86公顷（承包面积），粮油种植1167.13公顷。其中，水稻566.73公顷，总产量4884吨，增加86吨；小麦308公顷，总产量1478吨，增加60吨；油菜162.33公顷，增加0.46公顷，总产量401吨；蔬菜（含菜用瓜）种植面积1532公顷，总产量5.4万吨。强化农业科技服务，建成省级耕地质量提升综合示范区2个，设立市级土壤动态监测点7个、重金属预警监控点2个，区级测土配方施肥定点14个，采集土壤分析样品25份。开展农业生产技术培训，举办水稻、小麦、油菜病虫防治培训班6期，培训技术骨干240人次。投资4.95万元，实施机械化除草286.7公顷、化学除草1100.73公顷。制止耕地非粮化，排查抛荒及未利用耕地图斑391个，调查面积592.8公顷，复种粮食种植面积42.76公顷。

【工业】 2021年，永阳街道工业增加值85.18亿元，增长28.7%。其中，规模以上工业增加值42.64亿元，增长30.2%；工业固定资产投资13.4亿元，增长10.2%；工业主营业务收入64亿元，增长5.9%；工业税收3.5亿元，增长9.4%。街道有工业企业352家，在册职工8125人；新增规模以上企业26家，累计102家。亿元以上工业企业25家，其中5亿元以上企业1家、1亿～5亿元企业24家。新增高新技术企业10家，通过省、市级企业技术中心认定企业3家（南京万德体育产业集团有限公司获省级企业技术中心认定，南京汽轮电机集团电站配件制造有限公司、南京先河工程技术股份有限公司获市级企业技术中心认定）；通过省两化融合贯标试点认定企业2家（南京万德体育产业集团有限公司、江苏金恒新型包装材料有限公司）；通过市级瞪羚企业认定2家（南京美帮磁业有限公司、南京尤孚泵业有限公司）；南京万德体育产业集团有限公司通过省工业设计中心认定，实现该项目省级平台零突破。申报省级专精特新"小巨人"企业8家，1家（南京金鑫传动设备有限公司）通过审核。综合金融平台接入1820家，接入率20.77%。推进股权交易中心挂牌工作，成功挂牌企业6家。完成7家企业星级上云有效申报，通过认定企业4家。成功申报绿色工厂1家（南京斯迪兰德机械科技有限公司）、清洁生产企业3家（南京南亚医疗器械有限公司、南京布布食品有限公司、南京万德体育产业集团有限公司）。列入区级重点产业建设项目49个，总投资512.4亿元。项目开工49个，开工率100%，完成投资103.59亿元。

【招商引资】 2021年，永阳街道围绕工业转型发展、壮大产业链和供应链，开展招商引资，签约项目48个，完成年度目标任务的141.18%。其中，亿元以上工业项目37个（30亿元以上项目1个、10亿元以上项目3个、亿元以上项目33个），占年度指标的127.59%，总投资96.96亿元；亿元以上服务业项目11个（30亿元以上项目1个、10亿元以上项目7个、亿元以上项目3个），总投资104.85亿元。世界500强企业法雷奥汽车公司空调项目签约落地工业园区。重大项目注册41个（其中30亿元及以上项目2个、10亿元以上项目10个），开工运营26个。实际利用外资及港澳台资3046万美元。招商项目信息201条，增加41条。

【建筑业】 2021年，永阳街道有承包资质企业78家，其中一级资质企业5家、二级资质企业27家、三级资质企业46家。常年从业人员3.64万人。完成施工面积765.39万平方米，建筑业增加值36亿元。

【服务业】 2021年，永阳街道服务业增加值185.78亿元，社会消费品零售总额193.45亿元，增长13.6%。有国有、集体、民营商贸生产经营和批零、住餐及私营个体商户等服务业企业近万家，从业人员6万余人，新增高素质人口8000余人。开展服贸行业外贸创新发展试点，审核提交试点任

7月19日，城郊社区拓宽改造秀园西苑小区南大门非机动车道

施洁　摄

务举措材料1家（南京华盛智能物联网有限公司），完成外贸及港澳台贸易实绩主题考核67家、注册自贸联动企业1家。新增规模以上服务业44家，净增5家；新增限额以上批零和住宿餐饮企业15家，累计126家。服务业区级重点产业项目10个，寻添太平洋商业广场、宏马总部大楼、中霖广场（八建）、天安溧水幸庄科技产业园、苏宁生活广场、飞燕经济文化街区六大产业项目建设有序推进，完成投资28.87亿元。举办新消费活动12场，建成溧水国际商贸中心（B2）。

【街村建设】　2021年，永阳街道审批农居民住房维修47户，其中“三原”维修42户、翻建3户、危旧房改造2户。铺设污水管网3000米（观音寺至溧白路），完成10个村庄农村污水老旧站点提标改造。建成文昌东路（水保路至246省道）、老崇线、城东四号路、段林路、华瑞路、交通路南规划路6条，长4.55千米。提升改造工业园区道路文昌东路（润阳路至晨光路段）、晨光路、罗马一道、罗马二道、幸庄路、湖前路、石燕路7条，长6.17千米；完成康居小区、税务新村、金蛙新村、中山西路25号4个小区出新改造；城市6个住宅小区改造项目进入扫尾；完成段林水库周边环境综合整治，面积14万平方米，其中绿化面积6万平方米；完成城市公交站亭改造9个；东庐大礼堂装修竣工投入使用。（司徒成焕）

【土地管理】　2021年，永阳街道开展国土空间调查，实施年度建设项目用地评估考核，调整土地利用总体规划地块17宗，其中产业类7宗、民生类7宗、公共事业类3宗，总面积19.33公顷。强化管理服务，提升土地供应保障能力。组装上报各类建设用地申报材料6批次，项目28个，面积40.06公顷。加强经营性用地批后跟踪管理，盘活城南新区遗留住宅用地4宗，挂牌出让，收回土地出让金34.59亿元。办理经营性用地出让8宗，面积30.68公顷，出让金38.34亿元。工业用地挂牌供地3宗，面积5.7公顷，出让金2542万元。开展农村不动产确权登记，发放不动产权证3250本；落实被征地农民安置进保49人。开展土地管理执法巡查，完成自然资源部下发涉及辖区疑似耕地非粮化、农用地非农化图斑调查举证44个，土地执法巡查107次，发出责令停工通知书22份，签约拆除协议书4份，补办临时用地手续3宗，面积4.1公顷。（杨树）

【教育科技】　2021年，永阳街道有中心幼儿园1所、村级幼儿园2所、村办班3个，在园幼儿1880人，在职教职工110人。新区幼儿园通过省优质园现场复审。小学3所，在校学生5243人，教职工362人，其中高级职称43人、中级职称144人。初级中学1所（区东庐初级中学），在校学生534人，教职工63人，其中高级职称21人、中级职称38人。区第三实验小学创成江苏省首个交通安全教育基地，获南京市金钥匙科技竞赛小学组一等奖、南京市珠心算比赛团体二等奖、南京市中小学生机器人竞赛小学组二等奖；文昌小学成功创建南京市“智慧校园”示范校、全国足球特色学校，代表溧水区参加南京市艺术展演获一等奖，获全市“汉字文化节”比赛一等奖。区东庐初级中学获区2021届初三中考质量一等奖、南京市智慧校园优胜奖，新冠肺炎疫情防控获市教育局一等奖，获评2021年南京市教育现代化初中培育校。实施“创业南京高层次人才引进计划”项目35个，通过区级综合评审24人，入选区级高层次人才项目5人、市级1人、创新型企业家1人。集聚高素质人口1.5万人，发明专利381件。新增市级工程技术研究中心1家、高新技术企业10家，实现技术合同登记额2.2亿元。

【文化体育】 2021年，永阳街道有综合文化体育站1个，建筑面积3000平方米，为五星级示范文化站、省级优秀文化站。村(社区)综合文化服务中心27个，建筑面积2.94万平方米，设有乒乓球室、健身房、棋牌室、图书室、电子阅览室、妇女儿童活动室、多功能室等，为居民提供文化书籍、党员教育、科技普及、普法教育、体育健身等“一站式”服务。强化文化体育阵地建设，建成东山、高塘、秋湖村(社区)健身公园3个。举办“百年华诞中国梦，健康活力新永阳”系列文艺会演13场。指导村(社区)开展庆祝中国共产党成立100周年“七一”表彰大会暨文艺会演活动，举办第二届诗词楹联书画展、“不忘初心，牢记使命——党史学习教育”专题讲座等文化活动100余场。联合区图书馆、儿童图书馆在综合文化体育活动中心少儿图书室开展“我们的节日·中秋”系列少儿阅读活动，赠送琴音、财贸、板桥等社区图书室图书3000余册，丰富居民文化生活。开展全民健身运动，4月，邀请资深专家举办科学健身知识讲座，指导大众科学健身，提升健身水平。5月，组队参加区第四届武术交流比赛；在恒大社区举办环湖健身长跑，400人参加。组队参加区第五届运动会，足球、篮球、拔河等8个项目获街镇部团体总分第一名。全年国民体质检测234人，培育社会三级体育指导员52人，参加全民健身活动2万余人。放映公益电影250场。

【医疗卫生】 2021年，永阳街道社区卫生服务中心有床位100张，职工257人(在编在册人员109人)，其中，卫生技术人员216人(含村医)，高级职称16人，中级职称42人，初级职称147人。有省级标准社区卫生服务站20家、村医64人。省级特色科室皮肤科1个，市级特色科室口腔科1个。开展盆底康复、心脏彩超、颈动脉超声、下肢血管超声、胃肠镜检查、吞咽及言语治疗康复等8项医疗新技术。落实新冠肺炎疫情防控举措，完成全员核酸采样6轮105.86万人次；新冠病毒疫苗接种第一针14.02万剂次、第二针13.67万剂次、第三针2.83万剂次。门急诊25.29万人次，医疗业务收入1.2亿元。强化公共卫生服务，建立11.47万名居民健康档案，新建档案4216份，签约家庭医生3.89万人，免费健康体检60周岁以上老人1.84万人。3月，社区卫生服务中心创成二级医院。

【计生服务】 2021年，永阳街道新出生人口527人。其中，男288人、女239人，计划生育符合率99.81%。综合避孕率97%，随访服务率95%，知识普及率93%，知情选择率98%。妇幼保健和计生技术服务达标率95%，计生奖励扶助政策兑现率100%，育龄妇女生殖感染参查率86.6%、后续治疗率97%、统计准确率96.6%。免费孕前优生健康检查人群覆盖率、避孕药具不良反应和不良事件防治率、计生药具服务率98%。登记企业退休职工独生子女一次性奖励800余人，发放奖励金300万元。新增独生子女奖励扶助136人，退出14人，累计独生子女奖励扶助1634人，发放奖扶金15万余元；新增独生子女伤残、死亡特别扶助29人，退出4人，累计192人，发放补助金143万余元。办理计生公益金14户，发放公益金3.4万元。建成十里牌、东山、财贸新村社区亲子室3个，改造街道0～3岁婴幼儿早期发展指导服务示范站1个，投资21万元。开展亲子活动64场。做好孕产妇健康管理，建卡1296人、产前检查1296人次、产后访视1296人、2792人次。

【社会保障】 2021年，永阳街道新增城镇就业5611人，其中大学生就业2732人、培育自主创业338人。扶持农民自主创业80人，青年大学生创业93人。办理创业担保贷款292笔，放贷2755万元。办理社保补贴1500人次，灵活就业人员参保、停保1.58万人次。职业技能培训1210人次，通过考核取得证书660人，培训高技能人才46人，转移农村劳动力117人。居民养老保险缴费2908人，续保率101.4%；城乡居民基本医疗保险参合3.78万人，参合率103%。劳资纠纷类投诉案件303件，达成书面调解201件，发放书面审查企业通知信息1603户、企业劳动保障书面审查663家，完成年度指标的161.7%。社保缴费申报1235户，完成指标的176.4%；签订集体合同110份，完成率100%。受理涉及劳资、征地进保、养老医疗等“12345”工单352件，全部办结。强化民政服务，按照“阳光救助、精准救助、温情救助、兜底保障”的工作要求，落实社会福利保障政策，提供社会困难家庭、特困户、困境儿童、残疾人、城乡低保户生产生活保障。城乡低保308户449人，发放低保金480.40万元；特困供养人员103人。其中，农村85人、城市18人，发放特困金179.22万余元。发放残疾人两项补贴1.89万人，生活补贴884.64万余元，护理补贴232.15万余元，其中发放困难残疾人生活补贴1.11万人、重度残疾人护理补贴1.67万人。困境儿童52人，发放救助金82.46万元；临时救助31人次，发放救助金8.1万元。建成AAA级居家养老服务中心35个、助餐点33个、日间照料中心35个、社区居家养老服务中心护理站1个、老人公共理发点27个，为2855名80周岁以上老人发放高龄津贴和尊老金191.71万元，完成23户老人家庭适老化改造。开展社会化志愿服务，至年底，注册时间银行志愿者383人，增加26人；服务对象604人，增加3人；服务点27个，减少1个；服务量5707人，增加1576人；服务匹配成功率98.07%，提高0.2%，时间存储量5300.13小时，增加1716.75小时。退役军人服务站被省退役军人事务厅评为2021年度全省百家红色精品退役军人服务站，财贸新村、状元坊、庆丰路社区获评2021年度全国示范型社区退役军人服务站。落实棚户区改造拆迁安置房分配政策，完成24个棚改村（社区）1392户拆迁户信息核对、抽签登记、选房导选、选房确认等工作。（司徒成焕）

【城管服务】 2021年，永阳街道强化城市精细化管理，规范城管执法程序。拆除各类违建439处，面积8478平方米；拆除存量违建27处，面积3.29万平方米。加大市容市貌管理力度，清理辖区占道经营4800余起，取缔流动摊点5100余个，清理商户及居民小区道路乱堆乱放1600处，清除“三乱”（乱堆、乱建、乱强贴）5800处；沿街商户“门前三包”签约率100%，覆盖商户5000户。完成区供电公司、建行溧水支行、农行溧水支行、溧水移动分公司、万达广场、区烟草分公司等12栋楼宇外立面清洗，面积3.6万平方米。规范非机动车停放2.45万辆次，施画黄网格禁停线5000米、机动车位2280个，清理道路乱停车辆45辆。集中整治康利广场、顾家商业广场、秦淮东郡户外破损广告3处、老旧及违规户外广告256户，拆除户外广告牌270块。与区生态环保、市场监督、水务等部门联合开展垃圾分类专项执法行动28次，检查餐厨废弃物产生单位306家，开具责令改正通知书160份；处罚127起，罚金1.84万元。查处渣土车违规乱倒垃圾及违规运输行为20起，处罚金11.92万元。城管中队完成市级考评60次、工单3335件，连续7年全区考核排名前列。受理区、街镇转办工单42件，全部办结，满意率94.8%；承办“12319”工单104件，全部办结，满意率100%。（尹明）

【物业管理服务】 2021年，永阳街道调整物业管理模式，实施老旧小区与拆迁安置房小区物业分开管理，按照市政府《关于加强住宅区物业管理工作实施意见的通知》，分类制订物业各项收费标准。安置房住宅小区由街道物业公司总部管理，老旧小区由社区分中心管理。物业管理小区226个（含零散楼栋80个、敞开式小区58个），管理总户（除开发商自主管理外）7.5万户，人口16万人。加大小区物业管理基础设施改造力度，拨付专项资金973.5万元用于小区物业智慧改造，安装金庭国际、秦淮东郡、锦绣家园、爱涛天逸园4个住宅小区门卫智能起降杆和车牌、人脸识别器，修补小区内路面、广场，安装路灯、晾晒杆、健身器材、监控、充电桩，搭建电动自行车棚。完成小区基础设施改造大项目4个、小项目80个，解决部分小区内监控盲区、高空抛物、车辆乱停、偷盗等问题。智能化提升改造康居小区、税务新村、金蛙新村等老旧小区10个，实现小区物管智慧化运行。至年底，成立小区物业管委会90个、业主管委会20个；建立社区物业中心42个、小区自治市场化物业公司42个，招聘物业保安人员790人、保洁员650人。全年物业费平均收缴率67.24%、物业停车费平均收缴率74.79%。（黄广秀）

【垃圾分类】 2021年，永阳街道贯彻《南京市生活垃圾管理条例》，实施生活垃圾撤桶并点，建设垃圾分类亭83座，构建“户分类投放、村（社区）分拣收集、街道回收清运、有机垃圾生态处理”生活垃圾分类新模式。添置垃圾运输车6辆，做到垃圾日产日清。强化城市居民住宅区垃圾分类管理，投入资金1697.71万元，在29个小区建成垃圾分类清洁小屋65座，配备垃圾分类指导员65人。开展垃圾分类知识宣传与执法行动，发放垃圾分类宣传折页5万余册，垃圾分类知晓率100%。联合区生态环保、市场监督、水务部门开展餐厨废弃物投放专项执法行动28次，检查餐厨废弃物产生单位306家，开具责令改正通知书160份，处罚127起。农村居民垃圾分类参与率95%，集中处理率78.55%；城市居民垃圾分类参与率100%，集中处理率100%。

【综治司法服务】 2021年，永阳街道围绕社会稳定大局，强化信访、综治、网格3个板块建设，实现无安全责任事故、无重大刑事案件。接访33批次61人次，网上信访89件，成功调处84件；调解处理区级以上走访78批次9人次；建成街道矛盾调解中心。强化综合网格管理，划分综合网格227个、专属网格50个。配备网格员227人，投入16万元购置网格员巡查电动车56辆。举办法律知识讲座108场、法治文艺演出10场、户外法律知识宣传活动20余场及少年模拟法庭活动1场。开展反电信诈骗行动，社区居民注册"金钟罩"反诈公众号4.61万余人次、保护人群5.65万余人。发现潜在受害人及时拨打预警电话4000次，上门精准预防100余人。建立社区平安志愿者工作站27个，配备平安志愿者1900人。 （司徒成焕）

柘塘街道

【概况】 柘塘街道位于溧水区西北部，地处溧水开发区，与永阳、东屏、洪蓝、石湫街道接壤，西北与江宁区相邻，宁宣、长深、沪武3条高速公路，204省道、243省道、246省道、340省道4条高等级公路以及S7轻轨纵横境内，与南京禄口国际机场隔河相望，交通便捷，是溧水区先进制造业基地。2021年，辖域面积134平方千米，辖14个社区居委会，总户数27342户，户籍人口67933人，其中，城镇人口35014人，乡村人口32919人。地区生产总值增长9.0%；城镇居民人均可支配收入64859元，增长8.6%；农村居民人均可支配收入32049元，增长10.3%。2月7日，获2020年南京市先进制造业主导型街镇奖。

【农业】 2021年，柘塘街道农业增加值7.38亿元，农作物播种面积3992.2公顷。水稻种植1764.8公顷，总产量1.43万吨；小麦种植538公顷，总产量2558吨；油菜种植435.6公顷，总产量936吨；蔬菜（含蔬用瓜）种植1016.66公顷，总产量3.58万吨；经济林果种植106公顷。其中，果品面积80公顷，总产量0.36万吨，总产值1680万元。高效农业面积180公顷，设施农业面积140公顷，新增40公顷。申报绿色农产品基地150公顷、有机农产品基地40公顷。制止耕地非粮化、农用地非农化，落实抛荒地复耕复种98.67公顷。完成梅山片、爱景片耕地质量提升153.33公顷，支持农村集体经济发展，水产养殖发证133.33公顷，其中梅山、共和渔场池塘20公顷。强化农产品安全管理，速测蔬菜862次。实施农产品电商交易，南京京东朝禾贸易有限公司、江苏座上客食品有限公司、含羞草（江苏）食品有限公司、南京喜之郎食品有限公司、南京小洋人生物科技有限公司、南京果果有限公司、南京泛成生物科技有限公司7个重点农业龙头企业完成电商交易额56亿元。福田新村"绿美乡村"工程项目通过市级验收，月鹭湖获批湿地保护小区，南京果果食品有限公司通过国家级农业龙头企业年审认证，南京小洋人生物科技发展有限公司获批省级农业产业化龙头企业。

【工业】 参见"经贸合作"类目"溧水经济开发区"分目，第204页。

【服务业】 2021年，柘塘街道服务业增加值97.64亿元，增长4.9%；社会消费品零售额67.43亿元，

月鹭湖公园 王先平 摄

增长28.5%;外贸及港澳台贸易总额100亿元,增长17.6%。构建引商机制,净增限额以上贸易企业8家、服务业规模以上企业4家。推动服务业企业产品创新,江苏本川智能电路科技股份有限公司实现创业板挂牌上市,开沃新能源汽车集团有限公司、南京创维家用电器有限公司品牌产品进入科创板辅导期,南京沃特电机有限公司、江苏华世远电力技术有限公司等9家服务业企业实现新四板上市。加大服务业企业服务力度,定期组织4S店汽车销售商、汽车零部件销售网点参加省、市级汽车销售管理法规、业务培训。不定期组织果果食品有限公司、金陵大酒店、万驰体育有限公司等12家企业参加区"好味道好食材"培训对接活动。10月,组织温德姆酒店等16家企业参加江苏省餐饮业高质量发展峰会,推动餐饮经济增长。至年底,梳理优质企业进入省信保、区政府、银行设立的"园区保"白名单121家,通过第三方安全检查机构检查63家、录入"181"平台235家,取缔大型废品回收点2家。西普诗鸿、温德姆酒店等16家餐饮企业被区商务局评为"健康餐厅"。

【街村建设】 2021年,柘塘街道实施建设项目88个,总投资96亿元。包括道路基础设施项目13个、环境景观提升项目4个、水务项目6个、公共基础设施项目22个、重点公共项目24个、安置房项目17个、城市设计项目2个。其中A类项目69个、B类项目19个。智能网联汽车示范道路、智能化停车场、送变电公司科研智能仓储物流中心、秦淮花苑安置房老旧小区综合整治改造等12个项目竣工。省康复医院、市颐养中心、开发区企业综合服务中心、柘塘中心卫生院等一批重大工程有序推进。建设安置房1.74万余套,分配柘塘等9个社区拆迁安置房1960套,办证1960户。（张明华）

【土地管理】 2021年,柘塘街道出让经营性用地9宗,其中商品住宅用地3宗、安置房用地5宗、商服用地1宗,面积48.76公顷,出让金25.85亿元。出让其他用地6宗。其中,工业用地4宗、科研用地1宗、仓储用地1宗,面积26.13公顷,出让金0.877亿元。办理临时用地29宗、面积21.4公顷。保障49个重大项目落地需求,办理农转用地6批次,面积62.4公顷;购买增减挂钩指标36.67公顷,用于凤仪雅居安置房、高山路、卧龙路、竹山路、龙电华鑫、南京阿普顿、亚冷"冷链"等项目用地;购买"三合一"指标13.33公顷,用于宏光、菲尼克斯、沂湖路南段等项目用地;购买占补平衡指标10公顷,用于福田雅居、美国铭仕、空港新城(溧水)科创中心等项目用地。批准农村居民翻建房30户、维修房10户。开展涉农社区居民不动产确权调查,登记8个社区农户4173户,确权农户不动产发证2837本。（朱志斌）

【教育科技】 2021年,柘塘街道有公办幼儿园8所和幼儿班1个,民办幼儿园4所,其中省优质幼儿园6所。幼儿班级51个,在园幼儿1932人,教师110人(含编外人员)。小学6所,在校小学生6011人,教职工581人。中学3所,在校学生2082人,教职工277人。社区教育中心校(成人教育中心)1所,南京城市职业学院、南京视觉艺术职业学院、溧水中专校3所。深化知识产权试点,开展联塑、西普、云海、创捷和信等科技企业专利导航,完成知识产权贯标企业15家,专利申请1221件,授权1345件,PCT(国际专利)申请78件,发明专利120件。国家高新技术企业178家,科技型中小企业211家,规模以上工业企业研发强度超3%,高新技术企业覆盖率60%,企业有效发明专利拥有量946件,技术合同登记额超10亿元。申报"启明计划"、省"双创计划"、企业专家工作室等各类人才项目50余个。1人入选省"双创计划"科技副总,9人入选区级高层次创新创业人才。新增市级工程技术研究中心8家、省级工程技术研究中心1家,2家企业创成江苏省博士后创新实践基地。南京先进生物材料与过程装备研究院有限公司项目入选"国家重点研发计划"及南京市高水平新型研发机构培育名单。启动运营"溧水经济开发区科技服务云平台",录入企业需求科技信息134条,对接企业32家,解决企业技术需求20项,签约产学研合作项目25个。推进中欧科创基地发展运营,普适众创基地海外协同创新中心联合集萃适老社会科技创新中心开展科创孵化与科技成果转化,对接海外创新创业资源25个,落地产业孵化项目3个。

【文化体育】 2021年,柘塘街道有文体中心1个,24小时自助图书馆2个。开展文艺文化活动966场次,其中文艺演出358场、讲座72场、培训475场、展览61场,参加活动30万余人次。送戏进企业春节慰问演出4场，举办庆祝中国共产党成立100周年系列活动16场次，参与活动1.1万人次。放映公益电影200场，举办体育赛事3场。建成美丽新城智慧社区、秦淮佳苑、团山健身公园3个，更新沙河社区朱家宕自然村、柘塘社区大陶自然村和方溪自然村、崇贤社区蟾山自然村、新安社区琴韵华庭小区等健身路径16套。

三山湖　　史鸿兵　摄

【医疗卫生】 2021年，柘塘街道柘塘中心卫生院有编制床位35张，职工146人(在编71人)，其中，卫生技术人员137人，高级职称25人，中级职称24人，初级职称51人。中、西医门急诊22.4万人次，住院803人次，医疗业务收入3950万元。强化公共卫生服务，新建居民健康档案4373份，健康档案开放7.61万人。免费健康体检1.25万人，其中65周岁以上7551人、严重精神障碍患者328人。家庭医生签约2.39万人。落实新冠肺炎疫情防控举措，完成辖区5轮核酸采样55.7万人次；新冠病毒疫苗接种第一针10.31万余剂次、第二针接种10.09万剂次、第三针3.12万剂次。推动医疗特色专科建设，医院糖尿病专科获评“南京市基层医疗卫生机构特色科室”。

【计生服务】 2021年，柘塘街道推行二孩生育政策，鼓励倡导生三孩。新生儿483人，其中，男255人、女228人，一孩258人、二孩209人、三孩16人。街、村(社区)两级计生服务组织举办健康知识讲座、义诊、感恩母亲节、0～3岁婴幼儿早教、防疫讲座、关爱特殊家庭等系列活动36次，参加活动3160人。优生服务8场次，慰问64人，发放优育知识折页6099份，义诊660人次。奖扶农村独生子女家庭新增396人，企业退休职工独生子女一次性奖励100人。开展0～3岁婴幼家长学堂亲子活动，举办家长学堂592次，参训1433人；亲子体验活动52次，参训1720人。明珠桥、新安、前进3个社区建成市级0～3岁亲子室。

【社会保障】 2021年，柘塘街道新增城镇就业3383人，大学生就业2365人，再就业371人，援困就业215人。大学生创业71人、自主创业94人、创业带动就业530人，转移农村劳动力1273人。职业技能鉴定650人，城乡劳动者就业技能培训1380人，新型职业农民技能培训160人。新增高技能人才46人，集聚高素质人口4.01万人。保障企业用工，在重庆、安徽等地建立劳务输出基地4个，引进人才工作站3个；与区人力资源部门联合帮助欣旺达、蜂巢能源、西门子等10余家企业招聘员工6000余人；组织60家企业到对口江南大学、安徽工程大学、南京技师学院等10余所院校参加毕业生就业“双选会”，招纳人才2000余人。全年调处劳资纠纷265起，受理“12345”投诉案件367件、社会治理大联动平台投诉案件205件，办结率100%。签订集体劳动合同177份。城乡居民养老保险缴费2473人，个人医保统筹缴费3.14万人。新增参保单位240家，新增养老参保1555人，参保率100%。按照“阳光救助、精准救助、温情救助、兜底保障”民政工作思路，落实社会福利保障政策，提供社会困难家庭、特困户、困境儿童、残疾人、城乡低保生产生活保障。有城乡低保家庭179户263人，发放保障金250.23万元；享受残疾人两项补贴1242人，发放补贴815.2万元；特困供养95人，发放特困供养费151.25万元；救助大病患者912人，发放资金129.18万元。在册困境儿童122人，发放补助金115.39万元；“六一”儿童节，发放慈善助困儿童慰问金、助学金7.1万元。推进老龄化供养服务，建成养老综合服务中心AA级3家、AAA级14家、AAAA级1家、AAAAA级1家，适老化改造(失能、半失能、特困及低保家庭老人)24户，新增社会化家庭养老床位10张。推进殡葬改革，大仁山纪念堂投入使用，骨灰入堂格位安放100%。补换发退役军人家庭光荣牌，建设群力、明珠桥、空港小镇社区区级示范退役军人服务站3个。

【城管服务】 2021年，柘塘街道加强城市管理，拆除违章建筑291处、总面积2.93万平方米，其中存量违建19处1.68万平方米、新增违建272处1.25万平方米。强化市容市貌管理，与沿街商户签订“门前三包”责任书1040份，查处占道经营3132次，整治非机动车1488辆，集中整治农贸市场19次、门头店招51次，拆除违规户外广告43处，清理软体条幅35条，整治各类小广告292处，完成门头店招备案200余家。规范渣土运输管理，出动执法车辆1010车次、队员3030人次，检查渣土运输车2223辆次，督查建筑施工工地20余家，开具渣土准运证1.58万张，查扣违规运输车167辆，处罚金111.86万元。开展垃圾分类巡查和环卫执法专项整治行动20次，执法核查“六必查”100次，发出整改通知书62份、行政处罚告知书59份，办结垃圾分类执法案件59件。

【物业管理服务】 2021年，柘塘街道有居民住宅小区52个、住户5.21万户，物业服务公司31个。实施35个住宅小区智慧化改造，提升景观3万平方米，新增机动车位面积2万平方米，维修道路5万平方米，总投资560万元。强化小区安全检查，下发隐患整改通知书50份，督促及时整改。处理房屋安全问题18起、办理维修基金申请30起。成立小区业主委员会3个、小区物业管理委员会25个。新建前进、新安、荷花、康怡、明珠桥、机场路社区物业党支部6个，打造亚东、康怡社区物业党支部示范点2个。建成垃圾分类清洁小屋117座、垃圾分类亭6座，40个小区实施生活垃圾定时定点分类投放。提升改造15个小区垃圾分类设施，荷花嘉苑、同城逸境、锦绣澜湾、新月湾4个垃圾分类小区通过省级达标验收。建立垃圾集中收运体系，餐厨垃圾收运覆盖率90%、集中处理率100%。

【综治司法服务】 2021年，柘塘街道设置综合网格123个，配备专职网格员14人、兼职网格员109人、终端设备123台，提升网格化工作实战能力。采集流动人口和出租屋基础数据信息6505条，开展消防安全巡查4071次，排查“小化工”企业837家，收集社情民意7101条。开展普法宣传、知识讲座、法律咨询等各类活动45场次，受益群众2万余人次。依托社区综治中心建设社区心理咨询室14个。完善治安防控网络体系，建成街道一级平安志愿者队伍，注册登记平安志愿者1200余人。按照“1+2+5”“法律明白人”培育模式率先在全市搭建“法律明白人”工作机制，开展线上线下法律咨询服务、法治文艺会演100余场次；推行多元化解模式，化解各类矛盾纠纷5400余起，帮助农民工追回拖欠工资2000余万元。优化法治营商环境，举办企业营商环境专题培训2场次，开展公共法律服务20余次，服务企业174家，培训骨干200余人次；发放企业法律风险问题、常用法律文本、劳动用工、合同样本900余套，普法职工3000余人次，化解重大矛盾6人次。10月，司法所获全国“模范司法所”。年底，荷花社区被评为省级法治文化示范点，崇贤、康怡社区被评为省级民主法治示范社区，柘塘街道获评法治南京建设示范单位。

【人居环境治理】 2021年，柘塘街道动员2万余人次参与农村自然村庄清洁行动，落实责任，分片包干，每月抽查、考核7个农村社区47个自然村庄环境卫生。通报巡查问题116个，整改环境卫生问题892处，清理垃圾315吨；社区自查自改工单96份，整改问题966个，清理各类垃圾300吨。结合市、区妇联“美丽庭院”创建活动，动员妇代会成员、联队长、网格员、志愿者上门入户帮助农户清理庭院卫生死角、房前屋后堆积物、生活垃圾和厨余垃圾，营造干净整洁居住环境。创成美丽庭院区级示范户50户、市级示范户33户。开展“健康细胞”工程建设，建成省级健康街道、健康社区各1个（柘塘街道、荷花社区）、市级健康社区1个（秦淮社区）、区级示范健康社区1个（崇贤社区）；建成健康主体公园1个（崇贤社区公园）、健康步道4条、健康驿站1个、健康企业8家、健康家庭15户、示范健康家庭15户。连心家园、群力社区葵花小屋、南京视觉艺术职业学院3个青春健康项目通过市级验收。

（张明华）

东屏街道

【概况】 东屏街道位于溧水区东北角，东北部与句容市天王镇、郭庄镇接壤，西南面与白马镇、永阳街道相邻。是江苏省重点中心镇、新型示范小城镇，被列为南京市重点建设新市镇、环境优美小城镇、旅游开发重点镇、国家级卫生街道。境内有国家AAA级大金山风景区和国家二级水质淡水湖东屏湖、卧龙湖，形成"三山两湖"园林式城市格局。长深高速、沪武高速、省道常溧公路穿境而过，宁杭城际铁路溧水站设在境内。2021年，辖域面积103平方千米，辖村委会5个、涉农社区5个，总户数14325户，户籍人口35925人。其中，城镇人口20741人，乡村人口15184人。地区生产总值60.54亿元，增长8.6%；一般公共财政预算收入3.26亿元，增长10%。全社会固定资产投资43.03亿元，增长10.4%；社会消费品零售总额36.18亿元，增长7.6%；农村居民人均可支配收入3.2万元，增长10.2%。被市委、市政府授予2021年度"机关作风建设标兵街道"称号。

【农业】 2021年，东屏街道农业增加值5.26亿元，增长2%。耕地承包面积5120公顷，灌溉面积4223公顷，林地面积886公顷。夏粮小麦播种1236.3公顷，总产量6044.27吨；油菜种植508公顷，总产量1237吨；水稻种植1814公顷，总产量1.57万吨；蔬菜（含菜用瓜）种植1515公顷，蔬菜总产量5.20万吨，肉类总产量2003吨。新增绿化造林面积53.33公顷。建设高标准农田265公顷，推广稻田综合种养面积13.33公顷。绿色有机种植20公顷。梳理现代化农业产业发展项目9个，实施5个，完成投资9300万元。其中，东屏金色庄园新建100公顷"8332"规格钢架草莓大棚及基础配套设施，投资2000万元。与南京森迪有机农业科技有限公司、南京佳祥农业科技有限公司等5家农业企业签订建设果蔬产业示范园区合作协议，建成草莓、黑莓、蓝莓、蔬菜、水果5类"8332"规格钢架大棚和连栋大跨度果蔬大棚128公顷。其中，黑莓水肥一体化设施建设26.67公顷，投资5441万元，带动农民就业29人。开展农业招商，签约产业项目2个。加强农业服务，培训新型职业农民250人，印发小麦、油菜、水稻病虫害情报1.5万份。

【工业】 2021年，东屏街道工业增加值33.55亿元，工业产值30.86亿元，增长24.2%。规模以上工业增加值26.76亿元，增长30.3%；工业主营业务收入55.93亿元，增长19.3%；工业固定资产投资38.46亿元，增长15%。其中，规模以上工业固定资产投资11.82亿元，增长20.3%。新增规模以上工业企业12家，净增10家。全年软件信息业务收入2.5亿元。完成数字化升级改造，星级上云企业3家、场景应用备案企业5家、工业互联网上平台企业3家、两化融合企业1家。实施新兴产业工业战略，实现产值8.75亿元，占工业总产值的23.8%。推进园区工业技术项目改造升级，改造项目3个，投资8500万元。实施低效企业再开发，盘活闲置土地6宗10.66公顷。加强工业招商，签约亿元以上工业项目28个，总投资75亿元。

【建筑业】 2021年，东屏街道有建筑企业27家。其中，一级资质企业1家、二级资质企业3家、三级资质企业23家，从业人员2550人。完成施工面积

东屏金色庄园　　朱红生　摄

6.1万平方米，竣工项目11个，建筑业增加值2.69亿元，税收9000万元。

【服务业】 2021年，东屏街道服务业增加值21.73亿元，增长6%；社会消费品零售总额36.18亿元，增长7.6%；服务业固定资产投资1.78亿元，新增限额以上商贸企业11家，零售业销售额21.3亿元，增长13.6%。服务业企业注册项目9个，实现税收580万元。规模以上服务业企业入库3家。

【街村建设】 2021年，东屏街道实施街村工程建设项目20个，其中道路改造、绿化、亮化等小项目10个。东屏街道卫生院发热门诊病区竣工投入使用，新市镇停车场通过竣工质量验收，芦家边三期安置房主体封顶，东屏科创中心大楼智能化设备通过验收投入试运行。东屏碧未厂区、街道办事处食堂改造以及集镇沿街商住楼立面改造出新等10项工程进入扫尾阶段。集体会审农村居民建房5次，审批103户，其中翻建房33户、“三原”维修20户。推进垃圾分类，建成农村垃圾分类集中收集亭210个，城市居民小区垃圾分类清洁小屋17座，投资365万元。落实棚户拆迁安置房分配政策，分配屏湖佳苑一期及金湖、和平、定湖、丽山4个村(社区)拆迁户安置房1586套，其中屏湖佳苑一期759套。加强居民住宅小区物业管理，建成小区电动自行车棚51个，安装充电桩185组。10个居民小区物业费收缴率80%、停车费收缴率95%。

【教育科技】 2021年，东屏街道有中心幼儿园1所、社区幼儿园1所、村办班1个，在园幼儿475人，班级15个，入园率99%，教职工70人。有中心小学1所，教学班21个，在校生865人，巩固率100%，教职工87人。有中学1所，教学班10个，在校生360人，巩固率100%，教职工62人。成人教育中心校1所，专任教师4人。困难家庭学生291人，按每人每天3元标准给予伙食费补助。“两落地一融合”(科技成果项目落地、新型研发机构落地，两地融合发展)签约产学研合作项目28个。通过区级以上高新技术企业审核45家，新申报高新技术企业32家，复审通过9家。有效发明专利拥有量130件。培育科技型中小企业入库63家，8家企业成功申报省民营科技型企业，4家企业通过市级工程技术中心评定，33家企业成功申领创新券。完成技术合同登记0.6亿元。白鹿生态园获评市级科普教育基地，金色庄园农产品有限公司创成省星创天地，大金山国防园获评国家级科普基地。申报高层次人才项目企业5家，获区级认定3家。高新技术企业申领紫金山英才卡24张，解决人才子女入学需求5人，发放人才安居购房补贴3人，4人获人才安居购房。

【文化体育】 2021年，东屏街道加大文体公共设施建设力度，综合文化站大楼竣工，建筑面积3000平方米，内设音乐室、舞蹈室、书法室、少儿图书馆、影剧院、健身室6个功能室。开展综合文艺演出活动154场次，参加活动22.5万人次。建成长乐社区健身公园和云海、冠超体育场馆，更新健身路径7套，新增健康步道和公共体育设施面积1.2万平方米。放映公益电影200余场。组队参加区第五届运动会。培育社会三级体育指导员50人，国民体质监测550人次。新增体育市场主体39家，其中公司类31家、个体商户8家。体育产业销售收入1.5亿元。

【医疗卫生】 2021年，东屏街道卫生院在编在岗46人。其中，卫技人员44人；正高职称1人，副高职称8人，中级职称16人。门急诊11.34万余人次，住院831人次，医疗业务收入1648.99万元。落实新冠肺炎疫情防控举措，完成4轮全员核酸检测采样12.07万人次，新冠病毒疫苗接种第一针2.64万剂次、第二针2.44万剂次、第三针2824剂次。推进健康细胞建设，建成省级健康社区1个(徐溪社区)、市级健康村(社区)3个(定湖社区、爱廉村、和平村)、健康驿站2个(长乐社区健康驿站、东屏街道科创中心驿站)、市级健康步道2条(长乐社区健康步道、爱民村健康步道)。举办健康知识讲座68场，发放健康知识宣传材料6万份、健康干预小物件1.8万套，张贴健康知识海报2.3万余张。组织无偿献血265人次，献血7.53万毫升。造血干细胞志愿者采样11人，东屏街道办事处获南京市无偿献血工作联席会无偿献血促进奖。3月，金湖社区被省爱卫会评为江苏省健康社区。

【社会保障】 2021年，东屏街道新增城镇就业2000人。其中，新增大学生就业400人、实现再就业50人、援助困难家庭就业90人、培育自主创业就业95人、创业带动就业380人次，转移农村劳动力200人。开展大学生创业扶持，办理创业小额贷款30笔，放贷400万元，实现大学生创业27人。新增留学回国人员10人。企业职工取得职业证330人。开展企业职工参保走访巡查，新增参保单位86家，参保人员900人；申报社保缴费基数256户，劳动保障书面审核163人，签订企业集体合同44份。城乡居民养老保险缴费6989人、居民基本医保参合2.21万人，参合率97%。调处劳动纠纷（包括“12345”、现场纠纷）120起。享受残疾人两项补贴147人，发放补贴853.96万元；有农村低保384户556人、城镇低保2户4人，发放低保564万余元；春节慰问民政对象758人，发放慰问金75.4万元；农村五保户189人、低保边缘户37人，发放春节慰问、补贴20.5万余元。临时救助急难儿童、急困对象、大病患者等106人次，发放救助金9万余元。采集退役军人及其优抚对象信息，安置退役军人就业。实施殡葬改革，推行绿色殡葬，推广纪念堂格位安放，选择纪念堂格位安放233例、生态葬10例；征地迁坟532座，选择纪念堂格位安放141例、生态葬391例。

东屏街道屏湖佳苑　　朱红生　摄

【计生服务】 2021年，东屏街道新生儿106人，其中，一孩51人、二孩51人、三孩4人，男56人、女50人。落实计生奖励扶助政策，做好计生特扶家庭人员走访和慰问，新增享受奖扶195人、退出24人；新增享受特扶5人、退出3人。办理计生奖扶金、特扶金、6～14周岁独生子女父母奖励金、独生子女父母60～74周岁养老保险3790人。0～3岁婴幼儿早期发展普及率92%，发放知识宣传折页2000余份；举办亲子活动家长学堂20场、参训503人。孕前优生健康检查90对。

【城管服务】 2021年，东屏街道依法拆除新增违章建筑156处，面积4737平方米；治理存量违建30处，4151平方米。强化市容市貌管理，与沿街商户签订“门前三包”责任书230份，劝导流动摊贩756起，规范倚门出摊和经营985次，清理乱张贴、违规灯箱682起，整治乱堆乱放886处，规范非机动车停放2800起。加强渣土运输管理，检查渣土运输车辆1450车次，查扣违规运输渣土车25辆，罚款7.5万元。受理“12319”工单6件，办结率100%，满意率100%。　　（黄浩）

【土地管理】 2021年，东屏街道长乐、丽山、白鹿3个村（社区）村庄规划新增地块空间流量入库省自然资源厅系统备案，爱廉、爱民、和平、定湖、徐溪、方边、金湖7个村（社区）村庄规划通过区级验收，各类开发地块边界控规修编完成。强化土地供应保障，审批临时用地7宗，面积2.92公顷；报批设施农用地14宗，面积2.13公顷；完成农用地转用5批次2.13公顷；获批重点建设项目15个，用地25.74公顷。农村不动产确权登记村（社区）10个，农户9500户，制证8800本，发证8200本。开展土地执法巡查118次。　　（李雪）

【人居环境治理】 2021年，东屏街道以改善村容村貌为重点，结合重大节日、庆祝中国共产党成立100周年及新冠肺炎疫情防控等，动员参与清洁卫生大扫除活动7000人次，清理生活垃圾、建筑垃圾2830吨；结合创建市、区级美丽乡村示范村和宜居村，整治污水沟渠716条、砌花墙1200米，铺设沥青路面4.5千米，村庄绿化1000平方米。投资6300万元，建成市级美丽乡村示范村2个（白鹿村许家边自然村、方边社区见山自然村），市级宜居村9个（金湖村袁村自然村，定湖村丁家边、鹅塘头自然村，丽山村南北丁自然村，长乐社区家边、后方自然村，爱民村李家边、上里自然村)。年底，东屏街道获区级人居环境治理考核第一。

(黄浩)

洪蓝街道

【概况】 洪蓝街道位于溧水区中南部，西南临石臼湖，与石湫街道、和凤镇相邻，东北与晶桥镇、永阳街道、开发区接壤。宁宣高速和341省道、123省道纵横全境。境内有无想山国家森林公园、天生桥风景区、郭兴庄园、傅家边现代农业园、南京太阳岛高尔夫球场等旅游风景区。2021年，辖域面积109平方千米，辖村民委员会4个、涉农社区8个，总户数17605户，户籍人口48428人。其中，城镇人口19951人，乡村人口28477人。地区生产总值68.75亿元，增长7.7%；一般公共财政预算收入3.71亿元，增长1.9%。社会消费品零售总额24.06亿元，增长7.5%。农村居民可支配收入31996元，增长10.3%。11月，被市精神文明建设指导委员会评为2019—2021年南京市文明单位。11月，傅家边社区获评2021年全国乡村特色产业亿元村。

【农业】 2021年，洪蓝街道农业增加值5.93亿元，增加1.65亿元。粮食种植4063公顷，总产量2.92万吨。其中，夏粮小麦播种1175.6公顷，总产量5560吨；秋粮水稻种植2887.78公顷，总产量2.36万吨。成功申创国家地理标志商标1个(溧水草莓)、有机农产品1个、绿色农产品5个。至年底，拥有"二品一标"农产品18个、省级绿色优质农产品基地2个(草莓533.33公顷、优质水稻2333.33公顷)。新增210家经营主体进入江苏省农产品质量安全追溯体系，使用农产品合格证1.3万张。推进农业机械化生产，新增乘坐式水稻插秧机10台，粮食生产投入使用机械化设备206台(套)，机械化水平超过90%。实施农业农村重大项目建设三年(2020—2022年)行动计划，完成农村污水管道、农业灌溉、农路村道等基础设施建设项目6个，总投资1.33亿元。开展高素质职业农民培养，培育职业农民350人，其中认定新型职业农民67人。新增区级示范家庭农场21个、市级示范家庭农场2个、省级示范家庭农场1个。傅蓝、美莓源、台宁等30余个农村电子商务服务平台运营平稳。至年底，各类新型农业经营主体累计360家。其中，省级农业龙头企业3家、市级4家，省级家庭农场2家、市级8家，国家级示范社4家、省级5家、市级3家。47家合作社进入省合作社名录，其中街道级13家、区级22家、市级3家、省级5家、国家级4家。鼓励村(社区)发展新型农业集体经济，实施村(社区)集体经济项目14个。

【工业】 2021年，洪蓝街道工业增加值37.87亿元，增长24.3%。其中，规模以上工业增加值28.98亿元，增长26.9%；工业主营收入44.38亿元。工业增加值33.43亿元，增长11.4%。工业投资增长14.4%，制造业投资增长17.1%。区级重点工业项目22个，总投资50.41亿元。其中，新建项目7个，总投资39.6亿元，完成投资11.66亿元；技改项目15个，总投资10.81亿元，完成投资6.28亿元。完成外贸及港澳台贸易总额4亿元，实际利用内资12.75亿元，完成年度目标任务的159%；实际利用外资及港澳台资763万美元，增长143.98%。39家企业申请奖补资金1191.86万元，15家小微企业通过验收规范，升级为规模以上企业。新增瞪羚企业6家、省级专精特新企业2家、市级信用示范企业1家、清洁生产企业通过验收1家、股交挂牌企业9家、星级上云企业5家。1家企业获评工业产品绿色设计示范企业，认定应用场景建设项目9个。5家企业被认定为江苏省两化融合管理体系(升级版)贯标试点企业。高新技术企业新申报通过5家、复审通过7家。引进省外高新技术企业2家，新认定省级工程技术研究中心1家，新增区级高层次创新创业人才1人。

【建筑业】 2021年，洪蓝街道有建筑资质企业84家，其中一级资质企业2家、二级资质企业6家、三级资质企业76家。常年从业人员5008人，其中一级职称16人、二级职称97人、专业技术人员536人。完成施工面积2.94万平方米，建筑业增加值4.44亿元，税收4319万元。

【服务业】 2021年，洪蓝街道服务业增加值24.95亿元，增长6.4%；社会消费品零售总额24.06亿元，增长7.5%。物流企业13家，其中重点物流企业3家。实施服务业重大项目3个，完成投资1.15

亿元。协办2021年梅花节、草莓文化节、傅家边采果节、咪豆音乐节活动4场。举办农产品展销、农业体验、休闲观光和民俗文化表演等活动10余场次。

【招商引资】 2021年,洪蓝街道加大招商引资力度,引进项目18个,完成年度指标的112.5%。其中,签约亿元以上工业项目13个、10亿元以上工业项目1个,总投资24亿元;签约10亿元以上服务业项目3个,投资总额71.56亿元,完成年度指标的178.9%。实际利用内资14.06亿元,完成年度目标的183.25%;实际利用外资及港澳台资1763万美元,完成年度目标的117.5%。7月13日,洪蓝街道参加上海2021年南京中欧企业创新示范区全球(上海)推介会,开展对话招商引资,2个重点项目签约落户。

【街村建设】 2021年,洪蓝街道推进PPP项目建设,华塘二期安置房、科创中心、工业园区景观道路3个项目竣工;华塘三期安置房主体封顶,华塘四期安置房桩基施工有序推进。公益骨灰堂二期综合楼、科创中心市民广场、河西戏台竣工投用;金牛山公园、渔歌集市项目开工建设。推进水环境治理项目,完成"333"污水处理提升增效年度目标任务,15家企业实施雨污分流并接入市政管网。开展农村管网"回头看、再提升",排查40个自然村、41个站点设施,梳理问题清单36条,逐一整改到位销号。实施农路改造提升项目,新开工洪和线一期、五峰山路西延、天青线南延3条农路,长9.81千米。完成204省道一期项目、宁宣高速公路石臼湖服务区改造征地拆迁工作。蒲塘、陈下2个村物流示范镇村站点通过省级验收并获国家邮政局点赞。建成3个拆迁安置住宅小区电动自行车棚8个,安装充电桩24组。 (周星星)

【土地管理】 2021年,洪蓝街道加强农村耕地保护与管理,落实市、区土地管理举措,制止耕地农用地"非粮化、非农化",排查村(社区)12个、自然村80个,完成耕地抛荒地复耕复种51.65公顷。编制增减挂钩专项规划,总规模25公顷、占补平衡项目2个,总规模49.36公顷。加大土地执法力度,开展土地执法巡查110次,完成卫片图斑整改183宗,其中涉及建设用地1.2公顷、非粮化项目用地5.6公顷。完成自然资源部南京督察局2020年耕地保护督察图斑5宗,整改面积6.6公顷。承办整改耕地核查、督察图斑79个,面积28.51公顷,通过省市部门验收。强化建设用地供应保障服务,12月,丰涵、诗兰姆2个地块建设项目报批材料组装上报,面积15.33公顷;洪蓝新城高标准工业载体等项目98.8公顷重点产业园区获市政府批文。推进农村不动产确权登记,完成不动产确权登记1.07万户,登簿9553户,制证9553本,发证6680本。 (刘峰)

【教育科技】 2021年,洪蓝街道有公办幼儿园2所、民办幼儿园2所,村办班(教学点)3个,在园(班)幼儿927人,教职工150人。其中在编教师11人,一级教师11人、二级教师29人。洪蓝中心幼儿园获评江苏省优质幼儿园,青锋村幼儿班通过市平安校园创建验收。小学有中心小学1所(下辖渔歌小学),班级47个,在校小学生1658人。教职工169人,其中,研究生4人、本科103人、专科28人、高中及以下34人,高级职称11人、一级63人、二级29人。初级中学1所,班级17个,在校中学生687人、教师89人。其中,研究生3人、本科83人、专科3人,高级职称36人、中级46人、初级7人。成人教育中心1所,教师3人。申报高新技术企业39家,其中复审企业10

洪蓝科创中心 《今日溧水》报 供图

4月28日，“书香洪蓝，礼赞百年”阅读节开幕式　　洪蓝街道　供图

家、新申报企业29家。高新技术企业通过12家（7家复审，5家新申报）；省外迁入高新技术企业2家，累计14家。技术合同登记额7567万元，完成年度目标任务的126%；有效发明专利拥有量107件，知识产权管理标准化示范单位2家。新增博士后工作站1家、研究生工作站2家；市级以上工程技术研究中心14家。新增省级工程技术研究中心1家、市级工程技术研究中心2家、市级企业技术中心2家。获科技类奖补710.19万元。

【文化体育】 2021年，洪蓝街道举办综合性文艺演出、送戏下乡、少儿阅读系列活动、义务为民写春联及各类群众性文化活动110余场。结合农村庙会、溧水区第四届秦淮源头灯会、无想水镇开业等活动，组织何林坊双龙、青圩马灯参与民俗文化和非遗传承表演。放映公益电影200余场。1月，市民广场健身公园被省体育总会、农民体育协会评为2021年度江苏省最美乡村健身公园；11月，洪蓝街道被市文旅局评为2021年度市公共文化服务先进集体。12月，西旺社区被南京市新闻出版社评为2021年度四星级示范书屋。

【医疗卫生】 2021年，洪蓝街道有卫生院1家，分院1家，编制床位60张，医务人员124人，其中中高级职称41人。村（社区）卫生室9个，其中傅家边、上港、陈卞、塘西、天生桥、青锋6个村（社区）卫生室为省级示范村（社区）卫生室。门急诊10.84万人次，医疗收入（不含财政补贴）531.51万元。强化公共卫生服务，免费健康体检60周岁以上老年人8630人，建档立卡高血压患者105人、糖尿病患者39人，农村适龄妇女两癌筛查1597人，慢阻肺筛查3500余人次，糖尿病并发症筛查563人次。落实新冠肺炎疫情防控常态化管理，完成4轮全员核酸采样20余万人次。新冠病毒疫苗接种第一针3.33万剂次、第二针3.16万剂次、第三针6964剂次。12月，洪蓝街道卫生院通过江苏省中医馆服务能力等级（四级）验收。

【计生服务】 2021年，洪蓝街道落实二孩生育政策，鼓励生三孩，实行生育登记网上办理，新生儿201人，其中一孩91人、二孩96人、三孩11人、四孩3人。计生农村扶助享受人员1163人，特别扶助享受人员79人，市公益金享受人员6人，独生子女退休职工一次性奖励64人、发放奖励金4.62万元。举办家长课堂71次，参与培训1500人；开展亲子活动74次，参加活动1200人，发放科学育儿知识宣传折页2800份，其中0～3岁指导手册2000份。

【社会保障】 2021年，洪蓝街道新增城镇就业2100人，培育自主创业96人。城乡居民养老保险参保6513人，续保率101.88%。城乡居民医保统筹2.9万人。落实民政服务保障，发放就业困难人员社保补贴796.99万元、春节老年人一次性慰问金370.5万元。做好养老服务，五保老人185人。其中，集中五保48人、分散五保136人，城市“三无”人员（城市非农业户籍无劳动能力、无生活来源且无法定赡养、抚养、扶养义务人，或者其法定赡养、抚养、扶养义务人无赡养、抚养、扶养能力老年人、残疾人以及未满16周岁未成年人）1人。低保户455户679人，发放低保金671.46万元。开展为老、为小、为残服务活动12场次。老人助餐点18个，助餐5.98万人次。走访慰问五保户、残疾人、低保、孤寡、困境儿童210人次。建成AAA级社区居家养老服务中心3家。建设社区退役军人服务站12个，补发、换发光荣牌500余块。征迁项目10个，拆迁住宅1389户，面积21.5万平方米；企业29家，面积14万平方米。安置房分配258户277套。

【城管服务】 2021年，洪蓝街道强化城市管理，受理承办市级工单1427件、区级监督员案件3447件、街道工单2788件。拆除新增违建153处，面积7953平方米；存量违建16处，面积1.18万平方米。开展渣土违规运输、乱倒专项执法行动，城管中队执法巡查320次，查扣违规车辆400余台次，处罚31次，罚款金额11.88万元。开展垃圾分类普法宣传36次，环卫执法专项整治11次，餐厨废弃物运输车辆车容车貌专项执法整治22次。强化农贸市场新冠肺炎疫情防控检查，出动人员700余人次，上门宣传防疫知识400余次，劝离流动摊点200余处。与村(社区)及部门联动，构建城管与村(社区)定期服务、矛盾调处、志愿帮扶等运作机制，受理“12345”工单24件，“12319”工单8件，办结率100%。

【综治司法服务】 2021年，洪蓝街道组织司法所、公安派出所联合开展为期一个月的校园安全及周边环境综合集中整治行动，依法处置乱停乱放、乱设摊点等违规行为。开展反诈宣传，组织村(社区)网格员走村入户帮助村民注册“金钟罩”公众号用户2.65万人，受保护人群2.80万人，注册率88.65%。出租屋巡查674次，服务空巢孤寡失助老人906次，巡查吸毒人员1488次，开展社区矫正149次，检查消防安全1970次，处置公共环境卫生问题39条，协调矛盾纠纷3906起，受理市、区级工单95件，办结率100%。构建党工委领导、综治协调、司法引领、部门联动、社会协同、群众参与“大调解”工作格局，成立洪蓝街道社会矛盾纠纷调处化解中心，设立接待受理、调处化解、指挥办公、自助服务、代理代办5个功能区，信访办、司法所、派出所等14个单位派驻专人定时、定岗负责矛盾调解中心接待来访。

【人居环境治理】 2021年，洪蓝街道动员参与村庄清洁卫生大扫除行动1.16万人次，清理陈年生活垃圾、建筑垃圾、白色垃圾、河岸垃圾3470吨，清理河塘沟渠、排水沟1037处。完成农村河道河塘清淤疏浚土方23万立方米。消除露天粪坑1975处、旱厕777座，完成应改尽改三格式化粪池425座，新改建农村公厕64座。建成市级美丽乡村示范村2个、市级宜居村9个。累计建成美丽乡村38个，其中，省级示范村2个、市级示范村14个、市级特色村2个、市级宜居村31个、省级特色田园乡村3个。加强垃圾分类管理，建成有机垃圾资源化处理站1座，日处理量12吨，生活垃圾无害化集中处理率100%；12个村(社区)97个自然村垃圾分类覆盖率90%。改善城市住宅小区垃圾分类条件，建成城市化住宅小区智能垃圾分类清洁小屋20个，提档升级垃圾分类收集点11个。

(周星星)

石湫街道

【概况】 石湫街道位于溧水区西南部，地处苏、皖两省交界，距南京禄口国际机场8千米，境内沪武高速、235省道、341省道纵横境内，南京地铁S9线在境内设有站点2个，属南京大都市半小时经济圈。东与洪蓝街道交接，南临石臼湖，西依西横山，与安徽省马鞍山市博望区交接，北与江宁区禄口街道相邻。有国家级影视拍摄基地江苏(国家)未来影视文化创意产业园、省级湿地公园环山河水利风景区。拥有江苏第二师范学院、南京工业大学浦江学院2所高等院校。2021年，辖域面积116平方千米，辖村委会8个、涉农社区6个，总户数15528户，户籍人口51908人，其中城镇人口33228人，乡村人口18680人；常住人口(大学生迁入)等2.1万余人。地区生产总值68.66亿元，增长8.1%；一般公共财政预算收入5.47亿元，增长5.7%；全社会固定资产投资28.5亿元，增长10.8%；外贸及港澳台贸易总额4.1亿元，增长64%；农村居民人均可支配收入32065元，增长10.3%。获评2019—2021年度南京市文明单位、江苏省文明单位、国家级卫生街道。

【农业】 2021年，石湫街道农作物播种面积6510公顷、水域面积293公顷。小麦播种918.4公顷，总产量4546吨；水稻种植2885.3公顷，总产量2.51万吨；油菜种植441公顷，总产量1127吨。农林牧渔业增加值11.45亿元，其中农业增加值7.53亿元，增长6.9%。实施农业重大建设项目3个，总投资9000万元。检测农产品1200个，抽检通过率100%；发放水稻、小麦、油菜测土配方施肥卡1万份、印发技术资料1000份、农作物病虫防治情报5万份。年底，获绿色有机证书单位6家，涉农面积173.33公顷。

【工业】 2021年，石湫街道工业增加值30.23亿元，增长23.1%；规模以上工业增加值21.52亿元，增长24.6%，新增规模以上工业企业11家。工业固定资产投资5.99亿元，增长15.9%；制造业固定资产投资5.97亿元，增长19.6%；完成区级重点工业项目12个。申报高新技术企业29家（含4家复审），通过4家。培育规模以上工业企业入库21家，其中“小升规”12家。科技型中小企业入库76家。省科技型中小企业评价入库77家，新增省民营科技企业7家、市瞪羚企业5家，省股交中心挂牌企业9家。江苏新恒基特种装备有限公司、南京沪友冶金机械制造有限公司2家企业被认定为市级清洁生产企业。3家三星级企业（南京沪友冶金机械制造有限公司为四星级，南京协益机械有限公司、南京持重机床有限公司）被认定为星级上云企业。淘汰落后产能企业，盘活、收储低效工业用地6.17公顷，整治“厂中厂”310余家。

【建筑业】 2021年，石湫街道有建筑资质企业26家，其中一级资质企业1家、二级资质企业5家、三级资质企业19家、其他类1家。常年从业人员2000人，完成建筑业施工面积83.44万平方米，建筑业增加值3.10亿元，利税2亿元。

世界昆虫馆博物馆　　石湫街道　供图

【服务业】 2021年，石湫街道服务业增加值31.43亿元，增长8.2%；社会消费品零售总额12.69亿元，增长7.0%。服务业固定资产投资22.5亿元，增长9.5%。引进服务业总部经济企业141家，税收6.72亿元。

【重大项目建设】 2021年，石湫街道加快推进重大项目建设。签约落户航空基地及航空公司总部省级重大项目，总投资25.5亿元，完成投资4亿元；22个区级重点产业项目入驻，总投资19.82亿元，完成投资17.13亿元。至年底，6个项目竣工投产。全年签约亿元以上项目20个，总投资30.37亿元。引进江苏中胤信弘投资基金管理有限公司等总部企业118家，实现总部企业经济开票收入18.96亿元，税收5.6亿元。实际利用外资及港澳台资5000万美元。注册重大项目15个，增长7%。11月20日，9个重点项目同时开工。其中，学府新天地项目为区级重点服务业项目，总投资1.5亿元。

【街村建设】 2021年，石湫街道集体会审农村居民建房208户，其中改扩建房57户、“三原”维修148户、危房改造3户。建成石山东府五期西地块安置房943套，东地块主体封顶，石山东府六期安置房完成主体工程量的90%；雅居乐地产项目及天羽商业街项目主体开工建设；石湫街道中心卫生院装修施工。建成明觉小学、龙江航空及时光悦府周边市政道路5千米；溧铜线、赵向线、石场线、花溪线、合林庄线、宁罗线、朱老线、陈油线8条20千米农村道路建成通车，詹家线、独山寨线、竹丝岗线、东泉线4条3.6千米进村沥青路面铺设工程进入扫尾阶段。

【房屋拆迁与安置房分配】 2021年，石湫街道南艺项目签约拆迁农民、个体工商户、企业767户（家），建筑面积10万余平方米，签约率99.59%。其中住宅656户、农贸市场商铺65户、企业17家、自管公房29户。交钥匙766户、拆除765户，支付拆迁补偿款6亿元。完成科教新城项目签约拆迁

31户，签约率22.47%；明觉安置房建设项目签约拆迁16户，支付拆迁补偿款600万元；回购石湫集镇片区安置房36套，结算金额2000万元。年底，分配石山东府五期安置房378套。

【教育科技】 2021年，石湫街道有中心幼儿园1所，村级幼儿园1所，村办班9个，在园幼儿968人，教职工132人。有中心小学1所、村级完小2所、办学点1个，在校小学生2360人，教职工218人。有初级中学2所，在校学生1269人，教职工134人。有成人教育中心校1所，教职工6人。完成有效授权发明专利108件、产学研项目5个。实现技术合同登记额6000万元。区级高层次创新创业人才项目申报5人，通过2人。获年度紫金山英才卡17张。推进"双百工程"项目建设，南京花师傅农业发展有限公司获"双百工程"项目立项。围绕科普日主题，开展科普进校园2场次，举办全国科普日宣传活动1次、科技活动周1次。

【文化体育】 2021年，石湫街道有文体中心1个，建筑面积6000平方米，内设乒乓球、健身、棋牌、展览等服务项目。村级综合文化服务中心14个，24小时自助图书馆1个，农家书屋14个，有图书1.8万余册，建成24小时自助图书馆少儿图书室（阅读空间）。开展文化惠民送戏下乡等活动128场，放映公益电影200场。国民体质监测500人，培育三级社会体育指导员40人。组队参加区第五届体育运动会各项比赛。建成九塘村村级健身公园1个。

【医疗卫生】 2021年，石湫街道有中心卫生院1家（一院两址：石湫卫生院、明觉卫生院），在岗医务人员143人。其中，在编人员81人（包括借出11人），卫技人员78人、工勤3人，高级职称17人、中级职称22人，预防医学专业8人，执业资质公共卫生医师6人。村医46人，其中大学生村医20人、返聘退休村医13人。门急诊12.1万人次，住院500人次，医疗业务收入5009.35万元，增长19.22%。实施新冠肺炎疫情防控常态化管理，完成5轮全员核酸采样37.5万余人次；新冠病毒疫苗接种第一针5.22万剂次、第二针4.87万剂次、第三针2.03万剂次。开展各类专家坐诊268次、专家健康知识讲座10次。强化公共卫生服务，建立居民健康档案4.76万余份，家庭医生签约1.87万人，建档立卡户签约850人，签约率100%。关爱老人和儿童健康，免费体检65周岁以上老人1.17万人次，幼儿疫苗预防接种1.3万人次。举办健康教育讲座、新冠肺炎疫情防控知识培训等136次、公众健康咨询32次、各类医学培训46次。结合送医下乡活动，借助家医工作室开诊，邀请区人民医院、中医院医疗专家坐诊、义诊3场次。

【社会保障】 2021年，石湫街道新增城镇就业2000人，实现再就业55人，农村劳动力转移232人。培育自主创业151人，创业带动就业577人；培育大学生创业29人，办理小额贷款25笔，放贷310万元。技能培训城乡劳动者662人。城乡居民医保参保3.34万人。申报社会保险缴费基数288家，新增企业职工参保152家938人。劳动保障书面审查132家，调处劳资纠纷案件112件，涉及讨薪对象165人，追讨薪酬118万元。强化民政服务，开展关爱残疾人活动，残疾人"四进家庭"（康复知识、康复指导、无障碍设施、辅助器具进家庭）项目25户。发放老年慰问金300万元、残疾人生活补贴783万元、护理补贴131万元，发放低保内一、二级重度残疾人上门服务费13万元，元旦、春节慰问困难残疾人78人，发放慰问金850万元。发放低保、五保户生活补贴1068.78万元，其中五保户409.9万元、低保户658.88万元。

10月14日，2021石湫第四届西横山登高节举办　　石湫街道　供图

【计生服务】 2021年,石湫街道有育龄妇女9738人,其中已婚育龄妇女7553人。办理生育登记245人,其中一孩111人、二孩119人、三孩15人。新生儿271人,其中男孩146人、女孩125人。出生政策符合率98.5%。人口信息化建设达标率100%,免费孕前优生健康检查目标人群覆盖率100%,妇幼保健和计划生育技术服务达标率98%,计划生育奖励扶助政策兑现100%。"两癌"筛查1414人,完成率94.26%。0~3岁婴幼儿早期发展知识普及率96.6%。建成向阳村0~3岁亲子室1个。强化街、村(社区)计生协会组织建设,至年底,建有街村(社区)两级计生协会15个,企业计生协会24个,企业计生联合协会1个,会员小组298个,会员之家15个,计协会员5937人。

【城管服务】 2021年,石湫街道清理占道经营、流动摊点4380余处,暂扣收缴占道经营各类物品260余件,清理乱拉乱挂、破旧条幅180余条,清除各类小广告、"牛皮癣"1570余处。监督修复和拆除各类存有安全隐患、违规、破旧店招店牌50余处。划设机动车停车泊位500余个、非机动车停车标线6000余米,清理机动"僵尸车"20余辆。强化违建管控,拆除各类新增违建122处,面积6466平方米;存量违建8处,面积3822平方米。依法查处不符合规划的碧桂园商品房开发D地块、弘阳地块管线违规开挖案件2起,罚款3.5万元。规范渣土运输管理,开展违规渣土运输巡查210余次850辆次,处罚违规偷倒建筑垃圾运输车辆41台次,罚款26.7万元。受理"12345"热线工单324件、"12319"热线工单58件,均办结。 (夏志诚)

【土地管理】 2021年,石湫街道强化土地资源管理,落实耕地保护措施。实施补充耕地占补平衡项目3个,总规模10.43公顷,新增耕地9.13公顷。开展土地执法巡查128次,受理"12345"涉土工单92件,办结92件,办结率100%。实施违法用地清零整改行动,完成2020年度卫片图斑整改10个,面积10.56公顷;完成督察卫片图斑"非农化、非粮化"整改任务10个,面积23.15公顷,办理建设项目农用地转用24.84公顷;实施增减挂钩报批项目9个,新增建设用地7.26公顷,获批文9个。农村不动产登记发证9299本,地籍数据变更"三调"涉图斑108个,总面积47.06公顷。集体会审批准农居民建房105户,其中一般维修32户、"三原"维修48户、改扩建25户。 (周德红)

【乡村振兴】 2021年,石湫街道贯彻省、市、区乡村振兴发展战略,强化农业农村集体经营管理。新培育市级农业龙头企业2家、区级龙头企业1家;新增省级家庭农场6家、市级家庭农场1家。注销空壳社47家,新增2家市级、3家区级示范合作社。14个村(社区)年度集体经营性平均收入2442.5万元,增长7.99%。推动农村产权交易,完成交易品种5类,交易50笔,金额3393.35万元。培训职业农民500人次。开展农村人居环境治理,实施自然村清洁行动800余次,清运各类垃圾3500吨,整治河塘、沟渠、污水排放847处。完成水环境治理工程2项。建设垃圾分类收集点122个,建立垃圾收运专线7条,参与垃圾分类积分奖励活动3598户,受到奖励住户231户。检测农产品质量安全样品1200个,通过率100%;开展畜牧家禽防疫行动1.3万户。巩固脱贫成果,建立低收入农户动态管理机制,扫描录入农户信息821卷、4.5万页、5463条。落实支农惠农政策,发放耕地补贴1561.62万元,受益农户1.20万户;地力保护补贴620.18万元,受益农户1.18万户。

【网格化平台管理】 2021年,石湫街道创新网格化服务管理,提升社会治理能力。依托"一体化"服务平台、"12345"政务热线、社会治理大联动平台,受理工单1653件,其中区委、区政府领导信息工单20件,吹哨报到工单19件。街道社会治理综合指挥中心采集基础数据3.90万条、工作信息2454条、社会服务66条、网格巡查2.48万次、重点监督对象136人、考勤签到3.91万次。街道网格化服务管理中心自主研发网格化微信智能机器人平台,将信息发布、办事咨询、工单受理、疫情防控、防汛抗旱、为民协商服务等融于一体,覆盖村(社区)14个,在线用户8578户,人口2万人。发布公益信息602条、便民服务信息300余条。推进网格党支部建设,成立网格党支部40个,建立网格党小组141个、党建服务站45个,参与网格党员1400人。开展政法网格员"我为群众办实事"活动,发挥"三官一律"(警官、检察官、法官,律师)职能与专业优势,48名"政法网格员"进网入格,调处矛盾、法律咨询162起。 (夏志诚)

白马镇

【概况】 白马镇位于溧水区东南部，地处南京国家农高区。东临溧阳市上兴镇，南接晶桥镇，西北连永阳、东屏街道，东北毗邻句容市天王镇。宁杭城际铁路、长深高速公路（宁杭段）、新老341省道穿境而过。有国家AAAA级文博周园景区、国家级乡村旅游重点村石头寨、省级爱国主义教育基地李巷。2021年，镇域面积146平方千米，辖村委会4个、居委会6个、国营茶叶实验场1个，总户数14829户，户籍总人口41691人。其中，城镇人口22264人，乡村人口19427人。地区生产总值53.52亿元，增长7.8%；全社会固定资产投资15.7亿元，增长10.4%；一般公共财政预算收入3.43亿元，增长27.7%；社会消费品零售总额30.47亿元，增长9.0%；农村居民人均可支配收入32004元，增长10%。1月13日，被省委宣传部评为江苏省文化科技卫生“三下乡”先进集体；9月，石头寨村获评全国乡村治理示范村。

【农业】 2021年，白马镇农林牧渔业增加值11.29亿元，增长3.4%。其中农业增加值6.78亿元，增长1.6%。农作物播种面积7094公顷，其中绿色优质农产品生产基地3466.67公顷。油菜种植321.7公顷，总产量740吨；小麦播种1313.8公顷，总产量6346吨；水稻种植2723.9公顷，总产量2.43万余吨。新增省级农业龙头企业1家、市级3家、区级4家，市级农民专业合作社1家、区级5家，市级家庭农场4家；新增省级示范家庭农场1家、市级1家、区级16家。实施区级重点农业项目9个，总投资6.35亿元。完成133公顷高标准农田整治。“两莓”种植1333公顷（黑莓533公顷、蓝莓800公顷），种植大户约60家，“两莓”年销售收入1.6亿元；农业龙头企业9家，年产值2.4亿元。运用5G技术建成“两莓”产业示范园，建成莓业新品种、新技术培育和生产、经营示范推广基地。建成省农科院、省现代农业装备科技示范中心等农业科技重点应用示范场景项目36个。南京金万辰生物科技有限公司被省农业农村厅认定为第二批江苏特色优势种苗中心。发展村（社区）集体经济，上洋等村（社区）成立运营公司4家，增加经营性收入1000万余元；朱家边等8个村（社区）整合资源，入股7000万元建设中小食品产业园二期，形成固定资产、固定收入，以固定保底方式产生收益，增强村级经济实力。

【工业】 2021年，白马镇工业增加值14.32亿元，增长11.5%；规模以上工业增加值12.41亿元，增长27.2%；工业固定投资5.21亿元，增长14.5%。净增规模以上工业企业9家，累计43家；新增开票销售收入超1亿元企业3家、超5亿元企业2家。列入区级重点产业项目8个，总投资21.8亿元，竣工项目2个。

【建筑业】 2021年，白马镇有总承包资质建筑企业18家，其中一级资质企业1家、二级资质企业11家、三级资质企业6家。专业技术人员445人，项目经理245人，其中高级职称29人、中级职称171人。常年从业人员1645人。完成年度施工面积24.68万平方米，建筑业增加值2.06亿元，税收3115万元。

【服务业】 2021年，白马镇服务业增加值30.36亿元，增长5.7%；社会消费品零售总额30.47亿

白马浮山村利用特有的沙土条件，发展小籽花生产业，开展特色花生种植、加工及销售，带动村民增收致富。图为晾晒的花生　《今日溧水》报　供图

元，增长9.0%。限额以上批发销售额5.72亿元、零售销售额17.52亿元。新增限额以上批发企业1家（南京杰达塑业有限公司）、零售企业5家［南京振洋燃油有限公司、南京柒壹壹零售有限公司、沃德绿世界（溧水）生物科技有限公司、南京玖盛酒业有限责任公司、南京市金瑞蓝莓专业合作社］、餐饮企业3家（南京白马玲陇酒店管理有限公司、南京别味轩餐饮管理有限公司、南京公平乡祖餐饮管理有限公司）。重点服务业建设项目3个。其中，省重大项目2个（中国东部农业科技创新港、南京林业大学溧水校区科技创新港），总投资71.2亿元。举办蓝莓节、葵花艺术展。李巷第一批民宿投用，获批南京市第二批职工疗休养基地，其中N4号院民宿获评省级康养基地。

【招商引资】 2021年，白马镇围绕高质量发展，强化招商引资，组织参与长三角种业发展大会、iFresh Cherry中国樱桃展、iFresh亚洲果蔬产业博览会、长三角健康峰会（溧水）、“923”国际农产品直播电商节、2021国际农产品流通产业大会暨第六届中国农产品供应链大会、中德农业青年领军者论坛、中国国际集约化畜牧展览会、农业未来·国际合作发展大会等重大活动29场，寻找优质客商资源，拓宽招商渠道。签约引进深能南控公司综合能源项目、大希地南京未来制造产业园项目等亿元以上项目29个，总投资133.16亿元。

【镇村建设】 2021年，白马镇编制完成朱家边、浮山、白马、白龙4个村（社区）自然村庄规划和康居路周边城市设计，推进南京国家农高区核心区城市设计、综合交通路网规划、控制性详细规划和电力专项规划。会审农居民建房2批次，现场勘验审查250余户，审批187户，其中危房改造9户、翻建6户、维修3户。绿化养护白马集镇面积16万平方米，维修路灯1925盏。建成农高区（白马）文化艺术中心、农高区（白马）第一中心幼儿园，改造完成白马未来食品研发实验用房、神农智慧农业研究院南京有限公司厂房及人才公寓。12月，启动白马南宋及杜巷东侧地块，曹家桥毕家榜、吴家边北侧地块6家企业及白马老工业集中区18家企业自愿搬迁项目，以及白马、上洋社区及茶场100公顷土地预征（租赁）项目，至年底，完成遗留地块搬迁项目6个。宝曹线等农路建设竣工，郭云线（枫石线段）入选全国美丽乡村路。交河、浮山河、涧屋河河道整治竣工。南岗头水库、六角塘、娘娘庙大塘整治一新。长松河、五四水库、贺家山水库、泄洪河道工程项目进场施工，推进22个村庄污水设施提标改造。建设拆迁安置住宅小区非机动车充电设施，建成金谷佳苑一至四期和宏进、中巴2个小区电动自行车停车棚125个，安装充电桩1250组。 （端舒娅）

【土地管理】 2021年，白马镇落实省、市、区土地资源耕地保护总要求，制止耕地非粮化、农用地非农化。完成2019年度增减挂钩24个项目中41个地块栽树、抛荒等问题整改，获自然资源部南京督察局销号地块34个。承办省自然资源厅下发增减挂钩项目新一轮督查图斑整改，涉及往年增减挂钩21个项目、25个地块审批不规范问题。镇国土资源所采取查找农路建设批文、设施农用地转用批文、项目验收台账等措施，补办相关手续及现场整改。至年底，23个地块通过省自然资源厅检查，替换不予认可地块2个。强化土地管理服务，上报审批临时用地7块，面积2.5公顷。完成张家山提水站、长松河、灌溉水源塘坝整治3个项目农田水利设施配套建设，面积3933.33公顷；整治高标准农田133.33公顷。保障重大项目落地建设，南京林业大学溧水校区一期、中国东部（南京）创新港2个省重大项目建设用地获省政府批文。不动产登记调查11万宗，三级会审8775宗，公示8657宗，登簿8350宗，制作发放农村不动产权登记证8325本。全年土地执法巡查96次。 （魏波）

【教育科技】 2021年，白马镇有公办幼儿园2所，村办点3个，民办幼儿园1所，在园幼儿549人，教职工89人。中心小学1所，完小1所，教学班37个，在校学生1244人，在岗教师116人。中心小学获评南京市校园足球工作先进单位、南京市特殊教育发展有功单位。中学1所，教学班16个，在校学生606人，在岗教职工65人。社区教育中心1所，专任教师7人，聘用教师22人，社区教育志愿者（辅导员）56人。开展各类职业技术培训，参训1.17万人次，青少年校外素质教育1510人次，老年教育活动720人次。教育服务实现生活富裕——溧水区白马镇“‘莓’好学苑”项目获市教育局表彰，被评为南京市教育服务乡村振兴战略实施优秀项目。新增高新技术企业19家，完成科技型中小企业入库8批次66家。签订产学研合作协议26项，有效发明专利拥有量975件，发明专利授权211件（其中企业36件），授权总量481件。规模以上工业企业研发投入强度3.6%，3人被认定为省科技副总、9人被认定为区级高层次创业人才、1人入选区级企业专家工作室项目，被认定为省市级工程技术研究中心1家、省级农业产业技术创新战略联盟2家，博士未来食品孵化器被认定为市级科技企业孵化器。白马高新技术产业开发区入选南京市首批24个数字经济产业园区。

【文化体育】 2021年，白马镇举办各类文化活动100余场次，放映公益电影200余场。建成镇少儿图书室（阅读空间）、白马文化艺术中心。国民体质监测500人，培训社会体育广场舞指导员35人。举办科学健身大讲堂2期。建成大树下村、曹家桥村村级健身体育休闲公园2个，新增曹家桥、白龙、朱家边、上洋、革新5个村（社区）健身路径各1套。

10月10日，“金色大地，葵花田里的艺术展”在白马镇石头寨村朱岗自然村举行　　金涛　摄

【医疗卫生】 2021年，白马镇创成省级健康社区2个（朱家边、白龙社区）、市级2个（白马、上洋社区），市级健康企业1家（南京中亮食品有限公司）、区级5家［南京中亮有机蔬果食品有限公司、南京周园文化旅游发展有限公司、南京常力蜂业有限公司、南京黄教授食品科技有限公司、沃德绿世界（溧水）生物科技有限公司］、健康家庭10户、健康市民20人。白马中心卫生院门急诊12.42万余人次（含村卫生室），医疗业务收入1678.53万元。建成发热门诊、肠道门诊2个，年度基本公共卫生工作考核位列区第三，医共体成员单位综合考核全区第一；老年友善医疗机构、省级骨科特色科室、家庭医生服务创新单位、优质服务基层行4个创建项目通过复评，获市卫健委课题立项，实现街镇卫生院科研项目申报零的突破。3月，白马中心卫生院被市文明办、市妇联分别授予“2019—2021年度南京市文明单位”“南京市三八红旗集体”称号。落实新冠疫情防控举措，新冠病毒疫苗接种第一针、第二针、第三针累计接种5.40万剂次；6轮核酸检测采样18.3万人次。全年免费为65周岁以上老年人体检6186人次。

【计生服务】 2021年，白马镇出生人口183人，其中男87人、女96人。孕前优生健康检查86对，覆盖率100%。计生奖励扶助政策兑现率100%，办理奖励扶助225人、特殊扶助16人、企业退休职工独生子女一次性奖励45人（3600元/人）、计生公益金4人，办理奖扶特扶退出19人。人口信息化建设达标率95%，计生队伍建设率100%，群众计生工作满意率98%。0～3岁婴幼儿早期发展知识普及率96%。举办家长课堂5次、亲子活动12次，参加免费体检6186人次，发放宣传品800余份。

【社会保障】 2021年，白马镇新增城镇就业2000人，培育自主创业90人，大学生创业25人，新增大学生就业400人。创业带动就业380人，扶持农民自主创业95人，再就业50人，人口集聚2701人。

城乡居民医疗保险参保2.42万人，参保率97.64%。大病补充保险203人，保险率118%；居民养老保险续保到账5953人，养保率101.4%，困难、残疾人参保率100%。发放低保、五保等各类救助资金2121.7万元。启动残疾人辅助性就业工程，建成镇流浪乞讨人员救助服务站1个，失能险照护341人，困难人群服务保障覆盖率100%。革新社区创成AAAA级居家养老服务中心。“时间银行”完成订单1822例。适老化改造28户。实施移风易俗殡葬改革，新建回峰山公墓草坪葬区，生态草坪葬264例；增设守灵堂2个，骨灰入堂率100%。建设浮山、石头寨村、白龙、金谷社区退役军人服务站4个，补发、换发光荣牌20余块。白马镇退役军人服务站获评省级“百家红色精品退役军人服务站”。建成拆迁安置房金谷佳苑四期16幢，总建筑面积11.71万余平方米。完成金谷佳苑四期779套安置房的分配与结算。

【城管服务】 2021年，白马镇结合创建全国文明典范城市，开展市容环境综合整治行动。清理占道经营、流动摊点4000余起，清理破旧条幅、陈旧展板、小区乱拉乱挂电线160余起，清除各类小广告、“牛皮癣”490余处，拆除违规、破旧及存在安全隐患店招店牌90余块，施画非机动车停车泊位507个7000余米，清理各类非机动“僵尸车”20余辆。与相关部门联合开展拆违整治行动，拆除新增违章建筑517处，面积2.89万平方米；存量违建11处，面积2465平方米。围绕环境整治，开展建筑工地、渣土运输、露天烧烤、占道经营、乱排污水等的专项治理行动，查扣违规渣土车21辆，处罚款6.9万元。与村（社区）及相关部门联动，构建城管与村（社区）定期服务、矛盾调处、志愿帮扶等运作机制，受理“12345”工单198件，“12319”专项热线19件，均办结。

【综治司法服务】 2021年，白马镇落实省、市、区“六稳六保”“平安溧水”工作要求，开展全社会安全稳定工作。依托社区治理一体化平台，采集基础数据3.54万个，上报排查矛盾纠纷2953件，组织巡查辖区出租屋、消防、社区矫正等重点人群2833次。网格排查疫情3600余次，提供代办服务6200余次，网格微信群推送各类防疫相关知识1200余条。开展平安法治建设、深化“扫黑除恶”专项行动、防电信网格诈骗宣传活动6场次，发放平安创建倡议书1.35万余份，展出宣传展板30块，解答群众难题1200余个。接待来信来访29批次50人次，党政领导干部接访、下访38人次，接待群众来访38批次，办理省市区交办信访件17件，全部办结。办理重复件治理9件，均合格。

【人居环境治理】 2021年，白马镇落实农村人居环境治理工作总要求，结合重大节庆日和新冠肺炎疫情常态化管理，动员参与村庄清洁卫生大扫除行动1.28万人次，清理自然村庄陈年生活、建筑垃圾3114吨。建成垃圾分类标准清洁小屋13座，成立溧水环卫服务有限公司白马分公司，建立“农户分类、村组收集、公司转运”垃圾清运处理体系。改善农村环境面貌，砌花墙9660米，自制围挡6885米，清理污水塘淤泥13.83万立方米，铺设农村道路沥青25条，长9.6千米。新建停车场、文化活动场所41处。新增绿化、美化面积20.04万平方米。新建公厕32座，建成区级美丽宜居村11个。加强农村人居环境治理，制订《白马镇农村人居环境长效管护实施方案》，成立专项巡查小组，不定期开展村（社区）检查考核。加快推进特色田园乡村建设，南朝村庄改造有序推进。

（端舒娅）

和 凤 镇

【概况】 和凤镇位于溧水区南部，东南与高淳区毗连，西濒石臼湖，北与洪蓝街道相邻，典型半山半圩地形。宁宣高速、芜太高速、123省道、104省道纵横全境，水运便捷，沿石臼湖可入长江黄金水道和苏南太湖水网。境内有三叶·梦华苑、秦淮梅园、石臼渔歌等旅游景点，是南京市现代农业主导型镇之一。2021年，镇域面积198平方千米（含石臼湖100平方千米），辖村委会6个、涉农社区6个，总户数17586户，户籍人口53380人。其中，城镇人口23517人，乡村人口29863人。地区生产总值55.05亿元，增长10%；一般公共财政预算收入2.4亿元；全社会固定资产投资9.6亿元，增长11.7%；实际利用外资及港澳台资1650万美元，增长36.7%；农村居民人均可支配收入32770元，增长10.3%。10月，

和凤镇品牌稻米　　《今日溧水》报　供图

获评江苏省“味稻小镇”、江苏省绿色蔬菜产业特色镇。12月，和凤镇机电产业园被两岸企业家峰会授予“两岸（和凤）机电产业合作示范园区”称号。孔镇、沈家山、骆山等6个村（社区）获评市文明村，吴村桥村被省司法厅评为“民主法治示范村”。

【农业】 2021年，和凤镇农林牧渔业增加值11.41亿元，增长6.75%。其中，农业增加值6.63亿元，林业增加值4905万元，牧业增加值6460万元，渔业增加值2.67亿元，农林牧渔服务业增加值9769万元。绿色耕地5339.99公顷，增加1113.32公顷。夏粮小麦播种1453.33公顷，增加65.53公顷，总产量7908吨；油菜种植419.33公顷，总产量1167吨；秋粮水稻种植2783.5公顷，增加133.1公顷，总产量2.51万吨，增加2530吨。新增玉米、大豆、山芋等五谷杂粮种植500公顷，总产量7000吨。引导中小家庭农场发展优质稻米种植，引入广种良田张家港公司等社会资本投资农业，流转高标准农田沈家山片区200公顷种植水稻。创成市级农业产业化龙头企业3家、省级家庭农场1家；区级示范家庭农场认证7家。91家家庭农场信息录入区级家庭农场名录系统，18家农业企业5个项目获批市级第一批农业（设施农业、特色园艺基地、农业产业发展、创意休闲农业和智慧农业）专项资金扶持。培育高素质职业农民300人。强化农业新增规模经营主体入网监管，录入省系统经营主体251家，农产品巡查1824次，抽检农产品1235个，合格率100%。建成国家级、省级示范农产品生产基地6个，绿色产品认证面积1500公顷。建成高标准农田4267公顷，创成省级优质水稻绿色生产基地2867公顷、农业农村部健康生态养殖示范区347公顷。沙塘庵粮油实业有限公司进入全国粮食加工企业50强。拥有国家、省、市级稻米品牌6个，其中“湫湖”大米获评中国驰名商标、“道好”牌公正大米获评“江苏好大米”十大品牌、“晶健”牌大米获评“江苏好大米”特等奖。和凤现代农业园区被农业农村部评为国家农村创新创业园区。“溧水大米”品牌农产品通过国家地理标志产品认证。推行“公司+合作社+农户”订单式利益联结机制，实施订单农业面积2533.33公顷，带动1万户家庭增收致富。乌飞塘社区建成村集体产业园区公共服务平台，引进农业产业项目，增加村（社区）集体经营性年收入80万元；吴村桥村成立田园旅游发展有限公司，打造田

9月20日，和凤镇举行2021溧水农民丰收节暨首届和凤田园艺术节·石臼湖艺术季新闻发布会　杨国栋　摄

园品牌，年集体经营性收入增收50万元。支持返乡青年创办特色种养、休闲旅游、电子商务等新业态，农业电商产值2.1亿元，其中"一叶花房"网络销售额3500万元。

【工业】 2021年，和凤镇工业增加值21.74亿元，规模以上工业增加值17.58亿元，增长31.4%；规模以上工业增加值增速排名区第二位。工业固定资产投资4.67亿元，增长15.5%；实际利用外资及港澳台资2051万美元，完成年度目标任务的136.7%；外贸及港澳台贸易总额5.3亿元，增长44%。软件业务收入1.1亿元，完成年度任务的100%。高新技术产业投资2.2亿元，增长110.3%。实施工业重点项目17个，其中工业基础项目9个、技改项目8个，总投资29.9亿元，年内全部开工。其中溧高投高标准载体、惠诚工具项目被评为市重点项目。新开工项目入"四上"（规模以上工业企业、资质等级建筑业企业、限额以上批零住餐企业、国家重点服务业企业）企业库1个（南京昌亿公司），净增规模以上企业7家。申报高新技术企业19家，新增高新技术企业11家（复审通过4家，本土4家，引进3家），其中南京高崎电机有限公司被评为省级高新技术企业。培育瞪羚企业1家，创成省级专精特新企业4家，省级科技小巨人企业制造类企业1家、创新类1家。完成工业园区基础设施提升改造项目4个，总投资1亿元。盘活低效落后企业（原溧淳建材公司等3家）再开发土地10.7公顷。

【建筑业】 2021年，和凤镇有建筑企业38家，其中一级资质企业2家、二级资质企业3家、三级资质企业33家。从业人员7200余人。完成施工面积120万平方米，建筑业增加值5.53亿元，税收4100万元。

【服务业】 2021年，和凤镇服务业增加值20.86亿元，增长5.8%；社会消费品零售额17.62亿元，增长8.1%；服务业固定资产投资4.12亿元，增长3.9%。规模以上服务业企业34家，其中批零企业17家、其他服务业17家。各类商贸服务工商户600家。净增限额以上批零住宿餐饮企业4家、规模以上服务业企业2家。集聚高素质人口400人。在建区级服务业重点项目1个（诸家艺术家共享康养集群项目），总投资1.1亿元，完成投资0.6亿元。

【招商引资】 2021年，和凤镇以和凤台湾机电产业园发展为重点，强化招商引资，开展机电产业"建链、补链、强链"招商活动，组团赴北京、上海、广东、台湾、苏州昆山等地举办招商推介会2场，参加招商活动11次，签约亿元以上产业项目26个，其中制造业项目21个。完善《和凤镇企业科技创新和转型升级奖励细则》，实施和凤机电产业园区"腾笼换凤"清退关停落后企业举措，收储原精诚电工、荷飞科技、凤鹿纺织、锡锋汽配、宁派机械5家企业用地21.13公顷，供给招商新企业。

【镇村建设】 2021年，和凤镇完成5个村（社区）村庄规划编制。集体会审批准农居建房215户，其中新建63户、"三原"维修127户、危房改造25户。建成和泰嘉园二期安置房420套，建筑面积约5.8万平方米；孔镇社区拆迁安置房建设项目4号、5号楼主体结构封顶。凤苑老旧小区改造工程立项，总投资800万元。11个自然村庄美丽乡村建设项目有序推进，新改建农村公共卫生间35座，完成和凤集镇、工业园区雨污水管网治改工程。

（夏雨欣）

【土地管理】 2021年，和凤镇开展农业农村耕地非粮化、农用地非农化大排查专项行动，督促农户抛荒耕地复耕复种50.06公顷；农用地"非农化"排查涉农村（社区）11个，面积153公顷，全部整改到位。土地执法巡查184次，发现违法用地行为36起，发出停工通知书36份。整改11个增减挂钩项目21块耕地栽树、抛荒等问题，至年底，完成整改销号。强化建设用地供应保障服务，办理和泰家园二期、孔镇安置房建设用地挂牌出让手续，出让土地11公顷，出让金1.99亿元。完成和凤镇工业园区产业项目农用地转用组卷报批项目2个，争取和凤机电产业园国家用地计划指标2.79公顷。开展农村农房不动产确权调查登记，调查1.91万宗，三级审核1.41万宗，公示1.40万宗，登簿1.35万宗，发证1.30万本。12月，被市自然资源确权登记局评为2021年度南京市农村不动产登记发证先进集体。

（姜平）

【教育科技】 2021年，和凤镇有中心幼儿园2所、村办幼儿班8个、民办幼儿园1所，教职工101人，其中，公办幼儿园教职工在编9人、编外78人，民办幼儿园教职工14人，在园幼儿1014人。入园率98.6%。9月，沙塘庵小学撤并至和凤中心小学。小学教学班50个，在校小学生1884人，入学率100%，教职工155人。有初级中学2所，在校中学生815人，巩固率98%，教职工210人，其中在编教师178人、编外26人。有成人教育中心1所，专职教师6人，专职管理人员7人。辖区外来务工（流动）人员子女义务教育入学率和幼儿入园率均100%。强化学校安全管理，配备校车17辆，新建校车停靠点5个、停车场2个。强化科技引领，企业主动与高校院所对接，开展产学研成果转化活动，南京高崎电机有限公司的三线异步电机、江苏川钿明椿电气机械有限公司的齿轮减速机、南京传仕重工科技有限公司的减速机3个工业产品经专家评审，进入省级创新平台。发明专利54件。集聚高素质人口3198人，技术合同成交额4000万元。

【文化体育】 2021年，和凤镇有24小时自助图书馆1个，文体服务中心1个，村（社区）综合文化服务中心12个。新建凤凰路社区综合文化服务中心并对外开放。开展文化惠民服务，举办首届“和凤百花节”系列活动——舞林大会；在吴村桥、乌飞塘、孔镇集镇举办综合文艺演出3场；在骆山村举办送戏下乡4场。结合农民丰收节、庆祝中国共产党成立100周年、党史教育等活动，举办文艺、红色戏曲演出50余场。放映公益电影200余场。实施艺术家群集群项目，开业运营乡创文创9家。参与全民健身体育锻炼1.5万余人。组队参加区第五届体育运动会各类项目比赛。更新改造沈家山、乌飞塘、双牌石自然村健身器材5套，国民体质监测450人，培育三级社会体育指导员20人。

【医疗卫生】 2021年，和凤镇中心卫生院有编制床位30张，医务人员124人，专科门诊部1个，新增儿科、骨科专家门诊2个。村卫生服务室（站）10个。门急诊11.04万人次，医疗业务收入4226.22万元(含财政补贴)，增长41.08%；完成手术27台，增长125%；住院728人，增长56.69%。开展学术活动3场，新技术立项1个。加强与区中医院医共体建设，培训新进大学生村医16人，新引进中医适宜技术2项，开展中医护理新技术2项。强化公共卫生服务，免费健康体检65周岁老年人6459人，完成育龄期妇女“两癌”筛查1590人。家庭医生签约9549人。落实新冠肺炎疫情防控举措，完成4轮全员核酸采样18.5万人次，新冠病毒疫苗接种第一针3.12万剂次、第二针2.92万剂次、第三针2.04万剂次。8月，和凤镇中心卫生院消化科获评南京市基层特色科室消化内科并挂牌。

【社会保障】 2021年，和凤镇新增城镇就业1326人，大学生就业282人，实现再就业30人，援助困难人员就业69人，培育自主创业121人，大学生创业就业9人。扶持农民自主创业38人，创业带动就业305人，转移农村劳动力188人。办理农民创业贷款80笔，放贷800万元。组织农村劳动力就业技能培训300人。新增参保单位60家，增加企业养老保险参保1730人，办理续保251人。验证企业退休人员养老金311人。城乡居民养老保险催缴到账1.09万人，到账率100%。落实民政保障，审批低保边缘户101户、低保户906人，发放保障金、春节慰问金900.3万元。在册五保户440人，发放供养经费、春节慰问金619.5万元。评估低保内、低保边缘重度残疾人125人，上门服务89人。在册残疾人2559人，发放两项补助、春节慰问金1348.4万元，送小家电145台，为46户残疾老人改造安装无障碍辅具器具。实施慈善医疗和临时救助255人次，建立223名困境儿童档案信息库，发放60名事实无人抚养、大病重残儿童补贴76.9万元。慰问白血病儿童7人，46名困难学子获得助学资金，申办困境儿童慈善大病救助2人，申请困难女童助学慈善信托资助5人，12户困难家庭获“小手拉大手”慈善助困金。上门服务80周岁以上及“五类”老人1783人次，服务率91.2%。发放尊老金127万元，举办老人智能技术培训8场，受益200余人。走访困难群众3200人，发放维稳物资460余件。落实殡葬改革，迁坟入堂骨灰存放格位115例、花坛葬406例，新亡骨灰入堂439例，入堂率100%，全年发放节地生态葬补助34.2万元。建设乌飞塘社区、骆山村、孙家巷村、沙塘庵社区退役军人服务站4个，补发、换发光荣牌130余块。

【计生服务】 2021年，和凤镇落实二孩生育政策，鼓励生三孩。新生儿215人。其中，男105人，女110人；一孩101人、二孩103人、三孩11人。计划生育率99.53%，晚婚率85.86%，独生子女领证率62.99%。开展优生宣传，发送优生知识手册和宣传资料320份，上门随访300余人次。办理生育登记服务204人，出生人口登记服务率100%。做好孕前优生检查指导，孕前跟踪服务率100%、早孕和妊娠随访率100%，孕期妇女一对一服务满意率100%。

【城管服务】 2021年，和凤镇落实城市精细化管理举措，规范执法，服务为民。开展市容环境整治行动，出动执法人员1500余人次、车辆500余辆次，集中清理集镇、背街小巷、卫生死角1500余处，清运垃圾2000余吨。加强市容市貌整改，清理违规户外广告200余处，整治店招店牌200余块，清理“三乱”600余处，取缔占道经营400余处，规范倚门出摊300余处，清理乱披挂200余处，整改非机动车乱停放400余辆次。完成市城管局问题清单2407件、区级问题清单1.07万件、镇政府问题清单2233件，处罚重度违规案件89件，处罚金1.45万元。落实集镇沿街商户“门前三包”管理制度，与凤凰路社区、孔镇集镇沿街商户签订“门前三包责任书”581份。处置违法建设工单18件40处，督办7件8处；处置智慧控违系统工单1800件，拆除新增违建56处，面积2650平方米；存量违建7处，面积2460平方米。

【综治司法服务】 2021年，和凤镇强化镇、村(社区)两级综治服务体系建设，镇综治办牵头成立由司法所、派出所、信访办等部门人员组成的工作班子，各村(社区)明确1名村委干部专项负责，配备综治网格员74人，形成党建引领下“综合执法一支队伍、社会治理一张网”综治格局。在集镇、12个村(社区)开展反诈宣传活动8场，发放平安建设倡议书4500份，悬挂防范电信诈骗横幅50条。镇司法所设立公证便民、法律援助、仲裁、立法民意征集、行政复议咨询服务站点5个，调处矛盾纠纷1154件。接待群众来访180批次350人次，集访13批次129人次。建立心理咨询室1个，落实严重精神障碍患者监护责任“以奖代补”40人。

【人居环境治理】 2021年，和凤镇绿化管护面积40万平方米，每月参加区级绿化养护考核，18台工业炉窑达标排放，升级改造8台，注销不达标炉窑10台。开展粮食加工企业烘干设备“回头看”，禁止使用燃煤企业13家。排污登记入库企业信息103家。动员参与村庄清洁行动1.78万人次，清理农村陈年生活、建筑等垃圾3742吨，砌花墙3800米，农路改造铺设沥青路面26条2.5万米。清理村内河塘沟渠1175处，新建公厕35座。实现130个自然村人居环境长效管护全覆盖。住户参与垃圾分类96%，农村“农户初分+保洁员上门分类收集”模式覆盖率90%；城镇餐厨垃圾收集处理率90%。建成省级美丽乡村3个、市区级宜居村8个。

(夏雨欣)

晶 桥 镇

【概况】 晶桥镇位于溧水区东南、国家森林公园无想山南麓，东临溧阳市，南与高淳区相接，西北与和凤镇、洪蓝街道相邻。境内四季分明、气候宜人，属典型山地丘陵地区，半山半圩，林木覆盖率49.6%。新桥河由东向西流入石臼湖，五级航道西连长江黄金水道，246省道、341省道穿境而过。境内拥有溧水“中山八景”中“金井涌泉”“芝山石燕”自然景观，有望悠谷、枫香岭、石山下、里佳山等旅游景点。2021年，镇域面积135平方千米，辖村委会7个、涉农社区5个，总户数14251户，户籍人口40208人。其中，城镇人口12267人，乡村人口27941人。地区生产总值59.43亿元，增长8%；一般财政公共预算收入2.12亿元。全社会固定资产投资9.74亿元，增长10.6%；规模以上工业产值46.87亿元，增长26.9%；社会消费品零售总额16.21亿元，增长8%；农村居民人均可支配收入32132元，增长10.3%。获评2020年度全市实施乡村振兴战略郊区街镇高质量发展奖、2019—2021年度江苏省文明乡镇，被中国银保监会江苏监管局确定为江苏省银行业保险业服务乡村振兴试点单位。芮家社区获评2019—2021年度江苏省文明社区，芝山村、郃村获评南京市2020年度美丽乡村示范村，云鹤山村获评南京市2020年度全面建设小康社会先进集体。

【农业】 2021年，晶桥镇农业增加值6.63亿元，增长5.7%。粮食播种4772.13公顷，产量3.35万余吨；油料种植616.6公顷，产量1254吨；水产品养殖1012.66公顷，产量3280吨；蔬菜瓜果种植1720.06公顷，产量6.07万余吨。实施芝山生态循环、水晶特色田园乡村等农业项目9个，总投资2.23亿元。其中，民生类生猪产业养殖项目投资6000万元，完成率100%。晶广粮油产业融合基地、晶普生态蔬菜种植基地、南京我家蟹塘现代渔业基地、望悠谷生态梅种植基地4个亿元项目签约落地。新增市级农业龙头企业1家、区级龙头企业3家、市级家庭农场2家、区级农民专业合作社示范社16家、市级示范社3家。通过产权交易平台流转土地52宗。与上海海洋大学、宁波大学、省淡水水产所合作成立水产研究院，提升螃蟹品质和规模；共建水晶渔业分拣中心、科创中心、产学研示范基地，形成"综合社+产业基地+农户+科研单位+企业"合作链条，带动就业130余人，销售收入1亿元。郜村运用日本先进有机农业BLOF技术体系，打造华东地区"三个零"高品质蔬菜产业基地。芝山村与南京农业大学合作建成生物质炭化及循环炭基产品基地，芝山村被列为省级循环农业试点村。做好非洲猪瘟防控、一枝黄花清理、禁养区禁养、林地巡查等工作，整改违法使用公益林地任务图斑116个，新增绿化造林面积1.67公顷，农残联网速测1200个，安全生产质量检查12次。破解闲置资源制约瓶颈，通过收购、租赁、入股等方式，盘活集体荒山、民房等闲置资源，打造芝山硒谷、井山民宿、郜村百亩联栋大棚、孔家旱园竹基地，带动就业250余人，产生经济效益2420万元。

枫香岭的早晨　　潘国瑾　摄

【工业】 2021年，晶桥镇规模以上工业增加值22.68亿元，增长24.96%；工业增加值26.16亿元，增长11.4%；规模以上工业主营业收入48.57亿元，利税5.79亿元，利润4.61亿元。净增规模以上工业企业2家，处置低端落后企业3家，申报信用贯标企业2家。区11个重点工业项目有序推进，完成总投资9.6亿元，其中江苏安意达智慧医疗产业园一期厂房竣工，进入产品研发测试。10月，举行南京智慧康养创新园开工仪式，同步实施基础开挖，完成施工便道、大门、围挡、喷淋、工棚建设。

【建筑业】 2021年，晶桥镇建筑企业27家，新增申报限额以上建筑企业6家，其中一级资质企业2家、二级资质企业7家、三级资质企业16家、其他资质企业2家。常年从业人员6357人。签订建筑工程合同额30.35亿元，完成施工面积38.5万平方米，建筑业增加值3.85亿元。税收5972万元。

【服务业】 2021年，晶桥镇有限额以上服务业企业28家，其中批发业15家、零售业9家、住宿业1家、餐饮业3家，常年从业人员312人；规模以上服务业企业7家，从业人员58人。服务业增加值22.8亿元。社会消费品零售总额16.21亿元，增长8%；服务业重点项目投资增长24%。搭建劳务服务输出平台，引导村（社区）综合社成立劳务队和村属企业，兴办物业管理、道路管护、市政绿化、环境卫生管护等经济实体10个。村（社区）承接项目20个，带动就业310人，村（社区）集体经济增收1300万元。

【招商引资】 2021年，晶桥镇围绕医疗器械、康养医养、文化旅游、农业种植加工等开展招商引资。赴北京、上海、深圳、山东等地招商30余次，接待客商142批次，签约项目13个，总投资21.08亿元。其中中国风BMW摩托车越野基地项目1亿元（服务业）、慧泽国际自然教育基地项目1亿元（服务业)、安意达医疗设备智能制造园区项目10亿元(工业)、晶普生态蔬菜种植基地项目1亿元(农业)、中科紫竹临床医疗器械项目1亿元(工业)、石山下莲舍休闲度假康养基地项目1亿元(服务业)、南京我家蟹塘现代渔业基地项目1.5亿元(农业)、望悠梅生态园基地项目1亿元(农业)、晶广粮油产业融合基地项目1.08亿元(农业)、智能静脉用药调配机器人项目1.2亿元(工业)、聚力医药流通基地项目1.3亿元(服务业)。实际利用内资23.87亿元,实际利用外资及港澳台资1000万美元。解困招商用地,置换低效企业土地4公顷。落实医疗器械及装备项目2个、服务业企业26家。重大项目注册13个,开工运营率76.92%。二季度获全区"招商擂台赛"目标任务进度奖、重大项目推进奖。

【镇村建设】 2021年,晶桥镇完成城乡建设项目9个,总投资2.35亿元。其中,集镇基础设施、新丰圩撇洪沟消险、纬二路东延、四期安置房以及2020年陶村、杭村等村(社区)耕地质量提升片区A类项目5个,曹庄富硒生态园污水工程、集镇污水管网完善、农村污水处理设施提标改造以及水晶、芮家、新庙坝撇洪沟生态河道治理B类项目4个。编制完成邰村、仙坛村村庄详细规划以及石山下传统古村落保护规划。安泰景苑四期安置房项目主体工程基本完工。水晶水产分拣中心建成对外开放,便民服务中心竣工并投入使用,会师公园、新桥河北侧道路拓宽工程竣工通过验收。加强危房排查,排查既有建筑308处,涉农社区房屋1.17万户。建成非机动车车棚18个,安装安泰花园、安泰景苑小区以及8个老旧小区电动自行车充电桩25组、插座268个。打造美丽乡村11个,其中区级示范村2个、宜居村9个。芮家社区石山下村通过省级传统村落专家评审,芝山村成功申报江苏省特色田园乡村。建成区级生活垃圾处置配套道路、云沙线、沙岗线、邰墙线、晶浮线、周石线、芝石线农路7条,长14.65千米,年底通车。完成自然村庄10千米对外连接道路沥青路面铺设。提升危旧桥梁护栏36座。落实河长制,完成农村污水提标改造村25个。完成防汛消险工程2个、中型水库移民后期扶持项目1个,镇域主干河道、水库水质达Ⅲ类水标准,曹庄创成市级水美乡村。（王雪琴）

【土地管理】 2021年,晶桥镇落实省、市、区土地管理工作总要求,建立配备统一土地执法监管职能信息系统,利用电子化、信息化设备开展执法巡查。土地执法巡查120余次,发现违法用地行为20起,违法用地38.34公顷,全部依法处置到位。完成卫片违法用地整改图斑11个。其中,拆除图斑违建2个、报批2个,面积13.95公顷,其余整改到位;完成2013年后农村乱占耕地建房问题图斑摸排484个,面积33.73公顷,结合实际逐一分类上报处理。占补平衡通过验收项目2个,总规模14.7公顷,新增耕地14公顷;提升耕地质量项目2个,土地整治项目规模470.2公顷,新增耕地13.6公顷;高标准农田建设项目2个,规模388.3公顷;建设高效节水灌溉农田9.33公顷。开展农村不动产确权调查登记,完成农村农房不动产权调查确权登记12个村(社区)9460户,登簿9460户,制证9460本,发证8721本。

（董静声）

【教育科技】 2021年,晶桥镇有中心幼儿园1所,村级幼儿园(班)3所(个),教学班17个,教职工64人,其中专任教师42人。在园幼儿432人。中心幼儿园参加学前教育宣传月视频获区一等奖、绘本剧展演获区二等奖、故事大王比赛获区二等奖。云鹤幼儿园获评第十八届"当代杯"全国幼儿教师职业技能大赛先进单位、江苏省幼儿园美术教学作品展评活动组织奖。有中心小学1所,村级小学2所,教学班35个,在职教职工141人,在校小学生1046人。中心小学创成江苏省健康促进银牌学校,云鹤小学、邰村小学创成江苏省智慧校园,云鹤小学获"南京市中小学装备管理应用示范学校"称号。有初级中学2所,教学班15个,教职工78人,在校中学生517人。云鹤初级中学创成南京市新优质初中,获2021年中考考核一等奖;中小学教师微课竞赛获区团体二等奖。社区成人教育中心学校1所,专职教师2人,兼职教师19人。完成培训1万余人次。组织农业技术员、企业科技骨干和能工巧匠参加市级网络科普知识竞赛4385人次,举办科普教学活动8场。新增有效发明专利拥有量27件。新增高新技术企业2家,引进市外高新技术企业3家;评估科技型中小企业7家。技术合同成交额2200万元,申报高层次人才1人,集聚高素质人口1107人。

【文化体育】 2021年，晶桥镇开展综合性文艺活动、送戏下乡活动12场，少儿图书室绘本活动3场；讲座类活动12场，展览类活动60场（含“三进”特色文化展板活动4场），培训类活动107场。放映公益电影120场。完成公共文化服务35.8万人次，人均15.5次。6月25日，苏南反顽战役铜山战斗纪念广场建成对外开放。强化全民健身，建成水晶、笪村、云鹤山、郃村、仙坛、芝山、孔家村（社区）级健身公园7个。新增健身路径18套，新建三人制篮球场1个；完成全国高质量体育场地普查110个。国民体质监测500人，培育三级社会体育指导员36人。举办首届趣味运动会、三人制篮球赛比赛以及老年人体育运动会等赛事4场。组队参加区第五届运动会，获街镇团体第五名、道德风尚奖。

6月25日，晶桥镇举行铜山战斗纪念广场建成揭幕仪式 晶桥镇 供图

【医疗卫生】 2021年，晶桥镇中心卫生院在编医务人员47人、编外人员33人、返聘退休人员1人、临时用工9人。社区医生17人、村医17人。年内门急诊9.1万人次，住院685人次，医疗业务收入1359.76万元（含财政补贴、药品收入）、增长10.51%，医疗业务纯收入508.65万元、增长27.32%。落实新冠肺炎疫情防控“五包一”人员230人，完成4轮全员核酸采样检测9.4万人次；新冠病毒疫苗第一针接种2.28万剂次，接种率95.8%；第二针接种1.98万剂次，接种率91.2%；第三针接种1.49万剂次，接种率80.52%；3～17岁接种2382剂次，接种率96.6%。中心卫生院通过市四级中医馆建设验收，推进医共体支付方式改革试点，获“江苏省社区医院”“江苏省老年友善医院”称号，消化内科创成南京市基层医疗机构特色科室。“120”急救站点通过省级验收，糖尿病筛查工作站获“中国糖网筛查工作站”授牌。杭村卫生室通过甲级卫生室验收，水晶、新桥卫生室通过标准中医阁验收。新建心理咨询室12个。创成省级卫生村3个（杭村、云鹤山、郃村）、健康村2个（孔家、笪村）、示范健康村1个（笪村），市级健康社区2个（枫香岭、新桥）。新建健康步道6条、健康主题公园1个、健康驿站2个。举办健康教育讲座182场，发放健康教育材料10万份。免费为60周岁及以上老年人健康体检5845人、育龄妇女两癌筛查1007人，家庭医生签约13331人。

【计生服务】 2021年，晶桥镇落实二孩生育政策，新生儿100人。其中，一孩39人、二孩50人、三孩11人，男43人、女57人。孕前优生健康检查88人次，目标人群覆盖率90%。开展免费计生服务，免费补助54人次，发放资金3600元；慰问计生困难家庭104人次，发放物资折合人民币10万余元；兑现14周岁以内独生子女父母奖励金2.59万元。新增计划生育特别扶助10人、奖励扶助131人、一次性奖励5人、计生公益金4人。打造市级“连心家园”1个，开展亲子活动18场次、家长讲堂17场次、各类宣传教育活动15场次。享受奖励扶助政策979人、特别扶助政策92人，出具婚育证明20份，办理生育服务登记证133份、独生子女父母光荣证91本。

【社会保障】 2021年，晶桥镇城乡居民基本养老保险续保到账7856人。参农合2.6万余人，参合率97.5%。新增城镇就业2245人，培育自主创业95人，大学生就业531人，创业带动就业381人。为失业人员提供政府补贴职业培训667人次。开展技能培训，330人取得证书，新增高技能人才23人。提供创业人员小额担保贴息贷款53笔，放贷资金765万元，转移农村劳动力302人。落实民政服务举措，发放临时救助款45人次2.26万元；发放慈善救助款401人次53.9万元、尊老金89.89万元、困境儿童保障金28.24万元。全镇12个村实现AAA级居家养老服务中心全覆盖，建成AAAA级居家养老服务中心1个，发放低保金603.36万元、残疾人两项补贴1049.53万元。建成陶村、新桥、仙坛村（社区）级退役军人服务站3个，完成芝山村与武警机动支队基地共建项目建设。实施2015—2017年拆迁项目剩余拆迁户拆迁扫尾工作，签约拆迁大户19户、小户39户，面积6639.79平方米。落实棚户拆迁安置政策，安置647户，分配安置房658套，所有安置房录入办证信息。

【城管服务】 2021年，晶桥镇加强城市管理，开展市容整治106次，整治倚门出摊687处、乱堆放370处，处理市级工单1405件、区级工单3059件、镇政府工单2925件。落实城管精细化管理举措，开展小区、商户、道路乱挂飞线，门头店招、广告安全隐患整治排查81次，整治非机动车"飞线充电"170余处。新增非机动车停车位57个、机动车位10个、如厕临时停车位12个。加大控违拆违力度，拆除新增违建29处1585平方米、存量违建3处2570平方米。办理"南京控违平台"工单101件。做好渣土运输管控，规范渣土车辆运营，立案查处违规渣土运输案件26件。开展安全隐患大排查、大整改和安全巡察，整改隐患223处，整改率100%。

【综治司法服务】 2021年，晶桥镇加强镇村（社区）两级综治中心建设，在便民服务中心设立网格坐席台，整合综治信访维稳、网格员、志愿者等工作力量，注册平安志愿者2062人，配备网格员46人、镇村（社区）调解员31人。以村（社区）党总支为核心，打造石山下老娘舅、郃村邻舍间等4个群众自治平台，组建矛盾调解、环境整治、文体活动、普法宣传等自治委员会，在村（社区）开展网格员见面会6次。以全镇46个综合网格平台为支撑，建成社会治理一体化平台，形成立体化治安防控体系，开展"扫黑除恶"等专项行动。调处化解各类矛盾纠纷1585件，成功调解1561件，调解成功率98.5%，办理"12345"工单2473件，办结率100%。

【人居环境治理】 2021年，晶桥镇打造美丽乡村、宜居村，动员参与农村自然村庄清洁行动6919人次，清理陈年生活、建筑等垃圾4219吨，砌花墙4400余米，自制围挡3100余米，铺设沥青道路10万平方米、改造老旧农路3.3万平方米。新建停车场、活动场所23处，新增绿化、美化面积3560平方米。新增垃圾中转站垃圾压缩箱体1台，实现生活垃圾日产日清。12月，枫香岭、杭村、水晶、云鹤山村（社区）创成市级农村公共服务运行维护先进村（社区）；芝山、仙坛、孔家村创成区级农村公共服务运行维护先进村。清理乱堆乱放5133处。通过贯通水系改善塘坝水质11座，河塘清淤5万立方米，填埋臭水塘、垃圾塘11座，新建农村公厕26座，实现126个自然村人居环境长效管护全覆盖。

【首届富财圩螃蟹节】 10月16日，首届溧水富财圩螃蟹节在晶桥镇水晶村举行。活动现场，"苏宁易购""座上客"等5家销售平台与水晶村螃蟹养殖合作社签订线上销售合作协议；农行溧水支行、溧水农商银行与水晶村合作社签约授信各600万元，发展螃蟹产业。富财圩位于溧水石臼湖东岸，有水域面积667公顷，其中心沟直通石臼湖。水体透明清澈，水体和土壤pH值7.5（中性），水底特有土壤为坚硬黑色土质，钙、磷等微量元素丰富，适合螃蟹养殖。富财圩螃蟹具有青背白肚、金爪黄毛等特征，2021年入选农业农村部农产品地理标志。富财圩螃蟹养殖基地年产螃蟹860吨、青虾180吨，助力300余户家庭增收。晶桥镇拓展富财圩螃蟹销路，通过线上销售平台销往全国各地，其中"座上客"平台每日销量150箱。

（王雪琴）

责任编辑　尹伟

新任区领导

林　涛

2021年10月15日，经中共江苏省委批准，任溧水区委书记，经南京市委决定，任溧水区委委员、常委、江苏南京国家农业高新技术产业示范区党工委(筹)副书记、管委会(筹)主任。

男，汉族，1970年4月生，江苏海安人，1989年1月加入中国共产党，1989年8月参加工作，省委党校研究生学历。

1985年9月，南京农业机械化学校农机化专业中专学习；1989年8月，南京市大厂区农副业局干部；1990年8月，南京市大厂区机关工委团委书记、组织委员(其间：1991年9月—1994年7月，江苏省委党校经济管理专业在职大专学习)；1996年6月，南京市大厂区卸甲甸街道工委副书记(其间：1994年8月—1996年12月，中央党校函授学院涉外经济管理专业在职大学学习)；2000年1月，南京市大厂区卸甲甸街道工委副书记、办事处主任；2001年3月，南京市大厂区(六合区)卸甲甸街道工委书记(其间：2001年9月—2004年7月，江苏省委党校区域经济学专业在职研究生学习)；2004年11月，六合区卸甲甸街道工委书记、人大工委主任；2006年6月，六合区委常委，卸甲甸街道工委书记、人大工委主任，葛塘街道工委书记；2009年1月，六合区委常委，沿江工业开发区工委副书记、管委会副主任；2010年4月，六合区委副书记，沿江工业开发区工委副书记、管委会副主任，援藏任墨竹工卡县委书记；2010年6月，六合区委副书记(正局)，沿江工业开发区工委副书记、管委会副主任，援藏任墨竹工卡县委书记；2012年8月，六合区委副书记，南京化学工业园区工委副书记，援藏任墨竹工卡县委书记；2013年6月，六合区委副书记，南京化学工业园区工委副书记；2013年12月，南京市委副秘书长；2016年1月，秦淮区委副书记、区长(2017年8月起主持秦淮区、南部新城全面工作)；2017年12月，秦淮区委书记、区长；2018年1月，秦淮区委书记、区长，市南部新城开发建设管委会主任、党组书记(兼)；2018年3月，秦淮区委书记，市南部新城开发建设管委会主任、党组书记(兼)；2021年6月，南京市副市长人选，秦淮区委常委，市南部新城开发建设管委会主任、党组书记(兼)；2021年7月，南京市副市长；2021年10月，南京市副市长，溧水区委书记，江苏南京国家农业高新技术产业示范区党工委(筹)副书记、管委会(筹)主任。

夏　云

2021年7月19日，经中共南京市委组织部决定，任中共南京市溧水区委统一战线工作部部长。2021年8月27日，经中共南京市市委决定，任中共南京市溧水区委副书记，江苏南京国家农业高新技术产业示范区党工委(筹)委员。2021年12月10日，经中共南京市溧水区委决定，任中共南京市溧水区委党校校长。

男，汉族，1969年5月生，江苏南京人，1997年4月加入中国共产党，1989年8月参加工作，省委党校研究生学历。

1987年9月，南京市金陵职业大学财经系财会专业大专学习；1989年8月，溧水县劳动服务公司办事员，财务科长（其间：1992年2月，南京市人事局录用为国家干部）；1998年5月，溧水县劳动和社会保障局城镇企业保险科副科长；2002年8月，溧水县劳动和社会保障局就业培训科科长；2003年1月，溧水县和凤镇副镇长；2006年11月，溧水县开发区管委会办公室副主任、开发总公司副总经理；2008年1月，溧水县商务局局长、党总支书记，县招商局局长（其间：2005年9月—2009年12月，江苏省委党校行政管理专业研究生学习）；2010年5月，溧水县永阳镇党委副书记；2010年9月，溧水县永阳镇党委副书记、镇长；2012年4月，溧水县发改局局长、党委书记；2012年12月，溧水县政府办主任、外事办主任；2013年4月，溧水区政府办主任、外事办主任；2014年8月，溧水区政府办主任、党组书记、外事办主任；2016年2月，溧水区永阳街道工委书记；2016年12月，溧水区委常委、宣传部部长、统战部部长，永阳街道工委书记；2017年9月，溧水区委常委、宣传部部长、统战部部长；2018年2月，溧水区委常委、经济开发区管委会党工委书记；2021年7月，溧水区委常委、统战部部长；2021年8月，溧水区委副书记，南京国家农高区管委会党工委（筹）委员；2021年12月，溧水区委副书记，南京国家农高区管委会党工委（筹）委员，区委党校校长。

唐慧炜

2021年7月3日，经中共南京市委决定，提名为溧水区副区长人选。2021年7月10日，经中共南京市溧水区委决定，任中共南京市溧水区人民政府党组成员、副书记。2021年7月10日，经中共南京市溧水区委决定，提名任溧水区行政学校校长。2021年7月22日，经南京市溧水区人民政府决定，任溧水区行政学校校长。2021年8月1日，溧水区第十六届人民代表大会常务委员会第三十三次会议任命为南京市溧水区人民政府副区长。

男，汉族，1977年11月生，江苏建湖人，1996年6月加入中国共产党，1999年8月参加工作，中央党校研究生学历，硕士学位。

1995年9月，东南大学马克思主义基础专业大学本科学习；1999年7月，毕业待工作；1999年8月，玄武区锁金村办事处；2000年8月，玄武区锁金村街道团工委书记；2002年12月，市委办公厅（政研室）党群处主任科员（其间：2003年9月—2006年7月，中央党校在职研究生班经济学专业学习）；2009年3月，市委办公厅（政研室）党群处副调研员；2009年6月，市委办公厅（政研室）秘书一处副调研员；2011年3月，市委办公厅（政研室）秘书一处副处长（其间：2009年3月—2012年3月，东南大学公共管理硕士研究生学习）；2014年6月，市委办公厅秘书一处处长；2018年11月，溧水区委常委、组织部部长，区委党校校长，区关工委主任；2021年7月，溧水区委常委、区政府副区长人选，区行政学校校长；2021年8月，溧水区委常委、区政府常务副区长，区行政学校校长。

陈　钢

2021年7月3日，经中共南京市委决定，任中共南京市溧水区委委员、常委。2021年7月3日，经中共南京市委组织部决定，任溧水区委组织部部长。2021年7月10日，经中共南京市溧水区委决定，任南京市溧水区关心下一代工作委员会主任。

男，汉族，1978年12月生，江苏南京人，2002年6月加入中国共产党，2001年8月参加工作，研究生学历，硕士学位。

1997年9月，南京农业大学理学院信息学专业大学学习，获理学学士学位；2001年8月，溧水县永阳镇政府工作人员、科员；2003年8月，南京市委办公厅（政研室）调研处科员、副主任科员、政法纪检处副主任科员、主任科员、秘书三处主任科员（其间：2005年9月—2008年6月，南京农业大学行政管理专业在职研究生学习，获管理学硕士学位）；2014年6月，南京市委办公厅秘书三处副处长（其间：2017年4月—2017年7月，南京市委党校第30期中青年干部培训班学习）；2017年7月，南京市委办公厅法规处处长；2018年7月，南京市委办公厅秘书三处处长、法规处处长；2019年

5月，南京市委办公厅宣教处处长；2021年7月，溧水区委常委、组织部部长，区关工委主任。

张德才

2021年7月19日，经中共南京市委决定，任溧水区委委员、常委。

男，汉族，1970年2月生，江苏南京人，1997年7月加入中国共产党，1989年8月参加工作，省委党校研究生学历。

1986年9月，南京晓庄师范学校音乐专业中专学习；1989年8月，溧水县城郊中心校教师、教工团支书、城郊乡少先队总辅导员；1994年10月，溧水团县委学少部长、县少先队总辅导员（其间：1995年4月—1996年2月，下派晶桥镇挂职锻炼，1995年8月—1998年6月，中央党校函授学院经济管理专业大专学习）；1998年7月，溧水县委组织部工作，历任电教中心副主任、办公室副主任、调研科科长、办公室主任（其间：1998年8月—2000年12月，中央党校函授学院经济管理专业大学学习）；2004年5月，溧水县委组织部办公室主任、组织科科长；2005年7月，溧水县委组织员（副局级）、县委组织部组织科科长；2007年10月，溧水县政府办副主任（其间：2005年9月—2008年7月，江苏省委党校行政管理专业研究生学习）；2011年6月，溧水县科技局局长；2011年7月，溧水县科技局局长、县知识产权局局长；2012年4月，溧水县永阳镇党委副书记、镇长；2013年3月，溧水区永阳镇党委副书记、镇长（正处职）；2015年11月，溧水区永阳街道党工委副书记、办事处主任；2016年7月，溧水区永阳街道正处职干部，援藏任墨竹工卡县委常委、副县长；2018年8月，溧水区副区长，援藏任墨竹工卡县委常委、副县长；2019年7月，溧水区政府副区长；2021年7月，溧水区委常委，区政府副区长。

石　磊

2021年8月27日，经中共南京市委决定，任中共南京市溧水区委委员、常委。2021年8月27日，经中共南京市委组织部决定，任中共南京市溧水区委统一战线工作部部长。2021年12月10日，经中共南京市溧水区委决定，任中共南京市溧水区政协党组副书记。

男，汉族，1988年2月生，安徽宿松人，2007年5月加入中国共产党，2008年7月参加工作，大学学历，学士学位。

2004年9月，清华大学仪器科学与技术专业学习；2008年7月，栖霞区栖霞街道石埠桥村村委会主任助理；2009年3月，栖霞区栖霞街道石埠桥村党总支副书记；2010年6月，栖霞区栖霞街道西花村社区党支部书记；2011年4月，栖霞团区委副书记，栖霞街道西花村社区党支部书记；2012年7月，栖霞区栖霞街道党工委委员、办事处副主任兼栖霞街道西花村社区党支部书记；2012年12月，团市委副书记（兼职）、党组成员，栖霞区栖霞街道党工委委员、办事处副主任兼栖霞街道西花村社区党支部书记；2013年4月，团市委副书记（兼职）、党组成员，栖霞区栖霞街道党工委副书记、办事处主任兼栖霞街道西花村社区党支部书记；2017年11月，团市委副书记、党组成员；2021年8月，溧水区委常委、统战部部长；2021年12月，溧水区委常委、统战部部长，区政协党组副书记。

王克全

2021年7月19日，经中共南京市委决定，提名为溧水区人大常委会副主任候选人。2021年8月18日，经中共南京市溧水区委决定，任中共南京市溧水区人大常委会党组成员。

男，汉族，1964年4月生，江苏南京人，1990年3月加入中国共产党，1984年7月参加工作，中央党校大学学历。

1981年9月，武进师范学校普师专业学习；1984年7月，溧水县教育局工作；1986年10月，溧水团县委工作；1987年1月，溧水团县委组织部长、办公室主任；1991年12月，溧水团县委组织部长、机关团委书记；1993年3月，溧水县委办公室综合科副科长；1995年2月，溧水县委办公室综合科科长；1995年9月，溧水县乌山乡党委副书记、纪委书记；1995年11月，溧水县乌山乡党委副书记、纪委书记、工会主席；1996年8月，溧水县乌山乡党委副书记、纪委书记；1998年11月，溧水县委组织员、县委组织部组织科科长；2001年8月，溧水县纪委副书记；2005年1月，溧水县纪委副书记、监察局局长；2010年5月，溧水县纪委副书记、监察局局长、县委非公企业工委书记；2010年10月，溧水县委组织部副部长、县委非公企业工委书记；2012年7月，溧水县委组织部副部长、县委直属工委书记；2013年1月，溧水县委组织部副部长、县审计局局长；2013年4月，溧水区审计局局长；2014年8月，溧水区审计局局长、党组书记；2016年2月，溧水区委办主任；2018年2月，溧水区委常委、宣传部部长、统战部部长，区委办主任；2018年11月，溧水区委常委、统战部部长，区委办主任；2019年3月，溧水区委常委、统战部部长，区委办主任兼区档案局局长；2019年8月，溧水区委常委、统战部部长；2021年7月，溧水区人大常委会副主任人选；2021年8月，溧水区人大常委会副主任人选、党组成员。

程　民

2021年1月8日，溧水区第十六届人民代表大会第五次会议当选为溧水区人大常委会副主任。2021年7月19日，经中共南京市委决定，任南京溧水经济开发区党工委书记。

男，汉族，1971年2月生，江苏南京人，1999年10月加入中国共产党，1992年8月参加工作，电大大学学历。

1990年9月，长沙民政学校民政管理专业学习；1992年7月，毕业待工作；1992年8月，溧水县民政局工作；1994年4月，溧水县残联副理事长；2000年1月，溧水县民政局计财科副科长、科长；2003年8月，溧水县民政局办公室主任；2004年5月，溧水县民政局局长助理；2006年11月，溧水县民政局副局长；2012年4月，溧水县洪蓝镇党委副书记、镇长提名人选；2012年5月，溧水县洪蓝镇党委副书记、镇长；2013年4月，溧水区洪蓝镇党委副书记、镇长；2014年4月，溧水区洪蓝镇党委书记；2017年1月，溧水区白马镇党委书记；2019年8月，溧水区委办主任、区档案局局长，溧水区白马镇党委书记；2019年10月，溧水区委办主任、区档案局局长；2020年8月，溧水区人大常委会副主任人选，区委办主任、区档案局局长；2021年1月，溧水区人大常委会副主任，区委办主任、区档案局局长；2021年7月，溧水区人大常委会副主任，经济开发区管委会党工委书记，区委办主任、区档案局局长。

刘　佳

2021年7月3日，经中共南京市委决定，提名为溧水区副区长人选。2021年8月1日，溧水区第十六届人民代表大会常务委员会第三十三次会议任命为溧水区人民政府副区长。

男，汉族，1980年9月生，江苏响水人，1999年12月加入中国共产党，2003年7月参加工作，省委党校研究生学历，学士学位。

1998年9月，盐城师范学院中文系学习；2001年7月，待业；2001年9月，南京大学新闻传播学系学习；2003年7月，雨花台区委办公室工作；2004年9月，雨花台区委办公室科员；2006年1月，雨花台区委办公室党群科副科长；2008年1月，雨花台区委办公室党群科科长；2011年4月，雨花台区西善桥街道工委委员、办事处副主任；2012年6月，共青团雨花台区委书记（其间：2012年9月—2015年7月，江苏省委党校行政管理专业学习，2015年3月—2015年6月，南京市委党校第27期中青年干部培训班）；2016年1月，雨花台区西善桥街道党工委副书记、办事处主任、政协工委主任；2017年2月，雨花台区西善桥街道党工委副书记、办事处主任；2019年2月，雨花台区雨花街道党工委副书记、办事处主任；2020年1月，雨花台区铁心桥街道党工委书记；2020年10月，溧水经济开发区党工委副书记、管委会副主任（挂职）；2021年7月，溧水区政府副区长人选；2021年8月，溧水区政府副区长。

印红军

2021年7月3日，经中共南京市委决定，提名为溧水区副区长人选。2021年7月16日，经中共南京市溧水区委决定，任中共南京市公安局溧水分局委员会委员、书记，南京市公安局溧水分局督察长，提名为南京市公安局溧水分局局长人选。2021年8月1日，溧水区第十六届人民代表大会常务委员会第三十三次会议任命为南京市公安局溧水分局局长。2021年8月3日，溧水区第十六届人民代表大会常务委员会第三十四次会议任命为南京市溧水区人民政府副区长。

男，汉族，1970年10月生，江苏丹阳人，2000

年11月加入中国共产党，1990年8月参加工作，电大大学学历。

1986年9月，南京河运学校轮机管理专业学习；1990年8月，南京港公安局见习人员、办事员、科员；1996年1月，南京市戒毒所民警、科员（其间：1998年8月—2000年12月，中央党校函授学院法律专业在职大学学习）；2002年10月，南京市公安局监所管理支队秘书科科员、副科长、第一科副科长、指挥室主任（其间：2007年9月—2010年6月，中央广播电视大学法律专业在职大学学习）；2010年10月，南京市公安局监管支队副支队长；2011年4月，南京市公安局后勤装备处副处长；2013年7月，南京市公安局警务保障部副主任；2017年4月，南京市公安局警务保障部副主任（正处）；2018年10月，南京市公安局警务保障部政委；2019年11月，南京市公安局警务保障部主任；2021年7月，溧水区政府副区长人选，溧水公安分局党委书记、局长人选、督察长；2021年8月，溧水区政府副区长，溧水公安分局党委书记、局长、督察长。

费莉莉

2021年7月19日，经中共南京市委决定，提名为南京市溧水区人民政府副区长人选。2021年8月3日，溧水区第十六届人民代表大会常务委员会第三十四次会议任命为南京市溧水区人民政府副区长。

女，汉族，1980年6月生，江苏泗阳人，1998年6月加入中国共产党，2002年8月参加工作，大学学历，硕士学位。

1998年9月，西北政法学院法学专业大学学习；2002年7月，毕业待工作；2002年8月，南京市财政局税政处干部；2003年11月，南京市财政局税政处科员（2007年7月，获南京大学工商管理硕士）；2007年9月，南京市财政局税政处副主任科员；2010年11月，南京市财政局税政处主任科员；2012年6月，玄武区玄武湖街道办事处副主任预备人选（市区联动公选）；2012年12月，玄武区玄武湖街道办事处副主任；2016年5月，徐庄软件园财务部副部长；2017年3月，徐庄软件园管委会党工委委员、副主任、财务部部长；2018年1月，玄武区玄武门街道党工委副书记、办事处主任；2020年7月，玄武区玄武湖街道党工委书记；2021年7月，溧水区政府副区长人选；2021年8月，溧水区政府副区长。

水振华

2021年12月10日，经中共南京市溧水区委决定，任中共南京市溧水区政协党组成员。

男，汉族，1966年7月生，江苏南京人，1987年4月加入中国共产党，1988年7月参加工作，大学学历，硕士学位。

1984年9月，苏州大学法学院法律专业大学学习；1988年7月，高淳县人民检察院书记员；1989年7月，高淳县人民法院经济庭书记员；1989年12月，高淳县人民法院经济庭助审员；1995年4月，高淳县人民法院经济庭审判员；1997年7月，高淳县人民法院东坝法庭副庭长；2000年1月，高淳县人民法院漆桥法庭副庭长；2001年1月，高淳县人民法院漆桥法庭庭长；2002年8月，高淳县人民法院审判委员会委员；2003年2月，高淳县人民法院党组成员、政治科科长；2004年6月，高淳县人民法院副院长（其间：2002年3月—2004年12月，南京大学法学院法律硕士学习）；2011年3月，高淳县人民法院副院长、党组副书记（正局级）；2013年4月，高淳区人民法院副院长、党组副书记（正局级）；2015年3月，高淳区人民法院副院长、党组副书记（正局级）；2016年12月，溧水区人民法院代理院长；2017年1月，溧水区人民法院院长、党组书记；2021年11月，溧水区人民法院党组书记；2021年12月，溧水区政协党组成员（市管）。

杭　鸣

2021年11月13日，经中共南京市委决定，提名为溧水区人民法院院长候选人。2021年12月10日，经中共南京市溧水区委决定，任中共南京市溧水区人民法院党组成员、书记，提名为南京市溧水区人民法院副院长、代理院长。2021年12月30日，溧水区第十六届人民代表大会常务委员会第三十八次会议任命为溧水区人民法院副院长，决定代理院长职务。

男，汉族，1969年6月生，江苏扬州人，2001年

10月加入中国共产党，1991年8月参加工作，大学学历，硕士学位。

1987年9月，华东政法学院法律系法学专业大学学习；1991年8月，南京市中级人民法院见习书记员（未定级）；1992年9月，南京市中级人民法院书记员（科员级）；1997年8月，南京市中级人民法院助审员（副科级）；2002年7月，南京市中级人民法院民四庭审判员（正科级）（其间：2005年9月，获南京大学法律硕士学位）；2005年9月，南京市中级人民法院民四庭副庭长；2008年9月，南京市中级人民法院民五庭副庭长；2014年1月，南京市中级人民法院审监一庭主持工作（副处）；2014年8月，南京市中级人民法院审监一庭庭长、审判委员会委员；2020年10月，南京市中级人民法院民事审判第二庭庭长、审判委员会委员；2021年11月，溧水区人民法院院长候选人；2021年12月，溧水区人民法院副院长、代理院长、党组书记。

詹 静

2021年5月29日，经中共南京市委决定，提名为溧水区人民检察院检察长候选人。2021年6月11日，经中共南京市溧水区委决定，提名为副检察长、代理检察长。2021年6月18日，经中共南京市溧水区委决定，任中共南京市溧水区人民检察院党组成员、书记。2021年8月1日，溧水区第十六届人民代表大会常务委员会第三十三次会议任命为南京市溧水区人民检察院副检察长，决定代理检察长职务。

女，汉族，1976年2月生，江苏南京人，2002年11月加入中国共产党，1994年8月参加工作，大学学历，硕士学位。

1992年9月，南京大学法律系经济法专业大专学习；1994年7月，毕业待工作；1994年8月，市人民检察院见习期（1994年10月—1998年6月，江苏省高等教育自考法律专业本科学习）；1995年8月，市人民检察院书记员（科员级）；2000年4月，市人民检察院公诉处助理检察员；2002年10月，市人民检察院公诉处副科级助理检察员（2002年10月—2005年12月，武汉大学法律专业硕士在职学习）；2005年12月，市人民检察院公诉处正科级助理检察员；2007年11月，市人民检察院公诉一处、公诉二处检察员；2011年3月，市人民检察院公诉一处副处长；2011年5月，建邺区检察院副检察长、党组成员；2016年9月，建邺区检察院副检察长、党组副书记（正处职）（2017年1月，确定为三级高级检察官）；2021年5月，溧水区检察院检察长候选人；2021年6月，溧水区检察院检察长候选人、党组书记；2021年8月，溧水区检察院副检察长、代理检察长、党组书记。

新闻人物

毛岸生

区供电公司白马供电所运维采集工。2021年，被中央文明办、中国文明网评为“中国好人”。

男，1963年10月出生，南京溧水人，初中学历。1981年10月入伍，1987年进入区供电公司工作。1995年，他利用附近工地撬杠成功将因车祸被压车下的男子救出，此后数年，他先后挽救4名因车祸、突发疾病昏迷的陌生人生命。2004年战友左文礼因病去世，2007年战友唐其成因车祸去世，他感念战友情谊，替两位战友尽心尽力照顾家中的老母亲，10余年从未间断。2019年，被评为“南京好人”“南京好市民”。2020年，被评为“江苏好人”、南京市“最美退役军人”。（陆炫宇）

卞红红

区人民医院护师。2021年3月，被中国红十字总会授予“2020年度全国优秀红十字志愿者”称号。

女，1992年10月出生，南京溧水人，中共党员，大学本科学历。她性格开朗、热心公益，累计献血2300毫升，2017年成为造血干细胞捐献志愿者，2019年捐献造血干细胞，成功挽救一位白血病患者生命。在驰援武汉抗疫行动中，她主动请缨，在武汉“抗疫前线”奋战52个日夜。平安归来后，又立刻成为捐献器官志愿者。2019年获“江苏省优秀红十字志愿者”称号，2020年获“南京市三八红旗手”“江苏省共青团先进防控工作者”“南京市最美家庭”“南京市最美红十字志愿者”称号。

（葛润苏　章碧君）

尹照生

区城管局党委书记、局长，区综合行政执法局局长。2021年1月，被住建部评为2020年度“强基础、转作风、树形象”专项行动突出个人。

男，1967年2月出生，中共党员，南京溧水人，本科学历。2019年2月，就职区城管局，他公安出身，有着多年带队经验和管理能力，勇于创新，凭借坚韧品质和务实作风，摆脱“城管”在老百姓眼中的刻板印象，让“以人民为中心”执法理念融入城管队伍。他创新提出借助无人机柔性执法模式，打造“溧水城管无人机小姐姐”系列喊话视频，被央视新闻、《人民日报》等媒体转载，阅读9亿人次，点赞超千万人次；创作《城管之歌》，被全国多家城管单位采用，展示溧水城管人性化执法正面形象。他关心下属，一人多角，一专多能，恪尽职守、勇挑重担，打造“城管之家”，让城管队员心有所归；创新开设“城管讲堂”，常态化开展培训，提升执法队伍法制意识，规范城管执法理念。（赵丽）

吴中平

南京金色庄园农产品有限公司董事长兼总经理。2021年入选第五批全国农村创业创新优秀带头人。

男，1988年2月出生，安徽芜湖人，大专学历。2015年成立南京金色庄园农产品有限公司，担任董事长兼总经理。2021年，金色庄园获评国家级重点龙头企业，年草莓销售额近4亿元。长期稳定合作农户6676户，每户平均收入近30万元。带动529名返乡青年参与草莓种植，推动溧水草莓产业发展。“全国脱贫攻坚楷模”赵亚夫评价他“做给农民看，带着农民干，帮助农民销，实现农民富，金色庄园再立新功”。2018年被市委、市政府授予“南京市劳动模范”称号，2020年获评江苏省乡土人才三带能手、南京市中青年（乡土）优秀人才，2021年获评溧水区慈善先进个人。（时秀菲）

张锦花

区水务局河长制管理中心主任。2021年5月，被水利部授予“全面推行河长制湖长制工作先进工作者”称号。

女，1981年9月出生，南京溧水人，致公党党员，大学本科学历。2009年10月，进入水利系统工作，历任区水务局农机推广站副站长、办公室副主任、河长制管理中心主任。作为基层河湖长制工作机构负责人，勇于创新，推动成立全省首个支撑河（湖）长制工作的独立事业单位，在河（湖）长、联系部门之间架起信息高速通道，探索符合规律、契合实际、成效明显的河（湖）长治水“溧水路径”实践成果。河（湖）长制推行工作取得跨越式发展，2020年，区河长制办公室被水利部办公厅、中国农林水利气象工会全国委员会授予“全面推行河（湖）长制全国先进单位”称号；2021年，区水务局河长制管理中心被中华全国总工会评为“工人先锋号”，获区第二季度“猎豹奖”。她撰写的河（湖）长制改革案例入选水利部全面推行河长制湖长制典型案例、2021溧水区年度十佳改革创新典型案例。她先后被评为全市2014年度防汛防旱先进个人、2019年度南京市水务系统先进个人、区水务系统先进个人。（李兰平）

郝明灼

南京林业大学副教授、江苏省科技特派员、江苏青好景观园艺有限公司创办人。2021年，被中国技术市场协会授予第三届三农科技服务金桥奖个人优秀奖。

男，1973年8月出生。加拿大留学期间，对冬青属植物在当地的表现和应用产生浓厚兴趣。回国发展后，系统考察国内冬青属植物研究院所和生产企业，收集70余个冬青品种，建成国内品种最多、资源最丰富的冬青种质基因库，培育各类冬青苗木20余万株。作为国家冬青工程副主任、南京林业大学冬青产学研平台建设领军人，他在产学研运作方面有着丰富经验，在林业生产方面研究成果显著，出版专著2部，发表文章40余篇，获园艺栽培国家专利10项，培育林木新品种4个，获江苏农业科技推广三等奖1项、泰兴市农业科技进步奖1项。2019年，在溧水创办江苏青好景观园艺有限公司，同年入选南京市高层次创业人才。

涂维浩

绿自然农业发展江苏股份有限公司总经理。2021年，被中国技术市场协会授予第三届三农科技服务金桥奖“个人优秀奖”。

男，1976年8月出生，1996年留学日本，在京都大学农学部先后完成本科、硕士、博士课程。他回国后自愿放弃优渥待遇，带着妻女来到溧水创业，成功培育出形似恐龙蛋的小黄瓜、口感令人难忘的桑葚、兼顾种植体验和观赏性的盆栽小番茄，在有机栽培及循环农业方面先后获得发明专利授权5项，带动周边农户走上致富路。2020年新冠肺炎疫情期间，他打造“绿自然农场”品牌，通过微信平台下单，线下配送方式，为南京市区居民定点运送新鲜蔬菜。每天把打包好的蔬菜分类运送到南京各小区门口，整个配送环节高效迅速。2017年入选“江苏好青年百人榜”，2018年被授予“南京市劳动模范”称号，2019年获评南京市中青年拔尖人才。

（余金峰）

劳动模范

毕　勇

区供电公司石湫业务所班组长。2021年4月，被省委、省政府评为“江苏省劳动模范”。（参见《溧水年鉴（2021）》第372页）

李　江

南京金龙客车制造有限公司技术中心主任。2021年4月，被省委、省政府评为“江苏省劳动模范”。

男，汉族，1974年11月出生，中共党员，硕士研究生学历，高级工程师职称。1998年7月，分配至武汉公用客车厂，2017年7月，调任南京金龙客车制造有限公司。2005年，主持开发的KLQ6108G系列车型，在市场上取得巨大成功。自2017年入职南京金龙客车制造有限公司，带领开发团队开展8～8.5米系列纯电动城市客车、10.5米系列纯电动城市客车、12米系列纯电动城市客车、12米系列混合动力城市客车以及8.5米、12米燃料电池城市客车等车型。主导开发NJL6100、NJL6859等纯电动畅销车型，销量5000余台，销售额超35亿元。主导设计NJL6129BEV纯电动城市客车，市场销售1400余台，销售收入超20亿元，创造利税超2亿元。2015年参与上海交通大学主导的科研项目“插电式电子式无级变速混联式混合动力系统与控制技术及应用”，获上海市科学技术奖二等奖；2018年被江苏省评为第五期“333高层次人才培养工程”第三层次培养对象（中青年学术技术带头人）；2018年作为项目负责人，承接江苏省重大技术攻关项目“车辆轻量化材料”课题，获得省经信委项目资金500万元。2020年作为项目负责人，参加全国新能源公交车性能评价赛EB-PAC，获节能优胜奖。

周　辉

溧水苏合润民农产品销售专业合作社联合社理事长。2021年4月，被省委、省政府评为“江苏省劳动模范”称号。

男，汉族，1976年6月出生，中专学历。1993年10月，在无锡第二建筑工程有限公司工程部任经理。2014年12月，担任南京溧水蓝莓技术协会会长期间，潜心钻研、热心服务，带领农民科技致富。20年前，他毅然返回家乡承包山地，垦荒山、建果园，带着村民种莓致富；2009年，组建合作社，带着村民种植、加工、销售、研发地方特色黑莓、蓝莓等产品。2020年，合作社从起初5人发展到100多人，带动辐射2000余名农民加入种莓致富行列，蓝莓种植面积由67公顷增加到335公顷，产值7000余万元，户均增收1万元以上。合作社对口帮扶贫困户10余户，投入资金20余万元。困难户每户年均增收5000元以上，有的家庭摆脱困境，步入致富行列。合作社农产品基地被认定为“江苏省绿色无公害果蔬种植基地”“江苏省农业科学院成果转化基地”，产品被认定为“江苏省优质农产品”，合作社被评为国家级农民专业合作社示范社。2017年，他当选为江苏省人大代表，2018年被评为“南京市劳动模范”，2019年被评为溧水区“十佳农村致富带头人”。

郑 继

区疾控中心副主任。2021年4月，被省委、省政府评为“江苏省先进工作者”。

女，汉族，1978年12月出生，中共党员，本科学历。2002年8月，分配到县疾病预防中心工作。先后被评为区“文明职工”“十佳医生”“巾帼岗位明星”“优秀共产党员”，在市级技能竞赛中曾获第一名或第一等次成绩，获南京市结核病防制工作先进个人、江苏省“百千万志愿者结核病防治知识传播行动优秀宣传员”。在医学期刊发表《南京市溧水区肺结核“三位一体”防制模式探讨》《国家基本公共卫生服务项目慢性病患者健康管理探讨》等论文6篇。当选为南京预防医学会慢性非传染性疾病防治专业学会委员会委员，第三届江苏省预防医学会慢性非传染性疾病预防与控制专业委员会委员。参与的江苏省糖尿病区域性一体化综合管理试点项目获“优秀组织奖”、老年人健康影响因素调查工作组获评江苏省“先进集体”。2020年新冠肺炎疫情防控任务艰巨，她圆满完成患者流行病学调查、终末消毒、集中隔离观察指导、重大活动保障等各项工作，获评“溧水区最美抗疫先锋”“全省抗击新冠肺炎疫情先进个人”。

龚志敬

洪蓝街道傅家边社区党总支书记。2021年4月，被省委、省政府评为“江苏省劳动模范”。

男，汉族，1963年2月出生，中共党员，大专学历。1979年10月，在溧水县渔歌雕刻厂工作。2006年，担任傅家边社区党总支书记。引导村民发展农家乐、民宿接待，培育山凹村、涧东村2个农家乐专业村。2021年，全社区有农家乐经营户67户，民宿户20余家、上线运营10家。2012年起，带领社区启动山凹村“美丽乡村”打造工程，新建傅家边草莓广场及多功能草莓培训展示中心。2019年，傅家边作为区人居环境提升整村推进村，8个自然村一起开工建设，全村上下掀起“美丽村庄”“美丽庭院”的环境提升创建热潮。2018年，傅家边获评“全国一村一品示范村”；2020年获评“全国特色产业亿元村”。他先后被授予“南京市劳动模范”“市星火科技带头人”“南京市乡村旅游带头人”“牵手中国最美村镇个人贡献奖”等称号，3次获评溧水区村集体经济发展有功个人。 （赵伟）

最美溧水人

2021年5月，溧水区开展“最美溧水人”评选活动。经各街镇（开发区）、各部门和社会各界广泛推荐、征求意见、媒体展播、社会投票、综合评定等程序，评选2020年度“最美溧水人”10人、“最美溧水人”提名奖10人。5月14日，2020年度“最美溧水人”颁奖仪式在区融媒体中心一楼演播大厅举行，约160人参加。

刘小年

晶桥镇芮家村村民，2021年5月13日，被区委文明委授予2020年度“最美溧水人”称号（助人为乐类）。

2020年汛期，晶桥镇芮家圩撇洪沟东连段涵洞出现渗漏。65岁的芮家村老党员刘小年在巡堤时发现险情，顾不上年迈的身体，当即跳进河中寻找渗漏点。5分钟后，抢险应急分队赶到现场，会同区水利专家现场制订涵道封堵和背坡筑养水盆的抢险方案后，他再次跳进河里，和抢险队员们冒雨站在齐胸深的河中，接力传递泥包封堵涵道。

刘洪义

永阳街道仪凤社区居民，2021年5月13日，被区委文明委授予2020年度“最美溧水人”称号（孝老爱亲类）。

刘洪义妻子的舅舅吴诗佺是一名退伍军人，在60岁时就申请遗体捐献。舅舅退休后，没有子女、没有房子，独身一人，他和妻子担起照顾舅舅的责任。36年如一日，尽心尽力。他的母亲瘫痪在床12年，与兄弟姐妹轮流照顾。母亲病重时，日夜守护，用真情付出诠释“百善孝为先”的美德。

芮 群

永阳街道戴家社区居民，2021年5月13日，被区委文明委授予2020年度“最美溧水人”称号（助人为乐类)。

新冠肺炎疫情防控期间,芮群主动加入志愿者服务队,每天为往来人员监测体温、登记信息,劝返外来车辆和居民,主动承担起小区疫情防控知识宣传等相关工作。作为退休老教师,创办"戴家社区少儿星期日学校",缓解双职工家庭教育压力;参加溧水"绿丝带"公益社,每周3次走进敬老院为孤寡老人理发、剪指甲、修脚等。

邱玉梅

洪蓝街道邱玉梅经营部负责人,2021年5月13日,被区委文明委授予2020年度"最美溧水人"称号(诚实守信类)。

邱玉梅从事个体经营25年,恪守诚实守信经营原则,想顾客之所想。她始终坚持笑脸开门迎客,从没有因为服务不周到、商品质量问题与顾客起过争执。外来户在街上创业开店,她主动上门分享经验,帮助他们少走弯路。从未拖欠国家税款,配合社区积极参与捐款、献血等各项公益活动。

张亚丁

区城建局市政科科员,2021年5月13日,被区委文明委授予2020年度"最美溧水人"称号(见义勇为类)。

张亚丁在新冠肺炎疫情防控卡口值班时,注意到一名精神恍惚、面容憔悴的年轻女子。该女子走上桥头,企图翻越栏杆准备跳河,他一个健步上去抱住该名女子腰部,大声呼喊旁边执勤人员,大家齐心协力将该名女子拉回来,避免悲剧发生。

陈白娣

和凤镇孔镇社区村民,2021年5月13日,被区委文明委授予2020年度"最美溧水人"称号(孝老爱亲类)。

78岁的她,几十年独自照顾两个智障儿子。两个儿子智力仅相当于七八岁孩子的水平,日常生活基本离不开人照顾。随着年龄增长,患有严重的高血压和糖尿病,需要长期服用药物治疗。陈白娣虽年事已高,却独自支撑起残缺的家,在艰辛而漫长的岁月里全心全意饰演母亲这个伟大角色。

经　城

区供电公司运维检修部变电二次检修技术专职,2021年5月13日,被区委文明委授予2020年度"最美溧水人"称号(敬业奉献类)。

2020年,抗击新冠肺炎疫情期间,他在班组连续值守30余天,消除多起设备故障,保障电网设备安全稳定运行,用自己实际行动践行"人民电业为人民"企业宗旨,为电力事业挥洒汗水。

黄　吉

溧水公安分局开发区派出所民警、四级警长,2021年5月13日,被区委文明委授予2020年度"最美溧水人"称号(敬业奉献类)。

2020年2月的一天,他接到报警,一位精神障碍患者持刀出现在人群密集场所。他立即组织人员,携带盾牌、钢叉等装备火速赶往现场处置。他手拿钢叉,跑到该人员前面,趁其未站稳脚跟,迅速叉住其身体,随后与辅警合力制服该名人员并将其送往医院接受治疗。

程　嘉

区城管局执法大队宣教科副科长,2021年5月13日,被区委文明委授予2020年度"最美溧水人"称号(敬业奉献类)。(参见《溧水年鉴(2021)第417页》)

程智强

区人民法院驾驶员,2021年5月13日,被区委文明委授予2020年度"最美溧水人"称号(见义勇为类)。

2020年5月的一天,他路过金龙山水库时,听到有人大呼救命。他迅速冲过去,看见一名妇女正在水中挣扎,水已漫过妇女头顶,情况十分危急。程智强当即扎进水里,径直朝落水妇女游去,将落水妇女救上岸。看到获救妇女缓过神后,他默默离开了现场。

(区文明办)

责任编辑　章雨婷

组织机构及负责人

·领导机关·

中国共产党南京市溧水区委员会

书　记:薛凤冠(9月30日免)
　　　林　涛(10月15日任)
副书记:张　蕴
　　　汪冬宁(8月27日免)
　　　夏　云(8月27日任)
常　委:郜伦浩(7月3日免)
　　　王克全(7月19日免)
　　　经地生
　　　唐慧炜
　　　葛　飞
　　　陈　霞
　　　吴国忠
　　　陈　钢(7月3日任)
　　　张德才(7月19日任)
　　　石　磊(8月27日任)

南京市溧水区人民代表大会常务委员会

主　任:张　伟
副主任:吴国荣
　　　裴　敬
　　　程　民
　　　杨四洲(不驻会)
副主任候选人:王克全(7月19日,提名任职)
党组书记:张　伟
党组副书记:吴国荣
党组成员:花　毅
二级巡视员:陈小冬
　　　　　臧正满

南京市溧水区人民政府

区　长:张　蕴
副区长:郜伦浩(8月1日免)
　　　唐慧炜(8月1日任)
　　　徐正凯(8月3日免)
　　　张德才
　　　张为真
　　　王超勇(8月1日免)
　　　唐海清
　　　顾顺清(挂职)
　　　代吉上(8月3日免)
　　　刘　佳(8月1日任)
　　　印红军(8月3日任)
　　　费莉莉(8月3日任)
副区级领导:杭　韬
　　　　　简恩林
　　　　　刘人祥
　　　　　石明生
党组书记:张　蕴

党组副书记：郜伦浩（7月10日免）
唐慧炜（7月10日任）
一级调研员（市管）：黄学忠

中国人民政治协商会议南京市溧水区委员会

主　席：朱克成
副主席：朱信年
汤义政
王进荣
戴孝礼
官爱萍（不驻会）
秘书长：史建平
党组书记：朱克成（7月10日免）
郜伦浩（7月10日任）
党组副书记：朱信年
石　磊（12月10日任）
党组成员：水振华（12月10日任）

中国共产党南京市溧水区纪律检查委员会

书　记：葛　飞
副书记：严培军
伍远福（4月20日任）
石　瑞（挂职，2月6日免）
常　委：伍远福（4月20日免）
甘本友（9月5日免，换届不再提名）
王晓阳
张士顺（9月5日任）
晁宁芳（3月31日任）
袁　民（9月5日任）

南京市溧水区监察委员会

主　任：葛　飞
副主任：严培军
伍远福（5月14日任）
委　员：甘本友
袁　民
李小斌

南京市溧水区人民法院

院　长：水振华（11月13日免）
院长候选人：杭　鸣（11月13日，提名任职）
代理院长、副院长：杭　鸣（12月30日任）
副院长：张红头（12月30日免）
唐　明
李宏伟
秦启辉（8月3日任）
党组书记：水振华（12月10日免）
杭　鸣（12月10日任）
党组副书记：张红头（12月10日免）
政治处主任：陈　伟
执行局局长：唐　明
专职审委：任天保
周荣强

南京市溧水区人民检察院

检察长：梁　云（5月15日免）
检察长候选人：詹　静（5月29日，提名任职）
代理检察长、副检察长：詹　静（8月1日任）
副检察长：杨中青
张君保
陆晓彬
钱瑞振
党组书记：梁　云（6月18日免）
詹　静（6月18日任）
党组副书记：杨中青
政治处主任：丁　群（3月23日免）
专职检委：黄小春

·区属部门·

南京市溧水区委机构

溧水区委办公室
主　任：程　民
副主任：陈　花
薛晨海（3月23日任）
陈功培（5月7日任）

溧水区委机要局
局　长:张　庆(12月10日免)

溧水区国家保密局
局　长:陈　花

溧水区国家密码管理局
局　长:张　庆(12月10日免)

溧水区档案局
局　长:程　民
专职副局长:薛晨海(3月23日免)

溧水区委组织部
部　长:唐慧炜(7月3日免)
　　　陈　钢(7月3日任)
常务副部长:郑　萍
副部长:何晓明
　　　芮　磊
　　　唐红霞
　　　蒋红松

溧水区委非公有制企业和社会组织工作委员会
书　记:(空缺)
专职副书记:施　洋

溧水区委老干部局
局　长:何晓明
专职副局长:赵耕耘
区委离退休干部工作委员会
书　记:何晓明

溧水区公务员局
局　长:(空缺)

溧水区委考核工作委员会办公室
主　任:芮　磊
副主任:陈云云

溧水区关心下一代工作委员会
主　任:唐慧炜(7月10日免)
　　　陈　钢(7月10日任)
副主任:吴红月

溧水区委宣传部
部　长:经地生
常务副部长:赵敬翔(12月10日免)
副部长:马友凤
　　　史献金

溧水区精神文明建设指导委员会办公室
主　任:马友凤
专职副主任:(空缺)

溧水区委网络安全和信息化委员会办公室
主　任:赵敬翔(12月10日免)
副主任:(空缺)

溧水区新闻出版局(区版权局)
局　长:(空缺)

溧水区互联网信息办公室
主　任:(空缺)
副主任:(空缺)

溧水区委统一战线工作部
部　长:王克全(7月19日免)
　　　夏　云(7月19日任,8月27日免)
　　　石　磊(8月27日任)
常务副部长:张　芬(3月23日免)
　　　　　张成林(3月23日任)
副部长:夏建国(3月23日免)
　　　赵土生
　　　王　慧
　　　赵孝云(3月23日任)

溧水区委台湾工作办公室
主　任:(空缺)
副主任:王　慧

溧水区政府台湾事务办公室
主　任:(空缺)
副主任:王　慧

溧水区民族宗教事务局
局　长:张　芬(4月16日免)
　　　张成林(4月16日任)

副局长:任贤俊

溧水区政府侨务办公室
主　任:(空缺)
副主任:(空缺)

溧水区委政法委员会
书　记:陈　霞
常务副书记:王成龙
副书记:熊爱民
　　杨文蛟
　　周　宁
　　林子亮(继续挂职)

溧水区国家安全领导小组办公室
主　任:张小唐
副主任:陈和明

溧水区委研究室
主　任:李　侠(3月23日任)
副主任:李　侠(3月23日免)
　　张　庆(12月10日免)

溧水区委机构编制委员会办公室
主　任:芮　磊
副主任:范海霞
　　杨　祝

溧水区事业单位登记管理局
局　长:芮　磊

溧水区委区级机关工作委员会
书　记:管红玲
副书记:王　迪(3月23日免)
　　王景高
　　王安权(3月23日任)
纪工委书记:钟玉环
一级调研员:管红玲

中国共产党南京市溧水区委巡察工作办公室
主　任:张士顺
副主任:方明军(3月23日免)
　　李春果(3月23日任)
巡察组组长:甘本友
　　方明军
　　许青华
　　董礼霁(3月23日任)
巡察组副组长:胡　云
　　喻孝平
　　周苏雅
　　秦文清
三级调研员:胡　云

溧水区委党史工作办公室
主　任:高明芳
副主任:朱　芸

溧水区档案馆
馆　长:高明芳
副馆长:经贺军
溧水区档案馆党组
书　记:高明芳

溧水区地方志办公室
主　任:高明芳
副主任:王艳红(3月23日任)

溧水区委党校
校　长:唐慧炜(7月10日免)
　　汪冬宁(7月10日任,12月10日免)
　　夏　云(12月10日任)
常务副校长:吴永胜
副校长:陆　平
　　李玉兵

溧水区行政学校
校　长:唐慧炜(7月22日任)
副校长:吴永胜

南京市溧水区人大常委会机构

办事机构

溧水区人大常委会办公室
主　任:王　蓉(5月14日免)
　　蔡义群(5月14日任)

副主任:章　霞
党组书记:王　蓉(3月23日免)
　　　　蔡义群(3月23日任)

溧水区人大常委会研究室
主　任:张传新
副主任:胡　芸

工作机构

溧水区人大常委会教育科学文化卫生委员会
主　任:张明春
副主任:许　慧
　　　张夕平

溧水区人大常委会环境资源城乡建设委员会
主　任:刘宽福
副主任:周兴荣

溧水区人大常委会人事代表联络委员会
主　任:陈千云
副主任:丁起清

溧水区人大常委会预算工作委员会
主　任:刘振华
副主任:陈召根

溧水区人大常委会民族宗教侨务台湾事务委员会
主　任:程文彬
副主任:徐友华
　　　魏建芳

溧水区人大常委会农业和农村委员会
主　任:陈晓燕
副主任:朱明保
　　　葛家兵

三级调研员:丁起清
　　　　　蔡广金

专门委员会

溧水区人大法制委员会
主任委员:(空缺)
副主任委员:蔡广金

溧水区人大财政经济委员会
主任委员:刘振华
副主任委员:(空缺)

溧水区人大社会建设委员会
主任委员:薛昌国
副主任委员:陶发扬(5月14日免)

溧水区人大监察和司法委员会
主任委员:(空缺)
副主任委员:杨丽丽
副主任委员人选:丁　群(3月23日,提名任职)

南京市溧水区人民政府机构

溧水区政府办公室
主　任:胡有亮
副主任:张明森
　　　朱春宏
　　　武兆飞
　　　刘　智(5月7日任)
　　　彭真万
党组书记:胡有亮

溧水区政府外事办公室
主　任:胡有亮
专职副主任:(空缺)

溧水区政府研究室
主　任:胡有亮
专职副主任:(空缺)

溧水区政府督查室
主　任:李卫群

溧水区发展和改革委员会
主　任:徐正宏
副主任:胡承根
　　　黄晓宝
　　　杨学文
溧水区发展和改革委员会党委

书　记:徐正宏
一级调研员:徐正宏(12月10日任)
三级调研员:黄晓宝

溧水区粮食和物资储备局
局　长:徐正宏
专职副局长:杨昌棉
三级调研员:杨昌棉

溧水区大数据管理局
局　长:徐正宏
专职副局长:尹照骏(4月16日任)

溧水区教育局
局　长:魏红星
副局长:胡新春
　　　李德琴
　　　杨　军
督导员:张方健
溧水区委教育工委
书　记:魏红星
专职副书记:查春华
三级调研员:李德琴
四级调研员:王　斌

溧水区政府教育督导室
主　任:(空缺)
副主任:(空缺)
督导员:张方健

溧水区科学技术局
局　长:戴孝礼(5月14日免)
　　　诸德胜(5月14日任)
副局长:郃振华
　　　刘　磊
　　　成家林(挂职,9月14日免)
　　　陈大峰(挂职,8月4日任)
溧水区科学技术局党组
书　记:张全玉
副书记:诸德胜(3月23日任)

溧水区工业和信息化局
局　长:张　磊
副局长:蔡义群(4月16日免)
　　　解承美
　　　王兆盛(4月16日任)
溧水区工业和信息化局党组
书　记:张　磊
四级调研员:王兆盛(4月16日免)

南京市公安局溧水分局
局　长:徐正凯(8月1日免)
　　　印红军(8月1日任)
副局长:张小唐
　　　王　勇(4月16日免)
　　　吴克松
　　　刘国庆
　　　曹成保(4月16日任)
　　　诸小平(4月16日任)
政治委员:毛永云
督察长:徐正凯(7月16日免)
　　　印红军(7月16日任)
政治处主任:朱晓梅
巡特警大队大队长:方晓保
巡特警大队政治教导员:孔林宁
交通警察大队大队长:胡志专
交通警察大队政治教导员:仇福华(3月23日任)
刑事警察大队大队长:陈源斌(4月16日任)
刑事警察大队政治教导员:薛　寅(3月23日任)
经济开发区派出所所长:周爱玉(4月16日任)
经济开发区派出所教导员:潘学忠(3月23日任)
永阳派出所所长:诸小平
永阳派出所政治教导员:曹巧真
洪蓝派出所所长:张草生
洪蓝派出所政治教导员:汤来伢(3月23日任)
南京市公安局溧水分局党委
书　记:徐正凯(7月16日免)
　　　印红军(7月16日任)
副书记:毛永云
副调研员:曹成保(4月16日免)

溧水区民政局
局　长:徐小虎
副局长:端木礼荣
　　　任坤祺
　　　张红梅

溧水区民政局党组
书　记:徐小虎
三级调研员:任坤祺

溧水区司法局
局　长:刘　永
副局长:毕咏联
　　　　司圣虎
　　　　王书美
　　　　张　鹏
　　　　李　阳
溧水区司法局党组
书　记:刘　永
三级调研员:毕咏联

溧水区委全面依法治区委员会办公室
主　任:(空缺)
专职副主任:(空缺)

溧水区财政局
局　长:杨顺保
副局长:赵玉伟
　　　　王昌然
　　　　陶金荣(4月16日任)
溧水区财政局党组
书　记:杨顺保

溧水区国有资产监督管理办公室
主　任:杨顺保
专职副主任:陶金荣(4月16日免)
　　　　　　陈　敏(4月16日任)
监事会主席:张建勋

溧水区人力资源和社会保障局
局　长:马里兵
副局长:陈致彬
　　　　芮明翠
　　　　梁国诚
溧水区人力资源和社会保障局党组
书　记:马里兵

溧水区社会保险管理中心
主　任:庄　毅
副主任:吴宇驰
　　　　周小军(4月16日任)

南京市规划和自然资源局溧水分局
局　长:闫　刚
副局长:唐祥春
　　　　靖　宇
　　　　王志国
　　　　吴守明
南京市规划和自然资源局溧水分局党组
书　记:闫　刚
三级调研员:唐祥春

溧水区土地储备中心
主　任:崔元念(5月7日任)

南京市溧水生态环境局
局　长:曹智斌
副局长:张　琳(5月17日免)
　　　　王成俊
　　　　汤志伟
南京市溧水生态环境局党组
书　记:曹智斌

溧水区城乡建设局
局　长:颜孝兵
副局长:黄继元
　　　　李立超
　　　　魏　振
　　　　董　群(12月16日免)
　　　　刘向东
溧水区城乡建设局党委
书　记:颜孝兵
三级调研员:孙复叶

溧水区人民防空办公室
主　任:黄继元
专职副主任:夏全国
副主任:范　雷(兼职)

溧水区住房保障和房产局
局　长:罗　勇
副局长:曹春水

窦长鹏
俞桂平
溧水区住房保障和房产局党组
书　记:罗　勇
三级调研员:曹春水

溧水区交通运输局
局　长:汤世春
副局长:芮林红
徐国林
溧水区交通运输局党委
书　记:汤世春
副书记:毕道涓
一级调研员:汤世春(12月10日任)

溧水区公路管理站
站　长:夏光平
党支部书记:赵承生

溧水区水务局
局　长:郭　斌
副局长:傅力生
王　平
溧水区水务局党委
书　记:郭　斌
副书记:唐　凌
二级调研员:俞小阳(4月16日任)
四级调研员:杨成保

溧水区城市管理局
局　长:尹照生
副局长:姚小白(5月7日免)
王日华
溧水区城市管理局党委
书　记:尹照生

溧水区综合行政执法局
局　长:尹照生
专职副局长:范智荣

溧水区城市管理综合行政执法大队
大队长:姚小白(5月7日免)
章　鹏(5月7日任)
教导员:章　鹏(5月7日免)
王　琦(5月7日任)

溧水区农业农村局
局　长:丁长青
副局长:董海燕
孙　艺
李岭辉
方明保
溧水区农业农村局党委
书　记:丁长青
三级调研员:赵立新
葛庆松
四级调研员:方运保

溧水区林业局
局　长:丁长青
专职副局长:(空缺)

溧水区委农村工作领导小组办公室
主　任:丁长青

南京市溧水区农业综合行政执法大队
大队长:徐友章

溧水区商务局
局　长:盛木彬
副局长:张文娟
李雪松
史建军
溧水区商务局党委
书　记:盛木彬

溧水区供销合作总社
理事会主任:(空缺)
理事会副主任:赖光荣(3月23日,提议免职)
毛以禄
赵　霞
监事会主任:毛以禄

溧水区文化和旅游局
局　长:韦仁健
副局长:芮芳林

王　佳
金伟素
胡迎春
溧水区文化和旅游局党委
书　记:李翔荣(3月23日免)
韦仁健(3月23日任)
副书记:韦仁健(3月23日免)

溧水区体育局
局　长:韦仁健
专职副局长:(空缺)

溧水区广播电视局
局　长:韦仁健
专职副局长:(空缺)

溧水区投资促进局
局　长:孔　刚
副局长:吴筛青(5月7日免)
毛　亮
俞云月(5月7日任)
溧水区投资促进局党组
书　记:孔　刚

溧水区卫生健康委员会
主　任:鲁慧荣
副主任:姚　民
陈正兵
裘　武(4月16日免)
吴德青
武月望(4月16日任)
溧水区卫生健康委员会党委
书　记:鲁慧荣
一级调研员:鲁慧荣
三级调研员:陶玉林
四级调研员:李孔清

溧水区退役军人事务局
局　长:赵　军
副局长:李陆宝
端　燕
徐名华(4月16日任)
溧水区退役军人事务局党组
书　记:赵　军
三级调研员:李陆宝

溧水区应急管理局
局　长:阮翔忠
副局长:胡友国
周兴财
陈发仁
溧水区应急管理局党组
书　记:阮翔忠(12月20日免)
溧水区应急管理局党委
书　记:阮翔忠(12月20日任)
一级调研员:刘德波(12月20日免)
一级高级主办:刘德波(12月20日任)

溧水区安全生产委员会办公室
主　任:阮翔忠(11月6日任)
专职副主任:侯梦炜

溧水区审计局
局　长:王荣英
副局长:袁德玉
解承美
溧水区审计局党组
书　记:王荣英
一级调研员:王荣英

溧水区委审计委员会办公室
主　任:(空缺)
专职副主任:任　伟

溧水区行政审批局
局　长:徐茂友
副局长:徐名松
毛经根
卢　辉(4月16日任)
溧水区政务服务管理办公室
主　任:徐茂友
专职副主任:徐名松(4月16日免)
杨昭明(4月16日任)
溧水区行政审批局(政务办)党组

书　记:徐茂友

溧水区市场监督管理局

局　长:赵雪保
副局长:黄光辉
　　　　郭　俊
　　　　刘永红
　　　　许正伟
　　　　张晓东(挂职,8月4日任)
溧水区市场监督管理局党委
书　记:赵雪保
副书记:周　军
三级高级主办:顾学军

溧水区知识产权局

局　长:赵雪保

溧水区市场监管综合行政执法大队

大队长:周　斌

溧水区统计局

局　长:张春林
副局长:聂　俊
　　　　董中生
溧水区统计局党组
书　记:易海蓉

南京市医疗保障局溧水分局

局　长:周明霞
副局长:王　峻

溧水区信访局

局　长:武兆飞
副局长:俞云月(5月7日免)
　　　　樊小力
　　　　杨　俊
　　　　吴筛青(5月7日任)
溧水区信访局党组
书　记:武兆飞

溧水区地方金融监管局

局　长:刘昌兵
副局长:董礼霁(4月16日免)
　　　　谢文庆
溧水区地方金融监管局党组
书　记:刘昌兵

江苏省南京市白马高新技术产业开发区管委会

主　任:杨　兵
副主任:张震宇(挂职)
　　　　孔振宇(挂职)
　　　　郑　婕(7月31日免)
　　　　王　永
党政办主任:俞小阳(4月16日免)
　　　　　　周建誉(4月16日任)
经济发展局局长:施晨曦
经济发展局副局长:(空缺)
规划资源局局长:王　永
规划资源局副局长:杨昭明(4月16日免)
规划资源局副处级干部:范诗云
科技人才局局长:张　群
科技人才局副局长:朱迎雪
　　　　　　　　　杨大勇(挂职,9月14日免)
　　　　　　　　　王耀松(挂职,8月4日任)
农业农村局局长:张亲翔(5月7日免)
财政管理局局长:刘源宝
正处职干部:钱　锋(6月24日任)

白马高新区党工委

书　记:花　毅
副书记:杨　兵
　　　　孔振宇(挂职)
委　员:张震宇
　　　　郑　婕(7月16日免)
　　　　肖　霞(3月23日任)
　　　　王　永
　　　　钱　锋
　　　　周建誉
　　　　张亲翔(5月7日免)
　　　　季　玲
　　　　俞小阳(3月23日免)
　　　　施晨曦
　　　　张　群
　　　　杨昭明(3月23日免)

刘源宝
武球发
赵敬翔(12月10日任)
陈茂深(挂职,12月1日任)
娄在祥(挂职,12月1日任)
陆步云(挂职,12月1日任)
张云辉(挂职,12月1日任)
白马高新区纪工委
书　记:周建誉

南京溧水经济开发区管委会
主　任:翟晓黎
副主任:刘　佳(挂职,7月31日免)
王志国
潘羽忠(挂职,12月19日免)
党政办主任:张　韧(5月7日任)
党政办副主任:张　韧(5月7日免)
经济发展局局长:(空缺)
经济发展局副局长:张　琦
财政局局长:周玉根
财政局副局长:吴荣本
招商局局长:陈玉铭(4月16日免)
张　军(4月16日任)
规划建设局局长:范俊豪
规划建设局副局长:韩明忠
科技人才局局长:郭海斌
科技人才局副局长:王艳红(4月16日免)
陈　斌(4月16日任)
王　见(挂职,9月14日免)
宋　杰(挂职,8月4日任)
党工委书记:夏　云(7月19日免)
程　民(7月19日任)
党工委副书记:翟晓黎
刘　佳(挂职,7月16日免)
崔长龙
纪工委书记:邵民红
党工委委员:陈双临
王志国
邵民红
郭海斌
周玉根
陈玉铭(3月23日免)
范俊豪
张　军(3月23日任)
张　韧(5月7日任)
王剑涛
人大工委主任:曹园园
政协工委主任:陈一鸣
正处职干部:代吉上(3月23日免)

南京溧水高新技术产业开发区管理委员会
主　任:戴孝礼
副主任:陶维强
任　勇(挂职,9月14日免)
中共南京溧水高新技术产业开发区工作委员会
书　记:张　蕴
委　员:武球发
陶维强

溧水区融媒体中心
主　任:史献金
副主任:朱红生
张春华
范　俊
朱向齐
总编辑:黄术保
溧水区融媒体中心党组
书　记:史献金

南京傅家边现代农业园管理委员会
主　任:(空缺)
副主任:端木传龙
徐　健
胡　飞
管仁红

江苏(国家)未来影视文化创意产业园管理委员会
主　任:赖光荣(4月16日任)
副主任:张雪明
张柏生
潘龙金

南京天生桥胭脂河大遗址保护管理委员会
主　任:(空缺)

副主任:曹义文
杨长喜
陈功培(5月7日免)
刘　智(5月7日免)

南京市溧水区政协机构

办事机构

溧水区政协办公室
主　任:史建平
副主任:张友花
党组书记:史建平

专门委员会

溧水区政协提案委员会
主　任:陈玉宝
副主任:孙宝玉
王　迪(4月30日任)

溧水区政协经济科技和农业农村委员会
主　任:徐称心(4月30日免)
裘　武(4月30日任)
副主任:陶龙宝(4月30日免)
刘正林(4月30日免)
芮必云(4月30日任)

溧水区政协人口资源环境和城乡建设委员会
主　任:许　敏
副主任:邓伟德

溧水区政协教卫文体委员会
主　任:刘万升
副主任:严雪凤
谢　秋

溧水区政协社会法制委员会
主　任:陈德新
副主任:周　明
唐　奇

溧水区政协委员工作委员会
主　任:王　京
副主任:张华春(4月30日免)
刘　黎
三级调研员:孙宝玉
周　明

南京市溧水区纪委、区监委机构

溧水区纪委办公室(宣教室)
主　任:(空缺)

溧水区纪委纪检监察干部管理监督室
主　任:薛昌盛

溧水区纪委党风政风监督室
主　任:(空缺)

溧水区纪委信访室
主　任:陈修玉

溧水区纪委案件监督管理室
主　任:王　昆

溧水区纪委第一纪检监察室
主　任:(空缺)

溧水区纪委第二纪检监察室
主　任:(空缺)

溧水区纪委第三纪检监察室
主　任:(空缺)

溧水区纪委第四纪检监察室
主　任:(空缺)

溧水区纪委第五纪检监察室
主　任:(空缺)

溧水区纪委第六纪检监察室
主　任:伍远福(5月7日免)

溧水区纪委第七纪检监察室

主　任:王晓阳

副主任:王剑书

溧水区纪委案件审理室

主　任:(空缺)

区监委第一派出监察员办公室

主　任:伍远福(5月7日免)

区监委第二派出监察员办公室

主　任:王晓阳

溧水区纪委区监委派驻纪检监察组

第一组组长:(空缺)

第二组组长:甘红荣

第三组组长:晁宁芳(5月7日免)

第四组组长:谈和平

第五组组长:曹明柏

第六组组长:许阳春

第七组组长:李亚玲

第八组组长:朱怀权

副处职干部:杨兆飞

·群众团体·

溧水区总工会

主　席:吴国荣

常务副主席:潘　超

副主席:章明花

简祖新

蔡广金(挂职)

张显美(兼职)

毕　勇(兼职)

溧水区总工会党组

书　记:潘　超

三级调研员:章明花

共青团溧水区委

书　记:文　博

副书记:刘福亮(3月23日免)

杨　倩

顾泽皓(挂职,3月31日免)

信　涛(兼职,3月31日免)

溧水区妇女联合会

主　席:相开玲

副主席:武月望(3月23日,提议免职)

姜　红

孔梅花(3月23日,提名任职)

张　琳(兼职)

张　琦(兼职)

李　阳(挂职)

黄起翠(挂职)

溧水区妇女联合会党组

书　记:相开玲

溧水区科协

主　席:官爱萍

副主席:章丽坤

朱志平(不驻会)

肖艳艳(不驻会)

路晓华(不驻会)

溧水区科协党组

书　记:章丽坤

溧水区工商业联合会

主　席:梅小明

副主席:夏建国(3月23日,提议免职)

赵孝云(3月23日,提名任职)

葛和平

刘　容

溧水区工商业联合会党组

书　记:夏建国(3月23日免)

赵孝云(3月23日任)

溧水区文学艺术界联合会

主　席:卞新宏

副主席:李　华

张　庆(12月10日,提名任职)

溧水区文学艺术界联合会党组

书　记:卞新宏

溧水区残疾人联合会
理事长:葛晓宝
副理事长:罗　勇
　　　　耿　霞(挂职)
溧水区残疾人联合会党组
书　记:(空缺)

溧水区红十字会
会　长:王超勇(8月18日,提议免职)
常务副会长:刘晓萍
副会长:陈爱群

溧水区法学会
会　长:(空缺)
专职副会长:肖　伟(3月23日任)

·直属单位　企业单位·

金融机构

中国人民银行溧水支行
行长、党组书记:胡光云
副行长:范　群
　　　黄　伟
国家外汇管理局溧水支局局长:胡光云

中国银行股份有限公司溧水支行
行　长:白　烨
副行长:邱　蔚
　　　魏　凯
　　　陈宝凤
行长助理:潘海军
派驻纪检组组长兼纪检委员:黄晓明

中国工商银行股份有限公司南京溧水支行
副行长:吴泽芳(3月10日任,主持工作)
　　　蔡允林(3月10日免)
行　长:吴泽芳(9月15日任)
副行长:耿　炜(9月29日任)
　　　刘克强(9月29日免)
　　　陈　千(11月30日任)
行长助理:杨　茜

中国农业银行股份有限公司溧水支行
党委书记、行　长:叶斌
纪委书记:黄　芳(8月17日任)
　　　　陆连保(8月17日免)
副行长:李康康
　　　李偲帅
行长助理:王　婷(4月13日任)

中国建设银行股份有限公司溧水支行
行　长:张艳忠(6月9日免)
　　　郭　杰(6月9日任)
副行长:许　民
　　　吴建文
　　　产　俊
　　　王　竑

中国农业发展银行溧水支行
行　长:徐　捌
副行长:张爱永
　　　徐　晨

江苏溧水农村商业银行股份有限公司
董事长:端淳华
行　长:段向宁
监事长:王化青(6月1日免)
　　　刘　鼎(6月1日任)
副行长:丁家美(6月1日免)
　　　陶　翔
　　　王锋云(6月1日任)
　　　许宏新(6月1日免)
　　　常立强
　　　史志明
　　　周　毅(6月1日任)

中国人民财产保险股份有限公司溧水支公司
经　理:王庆红
副经理:陈　斌

中国人寿保险股份有限公司溧水支公司
经　理:金　乐

副经理:郭建林
经理助理:王宏义
　　　　丁伯玉

国泰君安证券股份有限公司南京溧水中大街证券营业部
总经理:邹　健

华泰证券股份有限公司溧水珍珠南路营业部
总经理:李光香

区属学校、医院

江苏省溧水高级中学
校　长:杨四洲
副校长:李素琴
　　　李代贵
　　　周祥顺
　　　诸定国
江苏省溧水高级中学党委
书　记:(空缺)
副书记:邓哉福
纪委书记:杨国珍

溧水区第二高级中学
校　长:(空缺)
副校长:周　明
　　　汤志荣
　　　王　成
　　　王敬全
溧水区第二高级中学党总支
书　记:陈龙文
副书记:周　明

溧水区第三高级中学
校　长:王道军
副校长:陈　婷
　　　彭太保
溧水区第三高级中学党总支
书　记:吕栋山

溧水区教师发展中心
主　任:胡爱国(4月16日任)
副主任:张召中(4月16日任)
　　　梅　军(4月16日任)
保留正主任级:周旭东(4月16日任)
保留副主任级:吴建溧(4月16日任)
　　　　　　陶祥明(4月16日任)

溧水区教师进修学校
校　长:胡爱国(4月16日免)
副校长:张召中(4月16日免)
　　　梅　军(4月16日免)
保留正校级:周旭东(4月16日免)
保留副校级:吴建溧(4月16日免)
　　　　　陶祥明(4月16日免)

江苏省溧水中等专业学校(南京广播电视大学溧水分校)
校　长:魏贤平
副校长:张志和
　　　孙　祥
江苏省溧水中等专业学校(南京广播电视大学溧水分校)党总支
书　记:端义友

溧水区人民医院
副院长:肖　鹏
　　　陶孝玲
溧水区人民医院党委
书　记:陈　明
副书记:肖　鹏
纪委书记:仲正龙

溧水区中医院
副院长:周海森
　　　耿　霞
　　　张才军
　　　许宝珍
溧水区中医院党总支
书　记:邱贤澄

溧水区第三人民医院
院　长:严明星
副院长:范　成
　　　诸兴善

党支部书记:严明星(2020年5月16日免)
　　　　　李孔保(2020年5月16日任)

国有企业

南京溧水高新技术产业投资有限公司
董事长:武球发
总经理:王　涛
副总经理:毛金宇
　　　　朱春林

南京溧水城市建设集团有限公司
董事长:刘昌红
总经理:骆照林(4月16日免)
　　　李巧根(4月16日任)
副总经理:陶巧良
　　　　张　杰
　　　　胡　军
　　　　陈排友
南京溧水城市建设集团有限公司党委
书　记:刘昌红
副书记:骆照林(3月23日免)
　　　陶巧良
　　　李巧根(3月23日任)
纪委书记:盛　林

南京溧水产业投资控股集团有限公司
董事长:刘　永
总经理:薛永俊(4月16日任)
副总经理:张忠林
　　　　徐光华
　　　　金玉峰
专　务:郜　力(4月16日任)
南京溧水产业投资控股集团有限公司党委
书　记:刘　永
副书记:张忠林
　　　薛永俊(3月23日任)
纪委书记:邓怀志

南京溧水国资经营集团有限公司
董事长:(空缺)
总经理:骆照林(4月16日任)
副总经理:毛世伟
　　　　韩兴斌

南京溧水经济技术开发集团有限公司
董事长:(空缺)
总经理:朱　骏
副总经理:葛　俊
　　　　袁兴高
　　　　程　刚
　　　　魏一波

南京市溧水区拆迁安置有限公司
总经理:(空缺)
副总经理:韦方志
　　　　冯　兵
　　　　杭化瑾

江苏永阳建设发展集团有限公司
总经理:颜忠钱
副总经理:卞巧林(4月16日任)

江苏南京国家农业高新技术产业示范区发展集团有限公司
董事长:武球发
总经理:季　玲
副总经理:陈源斌
　　　　焦君华
　　　　王玉花(挂职,12月1日任职)

南京溧水水务集团有限公司
董事长:戴志盛
总经理:戴志盛(4月16日免)
　　　丁　峰(4月16日任)
副总经理:余洪明

南京市溧水区传媒集团有限公司
总经理:郑巧云(4月16日任)

·垂直部门·

溧水区税务局
局　长:王拥军(1月28日免)
　　　黄建军(2月7日任)

副局长:刘德才
　　　喻召双
　　　彭聿新
　　　张显美
　　　江沁沁

溧水区气象局
局　长:林　伟
副局长:许　祥

溧水区烟草专卖局
局　长:李劲松
副局长:王　斌(2020年12月7日免)
　　　刘先红(2020年12月7日任,正科级)

国家电网南京市溧水区供电公司
总经理:王　赫
副总经理:顾承阳(3月任)
　　　　廖文健
　　　　刘政生
　　　　邓　鹏(3月任)
副职协理员:许林生
四级职员:任兴春
五级职员:瞿洪庆

国家电网南京市溧水区供电公司党委
党委书记:顾承阳
副书记:王　赫
纪委书记兼工会主席:张峰

溧水邮政分公司
总经理:陈　欣
副总经理:冯　燕
　　　　曹明辉

溧水电信分公司
总经理:薛格非
副总经理:樊　昊
　　　　芮新兵
　　　　蒋文华(9月29日免)
　　　　邹飞帆(9月29日任)

溧水移动分公司
经　理:江　淮
副经理:刘小明
资深经理:谢鸿飞

溧水联通分公司
总经理:林　佳

·街　镇·

永阳街道
党工委书记:石明生
党工委副书记:王兆伟
　　　　　　陈　磊
纪工委书记:方　璐(3月23日免)
　　　　　王　辉(3月23日任)
组织委员:颜小惠
宣传、统战委员:杨　春
政法委员:袁兴胜
人武部长:李添元
人大工委主任:张诗鹏
办事处主任:王兆伟
办事处副主任:张　军(4月16日免)
　　　　　　孙庭革
　　　　　　汤世炜
　　　　　　陈敬瑞(4月16日免)
　　　　　　胡瑞明
　　　　　　方　璐(4月16日任)
　　　　　　董文明(4月16日任)
　　　　　　陈　龙(挂职,9月14日免)
　　　　　　徐　晨(挂职,8月4日任)
政协工委主任:陈　磊
综合行政检查执法大队大队长:王兆伟
三级调研员:陈敬瑞
　　　　　孙庭革(9月11日任)

柘塘街道
党工委书记:崔长龙
党工委副书记:陈双临
　　　　　　王剑涛
纪工委书记:邵民红

组织委员:施时富
宣传、统战委员:杜少蓓
政法委员:周晓平
人武部长:傅正华
人大工委主任:曹园园
办事处主任:陈双临
办事处副主任:王连荣
刘海军
政协工委主任:陈一鸣
综合行政检查执法大队大队长:陈双临
三级调研员:王连荣(9月11日任)

东屏街道

党工委书记:吴生沐
党工委副书记:任地保
薛永俊(3月23日免)
许金香(3月23日任)
陈大峰(挂职,8月4日任)
纪工委书记:王　辉(3月23日免)
郭　霞(3月23日任)
组织委员:施　雯
宣传、统战委员:许荣国
政法委员:吴守斌
人武部长:梁　军
人大工委主任:陈禄森
办事处主任:任地保
办事处副主任:丁德华
陈小林
刘　群
张锦辉
成家林(挂职,8月21日免)
政协工委主任:薛永俊(4月30日免)
许金香(4月30日任)
综合行政检查执法大队大队长:任地保
三级调研员:丁德华(9月11日任)

洪蓝街道

党工委书记:肖　霞(3月23日免)
代吉上(3月23日任,8月18日免)
党工委副书记:濮　帅
丁　峰(3月23日免)
张　琳(5月7日任)
纪工委书记:朱和平
组织委员:史衍扣
宣传、统战委员:胡　靖
政法委员:张草生
人武部长:沈玉银
人大工委主任:徐孝武
办事处主任:濮　帅
办事处副主任:蔡轶武
许正才
后春景
陶爱斌
刘春苗(挂职,9月14日免)
王　见(挂职,8月4日任)
政协工委主任:丁　峰(4月30日免)
张　琳(6月25日任)
综合行政检查执法大队大队长:濮　帅
四级调研员:周承峰(12月16日任)

石湫街道

党工委书记:樊　斌
党工委副书记:李　萍
王　栋
周　虎(挂职,8月4日任)
纪工委书记:赵东银
组织委员:诸　敏
宣传、统战委员:刘芸池
政法委员:王绍伦
人武部长:毕文文
人大工委主任:刘继成
办事处主任:李　萍
办事处副主任:毛绍春
俞立新
朱时宝
周祥华
尹明涛(挂职,8月21日免)
政协工委主任:王　栋
综合行政检查执法大队大队长:李　萍
副处职干部:陈　敏(4月16日免)
一级调研员:樊　斌(12月10日任)
三级调研员:俞立新

白马镇

党委书记:郑　婕(3月23日免)
肖　霞(3月23日任)

党委副书记:钱　锋(6月18日免)
张成林(3月23日免)
张亚军(3月23日任)
赵敬翔(12月10日任)
陈婷婷(挂职,8月4日任)
纪委书记:周建誉(3月23日免)
胡贞国(3月23日任)
党委委员:周建誉(3月23日免)
孔梅花(3月23日免)
夏培春
李洪林(3月23日免)
汤清勇
傅　明
胡贞国(3月23日任)
朱韩峰(3月23日任)
章祥兵(5月7日任)
人武部长:汤清勇
人大主席:张亲翔(5月7日,提议免职)
姚小白(5月7日,提名任职)
镇　长:钱　锋(6月18日,提议免职)
赵敬翔(12月10日,提名任职)
副镇长:张亚军(3月23日,提议免职)
卞巧林(3月23日,提议免职)
王　生
秦运钱
刘福亮(3月23日,提名任职)
李洪林(3月23日,提名任职)
傅　云(3月23日,提名任职)
杨大勇(挂职,8月21日免)
政协工委主任:张成林(4月30日免)
张亚军(4月30日任)
综合行政检查执法大队大队长:
钱　锋(6月24日免)
赵敬翔(12月16日任)
一级调研员:肖　霞(12月10日任)

和凤镇

党委书记:徐日喜
党委副书记:诸德胜(3月23日免)
俞　炜
陈玉铭(3月23日任)
石小虎(挂职,8月4日任)
纪委书记:支　伟
党委委员:芮必云(3月23日免)
支　伟
王安权(3月23日免)
曹友洪(3月23日免)
陆振华
唐　宏(3月23日免)
赵可可(3月23日任)
颜夏男(3月23日任)
严维荣(3月23日任)
杨　明(5月7日任)
人武部长:王安权(3月23日,提议免职)
严维荣(3月23日,提名任职)
人大主席:傅　强
镇　长:诸德胜(3月23日,提议免职)
陈玉铭(3月23日,提名任职)
副镇长:芮必云(3月23日,提议免职)
徐　平
许金香(3月23日,提议免职)
赵　玮
曹友洪(3月23日,提名任职)
唐　宏(3月23日,提名任职)
沙春林(挂职,8月21日免)
政协工委主任:俞　炜
财政和资产管理局局长:韦小平
综合行政检查执法大队大队长:
诸德胜(4月16日免)
陈玉铭(4月16日任)
一级调研员:徐日喜(12月10日任)

晶桥镇

党委书记:徒位国
党委副书记:李巧根(3月23日免)
赵孝云(3月23日免)
文　博(3月23日任)
俞同荣(3月23日任)
张晓东(挂职,8月4日任)
纪委书记:郭　霞(3月23日免)
王　伟(3月23日任)
党委委员:俞同荣(3月23日免)
郭　霞(3月23日免)
徐名华(3月23日免)
汤志斌(3月23日免)
李玉平

陈　斌(3月23日免)
王　伟(3月23日任)
范哲海(3月23日任)
赵新明(3月23日任)
李　荣(5月7日任)
郑　正(5月7日任)
人武部长:徐名华(3月23日,提议免职)
赵新明(3月23日,提名任职)
人大主席:汤世雷
镇　长:李巧根(3月23日,提议免职)
文　博(3月23日,提名任职)
副镇长:俞同荣(3月23日,提议免职)
董文明(3月23日,提议免职)
包旭华
周承峰(12月10日,提议免职)
汤志斌(3月23日,提名任职)
于　涛(3月23日,提名任职)
董　群(12月10日,提名任职)
任　勇(挂职,8月21日免)
政协工委主任:赵孝云(4月30日免)
俞同荣(4月30日任)
综合行政检查执法大队大队长:
李巧根(4月16日免)
文　博(4月16日任)

(牛永骎)

先进表彰名录

表55　2021年溧水区获国家级表彰的先进集体情况一览表

单位名称	授予称号	授奖部门	授予时间
区退役军人服务中心	全国示范型退役军人服务中心	退役军人事务部	2021年1月
开发区商会	2019—2020年度全国“四好”商会	全国工商联	2021年1月25日
东屏街道商会	2019—2020年度全国“四好”商会	全国工商联	2021年1月25日
永阳街道恒大社区	2020年度全国综合减灾示范社区	国家减灾委员会、应急管理部、中国气象局、中国地震局	2021年2月25日
溧水区	2020年中国会展业年度大奖中国十佳会展名区	中国会展行业年会组委会、《第一会展》杂志	2021年3月1日
溧水区	2020年度中国会展经济产业贡献奖	中国会展行业年会组委会、《第一会展》杂志	2021年3月1日
江苏白马农博中心	2021年首届全国有机直播电商节优秀组织奖	中国有机大会组委会	2021年3月27日
洪蓝街道三里亭社区团总支	全国五四红旗团总支	共青团中央	2021年4月
区商务局	2021中国国际电子商务博览会最佳组织奖	中国国际电子商务博览会组委会	2021年4月1日
人寿溧水支公司	全国县域双百强	中国人寿总公司	2021年4月23日
区水务局河长制管理中心	2021年度全国工人先锋号	中华全国总工会	2021年4月27日
中国建筑第五工程局有限公司溧水开发区综合基础设施PPP项目部	2021年度全国工人先锋号	中华全国总工会	2021年4月27日
商业幼儿园	全国家校(园)共育数字化项目示范幼儿园	国家行政学院家庭教育研究中心	2021年5月
“富财圩”螃蟹	农产品地理标志登记保护	农业农村部	2021年6月4日

续表

单位名称	授予称号	授奖部门	授予时间
区人民医院	国家医疗健康信息互联互通标准化成熟度四级甲等	国家卫健委统计信息中心	2021年7月1日
区卫健委	国家医疗健康信息互联互通标准化成熟度五级乙等	国家卫健委统计信息中心	2021年7月1日
区文旅局群体科	2017—2020年度全国群众体育先进单位	国家体育总局	2021年9月
区中医院	中国糖网筛防工程杏林行动基层筛防示范单位	中国微循环学会、全国防盲技术指导组	2021年9月
白马镇石头寨村	全国乡村治理示范村	中共中央农村工作领导小组办公室、农业农村部、中共中央宣传部、民政部、司法部、国家乡村振兴局	2021年9月6日
江苏白马农博中心	2020—2021年度中外会展"金五星"优秀会展展馆	《中外会展》杂志社	2021年9月15日
南京国家农高区	第三届三农科技服务金桥奖突出贡献奖	中国技术市场协会	2021年9月30日
南京中亮有机蔬果食品公司	第三届三农科技服务金桥奖项目优秀奖	中国技术市场协会	2021年9月30日
江苏富禾农业科技有限公司	第三届三农科技服务金桥奖集体优秀奖	中国技术市场协会	2021年9月30日
民革溧水区基层委员会	民革助力脱贫攻坚工作先进集体	民革中央	2021年10月
溧高投	2021地市及区县级政府引导基金最佳风控TOP44	中国母基金研究中心	2021年10月
区人民医院	2021年全民营养周活动基层示范点	中国营养学会	2021年10月1日
白马镇郭云线	第二届全国美丽乡村路	中国公路学会旅游交通工作委员会	2021年10月11日
永阳街道秦淮路社区	全国示范性老年友好型社区	全国老龄办	2021年10月19日
晶桥镇水晶村	2021年全国乡村特色产业亿元村	农业农村部	2021年10月20日
洪蓝街道傅家边社区	2021年全国乡村特色产业亿元村	农业农村部	2021年10月20日
东屏街道长乐社区	2021年全国乡村特色产业亿元村	农业农村部	2021年10月20日
区司法局柘塘司法所	全国模范司法所	司法部	2021年10月27日
溧水区	"四好农村路"全国示范区	交运部	2021年11月18日
区供电公司	2021年全国工会职工书屋示范点	全国工会职工书屋建设领导小组办公室、全国总工会	2021年11月19日
区志办《溧水年鉴2020》	第八届全国地方志优秀成果(年鉴类)县区级综合年鉴二等奖	中国地方志指导小组办公室、中国地方志学会	2021年12月
区水务局天生桥套闸除险加固工程	2019—2020年度中国水利工程优质(大禹)奖	水利部、中国水利工程协会	2021年12月
区人民医院尹滇家庭	全国最美家庭	宣传部、中央文明办、全国妇联	2021年12月1日
区卫健委	全国避孕药具不良反应检测工作先进单位	国家卫健委计划生育药具不良反应监测中心	2021年12月1日
溧水区	全国社区治理和服务创新实验区	民政部	2021年12月3日
区工商联	2021年度构筑非公经济舆论阵地先进单位	中华工商时报社、《中国工商》杂志社	2021年12月10日

续表

单位名称	授予称号	授奖部门	授予时间
开发区	国家级科技企业孵化器运营评价优秀	科技部火炬中心	2021年12月10日
江苏白马农博中心	2020—2021年度中国区域会展品牌展馆	全国会展工作委员会	2021年12月15日
南京金色庄园农产品有限公司	第七批农业产业化国家重点龙头企业	农业农村部、国家发改委、商务部、中国人民银行、国家税务总局、中国证券监督管理委员会、中华全国供销合作总社	2021年12月22日
区工商联	2020—2021年度全国五好县级工商联	全国工商联办公厅	2021年12月28日
溧水区法治宣传教育领导小组	2016—2020年度全国普法工作先进单位	中共中央宣传部、司法部、全国普法办公室	2021年12月28日
溧水规划资源分局	2019—2020年度自然资源系统青年文明号	共青团自然资源部直属机关委员会	2021年12月28日

表56　2021年溧水区获省委、省政府及省级部门表彰的先进集体情况一览表

单位名称	授予称号	授予部门	授予时间
和凤镇	江苏省“味稻小镇”	省农业技术推广协会、省作物学会、省水稻产业技术体系、省农业技术推广总站	2021年1月
区卫健委	全省安康关爱行动先进单位	省卫健委、省中医药管理局	2021年1月
区供电公司	江苏省AAAAA级数字档案室	省档案局、省档案馆	2021年1月8日
区特殊教育学校	江苏省教育科研先进集体	省教科院	2021年1月10日
区人民医院	2020年医学计量工作先进单位	省计量测试学会	2021年1月11日
溧水区	2020年第二次全省农村公路管理养护质量第一	省交运厅公路事业发展中心	2021年1月12日
溧水区	2020年全省农村公路提档升级工程质量第一	省交运厅公路事业发展中心	2021年1月12日
白马镇枫石线	江苏最美小康路	省交运厅	2021年1月13日
白马镇政府	江苏省文化科技卫生“三下乡”先进集体	省委宣传部	2021年1月13日
区市场监管局白马分局	江苏省市场监管系统先进集体	省市场监管局、省人社厅	2021年1月15日
开发区崇贤社区	江苏省卫生村	省爱卫办	2021年1月22日
开发区空港社区	江苏省卫生村	省爱卫办	2021年1月22日
南京沙塘庵粮油实业有限公司	粮食经营者守法诚信等级A级	省粮食和物资储备局	2021年2月
区法院民事审判第一庭	全省法院指导人民法庭工作先进集体	省高院	2021年2月
区委办	全省信息工作优秀单位	省委办公厅	2021年2月
区供销社	2020年度二十强县级供销合作社	省供销合作总社	2021年2月1日
东屏街道金湖社区	江苏省健康社区	省爱卫办	2021年3月
溧水区	2020年推进高质量发展综合考核奖	省委省政府	2021年3月
区特殊教育学校	江苏省健康促进学校银奖	省教育厅、省卫健委	2021年3月

续表

单位名称	授予称号	授予部门	授予时间
区志办	全省方志文化宣传工作先进集体	省志办	2021年3月
农发行溧水支行	全省宣传工作优秀组织奖	农发行省分行	2021年3月4日
溧水规划资源分局	2019—2020年全省自然资源信访工作成绩突出集体	省自然资源厅	2021年3月18日
民建溧水区基层委员会	民建江苏省委特色基层组织	民建江苏省委	2021年4月
石湫街道上方村	2021年省级民主法治示范村	省委依法治省办公室	2021年4月
区应急管理局	全省矿山监管监察工作先进集体	省应急管理厅	2021年4月7日
溧水规划资源分局	2020年度全省自然资源法治建设工作成绩突出单位	省自然资源厅	2021年4月23日
区税务局团支部	江苏省五四红旗团支部(团总支)	共青团江苏省委	2021年4月30日
和凤镇	江苏省绿色蔬菜产业特色镇	省农业技术推广总站、省农业技术推广协会	2021年5月
和凤镇农业服务中心	江苏省2020年度特粮特经高产创建一等奖	省农业技术推广总站、省特粮特经产业技术体系、省农业技术推广协会	2021年5月
晶桥镇孔家为民服务中心	省级超低能耗被动式绿色建筑工程示范项目	省住建厅	2021年5月
晶桥镇芮家社区石山下自然村	江苏省乡村旅游重点村	省文旅厅	2021年5月
区档案馆《抗战时期溧高县女共产党员集体照》	2021年江苏省百件红色珍档名录	省档案馆	2021年5月
东屏街道凉蓬自然村	省级特色田园乡村	省住建厅	2021年5月12日
和凤镇张家村诸家自然村	省级特色田园乡村	省住建厅	2021年5月12日
洪蓝街道傅家边社区山四自然村	省级特色田园乡村	省住建厅	2021年5月12日
晶桥镇芝山村曹庄自然村	省级特色田园乡村	省住建厅	2021年5月12日
东屏街道长乐社区	省级特色田园乡村	省住建厅	2021年5月12日
晶桥镇曹庄自然村	省级特色田园乡村	省住建厅	2021年5月12日
方述怀家庭	2020年度江苏省最美家庭	省妇联	2021年5月15日
三丫圩、章西圩、凌庄圩排涝站工程	2020年度江苏省水利工程文明工地	省水利厅	2021年5月17日
洪蓝街道傅家边社区	江苏省乡村旅游重点村	省文旅厅	2021年6月
民盟南京市溧水区总支部	中国民主同盟成立80周年先进基层组织	民盟江苏省委	2021年6月
区法院洪蓝人民法庭	全省法院党建工作先进集体	省高院	2021年6月
区法院立案庭	全省法院类型化纠纷诉调工作先进集体	省高院	2021年6月
区中医院	2021年度江苏省运动促进健康中心示范点	省体育局	2021年6月
开发区	省级以上科技企业孵化器运营评价优秀	省科学技术厅	2021年6月3日
溧水区	全省首批城乡公交一体化建设示范区	省交运厅	2021年6月18日

续表

单位名称	授予称号	授予部门	授予时间
白马镇石头寨村	江苏省先进基层党组织	省委	2021年6月22日
区检察院老干部党支部	江苏省百佳离退休干部党支部	省委老干部局、离退休干部工委	2021年6月28日
区委区级机关工委	全省机关党建工作先进集体	省人社厅、省委省级机关工委	2021年6月28日
区运管所党支部	江苏省交通运输行业先进基层党组织	省交通运输行业委员会	2021年6月29日
晶桥镇水晶村、山下徐村	第四批江苏省传统村落	省住建厅	2021年7月
区档案馆	全省档案宣传工作先进单位三等奖	省档案馆	2021年7月
永阳街道宝塔路社区	省级援法议事会	省委全面依法治省委员会办公室	2021年7月
开发区	第八批江苏省新型工业化产业示范基地	省工信厅	2021年7月12日
区城管局	江苏省荣耀之家	省退役军人事务厅、省总工会	2021年7月14日
白马镇退役军人服务站	2021年度全省百家红色精品退役军人服务站	省退役军人事务厅	2021年7月28日
人寿溧水支公司	中国人寿江苏省公司2020年先进单位	中国人寿省分公司	2021年7月30日
区第三实验小学	江苏省交通安全教育基地	省公安厅交警总队、省教育厅	2021年8月
永阳街道板桥社区爱涛天逸园小区	2020年省级节水型居民小区(社区)	省水利厅	2021年8月12日
永阳街道致远社区	2020年省级节水型居民小区(社区)	省水利厅	2021年8月12日
永阳街道广成东方名城小区	2020年省级节水型居民小区(社区)	省水利厅	2021年8月12日
永阳街道康利华府小区	2020年省级节水型居民小区(社区)	省水利厅	2021年8月12日
永阳街道戴家社区南方新城小区	2020年省级节水型居民小区(社区)	省水利厅	2021年8月12日
永阳街道毓秀路社区凤麟水苑小区	2020年省级节水型居民小区(社区)	省水利厅	2021年8月12日
傅家边精品草莓馆	省级创意主题农园	省农业农村厅	2021年8月30日
国色天香牡丹园	省级创意主题农园	省农业农村厅	2021年8月30日
白马镇李巷N4号院民宿	省级康美基地	省农业农村厅	2021年8月30日
和凤镇秦淮梅园	省级康美基地	省农业农村厅	2021年8月30日
洪蓝街道傅家边社区山凹自然村	省级康美基地	省农业农村厅	2021年8月30日
龙吟湾山庄	省级农耕实践基地	省农业农村厅	2021年8月30日
南京玫瑰园	省级农耕实践基地	省农业农村厅	2021年8月30日
南京沙塘庵粮油实业有限公司	2021年度“江苏好粮油”	省粮食行业协会	2021年9月
区委宣传部	2020年度江苏省基层党员冬训工作示范县(区、市)	省委组织部、省委宣传部	2021年9月
天生桥景区咪豆音乐节	“运河百景”标志性运河文旅产品	省文旅厅	2021年9月1日
区委党校	2020年度全省基层党员冬训工作优秀组织单位	省委宣传部、省委组织部	2021年9月3日
永阳街道庆丰路社区	省级宜居示范居住区项目	省住建厅	2021年9月3日

续表

单位名称	授予称号	授予部门	授予时间
白马镇李巷	江苏省爱国主义教育基地	省委宣传部	2021年9月6日
“富财圩”螃蟹	2021年江苏农业品牌	省农业农村厅	2021年9月17日
普朗克有机田园	2021年江苏农业品牌	省农业农村厅	2021年9月17日
和凤镇沈家山村	省级生态文明建设示范村	省环保厅	2021年10月
和凤镇沈家山村	2019—2021年度江苏省文明村	省文明办	2021年10月
和凤镇张家村	2019—2021年度江苏省文明村	省文明办	2021年10月
开发区南京溧水智能网联汽车项目	全国5G+北斗应用示范基地	中国移动江苏省公司	2021年10月
区发改委	全省脱贫攻坚暨对口帮扶支援合作先进集体	省委省政府	2021年10月
石湫街道上方村	2019—2021年度省级文明村	省文明办	2021年10月
区总工会“三创一建”四轮同驱，助推党建带工建新格局	江苏省“庆建党百年·推动新时代党建带工建创新发展”典型案例	省总工会	2021年10月22日
白马镇郭云线	2021年度江苏“平安放心路”样板路	省交运厅	2021年11月1日
和凤镇吴村桥村	美丽家园省级示范点	省妇女“双学双比”竞赛活动领导小组	2021年11月
洪蓝街道塘西村	美丽家园省级示范点	省妇女“双学双比”竞赛活动领导小组	2021年11月
溧水妇幼保健院	江苏省文明示范单位	省广播电视总台(集团)	2021年11月
南京观前农业科技发展有限公司	省级巾帼现代农业科技示范基地	省妇女“双学双比”竞赛活动领导小组	2021年11月
南京市溧水区优儿优女产后康复中心产康科	江苏省巾帼文明岗	省妇联	2021年11月
区纪委监委	全省纪检监察系统先进集体	省纪委、省监察委、省人社厅	2021年11月
区卫健委	应对老龄化战略两项调查工作成绩突出单位	省计生协	2021年11月1日
竹上云想民宿(南京闲心静水旅游服务有限公司)	省级巾帼示范精品民宿	省妇女“双学双比”竞赛活动领导小组	2021年11月
石湫中心小学	中国书法特色学校	省教育学会书法专业委员会	2021年11月12日
石湫街道石湫社区	2021年江苏省工会职工书屋示范点	省总工会	2021年11月15日
晶桥镇统计站	江苏省第七次全国人口普查工作成绩显著集体	省第七次全国人口普查领导小组办公室	2021年11月19日
开发区	江苏省第七次全国人口普查工作成绩显著集体	省第七次全国人口普查领导小组办公室	2021年11月19日
永阳街道办事处	江苏省第七次全国人口普查工作成绩显著集体	省第七次全国人口普查领导小组办公室	2021年11月19日
溧水全域健康绿道	2021年度江苏优秀农村公路品牌	省交运厅公路事业发展中心	2021年11月24日
区交运局	2018—2020年度江苏省交通运输行业精神文明建设先进集体	省交运厅	2021年11月25日
溧水邮政分公司	江苏省文明单位	省文明办	2021年11月30日
和凤镇农业服务中心	江苏省优质服务先进单位	省广播电视总台	2021年12月
洪蓝街道蒲塘桥	“水韵江苏”最美乡村桥古韵风雅桥单项奖	省交运厅公路事业发展中心	2021年12月

续表

单位名称	授予称号	授予部门	授予时间
洪蓝街道市民广场健身公园	“魅力江苏、最美体育”2021江苏省最美乡村健身公园(广场)年度榜	省体育局	2021年12月
晶桥镇枫香岭社区里佳山自然村	第五批江苏省传统村落	省住建厅	2021年12月
晶桥镇	2019—2021年度江苏省文明乡镇	省文明办	2021年12月
晶桥镇芮家社区	2019—2021年度江苏省文明村	省文明办	2021年12月
洪蓝街道蒲塘社区	新时代法治社区(村)	省法学会、江苏法治报社	2021年12月
洪蓝街道傅家边社区	新时代法治社区(村)	省法学会、江苏法治报社	2021年12月
石湫街道横山村	新时代法治社区(村)	省法学会、江苏法治报社	2021年12月
晶桥镇邰村村	新时代法治社区(村)	省法学会、江苏法治报社	2021年12月
晶桥镇邰村村	民主法治示范村(社区)	省司法厅	2021年12月
南京石燕农地股份合作社	2021年度江苏省老科协科技示范基地	省老科技工作者协会	2021年12月
南京幸庄湿地公园跑步线路	“魅力江苏、最美体育”2021江苏省最美跑步线路年度榜	省体育局	2021年12月
农工党南京市溧水区综合支部“农工之家”	第一批农工党江苏省示范农工之家	农工党江苏省委	2021年12月
区“戎耀溧水·红色先锋”退役军人志愿服务队	2021年度江苏省“百支优秀退役军人志愿服务队”	省退役军人事务厅	2021年12月
区科协	2021年度县级科协创新发展能力提升计划优秀单位	省科协	2021年12月
区科协	2021年江苏省科技志愿服务工作优秀组织单位	省科协	2021年12月
区科协	2021年江苏省科普中国信息传播工作优秀组织单位	省科协	2021年12月
区人大	《人民与权力》宣传通联先进单位	省人大常委会研究室	2021年12月
区文旅局	2021年度全省境外电视传播秩序专项整治工作成绩突出单位	省广播电视局	2021年12月
永阳街道	2021年度智慧广电街道	省广播电视局	2021年12月
洪蓝街道	2021年度智慧广电街道	省广播电视局	2021年12日
石湫街道	2021年度智慧广电街道	省广播电视局	2021年12日
明珠桥工会户外劳动者服务站点	2021年度全省最美工会户外劳动者服务点	省总工会	2021年12月1日
双塘路工会户外劳动者服务站点	2021年度全省最美工会户外劳动者服务点	省总工会	2021年12月1日
随缘路工会户外劳动者服务站点	2021年度全省最美工会户外劳动者服务点	省总工会	2021年12月1日
区文联	楹联文化推进工作先进单位	省楹联研究会	2021年12月2日
开发区	江苏省侨联新侨创新创业基地	省侨联	2021年12月3日
区关工委	江苏省关心下一代工作优秀集体	省关工委、省文明委	2021年10月
区第三实验小学	江苏省关心下一代工作先进集体	省教育系统关工委	2021年12月15日

续表

单位名称	授予称号	授予部门	授予时间
开发区	省级海智基地运营评价优秀	省科学技术协会	2021年12月21日
区司法局社区矫正管理局	2021年度全省社区矫正和安置帮教工作先进集体	省司法厅	2021年12月22日
开发区荷花社区	省级法治文化建设示范点	省委宣传部、省全面依法治省委员会、省法宣办公室、省司法厅、省文旅厅、省广播电视局	2021年12月23日
区特殊教育学校	江苏省中小学生劳动教育与综合实践优秀基地	省教育厅办公室	2021年12月29日
白马镇	江苏省第二批“红石榴家园”	省民族宗教事务委员会	2021年12月30日
开发区康怡红社区	江苏省第二批“红石榴家园”	省民族宗教事务委员会	2021年12月30日
区青少年校外活动中心	江苏省校外教育先进集体	省教育学会校外教育专业委员会	2021年12月30日
区气象局	2019—2021年度江苏省文明单位	省精神文明建设指导委员会	2021年12月31日

表57　2021年溧水区获市委、市政府表彰的先进集体情况一览表

单位名称	获奖称号	授奖机关	授奖时间
溧水公安分局	南京市抗击新冠肺炎疫情先进集体	市委、市政府	2021年1月8日
区交运局运输管理科	南京市抗击新冠肺炎疫情先进集体	市委、市政府	2021年1月8日
区人民医院	南京市抗击新冠肺炎疫情先进集体	市委、市政府	2021年1月8日
区委政法委	南京市高水平全面建设小康社会防范化解重大风险先进集体	市委、市政府	2021年1月
区委办	全市信息工作成绩优异单位	市委办公厅	2021年2月
晶桥镇	2020年度全市实施乡村振兴战略郊区街镇高质量发展发展奖	市委、市政府	2021年2月
晶桥镇芝山村曹庄自然村	2020年度美丽乡村示范村	市委、市政府	2021年2月
晶桥镇邰村村上堡自然村	2020年度美丽乡村示范村	市委、市政府	2021年2月
东屏街道长乐社区	2020年度美丽乡村示范村	市委、市政府	2021年2月
洪蓝街道陈卞村陈家自然村	2020年度美丽乡村示范村	市委、市政府	2021年2月
溧水区	2020年度机关作风和行业作风建设先进集体	市委、市政府	2021年2月17日
区城建局	2020年高质量建设“强富美高”新南京先进集体	市委、市政府	2021年3月
区发改委	2020年高质量建设“强富美高”新南京先进集体	市委、市政府	2021年3月
区投促局	2020年高质量建设“强富美高”新南京先进集体	市委、市政府	2021年3月8日
开发区	2020年高质量建设“强富美高”新南京先进集体	市委、市政府	2021年3月
晶桥镇云鹤山村	南京市高水平全面建设小康社会先进集体	市委、市政府	2021年3月
区水务集团	南京市高水平全面建设小康社会先进集体	市委、市政府	2021年3月
区纪委监委	南京市高水平全面建设小康社会先进集体	市委、市政府	2021年3月
白马镇石头寨村	南京市高水平全面建设小康社会先进集体	市委、市政府	2021年3月
永阳街道党工委	南京市先进基层党组织	市委	2021年6月
南京都乐制冷设备有限公司党支部	南京市先进基层党组织	市委	2021年6月

续表

单位名称	获奖称号	授奖机关	授奖时间
溧水区	落实新增100家总部企业行动计划成效明显的区	市政府办公厅	2021年10月
溧水区	重大项目推进工作前三名	市政府办公厅	2021年10月

表58　2021年溧水区获国家级表彰的先进个人情况一览表

姓　名	工作单位	获奖称号	授奖机关	授奖时间
尹照生	区城管局	2020年度“强基础、转作风、树形象”专项行动突出个人	住建部	2021年1月21日
卞红红	区红十字会	优秀红十字志愿者	中国红十字会总会	2021年3月
毛岸生	区供电公司	中国好人	中央文明办、中国文明网	2021年3月5日
张锦花	区水务局河长制管理中心	全面推行河长制湖长制工作先进工作者	水利部	2021年5月
陈年祥	区文旅局	2017—2020年度全国群众体育先进个人	国家体育总局	2021年9月
管洪飞	区统计局	第七次全国人口普查工作先进个人	国务院第七次全国人口普查领导小组	2021年9月
郝明灼	江苏青好景观园艺有限公司	第三届三农科技服务金桥奖先进个人	中国技术市场协会	2021年9月30日
涂维浩	绿自然农业发展江苏股份有限公司	第三届三农科技服务金桥奖个人优秀奖	中国技术市场协会	2021年9月30日
吴中平	区农业农村局	第五批全国农村创业创新优秀带头人典型案例	农业农村部办公厅	2021年11月5日
周　瑞	区中医院	第十三届中国青年志愿者优秀个人奖	共青团中央	2021年11月30日

表59　2021年溧水区获省委、省政府及省级部门表彰的先进个人情况一览表

姓　名	工作单位	获奖称号	授奖机关	授奖时间
袁德玉	区审计局	江苏省审计专业领军人才	省审计厅	2021年1月
徐天骄	区卫健委	全省安康关爱行动先进个人	省老龄工作委员会办公室	2021年1月
计竹华	和凤镇吴村桥	江苏好人	省文明办	2021年1月
储海平	溧水中专校	江苏省教科研先进个人	省教科院	2021年1月10日
芮生利	区财政局	全省财政系统先进工作者	省人社厅、省财政厅	2021年1月21日
闫　刚	溧水规划资源分局	2020年度江苏省第十九届优秀工程设计三等奖	省住建厅	2021年1月28日
陶家友	石湫中学	江苏省教科研先进个人	省教育科学研究院	2021年1月31日
李宏伟	区法院	江苏省三八红旗手	省妇联	2021年2月
戴　俊	区交运局	2020年度全省超限超载运输治理工作先进个人	省公安厅、省交运厅	2021年2月5日
舒胜军	区司法局	2020年度依法治省工作成绩突出个人	省委全面依法治省委员会办公室	2021年3月8日

续表

姓　名	工作单位	获奖称号	授奖机关	授奖时间
周　瑞	区中医院	2020年度江苏省十佳青年志愿者	共青团省委、省青年志愿者协会	2021年3月23日
马清山	区气象局	2020年度江苏省气象局观测网络业务先进个人	省气象局	2021年4月6日
束佳玲	区供电公司	江苏省电力行业媒体优秀通讯员	省电力行业协会	2021年4月12日
管卫星	溧水规划资源分局	2020年度全省自然资源法治建设工作成绩突出个人	省自然资源厅	2021年4月23日
周　辉	南京双吉农业发展有限公司	2021年江苏省劳动模范	省委、省政府	2021年4月30日
毕　勇	南京三新供电服务有限公司溧水分公司	2021年江苏省劳动模范	省委、省政府	2021年4月30日
李　江	南京金龙客车制造有限公司	2021年江苏省劳动模范	省委、省政府	2021年4月30日
龚志敬	洪蓝街道傅家边社区	2021年江苏省劳动模范	省委、省政府	2021年4月30日
郑　继	区疾控中心	2021年江苏省先进工作者	省委、省政府	2021年4月30日
吴文浩	溧水公安分局	个人二等功	省公安厅	2021年5月
刘　秀	区法院	全省法院新闻宣传工作先进个人	省高级人民法院	2021年5月
徐雪娇	溧水中专校	江苏省优秀共青团员	共青团江苏省委	2021年5月
彭　超	开发区	江苏省优秀共青团干部	共青团江苏省委	2021年5月
裴晶晶	区特殊教育学校	江苏好少年	省少工委	2021年5月10日
曹巧真	溧水公安分局	全省公安机关成绩突出党员民警	省公安厅	2021年6月
窦　浩	区农业农村局	最美森林医生	省林业局	2021年6月17日
陈雅婧	区城管局	全国和城乡建设行业优秀共产党员	省住建行业委员会	2021年6月23日
吕立正	区交运局	江苏交通运输安全生产标语活动水上交通运输领域三等奖	省交运厅	2021年7月
王庆红	人保财险溧水支公司	“四优”共产党员	中国人保江苏区域工委	2021年7月
曹明溪	区烟草局	最美苏烟人	省烟草专卖局	2021年7月
路晓华	和凤镇乌飞塘党总支	2021年度江苏省优秀共产党员	省委	2021年7月
王　玉	石湫街道卫健办	省计生协工作成绩突出个人	省计生协	2021年7月
汤世春	区交运局	江苏省交通建设功臣	省人社厅、省交运厅	2021年7月14日
张　宇	省溧中	江苏省教育系统先进个人	省人社厅、教育厅	2021年9月
刘　花	和凤中心小学	江苏省优秀教育工作者	省教育厅	2021年9月
蒋正庭	溧水生态环境局	“大气5号”专项执法行动表现突出人员	省生态环境厅	2021年10月8日
张玉丽	区发改委	全省脱贫攻坚暨对口帮扶支援合作先进个人	省委、省政府	2021年10月31日
王　俊	区人社局	全省脱贫攻坚暨对口帮扶支援合作先进个人	省委、省政府	2021年10月31日

续表

姓　名	工作单位	获奖称号	授奖机关	授奖时间
余　炜	区科技局	全省脱贫攻坚暨对口帮扶支援合作先进个人	省委、省政府	2021年10月31日
黄健康、耿艳	区人民医院	2021年江苏省“双创博士”	省委组织部、省人才领导小组	2021年11月
黄小平	区卫健委	家庭健康与老龄化调查成绩突出个人	省计生协	2021年11月
朱　亮	区应急管理局	2021年度全省“12322”优秀灾情速报员	省地震局	2021年11月23日
戴孝礼	区政协	首届江苏省科技创新发展奖先进个人	省财政厅、省科学技术厅	2021年11月24日
师　伟	区法院	全省法院扫黑除恶专项斗争先进个人	省高级人民法院	2021年12月
陈　聪	区商务局	2021年度全省服务贸易(服务外包)统计工作先进个人	省商务厅	2021年12月
蔡　卫	区科技局	科技宣传工作成效突出个人	省科技厅	2021年12月7日
陶家友	石湫中学	江苏省第十六批数学特级教师	省教育厅	2021年12月10日
严雪凤	区政协	2021年度组织建设先进个人	九三学社江苏省委员会	2021年12月14日
黄银萍	区供销社	优秀信息员	省供销合作总社	2021年12月27日
焦君琴	永阳街道司法所	江苏省优秀司法所长	省司法厅	2021年12月29日
邰　燕	区教师进修学校	江苏省校外教育先进个人	省教育学会校外教育专业委员会	2021年12月30日
陈德佳	开发区	2021年度全省开发区统计工作先进个人	省商务厅	2021年12月30日
胡悦姝	永阳街道卫健办	全省计生协工作成绩突出个人	省计生协	2021月7日
武兆保	石湫街道桑园蒲村	全国人口普查工作显著优秀个人	省统计局	2021年11月
王三顺	石湫街道上方村	全国人口普查工作显著优秀个人	省统计局	2021年11月
武云帆	石湫街道塘窦村社区	江苏省第七次全国人口普查工作成绩显著个人	省第七次全国人口普查领导小组办公室、省统计局	2021年11月
李冬梅、甘章玲、张薛、郁云	石湫街道统计站	江苏省第七次全国人口普查工作成绩显著个人	省第七次全国人口普查领导小组办公室、省统计局	2021年11月
简正阳、吴俊文	白马镇统计站	江苏省第七次全国人口普查工作成绩显著个人	省第七次全国人口普查领导小组办公室、省统计局	2021年11月
王蕊、唐文静、周燕燕、刘金福、吕欢欢、尹珊珊、袁婷、俞晓婷、刘芊秀	永阳街道统计站	江苏省第七次全国人口普查工作成绩显著个人	省第七次全国人口普查领导小组办公室、省统计局	2021年11月
董中生、曹长龙、陈敏、朱询、彭晓晴、罗雁、任健瑛、赵明	区统计局	江苏省第七次全国人口普查工作显著个人	省第七次全国人口普查领导小组办公室、省统计局	2021年11月
孙四平、朱强、章莉	晶桥镇统计站	江苏省第七次全国人口普查工作成绩显著个人	省第七次全国人口普查领导小组办公室、省统计局	2021年12月

续表

姓　名	工作单位	获奖称号	授奖机关	授奖时间
杭燕、徐丽霞	晶桥镇杭村居委会	江苏省第七次全国人口普查工作成绩显著个人	省第七次全国人口普查领导小组办公室、省统计局	2021年12月
朱文雨	晶桥镇经管站	江苏省第七次全国人口普查工作成绩显著个人	省第七次全国人口普查领导小组办公室、省统计局	2021年12月
赵友兵	晶桥镇云鹤山村村委会	江苏省第七次全国人口普查工作成绩显著个人	省第七次全国人口普查领导小组办公室、省统计局	2021年12月
夏荣铭、姚黄炎	晶桥镇陶村居委会	江苏省第七次全国人口普查工作成绩显著个人	省第七次全国人口普查领导小组办公室、省统计局	2021年12月
沈明强	和凤镇沈家山村委会	江苏省第七次全国人口普查省级优秀个人	省第七次全国人口普查领导小组办公室、省统计局	2021年12月
罗秀珍、夏春	和凤镇统计站	江苏省第七次全国人口普查工作成绩显著个人	省第七次全国人口普查领导小组办公室、省统计局	2021年12月
胡钱明	和凤镇企业服务中心	江苏省第七次全国人口普查工作成绩显著个人	省第七次全国人口普查领导小组办公室、省统计局	2021年12月
杨功福	和凤镇中杨村委会	江苏省第七次全国人口普查工作成绩显著个人	省第七次全国人口普查领导小组办公室、省统计局	2021年12月
茆仁强、张丽、章娟、张敏、彭靓、瞿佳、李文君、李慧、张洁、章黎、章梅林、芮盛、方桥	开发区管委会	江苏省第七次全国人口普查工作成绩显著个人	省第七次全国人口普查领导小组办公室、省统计局	2021年12月

◎附录

表60　2021年溧水区获市委、市政府表彰的先进个人情况一览表

姓　名	工作单位	获奖称号	授奖机关	授奖时间
范诗巧	石湫街道城管中队	全市抗击新冠肺炎疫情先进个人	市委、市政府	2021年1月8日
陈树奇	开发区管委会	全市抗击新冠肺炎疫情先进个人	市委、市政府	2021年1月8日
蔡　宏	溧水公安分局	全市抗击新冠肺炎疫情先进个人	市委、市政府	2021年1月8日
杨昌棉	区发改委	全市抗击新冠肺炎疫情先进个人	市委、市政府	2021年1月8日
刘　坤	区疾控中心	全市抗击新冠肺炎疫情先进个人	市委、市政府	2021年1月8日
史敦平	区卫健委	全市抗击新冠肺炎疫情先进个人	市委、市政府	2021年1月8日
周　勇	区交运局	全市抗击新冠肺炎疫情先进个人	市委、市政府	2021年1月8日
张婷婷	区人民医院	全市抗击新冠肺炎疫情先进个人	市委、市政府	2021年1月8日
倪　伟	区人民医院	全市抗击新冠肺炎疫情先进个人	市委、市政府	2021年1月8日
卞红红	区人民医院	全市抗击新冠肺炎疫情先进个人	市委、市政府	2021年1月8日
李晶晶	区人民医院	2020年度机关作风和行业作风建设先进个人	市委、市政府	2021年2月17日
毛　亮	区投促局	2020年度机关作风和行业作风建设先进个人	市委、市政府	2021年2月17日
李　明	和凤镇中杨村党总支	南京市高水平全面建设小康社会先进个人	市委、市政府	2021年3月8日
洪　震	溧水生态环境局	南京市高水平建设小康社会先进个人	市委、市政府	2021年3月8日

续表

姓　名	工作单位	获奖称号	授奖机关	授奖时间
卢　竞	开发区管委会	2020年高质量建设"强富美高"新南京先进个人	市委、市政府	2021年3月
方道华	区行政审批局	"12345"政务热线工作先进个人	市委、市政府	2021年5月
张　力	区人民医院	南京市人民满意卫生健康工作者、南京市优秀共产党员	市委	2021年6月
郭小清	区文旅局	南京市优秀共产党员	市委	2021年6月
涂白林	石湫街道上方村	南京市优秀共产党员	市委	2021年6月
赵振刚	溧水公安分局	南京市优秀党务工作者	市委	2021年6月29日
夏光平	区公路站	南京市优秀党务工作者	市委	2021年6月29日
韩晓琰	区水务集团	南京市优秀党务工作者	市委	2021年6月29日
陶华才	区应急管理局	2021年度南京市劳动模范	市委、市政府	2021年12月31日
李晓玲	开发区管委会	2021年度南京市劳动模范	市委、市政府	2021年12月31日
孙圣珍	区城管局	2021年度南京市劳动模范	市委、市政府	2021年12月31日
刘凡操	区供电公司	2021年度南京市劳动模范	市委、市政府	2021年12月31日
曹福刚	永阳街道东山社区	2021年度南京市劳动模范	市委、市政府	2021年12月31日
李永清	永阳街道办事处	2021年度南京市劳动模范	市委、市政府	2021年12月31日
赵　平	区税务局	2021年度南京市劳动模范	市委、市政府	2021年12月31日
周海森	区中医院	2021年度南京市劳动模范	市委、市政府	2021年12月31日
刘锡云	南京长安汽车有限公司	2021年度南京市劳动模范	市委、市政府	2021年12月31日
徐振乾	南京高喜电子科技有限公司	2021年度南京市劳动模范	市委、市政府	2021年12月31日
羊有根	南京市罗奇泰克电子有限公司	2021年度南京市劳动模范	市委、市政府	2021年12月31日
缪鹏程	南京溧水电子研究所有限公司	2021年度南京市劳动模范	市委、市政府	2021年12月31日
吴　瑶	中建五局华东建设江苏分公司	2021年度南京市劳动模范	市委、市政府	2021年12月31日
张　剑	南京惠诚工具制造有限公司	2021年度南京市劳动模范	市委、市政府	2021年12月31日
张恒楠	南京喜之郎食品有限公司	2021年度南京市劳动模范	市委、市政府	2021年12月31日
董晓俊	江苏本川智能电路科技股份有限公司	2021年度南京市劳动模范	市委、市政府	2021年12月31日
张贵德	南京都乐制冷设备有限公司	2021年度南京市劳动模范	市委、市政府	2021年12月31日
仲巧宏	南京溧水环能秸秆专业合作社	2021年度南京市劳动模范	市委、市政府	2021年12月31日
潘彩军	南京市第八建筑安装工程有限公司	2021年度南京市劳动模范	市委、市政府	2021年12月31日
严家富	南京花师傅农业发展有限公司	2021年度南京市劳动模范	市委、市政府	2021年12月31日
陈　超	南京梦杨农业科技有限公司	2021年度南京市劳动模范	市委、市政府	2021年12月31日
沈爱保	南京和美凤鸣谷物种植专业合作社	2021年度南京市劳动模范	市委、市政府	2021年12月31日
经绍武	东屏街道和平村	2021年度南京市劳动模范	市委、市政府	2021年12月31日
张世礼	白马镇白马社区	2021年度南京市劳动模范	市委、市政府	2021年12月31日
陈正华	和凤镇孔镇社区	2021年度南京市劳动模范	市委、市政府	2021年12月31日

在区委十四届四次全会上的讲话

副市长、区委书记　林涛
（2021年12月29日）

这次全会的任务是，以习近平新时代中国特色社会主义思想为指导，全面贯彻党的十九大和十九届历次全会精神，深入落实习近平总书记对江苏工作重要指示精神，按照中央、省委经济工作会议和市委十五届二次全会部署，总结今年工作、分析当前形势、部署明年任务，对贯彻落实党的十九届六中全会精神作出部署安排，动员全区上下不忘初心、牢记使命，埋头苦干、接续奋斗，坚决扛起“争当表率、争做示范、走在前列”三大光荣使命，奋力谱写溧水现代化建设新篇章。

下面，根据区委常委会讨论精神，我讲四个方面意见。

一、深入贯彻习近平新时代中国特色社会主义思想，以高质量发展推动“十四五”稳健开局起步

一年来，面对严峻复杂的外部环境和突如其来的风险考验，全区上下坚持以新思想定向领航，更加自觉落实新发展理念，勠力同心、克难奋进，“十四五”取得良好开局，现代化建设新征程迈出坚实第一步。

综合实力稳步提升。预计地区生产总值增长8.5%，即将历史性迈上“千亿级”台阶，成功获评全省推进高质量发展先进区。规模工业产值、固定资产投资、社会消费品零售总额等主要指标增幅位居全市前列；新增市场主体2.29万户，总量超过10万户；本川智能在深交所首发上市，实现创业板“零”的突破。

新旧动能加速转换。南京国家农高区“一区多园”现代农业格局加快构建，制造业增加值占GDP比重提升到43.5%，战略性新兴产业占比提高7.6个百分点。盘活低效用地1430亩，规上工业企业亩均税收提高9.6%。创成省级技术创新中心1个、省市级工程技术研究中心20个，净增高新技术企业69家、规上工业企业108家，新增省专精特新“小巨人”企业9家，获批省知识产权强省建设示范区。签约引进亿元以上项目290个，制造业占比达65%，东部农业科技创新港、南林大溧水校区等重大项目开工建设，欣旺达二期、西门子等71个工业项目竣工投产。

城乡发展融合推进。以绣花功夫推进城市更新，515个城乡建设任务有序推进，开工建设安置房近97万平方米、竣工分配4300余套，完成棚改31万平方米，创成省级宜居示范小区5个，无想水镇、永寿坊建成运营。持续推进国家城乡融合发展试验区五项重点任务，扎实开展乡村建设行动，创建美丽乡村68个，创成省级特色田园乡村4个，李巷获评全国乡村旅游重点村；获评“四好农村路”全国示范区、全省首批城乡公交一体化示范区。

健康环境持续彰显。坚持生态优先、绿色发展，全力抓好长江大保护，持续推进中央、省环保督察反馈问题整改。PM2.5浓度均值下降5.3%，空气优良率达81.1%，国省考断面水质达标率、优Ⅲ比例实现“两个100%”，获评“中国气候宜居城市”。有序推进碳达峰碳中和，创成全省首个碳达峰目标下绿色城乡建设试点区，获批全国整县屋顶分布式光伏开发试点。

改革开放活力迸发。深入开展“鼓励基层创新年”活动，完成8大领域32项重点改革任务，39个科室、村社获评“猎豹奖”；拓展“1120”“753”改革内涵，“准入即准营”全省领先；全国社区治理和服务创新实验区成功结项，“亲人身后一件事”获民政部批示肯定，打造“15分钟政务服务圈”被央视报道；全面深入推进国企改革三年行动计划，国资平台资产负债率稳步下降。高水平推进国家临空经济示范区建设，首单“9710”跨境电商业务顺利通关，对外输出跨境直播服务贸易填补全市产

业空白，外贸进出口总额创历史新高；举办第34届世界电动车大会、2021首届中国国际跨境电商发展大会等重大会展43场，获评“中国十佳会展名区”。

民生福祉更加厚实。用心用情办好10项70件民生实事，城镇新增就业超2万人，预计全体居民人均可支配收入增长11.5%；扎实推动“双减”政策落地，办学质量稳步提升；公立医院改革连续四年获省政府通报表扬，“新生儿出生一件事”、医疗救助零星报销“免申即享”获全市推广；高标准运营东屏集中供养点，全市率先打造农村特困人员供养服务中心示范标杆。“1+5”特大城市郊区治理体系加快构建，矛盾纠纷调处化解“只需跑一地”、“一图治理”等特色做法获中央政法委肯定，“12345”政务热线工作绩效考核排名全市第一。推进安全生产“一年小灶”和“三年大灶”融合衔接，清零3人以上“三合一”场所，生产安全事故起数、死亡人数连续三年“双下降”。

党的建设全面加强。深入学习宣传贯彻党的十九届六中全会精神，隆重举办庆祝中国共产党成立100周年系列活动，连续四年获评全省基层党员冬训工作示范区，红色李巷成为省级爱国主义教育基地。扎实开展党史学习教育，推进“我为群众办实事”实践活动，各级党员干部走访40余万人次，制定项目清单898条，重点项目完成率达100%。大力开展“两在两同”建新功行动，基层党建“整体过硬年”行动深入实施，高标准完成区、镇两级党委和村社换届。从严监督执纪问责，党纪政务立案305件305人；驰而不息纠“四风”，查处33起48人；深入推进中央纪委同级监督联系点工作，“三不”一体实境课堂获中央纪委调研组肯定。认真筹备人大、政府、政协及监委、法检领导班子换届，推动政法队伍教育整顿和“回头看”，统筹推进统战、群团、老干部、党校、党史、人武、双拥、退役军人事务等工作再上新台阶。

二、准确把握明年工作形势和总体要求，在履行新使命、肩负新重任中全力以赴抓好经济发展

明年是党的二十大召开之年，也是全面贯彻落实党的十九届六中全会精神和省市区党代会部署的开局之年，做好明年工作责任重大、意义深远。近期，中央和省委经济工作会议先后召开，对明年经济工作总体要求、主要目标和重点任务进行了部署。特别是习近平总书记在中央经济工作会议上，强调“坚持以经济建设为中心是党的基本路线的要求，全党都要聚精会神贯彻执行，推动经济实现质的稳步提升和量的合理增长。”我们必须深入学习领会，坚决贯彻落实。中央经济工作会议指出，我国经济发展面临需求收缩、供给冲击、预期转弱三重压力，明年经济工作要“稳字当头、稳中求进”，各方面要积极推出有利于经济稳定的政策，政策发力适当靠前。省委经济工作会议指出，要清醒认识“三重压力”对全省带来的困难和挑战，更要看到支撑全省高质量发展的基础条件没有改变，经济持续恢复、长期稳定向好的态势总体没有改变。从溧水的发展实际看，要清醒看到面临的风险挑战，宏观经济下行压力加大，区域竞争态势加剧，稳增长、防风险的压力空前，加上中央和省市明确要求以更大力度化解政府债务，对我们的工作能力、工作水平提出了更高要求。更要深刻认识到面临的重大机遇，国家对实体经济、制造业及风险化解等支持力度进一步加大，加上碳达峰碳中和、郊区新城、长三角一体化、南京都市圈等国家和区域性重大战略深入推进，必将带来新的政策机遇和改革红利。

基于以上分析，明年总的要求是：坚持以习近平新时代中国特色社会主义思想为指导，全面贯彻落实党的十九大和十九届历次全会精神，深入贯彻习近平总书记对江苏工作重要指示精神，按照中央、省委经济工作会议部署，弘扬伟大建党精神，坚持稳中求进工作总基调，坚持改革创新，完整、准确、全面贯彻新发展理念，积极融入新发展格局，着力推动高质量发展，坚持以供给侧结构性改革为主线，统筹疫情防控和经济社会发展，统筹发展和安全，扎实抓好“六稳”“六保”工作，持续改善民生，保持经济稳中向好良好态势，保持社会大局稳定，扛起“争当表率、争做示范、走在前列”光荣使命，以优异成绩迎接党的二十大胜利召开。

具体目标上，明年各项工作都要“保三争一”，确保省市高质量发展考核走在前列。预期性指标方面，地区生产总值要确保增长7.5%以上、力争8.5%，其他指标按照支撑8.5%的增长来安排；约束性指标要确保完成省市目标任务。

做好明年工作，要把抓经济发展作为重中之重，全面深入贯彻“稳字当头、稳中求进”总要求，切实增强抓经济促发展的责任感、使命感，全面提高抓经济工作的能力水平。重点把握好四个方面：一要坚持党对经济工作的领导。稳定宏观经济不仅是经济问题，更是政治问题。我们必须要学深悟透、融会贯通习近平新时代中国特色社会主义思想，特别是要深入学习贯彻习近平经济思想，深刻领会贯穿其中的马克思主义立场、观点、方法，切实增强经济工作的科学性、预见性、主动性。二要抓好创造性贯彻落实。踏上新征程，必须完整、准确、全面贯彻新发展理念，坚定不移推动高质量发展，不能捡到篮子就是菜，更不能穿新鞋走老路。要舍得花时间、下一番苦功夫，深入分析、系统研究国家和省市各项经济政策，吃透上级精神，深刻领会上级决策部署“是什么”“为什么”，根据溧水发展实际，在守牢发展底线的前提下，创造性抓好贯彻落实。特别要用好用足上级赋予的改革试验机遇，围绕破解问题、拿出创新举措，形成更多探索性、创新性、引领性的发展成果。三要敢于抓大、善于抓小。对于推动经济发展，既要从全区大局着眼，谋大局、抓大事，看当前、看长远，也要从小处着手，不能大而化之，注重把握细节，防止“针尖大的窟窿漏过斗大的风”，每一项重点工作推进，都要完善“清单化、目标化、责任化、节点化”机制，确保落细落实落到位。四要担当作为、积极进取。解决发展中的一切问题，都要靠各级干部敢于担当、积极作为，但“积极作为”必须是“善于作为”，决不能乱作为。遇到复杂的经济发展问题，各级领导干部要一竿子插到底，靠前指挥、攻坚突破，勇于挑最重的担子、敢于啃最硬的骨头、善于接最烫手的山芋，以一往无前的昂扬姿态、务实高效的工作作风，干出高质量发展新局面。

区委决定，围绕抓好抓实经济工作，将明年确定为“创新驱动、产业转型攻坚突破年”，重点实施“五大攻坚行动”：一是科技创新攻坚行动。聚焦公共创新平台建设，争取更多国家和省重大科技平台布局，力争国家级技术创新中心、产业创新中心和工程技术研究中心实现突破，加速东部农业科技创新港、南林大溧水校区等项目建设；聚焦产业关键核心技术攻坚，加快推进主导产业核心环节技术创新，实施产学研合作项目120个以上、技改项目100个以上、建成“三站三中心”20家以上，推动南京国家农高区实施种源“卡脖子”技术攻关，推动新能源汽车产业承担实施市级重大科技专项；聚焦创新主体培育，新增独角兽和瞪羚企业15家、省级以上专精特新“小巨人”企业5家、高新技术企业60家以上，确保规上工业企业高企占比50%以上、研发机构覆盖率90%以上。二是产业集群攻坚行动。聚焦新能源汽车、新医药与生命健康、智能制造装备、智能家居四大产业链，推动营收增长20%以上，确保规上工业总产值增速高于全市平均10个百分点，总量突破千亿；突出龙头企业引领，强化“链主式”企业引培，培育50亿元企业1家以上、10亿元企业4家以上；聚焦企业梯队培育，新增规上工业企业超100家，力争新增上市企业2家、总部企业2家。三是项目建设攻坚行动。坚持“项目为王”，树立“大抓项目、抓大项目，狠抓产业项目、狠抓制造业项目”的鲜明导向，推动项目洽谈、落地、开工、建设、竣工投产等全过程联动；进一步完善招商机制，建立多元化招商队伍，全年引进百亿级项目1个、超亿元优质制造业项目100个以上；加大签约项目落地保障力度，完善区领导挂钩联系重点项目制度，确保竣工投产制造业项目50个以上，省市重大项目开工率、投资额、竣工投产率走在全市最前列。四是园区转型攻坚行动。提升园区发展能级，实施镇街百亿园区打造计划，举全区之力推进开发区争创国家级经开区，推动永阳、东屏园区产值破百亿。坚持“政府主导、市场参与”，落实制造业“腾笼换凤、筑巢引凤、凤凰涅槃”三年行动计划，创新实施土地置换、增容技改、联动开发等10种改造模式，盘活低效工业用地，确保腾出土地不少于2300亩，建成高标准工业载体20万平方米，规上工业企业亩均税收显著提高。五是企业服务攻坚行动。落实制造业专班工作机制，实施重点企业“一企一专班”全生命周期服务；常态化开展企业家早餐会，推进企业诉求第一时间响应、问题第一时间解决；强化“事不过夜、马上就办”的为企服务意识，擦亮“溧刻办”服务品牌，打造营商环境最优区。元旦后，我们将召开全区“创新驱动、产业转型”推进大会，全面部署具体工作，营造大抓经济、大抓产业、大抓创新的浓厚氛围，奋力推动高质量发展。

三、聚焦重点、实干笃行，以新的奋进姿态抓好明年工作

关于明年工作，重点抓好七个方面：

1.突出系统全面、主动扎实，毫不动摇抓好常态化疫情防控和各类风险防范。这是做好各项工作的基本前提，也是推动高质量发展的根本要求。要更好统筹发展和安全，切实强化忧患意识、树立底线思维，把防范化解各类重大风险作为工作的重中之重，把困难估计得更充分一些，把风险思考得更深入一些，把工作做得更扎实一些，打好防范化解风险挑战的主动战。要清醒认识到“防得住”才能“放得开”。倍加珍惜来之不易的防控成果，慎终如始坚持“外防输入、内防反弹”总策略和“动态清零”总方针，对各领域各环节防控措施再梳理再检查再落实。强化多渠道预警监测，切实抓好重点人群、重点场所和重点环节管控，不断提升“宁归来”首站公寓智能化运营管理水平，加强疫苗接种，确保防控不松懈、疫情不反弹、发展不停步。全面推进公共卫生应急管理体系建设，压紧压实防控责任，从本质上提升疫情应急处置能力和水平。要全面排查化解重大风险隐患。强化源头管理、突出一线解决，聚焦实体经济、房地产等22个重点领域，深入开展防范化解金融债务风险、防控实体经济风险等12个专项行动，压实各方责任，牢牢守住不发生系统性风险的底线。要完善社会矛盾和安全隐患大排查大整治机制，深化安全生产专项整治三年行动，持续压降生产安全事故，全力争创省级安全发展示范城市，提升城市本质安全水平。要严之又严强化政府债务管控。树立正确的政绩观，处理好化债与发展的关系，实事求是、量力而行。牢固树立过“紧日子”思想，多措并举压降政府债务尤其是国资平台债务规模，扎扎实实把推动发展的落脚点转到提高质量和效益上来。

2.突出创新驱动、产业转型，全力打造先进制造业集聚区。坚决扛起建设“先进制造业集聚区”重任，全力推进“五大攻坚行动”，不断提升制造业高质量发展试验区建设水平。要加快推动产业链创新链融合。围绕产业链布局创新链，运用市场化机制激励企业创新，针对性打造一批共性技术平台，推动更多科技成果在溧转化。突出龙头企业带动，鼓励支持西门子、开沃汽车、云海金属等重点企业整合创新资源和要素，牵头打造产业园、组建创新联合体，协同解决产业共性问题。突出人才支撑，激发人才创新活力，高度重视培养引进与产业发展需求相匹配的科技领军人才和创新团队，优化完善人才安居、交通出行、教育医疗等配套政策，确保引进高层次创业人才40名以上。突出金融赋能，常态化开展银企对接活动，引导金融机构加大对实体经济支持，鼓励龙头企业设立产业基金、并购基金，引导更多产业基金投放区内企业，构建起连接科技、产业、金融的桥梁。要加快打造优势产业集群。以培育优势产业集群推动产业整体竞争力提升，围绕四大产业，严格落实“链长制”，实施产业链供应链“锻链”计划，加快编制产业热力图，高标准完成产业链“五图”“六清单”，进一步梳理哪些企业必须坚决留住，哪些企业“根”不能动，哪些企业需要加快引入，一链一策、一企一策、精准推动。在全面研究分析的基础上，完善精准招商机制，推动延链补链，确保引进项目中产业链项目占比60%以上。要加快发展数字经济。聚焦数字产业化，大力推进新型数字基础设施建设，数字经济核心产业增加值占GDP比重提升1个百分点以上。聚焦产业数字化，以工业互联网、5G赋能推动传统产业转型升级，开展制造业“提智”行动，实施企业智能化、数字化改造200家以上，打造“5G+工业互联网”示范应用场景30个以上，培育一批重点行业工业互联网平台和标杆工厂，争创“5G+工业互联网”融合应用先导区。

3.突出双向发力、全域拓展，全力打造对外开放新高地。立足建设“长三角双循环国际开放枢纽”，加快融入长三角一体化、南京都市圈等多重战略，发挥自身优势，推动集聚发展，促进高端资源要素加快导入，拓展开放发展新空间。要更大力度建强开放平台。推进国家临空经济示范区、自贸区联动创新发展区建设，进一步做强做优机场大通关基地、机场跨境电商产业园等特色平台，全力争取空港保税物流中心(B型)升级为综合保税区，推动民航适航审定中心落地；统筹用好空港和白马两大会展中心，在常态化疫情防控背景下，探索优化会展工作新机制，高水平办好重大会展活动。要更大力度发展开放型经济。抢抓南京打造国际消费中心城市机遇，大力发展跨境电商、直播经济等新业态新模式，确保实际利用外资2.8亿美元、引进千万美元项目10个以上，外贸进出口

总额达132亿元。大力促进文旅融合发展，办好咪豆音乐节、秦淮源头灯会等节庆活动，争创国家全域旅游示范区。要更大力度优化营商环境。深化“放管服”改革，优化提升“1120”改革内涵，探索构建更多“一件事一次办”应用场景。大力推进数据协同，实施惠企政策“免申即享”，推动市场主体高频事项“跨省通办”走在前列。

4.突出优势互补、协同联动，全力打造城乡融合发展示范。推动城乡融合发展先行示范，是国家和省市赋予溧水的重大使命，也是建设南京南部新兴增长极的内在要求。要树立国际视野，坚持品质标准，精细化推进各项城乡建设任务，更高水平建设碳达峰目标下绿色城乡建设试点区。要优化城市空间布局。加快首轮国土空间总体规划、城市总体设计等编制，完成全区控制性详细规划全覆盖，有序推进空港国际城、石湫文艺科教新城等新城新区建设。加大人口集聚力度，逐步解决人口不足这一制约全区发展的关键问题。要推进城市有机更新。系统实施花园城市提升、双碳建设试点和安全韧性城市完善等行动，高标准推进老旧小区、背街小巷、道路街景等提升改造，加快城市客厅建设，打造一批精致口袋公园，建设美丽宜居城区。城市更新不能沿用过去大拆大建的方式，一定要严格控制大规模拆除、大规模增建、大规模搬迁，保护历史文化，提升生活品质，守护好人民群众对城市的美好记忆和深厚感情。要提高精细化管理水平。以创建文明典范城市为引领，一手抓问题整治，聚焦农贸市场、交通秩序、停车管理、工地扬尘等重点，分领域开展专项整治；一手抓长效建设，推进公共基础设施城乡一体化管护体制改革，探索实施背街小巷“巷长制”、问题突出片区“片长制”、农村公路“路长制”，完善城市精细化管理“红黑榜”考评机制，打造智慧城建综合管理平台。要加快推动乡村全面振兴。持续稳定粮食生产，严防耕地“非粮化”和耕地抛荒，新增高标准农田1700亩。加快推进集体经营性建设用地入市，争创国家农村产业融合发展示范园、国家级现代农业产业园。实施乡村建设行动，继续抓好农村人居环境整治，建设美丽乡村30个以上，争创省级特色田园乡村3个，有效补齐农村基础设施和公共服务短板。深化省级数字乡村试点，创建农房和村庄现代化建设示范区。

5.突出生态优先、绿色发展，全力打造健康中国典范城市。溧水作为全省唯一的“健康江苏”实践示范区，市委市政府连续三年重点支持“健康溧水”建设，于基础、于责任，都必须更高标准、更实举措抓好各项工作，全力争创健康中国示范区。要持续优化健康服务。深化国家紧密型县域医共体、省级医共体医保支付方式改革等试点，推进医疗集团体制机制创新，加快推动区人民医院、区中医院创建三甲医院，加快建设江苏省康复医院、南京市颐养中心。创新推进医防、医养、体医、教体融合发展，积极争创国家健康促进区、国家慢病综合防控示范区，力争省级健康镇街实现全覆盖。要持续提升健康环境。牢牢守住环境质量只能变好不能变坏的底线，继续打好污染防治攻坚战，确保空气、水等生态环境指标走在省市最前列。落实碳达峰行动方案，加快推进全国整县屋顶分布式光伏开发试点，争创省“双碳”目标先行试点区；更高标准推进石臼湖生态保护利用，积极创建全国“两山”理论实践创新基地。要持续壮大健康产业。深入研究全区健康产业发展方向，突出以健康制造引领支撑健康产业发展，加大生物医药、医疗器械等健康领域重点项目招引。发挥健康产业规划及扶持政策引领作用，稳步推进“一平台三基地”建设，加快推进无想谷等重点康养项目建设，大力发展共享康养院子，打造长三角康居颐养胜地。

6.突出品质提升、共同富裕，全力打造美好生活示范区。悟透以人民为中心的发展思想，更加精准务实办好民生实事，把高质量发展成果体现到高品质生活上，体现到增强人民群众获得感幸福感安全感上来，让城市更有温度、幸福更有质感。要多措并举增加居民收入。强化就业优先导向，创造条件让群众通过辛勤劳动和创新创业增收致富，不断扩大中等收入群体。要聚焦高校毕业生、退役军人、农民工等重点人群，高质量抓好城镇新增就业，确保城镇登记失业率保持在3.5%以下。要鼓励创新思路发展壮大村级集体经济，支持盘活农村闲置宅基地、闲置空屋，发展特色民宿、农村电商等新业态，推动城乡居民收入增幅稳居省市前列。要以人为本优化公共服务。更高标准推动公共服务均等化，城乡一体全面提升优质供给水平，提高溧水对人口资源的吸附力。加快完成省溧中附中、城南小学、石燕路幼儿园等新建、改扩建任务，更大力度引进名校名师资源，扎实推进义务教育“集团化”改革。积极推进文化惠民工程，高水平建设一批社区邻里中心，争创国家公共文化服务体系示范区。增强公共体育服务供给，引导更多社会力量投身体育设施建设。要不断完善社会保障体系。深入推进全民参保计划和工伤保险"同舟计划"，实现社保全覆盖。统筹发展老龄事业和"银发产业"，鼓励发展智慧养老新模式新业态；高标准建设运营东屏、洪蓝区级集中供养中心，推行"时间银行""农村睦邻点"等特色养老服务，坚决兜牢困难群众和失能半失能老人的生活底线。落实好全面三孩政策，大力发展托育服务，减轻群众生育养育负担。完善住房保障体系，统筹抓好公共租赁住房、棚户区改造和安置房建设分配等工作，推进小区高品质物业管理服务全覆盖。

7.突出重心下移、效能提升，全力打造特大城市郊区治理样本。让城市更聪明、更智慧，是推动城市治理体系和治理能力现代化的必由之路。要最大限度整合资源、集合要素、集中力量，推动更多资源、更多力量下沉一线，以集成化平台、智能化手段、高效化流程推动社会治理水平实现本质提升。要推动智慧化治理走在前列。全力推进"一网统管"建设，发挥城市运行管理中心"城市大脑"作用，推动8个镇街指挥分中心实体化运作，构建上下一体、协同高效的"两级平台、四级应用"组织体系。落实"实时感知监测、及时预警发现、快速应急处置"要求，聚焦疫情防控、环境监测、交通出行、燃气管理等重点领域，推出更多智慧应用场景。健全深化"镇街吹哨、部门报到、接诉即办"工作体系，系统抓好群众诉求意见收集分析，尽心尽力办好每一件工单。要推动网格化治理走在前列。深化"全要素"网格化服务管理，创新网格员垂直管理机制，推动社会治理网格与责任部门力量叠加融合，把矛盾问题消除在萌芽状态，确保"小事不出村、大事不出镇、矛盾不上交"。坚持和发展新时代"枫桥经验"，深化三级矛盾调解中心建设，完善矛盾纠纷多元调处化解机制，深入落实全省"信访突出问题攻坚化解年"行动，坚持领导带头、定期下访，全力化解信访积案。要推动法治化治理走在前列。继续深化综合执法改革，大力推动司法责任制改革，持续深化政法机关"放管服"改革和"减证便民"行动，优化完善政法公共服务。深入推进"八五"普法，巩固和深化政法队伍教育整顿成果，常态化推进扫黑除恶斗争，建设更高水平法治溧水、平安溧水。

四、弘扬伟大建党精神，推动全面从严治党不断向纵深发展

奋进新时代、奋进新征程，关键在党，关键在人。要全面贯彻新时代党的建设总要求，从党的百年奋斗重大成就历史经验中汲取前进力量，始终牢记初心使命，以永远在路上的坚定和执着纵深推进全面从严治党，把全区各级党组织建设得更加有力，为高质量发展提供坚强政治保证。

一要筑牢绝对忠诚的信念根基。坚持把讲政治作为第一位要求，坚决捍卫"两个确立"，切实增强"四个意识"、坚定"四个自信"、做到"两个维护"，确保在政治立场、政治方向、政治原则、政治道路上同以习近平同志为核心的党中央保持高度一致。坚持不懈强化理论武装，持续在学懂弄通做实习近平新时代中国特色社会主义思想上下功夫，扎实开展理想信念教育，认真做好迎接、宣传、贯彻党的二十大系列活动。深化党史学习教育制度性成果，一体落实党的二十大和十九届六中全会精神。严守党的政治纪律和政治规矩，严肃党内政治生活，发展积极健康的党内政治文化。严格落实意识形态工作责任制，推进"两中心一平台"深度融合发展，巩固壮大主流思想舆论。广泛倡导社会主义核心价值观，深化文明典范城市创建成果，凝聚社会正能量。

二要夯实坚强有力的基层基础。以提升组织力、增强政治功能为重点，把每一个基层党组织都建设成为凝心聚力的坚强战斗堡垒。要紧盯主攻方向，持续开展"两在两同"建新功行动，深入实施基层党建"五聚焦五落实"深化提升行动，把党的力量挺立在经济发展、乡村振兴最前沿。要全域一体推进，大力整治软弱后进党组织，统筹加强农村、社区、机关、企业、学校、医院、"两新"组织等各领域党建工作，创新开展产业链党建工作，探索建立商圈党建联盟，让党的旗帜在每一块阵地都高高飘扬。要育强骨干力量，持续加强基层党组织书记队伍建设，深入推进村干部专职化管理，提高党员教育管理质量，培育先进典型，激励广大基层党员干部更好奉献发展、服务群众。

三要锻造堪当重任的干部队伍。落实新时代好干部标准，完善干部选育管用机制，注重在经济发展最前沿、项目建设主战场、重大斗争第一线培养锻炼干部。统筹用好各年龄段干部，分批选派

优秀年轻干部开展“上派外派下派”培养锻炼，注重从国有企业、开发园区等领域发现选拔优秀人才，加强女干部、党外干部储备和选拔，不断优化干部队伍知识、年龄、能力结构。建好管好用好区委党校，全覆盖打造体验式、互动式现场教学矩阵，不断提升党性教育的说服力、感染力。完善日常谈话提醒、函询诫勉等机制，探索建立相关职能部门共同抓反馈问题整改的协作机制，形成干部监督管理的有效合力。

四要营造风清气正的政治生态。坚定不移推进党风廉政建设和反腐败斗争，把“严”的主基调长期坚持下去。紧盯“一把手”和领导班子等“关键少数”，推进政治监督具体化、常态化。持之以恒落实中央八项规定及其实施细则精神，深入整治形式主义、官僚主义，持续为基层减负，大力整治群众身边腐败问题和不正之风。坚持无禁区、全覆盖、零容忍，精准运用“四种形态”，一体推进不敢腐、不能腐、不想腐体制机制建设。有序推进十四届区委巡察各项工作，推动全区政治生态更加风清气正、健康向上。

同志们！实现奋斗目标，关键在于落实。全区上下要围绕“最后一公里”，狠抓工作落实，久久为功、善作善成。要迅速高效抓落实。牢固树立“今天再晚也是早、明天再早也是晚”的效率意识，发扬“事不过夜、马上到现场”的工作作风，任务一布置，马上抓落实；工作一部署，马上去推动；目标一完成，马上就反馈，系统构建“部署—实施—落实到位—反馈”的闭环管理机制。要讲究方法抓落实。推行项目工作法，坚持任务项目化、项目清单化、清单具体化，每项工作都要列出责任单位、责任人员、完成时限、工作标准、考核要求；推行一线工作法，坚持领导带头，把“办公室”搬到项目建设一线，搬到招商引资一线，搬到矛盾化解一线，多在基层、多到一线解难题、抓推进；推行典型引领法，积极营造比学赶超浓厚氛围，大力开展现场观摩活动，让各级各部门现场看、现场悟、现场学，让做得好的现身说法、让做得差的脸红流汗。要改革创新抓落实。鼓励八仙过海、各显神通，倡导用改革的思路、创新的理念来研究问题、解决问题，创造性地贯彻落实上级部署，创造性地开展工作，创造性地推动发展。

同志们！没有等出来的辉煌，只有干出来的精彩。让我们更加紧密地团结在以习近平同志为核心的党中央周围，一锤接着一锤敲，一以贯之抓落实，风雨兼程、砥砺前行，在扛起“争当表率、争做示范、走在前列”光荣使命中，共同谱写“强富美高”新溧水建设现代化新篇章，以更加优异的成绩迎接党的二十大胜利召开！（区委办）

政府工作报告

——在南京市溧水区第十七届人民代表大会第一次会议上的讲话

区长　张蕴

（2022年1月6日）

一、2021年及本届政府工作回顾

刚刚过去的一年，是具有特殊意义、面临特殊形势、肩负特殊使命的一年。面对复杂严峻的考验、繁重艰巨的任务，我们紧扣庆祝党的百年华诞固本铸魂，深入学习贯彻党的十九届六中全会精神，全面落实中央和省市区委决策部署，坚持稳中求进工作总基调，统筹疫情防控和经济社会发展，顺利完成改革发展稳定各项目标，实现了“十四五”良好开局和区第16届政府工作的圆满收官。一年来，我们用一组组数据镌刻了克难前行的坚定足迹。严格落实“四早”要求，严密压实“四方责任”，仅用18天就打赢全员核酸检测突击战、输入性关联疫情歼灭战、疫情防控阶段性阻击战。在全力做好疫情防控基础上，经济发展保持良好态势，完成一般公共预算收入81.88亿元，预计全区地区生产总值增长8.5%左右，历史性突破千亿大关，夺取了疫情防控和经济社会发展“双胜利”。

我们用一个个项目展示了迎难而上的争先态势。把项目建设作为稳定经济的“压舱石”，加快推进中国东部（南京）农业科技创新港、南林大溧水校区等重大项目建设，71个工业项目竣工投产，在三季度全市招商引资擂台赛中夺得“双红旗”。我们用一份份承诺彰显了排难解忧的责任担当。精准回应群众“急难愁盼”，人大代表票决出的10件70项民生实事全面完成。立足“平战结合、平急转换”，主动推动建设“宁归来”首站公寓，用实际行动展现溧水的担当。

这一年，我们坚持量质并举，经济总量在稳增长、求突破中更具规模。千方百计稳住发展“基本盘”，经济发展量质齐升。产业体系质效优。工业经济持续攀升，全年净增规上工业企业108家，实现规上工业产值810亿元、增长25%。新能源汽车、临空、大健康等主导产业产值分别增长25%、11%、16%，完成工业投资162亿元、增长12%，其中技改投资增长13%。服务业品质持续跃升，新增限上商贸企业63家，举办消费促进活动70余场，实现社会消费品零售总额390亿元。现代农业持续提升，新增市级以上农业龙头企业12家，粮食安全责任制考核排名蝉联全市第一，“米袋子”“菜篮子”供应稳定，长乐、傅家边、水晶3个村被评为全国乡村特色产业亿元村。项目牵引马力足。41个省市重大项目全部开工，完成投资244亿元，48个亿元以上制造业项目竣工投产，270个区重点产业项目全面开工，两岸（和凤）机电产业合作示范园区正式揭牌。招商引资取得新成果，成功举办南京金洽会溧水专场以及上海、深圳推介会等30场招商活动，签约亿元以上项目290个，其中制造业项目190个。实际利用内资255亿元、外资2.84亿美元。稳企安商举措实。认真落实减税降费政策，全年共计29.82亿元。制定出台新一版制造业“十条”等扶持政策，累计兑现各类奖补资金4642万元。紧盯突发疫情导致的供应链受阻、复工复产受限、重点行业受困等问题，举办“抗疫情、纾企困、稳增长”银企对接会，出台暖心助企八条措施，帮助企业获得授信1080亿元。创新企业服务专班机制，打响“9951”服务品牌，助力1家企业在创业板上市，率先在全市完成市场主体倍增计划。

这一年，我们坚持内外联动，创新动能在抓改革、促开放中更趋澎湃。以改革破难题、以开放激活力、以创新增后劲，发展动力充分释放。改革“步伐”蹄疾步稳。深化“放管服”改革，巩固“1120”“753”改革成效，“准入即准营”等改革试点走在全省前列。扎实推进国企改革，完善国企高质量发展考核机制，区水务集团进入全国股转系统挂牌审查，三年国企改革事项总体完成率达92%，区属国有企业资产规模突破2600亿元。国家城乡融合发展试验区建设有力推进，探索创新农村集体经营性建设用地入市试点工作，洪蓝傅家边、晶桥太阳庄两宗土地完成入市。开放“扇面”次第展开。积极融入长三角一体化，宁杭合作试验区加快推进，设立宁杭新兴产业发展基金。自贸区联动创新发展取得新成效，“全球跨境连麦+服务出口”跨境直播服务贸易模式为全市首创。成功举办重大展会43场，其中国家级以上展会18场，获评“中国会展经济产业贡献奖”“中国十佳会展名区”。科创“森林”本固枝荣。充分发挥企业科技创新主体作用，入库科技型中小企业769家，净增高新技术企业69家，新型研发机构通过市级备案4家，创成省“专精特新”小巨人企业9家、省市级工程技术研究中心20个、企业技术中心15个、工程研究中心6个。兑现科技创新、知识产权保护、人才安居系列政策，引进高层次创新创业人才40名。牵头成立长三角种业发展联盟，白马未来食品研究院获批首家省级技术创新中心，创成省市级众创空间4家、市级科技企业孵化器1家。

这一年，我们坚持建管并重，城乡颜值在强功能、优品质中更显品位。多措并举推动空间优化、形态重塑，绘就多彩城乡新画卷。生态的“绿色”散发清新。突出系统治水，实施重点水污染防治项目6个、减排项目29个，以全省最高分通过国家级县域节水型社会达标建设省级验收，国省考断面水质、优Ⅲ比例达标率100%。突出铁腕治气，强化工业污染源治理及扬尘管控，整治VOCs有组织排放企业50家、无组织排放企业75家，空气质量持续改善，被授予国家气候标志，获评中国气候宜居城市。突出重拳治废，完成2个“绿岛”试点项目，建成天山水泥固危废协同处置综合“静脉”产业园。扎实推进能耗双控，实现总量、强度双下降，单位GDP能耗下降6.4%，探索推进“零碳小屋”建设，建成全国首个零能耗乡村游客中心。绿色体系建设成效明显，1家企业入选国家级绿色工厂、实现"零"的突破，5家企业7项产品入选国家级绿色产品、创历史新高，获批全省首个"江苏省碳达峰目标下绿色城乡建设试点区"。乡村的"金色"洒满田野。大力实施乡村振兴战略，加快农业农村现代化建设，成立农业产业化联合体12家，新认定省级示范家庭农场3家、全国农民专业合作社示范社3家，获批农业产业化国家重点龙头企业1家、省级重点龙头企业2家。农村环境持续改善，新建美丽乡村68个，创成绿美村庄7个，竹上云想、裸心岭等特色民宿打响了品牌，山凹村、曹庄、诸家、凉蓬下获评省级特色田园乡村，"稻花香里说丰年"的城市田园风光逐渐呈现。文化的"墨色"尽染韵味。历史文脉彰显风韵，城隍庙、永寿坊等特色街区开街运营，启动蒲塘桥遗址文化公园规划设计，中杨义气墩入选南京市第五批文保单位，韩熙载读书台、中山书院等5处景区获授"世界文学之都"地标铭牌，被评为"中国诗歌之乡"。红色资源充分激活，李巷中国新四军历史研究馆、"四史"教育馆等一批新场馆对外开放，获评江苏省爱国主义教育基地。

这一年，我们坚持人民至上，民生福祉在办实事、解民忧中更加厚实。把群众所望作为施政所向，民生支出占一般公共预算支出80%以上。抓牢兜底性民生。城乡基本养老保险、失业保险覆盖率均达98.6%以上，城乡居民基础养老金、基本医疗保险人均筹资标准等稳步提高，大病保险政策范围内报销比例达60%以上。全面推行失能保险制度，惠及1445人。探索推广医疗救助零星报销"免申即享"，全年救助9.8万人次、拨付救助资金2764万元。聚焦"一老一小"持续发力，南京市妇幼保健院溧水分院揭牌成立，创新养老服务体系，基本形成15分钟居家养老服务圈。注重基础性民生。深入实施就业优先政策，城镇新增就业2万余人，预计全体居民人均可支配收入达5.2万元、增长11.5%。功能配套不断完善，天生桥套闸除险加固工程荣获中国水利工程优质(大禹)奖，珍珠路环境综合整治等112个项目全面完成，改造停车场20个，新增泊位3267个，新建安置房97万平方米、竣工分配4338套，农村不动产登记率90.7%。交通体系持续优化，秦淮河四级航道整治项目加快推进，贯通23条"断头路"，提档升级农村公路60公里，获评"四好农村路"全国示范区。突出普惠性民生。全区办学水平稳步提升，开办省溧中"海安班"、二高中"海门班"，高考录取率创历史新高，获评全市高中教育发展性评估一等奖，初中办学质量稳居全市前三，特殊教育学校获省基础教育教学成果一等奖。加大优质医疗资源供给，区域三级医疗卫生服务能力全面提升，区中医院被确立为全省首批"体医融合"试点单位之一，在今年疫情防控中快速改造成为全市新冠肺炎出院患者定点康复医院。"智慧城市"建设持续深化，基本实现城区公共区域5G网络和无线WIFI全覆盖，率先打造具有城区特色的"智慧矫正中心"，群众食品安全满意度稳中有升，生产安全事故起数、死亡人数实现"双下降"，"居者安、近者悦、远者来"的城市归属感不断增强。

这一年，我们坚持苦干实干，自身建设在转作风、提效能中更为严实。自觉接受人大工作监督、法律监督和政协民主监督，办理人大代表建议、政协委员提案232件，办结率、满意率均达100%。健全行政机关负责人出庭应诉机制，出庭应诉率100%。快速办理12345热线，解决群众诉求8.9万余件，综合排名蝉联全市第一。严控政府一般性支出，"三公"经费、区级行政机关运行支出保持零增长。绩效评价委员会、专家咨询委员会作用初显，强化审计监督成果运用，加快形成政府投资项目从策划设计、概算控制、监管督查到审计验收的标准化管理闭环。认真落实全面从严治党和意识形态工作主体责任，严格执行中央八项规定及其实施细则精神，深化各级巡视巡察反馈及审计查出问题整改，党风廉政建设取得新成效。

与此同时，工会、妇女、未成年人保护、残疾人等工作实现了新进步，民宗、台侨、科协、红十字会、档案、人武、退役军人和双拥等工作迈上了新台阶。

各位代表，回首来时路，郁郁满芳华。2021年是本届政府任期的收官之年，五年来全区上下同心同向、同力同行，以"千磨万击还坚劲"的毅力、"咬定青山不放松"的执着、"行百里半九十"的清醒，披荆斩棘、奋勇前进，走出了一条既体现时代特征、又富有溧水特色的后发崛起之路。

——经济体量从"夯基垒台"趋向"立柱架梁"。产业体系形成"集群效应"，累计入选省市重大项目271个，连续五年走在全市前列，规上工业企业数量排名全市第二，获评全省制造业创新转型成效明显地区。平台载体凸显"矩阵效应"，开发区获批省新型工业化产业示范基地，高新区（溧水园）主要指标排名位居全市前列，创成长三角唯一的国家农高区、南京市唯一的制造业高质量发展试验区，多层次、高能级平台体系加快形成。经济发展呈现“迭变效应”，一般公共预算收入年均增幅9.6%，地区生产总值连跨“五个百亿级台阶”。

——*改革开放从“涓涓涓流”汇成“源头活水”*。以改革优化资源配置，擦亮“溧刻办”政务服务品牌，“一件事一次办”等改革试点全省领先，被评为全省营商环境综合评价先进区。以创新汇聚发展动能，高新技术企业五年增长3倍，万人发明专利拥有量达60件，获评全国科技创新百强区、江苏知识产权强省建设示范区。大力实施“人才强区”战略，集聚各类高层次创业创新人才近1500名。以开放提升城市能级，国家临空经济示范区溧水片区建设加速推进，自贸区示范园企业注册数位居全市前列。外资企业总数达407家，外贸进出口总额实现翻番。累计举办第34届世界电动车大会等重大展会100余场，其中李克强总理对全国新农民新业态创业创新大会作出重要批示。

——*城乡建设从“大刀阔斧”迈向“精雕细琢”*。实施旧城“微更新”，完成城乡建设任务2230个，改造提升飞燕文化产业街区等城市客厅，五年累计完成10条主要道路和110条背街小巷整治出新，301个棚改项目惠及群众3.1万户、8.7万人，166万平方米老旧小区“旧貌换新颜”。畅通城市“大动脉”，建成干线公路3条，轨道交通S7、S9号线竣工通车，基本形成“两横两纵”高速公路网、“两横三纵”国省道布局，率先创成省级“城乡公交一体化”示范区。串联乡村“精品线”，建成山凹村、李巷等市级职工疗休养基地5个，启动建设秦淮源头、金色庄园等6个特色田园乡村组团，获评全国美丽乡村旅游目的地，市民之家、无想水镇获评国家优质工程奖，创成省级全域旅游示范区，乡村振兴实绩考核位列全省第一等次。

——*民生事业从“加固底板”转为“打造样板”*。全力以赴补短板、固底板、创样板，全体居民人均可支配收入年均增长9%以上，48个经济薄弱（欠发达）村、8951名建档立卡低收入农户提前2年脱贫摘帽，顺利实现全面小康，获得全省脱贫攻坚组织创新奖。公共服务持续优化，名师工作室数量位居全市前列，3A级及以上居家养老服务中心实现村社全覆盖，城乡低保标准提高26%，区人民医院、区中医院创成三级医院，公立医院改革连续四年获省政府通报表扬，获评全国基层中医药工作先进单位、国家级体育产业示范基地。垃圾分类取得突破，推广可降解餐厨专用垃圾袋进小区，被评为全省仅有两家的全国农村生活垃圾分类和资源化利用示范区。社会治理纵深推进，创成全国社区治理和服务创新实验区，石头寨村入选全国乡村治理示范村，新型智慧城市综合运营平台投入使用，建成运行全市首家“一站式”矛盾纠纷调处化解中心，矛盾纠纷调处成功率达99.98%，连续两年获评全国信访工作“三无”区，公众安全感稳居全市前列。

“艰难方显勇毅，磨砺始得玉成”。五年来，我们不为困难所惧、不为风雨所阻，共同经历了淬火砺炼的大战大考，共同收获了改革发展的累累硕果，共同迈出了比学赶超的铿锵步伐。我们深刻感受到：必须始终胸怀“国之大者”，坚决贯彻“新思想、新理念、新要求”，更加自觉地以新思想定向领航、从新理念寻策问道、向新要求对标看齐，忠诚捍卫“两个确立”、坚决做到“两个维护”，自觉做习近平中国特色社会主义思想的坚定信仰者、忠实实践者。必须始终坚持“事不过夜”，全力推动“能干事、会干事、干成事”，发扬“事不过夜、案无积卷”的作风，保持“清晨之问、静夜之思”的状态，以“拼”字破一时之难，以“抢”字争发展之先，以“干”字成决胜之势。必须始终牢记“心中有民”，真正实现“零距离、零懈怠、零容忍”，零距离倾听群众心声、零懈怠办好民生实事、零容忍解决民生难题，切实将民生实事办到人民群众的心坎上，以“实打实”换来“心贴心”。必须始终保持“慎独慎微”，时刻做到“严自律、常自省、勤自勉”，发扬斗争精神，勇于自我革命，治疾患于“未”，断诱惑于“始”，在慎独中累严实之效，在慎微中积尺寸之功，任何时候都心有所畏、言有所戒、行有所止，让党和人民信得过、靠得住、能放心！

安不忘危，兴不忘忧。我们清醒认识到，前进道路上还面临一些问题和挑战，主要表现为：经济发展体量和质量还需提升，能源消耗和资源环境的约束不断加大；城乡建设、民生保障存在不少短板弱项，优质公共服务供给不能完全满足群众多样化需求；防范各类风险任务繁重，债务化解面临较大压力；社会治理现代化水平有待提高，实现城市本质安全任重道远。对此，我们将增强忧患意识、坚持底线思维，切实加以解决。

二、今后五年及2022年总体要求和重点任务

世纪疫情冲击下，百年变局加速演进，外部环境不确定因素增多，必须坚持集中精力"办好自己的事"，在多重目标中寻求动态平衡，以自身发展的确定性对冲外部环境的不确定性。今后五年，全区经济社会发展的总体思路是：以习近平新时代中国特色社会主义思想为指导，全面贯彻党的十九大和十九届历次全会精神，深入落实习近平总书记对江苏工作重要讲话指示精神，紧扣"强富美高"总目标，扛起"争当表率、争做示范、走在前列"三大光荣使命，弘扬伟大建党精神，坚持稳中求进工作总基调，完整、准确、全面贯彻新发展理念，坚持以人民为中心发展思想，统筹疫情防控和经济社会发展，统筹发展和安全，最大限度释放改革创新动能，最大程度激发市场主体活力，最大力度促进城乡融合发展。

根据上述思路，我们将加强系统谋划和整体推进，既要做大"蛋糕"又要分好"蛋糕"，既要富"口袋"又要富"脑袋"，既要重"面子"更要重"里子"，通过"有为政府""有效市场"共同发力，优化全要素、全周期、全流程管理服务，不断提高发展的平衡性、协调性、包容性，努力在实现高质量发展、促进共同富裕上蹚出新路子、书写新篇章。具体要聚焦"一二三四"，即"一体两翼、双轮驱动、三凤齐鸣、四梁八柱"：

"一体两翼"：坚定不移把实体经济作为立区之本，发挥临空、高铁两大优势，打造南京南部新兴增长极。"一体"，主要是做大做强实体经济，坚定扛起制造业高质量发展试验区使命，实施一批产业基础再造和产业链现代化重大工程项目，支持更多优质企业上市，努力成为全市制造业的核心区。临空"一翼"，大力推进国家临空经济示范区溧水片区建设，加快"新临空"复合型产业布局，有效集成综合保税、跨境电商、海外仓、口岸服务、会展招引等服务功能，形成"临空+保税+跨电+会展"联动新格局；高铁"一翼"，主动融入南京都市圈交通运输系统，推动溧水高铁站与禄口机场联运，开启高铁公交化运营模式，实现与主城加快融合、与周边城市无缝对接，打造八方通衢的重要枢纽节点。强化高铁枢纽辐射带动作用，深化宁杭生态经济带合作试验区建设，深度融入长三角区域一体化发展。

"双轮驱动"：发挥农高区、开发区车之双轮作用，同轴共转、同频共振，在高质量发展轨道上行稳致远。农高区要紧扣"两区一地"定位，加快农业科技创新港等重大平台建设，争创健康食品智能制造国家技术创新中心和国际农产品加工园，构建"一区多园"现代农业发展体系，完善产学研融合的农业科技成果转化机制，推动更多的农业人才下乡、科研成果进村，让"高"有成色、"新"有成果。开发区要重点围绕新能源汽车、临空、大健康、智能制造等产业链，引进一批补齐现有产业链条、彰显产业特色、引领产业高端化发展的大项目好项目，培育一批竞争力强、带动力好的本土"龙头"企业，早日创成国家级经济技术开发区。

"三凤齐鸣"：坚持大抓项目、抓大项目，一切围着项目转、一切盯着项目干，通过"腾笼换凤、筑巢引凤、凤凰涅槃"，为优质项目腾出空间。"腾笼换凤"，向低效用地要产能、向存量土地要空间，按照"先易后难、快速见效、同步启动"原则，关停并转、淘汰清退低效企业，提高土地资源要素配置效率和产出水平，让寸土生"寸金"、高产更高效。"筑巢引凤"，栽好营商环境"梧桐树"，既招"新凤凰"，也育"金凤凰"。进一步提升产业配套能力、设施承载能力，严把"工改工"主导方向，主动承接产业转移，高标准建设"一园一品"，打造特色产业集群"航母舰队"。"凤凰涅槃"，以园区提质增效为突破口，优化资源配置、倒逼企业转型，加快产业技术升级、设备更新和绿色低碳改造，构建梯次配套、优势互补的现代化产业生态圈，力争开发区建成千亿级园区、其余每个板块打造一个百亿级园区。

"四梁八柱"："四梁"，是指深耕"大智造、大健康、大教育、大文旅"四大领域。大智造方面，协同推进数字产业化、产业数字化，推动传统产业智能化改造、数字化转型，实现产业形态再造、生产方式"智造"；大健康方面，系统重塑健康生态，加快"一平台三基地"建设，深化与优质医疗资源合作，实现医防、医养、体医、教体融合发展；大教育方面，实施名校名园战略和高校"聚溧计划"，构建涵盖"学前教育、义务教育、高中教育、职业教育、高等教育"的供给体系；大文旅方面，创新文旅融合

发展模式，打造“纵情山水、品味文化、留住乡愁”的特色文旅目的地。“八柱”，就是做大做强八个板块，构筑百舸争流、千帆竞发的发展新格局。开发区要聚焦“产城一体、产城融合”，加快打造空港新城；永阳要强化首位格局，大力发展楼宇经济、总部经济等新业态；白马要构建完善“一城一环两田园”空间布局，成为科技振兴乡村示范样板；东屏要依托生态智慧未来城，打造宁杭合作试验区城市新组团；洪蓝要全面融入城区，树立一二三产融合发展新典范；石湫要锚定“文艺科教新城”定位，建设“华东山谷里的艺术学镇”；和凤要以台湾机电产业园建设为契机，打造两岸经济合作示范园区；晶桥要围绕健康制造加大项目招引力度，推动康养产业高质量发展。通过深耕四大领域、做强八大板块，更高水平建设“产城融合、职住平衡、生态宜居、交通便利”的郊区新城。

今年是党的二十大召开之年，是全面落实省市区党代会精神开局之年，也是新一届政府起步之年。我们要认真落实中央经济工作会议以及省市区委决策部署，坚持稳字当头、稳中求进，尽力而为、量力而行，未雨绸缪、未焚徙薪，扎实做好“六稳”“六保”工作，有效防范各类风险，保持经济运行在合理区间，保持社会安定和谐，以优异成绩迎接党的二十大胜利召开。今年经济社会发展的预期性指标主要是：地区生产总值增长7.5%以上、力争8.5%；一般公共预算收入增长8%；固定资产投资增长7%；社会消费品零售总额增长7%；外贸进出口总额达132亿元；实际利用外资2.8亿美元；城镇新增就业2万人，全体居民人均可支配收入增速高于地区生产总值增速，农村居民人均可支配收入增速高于城镇居民人均可支配收入增速。约束性指标主要是：单位GDP能耗、水耗实现双下降，大气、水环境质量、城镇登记失业率、安全生产管控指标控制在省市限额目标以内。重点做好以下六个方面工作：

（一）筑牢实体之基，在强链补链中夯实发展底盘。围绕“产业基础高级化、产业链现代化”，壮大实体经济，稳固发展根基。

坚守制造业主阵地。更加突出制造业主体地位，集中资源、集中力量做强新能源汽车等特色优势产业，净增规上工业企业85家，力争制造业增加值占GDP比重不低于44%。实施产业链供应链“锻链”行动，推动新能源汽车、新医药与生命健康、智能制造装备、智能家居等四大产业链快速增长、集链成群。聚焦亩均效益提升，深入推进“腾笼换凤、筑巢引凤、凤凰涅槃”三年行动计划，盘活低效闲置土地2300亩以上，实施技改项目77个。深化数字赋能，加强重点企业工业互联网平台建设，培育智能工厂、智能车间等标杆类项目3家，加快打造“5G+工业互联网”融合应用先导区。

打造服务业升级版。积极发展夜间经济、假日经济，加速升级海乐城、万达广场等城市商圈，有序推进通济街等六大特色商业街区建设，支持石湫影视城、无想水镇创建国家AAA级景区，净增规上服务业企业20家、限上贸易企业40家。大力拓展休闲康养、文化创意等新业态，提升“健康景区”“健康民宿”建设标准，办好第十届咪豆音乐节、秦淮源头灯会、山地半程马拉松等节庆赛事。

培育现代农业新亮点。以南京国家农高区建设为引领，紧盯生物农业、未来食品等“1+3+1”产业方向，深入推进农村一二三产业融合，让农民更多分享产业增值收益。放大长三角种业联盟资源优势，深入实施种业振兴行动，强化农业科技支撑。加快推进全国农业科技现代化先行县建设，培育农业产业化联合体1家以上，区级及以上农业龙头企业总数达100家。打响“无想田园”等特色农业品牌，引进培育农产品精深加工、农旅融合、仓储保鲜冷链物流等高端领域项目10个，加大绿色有机产品认证力度，新增绿色食品企业17家、有机企业6家。坚决遏制耕地“非农化”、防止耕地“非粮化”，落实好耕地保护硬措施，全力做好“抛荒地”和未利用耕地督查整治，深入开展耕地质量提升行动，新增高标准农田1700亩，打造旱涝保收、高产稳产的“吨粮田”，切实稳住“米袋子”“菜篮子”。

吹响招商引资冲锋号。用好产业链图谱、投资地图、招商地图“三张图”，扎实开展基金招商、驻点招商、中介招商，设立新能源等产业投资引导基金，放大产业基金撬动效应，高标准办好25场主题招商活动，力争签约项目投资总额800亿元，其中制造业占比不低于60%。防范招商风险，坚决防止“招商引资”变“政府投资”。加快重大项目建设，推行“拿地即开工、建成即投产”模式，健全重大项目全生命周期代办服务机制，畅通联审通办绿色通道，加强产业招商项目全过程跟踪服务，确保省市重大项目上半年开工90%、三季度全部开工。激发民间投资活力，大力推进基础设施REITs试点，争取纳入市级储备库项目1个以上。

（二）汇聚创新之能，在聚智聚力中激活发展引擎。坚持不懈把创新作为引领发展的第一动力，让科技创新“关键变量”成为高质量发展“最大增量”。

厚植创新生态。积极释放各类平台载体创新策源功能，孵化引育科创型企业（团队）450家以上，争创国家级技术创新中心、众创空间、火炬特色基地各1个。高效运营科技服务云平台，加快推进智能制造产业园建设，完善“众创空间—孵化器—加速器—科技园区”孵化链条，不断深挖科技创新“蓄水池”。深化“揭榜挂帅”科技攻关模式，探索实行“赛马”制，实施产学研项目120个以上，力争突破一批核心技术。

育强创新主体。完善大中小企业梯度培育链条，滚动壮大成长型企业库，支持企业建设研发机构，鼓励企业与科研院所开展联合研发，构筑创新型企业“雁阵”，全年净增高新技术企业60家以上，高新技术产业产值占比达52%。引导企业深耕细分市场，新增独角兽和瞪羚企业15家、省级以上专精特新“小巨人”企业5家。加快知识产权维权中心建设，建立健全知识产权公共服务体系，力争万人发明专利拥有量达65件。

汇聚创新人才。认真落实人口集聚“十条”新政，瞄准“高精尖缺”，引进高层次创业人才40人以上。充分发挥科技镇长团作用，深入实施“紫金山英才计划”，加大“宁科贷”“溧科贷”等科技金融支持，配套完善人才租房、购房补贴和紧缺人才学费补贴等政策，多措并举解决人才“后顾之忧”。精心组织国家级人才工程、省“双创计划”等人才项目申报，力争入选数在全市位次前移。加快打造区域有影响的青年创新创业中心、科技成果转化中心，充分释放人才创新活力。

（三）积蓄开放之势，在融合融通中拓展发展空间。突出改革集成、双向开放，争创区域竞争新优势。

增强开放平台承载力。发挥机场大通关基地、跨境电商产业园、直播产业基地、空港国际博览中心、白马农业国际博览中心等平台支撑作用，培育壮大跨境电商主体，鼓励企业拓展出口市场，办好60场以上品牌会展活动，力争全年实现跨境电商单量超200万。聚焦临空先进制造业、高端服务业等产业集群，推动空港保税物流中心（B型）升级为综合保税区。用好两岸机电产业合作示范园区等开放平台，打开要素流动通道，实现更高水平的投资贸易便利化。

增强营商环境竞争力。深化“放管服”改革，提升“溧刻办”品牌标准，不断优化“1120”“753”改革，持续推进“证照分离”改革，落实优化营商环境政策（2.0版），推动惠企政策“免申即享”，探索更多“一件事一次办”改革应用场景。深度运用政务云、5G等新一代信息技术，实现“一网通办、一区通办”。全面落实减税降费政策，加大金融支持实体经济力度，推广“园区保”“民宿贷”等特色金融产品，确保政策红利“应享尽享”、成本负担“应降尽降”、正当权益“应保尽保”。

增强改革创新源动力。加快推进国家城乡融合发展试验区建设，深化农村集体产权制度改革，建立农村土地有偿使用制度和农村闲置宅基地流转机制，推动人、产、地等城乡要素自由流动。完成国企改革三年行动计划，加强国有企业资产监管力度，促进国企聚焦主责主业，新增AA+主体信用评级企业1家，力争区属国有企业资产总额突破2800亿元。深化民生领域改革，完善“15分钟政务服务圈”，推广实施新生儿出生“一件事”办理，形成“材料零提供、成本零增加、办事高效率”的溧水模式。落实政务服务事项跨省通办、全城通办要求，设立2个跨省通办专窗，推动140个事项异地无差别受理，实现“就近办、门口办”。

（四）展现城乡之美，在提标提质中勾勒发展愿景。深化“留改拆”理念下的城市有机更新，把200多年前描绘的“早知花县此间乐、何必玉堂天上望”变成现实模样。

塑造“可观可感”的城市花园。优化城市空间，有序推进宁扬、宁马、宁宣城际铁路、省道204改扩建、宁宣高速南延等4个重点项目建设，构建一体化交通体系。聚焦城市更新，加快推进通济街二期、寺桥片区改造等老城客厅建设，打造小型城市客厅1处，整治背街小巷10条，实施棚户区改造11万平方米，凸显城市街巷肌理，延续传承历史文脉。涵养城市气质，实施花园城市更新行动，提升20公里绿道功能，新增绿地1万平方米，确保绿化覆盖率达40%，有序推进景观亮化、节点美化、城市彩化，加速从“有花园的城市”向“花园中的城市”转变。

塑造"有颜有品"的文明家园。坚持育"文明人"和建"文明城"并重，集中开展居民小区和楼宇、管线线缆、道路街巷、农贸市场及周边、交通秩序和电动自行车、文化旅游等6项专项整治行动，扎实推进文明典范城市创建。打响"幸福溧水""溧艺课堂""无想书院"等文化品牌，全年开展演出、展览、培训、阅读推广等各类文化活动1000场次，引导广大群众共同营造文明有礼、文明有序、文明有我的社会风尚，让城市路见本色、物显真容、文明相伴。

塑造"好山好水"的绿色公园。深入打好污染防治"攻坚战"，统筹推进污水处理能级提档、面源污染防治等工作，确保国省考断面水质、集中饮用水源地水质达标率100%。强化工业源VOCs、车辆尾气、道路扬尘等专项治理，完成VOCs整治项目60个。打好绿色发展"组合拳"，深入推进"国家整县(市、区)屋顶分布式光伏开发试点"和"碳达峰目标下绿色城乡建设试点区"建设，积极倡导低碳建筑、低碳交通，争创全国"两山理论"实践创新基地。筑牢生态安全"防护网"，持续开展环境整治和生态修复，推动区级生态环境保护委员会实体化运作，加强石臼湖生态保护，扎实做好秦淮河、石臼湖流域禁捕退捕工作，让"十年禁渔"成为践行"两山"理念的生动实践。

塑造"宜居宜业"的美丽田园。深化乡村振兴战略，拓宽富民增收渠道。突出乡村优势，实施"智汇三农"人才工程，培育高素质农民1800人以上，新型职业农民培育程度指标达80%。鼓励引导集体经济联合发展，加快盘活闲置地和闲置房，探索不同模式、不同形式的利用路径，打造有山水、有故事、有乡愁的"无想院子"。提升乡村能级，拓展50个"数字乡村"应用场景，农村公路提档升级15公里，扎实推动"快递进村"，构建完善农村三级物流体系。彰显乡村品质，持续推进"四好农村路"建设，常态开展农村人居环境整治，建成美丽乡村30个以上，争创省级特色田园乡村3个。围绕"农房和村庄建设现代化"，以农房改善带动村庄建设水平提高，以村庄现代化引领农房品质提升，因地制宜探索农村现代化居住形态，真正使"乡村让生活更美好"成为触手可及的现实。

(五)走好共富之路，在惠民利民中擦亮发展成色。坚决悟透以人民为中心的发展思想，致力于让人人拥有归属认同、人人享有品质生活。

社会保障提标扩面。稳就业方面，健全完善常态化稳岗帮扶机制，开展高校毕业生、就业困难人员、退役军人等群体就业援助，提供免费技能培训6500人次，举办公益性招聘会100场次，提升就业容量和就业质量。兜底线方面，建立健全防止返贫动态监测和帮扶机制，深入推进全民参保计划和工伤保险"同舟计划"，实施"健溧保"大病补充健康保险，企业净增养老保险参保2300人，新增参保单位户数1090户，城乡居民养老和城乡居民医保困难人员政府代缴参保率100%。坚持"房住不炒"，新建保障房40万平方米，开展安置房处置工作试点并逐步推行，探索"房产超市"模式，促进房地产市场平稳健康发展。

公共服务提档升级。推进公共基础设施一体化管护机制改革试点，完善"一老一小"服务体系，让"老"有安享的晚年、"小"有幸福的童年。加快养老服务标准化建设，推动家庭适老化改造，投用万达、陈沛桥、开发区等基层社区养老服务用房，建成运营区级集中供养点2个，提升高龄老人和经济困难失能老年人养老服务保障覆盖率和满意率。办好人民满意教育，全面落实"双减"等政策，积极解决城区学位供给矛盾，稳妥推进义务教育集团化办学，加快薛李东路幼儿园、城南小学、省溧附等新改扩建项目建设。推动"15分钟医保服务圈"广覆盖，优化区、镇(街道)、村(社区)三级医保公共服务体系。全力办好人大票决的10件40项民生实事项目，让群众有更多看得见、摸得着的幸福感。

健康溧水提速加力。做大健康产业，加快实施省康复医院、市颐养中心等标杆项目，力争再引进一批高质量健康产业项目。深化国家紧密型县域医共体、省级医保支付方式改革等试点，争创国家慢性病综合防控示范区。推进医疗集团体制创新，加大与中大医院、省中西医结合医院、市口腔医院、市妇幼医院、市儿童医院合作力度。持续推进健康细胞工程建设，力争省级健康镇街全覆盖，努力实现保健不出门、小病不出镇、大病不出区。我们的目标是，让每一位溧水人看病不出溧水。

(六)织密治理之网，在共建共治中筑牢发展防线。下大力气完善治理机制、提升治理效能，织密扎牢区域治理综合网络，坚决防止"针尖大的窟窿漏过斗大的风"。

优化社会治理体系。建设数字孪生城市，推

进网格化基础数据治理，加快智慧城市运行“一网统管”平台建设，不断优化区、镇（街道）、村（社区）、网格四级联动调度指挥体系。完善物业管理体制机制，推动“宜居住区”建设。争创国家智能社会治理实验综合基地，实体化运作图南大数据集团，健全城市“110”机制，提升源头预防和及时就地化解信访矛盾能力，把各类矛盾化解在萌芽状态。

筑牢安全防控网络。建立健全风险评估机制，定期分析研究解决风险隐患，做到提前应对、超前处置。坚决打赢“三年大灶”专项整治攻坚战，按照“务必整出成效”“两个不放松”要求，紧盯危化品、城镇燃气等27个重点领域，深入开展安全生产专项整治，不断提升本质安全水平。加强智慧化安全监管，推进应急管理与救援指挥中心平台建设，提高综合防灾减灾救灾能力，坚决杜绝发生较大以上事故，力争创成省级安全发展示范城市。坚持量入为出、量力而行，强化政府性债务管控，紧盯“三年转绿”目标，全力推动隐性债务规模、政府性债务率、债务融资成本“三下降”，决不能穿新鞋走老路，确保不发生区域性、系统性风险。

守牢疫情防控底线。坚持“外防输入、内防反弹”总策略、“动态清零”总方针，把常态化疫情防控作为各项工作的前提和基础，慎终如始抓好重点领域、重点场所、重点人群精准防控，健全完善各环节全链条快速反应机制，加强180项应急处置能力达标建设，提高医院、诊所、基层医疗服务中心、药店等“哨点”灵敏度，提升“宁归来”首站公寓智能化运营管理水平，真正以“防得住”实现“放得开”。

三、切实加强政府自身建设

“奋楫者先，奋发者强”。我们将大力发扬“啃骨头”的韧劲和“钉钉子”的钻劲，加快治理体系和治理能力现代化建设，努力建设人民满意服务型政府。

始终把忠诚摆在首位。坚持旗帜鲜明讲政治，把贯彻新理念新思想新战略作为极端重要的政治要求，准确理解把握“两个确立”的决定性意义和实践要求，以实际行动坚决做到“两个维护”，不断提高政治判断力、政治领悟力、政治执行力。加强政府系统党的建设，巩固拓展党史学习教育成果，严格落实意识形态工作责任制，确保中央各项决策和省市区委部署安排落地生根、见到实效。

始终把担当落在实处。坚持闭环思维、闭环管理，进一步推动精文减会、优化督查检查和考核评比，健全权责清单管理机制，确保重要事项、重大项目、重点改革在末端落地见效。毫不放松抓好能耗双控、违法用地整改、环保督察、安全生产专项整治等重点工作，整体提升城市治理数字化、智能化水平，加快推动由“安全城市”向“聪明城市”迭代升级。

始终把群众放在心上。把群众的“表情包”作为工作的“风向标”，深化“我为群众办实事”和“两在两同”建新功行动，积极回应社会关切，办好群众身边小事，帮助企业减负纾困。坚持精打细算、节用裕民，实行全面节约战略，推进资源节约、集约、循环利用，大力倡导简约适度、绿色低碳的生活方式。严控“三公”经费和一般性支出，把每一分钱都用在刀刃上，让有限财力发挥最大效益，用政府的“紧日子”换取群众的“好日子”。

始终把规矩挺在前面。严明政治纪律和政治规矩，严格落实全面从严治党要求。加强法治政府建设，完善政府法律顾问制度，全面推进“八五”普法，争创全国法治示范区。牢固树立正确政绩观，敬畏历史、敬畏文化、敬畏生态，坚持慎重决策、慎重用权，按照“质疑问难、前置问审、开门问策、闭环问效”要求，充分发挥绩效评价委员会、专家咨询委员会作用，健全重大事项决策公众参与、专家论证、风险评估等制度，加强国有资产资源交易、招投标等领域审计监督，自觉接受法律、监察和人民监督，把纪律规矩转化为自觉遵循，让清风正气温润政治生态的绿水青山。

各位代表，道阻且长，行则将至；行而不辍，未来可期。让我们更加紧密地团结在以习近平同志为核心的党中央周围，在省市区委的坚强领导下，发扬“朝受命、夕饮冰”的精神，保持“志不改、道不变”的定力，砥砺“昼无为、夜难寐”的担当，风雨同舟、风雨兼程，以每个人的“精彩一笔”成就整座城市的“华彩一章”，在新时代新征程上赋秦淮源头之城以新的更大荣光！（区政府办）

关于溧水区2021年国民经济和社会发展计划执行情况与2022年国民经济和社会发展计划(草案)的报告

区发展和改革委员会主任　徐正宏

（2022年1月6日）

各位代表：

我受区人民政府委托，向大会报告2021年国民经济和社会发展计划执行情况与2022年国民经济和社会发展计划(草案)，请予审议，并请列席人员提出意见。

一、2021年国民经济和社会发展计划执行情况

2021年是中国共产党建党100周年，也是全面落实"十四五"规划、全面迈向建设社会主义现代化国家新征程的起始之年。全区上下在区委、区政府的正确领导下，在区人大的关心支持和有效监督下，坚持以习近平新时代中国特色社会主义思想为指导，全面落实中央和省市区委各项决策部署，坚持稳中求进工作总基调，全面贯彻新发展理念，坚定不移推动高质量发展，经济社会发展稳中加固、稳中向好，实现了"十四五"良好开局。

（一）经济社会发展主要指标全年预计完成情况

预计全年地区生产总值增长8.5%左右、规模工业产值增长25%、固定资产投资增长10%、工业固定资产投资增长12%、社会消费品零售总额增长12%、外贸进出口总额增长21%、实际利用外资2.84亿美元、全体居民人均可支配收入增长11.5%、城镇新增就业2.01万人、城镇登记失业率控制在省定目标以内。

对照年初制定的目标计划，预计17个指标达到或超过年度目标，其中，地区生产总值、固定资产投资、社会消费品零售总额、进出口总额、净增规上工业企业数等经济指标明显好于预期，增长幅度位居全市郊区前列。预计2个指标难以完成全年计划，分别是：净增高新技术企业数，今年3批次累计申报高企305家，由于疫情影响等因素，全市各板块均未完成，预计全年净增69家，任务完成率全市前五，但难以完成全年160家的目标；空气环境质量达到二级标准以上天数比例，9月份西太平洋副热带高压异常强势，造成全省平均气温刷新历史同期极值、我区臭氧超标天数明显增多，加上工地扬尘等因素，全年空气优良天数291天，优良率79.7%，未完成83.1%的目标（详见下表）。

2021年全区经济社会发展主要指标预计完成情况表

序号	指标名称	人代会计划	预计完成	是否达进度
1	地区生产总值增速(%)	8.5左右	8.5左右	是
2	一般公共预算收入增速(%)	3.5	3.6	是
3	固定资产投资增速(%)	10	10	是
4	工业固定资产投资增速(%)	12	12	是
5	高新技术产业投资增速(%)	12	15	是
6	社会消费品零售总额增速(%)	8	12	是
7	外贸进出口(亿元)	100	140	是
8	实际利用外资(亿美元)	2.8	2.84	是
9	净增规上工业企业数(个)	80	108	是

续表

序号	指标名称	人代会计划	预计完成	是否达进度
10	净增高新技术企业数(个)	160	69	否
11	全体居民人均可支配收入增速(%)	8.5	11.5	是
12	城镇新增就业人数(万人)	1.9	2.01	是
13	城镇登记失业率(%)	控制在3.5%以内	3.12	是
14	城乡基本养老保险参保缴费率(%)	90以上	95	是
15	地表水国省考断面好于Ⅲ类水比例(%)	100	100	是
16	空气环境质量达到二级标准以上天数比例(%)	83.1	79.7	否
17	细颗粒物(PM2.5)浓度(微克/立方米)	33.4	32.6	是
18	单位GDP能耗下降(%)	持续下降	持续下降	是
19	亿元GDP生产安全事故死亡率(%)	持续下降	持续下降	是

(二)2021年经济社会发展总体情况

1.疫情防控阻击赢得新胜利。有效应对南京禄口机场突发疫情,第一时间启动应急响应机制,仅用18天时间实现病例零新增、全域低风险。区中医院被确定为全国首家新冠肺炎治愈患者定点康复医院,成功康复237名新冠肺炎治愈患者,为全市全省战疫大局作出重要贡献。建立健全平急转换工作机制,优化完善常态化疫情防控指挥体系,严把"外防输入"关口,实行人、物、环境同防,全力做好哨点监测预警、人员流调排查、重点场所管控、隔离酒店储备、新冠疫苗接种等常态化疫情防控工作。"宁归来"首站公寓仅用4个月时间建成交付使用并实现高水平运营。全面落实省市助企纾困政策,制定出台"抗疫情、纾企困、稳增长"八条措施。建立全区水、电、气要素联动保供机制,持续落实"菜篮子""米袋子""果盘子"责任制,加强生活消费品市场保供和价格监测。禄口机场疫情期间地产优质水果助销活动得到国家和省市相关部门充分肯定,并作为经验推广。

2.产业能级提升迈出新步伐。先进制造业提质增效。制造业高质量发展试验区建设加快推进,新能源汽车、智能制造装备、新医药与生命健康、智能家居等产业链营业收入增长20%以上。全年预计新增规模工业企业121家、净增108家。新增专精特新培育企业45家,成功创建9家,新增瞪羚企业22家。本川智能在深交所首发成功,实现溧水区创业板上市企业"零"的突破。建成开通5G基站1240个,实现城区主干道5G全覆盖,实施5G融合应用项目14个,智能网联汽车项目被授牌"5G+北斗应用示范基地"。实施企业数字化、智能化改造项目109个,发布应用场景93个。打造工业互联网平台1个,省工业互联网标杆工厂1家。白马高新技术产业园和幸庄科技产业园入选南京市首批数字经济产业园区。现代服务业稳步增长。批发零售业快速增长,江苏苏果、京东等重点企业支撑强劲,预计全年限上零售额增速接近30%。规上服务业营业收入增长18%,其中交通运输业、信息传输业、商务租赁服务业、文化体育娱乐业等营利性服务业增长20%以上。总部经济加快推进,储备总部企业7家。金融运行稳健,预计年末各项存款余额、贷款余额分别增长10%、18%。现代农业优化升级。依托国家种业基金和省乡村振兴投资基金成立总规模6亿元的现代种业基金。新增农业龙头企业市级12家、区级14家,农业龙头企业销售收入124亿元。申报9家省级示范家庭农场,全面完成农业农村部的农民合作社质量提升整区推进试点工作。成功获评2家省级创意主题农园、2家省级农耕实践基地、3家省级康美基地。新增绿色食品企业10家,有机企业3家。富财圩螃蟹和普朗克有机田园入选2021年江苏农业品牌目录产品品牌。建筑产业不断壮大。预计全年建筑企业完成施工产值311亿元、同比增长23%,中铁十一局集团华东建设有限公司和中建五局江苏投资建设有限公司等高资质央企相继落户。

3.创新动能集聚跑出新速度。创新主体不断壮大。全年入库科技型中小企业769家。引进新研机构2家，通过市级备案4家，全区累计拥有新研14家，其中南京先进生物材料与过程装备研究院入选南京市2021年度高水平新研培育名单，并成功申报国家级科技计划项目1个。创新平台不断提升。创成省级技术创新中心1个、新组建省级工程技术研究中心3个、认定市级工程技术研究中心17个。新认定省级企业技术中心3家，市级企业技术中心12家。实施产学研合作项目133项，技术合同登记额14亿元。与江南大学共建的健康食品智能制造技术创新中心项目获批省级技术创新中心，获"省重大科研设施预研筹建项目"1500万元立项支持。小虎科技创成省级众创空间，和凤机电产业园创建国家火炬特色产业基地材料上报科技部火炬中心。创新生态不断优化。支持海外人才创新创业，申报工信部"启明计划"项目27个。申报高层次创新创业人才项目154个，入选区级高层次创新创业人才40名。8家人才企业被认定为培育独角兽、瞪羚企业。发放各类科技贷款12亿元，落户百联新消费产业基金、首正数字产业基金，实体化运作无想投资人中心，成功举办首届无想山财经峰会。

4. 内外循环畅通取得新进展。消费潜力持续释放。举办跨境电商海外直播节、秦淮源美食节等系列消费促进活动70余场，推动线上线下融合发展，全年实现电子商务网络零售额45亿元。无想水镇、永寿坊两大特色街区建成开街。空港、白马两大会展中心先后承办第34届世界电动车大会、全国农商互联大会等各类会展活动43场，其中国家级以上展会18场，累计参会观展人数超70万人次。招商引资成效显著。成功举办南京金洽会溧水专场以及上海、深圳推介会等30场招商活动，签约亿元以上项目290个，增长26.1%，签约项目投资总额1221.7亿元，增长10.7%。蜂巢电池、宏光空降等一批主导产业强链补链项目相继落户。有效投入持续扩大。41个当年实施省市重大项目完成投资244亿元，270个区级重点产业项目完成投资411亿元。高技术产业投资占全社会固定资产投资的比重达21%，全市领先。对外开放稳中提质。新设立外资项目61个，合同外资11亿美元，其中千万美元以上外资项目11个；新增外贸主体63家。机场大通关基地开放功能逐步显现，"单一窗口"贸易便利举措全面落地。自贸联动创新发展成效明显。机场跨境电商产业园搭建公共服务平台，新引进苏豪泓瑞、菜鸟等一批跨境电商龙头企业，有力推动发展业态和模式创新。

5. 综合改革攻坚取得新突破。以"鼓励基层创新年"为引领，创新设立"猎豹奖"，39家单位获评"猎豹奖"、28家单位获评"猎豹奖提名奖"，推动全区上下改革创新、奋勇争先。持续优化营商环境。实施优化营商环境十件实事，健全"先解决问题再说"机制，打造"溧刻办"政务服务品牌，在全市先行先试"15分钟政务服务办事圈"。"1120"改革不断深化，实现企业开办6个环节"一表申请、一网流转，一日办结"。在全省率先探索实施企业登记9个行业"准入即准营"改革，累计发放《行业综合执业证》135件。全年新增市场主体2.29万户，同比增长12.8%。经济领域改革不断深化。通过转贷基金、减免咨询手续费、降低贷款利率等方式，节约企业融资成本2080万元。加强工业企业低效土地整治，盘活低效用地1430亩。国企改革全面推进，企业活力进一步释放。城乡融合发展试验区建设多点突破。构建了以农村集体经营性建设用地入市管理办法为主导的"1+3"政策体系，2宗不同类型的集体建设用地成功交易入市。科技成果入乡转化取得突破，江苏省技术产权交易市场现代农业行业分中心挂牌运行，建立了"揭榜挂帅"技术创新组织模式。南京机场跨境电商产业园、国家农村产业融合发展示范园等城乡产业协同发展平台加快建设。生态价值实现路径不断拓展，扩大生态保护补偿范围，在全省率先探索地表水水权机制改革。完善农民持续增收机制，永阳工农兵"531工作法"股改案例成功入选农业农村部改革实践案例。民生领域改革持续推进。全国社区治理与服务创新实验区建设顺利完成改革任务并通过结项评估。殡葬服务"一'键'事"改革获得民政部和省市肯定。

6. 区域协调发展呈现新面貌。空间布局持续优化。完成新一轮国土空间规划修编、控详动态维护和国家级生态红线调整。完成3个批次、19个片区成片开发方案编制，总规模约28.22平方公里。完成仓口、蒲塘、诸家、石山下、李巷等传统古村落保护发展规划，开展了43个行政村的"多规合一"实用性村庄规划和海绵城市、城市标识系统等专项规划编制工作。城市品质持续提升。2021年城乡建设项目全部开工，累计完成投资约281亿元。淮源街北延、珍珠南路环境综合整治、体育公园体育场改造提升工程等96个项目全面完工。加快推进寺桥片区等城市更新改造工程，打造新的城市文化地标。大力实施安居工程，累计完成棚改面积31.07万平方米，新开工安置房面积96.97万平方米，竣工分配4338套。深入实施"美丽家园"行动计划，完成22.49万平方米老旧小区整治，惠及居民2181户，同步增设机动车停车位500个。持续推进垃圾分类和"厕所革命"，完成9个省级生活垃圾分类小区创建，推广可降解餐厨专用垃圾袋进小区，新改建161座公共卫生间，划定15分钟免费停车泊位67个。文明典范城市创建工作有序开展。交通体系持续完善。省道204改扩建工程、宁宣高速南延项目稳步推进，完成秦淮河航道整治项目。贯通宝曹线等城乡23条"断头路"，完成农村公路提档升级60公里。获评全国"四好农村路"示范区、全省城乡公交一体化示范区。有序投放共享助力车5000辆。乡村振兴持续巩固。全面推进省级数字乡村试点建设，推动现代数字技术与乡村生产生活生态全面融合。深入开展农村人居环境整治，完成68个美丽乡村创建，洪蓝街道山凹村、晶桥镇曹庄村、和凤镇诸家村、东屏街道凉蓬村被命名省级特色田园乡村。

7.生态文明建设展现新作为。生态环境质量稳步改善。积极开展国家"两山基地"申报创建。集中式饮用水源地水质达标率100%，6个国省考核断面水质达标率、优Ⅲ比例100%。治污攻坚更加有力。治气方面，完成VOCs企业整治及"一企一策"192家，工业锅炉废气达标排放整治"回头看"119家，重点餐饮企业整治110家。治水方面，持续加强饮用水源地管理，实施重点水污染防治项目6个、水污染减排项目29个。开展强制性清洁生产审核企业11家，实施秦淮河、石臼湖137个排口排查溯源整治工作。治废方面，提升固废处置能力，推进2个"绿岛"试点项目建设。加强土壤污染防治，完成观山工业园区5个地块土壤污染状况调查。绿色发展水平稳步提升。推动顶正包材、创维电器等5家重点用能企业节能增效。1家企业入选国家级绿色工厂，实现全区"零"突破，斯迪兰德、创维电器入选省级绿色工厂，高崎电机、艾欧史密斯等5家企业7项产品入选国家级绿色设计产品，创历史新高，江苏冠军科技入选工信部工业产品绿色设计示范企业。"双碳"战略全面实施。启动碳达峰、碳中和行动，加强能耗"双控"，坚决遏制"两高"项目盲目发展，督促重点用能行业、企业精准落实能耗削减任务。获批全省唯一的江苏省碳达峰目标下绿色城乡建设试点区，入选全国整县推进屋顶分布式光伏开发试点地区，获评"中国气候宜居城市"。

8.民生福祉增进再上新台阶。10项70件民生实事基本完成。就业创业方面，举办公益性招聘会131场，组织企业参加高校招聘会26场，累计提供岗位信息2万条，城镇新增就业2.01万人。援助困难人员就业1238人、新增大学生在溧就业创业6868人，开展城乡劳动者就业技能培训1.73万人次。社会保障方面，城乡居民基本养老保险基础养老金保障标准调整到每人每月500元。全区新增参保单位1844户、企业职工基本养老保险净增缴费7558人、城乡居民基本养老保险缴费5万余人。4075名困难人员享受政府全额代缴城乡居民养老保险费，24万人参加城乡居民基本医保，15428名困难人员无障碍进入城乡居民医保，1445人享受失能保险待遇，拨付医疗救助资金2764万元。困难群众最低生活保障标准从每月945元/人增加到985元/人。教育事业方面，双塘幼儿园、新龙路幼儿园、毓秀路幼儿园、金东城世家幼儿园建成并投入使用。全区义务教育集团化办学覆盖率达到26%。大力实施名校名园战略，省溧中与南京大学物理学院共建物理学科特长生基地，二高中"海门实验班"落地开班。中、高考取得新的突破。文体事业方面，成功创建"中国诗歌之乡"。全年组织开展广场文化演出、民俗文艺展演、送戏下乡等文化活动1000余场次。开展了庆祝中国共产党成立100周年系列文艺活动，举办各类主题阅读活动近100场次。联合市演艺集团创排南京市首部反映新四军题材的大型史诗剧《红色李巷》，并在市级平台首演。戏曲作品《永远的记忆》《抗日交通员》荣获首届南京市公共文化"星辰奖"金奖。溧庆黄梅戏剧团获评南京市五星级文艺团队。人均接受文化场馆服务次数全市郊区第一。新建村级体育公园7个，更新健身路径57套。举办第五届区运会、区足协杯足球赛、镇街运动会等线下群众体育活动200余场次。成功举办承办全国击剑锦标赛暨十四运预赛、南京溧水山地半程马拉松赛、第十四届全国运动会霹雳舞项目比赛等重量级赛事。“健康溧水”方面，成功举办2021长三角健康峰会（溧水）暨第二届中医药博览会，“人民英雄”张伯礼院士参加会议并作主旨演讲。体医融合被确立为国家试点。区公立医院改革连续四年获省政府通报表扬。稳步推进江苏省康复医院、口腔医院、柘塘中心卫生院、石湫中心卫生院建设。持续推进省级紧密型医共体医保支付方式改革，实现医疗救助零星报销“免申即享”，成功创建“15分钟医保服务圈”示范点。养老服务体系不断完善，社区综合护理中心实现镇街全覆盖，社区居家养老服务中心提供助餐、理发等服务106万人次，高龄、经济困难失能老年人上门服务覆盖率达90%。加快推进市颐养中心、中建扬子悦年颐养中心、东庐山颐养中心等高标准养老机构建设。高水平通过省级社会心理服务体系建设试点项目验收。

9.社会治理能力得到新提升。牢牢守住安全底线。坚持以安全生产专项整治三年行动为主线，落实工业企业风险报告制度，开展危化品使用安全专项治理，启动省级安全发展示范城市创建，严格监管危化品、非煤矿山、冶金工贸三个重点领域，持续压降生产安全事故。全年未发生较大以上生产安全事故，事故起数、死亡人数实现“双下降”。全面防范化解重大风险。持续推进政府债务管控，有效防控金融风险。常态化开展《防范和处置非法集资条例》系列宣传，开展金融风险专项检查17家、私募基金风险排查摸底145家、涉嫌非法集资风险共排查各类市场主体1417家。严格实施商事注册登记会商机制，全年会商通过39家。提升社会治理水平。深入开展大排查大整治行动，严格落实风险防控“四项机制”，推动“大数据+网格化+铁脚板”落地落实。深入开展平安系列创建活动，常态化推进扫黑除恶斗争。深化区“一站式”矛盾调处中心和区镇智慧矛盾调处系统建设，成功调处矛盾纠纷1.9万件。

在回顾总结成绩的同时，对照高质量发展要求，我们也清醒地看到，经济社会发展仍存在一些困难和问题：经济发展的内生动力还需加强，疫情常态化下企业生产经营面临的原材料成本增加以及缺芯、缺柜、缺工等矛盾日益突出，影响经济快速增长。实体经济发展基础还需夯实，龙头企业、产业链链主企业、专精特新企业和“四上”企业总量偏小，产业链供应链的稳定性和竞争力有待提升，加快先进制造业发展仍需持续用力。教育、医疗、养老等民生领域与群众期待还有差距，环境保护、安全生产和社会治理领域工作力度仍需加大。为此，我们将高度重视，采取有效措施，认真加以解决。

二、2022年国民经济和社会发展主要目标和重点任务

2022年是党的二十大召开之年，也是全面贯彻落实党的十九届六中全会精神和省市区党代会部署的开局之年。做好2022年经济和社会发展工作，要坚持以习近平新时代中国特色社会主义思想为指导，全面贯彻落实党的十九大和十九届历次全会精神，深入贯彻落实习近平总书记对江苏工作重要指示精神，按照中央、省委经济工作会议部署，弘扬伟大建党精神，坚持稳中求进工作总基调，坚持改革创新，完整、准确、全面贯彻新发展理念，积极融入新发展格局，着力推动高质量发展，坚持以供给侧结构性改革为主线，统筹疫情防控和经济社会发展，统筹发展和安全，扎实做好“六稳”、“六保”工作，持续改善民生，保持经济稳中向好良好态势，保持社会大局稳定，打造南京南部新兴增长极，扛起“争当表率、争做示范、走在前列”光荣使命，以优异成绩迎接党的二十大胜利召开。

（一）经济和社会发展主要目标安排

2022年全区经济社会发展计划主要目标分为预期性和约束性两大类。具体指标考虑安排如下：

1.预期性指标：

——地区生产总值增长7.5%以上、力争8.5%；

——一般公共预算收入增长8%、力争10%；

——固定资产投资增长7%、力争8%；

——社会消费品零售总额增长7%、力争8.5%；

——外贸进出口总额增速高于全市；

——实际利用外资2.8亿美元、力争3亿美元；

——净增规上工业企业85家、力争100家；

——净增规上服务业企业20家、力争30家；

——净增限上贸易企业40家、力争50家；

——全体居民人均可支配收入增速高于GDP增速，农村居民人均可支配收入增速高于城镇居民人均可支配收入增速。

2.约束性指标：

——单位GDP生产安全事故死亡率、PM2.5平均浓度、城镇登记失业率控制在省市限额目标以内；单位GDP能耗下降、单位GDP水耗下降、地表水国省考断面好于Ⅲ类水比例、空气质量达到二级标准以上天数比例等达到省市目标。

（二）重点工作任务

根据2022年全区经济社会发展总体要求和计划安排，对照区党代会部署要求，建议做好以下六个方面重点工作：

1.聚焦"在产业创新上先行示范"，强化创新驱动，筑牢实体经济根基。

（1）大力推进科创企业提质。实施科技创新攻坚行动，充分发挥幸庄科技产业园、空港智慧创业园、各板块工业园等现有载体功能，吸引优质科技创新资源落地孵化，培育壮大本土科技型企业，孵化引育科创型企业（团队）450家以上。加快推进天安未来生态城等高标准载体项目建设，推动科创载体提档升级，推广"新型研发机构+关联企业+基金"结对联动机制，打通创新转化的最后一公里，全年科创载体面积突破9万平方米。推进异地孵化、强化产业承接，不断做大科技型中小企业"蓄水池"。全年新增独角兽和瞪羚企业15家、省级以上专精特新企业5家。

（2）大力推进创新资源集聚。开展新型研发机构提质增效行动，创成国家众创空间1家。加大科技创新推介力度，组织"2022南京创新周"溧水专场活动。持续推进南京农业大学作物表型组学、健康食品智能制造技术创新中心、东部农业科技创新港等重大创新平台设施建设。主动对接中国农大、江苏大学等高校院所，力争在智慧农业等领域突破一批核心技术。全年实施产学研合作项目120个以上、建成"三站三中心"20家以上、引进高层次创业人才40名以上。

（3）做大先进制造业规模。深入推进制造业高质量发展试验区建设，实施产业集群攻坚行动，推进产业基础高级化和产业链现代化，力争制造业增加值占GDP比重不低于44%。扎实推进先进制造强基工程，省市重大项目制造业占比达到55%以上。持续开展重点企业梯次培育行动，实施龙头企业"领航计划"，培育产值50亿元企业1家以上、10亿元企业4家以上。推进园区转型攻坚，加快实施"腾笼换凤"，盘活低效企业和低效工业用地，严格落实新增工业用地的全生命周期绩效评价，盘活低效闲置土地2300亩以上，实施技改项目77个。

（4）做强制造业产业链。大力实施产业链供应链"锻链"行动，推动制造业强链补链延链。围绕新能源汽车、新医药与生命健康、智能装备及智能家居，开展产业链精准招商，力争四大产业链主营业务收入总体增速不低于20%。探索建立区级创新产品应用示范推荐目录，加快推进区内企业优质产品首购首用。加大欣旺达"点链"供应链协同管理平台模式推广应用，加强艾欧史密斯等重点企业工业互联网平台建设培育，加快构建新能源汽车、数控机床、智能家居等行业领先的工业互联网平台。挖掘制造业5G示范应用场景30个以上，打造"5G+工业互联网"融合应用先导区。

（5）拓展现代服务业发展空间。加快推进产业数字化，促进商贸经济线上线下融合发展，全年引进MCN机构10家以上，创建省级直播基地1个，网络销售额增长25%以上。大力建设特色商圈，培育发展假日经济、夜市经济，倾力打造通济街、无想水镇、永寿坊等特色商业街区。加快建设农产品交易中心、二手车交易市场等项目，推动商业载体提档升级。全年举办美食节、购物节等消费促进活动100场以上，新增亿元商贸企业5家以上。推动交通运输业、商务租赁服务业、信息技术服务业、金融业等行业加快发展。

（6）推进农高区高质量发展。用足用好省政府支持农高区政策措施，推动农高区加快建设"两区一地"，基本建成健康食品智能制造产业技术创新中心等创新平台，全社会研发投入占GDP的比重达4.8%，高新技术企业达60家，万人发明专利拥有量达100件，海外留学人才和外籍常驻人员数达80人，绿色有机耕地占比达50%。

（7）推进现代农业发展。落实粮食安全责任制，严守耕地红线，持续开展耕地质量提升行动，新增高标准农田1700亩，提高粮食综合生产能力。培育农业产业化联合体1家以上，新增区级以上农业龙头企业8家，总数超100家，新增市级以上示范家庭农场、合作社各10家。引进培育农产品精深加工、农旅融合、仓储保鲜冷链物流等项目10个，持续推进绿色有机产品认证，新增绿色食品企业17家、有机企业6家。农业农村大数据云平台建成运营，完成省级数字乡村试点区建设和省级“互联网+”农产品出村进城试点区申报。推动现代种业发展，培育引进现代种业企业2~3家。

(8)强化重大项目支撑。推进项目建设攻坚行动，围绕产业链和供应链，统筹存量和增量，加大龙头企业、链主项目和单项冠军、专精特新企业引进，增强经济发展后劲。高标准办好25场主题招商活动，力争全年引进产业项目投资总额800亿元，其中制造业占比不低于60%，引进百亿元以上龙头型制造业项目1个。持续推进签约项目落地，提升签约合同履约率、资金到账率、项目开工率。推进企业服务攻坚行动，加强项目服务和要素保障，确保省市重大项目上半年开工90%、三季度全部开工。加强项目储备，力争开发区储备5个以上、各镇街储备1个以上符合省重大申报条件项目。推进基础设施REITs试点，争取纳入市级储备库项目1个以上。持续推进建筑业、房地产业稳步发展。

(9)优化区域营商环境。持续优化公平竞争营商环境，颗粒化梳理服务事项，巩固提升“1120”“753”改革成果；打造更多“一件事”的应用服务场景，探索实施“联合测绘”改革；全面推行“政银合作”，探索在银行网点布设自助政务服务终端机、在银行智慧柜员机上嵌入高频服务事项；在市场准入准营领域探索运用AI智能业务办理新模式，全年新增市场主体2万户。

2. 聚焦“在区域协调上先行示范”，强化内外循环，积蓄城乡融合势能。

(10)完善国土空间布局。积极融入长三角一体化和南京都市圈，推进“六大经济功能区”建设。完善全区总体城市设计、“十四五”国土空间近期建设规划、全区控规动态维护、第3批次土地征收成片开发方案、东庐山和无想山景区规划、三山湖片区地下管线管廊综合规划、生态保护与修复规划等专项规划，加快完成全区控制性详细规划全覆盖。

(11)提升城乡发展品质。坚持“量力而行、量入为出”原则，扎实推进城乡建设项目。高标准打造通济街、寺桥、飞燕文化街区等老城客厅。实施棚户区改造11万平方米，新开工保障房面积40万平方米，竣工分配4000套。加快建设省道204改扩建工程，宁宣高速南延工程建成通车，完成农路危桥改造7座。推动快递进村工作，加快推进农村三级物流体系建设。实施城镇污水处理提质增效精准攻坚行动，新改建各类管网40公里。着力提升城市绿化美化水平，建设口袋公园2处，提升绿道标识标牌20公里，确保全年新增绿地1万平方米，绿化覆盖率达40%。推动公共基础设施一体化管护机制改革试点。

(12)深入推进乡村振兴。建设美丽乡村30个以上，争创一批示范效应好、带动能力强、特色类型多的美丽乡村示范点。持续推进6个特色田园乡村组团建设，争创3个省级特色田园乡村。新(改)建农村公厕47座。深化农村综合改革，巩固脱贫攻坚成果，大力发展村集体经济，提高股份分红标准，精准实施高素质农民培育工程。全年完成高素质农民培训1800人以上，新型职业农民培育程度指标达80%。大力培育农产品电商品牌，做大“无想田园”公共品牌。

(13)高标准建设城乡融合发展试验区。围绕五项改革试点任务，明确改革事项清单，目标化、节点化、责任化推进，开发区和镇街各打造2个以上典型示范项目。建立健全建设用地高效利用、人才下乡、金融服务保障、工商资本下乡、产业融合发展等政策体系，加快推动形成城乡生产要素双向流动的体制机制、典型案例和示范推广项目。

(14)全力推动对外开放。围绕产业链供应链，瞄准世界500强、行业隐形冠军和独角兽企业，招引一批制造业外资项目，确保实际利用外资2.8亿美元。加大企业培育，力争前30强外贸重点企业进出口总额增长8%以上。依托大通关基地、机场跨境电商产业园，充分发挥跨境电商公共服务平台、跨境电商直播平台功能效应，积极引进知名跨境电商企业，实现跨境电商单量超200万单，建设长三角跨境电商集聚区。

(15)打造区域会展目的地。推动会展招引和运营机制创新，加强与国际会展机构、国家部委及其行业协会合作，争取国际认证展会落户溧水。高水平办好全国农商互联大会、长三角(南京)种业博览会等60场以上品牌会展活动。

(16)推进重点领域改革。积极争创国家级开发区，推进南京空港保税物流中心(B型)升级为综合保税区。完成国企改革三年行动计划。加快推进企业上市步伐，力争新增上市企业2家。深入推进农村普惠金融服务提质增效，推广“信易贷”“信易学”等服务场景，实现信用建设与社会治理、产业转型融合。推动140个事项异地无差别受理，实现“就近办、门口办”。深入推进政府购买社区服务机制、殡葬服务“一‘键’事”改革、婚俗改革、军人退役“一件事”改革等民生领域改革。

3. 聚焦“在绿色发展上先行示范”，强化生态优先，打造“两山”实践样本。

（17）打好污染防治攻坚战。全力推进2022年污染防治攻坚目标任务和重点工程项目，实施蓝天、碧水、净土三个专项行动，深化细颗粒物与臭氧协同处理，加强工地扬尘管控，全面实行“智慧工地”管理。实施城区雨污分流工程20公里。加大对空气质量的精准监测，确保空气质量优良率、PM2.5浓度达到省市下达目标。推进中央和省环保督察交办件重点整改任务落实，做好中央第二轮环保督察迎查工作。

（18）深入推进生态文明建设。积极开展国家“两山基地”创建工作。扎实推进长江经济带发展，大力实施“百项提升工程”项目，巩固禁捕退捕工作。加强生态空间管控，兑现落实生态红线区域生态补偿资金。做好秸秆禁烧工作。继续开展生态安全缓冲区项目建设。落实探索生态产品价值实现机制工作任务。

（19）积极推动碳达峰碳中和。出台《溧水区碳达峰碳中和行动方案》，深入推进“碳达峰目标下绿色城乡建设试点区”工作，大力开展国家整县（市、区）屋顶分布式光伏开发试点。加快绿色制造体系建设，加大绿色园区、绿色工厂、绿色产品及绿色供应链等培育力度。推动制造业节能减排，大力推广节能低碳技术装备和产品。引导企业开展清洁生产工艺技术升级改造，加快推进中小企业清洁生产水平提升，开展污染物源头控制与过程消减协同工艺技术的研发和应用示范，降低制造业污染排放强度。

4. 聚焦“在美好生活上先行示范”，强化共建共享，增强民生幸福质感。

（20）提升就业创业质量。用足用好《溧水区人口集聚十条新政（试行）》，力争明年新增人口8万人。全面落实就业创业政策，更大力度稳就业、促创业，深入开展就业援助，统筹做好重点群体就业。加快实施职业技能提升行动，提高城乡劳动者就业技能水平。2022年举办公益性招聘会100场、城镇新增就业人数1.75万人、大学生就业人数6500人、援助困难人员就业人数1000人、大学生创业人数220人、城乡劳动者就业技能培训人数6500人。

（21）兜牢民生保障底线。深入推进全民参保计划和工伤保险“同舟计划”，做好困难人员参保和待遇享受的托底保障，实现社保全覆盖。企业净增养老保险参保2300人，新增参保单位户数1090户，困难人员政府代缴参保率100%。全面落实退役士兵养老保险转移接续工作，及时调整和发放退休人员、城乡居民、被征地人员及各类特殊群体的养老保险待遇，进一步推动失能人员照护保险制度实施。进一步做好社会救助工作。做好社会救助审批权限下放后的督导检查工作。

（22）推进教育高质量发展。加大学位供给，完成石燕路幼儿园建设并于2022年9月交付使用；新建薛李东路、致远路、锦和、秋湖嘉苑等幼儿园建设；完成省溧中二期宿舍、省溧中附属初级中学、第一初级中学改扩建工程；完成实验小学老校区易地新建、第三小学优化改造、城中初级中学、城南小学、开发区双塘路小学主体建设。加强优质资源引进，通过采取引进名校办分校、利用名校集团化办学、名校合作办班等多种形式集聚优质教育资源。推进义务教育集团化改革，集团化办学覆盖率达30%以上。大力实施名师、名校长培引工程，落实“双减”工作任务。

（23）持续推进“健康溧水”建设。深入推进公立医院改革，深化与中大医院、省中西医结合医院、市口腔医院、市妇幼保健院合作共建。深化区域医共体建设内涵，加快完善分级诊疗体系。加快推进省级医共体医保支付方式改革试点，推出“健溧保”大病补充健康保险，推动“15分钟医保服务圈”广覆盖，大力推行“便捷医保”。加快推进江苏省康复医院、口腔医院、石湫中心卫生院、柘塘街道卫生院建设。大力发展健康产业，加快形成健康产业集群，力争引进10亿元以上健康产业项目5个。加快“一平台三基地”建设，推进医防融合、体医融合、医养融合、教体融合。高标准建设养老服务设施，加强养老服务队伍建设，健全养老服务体系。筹备并举办第三届健康中国发展大会。促进人口均衡发展，依法落实好三孩生育政策。

5. 聚焦“在文明城市上先行示范”，强化价值引领，创建文明典范窗口。

（24）完善公共文化服务体系。优化公共文化设施布局，创建国家公共文化服务体系示范区。常态长效抓好全国文明典范城市创建，深入实施市民文明素养提升行动，展现新时代溧水市民新形象。突出迎接党的二十大召开主题，创作一批优秀文艺作品，力争1～2部原创剧目在市级平台亮相。全年开展演出、展览、培训、阅读推广等各类文化活动1000场次。大力发展文化产业，引进和培育文化龙头企业，实施“文化+”战略，培育“文化+”新型产业业态，文化产业增加值占GDP的比重达4.5%。

（25）高标准争创国家全域旅游示范区。做优溧水节庆品牌，办好梅花节、采摘节、无想夜跑等品牌节庆活动，举办第十届咪豆音乐节等活动。推动新浪总部项目第十二届“金足迹”文旅峰会落地。做实“秦淮源头”乡村旅游品牌，探索“健康景区”、“健康民宿”标准化系统提升。傅家边、石山下争创全国乡村旅游重点村，和凤诸家、晶桥曹庄争创省级乡村旅游重点村。争取申报创建国家3A级景区2个、4星级宾馆2家。完善石臼湖沿线旅游功能，进一步扩大“天空之境”品牌效应。举办2022南京溧水山地马拉松赛和滑板、街舞比赛等高水平赛事。

6. 聚焦“在社会治理上先行示范”，强化系统集成，提升本质安全水平。

（26）加强常态化疫情防控。时刻绷紧疫情防控这根弦，坚持“外防输入，内防反弹”总策略、“动态清零”总方针，立足早、快、准、严、实，实施科学防控、精准防控，提升常态化疫情防控能力水平，建立健全全程闭环的外防输入体系、精准快速的排查处置体系、灵敏高效的监测预警体系、及时权威的信息发布体系、平战结合的能力储备体系、多方结合的督查督导体系，严格落实四方责任，确保全区疫情防控形势平稳有序。

（27）完善社会治理体系。推进数据共享、赋能，围绕为民惠企、社会治理、城市平安、城市管理、交通出行、环境保护等领域打造一批应用场景，加快推进城市运行“一网统管”。持续深化特大城市郊区治理样本区创建，推进“1+5”社会治理体系建设。健全网格化管理联动处置机制，提升问题发现、研判、处置、反馈全链条能力，更快更好解决民意诉求，全年工单综合处置率99%以上。

（28）守牢安全稳定底线。毫不松懈抓好安全生产，健全安全责任体系，持续推进“三年大灶”专项整治，紧盯27个重点行业领域，切实解决风险隐患，确保专项整治取得实效。推进应急救援能力体系建设，提升自然灾害防范能力，创建省级安全发展示范城市。强化金融和债务风险管控，持续推进政府债务化解。深入推进“八五”普法，常态化开展扫黑除恶斗争，严厉防范打击电信网络诈骗等新型犯罪。全面落实风险防控“四项机制”，优化升级社会治安防控体系，健全完善矛盾纠纷多元调处化解机制，建设更高水平法治溧水、平安溧水。

各位代表，做好2022年经济和社会发展工作任务艰巨、责任重大。我们将深入学习贯彻党的十九届六中全会精神及省市区党代会决策部署，落实区委工作要求，自觉接受区人大及其常委会的监督和指导，乘势而上，接续奋斗，以优异成绩迎接党的二十大胜利召开！（区发改委）

统计资料

溧水区2021年国民经济和社会发展统计公报

2021年，面对更趋复杂的疫情考验、繁重艰巨的发展任务，全区上下坚持以习近平新时代中国特色社会主义思想为指导，全面贯彻党的十九大和十九届历次全会精神，紧扣“强富美高”总目标，弘扬伟大建党精神，始终拥护“两个确立”、坚决做到“两个维护”，积极统筹疫情防控和经济社会发展，奋力完成改革发展稳定各项目标，全区经济总量更具规模、创新动能更有活力、民生福祉更加厚实，实现了“十四五”良好开局。

一、综合

经济总量更具规模。初步核算，全年实现地区生产总值1000.95亿元，迈上千亿元新台阶，同比增长8.4%。其中，第一产业增加值51.88亿元，同比增长1.5%；第二产业增加值513.52亿元，同比增长10.3%；第三产业增加值435.55亿元，同比增长7.1%。三次产业增加值比重为5.2:51.3:43.5。

财政收入稳健增长。全年一般公共预算收入81.88亿元，同比增长3.6%，其中税收收入63.54亿元，占比77.6%，继续保持较高水平。政府性基金预算收入128.25亿元，同比增长24.2%。

财政支出结构改善。全年一般公共预算支出129.27亿元，同比增长2.7%，其中，一般公共服务支出9.54亿元，同比增长6.5%；教育支出22.70亿元，同比增长11.1%；卫生健康支出9.93亿元，同比增长36.6%。政府性基金预算支出133.26亿元，同比增长7.3%。

常住人口破五十万。年末全区常住人口50.14万人，同比增长2.0%，首次突破五十万人。其中，城镇人口33.18万人，占总人口比重(常住人口城镇化率)为66.2%。常住人口出生率7.1‰，死亡率5.9‰，自然增长率1.2‰。

就业创业形势向好。全年共举办公益性招聘会158场，组织企业参加高校招聘会31场，累计提供岗位信息2万余条，城镇新增就业23020人，援助困难人员就业2146人，新增大学生就业8816人。全年培育自主创业者1175人，扶持农民自主创业者724人，发放富民创业担保贷款506笔，放贷金额达6015万元。

二、农业

粮食生产稳中有升。全年粮食种植面积42.83万亩，比上年增加0.18万亩，其中，稻谷种植面积25.92万亩，同比增长0.2%；油料种植面积5.84万亩，同比增长7.6%。粮食总产量20.70万吨，其中，稻谷产量15.10万吨，同比增长0.5%；油料总产量0.96万吨，同比增长6.7%。

农业产值平稳增长。全区实现农业总产值86.05亿元，同比增长3.3%，其中，农业产值49.15亿元，同比增长3.5%；林业产值3.76亿元，同比增长7.5%；牧业产值4.90亿元，同比下降7.1%；渔业产值20.79亿元，同比增长3.9%。

现代农业持续提升。全年新增市级以上农业龙头企业12家，粮食安全责任制考核排名蝉联全市第一。长乐、傅家边、水晶3个村被评为全国乡村特色产业亿元村，6家企业入选省级农业品牌目录。获评全国农业科技现代化先行县，实现脱贫攻坚成果同乡村振兴有效衔接。52个农业农村重大项目总投资33.83亿元，其中，中国东部农业科技创新港、大希地牛肉加工被列入全省农业农村重大项目省级示范项目。

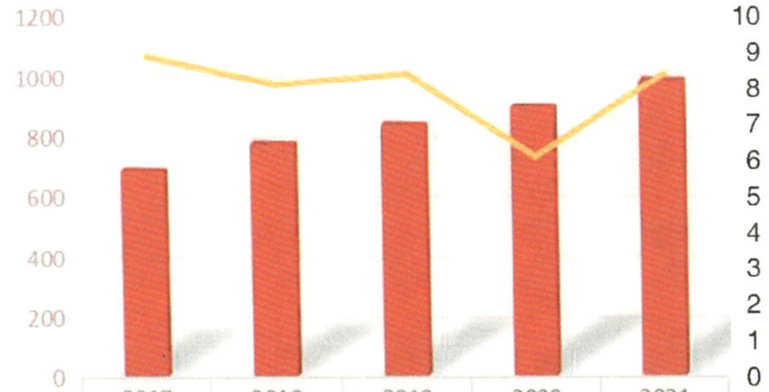

	2017	2018	2019	2020	2021
增加值（亿元）	700.03	789.09	852.37	911.51	1000.95
增速（%）	8.9	8.1	8.4	6.1	8.4

2017—2021年地区生产总值及其增速

三、工业和建筑业

工业生产韧性强劲。全区实现工业产值1100.07亿元，同比增长24.1%，其中，规模以上工业产值同比增长26.9%。全区规模以上工业共涉及30个行业，23个行业产值实现正增长，其中，通用设备制造业、汽车制造业、电气机械和器材制造业产值同比分别增长50.0%、28.7%、25.7%。

规上工业效益提升。全区规模以上工业企业实现营业收入744.30亿元，同比增长25.4%；盈亏相抵后实现利税总额70.98亿元，利润总额49.96亿元，同比分别增长26.4%、34.1%，分别比去年提高59.5、64.8个百分点。

高端制造业贡献大。全区高新技术产业、装备制造业产值同比分别增长26.2%、29.3%，对规模以上工业产值的贡献率达15.6%和64.9%。新型电子、绿色智能汽车、高端智能设备、生物医药与节能环保产业四大主导产业产值同比增长23.3%，对规模以上工业产值的贡献率达46.9%。

建筑企业发展良好。全年实现建筑业增加值75.81亿元，同比增长4.6%。全区房建类资质建筑企业532家，全年完成施工产值311亿元，同比增长23%，完成税收12.5亿元，同比增长2.1%。其中，具有资质等级的总承包和专业承包（一套表列统）建筑业企业268家，完成建筑业总产值277.96亿元，同比增长10.6%，建筑施工面积1375.05万平方米，同比增长7.9%，其中，当年新开工面积577.6万平方米，同比增长13.1%。

四、固定资产投资

投资总量稳步增长。全年固定资产投资（不含农户）同比增长10.2%，按产业分类看，第一产业投资同比下降7.3%；第二产业投资同比增长12.6%，其中工业投资同比增长12.6%；第三产业投资同比增长9.1%。

投资结构优化升级。全年高技术产业投资完成101.82亿元，占全社会投资的22.0%，占比较上年提高2个百分点。高新技术投资完成86.35亿元，同比增长14.9%。高耗能投资完成6.01亿元，同比下降33.7%。

五、国内贸易和开放型经济

消费市场复苏有力。全年实现社会消费品零售总额398.12亿元，同比增长13.8%，其中，限额以上零售额222.35亿元，同比增长30.8%。限额以上批发和零售业单位中，基础性消费稳定增长，粮油食品类、饮料类、日用品类分别增长19.9%、43.9%、81.1%；升级类消费态势向好，金银珠宝类、体育娱乐用品类、建筑及装潢材料类等分别增长30.9%、144.5%、22.6%。

2021年限额以上批发和零售业商品分类零售额

商品分类	零售额（亿元）	比上年增长（%）
粮油、食品类	86.10	19.9
饮料类	9.07	43.9
烟酒类	5.59	-15.6
服装、鞋帽、针纺织品类	5.33	7.6
化妆品类	0.64	-52.1
金银珠宝类	1.91	30.9
日用品类	16.75	81.1
五金、电料类	0.96	-0.1
体育、娱乐用品类	0.57	144.5
书报杂志类	0.66	-21.1
电子出版物及音像制品类	0.02	-39.0
家用电器和音像器材类	26.01	1058.6

续表

商品分类	零售额(亿元)	比上年增长(%)
中西药品类	0.14	-21.6
文化办公用品类	1.93	-27.4
家具类	7.38	19.4
通讯器材类	0.99	-6.5
石油及制品类	2.19	-36.7
建筑及装潢材料类	14.97	22.6
机电产品及设备类	1.15	47.6
汽车类	23.76	-4.2
其他类	10.89	40.8

开放经济提质增效。外贸进出口总额143.8亿元,同比增长18.2%。全年新设立外资项目66个,引进千万美元以上大项目13个,合同外资11.36亿美元,实际利用外资2.84亿美元。

六、交通运输和旅游

交通体系综合提升。全年货物运输总量3747.35万吨,同比增长9.0%;货物周转量588523万吨公里,同比增长3.8%。全年维修公路路面44473平方米,路面灌缝59266米。完成76公里"四好农村路"迎检线路的环境整治,177座农村公路桥梁的桥铭牌更换和限载牌安装。地铁S1线、S7线增开贯通地铁大站快车,单程运行时间约为58分钟,实现地铁"二次提速"。

全域旅游持续回暖。全年实现旅游收入157.8亿元,同比增长14.6%,其中,"五一"小长假期间接待游客94.5万人次,同比增长57%,酒店、宾馆、民宿入住率高达90%。全年完成8家民宿上线工作,山凹村、李巷N4号院获评首批市级疗休养基地民宿村,石山下创成省级乡村旅游重点村,无想水镇创成市级夜间文旅消费集聚区。

七、金融业

金融信贷更具活力。年末,全区金融机构人民币存款余额1074.31亿元,比年初增加158.47亿元,同比增长17.3%,其中,非金融企业存款余额431.34亿元,比年初增加38.14亿元,同比增长9.7%;住户存款余额414.64亿元,比年初增加58.53亿元,同比增长19.8%。全区金融机构人民币贷款余额1189.49亿元,比年初增加206.06亿元,同比增长21.0%,其中,住户贷款余额363.40亿元,比年初增加40.86亿元,同比增长12.7%;非金融企业及相关团体贷款余额826.08亿元,比年初增加165.20亿元,同比增长25.0%。

2021年金融机构存贷款情况表

指标	金额(亿元)	比年初增加(亿元)
各项存款余额	1074.31	158.47
非金融企业存款	431.34	38.14
住户存款	414.64	58.53
其中:活期存款	108.73	10.84
各项贷款余额	1189.49	206.06
住户贷款	363.40	40.86
非金融企业及相关团体贷款	826.08	165.20

八、科学技术和教育

科创实力持续增强。全年入库科技型中小企业769家，净增高新技术企业69家，新型研发机构通过市级备案4家，省市级工程技术研究中心20个、企业技术中心15个、工程研究中心6个，万人发明专利拥有量达60件，获评全国科技创新百强区、江苏知识产权强省建设示范区。白马未来食品研究院获批首家省级技术创新中心，创成省市级众创空间4家、市级科技企业孵化器1家。全年发放各类科技贷款超12亿元，完成百联新消费产业基金、首正数字产业基金落户，实体化运作无想投资人中心，成功举办首届无想山财经峰会。

教育事业全面发展。全区现有各级各类学校(园)130所，在校学生65675人，比上年增加2810人。其中，普通中小学49所，在校学生47730人；职业中学1所，在校学生1692人；特殊教育学校1所，在校学生142人；幼儿教育学校79所，在校生16111人。完成石家山小学与东庐小学合并，游府西街小学红光路校区(原开发区小学)挂牌，水晶小学和晶桥中心小学、沙塘庵小学和和凤中心小学优化整合，义务阶段教育集团化办学覆盖率达26%。积极推进“双减”政策落地落实，指导义务教育学校严格按照“5+2”模式全面落实课后服务工作，做到课后服务100%学校开展、100%覆盖有需求的学生。

九、文化、卫生和体育

文艺精品持续供给。全区共有文化馆1家，文化站8家，图书馆14家，其中24小时自主馆分馆12家，博物馆1家，文物保护单位28处，其中市级以上文物保护单位16处。全年举办“我们的节日”“4·23读书节”等主题阅读活动近100场次，举办广场文化演出、民俗文艺展演、送戏下乡等文化活动1000余场次，围绕庆祝中国共产党成立100周年，组织开展“百年百场”优秀群众文艺作品巡演、“礼赞百年·幸福溧水”美术书法摄影展等活动。在地戏曲作品《永远的记忆》《抗日交通员》荣获首届南京市公共文化“星辰奖”金奖，溧庆黄梅戏剧团获评南京市五星级文艺团队。

卫生事业稳步提升。年末共有各类卫生机构185个，其中医院6个，基层医疗机构175个，专业公共卫生机构3个，其他医疗机构1个。卫生技术人员3958人，其中执业(助理)医师1550人，注册护士1637人。区人民医院、中医院创成三级医院，公立医院改革连续四年获省政府通报表扬，获评全国基层中医药工作先进单位。

群众体育蓬勃发展。全年新建村级体育公园7个，更新健身路径57套，其中各镇(街)更新32套，居民社区更新、新建25套，实现群众就近便捷健身。建成3个运动促进健康站、2个运动促进健康点，率先打造智慧体育平台，实时采集运动人群相关数据，实现运动场所的信息化、公开化、透明化。举办第五届区运会、区足协杯足球赛、镇(街)运动会等线下群众体育活动200余场次，舞动云端广场舞大赛、线上篮球挑战赛、线上八段锦比赛等线上活动30余场次，“你点我送”进社区辅导服务40余场次。创新政企合作模式，打造“全民主动健康智慧运动共享空间”，推进体育场馆免费、低收费开放，惠及群众8000余人次。

十、城市建设、环境保护和安全生产

绿色城建高效推进。年末城区燃气普及率85%，比上年末提高4个百分点，排水管道长度364.06公里，比上年末增加38.26公里，绿地率40.35%，绿化覆盖率41.01%。全年积极推进园林绿化建设，完成幸庄公园(中草药主题)、秦淮源公园(水文化主题)、状元坊公园(文化主题)、20公里绿道建设、3公里垂直绿化。成功申创全省首个且唯一的“碳达峰目标下绿色城乡建设试点区”。

污染防治成效明显。全区集中式饮用水源地水质达标率100%，6个国、省考核断面水质达标率100%，优Ⅲ比例100%。国、省控点均值环境空气优良率为81.1%，PM2.5浓度均值为30.6微克/立方米。全年持续推进全域大气、水环境质量监测预警体系网络建设，引进全市首辆大气VOC走航车和道路积尘走航系统，在全市率先建成光化学监测网络，率先配备积尘走航监测设备，助力解决VOCs、扬尘等大气污染突出问题。自禄口机场新冠肺炎疫情以来，成立区医废清运专班，拖运、处置我区医疗废弃物，转移医废约65吨，焚烧处置医废约44.7吨。

安全生产扎实推进。全年未发生较大以上生产安全事故，实现事故起数、死亡人数“双下降”。检查企业(单位)17280家次，发现一般隐患20197个，完成整改16105个，重大隐患41个，完成整改

33个。核发危化品经营许可证20家，注销危化品经营许可证31家。

十一、人民生活和社会保障

居民收入平稳增长。全体居民人均可支配收入50865元，同比增长9.0%，其中，城镇居民人均可支配收入64860元，同比增长8.6%；农村居民人均可支配收入32032元，同比增长10.2%。

居民消费明显上涨。城镇居民人均消费支出36724元，同比增长18.6%，其中，食品支出占人均消费支出的比重为26.1%。农村居民人均消费支出22538元，同比增长22.4%，其中，食品支出占人均消费支出的比重为29.5%。据抽样调查，年末平均每百户城镇居民耐用消费品拥有量：家用电脑79台、家用小汽车65辆；平均每百户农村居民耐用消费品拥有量：家用电脑51台、家用小汽车53辆。

社会保障更加健全。城乡居民养老保险待遇实现市级统筹，参加城乡居民基本养老保险人数达5.04万人，其中4133名困难人员享受政府全额代缴城乡居民养老保险费；参加城乡居民基本医疗保险人数达24.07万人，其中1.55万名困难人员无障碍纳入城乡居民医保范畴。启动第七轮企业退休人员免费健康体检工作，完成1.71万名企业退休人员享受免费体检服务。全面推行失能保险制度，惠及1445人。

住房保障持续改善。全年完成杨家园片区、荷花塘、县前新村、康居小区等老旧小区整治，整治面积达22.49万平方米，惠及居民2181户，增设机动车停车位742个。完成棚改面积31.07万平方米，安置房开工96.97万平方米，竣工27.88万平方米。全年筹建市场化租赁住房2146套，积极开展租赁补贴审核，审核发放购房补贴285万元，惠及213人。

（李　婷）

注：

1. 公报中数据为年度初步统计数据，正式统计数据以《溧水统计年鉴》为准。部分数据因四舍五入的原因，存在总计与分项合计不等的情况。

2. 地区生产总值、各行业增加值绝对数按现行价格计算，增长速度按可比价格计算。

资料来源：

本公报中市场监管数据来自区市场监管局、行政审批局；财政数据来自区财政局；人口数据来自区公安分局；就业、社会保障数据来自区人社局；现代农业、水产数据来自区农业农村局；建筑业、城市建设、住房数据来自区规资局、城建局、房产局；对外经济数据来自区商务局；交通运输业数据来自区交运局；邮政电信数据来自区电信、邮政、移动、联通等公司；旅游、文化、体育数据来自区文旅局；金融数据来自区人行；科技数据来自区科技局；教育数据来自区教育局；卫生数据来自区卫健委；生态环保数据来自区生态环境局和水务局；安全生产数据来自区应急管理局；其他数据均来自区统计局。

表61　2021年溧水区行政区划人口及土地面积情况一览表

指　标	单位	数值
一、区域面积	平方公里	1064
	万亩	160
人口密度	人/平方公里	467
二、行政区划		
街道（开发区）	个	5
镇	个	3
村民委员会	个	37
居民委员会（社区）	个	74
三、人口情况		
（一）户籍人口（公安年报）		

续表

指　　标	单位	数值
年末总户数	户	166371
年末总人口	人	453027
其中：男	人	226967
女	人	226060
其中：城镇人口	人	258590
乡村人口	人	194437
出生人口数	人	3356
出生率	‰	7.50
死亡人口数	人	2947
死亡率	‰	7.20
人口自然增长率	‰	0.30
（二）常住人口（市局反馈）	万人	50.14

表62　2021年溧水区国民经济主要指标情况一览表

指　　标	单位	数值
一、地区生产总值	亿元	1012.13
（一）第一产业	亿元	51.88
（二）第二产业	亿元	524.70
工业	亿元	448.89
建筑业	亿元	75.81
（三）第三产业	亿元	435.55
交通运输、仓储和邮政业	亿元	25.81
批发和零售业	亿元	129.80
住宿和餐饮业	亿元	12.25
金融业	亿元	34.17
房地产业	亿元	51.82
其他服务业	亿元	181.7
人均地区生产总值	元	203853
二、工农业总产值	万元	11861236
（一）农林牧渔业	万元	860535
农业	万元	491500
林业	万元	376500
牧业	万元	49000
渔业	万元	207870
农林牧渔服务业	万元	74515
（二）工业总产值	万元	11000701
开发区	万元	7125128
镇（街）	万元	3875573
三、社会消费品零售总额	亿元	398.12

续表

指　　标	单位	数值
限额以上		222.35
其中:批发业	亿元	13.75
零售业	亿元	203.16
住宿业	亿元	0.77
餐饮业	亿元	4.67
四、外经外贸		
实际利用外资	万美元	28427
注册合同外资	万美元	99539
出口创汇	万元	1270497
五、邮电业务总量	亿元	6.98
邮政	亿元	1.21
电信(含移动、联通)	亿元	5.77
六、全社会用电量	万千瓦时	302844
工业用电量	万千瓦时	166426
七、工业经济指标	—	
主营业务收入	万元	9776303
其中:规模以上工业企业	万元	8333314
利税总额	万元	872080
其中:规模以上工业企业	万元	803714
利润总额	万元	615226
其中:规模以上工业企业	万元	588109
工业增加值	万元	4377115
其中:规模以上工业企业	万元	3794905
八、总承包建筑企业数	个	268
建筑业总产值	万元	3003204
竣工产值	万元	1597636
施工面积	万平方米	1375
竣工面积	万平方米	407
利润总额	万元	113191
九、非私营单位从业人员平均数	人	63133
其中:在岗职工	人	52091
单位从业人员工资总额	万元	654715
其中:在岗职工	万元	606308
单位从业人员平均工资	元	103705
在岗职工+劳务派遣平均工资	元	103410
十、普通中小学	所	49
在校学生数	人	47730
教职员人数	人	4126
其中:专任教师	人	3840
学校占地面积	万平方米	170.82

续表

指　　标	单位	数值
其中:校舍建筑面积	万平方米	74.93
学校藏书量	万册	191.24
十一、卫生机构	个	185
床位数	张	2594
人员数	人	4692
其中:卫生技术人员	人	3958
村卫生室	个	71
十二、计划生育情况		
人口出生率	‰	4.57
节育率	%	84.05
人口自然增长率	‰	2.83
十三、财政收入	万元	1295347
其中:一般公共预算收入	万元	818756
财政支出	万元	2625260
其中:一般公共预算支出	万元	1292670
十四、金融机构存贷款		
金融机构存款	万元	10743057
金融机构贷款	万元	11894923
十五、主要农产品产量		
水稻	吨	150997
小麦	吨	42970
油菜籽	吨	8162
苎麻	吨	484
十六、城乡住户调查情况		
全体居民人均可支配收入	元	50865.2
(一)农村常住居民人均可支配收入	元	32032.3
全年人均总支出	元	35596
全年人均生活费支出	元	22538
(二)城镇常住居民人均可支配收入	元	64859.5
全年人均总支出	元	58514
全年人均消费支出	元	36724
十七、城市建设和生态环境		
城镇化率	%	66.2
建成区绿化覆盖率	%	41.01
建成区绿地率	%	40.35
城市人均公共绿地面积	平方米	22.00
林木覆盖率	%	31.90

注:城镇化率由市统一调整反馈。

表63　2021年溧水区分行业法人单位情况一览表

单位:个

指　　标	法人单位	其中:"四上"单位*
合　　计	21303	1601
一产		
农、林、牧、渔业	440	
二产		
采矿业	1	
制造业	3954	615
电力、热力、燃气及水生产和供应业	31	7
建筑业	2551	268
三产		
批发和零售业	5701	370
交通运输、仓储和邮政业	511	36
住宿和餐饮业	317	51
信息传输、软件和信息技术服务业	898	4
金融业	49	
房地产业	686	74
租赁和商务服务业	2244	65
科学研究和技术服务业	1501	27
水利、环境和公共设施管理业	222	24
居民服务、修理和其他服务业	326	
教育	292	1
卫生和社会工作	192	1
文化、体育和娱乐业	903	58
公共管理、社会保障和社会组织	484	

注:"四上"单位指规模以上工业企业、房地产开发经营企业和具有资质的建筑业企业,限额以上批零住餐企业、规模以上服务企业。

表64　2021年溧水区按现价计算的地区生产总值情况一览表

指　　标	增加值(亿元)	增速(%)
合　　计	1012.13	9.8
农、林、牧、渔业	56.01	3.1
#农、林、牧、渔服务业	4.13	6.2
工业	448.89	13.1
规模以上	389.19	—
规模以下	59.7	—

续表

指　　标	增加值(亿元)	增速(%)
建筑业	75.81	4.6
批发和零售业	129.80	13.1
批发业	57.15	14.3
零售业	72.65	12.1
交通运输、仓储和邮政业	25.81	4.1
住宿和餐饮业	12.25	10.2
住宿业	2.45	10.2
餐饮业	9.80	10.2
金融业	34.17	9.2
房地产业	51.82	-1.9
K门类房地产	45.36	-3.1
自有房地产经营活动	6.46	7.2
营利性服务业	85.79	9.5
信息传输、计算机服务和软件业	4.38	13.6
租赁和商务服务业	33.32	8.4
科学研究、技术服务和地质勘查业	25.95	6.8
居民服务和其他服务业	4.32	15.2
文化、体育和娱乐业	17.82	13.6
非营利性服务业	91.78	8.6
水利、环境和公共设施管理业	21.57	0.9
教育	26.16	8.0
卫生、社会保障和社会福利业	13.89	12.1
公共管理和社会组织	30.16	13.8
第一产业	51.88	2.9
第二产业	524.70	11.7
第三产业	435.55	8.5

表65　2021年溧水区按可比价计算的地区生产总值情况一览表

指　　标	增加值(亿元)	增速(%)
合　　计	999.17	8.4
农、林、牧、渔业	55.26	1.7
#农、林、牧、渔服务业	4.08	4.9
工业	442.21	11.4
规模以上	383.40	–
规模以下	58.81	–

续表

指　　标	增加值(亿元)	增速(%)
建筑业	75.81	4.6
批发和零售业	127.77	11.3
批发业	54.79	9.6
零售业	72.98	12.6
交通运输、仓储和邮政业	24.97	0.7
住宿和餐饮业	12.05	8.4
住宿业	2.39	7.8
餐饮业	9.66	8.5
金融业	32.75	4.7
房地产业	53.42	1.1
K门类房地产	47.09	0.6
自有房地产经营活动	6.33	5.0
营利性服务业	84.65	8.1
信息传输、计算机服务和软件业	4.33	12.1
租赁和商务服务业	32.88	7.0
科学研究、技术服务和地质勘查业	25.60	5.4
居民服务和其他服务业	4.26	13.6
文化、体育和娱乐业	17.58	12.1
非营利性服务业	90.28	6.9
水利、环境和公共设施管理业	21.28	-0.4
教育	25.81	6.6
卫生、社会保障和社会福利业	13.70	10.6
公共管理和社会组织	29.49	11.2
第一产业	51.18	1.5
第二产业	518.02	10.3
第三产业	429.97	7.1

表66　2021年溧水区与江苏省其他市辖区地区生产总值情况对比表

市辖区	绝对量(亿元)	增长(%)	市辖区	绝对量(亿元)	增长(%)
玄武区	1205.94	8.8	云龙区	423.49	6.3
秦淮区	1324.42	8.3	贾汪区	400.49	8.0
建邺区	1214.95	8.3	泉山区	663.68	6.3
鼓楼区	1921.08	8.3	铜山区	1281.10	9.7
浦口区	490.48	7.0	天宁区	888.39	7.3
栖霞区	1708.88	8.0	钟楼区	836.70	8.0

续表

市辖区	绝对量(亿元)	增长(%)	市辖区	绝对量(亿元)	增长(%)
雨花台区	1015.55	7.1	新北区	1820.37	9.0
江宁区	2810.47	7.5	武进区	2951.58	9.6
六合区	567.56	8.6	金坛区	1101.09	9.5
溧水区	1000.95	8.4	虎丘区	1675.80	10.1
高淳区	560.24	7.6	吴中区	1519.17	9.5
锡山区	1128.73	10.0	相城区	1057.52	8.9
惠山区	1145.13	10.3	姑苏区	886.70	6.0
滨湖区	982.56	9.0	吴江区	2224.53	8.0
梁溪区	1468.52	7.7	崇川区	1631.54	8.9
新吴区	2271.06	11.0	通州区	1594.17	9.2
鼓楼区	339.83	6.1	海门区	1569.33	9.4
连云区	255.29	10.2	丹徒区	461.07	9.5
海州区	727.83	8.3	海陵区	700.13	8.6
赣榆区	707.50	8.3	姜堰区	781.51	10.6
淮安区	708.25	12.0	宿城区	463.91	9.5
淮阴区	623.57	10.0	宿豫区	383.13	9.3
清江浦区	673.57	12.0	徐州经济技术开发区	908.85	8.4
洪泽区	394.15	10.0	苏州工业园区	3330.26	10.0
亭湖区	623.66	9.2	南通经济技术开发区	842.41	9.0
盐都区	682.59	7.7	连云港经济技术开发区	407.68	8.2
大丰区	759.21	6.6	淮安经济技术开发区	440.97	9.0
广陵区	927.06	7.2	盐城经济技术开发区	340.43	4.0
邗江区	1208.94	5.4	扬州经济技术开发区	658.45	9.8
江都区	1220.54	8.0	镇江新区	775.89	10.9
京口区	509.30	10.8	泰州医药高新区(高港区)	373.04	7.9
润州区	273.69	9.5	宿迁经济技术开发区	180.40	14.3

注:浦口区、六合区数据为剔除江北新区直管区口径。

(区统计局)

责任编辑　章雨婷

说 明

1.索引采用主题分析索引法，按索引词首字汉语拼音音序排列，首字音序相同按第二音序排列，依此类推。

2.凡类目、分目、副分目标题和人名作索引词的均用红色字标明。

3.索引词后标的阿拉伯数字表示内容所在页码，数字后的拉丁字母a、b分别表示左、右栏，索引词后括注“表”字的为表格。

A

B

C

D

E

F

G

H

J

H

J

K

L

K

L

M

N

P

Q

R

S

T

W

X

Y

Z